中国高被引分析报告

2018

曾建勋 主编

科学技术文献出版社
SCIENTIFIC AND TECHNICAL DOCUMENTATION PRESS
·北 京·

图书在版编目(CIP)数据

中国高被引分析报告. 2018 / 曾建勋主编. —北京：科学技术文献出版社，2019. 11
ISBN 978-7-5189-5785-9

Ⅰ. ①中…　Ⅱ. ①曾…　Ⅲ. ①期刊—文献计量学—统计资料—中国—2018
Ⅳ. ① G255.2

中国版本图书馆 CIP 数据核字（2019）第 145455 号

中国高被引分析报告 2018

策划编辑：周国臻　责任编辑：周国臻　赵　斌　责任校对：文　浩　责任出版：张志平

出 版 者　科学技术文献出版社
地　　址　北京市复兴路 15 号　邮编 100038
编 务 部　（010）58882938，58882087（传真）
发 行 部　（010）58882868，58882870（传真）
邮 购 部　（010）58882873
网　　址　www.stdp.com.cn
发 行 者　科学技术文献出版社发行　全国各地新华书店经销
印 刷 者　北京地大彩印有限公司
版　　次　2019 年 11 月第 1 版　2019 年 11 月第 1 次印刷
开　　本　787×1092　1/16
字　　数　768 千
印　　张　33.75
书　　号　ISBN 978-7-5189-5785-9
定　　价　298.00 元

《中国高被引分析报告 2018》
编委会编辑委员会

通信地址：北京市海淀区复兴路 15 号　100038

中国科学技术信息研究所　信息资源中心

网　　址：http://www.istic.ac.cn

电　　话：010-58882369　58882061

传　　真：010-58882321

电子信箱：library@istic.ac.cn

前　言

自 1964 年美国科学信息研究所创办出版《科学引文索引》（Science Citation Index，SCI）以来，科学引文数据库以其独特的引证途径和耦合特征，形成了对期刊、论文、学术机构、学者等相关的科学计量指标。2001 年推出的基本科学指标（Essential Science Indicators，ESI），对全球学术机构、学术论文、学者被引频次的前 1%进行统计排行，形成了 22 个专业领域的高被引学术机构、高被引论文和高被引学者等指标，从多个维度对国家/地区科研水平、机构学术声誉、学者学术影响力及期刊学术水平进行评估。

近年来，我国学术论文产出逐年提高，对我国学术期刊进行有效采集，对学术论文进行规范加工，形成完整系统的“中国知识链接数据库”，是推进我国学术论文开放共享和公益传播的基础，也是进行我国科技论文引文计量分析的前提。中国科学技术信息研究所自 2000 年以来收录我国出版的学术期刊论文，囊括了我国出版的科技类和社科类学术期刊 6000 余种，累积论文 4800 余万篇，引文记录 24000 余万条，是目前最完备的中文期刊论文引文库。一方面提供信息检索与全文传递公益服务；另一方面形成中国科学引文索引 CSCI（http://csci.istic.ac.cn）数据平台，成为我国最大的基于期刊论文引文的检索评价工具。

目前，基于引文进行文献情报计算、基于引证关系进行知识关联分析已成为科学监测和科学评价的重要手段。为了科学地利用论文引文海量数据，遴选各学科高被引论文，合理测算科研机构的学术影响力，我们基于“中国知识链接数据库”，借助中国科学引文索引 CSCI 数据平台，全面深化学科高被引分析，自 2007 年始，编制出版《中国期刊高被引指数》，于 2011 年对学术论文数据按学科进行统计分析，以图谱、表格等方式展现，编制出版《中国高被引指数分析》，并于 2012 年最终形成按年编卷出版的系列《中国高被引分析报告》。

《中国高被引分析报告 2018》以我国正式出版的各学科 7000 余种中、英文期刊（不包括少数民族语种期刊和港、澳、台地区出版的期刊）为统计源刊，经过对期刊引文数据的规范化处理，以高被引论文为基础，按期刊所属学科类别统计，从主题、期刊、作者、机构等多个角度分学科进行高影响力分析，全面展现各个学科领域的高被引情况。按学科领域反映高被引论文、高被引期刊、高被引作者、高被引机构、高被引国外期刊等，并利用共词分析、共被引分析等方法，借助可视化工具进行论文主题关联分析、作者共被引关系分析、期刊共被引关系分析及机构共被引关系分析，力求直观地展现领域内各种学术主体的被引和主题关联情况。

在整个编写过程中，尽管力求严格规范、细致准确、精益求精。但是，由于一些实际情况，如期刊的更名合并、引用文献著录不规范、期刊缩简写各异或学报版本更迭、作者重名、机构演化变更等，给我们的统计、分析和编写工作带来了很大困难，错误和疏漏在所难免，诚望广大读者不吝赐教，批评指正。

编　者

2018 年 12 月

目　　录

第 1 章　编制说明

1.1　数据来源

《中国高被引分析报告 2018》统计了我国正式出版的各学科 7031 种中、英文期刊（不包括少数民族语种期刊和港、澳、台地区出版的期刊），经过期刊引文数据规范化处理，依托“中国知识链接数据库”进行统计分析、数据挖掘和知识链接，再以图谱、表格等方式加以展现，按年编卷出版。

根据论文主题，《中国高被引分析报告 2018》参考《中国图书资料分类法（第四版）》的学科分类，按照“突出基础、科技类学科，兼顾人文、社科类学科”的原则将统计源论文划分为 55 个学科，详情见表 1-1。

表 1-1　《中国高被引分析报告 2018》学科分类

章节	学科名称	章节	学科名称
2	自然科学总论	19	五官科学
3	数学	20	特种医学
4	物理学	21	药学
5	化学	22	农业科学与工程
6	天文学、地球科学	23	植物保护学
7	生物科学与工程	24	农作物
8	预防医学、卫生学	25	园艺学
9	中医药	26	林业
10	基础医学	27	畜牧兽医
11	临床医学	28	水产、渔业
12	护理学	29	工程技术总论
13	内科学	30	通用工业技术
14	外科学	31	测绘科学技术
15	妇产科学、儿科学	32	矿业工程
16	神经病学、精神病学	33	石油、天然气工业
17	肿瘤学	34	冶金工业
18	皮肤病学与性病学	35	金属学与金属工艺

章节	学科名称	章节	学科名称
36	机械、仪表工业	47	航空航天
37	能源与动力工程	48	环境科学、安全科学
38	电工技术	49	社会科学总论
39	无线电电子学、电信技术	50	管理学
40	信息科学与系统科学	51	法学
41	计算机科学与技术	52	经济
42	化学工程	53	新闻出版
43	轻工业、手工业	54	图书情报档案
44	建筑科学	55	教育
45	水利工程	56	语言文艺
46	交通运输		

“中国知识链接数据库”共收录2012—2016年的论文1758.07万篇，比上一个5年统计周期的论文数量增长1.32%，在2017年累积被引频次为627.33万次，比2016年度增长9.01%。

1.2 高被引分析指数

为全面反映、客观评判学者、机构及期刊等各个科研主体的高被引情况，本书选取了发文量、被引频次、被引率、5年影响因子、即年指标、高被引论文、高影响力期刊、高被引作者、高被引机构、高被引国外期刊等多种角度来揭示学科被引情况。具体包括以下内容。

（1）发文量/载文量

总发文量：在数据统计的时间范围内，某学者或机构在国内正式期刊上发表的学术论文数量总和；期刊载文量：在数据统计的时间范围内，某期刊登载的学术论文数量。学科发文量：在数据统计的时间范围内，某学者或机构在国内某学科的正式期刊上发表的学术论文数量。

- 5年发文量/5年载文量

统计发文量/载文量的时间范围限定为：5年（2012—2016年）。

（2）被引频次

在文献计量学领域，被引频次常被用于体现学术论文受其他学者关注的程度，并进一步用于反映学术论文的影响力（被引频次并不必然是学术水平的直接体现）。一般情况下，“被引频次”指学术论文被其他学术论文引用的次数。本书在统计被引频次时不排除自引。

● 总被引频次

在统计范围内，被统计对象所发表（或刊载）全部学术论文的被引频次的累计值。

● 2017 年被引频次

被统计对象 5 年（2012—2016 年）发文在 2017 年被其他学术论文引用的次数。若同一被统计对象发表（或刊载）的 2 篇或多篇论文同时被一篇论文引用，则只计作 1 次被引。

● 最高被引频次

被统计对象 5 年间所发表的论文中，在 2017 年被引用最多的论文的被引频次。

● 篇均被引频次

用作统计的论文集合的平均被引用次数。

（3）被引率

以期刊被引率为例（同理可计算学者和机构的论文被引率）：期刊前 5 年刊载的学术论文中，在统计当年获得过引用的论文占载文总数的比例。被引率反映期刊论文被利用的情况，被引率越高的期刊，其刊载论文的被引用概率越高。具体算法为：

$$\text{期刊被引率}=\frac{\text{期刊前 5 年刊载并在统计当年被引用过的论文数量}}{\text{期刊前 5 年刊载的论文数量}}\times 100\%。$$

（4）5年影响因子

5 年影响因子主要用于反映期刊所载论文的总体被引情况。

● 期刊 5 年影响因子

期刊前 5 年刊载的所有学术论文在统计当年的篇均被引频次。具体算法为：

$$\text{期刊5年影响因子}=\frac{\text{期刊前5年刊载的论文在统计当年的总被引频次}}{\text{期刊前5年刊载的论文数量}}。$$

（5）即年指标

期刊当年发表的论文在当年被引用的情况，具体算法为：

$$\text{即年指标}=\frac{\text{期刊当年发表的论文在当年被引用的总次数}}{\text{期刊当年发表的论文总数}}。$$

（6）高被引论文

某学科 2017 年被引用过的论文中，按论文被引频次高低排序，排位在前 1%的论文定义为“高被引论文”。

（7）学科高影响力期刊

将某学科内期刊 5 年影响因子较高的期刊定义为“学科高影响力期刊”。在 2017 年被某学科论文引用较多的国外期刊定义为“高被引国外期刊”。

（8）高被引作者

前 5 年内在某学科期刊发表过论文的作者中，将学科论文累计被引频次高低排在前列的作者定义为“高被引作者”。本书只统计论文的第一作者。

5 年发文期刊分布特指同一作者的学科 5 年发文发表在多少种期刊上。

（9）高被引机构

本书将机构划分为高等院校和科研院所两种类型。前 5 年内在某学科期刊发表过论文的机构中，将学科论文累计被引频次排在前列的高等院校和科研院所分别定义为“高被引高等院校”和“高被引科研院所”。对于医学类学科，则视具体被引情况列出“高被引医院”“高被引高等院校”或“高被引科研院所”等类型的机构。需要说明的是，本书将出现在高被引机构中的行政管理单位归入“科研院所”类别。

1.3　分析框架和方法

本书按照 55 个学科来分别统计学术论文的发表和被引，不但从整体上展现学科内论文发表和被引的数量分布概况，还从期刊、作者、机构等侧面反映学科内学术影响力情况，更进一步利用共现、共被引等方法揭示各学术主体之间内在的主题关联。本书的分析框架如图 1-1 所示。

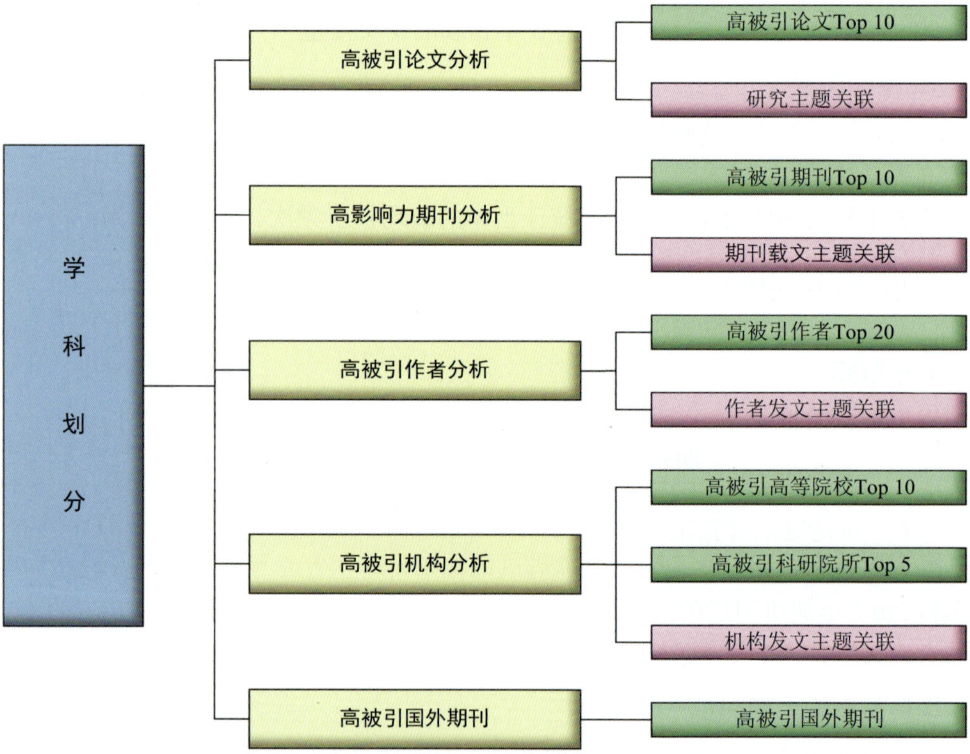

图 1-1　“中国高被引分析”分析框架

（1）高被引论文分析

①高被引论文 Top 10。列出学科内 2017 年被引频次排名前 10 位的学术论文的题名、

第一作者姓名（不包括集体作者）、来源期刊、发表年份、发表至今的总被引频次（2017年之前）及 2017 年的被引频次等指数。

②研究主题关联分析。一方面，由于论文被引存在较长时滞，分析高被引论文的主题难以贴切反映学科的最新研究热点；另一方面，分析 2017 年发表的各学科全部论文的主题，数据量又较大。为此，我们分别抽取各个学科高被引论文的施引文献，借助关键词共现分析来获得各学科的热点主题分布情况，并以知识图谱的形式加以展现。在热点主题关联图中，节点大小代表关键词文档词频的相对高低，连线粗细反映共现次数多少；节点颜色、位置和距离未赋予特定意义。

共词分析是一种研究词语共现现象的计量分析方法，其原理是：具有概念内涵的两个词语在指定范围内多次共同出现，则假定它们之间存在着某种主题关联，共现频率越高则认为主题关联越紧密。

（2）高影响力期刊分析

①高影响力期刊 Top 10。对于各学科内 2017 年 5 年影响因子排名前 10 位的学术期刊，列出期刊的 5 年载文量、2017 年载文量、2017 年被引频次、高被引论文数量、5 年影响因子、即年指标等指数。

②期刊载文主题关联。期刊共被引分析可以揭示期刊在载文主题方面的内在关联。利用共被引分析获取 2017 年学科内各期刊之间的共被引情况并加以可视化，以揭示期刊的载文主题关联。在期刊载文主题关联图中，红色节点代表高学科影响力期刊 Top 10，代表其他期刊的节点则随机赋予红色以外的颜色；节点大小反映期刊 5 年影响因子的相对高低；连线粗细表示共被引关联强弱；节点位置和距离未赋予特定意义。

共被引分析是一种研究两篇文献同时被引用现象的计量分析方法，其原理是：两篇文献被多篇文献同时引用，就假定它们之间具有某种主题关联性或相似性，共被引次数越多表明主题越接近。

（3）高被引作者分析

①高被引作者 Top 20。对于学科内 5 年发文在 2017 年被引频次排名前 20 位的作者，列出作者的姓名、单位、学科 5 年发文量、学科 5 年发文期刊分布、5 年发文总量、学科被引频次、被引率、篇均被引等指数。

②作者发文主题关联。作者共被引分析可以揭示作者在发文主题方面的关联。利用共被引分析获取 2017 年学科内所有作者的共被引情况并加以可视化，以揭示作者的发文主题关联。在作者发文主题关联图中，红色节点代表高被引作者 Top 20，代表其他作者的节点随机赋予红色以外的颜色；节点大小反映作者的学科被引频次的相对高低；连线粗细表示共被引关联强弱；节点位置和距离未赋予特定意义。

（4）高被引机构分析

①高被引高等院校 Top 10、高被引科研院所 Top 5。对于学科内论文在 2017 年被引频次排名前 10 位的高等院校、排名前 5 位的科研院所（部分医学学科分别列出“医院”“高等院校/科研院所”），列出机构名称、学科 5 年发文量、2017 年学科发文量、学科被引频次、

被引率、最高被引频次、篇均被引频次等指数。

②机构发文主题关联。分析学科内高被引机构的论文合著情况，从发表论文的角度揭示高被引机构与其他机构之间的科研合作情况。在高被引机构科研合作关系图中，红色节点代表高被引高等院校 Top 10 和高被引科研院所 Top 5（部分医学学科分别列出“医院”“高等院校/科研院所”），代表其他机构的节点随机赋予红色以外的颜色；节点大小反映机构的学科 5 年发文篇均被引频次的相对高低；连线粗细表示合著关联的强弱；节点位置和距离未赋予特定意义。

（5）高被引国外期刊

高被引国外期刊 Top 10。对于学科内 2017 年学科被引频次排名前 10 位的国外期刊，列出期刊名称和被引频次。

1.4 其他说明

①在统计论文被引时，本书将 2012—2016 年（共 5 年）的论文数据都统计在内。如果在统计的时间范围内期刊更名，则将更名前后的被引频次累加为新刊名的被引频次。

②在统计中，同一机构的重名作者无法排重，只能按同一作者对待，并对有多个机构的高被引作者进行合并归一。

③为了便于统计，当一位作者有 2 个或 2 个以上的作者机构时，均按其第一个机构名称进行统计。如果统计机构被引频次，则只计算第一作者的第一个机构名称。

④所有论文分类遵循《中国图书资料分类法（第四版）》。由于标引过程中对论文的理解偏差，可能存在论文所分学科不精确的现象。

第 2 章　自然科学总论学科高被引分析

2.1　学科论文概况

2012—2016 年，自然科学总论学科的 167 种期刊上共发表学术论文 141724 篇，由来自在 17544 所机构的 112110 位学者作为第一作者发表。上述论文中，有 26203 篇在 2017 年获得过引用，整体被引率为 18.5%，总被引频次为 40698 次，篇均被引 0.29 次；其中，高被引论文有 360 篇，累计被引 3298 次，篇均被引 9.16 次，单篇论文最高被引 83 次（表 2-1）。另外，2017 年本学科共发表论文 20096 篇，其中有 1143 篇在当年获得过引用，总共被引 1427 次。

表 2-1　自然科学总论学科论文分布情况

年份	论文篇数	2017 年被引频次	2017 年被引率（%）	2017 年高被引论文			
				论文篇数	最高被引频次	总被引频次	篇均被引频次
2012	23683	6302	17.6	41	21	399	9.73
2013	30687	8034	16.4	51	83	686	13.45
2014	30551	8537	18.0	91	28	756	8.31
2015	31451	10022	20.3	101	59	855	8.47
2016	25352	7803	20.2	76	51	602	7.92
合计	141724	40698	18.5	360	83	3298	9.16

2.2　高被引论文分析

在自然科学总论学科，2017 年被引次数 Top 10 论文（表 2-2）的平均被引次数为 39.3 次，是全部 360 篇高被引论文篇均被引频次的 4.3 倍。其中，被引次数最高的论文是张小曳的《我国雾-霾成因及其治理的思考》（2013），随后两篇分别是蒋东兴的《大数据背景下的高校智慧校园建设探讨》（2015）和陈一明的《"互联网+"时代课程教学环境与教学模式研究》（2016）。

从论文分布来看，刊载高被引论文数量居前的 3 种期刊分别是《科学通报》（92 篇）、《北京大学学报（自然科学版）》（27 篇）和《西南师范大学学报（自然科学版）》（25 篇），其中，《科学通报》刊载了高被引论文 Top 10 中的 4 篇；发表高被引论文数量居前的学者分别是白城师范学院的王佐成（3 篇）、中国科学院地理科学与资源研究所的匡文慧（2 篇）和喀什大学的张四保（2 篇）；产出高被引论文数量居前的机构分别是西南大学（19 篇）、北京大学（19 篇）和兰州大学（10 篇）。

表 2-2 自然科学总论学科高被引论文 Top 10（2017 年）

排名	论文题名	第一作者	期刊名称	发表年份	被引频次	
					总频次	2017 年
1	我国雾-霾成因及其治理的思考	张小曳	科学通报	2013	269	83
2	大数据背景下的高校智慧校园建设探讨	蒋东兴	华东师范大学学报（自然科学版）	2015	119	59
3	“互联网+”时代课程教学环境与教学模式研究	陈一明	西南师范大学学报（自然科学版）	2016	71	51
4	大气 $PM_{2.5}$ 对健康影响的研究进展	郭新彪	科学通报	2013	104	43
5	大数据时代的数据素养教育	张静波	科学（上海）	2013	92	34
6	网络重要节点排序方法综述	任晓龙	科学通报	2014	62	28
7	“互联网+”内涵浅议	刘金婷	中国科技术语	2015	31	26
8	雾霾污染与人体健康	陈仁杰	自然杂志	2013	66	24
9	可拓学的基础理论与方法体系	蔡文	科学通报	2013	75	23
10	基于 MATLAB 的最小二乘曲线拟合仿真研究	陈岚峰	沈阳师范大学学报（自然科学版）	2014	46	22

2.3 研究主题关联分析

在自然科学总论学科，高被引论文共被 2017 年发表的 3553 篇论文引用了 3298 次。通过分析施引文献关键词的词频及关键词之间的共现关系，获得 2017 年自然科学总论学科的热点主题和主题关联，如图 2-1 所示（共现 5 次以下不显示）。由图可知：“细颗粒物”“互联网+”“过渡态”等关键词的文档词频较高，是 2017 年学科的研究热点；3 个节点以上的研究主题关联网络共 5 个，构成了学科内最为突出的研究主题簇；其中，以“过渡态”“密度泛函理论”“微扰理论”为核心节点的研究主题关联网络最大，其余各团簇中词频最高或连线最多的关键词分别是“细颗粒物”“不定方程”“椭圆曲线”“芦山地震”。

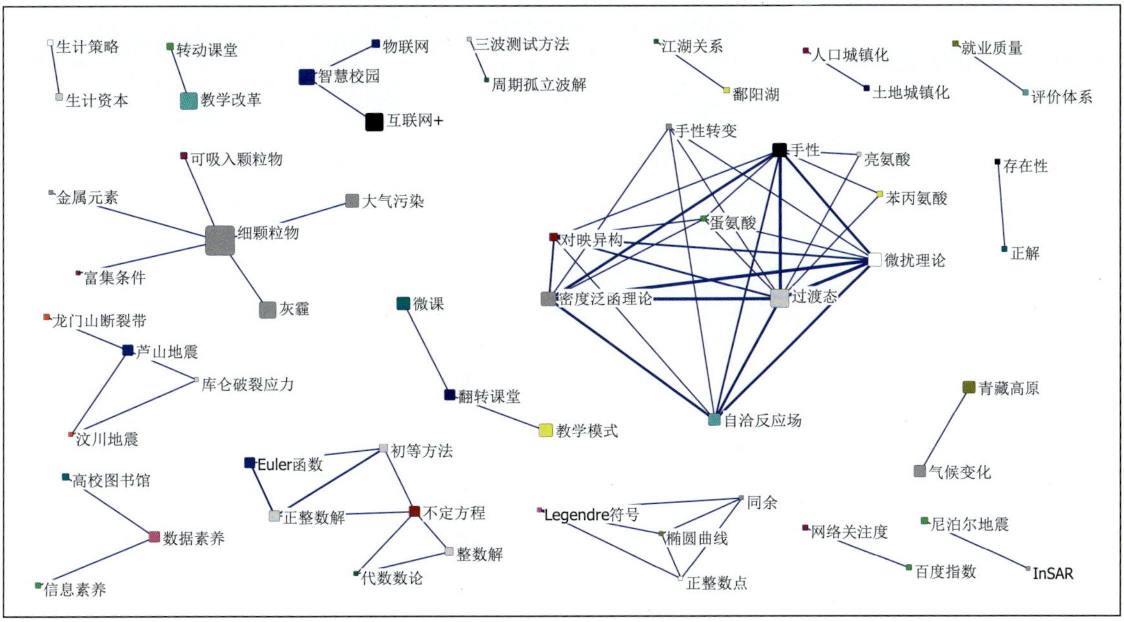

图 2-1　自然科学总论学科热点论文主题关联（2017 年）

2.4　高影响力期刊分析

2.4.1　高影响力期刊 Top 10

在自然科学总论学科，5 年影响因子 Top 10 期刊见表 2-3，前 3 种期刊分别是《科学通报》、《北京大学学报（自然科学版）》和《兰州大学学报（自然科学版）》。其中，2017 年被引频次最高的期刊是《科学通报》，被引率最高的期刊是《北京大学学报（自然科学版）》。2012—2017 年期刊 5 年影响因子的变动情况如图 2-2 所示。

表 2-3　自然科学总论学科高被引期刊基本指标（2017 年）

排名	期刊名称	载文篇数		2017 年被引频次	5 年影响因子	即年指标	被引率（%）	高被引论文篇数	h 指数
		前 5 年	2017 年						
1	科学通报	2412	219	2616	1.085	0.215	40.5	92	14
2	北京大学学报（自然科学版）	714	128	769	1.077	0.156	44.5	27	8
3	兰州大学学报（自然科学版）	714	107	607	0.850	0.037	43.0	12	7
4	西南师范大学学报（自然科学版）	2101	344	1618	0.770	0.131	39.2	25	8
5	自然杂志	369	70	280	0.759	0.043	28.2	12	7

排名	期刊名称	载文篇数		2017 年被引频次	5 年影响因子	即年指标	被引率（%）	高被引论文篇数	h 指数
		前 5 年	2017 年						
6	华东师范大学学报（自然科学版）	681	104	427	0.627	0.087	27.0	13	7
7	西南大学学报（自然科学版）	1753	328	1076	0.614	0.116	36.1	11	6
8	科学通报（英文版）	1226	222	681	0.555	0.185	31.8	11	7
9	中山大学学报（自然科学版）	776	134	426	0.549	0.090	35.1	3	5
10	中国科学院大学学报	628	98	339	0.540	0.041	30.7	5	5

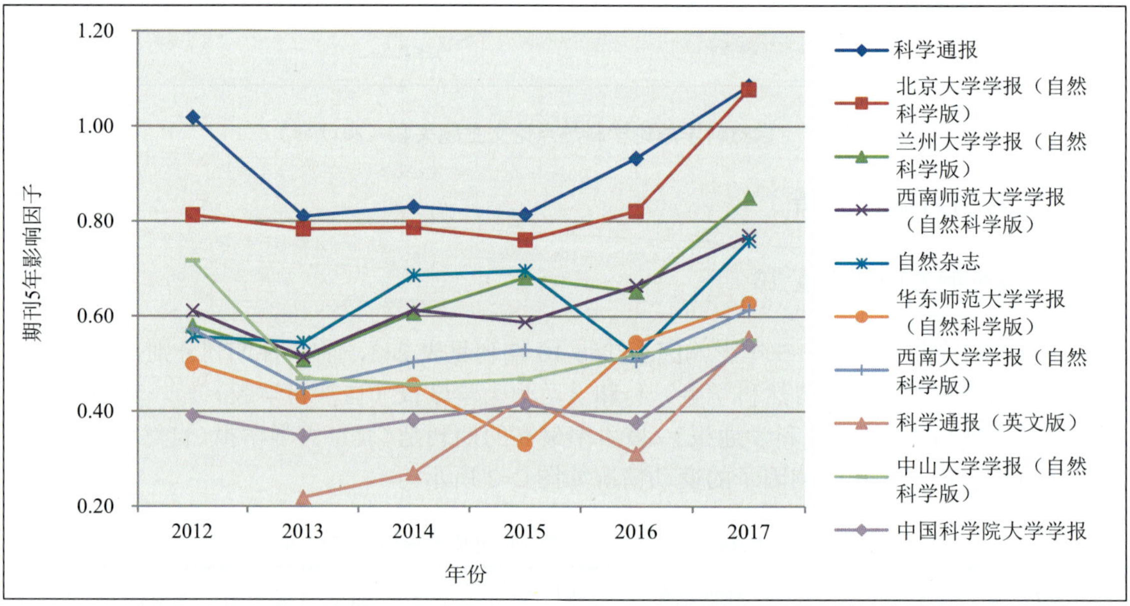

图 2-2　自然科学总论学科期刊 5 年影响因子变动趋势（2012—2017 年）

2.4.2　期刊载文主题关联

通过期刊共被引分析，获得自然科学总论学科期刊之间的载文主题关联，图中节点大小反映 5 年影响因子的高低，连线粗细代表共被引关联的强弱，关联越强表明两个期刊上有更多受学者们关注的相关主题论文，红色节点为学科高影响力期刊 Top 10，详情见图 2-3（共被引 6 次以下不显示）。如图所示，自然科学总论学科的多个期刊均互相关联且关联较为紧密；《科学通报》的 5 年影响因子最高；《西南师范大学学报（自然科学版）》具有最多的关联关系，这是其研究主题广泛的典型体现；《西南师范大学学报（自然科学版）》和《西南大学学报（自然科学版）》、《科学通报》和《科学通报（英文版）》等期刊之间的关联较强，表明上述期刊分别具有较多相关主题的论文。

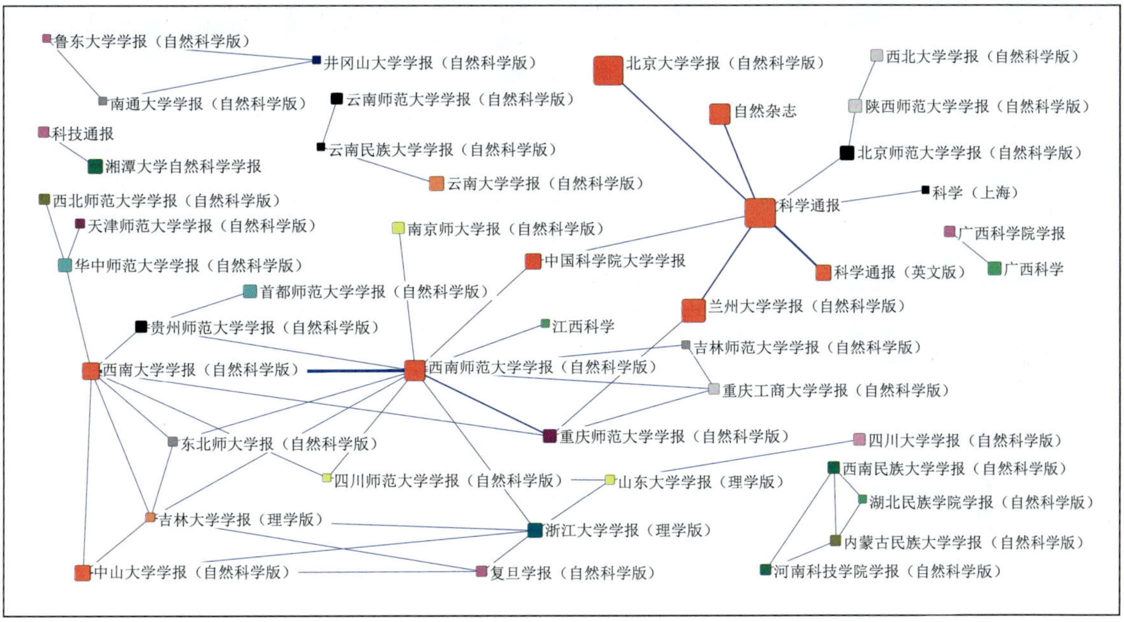

图 2-3　自然科学总论学科期刊载文主题关联（2017 年）

2.5　高被引作者分析

2.5.1　高被引作者 Top 20

2017 年论文被引次数 Top 20 的作者见表 2-4。其中，学科发文总被引频次较高的 3 位作者分别是中国气象科学研究院的张小曳（83 次）、清华大学的蒋东兴（59 次）和广东石油化工学院的陈一明（53 次）。在学科发文 5 篇及以上的作者中，篇均被引较高的 3 位作者分别是渤海大学的赵美娜（篇均 4.40 次）、遵义医学院的张必胜（篇均 4.00 次）和白城师范学院的王佐成（篇均 4.00 次）；5 年学科发文较多的 3 位作者分别是华东交通大学的吴跃生（43 篇）、中国传媒大学的黄志洵（40 篇）和天水师范学院的唐保祥（32 篇）。

表 2-4　自然科学总论学科高被引作者 Top 20（2017 年）

排名	姓名	作者单位	前 5 年发文			前 5 年学科发文在 2017 年的被引				h 指数（学科）
			学科发文（篇）	期刊分布（种）	发文总量（篇）	频次	被引率（%）	最高（次）	篇均（次）	
1	张小曳	中国气象科学研究院	1	1	5	83	100.0	83	83.00	1
2	蒋东兴	清华大学	1	1	11	59	100.0	59	59.00	1
3	陈一明	广东石油化工学院	3	3	12	53	100.0	51	17.67	1

排名	姓名	作者单位	前 5 年发文			前 5 年学科发文在 2017 年的被引				h 指数（学科）
			学科发文（篇）	期刊分布（种）	发文总量（篇）	频次	被引率（%）	最高（次）	篇均（次）	
4	杨新兴	中国环境科学研究院	13	2	13	47	76.9	21	3.62	3
5	郭新彪	北京大学	1	1	5	43	100.0	43	43.00	1
6	王佐成	白城师范学院	9	4	12	36	77.8	10	4.00	3
7	张静波	华东师范大学	1	1	1	34	100.0	34	34.00	1
8	洪宗国	中南民族大学	20	1	24	31	70.0	6	1.55	3
8	杨甲山	梧州学院	16	8	30	31	87.5	4	1.94	3
10	任晓龙	杭州师范大学	1	1	2	28	100.0	28	28.00	1
11	秦伯强	中国科学院南京地理与湖泊研究所	2	1	5	26	100.0	21	13.00	2
11	刘金婷	全国科学技术名词审定委员会	2	1	2	26	50.0	26	13.00	1
13	张必胜	遵义医学院	6	2	7	24	83.3	6	4.00	4
13	陈仁杰	复旦大学	1	1	6	24	100.0	24	24.00	1
15	陈岚峰	沈阳师范大学	3	1	3	23	66.7	22	7.67	1
15	蔡文	广东工业大学	1	1	4	23	100.0	23	23.00	1
17	赵美娜	渤海大学	5	4	9	22	100.0	7	4.40	3
18	陈小芳	渭南师范学院	9	5	11	21	77.8	5	2.33	3
18	郑玫	北京大学	1	1	4	21	100.0	21	21.00	1
20	黄志洵	中国传媒大学	40	2	40	20	30.0	3	0.50	3

2.5.2　作者发文主题关联

通过作者共被引分析，获得 2017 年自然科学总论学科作者之间的发文主题关联，图中节点大小反映被引次数高低，连线粗细代表共被引关联的强弱，关联越强表明两位作者的发文主题可能具有更强的相关性，红色节点为学科高被引作者 Top 20，详情见图 2-4（共被引 3 次以下不显示）。如图所示，高被引作者主导了自然科学总论学科的作者共被引网络，意味着他们的论文主题主导了学科研究热点；黄世叶的共被引作者数最多；王佐成和闫红彦、李忠，张四保和许霞等学者之间的关联较强，表明上述学者之间可能分别有较为相关的发文主题。

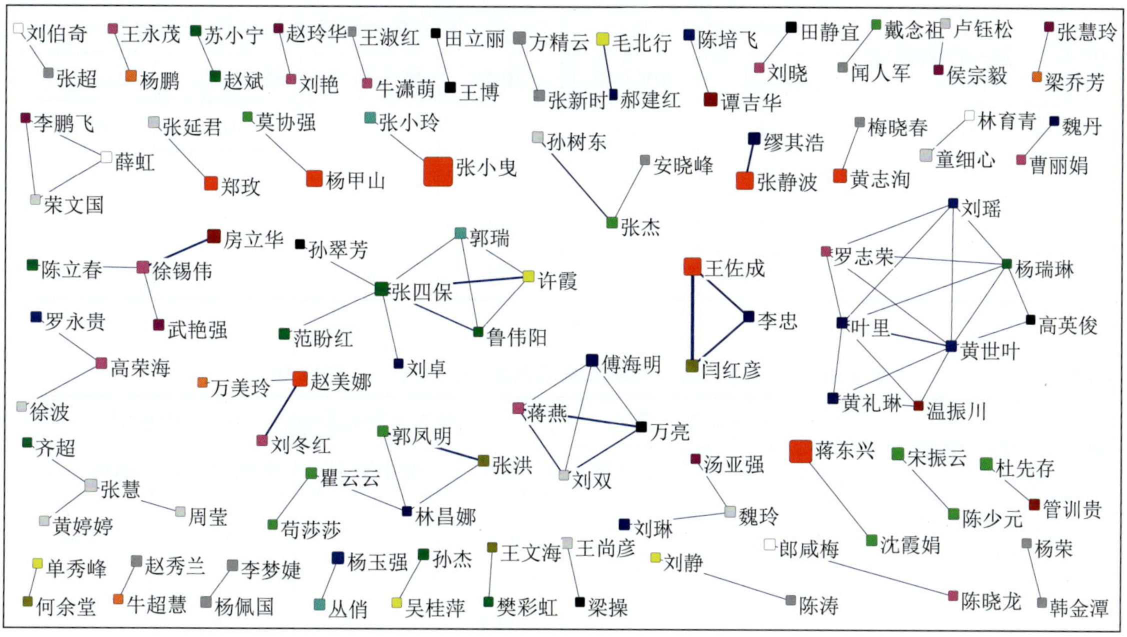

图 2-4　自然科学总论学科作者发文主题关联（2017 年）

2.6　高被引机构分析

2.6.1　高被引机构

自然科学总论学科被引次数 Top 10 高等院校和被引频次 Top 5 科研院所的发文和被引情况分别见表 2-5 和表 2-6。表中，总被引次数排名前 3 位的高等院校分别是西南大学、北京大学和兰州大学，排名前 3 位的科研院所则是中国气象科学研究院、中国科学院大气物理研究所和中华人民共和国国家知识产权局专利局；篇均被引最高的高等院校和科研院所分别是兰州大学和中国气象科学研究院。

表 2-5　自然科学总论学科高被引高等院校 Top 10（2017 年）

排名	第一作者单位	学科发文量（篇）		前 5 年学科发文在 2017 年的被引			
		前 5 年	2017 年	频次	被引率(%)	最高（次）	篇均（次）
1	西南大学	1947	285	1389	39.0	14	0.71
2	北京大学	699	114	627	37.2	43	0.90
3	兰州大学	496	67	450	46.2	10	0.91
4	北京师范大学	646	98	353	31.6	8	0.55
5	福建师范大学	914	119	324	23.4	6	0.35
6	贵州师范大学	744	143	319	27.0	17	0.43

排名	第一作者单位	学科发文量（篇）		前5年学科发文在2017年的被引			
		前5年	2017年	频次	被引率(%)	最高（次）	篇均（次）
7	陕西师范大学	886	124	312	22.1	10	0.35
8	四川大学	865	139	303	25.0	5	0.35
9	福州大学	839	162	296	22.4	7	0.35
10	西北大学	595	83	288	28.6	11	0.48

表2-6　自然科学总论学科高被引科研院所 Top 5（2017年）

排名	第一作者单位	学科发文量（篇）		前5年学科发文在2017年的被引			
		前5年	2017年	频次	被引率(%)	最高（次）	篇均（次）
1	中国气象科学研究院	31	1	125	54.8	83	4.03
2	中国科学院大气物理研究所	83	1	114	55.4	10	1.37
3	中华人民共和国国家知识产权局专利局	558	52	109	15.8	3	0.20
4	中国科学院地理科学与资源研究所	63	10	92	49.2	9	1.46
4	中国科学院	99	28	92	32.3	17	0.93

2.6.2　机构发文主题关联

通过机构共被引分析，获得自然科学总论学科机构间的发文主题关联，图中节点大小反映被引次数高低，连线粗细代表共被引关联的强弱，关联越强表明两个机构的发文主题可能具有更强的相关性，红色节点为高被引高等院校 Top 10 和高被引科研院所 Top 5，详情见图 2-5（共被引 4 次以下不显示）。由图可知，高被引高等院校主导了自然科学总论学科的机构共被引网络，在学科内体现出了较显著的学术影响力；西南大学具有最多的被引次数和关联关系，充分表明了其学科学术影响力；西南大学和重庆师范大学、天津师范大学和内蒙古师范大学等机构之间的关联较强，表明上述机构的研究主题分别具有较多重叠之处。

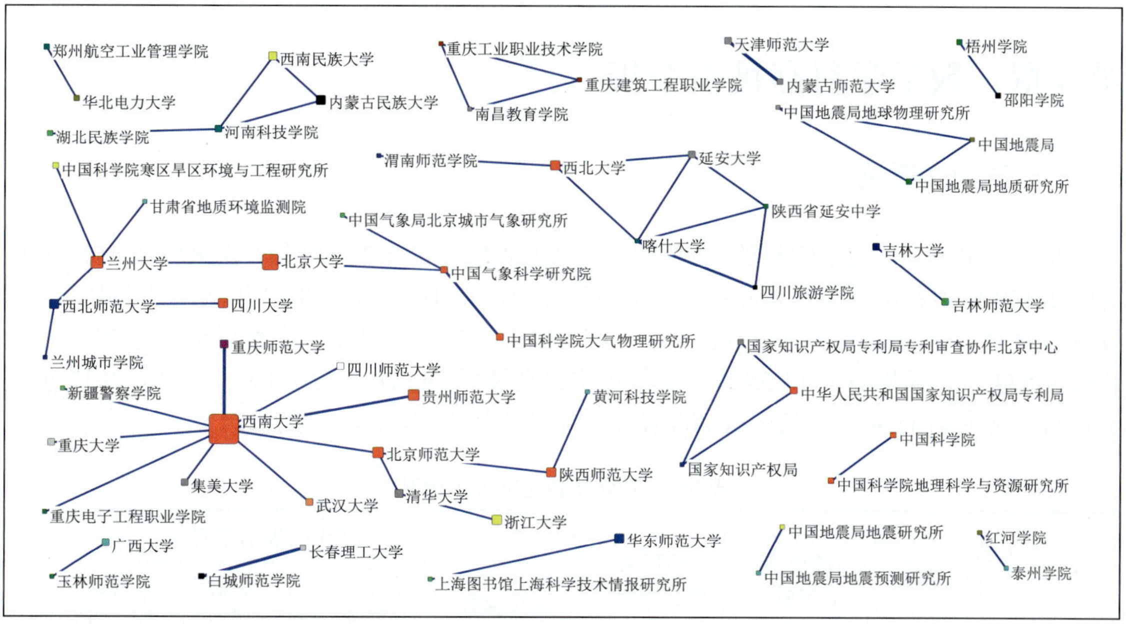

图 2-5　自然科学总论学科机构发文主题关联（2017 年）

2.7　高被引国外期刊

自然科学总论学科内被引次数 Top 10 的国外期刊见表 2-7，排名前 3 位的国外期刊是 *Journal of the American Chemical Society*、*PLoS ONE* 和 *Advanced Materials*。

表 2-7　自然科学总论学科高被引国外期刊 Top 10（2017 年）

排名	期刊名称	2017 年被引频次
1	Journal of the American Chemical Society	433
2	PLoS ONE	398
3	Advanced Materials	380
4	Nature	340
5	Science	337
6	ACS Applied Materials & Interfaces	325
7	Scientific Reports	311
8	RSC Advances	293
9	ACS Nano	290
10	Applied Mathematics and Computation	284

第 3 章　数学学科高被引分析

3.1　学科论文概况

2012—2016 年，数学学科的 42 种期刊上共发表学术论文 26900 篇，由来自在 4500 所机构的 20149 位学者作为第一作者发表。上述论文中，有 4196 篇在 2017 年获得过引用，整体被引率为 15.6%，总被引频次为 6313 次，篇均被引 0.23 次；其中，高被引论文有 55 篇，累计被引 634 次，篇均被引 11.53 次，单篇论文最高被引 243 次（表 3-1）。另外，2017 年本学科共发表论文 5524 篇，其中有 200 篇在当年获得过引用，总共被引 224 次。

表 3-1　数学学科论文分布情况

年份	论文篇数	2017 年被引频次	2017 年被引率（%）	2017 年高被引论文			
				论文篇数	最高被引频次	总被引频次	篇均被引频次
2012	4827	1277	14.5	10	243	320	32.00
2013	5639	1206	15.0	9	11	69	7.67
2014	5649	1416	16.4	11	13	98	8.91
2015	5382	1464	18.7	18	11	105	5.83
2016	5403	950	13.2	7	8	42	6.00
合计	26900	6313	15.6	55	243	634	11.53

3.2　高被引论文分析

在数学学科，2017 年被引次数 Top 10 论文（表 3-2）的平均被引次数为 35.4 次，是全部 55 篇高被引论文篇均被引频次的 3.1 倍。其中，被引次数最高的论文是邓雪的《层次分析法权重计算方法分析及其应用研究》（2012），随后两篇分别是黄一的《自抗扰控制：思想、应用及理论分析》（2012）和沈进昌的《基于云模型的模糊综合评价方法及应用》（2012）。

从论文分布来看，刊载高被引论文数量居前的 3 种期刊分别是《数学的实践与认识》（15 篇）、《系统科学与数学》（8 篇）和《数学教学通讯》（4 篇），其中，《系统科学与数学》刊载了高被引论文 Top 10 中的 3 篇；发表高被引论文数量居前的学者分别是辽宁工程技术大学的崔铁军（3 篇）、渤海大学的张树义（2 篇）和郑州大学的石东洋（2 篇）；产出高被引论文数量居前的机构分别是辽宁工程技术大学（3 篇）、渤海大学（2 篇）和清华大学（2 篇）。

表 3-2　数学学科高被引论文 Top 10（2017 年）

排名	论文题名	第一作者	期刊名称	发表年份	被引频次	
					总频次	2017 年
1	层次分析法权重计算方法分析及其应用研究	邓雪	数学的实践与认识	2012	728	243
2	自抗扰控制：思想、应用及理论分析	黄一	系统科学与数学	2012	43	17
3	基于云模型的模糊综合评价方法及应用	沈进昌	模糊系统与数学	2012	50	16
4	L^2（R^n）上的半正交多小波框架	杨守志	中国科学（数学）	2014	16	13
5	基于多维空间事故树的维持系统可靠性方法研究	崔铁军	系统科学与数学	2014	34	12
5	基于多元线性回归模型的东北地区需水量分析	周晨	数学的实践与认识	2014	15	12
7	一致 Lipschitz 渐近 φ_i-型拟伪压缩映象多步平行迭代算法的收敛性	张树义	系统科学与数学	2013	13	11
7	受限波尔兹曼机	张春霞	工程数学学报	2015	24	11
9	浅议如何密切联系小学数学教学与生活	孔涛涛	数学教学通讯	2014	35	10
10	在生活中寻找数学——小学数学生活化教学策略实践	朱国锋	数学教学通讯	2013	22	9

3.3　研究主题关联分析

在数学学科，高被引论文共被 2017 年发表的 549 篇论文引用了 634 次。通过分析施引文献关键词的词频及关键词之间的共现关系，获得 2017 年数学学科的热点主题和主题关联，如图 3-1 所示（共现 3 次以下不显示）。由图可知："层次分析法""安全系统工程""小学数学"等关键词的文档词频较高，是 2017 年学科的研究热点；3 个节点以上的研究主题关联网络共 4 个，构成了学科内最为突出的研究主题簇；其中，以"空间故障树""因素空间""安全系统工程"为核心节点的研究主题关联网络最大，其余各团簇中词频最高或连线最多的关键词分别是"Legendre 符号""层次分析法""分数阶傅里叶变换"。

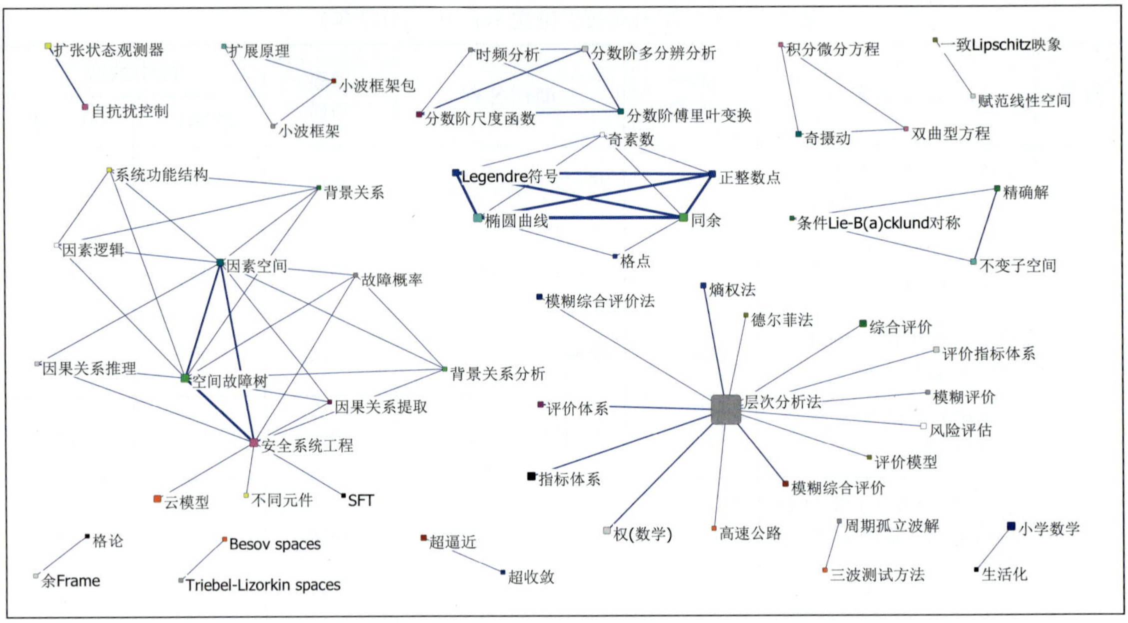

图 3-1　数学学科热点论文主题关联（2017 年）

3.4　高影响力期刊分析

3.4.1　高影响力期刊 Top 10

在数学学科，5 年影响因子 Top 10 期刊见表 3-3，前 3 种期刊分别是《计算数学》、《数学的实践与认识》和《系统科学与数学》。其中，2017 年被引频次最高的期刊是《数学的实践与认识》，被引率最高的期刊是《计算数学》。2012—2017 年期刊 5 年影响因子的变动情况如图 3-2 所示。

表 3-3　数学学科高被引期刊基本指标（2017 年）

排名	期刊名称	载文篇数		2017 年被引频次	5 年影响因子	即年指标	被引率（%）	高被引论文篇数	h 指数
		前 5 年	2017 年						
1	计算数学	184	35	83	0.451	0.000	27.7	1	4
2	数学的实践与认识	4832	947	2004	0.415	0.045	24.1	15	7
3	系统科学与数学	823	204	336	0.408	0.025	21.9	8	6
4	模糊系统与数学	797	147	315	0.395	0.054	23.7	1	5
5	运筹学学报	261	52	102	0.391	0.038	24.1	1	4
6	应用数学学报	481	61	178	0.370	0.000	22.5	3	4
7	大学数学	955	145	332	0.348	0.048	24.0	1	4

排名	期刊名称	载文篇数		2017 年被引频次	5 年影响因子	即年指标	被引率（%）	高被引论文篇数	h 指数
		前 5 年	2017 年						
8	工程数学学报	462	55	137	0.297	0.000	20.3	1	4
9	数学学报	541	100	152	0.281	0.020	16.6	2	4
10	中国科学（数学）	622	140	154	0.248	0.043	16.9	2	4

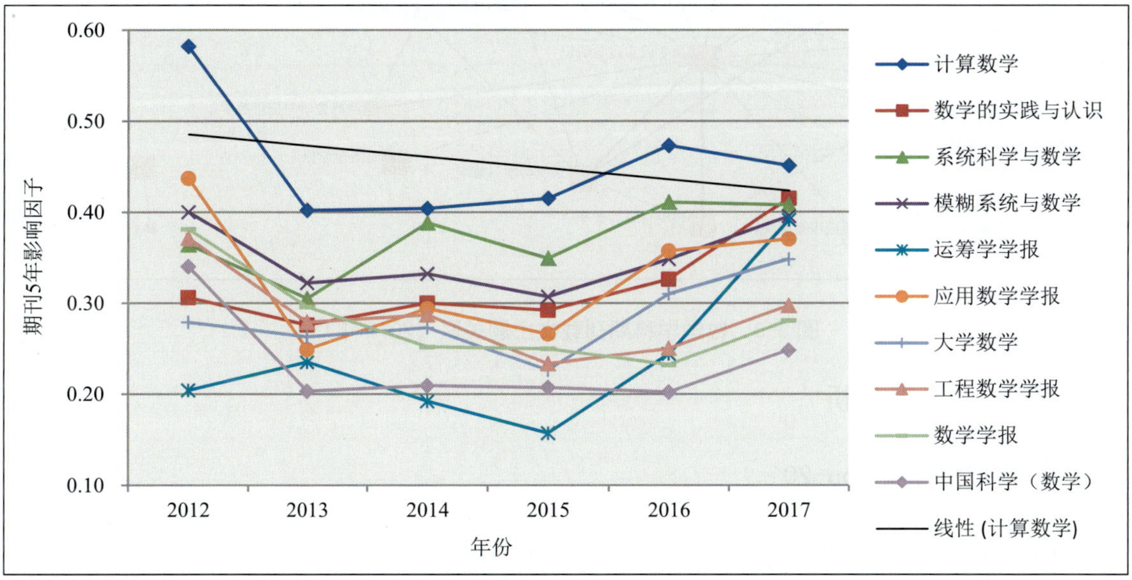

图 3-2　数学学科期刊 5 年影响因子变动趋势（2012—2017 年）

3.4.2　期刊载文主题关联

通过期刊共被引分析，获得数学学科期刊之间的载文主题关联，图中节点大小反映 5 年影响因子的高低，连线粗细代表共被引关联的强弱，关联越强表明两个期刊上有更多受学者们关注的相关主题论文，红色节点为学科高影响力期刊 Top 10，详情见图 3-3（共被引 6 次以下不显示）。如图所示，数学学科的多个期刊均互相关联且关联较为紧密，各期刊的学科分类属性体现得较为明显；《计算数学》的 5 年影响因子最高；《数学的实践与认识》具有最多的关联关系，这是其研究主题广泛的典型体现；《数学的实践与认识》和《模糊系统与数学》《系统科学与数学》《纯粹数学与应用数学》《数学杂志》等期刊之间的关联较强，表明上述期刊具有较多相关主题的论文。

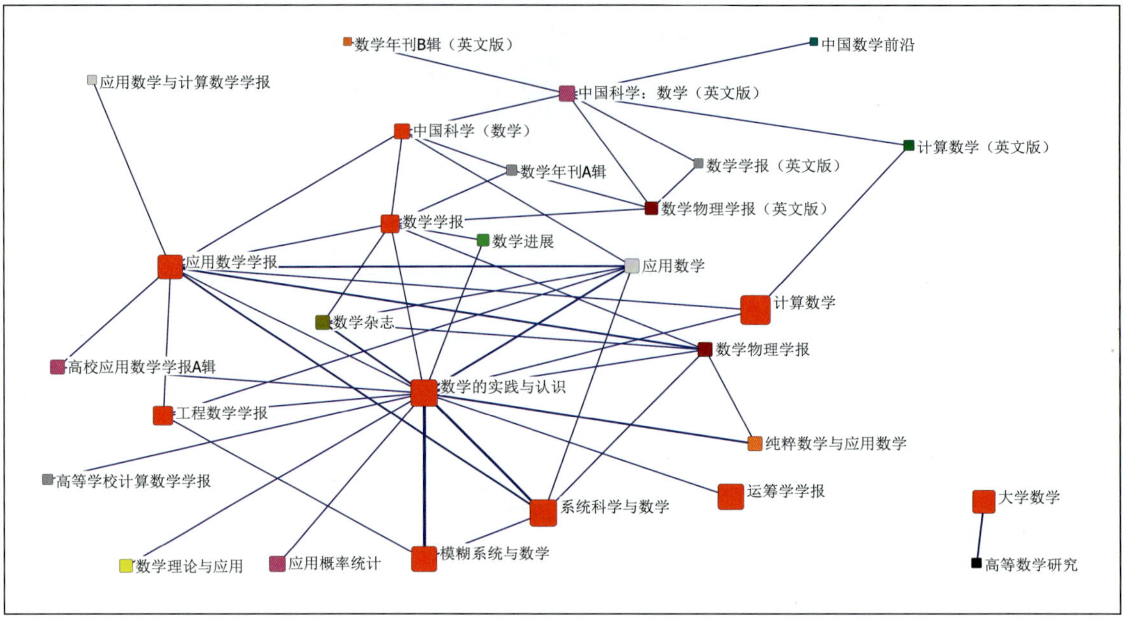

图 3-3　数学学科期刊载文主题关联（2017 年）

3.5　高被引作者分析

3.5.1　高被引作者 Top 20

2017 年论文被引次数 Top 20 的作者见表 3-4。其中，学科发文总被引频次较高的 3 位作者分别是华南理工大学的邓雪（245 次）、郑州大学的石东洋（33 次）和辽宁工程技术大学的崔铁军（32 次）。在学科发文 5 篇及以上的作者中，篇均被引较高的 3 位作者分别是辽宁工程技术大学的崔铁军（篇均 3.56 次）、渤海大学的张树义（篇均 3.43 次）和亳州师范高等专科学校的冯依虎（篇均 3.20 次）；5 年学科发文较多的 3 位作者分别是延边大学的朴勇杰（20 篇）、郑州大学的石东洋（20 篇）和赤峰学院的刘春辉（19 篇）。

表 3-4　数学学科高被引作者 Top 20（2017 年）

排名	姓名	作者单位	前 5 年发文			前 5 年学科发文在 2017 年的被引				h 指数（学科）
			学科发文（篇）	期刊分布（种）	发文总量（篇）	频次	被引率（%）	最高（次）	篇均（次）	
1	邓雪	华南理工大学	2	1	8	245	100.0	243	122.50	2
2	石东洋	郑州大学	20	8	28	33	65.0	7	1.65	3
3	崔铁军	辽宁工程技术大学	9	3	74	32	55.6	12	3.56	4
4	张树义	渤海大学	7	3	25	24	85.7	11	3.43	3

排名	姓名	作者单位	前5年发文			前5年学科发文在2017年的被引				h指数（学科）
			学科发文（篇）	期刊分布（种）	发文总量（篇）	频次	被引率（%）	最高（次）	篇均（次）	
5	高凌云	暨南大学	9	5	10	23	66.7	6	2.56	4
6	黄一	中国科学院数学与系统科学研究院	1	1	1	17	100.0	17	17.00	1
7	冯依虎	亳州师范高等专科学校	5	3	12	16	80.0	8	3.20	3
7	沈进昌	浙江大学	1	1	2	16	100.0	16	16.00	1
9	杨甲山	梧州学院	8	6	30	13	62.5	5	1.63	2
9	杨守志	汕头大学	1	1	1	13	100.0	13	13.00	1
11	吴洪博	陕西师范大学	4	2	12	12	75.0	6	3.00	3
11	周晨	吉林大学	1	1	1	12	100.0	12	12.00	1
13	张春霞	西安交通大学	1	1	1	11	100.0	11	11.00	1
13	李国安	宁波大学	11	3	14	11	81.8	2	1.00	2
15	郑乃峰	宁波大学	9	6	12	10	55.6	3	1.11	2
15	乐琦	江西财经大学	7	2	21	10	71.4	3	1.43	2
15	樊启斌	武汉大学	2	2	2	10	100.0	8	5.00	2
15	孔涛涛	徐州开发区实验小学	1	1	1	10	100.0	10	10.00	1
15	魏利	河北经贸大学	17	6	18	10	35.3	3	0.59	2
20	时统业	中国人民解放军海军指挥学院	17	2	44	9	41.2	2	0.53	2
20	朱国锋	江苏省靖江市新桥镇四墩子小学	1	1	2	9	100.0	9	9.00	1
20	张香云	浙江农林大学	3	2	3	9	100.0	5	3.00	2

3.5.2　作者发文主题关联

通过作者共被引分析，获得2017年数学学科作者之间的发文主题关联，图中节点大小反映被引次数高低，连线粗细代表共被引关联的强弱，关联越强表明两位作者的发文主题可能具有更强的相关性，红色节点为学科高被引作者Top 20，详情见图3-4（共被引3次以下不显示）。如图所示，高被引作者主导了数学学科的作者共被引网络，意味着他们的论文主题主导了学科研究热点；叶婷的共被引作者数最多；杨守志和樊启斌，杨海和杜晓英、张瑾等学者之间的关联较强，表明上述学者之间可能分别有较为相关的发文主题。

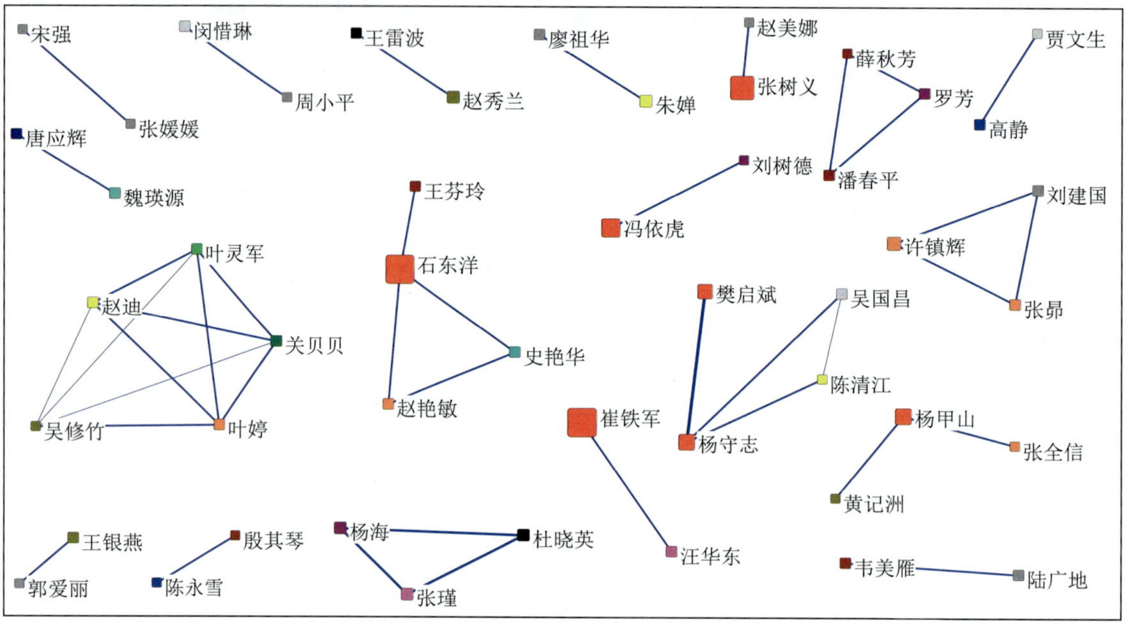

图 3-4　数学学科作者发文主题关联（2017 年）

3.6　高被引机构分析

3.6.1　高被引机构

数学学科被引次数 Top 10 高等院校和被引频次 Top 5 科研院所的发文和被引情况分别见表 3-5 和表 3-6。表中，总被引次数排名前 3 位的高等院校分别是华南理工大学、上海理工大学和东北财经大学，排名前 3 位的科研院所则是中国科学院数学与系统科学研究院、中国农业科学院和中国科学院科技政策与管理科学研究所；篇均被引最高的高等院校和科研院所分别是华南理工大学和中国农业科学院。

表 3-5　数学学科高被引高等院校 Top 10（2017 年）

排名	第一作者单位	学科发文量（篇）		前 5 年学科发文在 2017 年的被引			
		前 5 年	2017 年	频次	被引率(%)	最高（次）	篇均（次）
1	华南理工大学	55	10	255	20.0	243	4.64
2	上海理工大学	192	27	71	22.4	8	0.37
3	东北财经大学	101	9	67	37.6	8	0.66
4	辽宁工程技术大学	74	19	64	32.4	12	0.86
5	郑州大学	97	8	60	30.9	7	0.62

排名	第一作者单位	学科发文量（篇）		前5年学科发文在2017年的被引			
		前5年	2017年	频次	被引率(%)	最高（次）	篇均（次）
6	陕西师范大学	170	24	59	20.0	6	0.35
7	江南大学	71	7	58	40.8	5	0.82
8	安徽大学	142	21	49	21.8	5	0.35
9	浙江大学	166	20	48	15.7	16	0.29
9	武汉大学	140	33	48	22.9	8	0.34

表3-6　数学学科高被引科研院所 Top 5（2017年）

排名	第一作者单位	学科发文量（篇）		前5年学科发文在2017年的被引			
		前5年	2017年	频次	被引率（%）	最高（次）	篇均（次）
1	中国科学院数学与系统科学研究院	184	24	61	18.5	17	0.33
2	中国农业科学院	5		11	60.0	5	2.20
3	中国科学院科技政策与管理科学研究所	12	1	7	50.0	2	0.58
3	北京应用物理与计算数学研究所	28	3	7	14.3	4	0.25
5	中国科学院武汉物理与数学研究所	24	5	6	20.8	2	0.25

3.6.2　机构发文主题关联

通过机构共被引分析，获得数学学科机构间的发文主题关联，图中节点大小反映被引次数高低，连线粗细代表共被引关联的强弱，关联越强表明两个机构的发文主题可能具有更强的相关性，红色节点为高被引高等院校 Top 10 和高被引科研院所 Top 5，详情见图 3-5（共被引 3 次以下不显示）。由图可知，高被引高等院校主导了数学学科的机构共被引网络，在学科内体现出了较显著的学术影响力；中国科学院数学与系统科学研究院的被引次数最高；陕西师范大学具有最多的关联关系，充分表明了其学科学术影响力；郑州大学和许昌学院、武汉大学和汕头大学等机构之间的关联较强，表明上述机构的研究主题分别具有较多重叠之处。

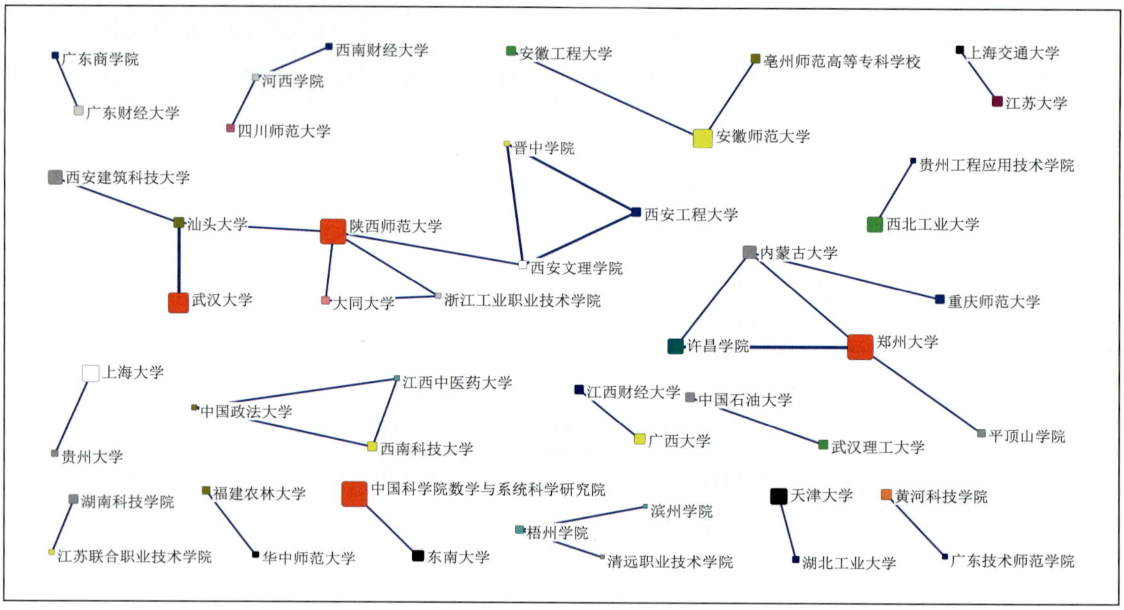

图 3-5　数学学科机构发文主题关联（2017 年）

3.7　高被引国外期刊

数学学科内被引次数 Top 10 的国外期刊见表 3-7，排名前 3 位的国外期刊是 *Applied Mathematics and Computation*、*Journal of Mathematical Analysis and Applications* 和 *Journal of Differential Equations*。

表 3-7　数学学科高被引国外期刊 Top 10（2017 年）

排名	期刊名称	2017 年被引频次
1	Applied Mathematics and Computation	219
2	Journal of Mathematical Analysis and Applications	197
3	Journal of Differential Equations	138
4	Linear Algebra and its Applications	128
5	Automatica	110
6	Journal of Computational and Applied Mathematics	91
7	Applied Mathematics Letters	77
7	Journal of Functional Analysis	77
9	Information Sciences	72
10	Journal of Computational Physics	70

第 4 章　物理学学科高被引分析

4.1　学科论文概况

2012—2016 年，物理学学科的 64 种期刊上共发表学术论文 67139 篇，由来自在 5654 所机构的 50688 位学者作为第一作者发表。上述论文中，有 17066 篇在 2017 年获得过引用，整体被引率为 25.4%，总被引频次为 29051 次，篇均被引 0.43 次；其中，高被引论文有 221 篇，累计被引 2125 次，篇均被引 9.62 次，单篇论文最高被引 32 次（表 4-1）。另外，2017 年本学科共发表论文 11099 篇，其中有 553 篇在当年获得过引用，总共被引 648 次。

表 4-1　物理学学科论文分布情况

年份	论文篇数	2017 年被引频次	2017 年被引率（%）	2017 年高被引论文			
				论文篇数	最高被引频次	总被引频次	篇均被引频次
2012	14177	4876	20.7	44	25	433	9.84
2013	13981	6017	24.7	56	32	528	9.43
2014	13909	6411	26.8	40	31	426	10.65
2015	12974	7131	30.8	45	28	465	10.33
2016	12098	4616	24.4	36	17	273	7.58
合计	67139	29051	25.4	221	32	2125	9.62

4.2　高被引论文分析

在物理学学科，2017 年被引次数 Top 10 论文（表 4-2）的平均被引次数为 24 次，是全部 221 篇高被引论文篇均被引频次的 2.5 倍。其中，被引次数最高的论文是汪卫华的《非晶态物质的本质和特性》（2013），随后两篇分别是孟庆宽的《基于机器视觉的自然环境下作物行识别与导航线提取》（2014）和王立军的《大功率半导体激光器研究进展》（2015）。

从论文分布来看，刊载高被引论文数量居前的 3 种期刊分别是《振动与冲击》（37 篇）、《物理学报》（36 篇）和《中国激光》（26 篇）；《物理学报》和《光学学报》分别刊载了高被引论文 Top 10 中的 2 篇；发表高被引论文数量居前的学者分别是河池学院的苏安（3 篇）、厦门大学的肖华（2 篇）和长春理工大学的姜会林（2 篇）；产出高被引论文数量居前的机构分别是中国科学院长春光学精密机械与物理研究所（12 篇）、天津大学（7 篇）和西安交通大学（6 篇）。

表 4-2 物理学学科高被引论文 Top 10（2017 年）

排名	论文题名	第一作者	期刊名称	发表年份	被引频次	
					总频次	2017 年
1	非晶态物质的本质和特性	汪卫华	物理学进展	2013	77	32
2	基于机器视觉的自然环境下作物行识别与导航线提取	孟庆宽	光学学报	2014	44	31
3	大功率半导体激光器研究进展	王立军	发光学报	2015	52	28
3	骨科个体化治疗与 3D 打印技术	王燎	医用生物力学	2014	57	28
5	复杂网络中节点重要性排序的研究进展	刘建国	物理学报	2013	74	26
6	一种新的非平稳信号分析方法——局部特征尺度分解法	程军圣	振动工程学报	2012	89	25
7	页岩气吸附解吸规律研究	张志英	实验力学	2012	54	18
7	基于 Teager 能量算子的滚动轴承故障诊断研究	王天金	振动与冲击	2012	49	18
9	一种分数阶混沌系统同步的自适应滑模控制器设计	潘光	物理学报	2015	25	17
9	基于深度学习的高分辨率遥感影像分类研究	刘大伟	光学学报	2016	22	17

4.3 研究主题关联分析

在物理学学科，高被引论文共被 2017 年发表的 1983 篇论文引用了 2125 次。通过分析施引文献关键词的词频及关键词之间的共现关系，获得 2017 年物理学学科的热点主题和主题关联，如图 4-1 所示（共现 4 次以下不显示）。由图可知："故障诊断""滚动轴承""复杂网络"等关键词的文档词频较高，是 2017 年学科的研究热点；3 个节点以上的研究主题关联网络共 9 个，构成了学科内最为突出的研究主题簇；其中，以"故障诊断""滚动轴承""Teager 能量谱"为核心节点的研究主题关联网络最大，其余各团簇中词频最高或连线最多的关键词分别是"数值算法""光子晶体""光通信""发光二极管""复杂网络""分数阶""微课""时间尺度"。

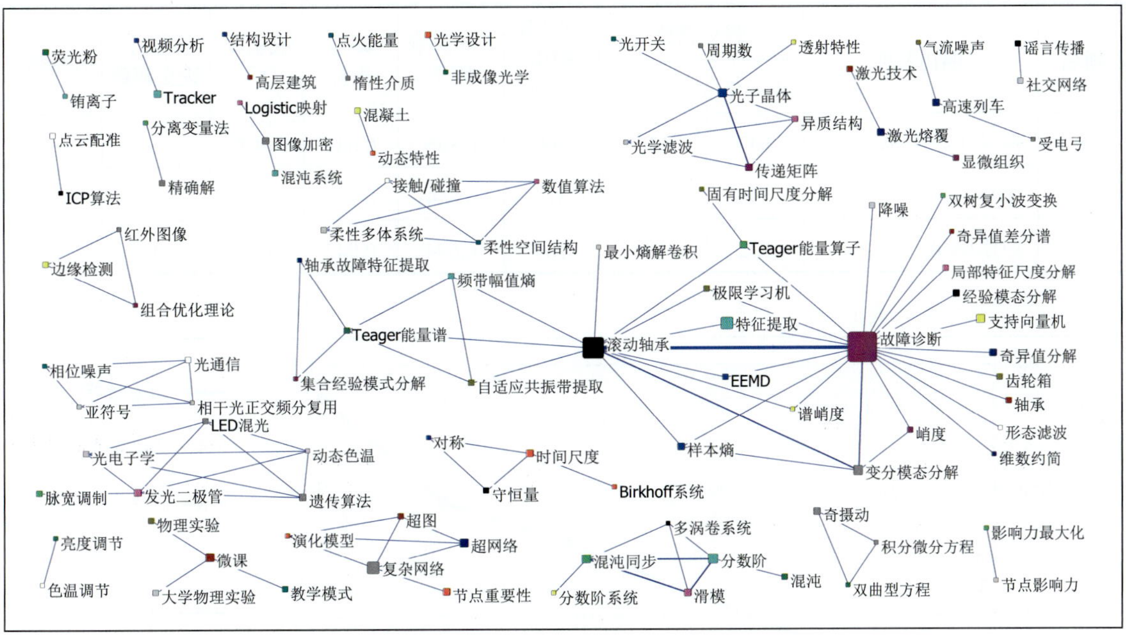

图 4-1 物理学学科热点论文主题关联（2017 年）

4.4 高影响力期刊分析

4.4.1 高影响力期刊 Top 10

在物理学学科，5 年影响因子 Top 10 期刊见表 4-3，前 3 种期刊分别是《力学进展》、《力学学报》和《医用生物力学》。其中，2017 年被引频次最高的期刊是《振动与冲击》，被引率最高的期刊是《力学进展》。2012—2017 年期刊 5 年影响因子的变动情况如图 4-2 所示。

表 4-3 物理学学科高被引期刊基本指标（2017 年）

排名	期刊名称	载文篇数		2017 年被引频次	5 年影响因子	即年指标	被引率（%）	高被引论文篇数	h 指数
		前 5 年	2017 年						
1	力学进展	149	14	267	1.792	0.000	58.4	11	7
2	力学学报	666	139	658	0.988	0.173	51.7	1	5
3	医用生物力学	524	98	513	0.979	0.092	47.3	5	6
4	中国激光	2639	38	2512	0.952	0.000	49.6	26	9
5	中国光学	794	82	736	0.927	0.183	38.3	18	9
6	光学学报	3224	513	2958	0.917	0.170	47.4	26	9
7	振动与冲击	4419	944	3963	0.897	0.095	46.5	37	10

排名	期刊名称	载文篇数		2017 年被引频次	5 年影响因子	即年指标	被引率（%）	高被引论文篇数	h 指数
		前 5 年	2017 年						
8	振动工程学报	647	130	560	0.866	0.046	44.7	5	6
9	爆炸与冲击	595	161	514	0.864	0.168	45.9	3	5
10	声学学报	532	96	369	0.694	0.042	40.2	1	5

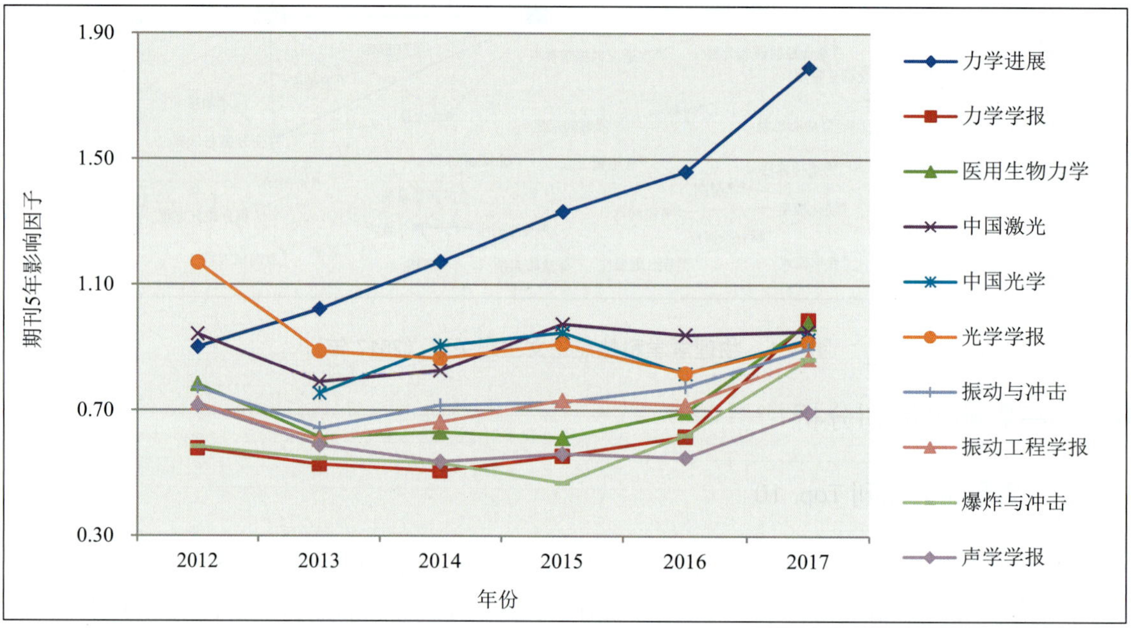

图 4-2　物理学学科期刊 5 年影响因子变动趋势（2012—2017 年）

4.4.2　期刊载文主题关联

通过期刊共被引分析，获得物理学学科期刊之间的载文主题关联，图中节点大小反映 5 年影响因子的高低，连线粗细代表共被引关联的强弱，关联越强表明两个期刊上有更多受学者们关注的相关主题论文，红色节点为学科高影响力期刊 Top 10，详情见图 4-3（共被引 14 次以下不显示）。如图所示，物理学学科的多个期刊均互相关联且关联较为紧密，各期刊的学科分类属性体现得较为明显；《力学进展》的 5 年影响因子最高；《物理学报》具有最多的关联关系，这是其研究主题广泛的典型体现；《光学学报》与《中国激光》《光子学报》《物理学报》等期刊之间的关联较强，表明上述期刊具有较多相关主题的论文。

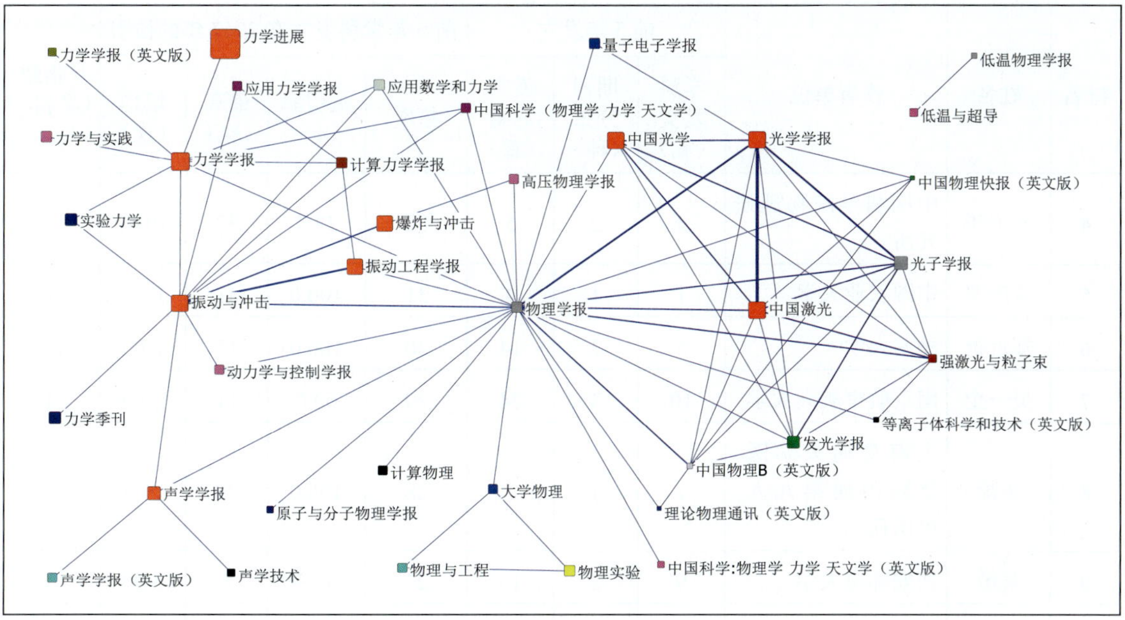

图 4-3　物理学学科期刊载文主题关联（2017 年）

4.5　高被引作者分析

4.5.1　高被引作者 Top 20

2017 年论文被引次数 Top 20 的作者见表 4-4。其中，学科发文总被引频次较高的 3 位作者分别是中国科学院长春光学精密机械与物理研究所的王立军（42 次）、湖南大学的程军圣（36 次）和华北电力大学的唐贵基（34 次）。在学科发文 5 篇及以上的作者中，篇均被引较高的 3 位作者分别是湖南大学的郑近德（篇均 6.00 次）、湖南大学的程军圣（篇均 4.50 次）和天津大学的张社荣（篇均 3.14 次）；5 年学科发文较多的 3 位作者分别是中国科学院物理研究所的曹则贤（52 篇）、河北大学的厚宇德（31 篇）和北京师范大学的梁灿彬（30 篇）。

表 4-4　物理学学科高被引作者 Top 20（2017 年）

排名	姓名	作者单位	前 5 年发文			前 5 年学科发文在 2017 年的被引				h 指数（学科）
			学科发文（篇）	期刊分布（种）	发文总量（篇）	频次	被引率（%）	最高（次）	篇均（次）	
1	王立军	中国科学院长春光学精密机械与物理研究所	2	2	3	42	100.0	28	21.00	2
2	程军圣	湖南大学	8	2	20	36	62.5	25	4.50	3
3	唐贵基	华北电力大学	11	2	36	34	100.0	6	3.09	4

排名	姓名	作者单位	前5年发文			前5年学科发文在2017年的被引				h指数（学科）
			学科发文（篇）	期刊分布（种）	发文总量（篇）	频次	被引率（%）	最高（次）	篇均（次）	
4	汪卫华	中国科学院物理研究所	3	2	5	32	33.3	32	10.67	1
5	孟庆宽	中国农业大学	1	1	4	31	100.0	31	31.00	1
6	郑近德	湖南大学	5	2	14	30	100.0	15	6.00	3
7	吴一全	南京航空航天大学	10	3	74	29	60.0	11	2.90	4
8	王燎	上海交通大学医学院附属第九人民医院	1	1	1	28	100.0	28	28.00	1
9	聂敏	西安邮电大学	9	2	13	27	88.9	8	3.00	3
10	刘建国	上海理工大学	1	1	2	26	100.0	26	26.00	1
11	苏安	河池学院	4	3	21	24	100.0	8	6.00	3
12	梅凤翔	北京理工大学	23	7	27	22	47.8	4	0.96	3
12	张社荣	天津大学	7	2	58	22	100.0	6	3.14	3
14	宋鹏程	华南理工大学	2	1	4	21	100.0	12	10.50	2
15	冯依虎	亳州师范高等专科学校	3	1	12	20	66.7	12	6.67	2
15	柯熙政	西安理工大学	15	6	38	20	66.7	5	1.33	2
17	周智	西安交通大学	3	1	3	19	100.0	15	6.33	2
17	马增强	石家庄铁道大学	2	1	6	19	100.0	15	9.50	2
17	姜会林	长春理工大学	2	2	8	19	100.0	12	9.50	2
20	王天金	北京科技大学	1	1	1	18	100.0	18	18.00	1
20	周漩	空军工程大学	3	1	4	18	66.7	15	6.00	2
20	张志英	中国石油大学	1	1	1	18	100.0	18	18.00	1

4.5.2 作者发文主题关联

通过作者共被引分析，获得 2017 年物理学学科作者之间的发文主题关联，图中节点大小反映被引次数高低，连线粗细代表共被引关联的强弱，关联越强表明两位作者的发文主题可能具有更强的相关性，红色节点为学科高被引作者 Top 20，详情见图 4-4（共被引 4 次以下不显示）。如图所示，高被引作者主导了物理学学科的作者共被引网络，意味着他们的论文主题主导了学科研究热点；郭鹏的共被引作者数最多；胡枫和郭进利、郭鹏和孙健明等学者之间的关联较强，表明上述学者之间可能分别有较为相关的发文主题。

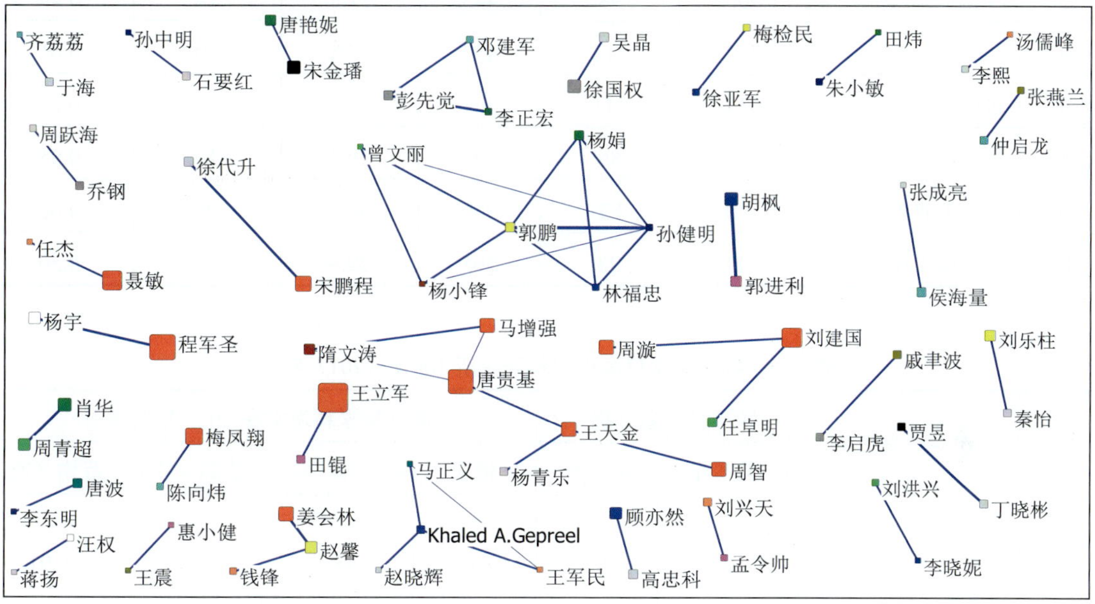

图 4-4 物理学学科作者发文主题关联（2017 年）

4.6 高被引机构分析

4.6.1 高被引机构

物理学学科被引次数 Top 10 高等院校和被引频次 Top 5 科研院所的发文和被引情况分别见表 4-5 和表 4-6。表中，总被引次数排名前 3 位的高等院校分别是天津大学、清华大学和同济大学，排名前 3 位的科研院所则是中国科学院长春光学精密机械与物理研究所、中国工程物理研究院和中国科学院安徽光学精密机械研究所；篇均被引最高的高等院校和科研院所分别是天津大学和中国科学院长春光学精密机械与物理研究所。

表 4-5 物理学学科高被引高等院校 Top 10（2017 年）

排名	第一作者单位	学科发文量（篇）		前 5 年学科发文在 2017 年的被引			
		前 5 年	2017 年	频次	被引率(%)	最高（次）	篇均（次）
1	天津大学	698	107	506	37.7	11	0.72
2	清华大学	1040	177	498	27.4	10	0.48
3	同济大学	684	110	456	37.6	9	0.67
4	大连理工大学	830	116	447	33.1	7	0.54

排名	第一作者单位	学科发文量（篇）		前5年学科发文在2017年的被引			
		前5年	2017年	频次	被引率(%)	最高（次）	篇均（次）
5	西北工业大学	900	98	445	31.8	17	0.49
6	上海交通大学	712	113	437	37.8	10	0.61
7	北京理工大学	634	111	421	36.0	15	0.66
8	北京航空航天大学	715	86	395	29.4	10	0.55
9	北京工业大学	570	82	386	36.1	6	0.68
10	哈尔滨工业大学	729	92	365	29.9	7	0.50

表4-6　物理学学科高被引科研院所 Top 5（2017年）

排名	第一作者单位	学科发文量（篇）		前5年学科发文在2017年的被引			
		前5年	2017年	频次	被引率（%）	最高（次）	篇均（次）
1	中国科学院长春光学精密机械与物理研究所	1039	65	946	45.7	28	0.91
2	中国工程物理研究院	1013	142	334	22.0	10	0.33
3	中国科学院安徽光学精密机械研究所	368	47	283	42.7	12	0.77
4	中国科学院上海光学精密机械研究所	442	33	265	37.6	7	0.60
5	中国科学院力学研究所	270	34	177	29.3	10	0.66

4.6.2　机构发文主题关联

通过机构共被引分析，获得物理学学科机构间的发文主题关联，图中节点大小反映被引次数高低，连线粗细代表共被引关联的强弱，关联越强表明两个机构的发文主题可能具有更强的相关性，红色节点为高被引高等院校 Top 10 和高被引科研院所 Top 5，详情见图 4-5（共被引 9 次以下不显示）。由图可知，高被引高等院校主导了物理学学科的机构共被引网络，在学科内体现出了较显著的学术影响力；中国科学院长春光学精密机械与物理研究所具有最多的被引次数和关联关系，充分表明了其学科学术影响力；中国科学院长春光学精密机械与物理研究所与长春理工大学、北京理工大学、中国科学院西安光学精密机械研究所等机构之间的关联较强，表明上述机构的研究主题具有较多重叠之处。

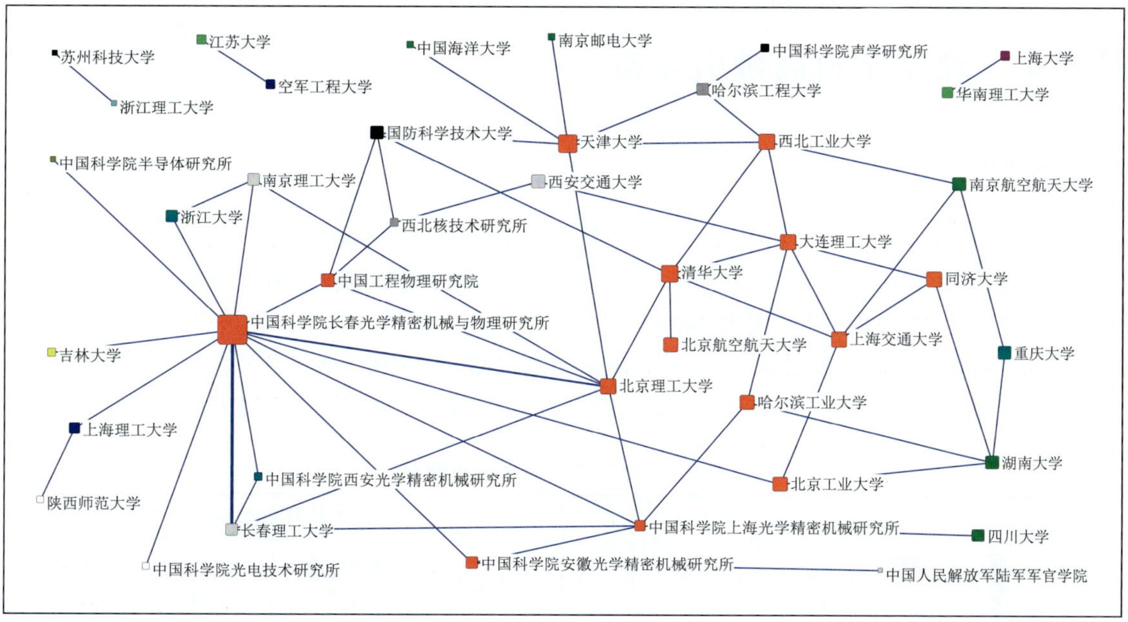

图 4-5　物理学学科机构发文主题关联（2017 年）

4.7　高被引国外期刊

物理学学科内被引次数 Top 10 的国外期刊见表 4-7，排名前 3 位的国外期刊是 *Physical Review Letters*、*Applied Physics Letters* 和 *Optics Express*。

表 4-7　物理学学科高被引国外期刊 Top 10（2017 年）

排名	期刊名称	2017 年被引频次
1	Physical Review Letters	2142
2	Applied Physics Letters	1357
3	Optics Express	1302
4	Physical Review A	1258
5	Scientific Reports	934
6	Physical Review B	922
7	Nature Communications	878
8	Journal of Applied Physics	780
9	Nano Letters	743
10	Physical Review D	722

第 5 章　化学学科高被引分析

5.1　学科论文概况

2012—2016 年，化学学科的 44 种期刊上共发表学术论文 50077 篇，由来自在 4421 所机构的 39571 位学者作为第一作者发表。上述论文中，有 14178 篇在 2017 年获得过引用，整体被引率为 28.3%，总被引频次为 24067 次，篇均被引 0.48 次；其中，高被引论文有 203 篇，累计被引 1811 次，篇均被引 8.92 次，单篇论文最高被引 25 次（表 5-1）。另外，2017 年本学科共发表论文 9105 篇，其中有 593 篇在当年获得过引用，总共被引 716 次。

表 5-1　化学学科论文分布情况

年份	论文篇数	2017 年被引频次	2017 年被引率（%）	2017 年高被引论文			
				论文篇数	最高被引频次	总被引频次	篇均被引频次
2012	10621	4267	24.2	34	16	303	8.91
2013	10098	4819	27.2	35	25	365	10.43
2014	10110	5233	29.1	58	25	535	9.22
2015	9759	5455	32.5	41	16	357	8.71
2016	9489	4293	29.0	35	13	251	7.17
合计	50077	24067	28.3	203	25	1811	8.92

5.2　高被引论文分析

在化学学科，2017 年被引次数 Top 10 论文（表 5-2）的平均被引次数为 18.7 次，是全部 203 篇高被引论文篇均被引频次的 2.1 倍。其中，被引次数最高的论文是黄何何的《QuEChERS-高效液相色谱-串联质谱法同时测定水果中 21 种植物生长调节剂的残留量》（2014）和贺超良的《3D 打印技术制备生物医用高分子材料的研究进展》（2013），之后是褚小立的《近五年我国近红外光谱分析技术研究与应用进展》（2014）。

从论文分布来看，刊载高被引论文数量居前的 3 种期刊分别是《光谱学与光谱分析》（30 篇）、《色谱》（30 篇）和《分析化学》（23 篇）；《化学进展》刊载了高被引论文 Top 10 中的 3 篇；发表高被引论文数量居前的学者分别是国家烟草质量监督检验中心的陈晓水（3 篇）、国家食品质量安全监督检验中心的王浩（2 篇）和西南科技大学的汪建德（2 篇）；产出高被引论文数量居前的机构分别是浙江大学（4 篇）、中国石化石油化工科学研究院（4 篇）和河北大学（4 篇），而中国科学院长春应用化学研究所产出了高被引论文 Top 10 中的 2 篇。

表 5-2　化学学科高被引论文 Top 10（2017 年）

排名	论文题名	第一作者	期刊名称	发表年份	被引频次	
					总频次	2017 年
1	QuEChERS-高效液相色谱-串联质谱法同时测定水果中 21 种植物生长调节剂的残留量	黄何何	色谱	2014	56	25
1	3D 打印技术制备生物医用高分子材料的研究进展	贺超良	高分子学报	2013	71	25
3	近五年我国近红外光谱分析技术研究与应用进展	褚小立	光谱学与光谱分析	2014	50	23
4	木质素的结构研究与应用	路瑶	化学进展	2013	55	21
5	拉曼光谱在石墨烯结构表征中的应用	吴娟霞	化学学报	2014	49	20
6	大孔吸附树脂的吸附机理	娄嵩	化学进展	2012	48	16
6	五味子治疗大鼠糖尿病肾病作用机制的血清代谢组学研究	皮子凤	分析化学	2015	28	16
8	酸性离子液体催化油酸酯化合成生物柴油	李颖	催化学报	2014	24	15
8	中国癌症流行病学与防治研究现状	曾红梅	化学进展	2013	82	15
8	石墨烯/碳纳米管复合材料的制备及应用进展	赵冬梅	化学学报	2014	39	15
8	固相萃取-气相色谱-质谱法测定食品中 23 种邻苯二甲酸酯	郑向华	色谱	2012	75	15

5.3　研究主题关联分析

在化学学科，高被引论文共被 2017 年发表的 1676 篇论文引用了 1811 次。通过分析施引文献关键词的词频及关键词之间的共现关系，获得 2017 年化学学科的热点主题和主题关联，如图 5-1 所示（共现 5 次以下不显示）。由图可知："液相色谱串联质谱""QuEChERS""农药残留"等关键词的文档词频较高，是 2017 年学科的研究热点；3 个节点以上的研究主题关联网络共 3 个，构成了学科内最为突出的研究主题簇；其中，以"QuEChERS""农药残留”“液相色谱串联质谱”为核心节点的研究主题关联网络最大，其余各团簇中词频最高或连线最多的关键词分别是“光催化”“电感耦合等离子体质谱法”。

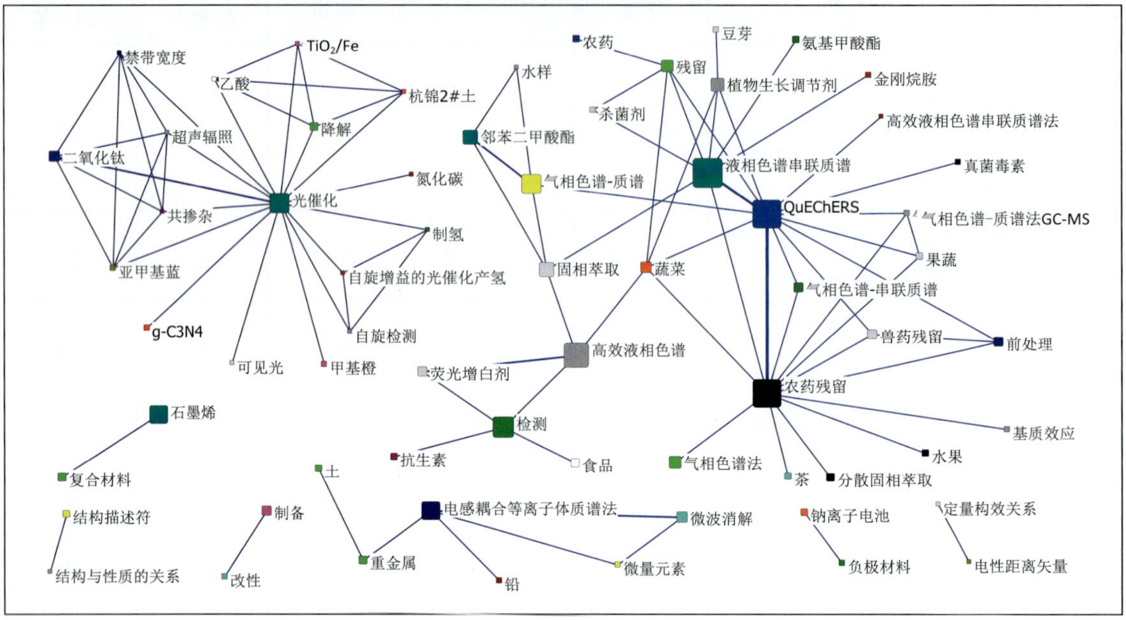

图 5-1 化学学科热点论文主题关联（2017 年）

5.4 高影响力期刊分析

5.4.1 高影响力期刊 Top 10

在化学学科，5 年影响因子 Top 10 期刊见表 5-3，前 3 种期刊分别是《色谱》、《分子催化》和《中国无机分析化学》。其中，2017 年被引频次最高的期刊是《光谱学与光谱分析》，被引率最高的期刊是《分子催化》。2012—2017 年期刊 5 年影响因子的变动情况如图 5-2 所示。

表 5-3 化学学科高被引期刊基本指标（2017 年）

排名	期刊名称	载文篇数		2017 年被引频次	5 年影响因子	即年指标	被引率（%）	高被引论文篇数	h 指数
		前 5 年	2017 年						
1	色谱	1138	206	1407	1.236	0.112	49.7	30	10
2	分子催化	397	64	417	1.050	0.406	50.6	6	6
3	中国无机分析化学	486	84	490	1.008	0.262	48.8	10	7
4	分析化学	1739	299	1732	0.996	0.114	46.3	23	8
5	分析测试学报	1429	264	1409	0.986	0.125	47.1	21	8

排名	期刊名称	载文篇数		2017 年被引频次	5 年影响因子	即年指标	被引率（%）	高被引论文篇数	h 指数
		前 5 年	2017 年						
6	质谱学报	348	85	342	0.983	0.188	48.6	2	6
7	化学进展	996	142	864	0.867	0.063	37.1	18	8
8	光谱学与光谱分析	3821	709	2712	0.710	0.078	38.0	30	9
9	大学化学	708	193	484	0.684	0.285	36.7	7	7
10	化学学报	1027	138	591	0.575	0.043	31.5	10	7

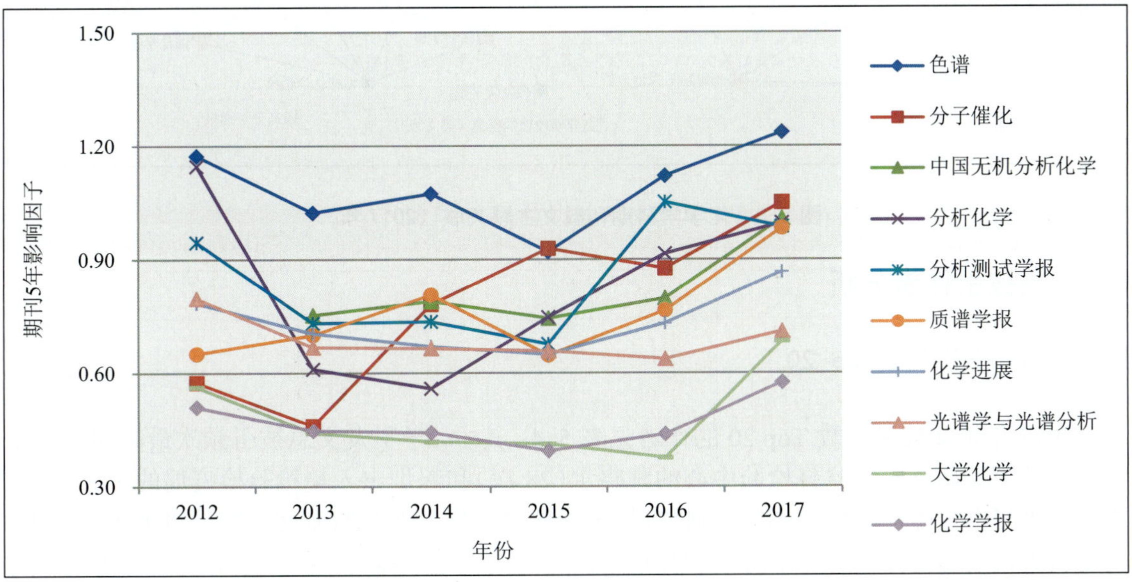

图 5-2　化学学科期刊 5 年影响因子变动趋势（2012—2017 年）

5.4.2　期刊载文主题关联

通过期刊共被引分析，获得化学学科期刊之间的载文主题关联，图中节点大小反映 5 年影响因子的高低，连线粗细代表共被引关联的强弱，关联越强表明两个期刊上有更多受学者们关注的相关主题论文，红色节点为学科高影响力期刊 Top 10，详情见图 5-3（共被引 20 次以下不显示）。如图 5-3 所示，化学学科的多个期刊均互相关联且关联较为紧密，各期刊的学科分类属性体现得较为明显；《色谱》的 5 年影响因子最高；《高等学校化学学报》具有最多的关联关系，这是其研究主题广泛的典型体现；《色谱》与《分析化学》《分析测试学报》等期刊之间的关联较强，表明上述期刊具有较多相关主题的论文。

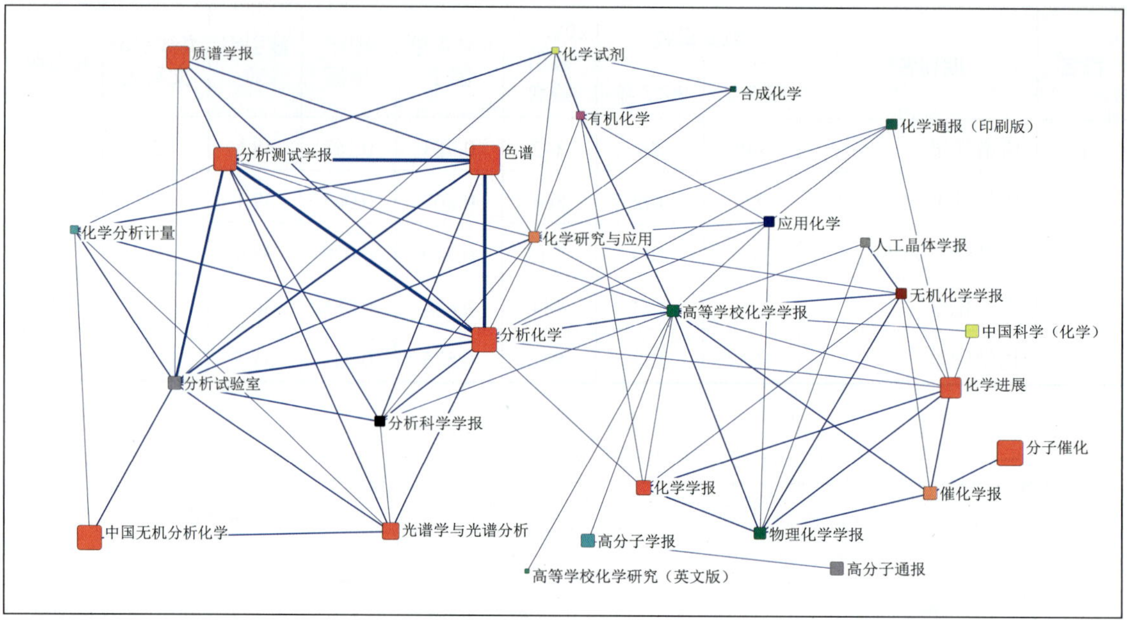

图 5-3　化学学科期刊载文主题关联（2017 年）

5.5　高被引作者分析

5.5.1　高被引作者 Top 20

2017 年论文被引次数 Top 20 的作者见表 5-4。其中，学科发文总被引频次最高的 2 位作者分别是国家烟草质量监督检验中心的陈晓水（28 次）和深圳出入境检验检疫局的王成云（28 次），厦门出入境检验检疫局的黄何何以 25 次居第 3 位。在学科发文 5 篇及以上的作者中，篇均被引较高的 3 位作者分别是中国环境监测总站的王超（篇均 3.00 次）、北京理工大学的傅若农（篇均 2.80 次）和国家食品安全风险评估中心的陈达炜（篇均 2.50 次）；5 年学科发文较多的 3 位作者分别是陕西科技大学的范春辉（22 篇）、渤海大学的高文涛（18 篇）和华东理工大学的刘国杰（17 篇）。

表 5-4　化学学科高被引作者 Top 20（2017 年）

排名	姓名	作者单位	前 5 年发文			前 5 年学科发文在 2017 年的被引				h 指数（学科）
			学科发文（篇）	期刊分布（种）	发文总量（篇）	频次	被引率（%）	最高（次）	篇均（次）	
1	陈晓水	国家烟草质量监督检验中心	3	2	3	28	100.0	11	9.33	3
1	王成云	深圳出入境检验检疫局	15	6	71	28	86.7	5	1.87	3

排名	姓名	作者单位	前 5 年发文			前 5 年学科发文在 2017 年的被引				h 指数（学科）
			学科发文（篇）	期刊分布（种）	发文总量（篇）	频次	被引率（%）	最高（次）	篇均（次）	
3	黄何何	厦门出入境检验检疫局	2	2	2	25	50.0	25	12.50	1
3	贺超良	中国科学院长春应用化学研究所	1	1	1	25	100.0	25	25.00	1
5	张金水	福州大学	2	2	2	23	100.0	14	11.50	2
5	褚小立	中国石化石油化工科学研究院	2	2	4	23	50.0	23	11.50	1
7	路瑶	中国矿业大学	1	1	3	21	100.0	21	21.00	1
7	荣杰峰	泉州出入境检验检疫局	4	3	8	21	75.0	10	5.25	3
7	汪建德	西南科技大学	4	3	4	21	100.0	9	5.25	3
7	皮子凤	中国科学院长春应用化学研究所	2	2	3	21	100.0	16	10.50	2
11	李蓉	中山出入境检验检疫局	3	3	6	20	100.0	12	6.67	3
11	王连珠	漳州出入境检验检疫局	4	2	4	20	100.0	13	5.00	2
11	吴娟霞	北京大学	1	1	1	20	100.0	20	20.00	1
14	王道林	渤海大学	12	4	12	19	66.7	5	1.58	3
15	卢久富	陕西理工学院	7	3	9	17	71.4	7	2.43	2
15	刘宏伟	湖南工学院	4	2	17	17	100.0	9	4.25	2
15	王浩	国家食品质量安全监督检验中心	3	3	5	17	100.0	7	5.67	3
15	詹望成	华东理工大学	4	2	5	17	75.0	8	4.25	2
19	娄嵩	中国科学院兰州化学物理研究所	1	1	1	16	100.0	16	16.00	1
19	牟艳莉	上海海洋大学	3	3	4	16	100.0	11	5.33	2
19	郭礼强	潍坊出入境检验检疫局	4	2	5	16	100.0	10	4.00	2
19	李金英	华润（集团）有限公司	2	2	3	16	100.0	13	8.00	2

5.5.2　作者发文主题关联

通过作者共被引分析，获得 2017 年化学学科作者之间的发文主题关联，图中节点大小反映被引次数高低，连线粗细代表共被引关联的强弱，关联越强表明两位作者的发文主题可能具有更强的相关性，红色节点为学科高被引作者 Top 20，详情见图 5-4（共被引 4 次以下不显示）。如图所示，高被引作者主导了化学学科的作者共被引网络，意味着他们的论文主题主导了学科研究热点；学者黄何何和郭礼强的节点较大，显示出他们的学术成果在学科内得到较多关注；黄何何和牟艳莉、顾云兰和廖立敏等学者之间的关联较强，表明上述学者之间可能分别有较为相关的发文主题。

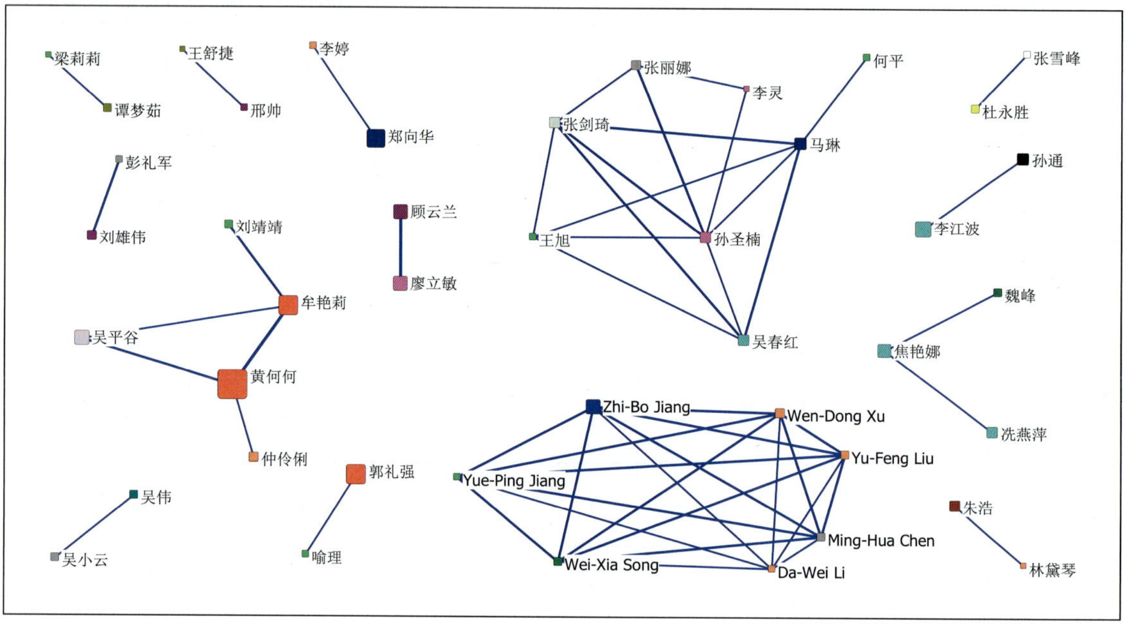

图 5-4　化学学科作者发文主题关联（2017 年）

5.6　高被引机构分析

5.6.1　高被引机构

化学学科被引次数 Top 10 高等院校和被引频次 Top 5 科研院所的发文和被引情况分别见表 5-5 和表 5-6。表中，总被引次数排名前 3 位的高等院校分别是浙江大学、吉林大学和华东理工大学，排名前 3 位的科研院所则是中国科学院长春应用化学研究所、中国科学院大连化学物理研究所和中国科学院兰州化学物理研究所；篇均被引最高的高等院校和科研院所分别是浙江大学和中国检验检疫科学研究院。

表 5-5　化学学科高被引高等院校 Top 10（2017 年）

排名	第一作者单位	学科发文量（篇）		前 5 年学科发文在 2017 年的被引			
		前 5 年	2017 年	频次	被引率(%)	最高（次）	篇均（次）
1	浙江大学	596	119	374	33.1	12	0.63
2	吉林大学	820	109	314	24.3	13	0.38
3	华东理工大学	618	139	266	28.3	8	0.43
4	四川大学	712	126	255	24.7	5	0.36
5	清华大学	423	62	217	32.2	9	0.51
6	天津大学	485	93	211	27.2	7	0.44
7	北京大学	418	109	199	29.4	20	0.48
8	华南理工大学	366	62	190	26.0	15	0.52
9	江南大学	311	45	184	37.0	7	0.59
10	上海交通大学	295	67	182	31.2	9	0.62

表 5-6　化学学科高被引科研院所 Top 5（2017 年）

排名	第一作者单位	学科发文量（篇）		前 5 年学科发文在 2017 年的被引			
		前 5 年	2017 年	频次	被引率（%）	最高（次）	篇均（次）
1	中国科学院长春应用化学研究所	370	58	205	26.2	25	0.55
2	中国科学院大连化学物理研究所	293	50	179	34.1	10	0.61
3	中国科学院兰州化学物理研究所	133	20	116	41.4	16	0.87
4	中国科学院化学研究所	384	68	103	19.0	6	0.27
5	中国检验检疫科学研究院	58	6	76	60.3	6	1.31

5.6.2　机构发文主题关联

通过机构共被引分析，获得化学学科机构间的发文主题关联，图中节点大小反映被引次数高低，连线粗细代表共被引关联的强弱，关联越强表明两个机构的发文主题可能具有更强的相关性，红色节点为高被引高等院校 Top 10 和高被引科研院所 Top 5，详情见图 5-5（共被引 5 次以下不显示）。由图可知，高被引高等院校主导了化学学科的机构共被引网络，在学科内体现出了较显著的学术影响力；浙江大学具有最多的被引次数和关联关系，充分表明了其学科学术影响力；浙江大学和中国农业大学、华东理工大学和南开大学、四川大学和清华大学等机构之间的关联较强，表明上述机构的研究主题分别具有较多重叠之处。

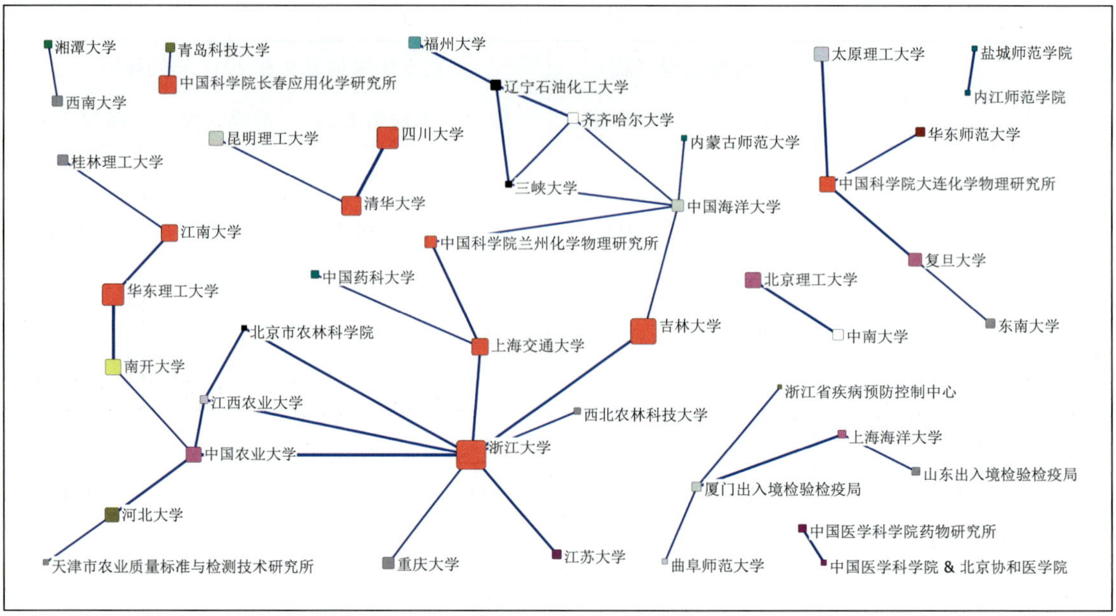

图 5-5　化学学科机构发文主题关联（2017 年）

5.7　高被引国外期刊

化学学科内被引次数Top 10的国外期刊见表5-7，排名前3位的国外期刊是*Journal of the American Chemical Society*、*Angewandte Chemie International Edition*和*Chemical Communications*。

表 5-7　化学学科高被引国外期刊 Top 10（2017 年）

排名	期刊名称	2017 年被引频次
1	Journal of the American Chemical Society	3678
2	Angewandte Chemie International Edition	2639
3	Chemical Communications	2586
4	RSC Advances	2078
4	Advanced Materials	2078
6	ACS Applied Materials & Interfaces	1632
7	Chemical Society Reviews	1612
8	Organic Letters	1388
9	Journal of Materials Chemistry A	1386
10	Analytical Chemistry	1365

第 6 章　天文学、地球科学学科高被引分析

6.1　学科论文概况

2012—2016 年，天文学、地球科学学科的 207 种期刊上共发表学术论文 132680 篇，由来自在 11813 所机构的 86396 位学者作为第一作者发表。上述论文中，有 50930 篇在 2017 年获得过引用，整体被引率为 38.4%，总被引频次为 120655 次，篇均被引 0.91 次；其中，高被引论文有 552 篇，累计被引 10957 次，篇均被引 19.85 次，单篇论文最高被引 153 次（表 6-1）。另外，2017 年本学科共发表论文 25032 篇，其中有 2194 篇在当年获得过引用，总共被引 3024 次。

表 6-1　天文学、地球科学学科论文分布情况

年份	论文篇数	2017 年被引频次	2017 年被引率（%）	2017 年高被引论文			
				论文篇数	最高被引频次	总被引频次	篇均被引频次
2012	26633	23616	36.1	104	53	2136	20.54
2013	26009	25151	39.2	115	86	2305	20.04
2014	27382	27013	39.8	110	123	2581	23.46
2015	26614	27370	42.4	116	153	2593	22.35
2016	26042	17505	34.3	107	27	1342	12.54
合计	132680	120655	38.4	552	153	10957	19.85

6.2　高被引论文分析

在天文学、地球科学学科，2017 年被引次数 Top 10 论文（表 6-2）的平均被引次数为 71.5 次，是全部 552 篇高被引论文篇均被引频次的 3.6 倍。其中，被引次数最高的论文是刘纪远的《20 世纪 80 年代末以来中国土地利用变化的基本特征与空间格局》（2014），随后两篇分别是姚士谋的《中国新型城镇化理论与实践问题》（2014）和王富喜的《基于熵值法的山东省城镇化质量测度及空间差异分析》（2013）。

从论文分布来看，刊载高被引论文数量居前的 3 种期刊分别是《地理学报》（90 篇）、《经济地理》（87 篇）和《地理研究》（50 篇）；《地理学报》、《中国科学（地球科学）》和《地理科学》分别刊载了高被引论文 Top 10 中的 2 篇；发表高被引论文数量居前的学者分别是中国科学院地理科学与资源研究所的陆大道（7 篇）、中国气象局气象干部培训学院的俞小鼎（4 篇）和中国地质科学院矿产资源研究所的唐菊兴（4 篇）；产出高被引论文数量居前的机构分别是中国科学院地理科学与资源研究所（60 篇）、南京大学（21 篇）和北京

大学（21 篇），而中国科学院地理科学与资源研究所产出了高被引论文 Top 10 中的 2 篇。

表 6-2 天文学、地球科学学科高被引论文 Top 10（2017 年）

排名	论文题名	第一作者	期刊名称	发表年份	被引频次	
					总频次	2017 年
1	20 世纪 80 年代末以来中国土地利用变化的基本特征与空间格局	刘纪远	地理学报	2014	276	123
2	中国新型城镇化理论与实践问题	姚士谋	地理科学	2014	216	87
3	基于熵值法的山东省城镇化质量测度及空间差异分析	王富喜	地理科学	2013	207	86
4	IPCC 第五次评估报告第一工作组报告的亮点结论	秦大河	气候变化研究进展	2014	202	73
5	IPCC 第一工作组第五次评估报告对全球气候变化认知的最新科学要点	沈永平	冰川冻土	2013	210	66
6	2013 年 1 月中国东部持续性强雾霾天气产生的气象条件分析	张人禾	中国科学（地球科学）	2014	178	60
7	北斗区域卫星导航系统基本导航定位性能初步评估	杨元喜	中国科学（地球科学）	2014	153	57
8	论土地整治与乡村空间重构	龙花楼	地理学报	2013	174	56
9	新型城镇化背景下的乡村旅游发展——理论反思与困境突破	黄震方	地理研究	2015	101	54
10	华南构造演化的基本特征	舒良树	地质通报	2012	227	53

6.3 研究主题关联分析

在天文学、地球科学学科，高被引论文共被 2017 年发表的 8113 篇论文引用了 10957 次。通过分析施引文献关键词的词频及关键词之间的共现关系，获得 2017 年天文学、地球科学学科的热点主题和主题关联，如图 6-1 所示（共现 13 次以下不显示）。由图可知："城市化""新型城镇化""土地利用"等关键词的文档词频较高，是 2017 年学科的研究热点；3 个节点以上的研究主题关联网络共 4 个，构成了学科内最为突出的研究主题簇；其中，以"城市化""耦合协调度""新型城镇化"为核心节点的研究主题关联网络最大，其余各团簇中词频最高或连线最多的关键词分别是“地球化学”“页岩气”“土地利用”。

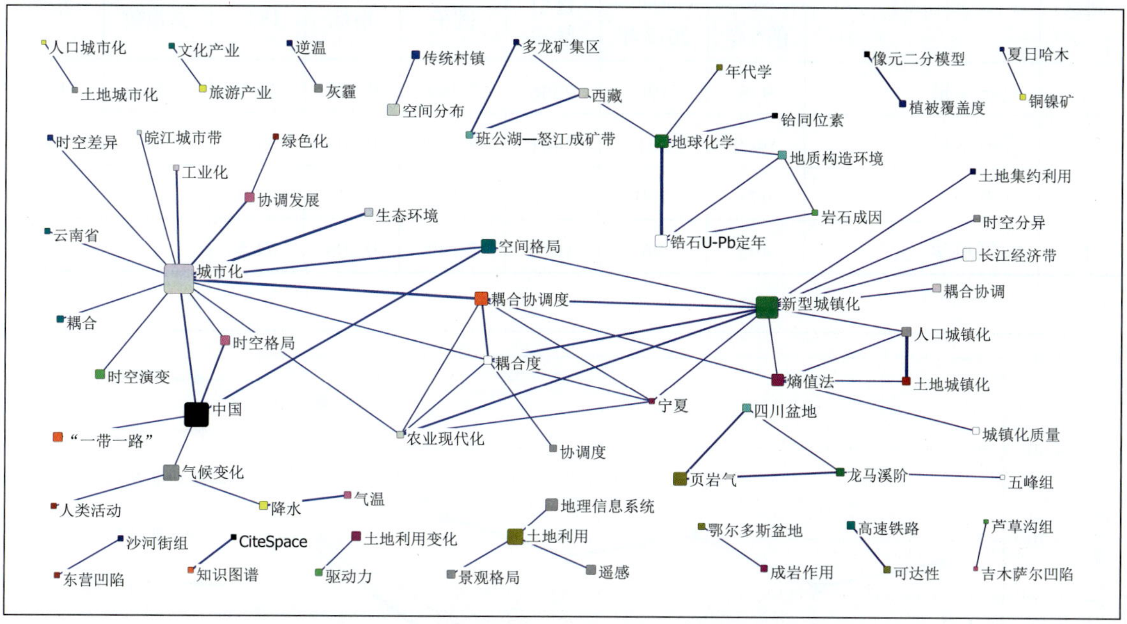

图 6-1 天文学、地球科学学科热点论文主题关联（2017 年）

6.4 高影响力期刊分析

6.4.1 高影响力期刊 Top 10

在天文学、地球科学学科，5 年影响因子 Top 10 期刊见表 6-3，前 3 种期刊分别是《地理学报》、《地理研究》和《地理科学进展》。其中，2017 年被引频次最高的期刊是《经济地理》，被引率最高的期刊是《地理科学》。2012—2017 年期刊 5 年影响因子的变动情况如图 6-2 所示。

表 6-3 天文学、地球科学学科高被引期刊基本指标（2017 年）

排名	期刊名称	载文篇数		2017 年被引频次	5 年影响因子	即年指标	被引率（%）	高被引论文篇数	h 指数
		前 5 年	2017 年						
1	地理学报	935	197	4709	5.036	0.371	73.0	90	26
2	地理研究	1098	206	4130	3.761	0.393	78.2	50	18
3	地理科学进展	904	158	3333	3.687	0.525	78.0	39	18
4	地理科学	1086	222	3828	3.525	0.167	80.2	48	17
4	经济地理	1775	347	6256	3.525	0.262	78.9	87	20
6	地学前缘	904	190	2188	2.420	0.384	69.0	22	14

排名	期刊名称	载文篇数		2017 年被引频次	5 年影响因子	即年指标	被引率（%）	高被引论文篇数	h 指数
		前 5 年	2017 年						
7	地质学报	978	198	2346	2.399	0.348	73.5	8	11
8	岩石学报	1460	261	3401	2.329	0.303	71.3	20	14
9	气象	974	170	2110	2.166	0.235	73.0	13	13
10	大气科学	495	96	1064	2.149	0.208	71.5	1	9

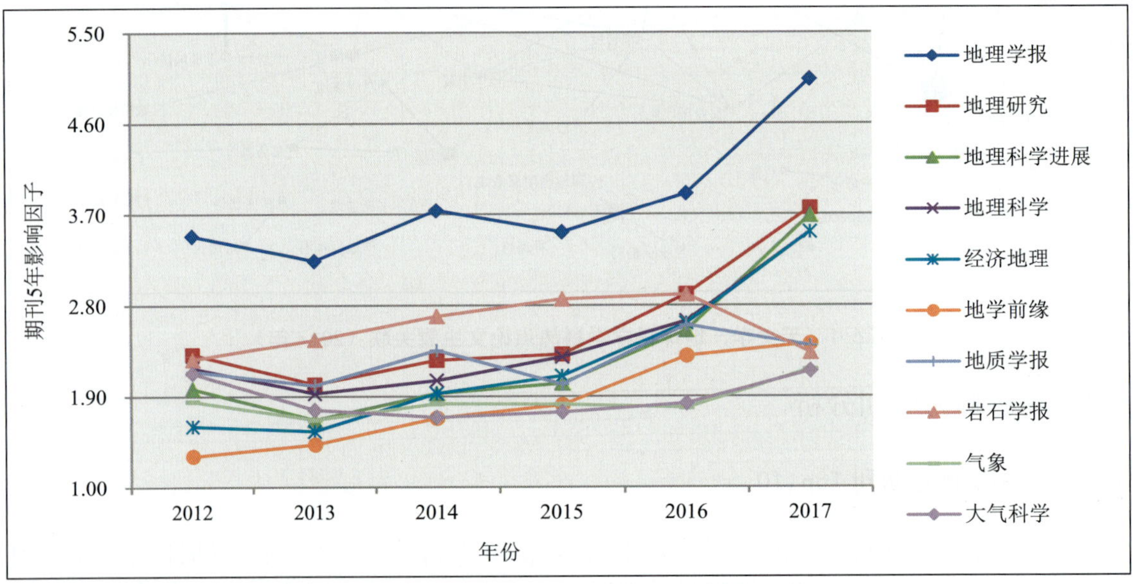

图 6-2 天文学、地球科学学科期刊 5 年影响因子变动趋势（2012—2017 年）

6. 4. 2 期刊载文主题关联

通过期刊共被引分析，获得天文学、地球科学学科期刊之间的载文主题关联，图中节点大小反映 5 年影响因子的高低，连线粗细代表共被引关联的强弱，关联越强表明两个期刊上有更多受学者们关注的相关主题论文，红色节点为学科高影响力期刊 Top 10，详情见图 6-3（共被引 128 次以下不显示）。如图所示，天文学、地球科学学科的多个期刊均互相关联且关联较为紧密，各期刊的学科分类属性体现得较为明显；《地理学报》的 5 年影响因子最高；《岩石学报》具有最多的关联关系，这是其研究主题广泛的典型体现；《地理学报》和《地理研究》《经济地理》等期刊之间的关联较强，表明上述期刊具有较多相关主题的论文。

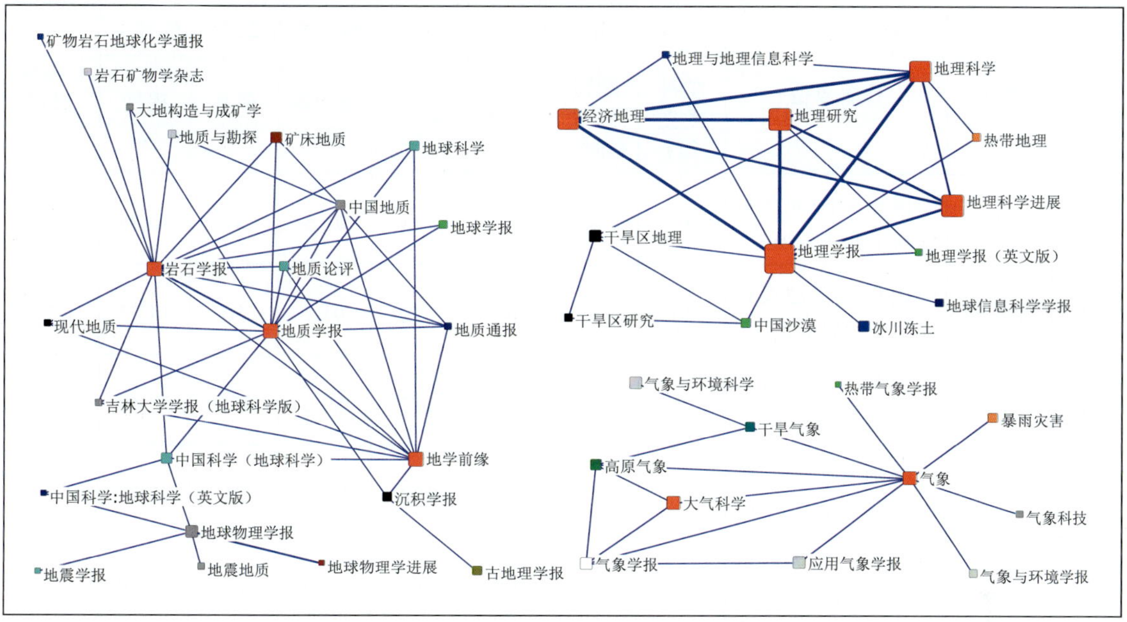

图 6-3 天文学、地球科学学科期刊载文主题关联（2017 年）

6.5 高被引作者分析

6.5.1 高被引作者 Top 20

2017 年论文被引次数 Top 20 的作者见表 6-4。其中，学科发文总被引频次较高的 3 位作者分别是中国科学院地理科学与资源研究所的方创琳（184 次）、中国科学院地理科学与资源研究所的陆大道（183 次）和中国科学院地理科学与资源研究所的龙花楼（177 次）。在学科发文 5 篇及以上的作者中，篇均被引较高的 3 位作者分别是中国科学院地理科学与资源研究所的刘纪远（篇均 27.40 次）、中国气象局气象干部培训学院的俞小鼎（篇均 19.00 次）和中国地质大学的邓晋福（篇均 15.40 次）；5 年学科发文较多的 3 位作者分别是中国地质科学院的郝梓国（42 篇）、中国地震局地球物理研究所的陈培善（34 篇）和北京大学的王绍武（33 篇）。

表 6-4 天文学、地球科学学科高被引作者 Top 20（2017 年）

排名	姓名	作者单位	前 5 年发文			前 5 年学科发文在 2017 年的被引				h 指数（学科）
			学科发文（篇）	期刊分布（种）	发文总量（篇）	频次	被引率（%）	最高（次）	篇均（次）	
1	方创琳	中国科学院地理科学与资源研究所	16	8	32	184	93.8	46	11.50	8

排名	姓名	作者单位	前5年发文			前5年学科发文在2017年的被引				h指数（学科）
			学科发文（篇）	期刊分布（种）	发文总量（篇）	频次	被引率（%）	最高（次）	篇均（次）	
2	陆大道	中国科学院地理科学与资源研究所	17	6	22	183	76.5	47	10.76	8
3	龙花楼	中国科学院地理科学与资源研究所	12	5	14	177	91.7	56	14.75	7
4	刘纪远	中国科学院地理科学与资源研究所	5	3	10	137	80.0	123	27.40	3
5	唐菊兴	中国地质科学院矿产资源研究所	8	4	8	102	100.0	24	12.75	7
6	姚士谋	中国科学院南京地理与湖泊研究所	2	2	12	99	100.0	87	49.50	2
6	刘彦随	中国科学院地理科学与资源研究所	10	5	17	99	90.0	51	9.90	5
8	俞小鼎	中国气象局气象干部培训学院	5	3	5	95	100.0	36	19.00	4
9	沈永平	中国科学院寒区旱区环境与工程研究所	3	1	3	92	100.0	66	30.67	3
10	陈亚宁	中国科学院新疆生态与地理研究所	3	3	6	87	100.0	48	29.00	3
10	张旗	中国科学院地质与地球物理研究所	22	6	25	87	68.2	31	3.95	5
12	王富喜	鲁东大学	1	1	1	86	100.0	86	86.00	1
13	彭建	北京大学	9	4	16	83	100.0	19	9.22	5
13	潘竟虎	西北师范大学	15	6	56	83	100.0	15	5.53	5
13	甄峰	南京大学	6	4	17	83	100.0	38	13.83	5
13	汪德根	苏州大学	8	5	15	83	100.0	33	10.38	5
17	杨元喜	中国卫星导航定位应用管理中心	2	2	2	80	100.0	57	40.00	2
18	杜德斌	华东师范大学	8	3	17	79	75.0	45	9.88	4
19	邓晋福	中国地质大学	5	2	5	77	100.0	38	15.40	3

排名	姓名	作者单位	前 5 年发文			前 5 年学科发文在 2017 年的被引				h 指数（学科）
			学科发文（篇）	期刊分布（种）	发文总量（篇）	频次	被引率（%）	最高（次）	篇均（次）	
20	郭旭升	中国石油化工股份有限公司勘探南方分公司	3	3	9	76	100.0	43	25.33	2
20	邹才能	中国石油勘探开发研究院	6	5	17	76	83.3	32	12.67	4

6.5.2　作者发文主题关联

通过作者共被引分析，获得 2017 年天文学、地球科学学科作者之间的发文主题关联，图中节点大小反映被引次数高低，连线粗细代表共被引关联的强弱，关联越强表明两位作者的发文主题可能具有更强的相关性，红色节点为学科高被引作者 Top 20，详情见图 6-4（共被引 9 次以下不显示）。如图所示，高被引作者主导了天文学、地球科学学科的作者共被引网络，意味着他们的论文主题主导了学科研究热点；唐菊兴的共被引作者数最多；俞小鼎和孙继松、陆大道和姚士谋、龙花楼和杨忍等学者之间的关联较强，表明上述学者之间可能分别有较为相关的发文主题。

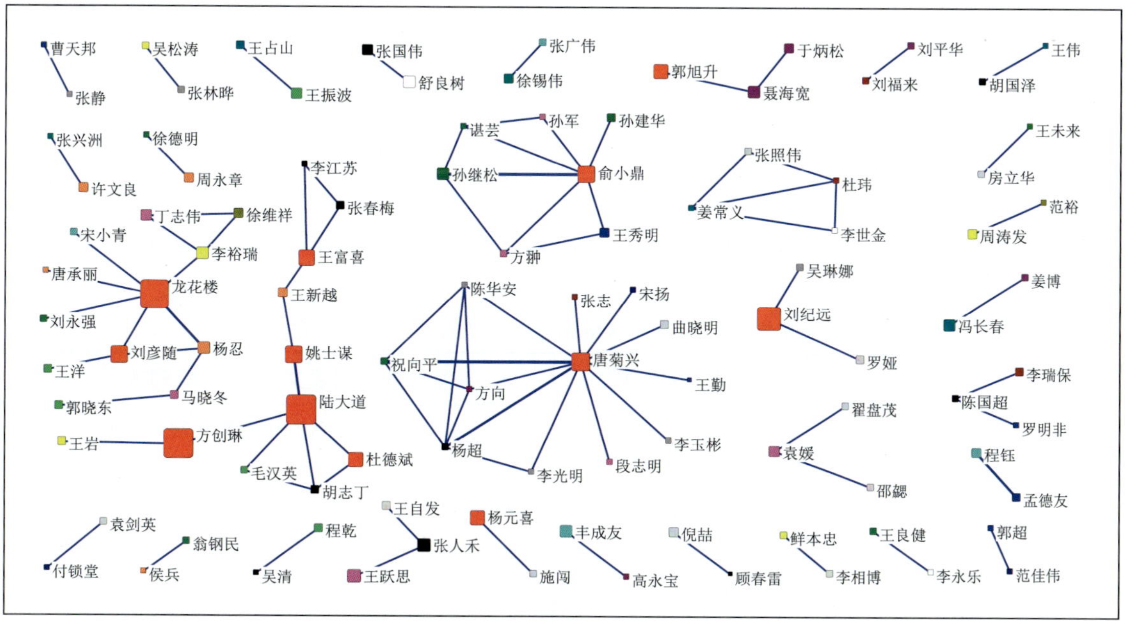

图 6-4　天文学、地球科学学科作者发文主题关联（2017 年）

6.6 高被引机构分析

6.6.1 高被引机构

天文学、地球科学学科被引次数 Top 10 高等院校和被引频次 Top 5 科研院所的发文和被引情况分别见表 6-5 和表 6-6。表中，总被引次数排名前 3 位的高等院校分别是中国地质大学、南京信息工程大学和南京大学，排名前 3 位的科研院所则是中国科学院地理科学与资源研究所、中国地质科学院和中国科学院寒区旱区环境与工程研究所；篇均被引最高的高等院校和科研院所分别是中山大学和中国科学院地理科学与资源研究所。

表 6-5 天文学、地球科学学科高被引高等院校 Top 10（2017 年）

排名	第一作者单位	学科发文量（篇）		前 5 年学科发文在 2017 年的被引			
		前 5 年	2017 年	频次	被引率(%)	最高（次）	篇均（次）
1	中国地质大学	5049	801	6214	53.1	38	1.23
2	南京信息工程大学	1867	307	2289	56.1	13	1.23
3	南京大学	1258	259	2266	56.6	53	1.80
4	中国石油大学	1434	276	2058	55.7	26	1.44
5	北京大学	1096	197	1930	53.6	28	1.76
6	吉林大学	1713	315	1741	48.1	36	1.02
7	成都理工大学	1545	257	1440	44.7	15	0.93
8	兰州大学	939	168	1416	60.5	22	1.51
9	北京师范大学	773	105	1295	56．0	29	1.68
10	中山大学	644	134	1228	62.4	26	1.91

表 6-6 天文学、地球科学学科高被引科研院所 Top 5（2017 年）

排名	第一作者单位	学科发文量（篇）		前 5 年学科发文在 2017 年的被引			
		前 5 年	2017 年	频次	被引率（%）	最高（次）	篇均（次）
1	中国科学院地理科学与资源研究所	1347	197	4318	68.7	123	3.21
2	中国地质科学院	1252	212	1927	59.8	23	1.54
3	中国科学院寒区旱区环境与工程研究所	1065	22	1646	60.8	66	1.55

排名	第一作者单位	学科发文量（篇）		前5年学科发文在2017年的被引			
		前5年	2017年	频次	被引率（%）	最高（次）	篇均（次）
4	中国科学院地质与地球物理研究所	948	142	1431	55.7	31	1.51
5	中国科学院大气物理研究所	1038	135	1300	47.9	28	1.25

6.6.2 机构发文主题关联

通过机构共被引分析，获得天文学、地球科学学科机构间的发文主题关联，图中节点大小反映被引次数高低，连线粗细代表共被引关联的强弱，关联越强表明两个机构的发文主题可能具有更强的相关性，红色节点为高被引高等院校Top 10和高被引科研院所Top 5，详情见图6-5（共被引85次以下不显示）。由图可知，高被引高等院校主导了天文学、地球科学学科的机构共被引网络，在学科内体现出了较显著的学术影响力；中国地质大学具有最多的被引次数和关联关系，充分表明了其学科学术影响力；中国地质大学和中国地质科学院、中国地质科学院矿产资源研究所、中国科学院地质与地球物理研究所、成都理工大学等机构之间的关联较强，表明上述机构的研究主题具有较多重叠之处。

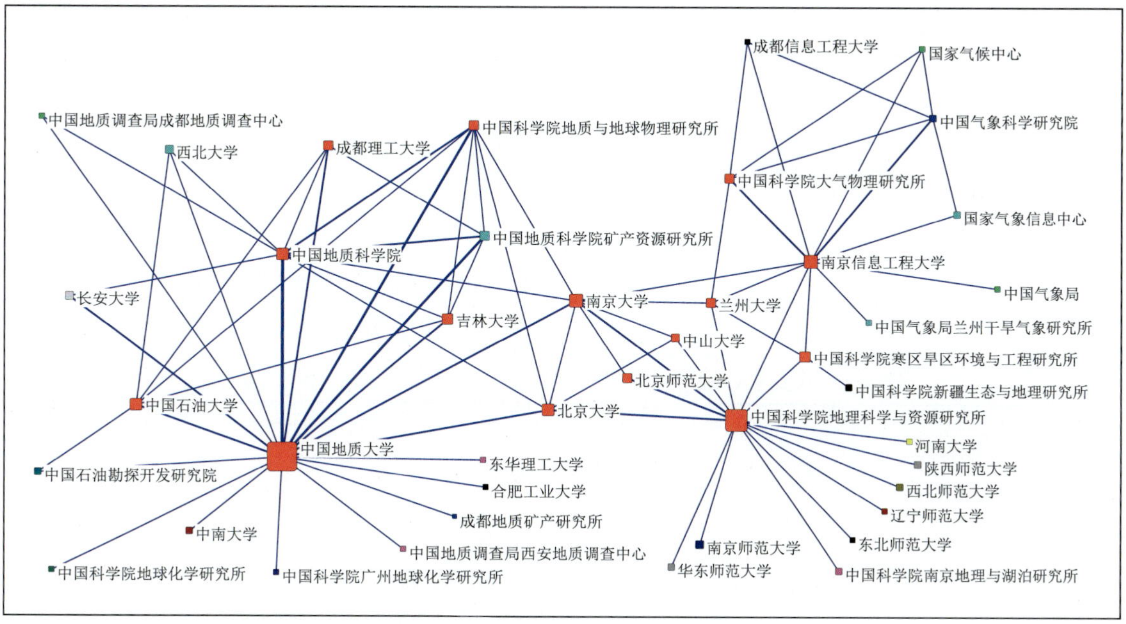

图6-5 天文学、地球科学学科机构发文主题关联（2017年）

6.7 高被引国外期刊

天文学、地球科学学科内被引次数 Top 10 的国外期刊见表 6-7，排名前 3 位的国外期刊是 *Journal of Asian Earth Sciences*、*Lithos* 和 *Gondwana Research*。

表 6-7 天文学、地球科学学科高被引国外期刊 Top 10（2017 年）

排名	期刊名称	2017 年被引频次
1	Journal of Asian Earth Sciences	1392
2	Lithos	1337
3	Gondwana Research	1138
4	Earth and Planetary Science Letters	818
5	Precambrian Research	789
6	Journal of Climate	773
7	Journal of Geophysical Research	745
8	Ore Geology Reviews	727
9	Geophysical Research Letters	695
10	Tectonophysics	643

第 7 章　生物科学与工程学科高被引分析

7.1　学科论文概况

2012—2016 年，生物科学与工程学科的 98 种期刊上共发表学术论文 72949 篇，由来自在 8290 所机构的 58682 位学者作为第一作者发表。上述论文中，有 29381 篇在 2017 年获得过引用，整体被引率为 40.3%，总被引频次为 66086 次，篇均被引 0.91 次；其中，高被引论文有 343 篇，累计被引 5514 次，篇均被引 16.08 次，单篇论文最高被引 59 次（表 7-1）。另外，2017 年本学科共发表论文 14332 篇，其中有 1399 篇在当年获得过引用，总共被引 1898 次。

表 7-1　生物科学与工程学科论文分布情况

年份	论文篇数	2017 年被引频次	2017 年被引率（%）	2017 年高被引论文			
				论文篇数	最高被引频次	总被引频次	篇均被引频次
2012	14526	10949	34.8	69	31	942	13.65
2013	14613	13743	39.5	66	59	1371	20.77
2014	14395	14538	42.3	62	37	1121	18.08
2015	14749	15854	46.2	89	41	1399	15.72
2016	14666	11002	38.5	57	44	681	11.95
合计	72949	66086	40.3	343	59	5514	16.08

7.2　高被引论文分析

在生物科学与工程学科，2017 年被引次数 Top 10 论文（表 7-2）的平均被引次数为 40.6 次，是全部 343 篇高被引论文篇均被引频次的 2.5 倍。其中，被引次数最高的论文是樊霆的《农田土壤重金属污染状况及修复技术研究》（2013），随后两篇分别是裴斌的《土壤干旱胁迫对沙棘叶片光合作用和抗氧化酶活性的影响》（2013）和贺伟的《1961—2005 年东北地区气温和降水变化趋势》（2013）。

从论文分布来看，刊载高被引论文数量居前的 3 种期刊分别是《生态学报》（120 篇）、《应用生态学报》（36 篇）和《生态环境学报》（24 篇），其中，《生态学报》刊载了高被引论文 Top 10 中的 6 篇；发表高被引论文数量居前的学者分别是中国科学院生态环境研究中心的欧阳志云（3 篇）、中国科学院生态环境研究中心的毛齐正（2 篇）和西北农林科技大学的王晓娟（2 篇）；产出高被引论文数量居前的机构分别是中国科学院生态环境研究中心（16 篇）、西北农林科技大学（11 篇）和西北师范大学（6 篇）。

表 7-2 生物科学与工程学科高被引论文 Top 10（2017 年）

排名	论文题名	第一作者	期刊名称	发表年份	被引频次	
					总频次	2017 年
1	农田土壤重金属污染状况及修复技术研究	樊霆	生态环境学报	2013	152	59
2	土壤干旱胁迫对沙棘叶片光合作用和抗氧化酶活性的影响	裴斌	生态学报	2013	135	57
3	1961—2005 年东北地区气温和降水变化趋势	贺伟	生态学报	2013	105	42
4	京津冀地区城市化与生态环境交互耦合关系定量测度	王少剑	生态学报	2015	78	41
5	"对分课堂"教学模式在微生物学教学中的应用	刘明秋	微生物学通报	2016	41	37
5	根系分泌物介导下植物—土壤—微生物互作关系研究进展与展望	吴林坤	植物生态学报	2014	101	37
7	26 年长期施肥对土壤微生物量碳、氮及土壤呼吸的影响	臧逸飞	生态学报	2015	64	34
8	国内生态安全研究知识图谱——基于 Citespace 的计量分析	秦晓楠	生态学报	2014	50	33
8	城市景观格局演变的生态环境效应研究进展	陈利顶	生态学报	2013	87	33
8	食用菌产业发展历史、现状与趋势	张金霞	菌物学报	2015	61	33

7.3 研究主题关联分析

在生物科学与工程学科，高被引论文共被 2017 年发表的 4311 篇论文引用了 5514 次。通过分析施引文献关键词的词频及关键词之间的共现关系，获得 2017 年生物科学与工程学科的热点主题和主题关联，如图 7-1 所示（共现 7 次以下不显示）。由图可知："土""重金属""产量"等关键词的文档词频较高，是 2017 年学科的研究热点；3 个节点以上的研究主题关联网络共 8 个，构成了学科内最为突出的研究主题簇；其中，以"土""重金属""化学计量"为核心节点的研究主题关联网络最大，其余各团簇中词频最高或连线最多的关键词分别是“生态系统服务价值”“产量”“土壤微生物”“手足口病”“气候变化”“CRISPR/Cas9”“光响应模型”“生态安全格局”。

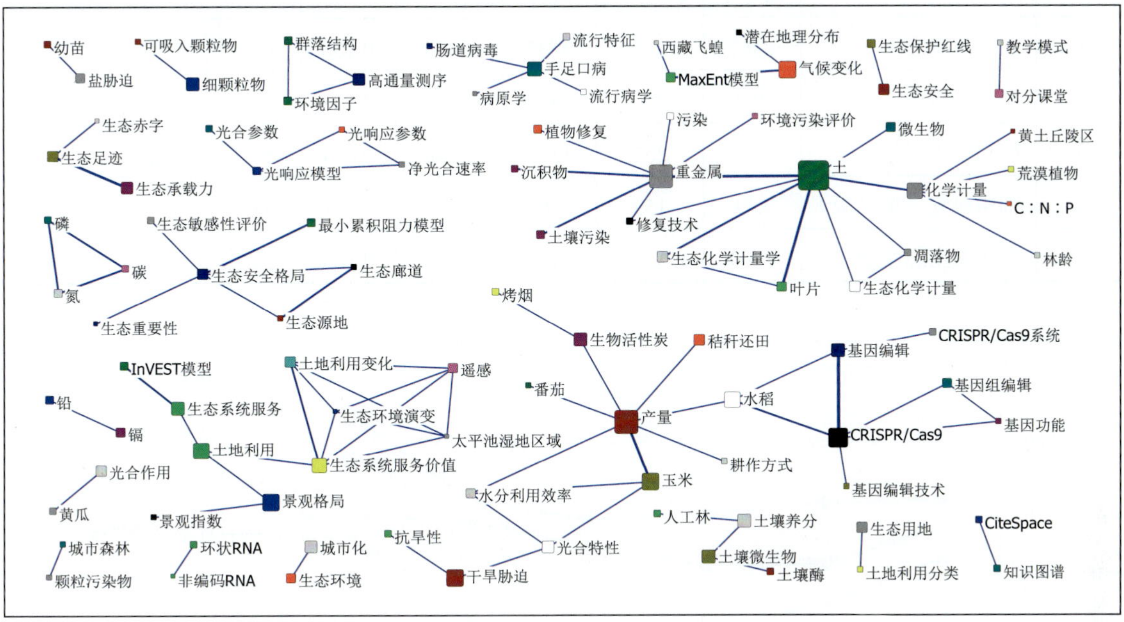

图 7-1　生物科学与工程学科热点论文主题关联（2017 年）

7.4　高影响力期刊分析

7.4.1　高影响力期刊 Top 10

在生物科学与工程学科，5 年影响因子 Top 10 期刊见表 7-3，前 3 种期刊分别是《植物生态学报》、《生态学报》和《应用生态学报》。其中，2017 年被引频次最高的期刊是《生态学报》，被引率最高的期刊是《应用生态学报》。2012—2017 年期刊 5 年影响因子的变动情况如图 7-2 所示。

表 7-3　生物科学与工程学科高被引期刊基本指标（2017 年）

排名	期刊名称	载文篇数		2017 年被引频次	5 年影响因子	即年指标	被引率（%）	高被引论文篇数	h 指数
		前 5 年	2017 年						
1	植物生态学报	653	123	1822	2.790	0.244	75.7	19	13
2	生态学报	4282	853	11730	2.739	0.358	75.8	120	23
3	应用生态学报	2410	442	6116	2.538	0.208	76.0	36	15
4	生态环境学报	1614	303	3170	1.964	0.172	65.8	24	13
5	生物多样性	614	172	1071	1.744	0.349	59.6	5	10

排名	期刊名称	载文篇数		2017 年被引频次	5 年影响因子	即年指标	被引率（%）	高被引论文篇数	h 指数
		前 5 年	2017 年						
6	生态学杂志	2367	415	3537	1.494	0.106	64.1	13	12
7	植物学报	387	82	462	1.194	0.195	50.9	1	7
8	植物生理学报	1195	262	1372	1.148	0.088	53.5	2	8
9	细胞研究（英文版）	869	159	995	1.145	0.541	38.3	11	11
10	中国微生态学杂志	2004	357	2190	1.093	0.168	50.7	3	9

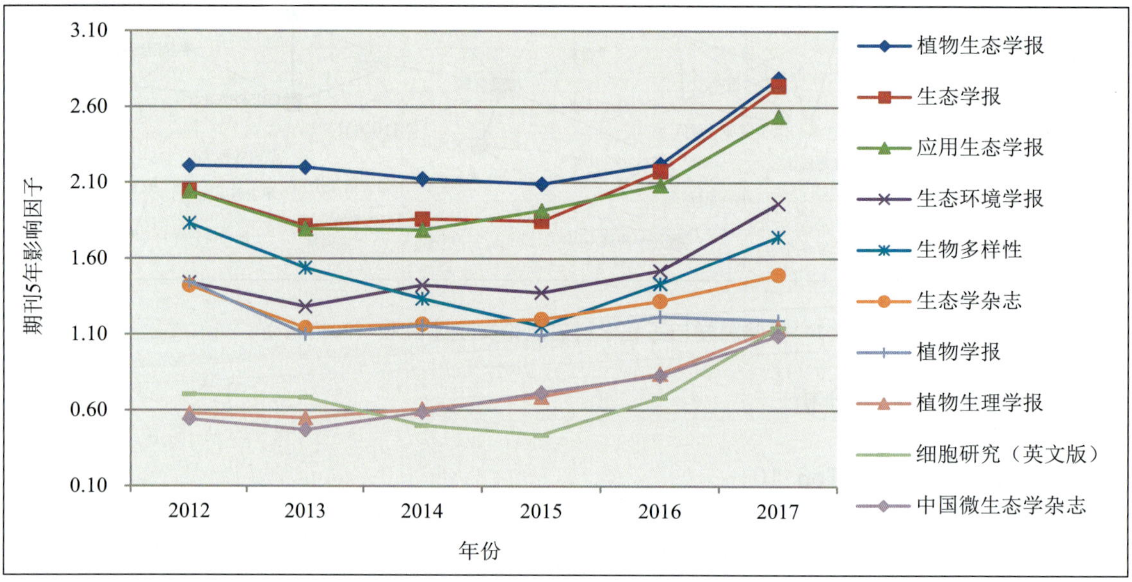

图 7-2　生物科学与工程学科期刊 5 年影响因子变动趋势（2012—2017 年）

7.4.2　期刊载文主题关联

通过期刊共被引分析，获得生物科学与工程学科期刊之间的载文主题关联，图中节点大小反映 5 年影响因子的高低，连线粗细代表共被引关联的强弱，关联越强表明两个期刊上有更多受学者们关注的相关主题论文，红色节点为学科高影响力期刊 Top 10，详情见图 7-3（共被引 41 次以下不显示）。如图所示，生物科学与工程学科的多个期刊均互相关联且关联较为紧密，各期刊的学科分类属性体现得较为明显；《生态学报》具有最多的 5 年影响因子和关联关系，这是其研究主题广泛的典型体现；《生态学报》和《应用生态学报》《生态学杂志》《生态环境学报》等期刊之间的关联较强，表明上述期刊具有较多相关主题的论文。

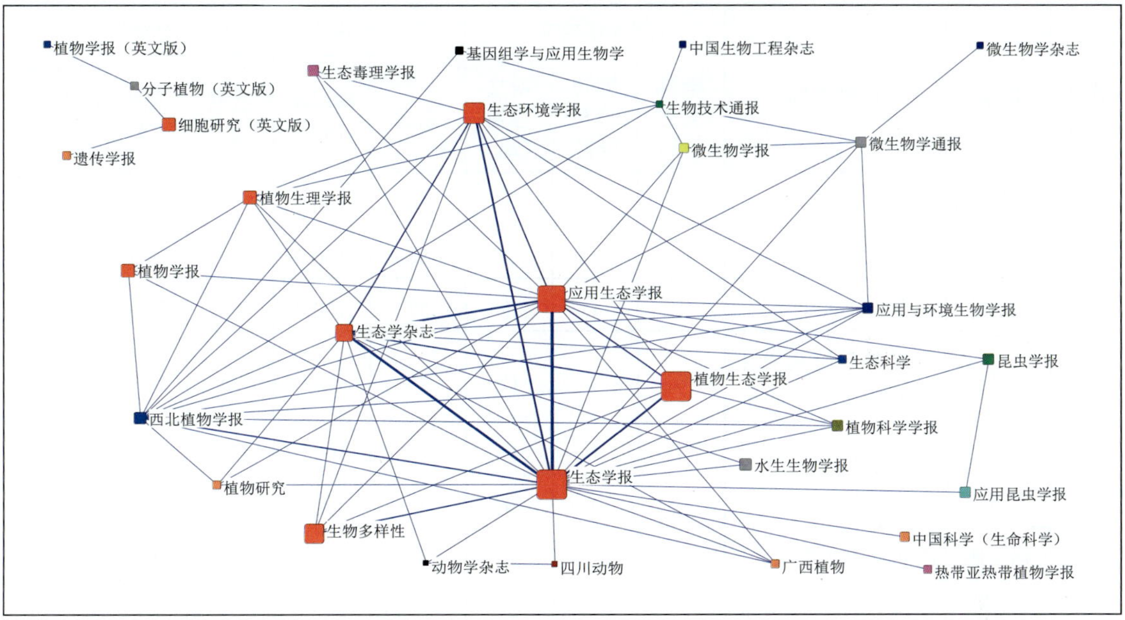

图 7-3 生物科学与工程学科期刊载文主题关联（2017 年）

7.5 高被引作者分析

7.5.1 高被引作者 Top 20

2017 年论文被引次数 Top 20 的作者见表 7-4。其中，学科发文总被引频次较高的 3 位作者分别是中国科学院生态环境研究中心的欧阳志云（71 次）、中国科学院生态环境研究中心的陈利顶（61 次）和安徽农业大学的樊霆（60 次）。在学科发文 5 篇及以上的作者中，篇均被引较高的 3 位作者分别是中国科学院生态环境研究中心的欧阳志云（篇均 14.20 次）、中国科学院南京土壤研究所的赵其国（篇均 9.33 次）和四川农业大学的崔宁洁（篇均 7.20 次）；5 年学科发文较多的 3 位作者分别是中国鼠疫布氏菌病预防控制基地的马立名（45 篇）、中国科学院植物研究所的王文采（41 篇）和北京中医药大学的马淑然（33 篇）。

表 7-4 生物科学与工程学科高被引作者 Top 20（2017 年）

排名	姓名	作者单位	前 5 年发文			前 5 年学科发文在 2017 年的被引				h 指数（学科）
			学科发文（篇）	期刊分布（种）	发文总量（篇）	频次	被引率（%）	最高（次）	篇均（次）	
1	欧阳志云	中国科学院生态环境研究中心	5	1	8	71	100.0	28	14.20	4
2	陈利顶	中国科学院生态环境研究中心	4	1	5	61	75.0	33	15.25	2

排名	姓名	作者单位	前 5 年发文			前 5 年学科发文在 2017 年的被引				h 指数（学科）
			学科发文（篇）	期刊分布（种）	发文总量（篇）	频次	被引率（%）	最高（次）	篇均（次）	
3	樊霆	安徽农业大学	2	2	5	60	100.0	59	30.00	1
4	马兴亮	华南农业大学	3	1	3	58	100.0	40	19.33	3
5	裴斌	山东农业大学	1	1	1	57	100.0	57	57.00	1
6	赵其国	中国科学院南京土壤研究所	6	2	15	56	83.3	25	9.33	4
7	徐涵秋	福州大学	4	1	16	46	100.0	26	11.50	4
8	潘竟虎	西北师范大学	12	4	56	45	66.7	14	3.75	4
9	赵雪雁	西北师范大学	7	2	30	44	100.0	15	6.29	4
9	张金霞	中国农业科学院农业资源与农业区划研究所	3	1	4	44	100.0	33	14.67	3
11	贺伟	中国科学院沈阳应用生态研究所	2	1	2	43	100.0	42	21.50	1
12	肖正春	南京野生植物综合利用研究院	13	1	13	41	76.9	20	3.15	4
12	王少剑	中国科学院地理科学与资源研究所	1	1	5	41	100.0	41	41.00	1
14	黄国勤	江西农业大学	6	1	18	40	100.0	23	6.67	3
15	冯争艳	中国科学院上海植物逆境生物学研究中心	1	1	1	39	100.0	39	39.00	1
16	胡海清	东北林业大学	10	4	19	38	100.0	9	3.80	3
16	朱金方	中国矿业大学	3	2	5	38	100.0	21	12.67	3
18	吴林坤	福建农林大学	2	2	4	37	50.0	37	18.50	1
18	刘明秋	复旦大学	1	1	1	37	100.0	37	37.00	1
20	方恺	莱顿大学	7	3	15	36	85.7	11	5.14	4
20	崔宁洁	四川农业大学	5	5	5	36	100.0	11	7.20	4

7.5.2　作者发文主题关联

通过作者共被引分析，获得 2017 年生物科学与工程学科作者之间的发文主题关联，图中节点大小反映被引次数高低，连线粗细代表共被引关联的强弱，关联越强表明两位作者的发文主题可能具有更强的相关性，红色节点为学科高被引作者 Top 20，详情见图 7-4（共被引 5 次以下不显示）。如图所示，高被引作者主导了生物科学与工程学科的作者共被引网络，意味着他们的论文主题主导了学科研究热点；欧阳志云的共被引作者数最多；江幸福和姜玉英、肖治术和李晟等学者之间的关联较强，表明上述学者之间可能分别有较为相关的发文主题。

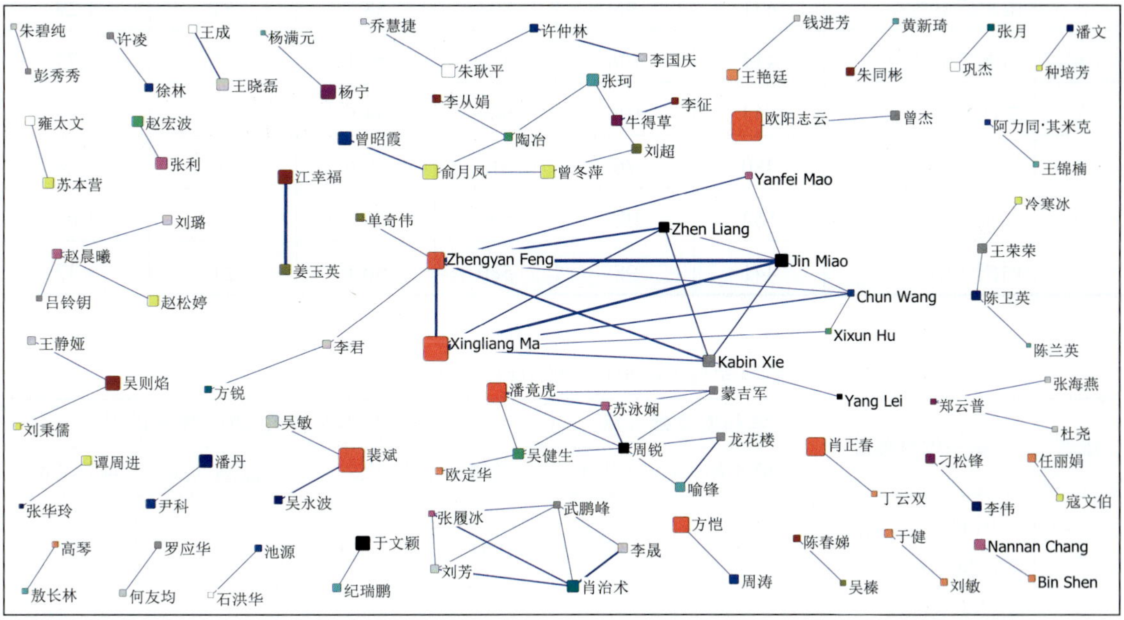

图 7-4　生物科学与工程学科作者发文主题关联（2017 年）

7.6　高被引机构分析

7.6.1　高被引机构

生物科学与工程学科被引次数 Top 10 高等院校和被引频次 Top 5 科研院所的发文和被引情况分别见表 7-5 和表 7-6。表中，总被引次数排名前 3 位的高等院校分别是西北农林科技大学、北京林业大学和四川农业大学，排名前 3 位的科研院所则是中国科学院生态环境研究中心、中国科学院沈阳应用生态研究所和中国科学院地理科学与资源研究所；篇均被引最高的高等院校和科研院所分别是山东农业大学和中国科学院生态环境研究中心。

表 7-5 生物科学与工程学科高被引高等院校 Top 10（2017 年）

排名	第一作者单位	学科发文量（篇）		前 5 年学科发文在 2017 年的被引			
		前 5 年	2017 年	频次	被引率(%)	最高（次）	篇均（次）
1	西北农林科技大学	871	145	1498	58.1	34	1.72
2	北京林业大学	731	156	991	54.9	19	1.36
2	四川农业大学	729	159	991	56.4	14	1.36
4	东北林业大学	726	128	835	48.9	16	1.15
5	南京农业大学	621	96	804	53.5	31	1.29
6	山东农业大学	414	106	718	53.1	57	1.73
7	浙江大学	653	106	684	44.6	33	1.05
8	华南农业大学	480	76	616	49.6	40	1.28
9	北京大学	552	105	590	42.0	28	1.07
10	西南大学	441	98	580	50.1	21	1.32

表 7-6 生物科学与工程学科高被引科研院所 Top 5（2017 年）

排名	第一作者单位	学科发文量（篇）		前 5 年学科发文在 2017 年的被引			
		前 5 年	2017 年	频次	被引率（%）	最高（次）	篇均（次）
1	中国科学院生态环境研究中心	358	62	1041	72.6	33	2.91
2	中国科学院沈阳应用生态研究所	301	57	670	73.4	42	2.23
3	中国科学院地理科学与资源研究所	315	70	597	59.7	41	1.90
4	中国科学院植物研究所	336	64	458	46.7	14	1.36
5	中国科学院上海生命科学研究院	446	33	358	34.5	16	0.80

7.6.2 机构发文主题关联

通过机构共被引分析，获得生物科学与工程学科机构间的发文主题关联，图中节点大小反映被引次数高低，连线粗细代表共被引关联的强弱，关联越强表明两个机构的发文主题可能具有更强的相关性，红色节点为高被引高等院校 Top 10 和高被引科研院所 Top 5，详情见

图 7-5（共被引 21 次以下不显示）。由图可知，高被引高等院校主导了生物科学与工程学科的机构共被引网络，在学科内体现出了较显著的学术影响力；西北农林科技大学具有最多的被引次数和关联关系，充分表明了其学科学术影响力；东北林业大学和北京林业大学、西北农林科技大学和山东农业大学、四川农业大学等机构之间的关联较强，表明上述机构的研究主题分别具有较多重叠之处。

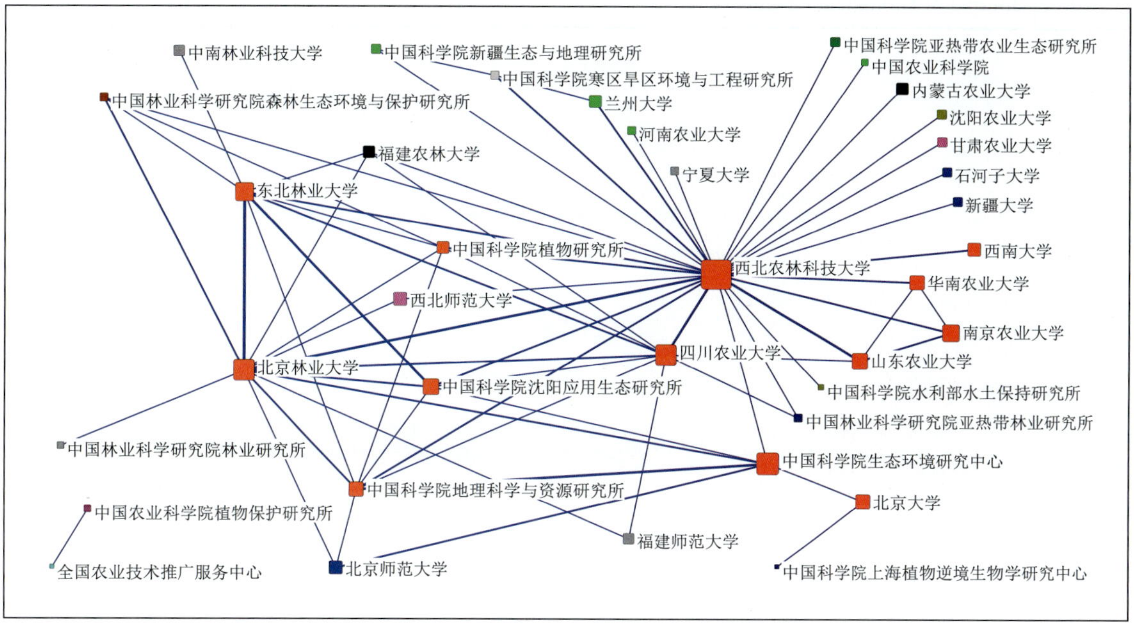

图 7-5 生物科学与工程学科机构发文主题关联（2017 年）

7.7 高被引国外期刊

生物科学与工程学科内被引次数 Top 10 的国外期刊见表 7-7，排名前 3 位的国外期刊是 *PLoS ONE*、*Nature* 和 *Proceedings of the National Academy of Sciences of the United States of America*。

表 7-7 生物科学与工程学科高被引国外期刊 Top 10（2017 年）

排名	期刊名称	2017 年被引频次
1	PLoS ONE	4270
2	Nature	2165
3	Proceedings of the National Academy of Sciences of the United States of America	1670
4	Cell	1531
5	Science	1523
6	Scientific Reports	1359

排名	期刊名称	2017 年被引频次
7	Nucleic Acids Research	901
8	Nature Communications	890
9	Plant Physiology	788
10	Journal of Biological Chemistry	765

第 8 章　预防医学、卫生学学科高被引分析

8.1　学科论文概况

2012—2016 年，预防医学、卫生学学科的 124 种期刊上共发表学术论文 259885 篇，由来自在 27729 所机构的 175837 位学者作为第一作者发表。上述论文中，有 94576 篇在 2017 年获得过引用，整体被引率为 36.4%，总被引频次为 186996 次，篇均被引 0.72 次；其中，高被引论文有 1186 篇，累计被引 15953 次，篇均被引 13.45 次，单篇论文最高被引 89 次（表 8-1）。另外，2017 年本学科共发表论文 52210 篇，其中有 6027 篇在当年获得过引用，总共被引 8391 次。

表 8-1　预防医学、卫生学学科论文分布情况

年份	论文篇数	2017 年被引频次	2017 年被引率（%）	2017 年高被引论文			
				论文篇数	最高被引频次	总被引频次	篇均被引频次
2012	54015	25479	26.8	193	59	2463	12.76
2013	51070	30945	32.5	179	52	2453	13.70
2014	50596	39942	38.3	224	89	3428	15.30
2015	53970	47993	42.1	263	51	3937	14.97
2016	50234	42637	42.6	327	52	3672	11.23
合计	259885	186996	36.4	1186	89	15953	13.45

8.2　高被引论文分析

在预防医学、卫生学学科，2017 年被引次数 Top 10 论文（表 8-2）的平均被引次数为 56.1 次，是全部 1186 篇高被引论文篇均被引频次的 4.2 倍。其中，被引次数最高的论文是黄佳豪的《“医养结合”养老模式的必要性、困境与对策》（2014），随后两篇分别是聂雪琼的《2012 年中国居民健康素养监测数据统计分析方法》（2014）和李镒冲的《2010 年中国成年人高血压患病情况》（2012）。

从论文分布来看，刊载高被引论文数量居前的 3 种期刊分别是《中华流行病学杂志》（73 篇）、《中国医院管理》（73 篇）和《现代预防医学》（69 篇）；《中华预防医学杂志》和《中国医院管理》分别刊载了高被引论文 Top 10 中的 2 篇；发表高被引论文数量居前的学者分别是华中科技大学的方鹏骞（5 篇）、国家卫生计生委统计信息中心的孟群（4 篇）和哈尔滨医科大学的申红梅（3 篇）；产出高被引论文数量居前的机构分别是中国疾病预防控制中心（59 篇）、北京大学（29 篇）和华中科技大学（18 篇），而中国疾病预防控制中心

产出了高被引论文 Top 10 中的 2 篇。

表 8-2　预防医学、卫生学学科高被引论文 Top 10（2017 年）

排名	论文题名	第一作者	期刊名称	发表年份	被引频次	
					总频次	2017 年
1	“医养结合”养老模式的必要性、困境与对策	黄佳豪	中国卫生政策研究	2014	110	89
2	2012 年中国居民健康素养监测数据统计分析方法	聂雪琼	中国健康教育	2014	123	60
3	2010 年中国成年人高血压患病情况	李镒冲	中华预防医学杂志	2012	313	59
4	品管圈在医疗质量持续改进中的应用研究	梁铭会	中国医院管理	2012	242	58
4	论深化医改进程中分级诊疗体系的完善	吕键	中国医院管理	2014	148	58
6	2 型糖尿病报告发病率研究进展	汪会琴	浙江预防医学	2016	87	52
7	我国学校艾滋病防控形势及策略	吴尊友	中国学校卫生	2015	75	49
8	1985—2010 年中国学生超重与肥胖流行趋势	马军	中华预防医学杂志	2012	158	48
9	第五次国家卫生服务调查结果之二——卫生服务需要、需求和利用	徐玲	中国卫生信息管理杂志	2014	121	44
9	我国登革热疫情防控与媒介伊蚊的综合治理	孟凤霞	中国媒介生物学及控制杂志	2015	97	44

8.3　研究主题关联分析

在预防医学、卫生学学科，高被引论文共被 2017 年发表的 13888 篇论文引用了 15953 次。通过分析施引文献关键词的词频及关键词之间的共现关系，获得 2017 年预防医学、卫生学学科的热点主题和主题关联，如图 8-1 所示（共现 16 次以下不显示）。由图可知：“分级诊疗”“健康教育”“高血压”等关键词的文档词频较高，是 2017 年学科的研究热点；3 个节点以上的研究主题关联网络共 6 个，构成了学科内最为突出的研究主题簇；其中，以

“健康教育”“手足口病”“高血压”为核心节点的研究主题关联网络最大，其余各团簇中词频最高或连线最多的关键词分别是“产后出血”“腹腔镜手术”“分级诊疗”“疟疾”“医养结合”。

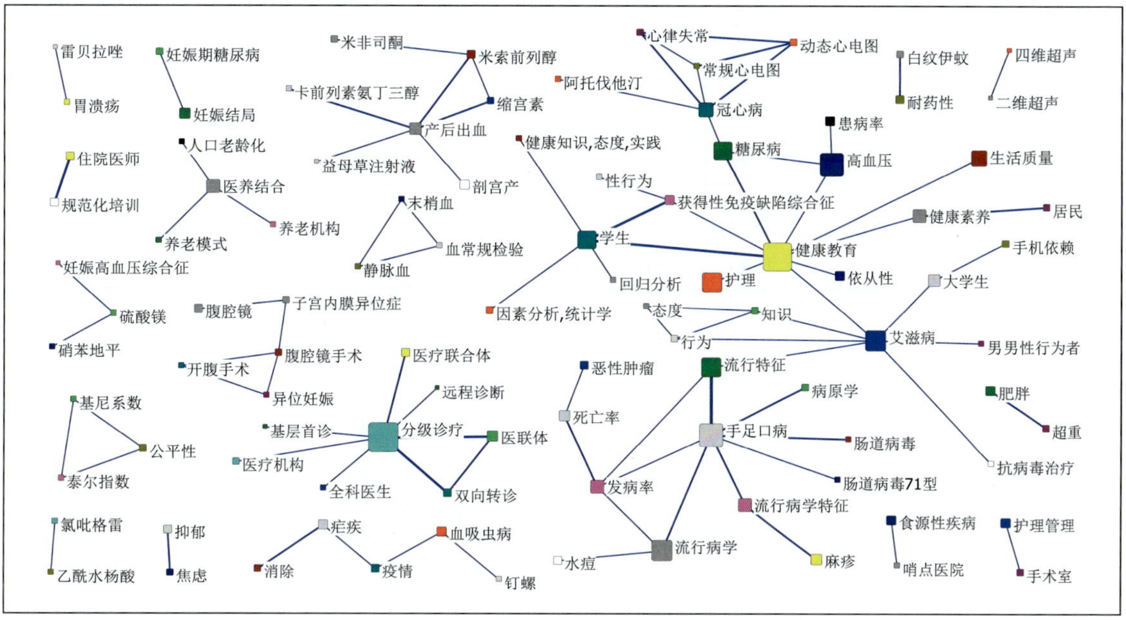

图 8-1　预防医学、卫生学学科热点论文主题关联（2017 年）

8.4　高影响力期刊分析

8.4.1　高影响力期刊 Top 10

在预防医学、卫生学学科，5 年影响因子 Top 10 期刊见表 8-3，前 3 种期刊分别是《中华流行病学杂志》、《中国医院管理》和《中华疾病控制杂志》。其中，2017 年被引频次最高的期刊是《中国医院管理》，被引率最高的期刊是《中华疾病控制杂志》。2012—2017 年期刊 5 年影响因子的变动情况如图 8-2 所示。

表 8-3　预防医学、卫生学学科高被引期刊基本指标（2017 年）

排名	期刊名称	载文篇数		2017 年被引频次	5 年影响因子	即年指标	被引率（%）	高被引论文篇数	h 指数
		前 5 年	2017 年						
1	中华流行病学杂志	1673	342	3765	2.250	0.404	65.3	73	18
2	中国医院管理	2046	337	4302	2.103	0.389	65.3	73	16
3	中华疾病控制杂志	1670	319	3459	2.071	0.364	67.5	55	15
4	中国计划生育学杂志	1354	252	2439	1.801	0.333	54.1	50	17

排名	期刊名称	载文篇数		2017年被引频次	5年影响因子	即年指标	被引率(%)	高被引论文篇数	h指数
		前5年	2017年						
5	中国卫生政策研究	907	159	1549	1.708	0.226	56.3	23	12
6	中华预防医学杂志	1454	265	2456	1.689	0.532	51.9	49	15
7	中国卫生事业管理	1492	280	2404	1.611	0.329	63.2	32	12
8	中国健康教育	1729	294	2719	1.573	0.228	58.8	35	13
9	中国公共卫生	2854	461	3937	1.379	0.213	55.9	45	13
10	中华医院管理杂志	1600	286	2189	1.368	0.423	53.3	24	12

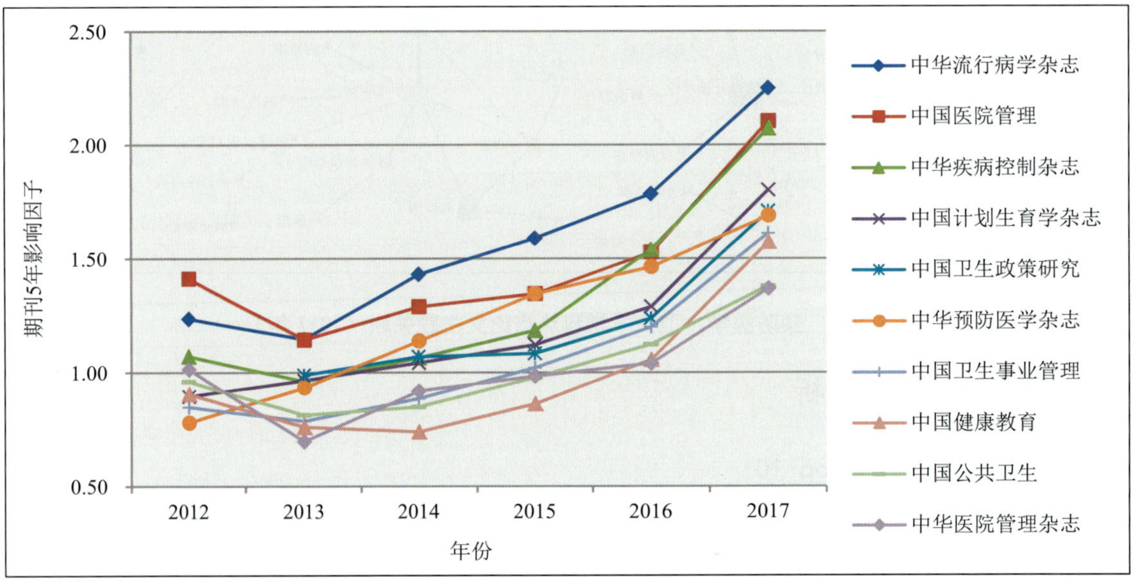

图8-2　预防医学、卫生学学科期刊5年影响因子变动趋势（2012—2017年）

8.4.2　期刊载文主题关联

通过期刊共被引分析，获得预防医学、卫生学学科期刊之间的载文主题关联，图中节点大小反映5年影响因子的高低，连线粗细代表共被引关联的强弱，关联越强表明两个期刊上有更多受学者们关注的相关主题论文，红色节点为学科高影响力期刊Top 10，详情见图8-3（共被引 171 次以下不显示）。如图所示，预防医学、卫生学学科的多个期刊均互相关联且关联较为紧密，各期刊的学科分类属性体现得较为明显；《中华流行病学杂志》的5年影响因子最高；《现代预防医学》具有最多的关联关系，这是其研究主题广泛的典型体现；《现代预防医学》与《中国公共卫生》《中华疾病控制杂志》、《中国医院管理》和《中国医院》等期刊之间的关联较强，表明上述期刊分别具有较多相关主题的论文。

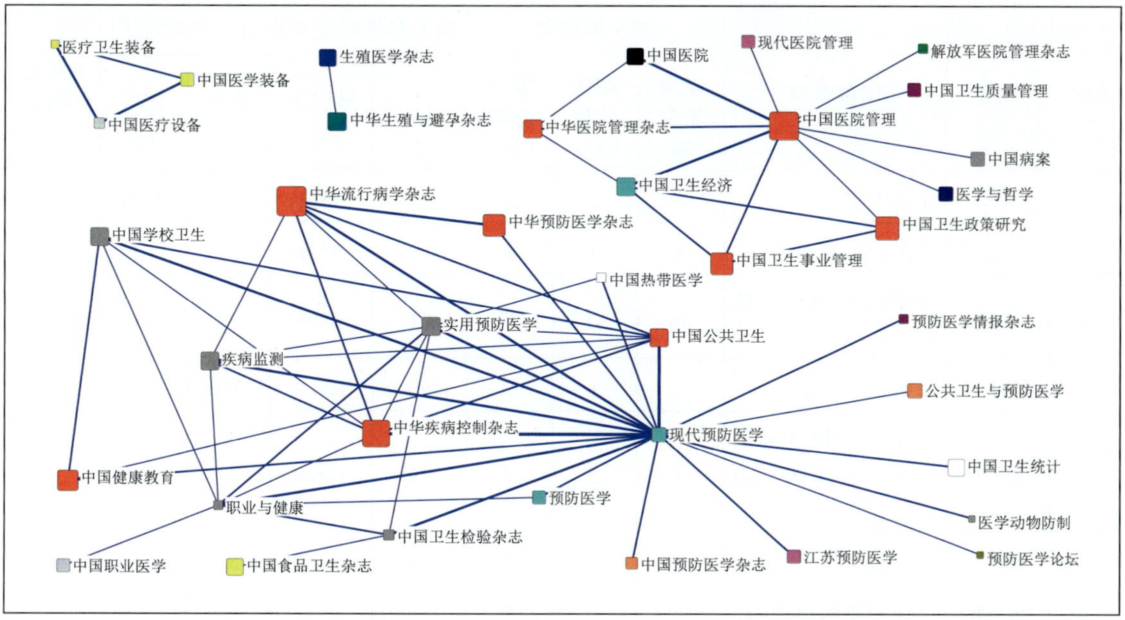

图 8-3　预防医学、卫生学学科期刊载文主题关联（2017 年）

8.5　高被引作者分析

8.5.1　高被引作者 Top 20

2017 年论文被引次数 Top 20 的作者见表 8-4。其中，学科发文总被引频次较高的 3 位作者分别是重庆市疾病预防控制中心的丁贤彬（117 次）、华中科技大学的方鹏骞（101 次）和北京大学的马军（98 次）。在学科发文 5 篇及以上的作者中，篇均被引较高的 3 位作者分别是国家卫生和计划生育委员会疾病预防控制局的雷正龙（篇均 15.80 次）、中国疾病预防控制中心的李镒冲（篇均 13.20 次）和中国健康教育中心的聂雪琼（篇均 11.88 次）；5 年学科发文较多的 3 位作者分别是右江民族医学院的赵云（59 篇）、绵阳市疾病预防控制中心的王毅（56 篇）和浙江省疾病预防控制中心的龚震宇（53 篇）。

表 8-4　预防医学、卫生学学科高被引作者 Top 20（2017 年）

排名	姓名	作者单位	前 5 年发文			前 5 年学科发文在 2017 年的被引				h 指数（学科）
			学科发文（篇）	期刊分布（种）	发文总量（篇）	频次	被引率（%）	最高（次）	篇均（次）	
1	丁贤彬	重庆市疾病预防控制中心	32	10	38	117	78.1	14	3.66	6
2	方鹏骞	华中科技大学	36	10	41	101	66.7	12	2.81	6

排名	姓名	作者单位	前 5 年发文			前 5 年学科发文在 2017 年的被引				h 指数（学科）
			学科发文（篇）	期刊分布（种）	发文总量（篇）	频次	被引率（%）	最高（次）	篇均（次）	
3	马军	北京大学	19	2	22	98	78.9	48	5.16	4
4	聂雪琼	中国健康教育中心	8	4	8	95	75.0	60	11.88	5
5	王毅	绵阳市疾病预防控制中心	56	11	78	91	58.9	12	1.63	4
6	黄佳豪	安徽建筑大学	2	1	21	90	100.0	89	45.00	1
7	雷正龙	国家卫生和计划生育委员会疾病预防控制局	5	3	7	79	100.0	42	15.80	4
8	吕键	煤炭总医院	3	1	3	68	100.0	58	22.67	3
9	李英华	中国健康教育中心	8	2	8	66	75.0	38	8.25	3
9	李镒冲	中国疾病预防控制中心	5	2	5	66	60.0	59	13.20	2
11	梁铭会	华中科技大学	2	1	2	65	100.0	58	32.50	2
12	黄培	无锡市第二人民医院	18	9	28	63	72.2	27	3.50	3
13	黄海	中国地质大学	3	1	6	58	100.0	26	19.33	3
13	吴尊友	中国疾病预防控制中心性病艾滋病预防控制中心	2	2	2	58	100.0	49	29.00	2
13	李娟	北京市疾病预防控制中心	7	5	12	58	85.7	24	8.29	4
16	赵云	右江民族医学院	59	9	100	57	47.5	6	0.97	4
17	郑大喜	华中科技大学同济医学院附属同济医院	41	5	54	56	68.3	8	1.37	4
18	何思长	成都中医药大学	11	4	19	54	90.9	34	4.91	3
18	秦江梅	卫生部卫生发展研究中心	5	2	7	54	100.0	26	10.80	3
20	杨坚	华中科技大学	6	5	11	53	66.7	25	8.83	2
20	汪会琴	宁波大学	2	2	2	53	100.0	52	26.50	1
20	毛瑛	西安交通大学	11	4	13	53	63.6	30	4.82	3

8.5.2　作者发文主题关联

通过作者共被引分析，获得 2017 年预防医学、卫生学学科作者之间的发文主题关联，图中节点大小反映被引次数高低，连线粗细代表共被引关联的强弱，关联越强表明两位作者的发文主题可能具有更强的相关性，红色节点为学科高被引作者 Top 20，详情见图 8-4（共被引 6 次以下不显示）。如图所示，高被引作者主导了预防医学、卫生学学科的作者共被引网络，意味着他们的论文主题主导了学科研究热点；杨坚的共被引作者数最多；聂雪琼和李英华、雷正龙和周晓农等学者之间的关联较强，表明上述学者之间可能分别有较为相关的发文主题。

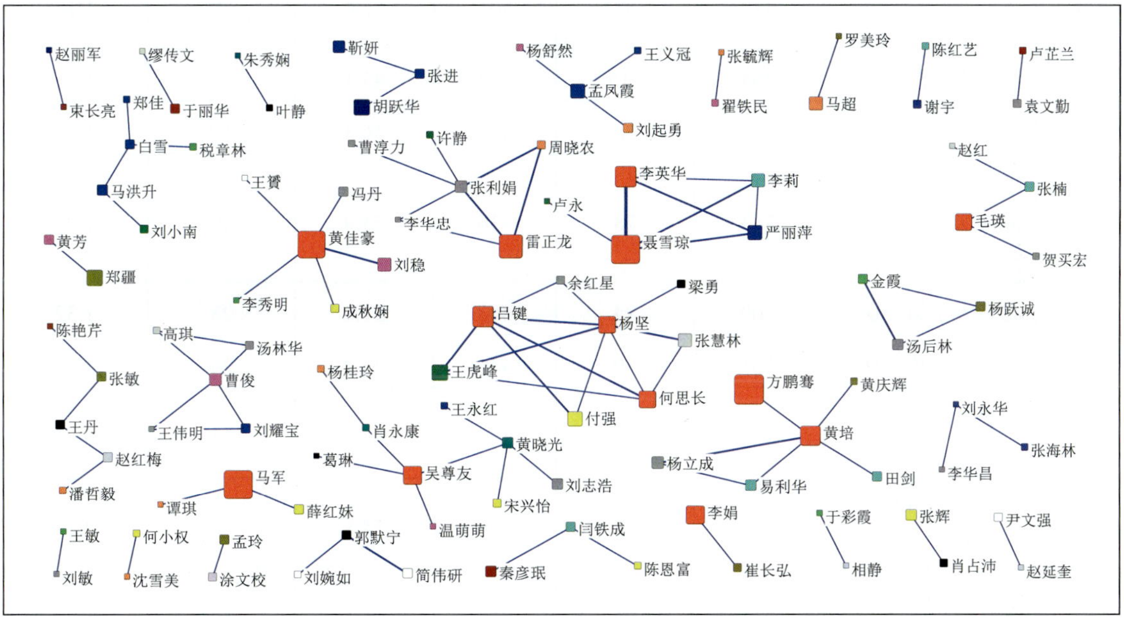

图 8-4　预防医学、卫生学学科作者发文主题关联（2017 年）

8.6　高被引机构分析

8.6.1　高被引机构

预防医学、卫生学学科被引次数 Top 10 医院和被引频次 Top 5 高等院校/科研院所的发文和被引情况分别见表 8-5 和表 8-6。表中，总被引次数排名前 3 位的医院分别是中国人民解放军总医院、首都医科大学附属北京朝阳医院和首都医科大学宣武医院，排名前 3 位的高等院校/科研院所则是中国疾病预防控制中心、北京大学和华中科技大学；篇均被引最高的医院和高等院校/科研院所分别是中国医学科学院肿瘤医院和中国疾病预防控制中心。

表 8-5　预防医学、卫生学学科高被引医院 Top 10（2017 年）

排名	第一作者单位	学科发文量（篇）		前 5 年学科发文在 2017 年的被引			
		前 5 年	2017 年	频次	被引率(%)	最高（次）	篇均（次）
1	中国人民解放军总医院	679	126	660	45.4	25	0.97
2	首都医科大学附属北京朝阳医院	545	85	591	48.8	12	1.08
3	首都医科大学宣武医院	429	88	501	57.6	20	1.17
4	北京协和医院	464	115	492	43.1	18	1.06
5	湖南省儿童医院	438	28	454	46.3	10	1.04
6	华中科技大学同济医学院附属同济医院	343	78	436	53.4	10	1.27
7	北京大学第三医院	309	84	407	51.1	28	1.32
8	四川大学华西医院	301	59	340	46.2	24	1.13
9	南方医科大学南方医院	350	39	337	46.6	11	0.96
10	中国医学科学院肿瘤医院	146	38	326	54.8	40	2.23
10	西安交通大学第一附属医院	257	85	326	55.6	10	1.27

表 8-6　预防医学、卫生学学科高被引高等院校/科研院所 Top 5（2017 年）

排名	第一作者单位	学科发文量（篇）		前 5 年学科发文在 2017 年的被引			
		前 5 年	2017 年	频次	被引率（%）	最高（次）	篇均（次）
1	中国疾病预防控制中心	1431	314	2624	52.1	59	1.83
2	北京大学	1590	343	1869	45.6	48	1.18
3	华中科技大学	1085	210	1405	49.5	58	1.29
4	复旦大学	1079	189	1152	48.7	23	1.07
5	安徽医科大学	843	154	1094	54.1	26	1.30

8.6.2　机构发文主题关联

通过机构共被引分析，获得预防医学、卫生学学科机构间的发文主题关联，图中节点大小反映被引次数高低，连线粗细代表共被引关联的强弱，关联越强表明两个机构的发文主题可能具有更强的相关性，红色节点为高被引医院 Top 10 和高被引高等院校/科研院所 Top 5，详情见图 8-5（共被引 31 次以下不显示）。由图可知，高被引高等院校/科研院所主导了预防医学、卫生学学科的机构共被引网络，在学科内体现出了较显著的学术影响力；中国疾病预防控制中心具有最多的被引次数和关联关系，充分表明了其学科学术影响力；中国疾病预防控制中心和浙江省疾病预防控制中心、江苏省疾病预防控制中心、河南省疾病预防控制中心、北京市疾病预防控制中心等机构之间的关联较强，表明上述机构的研究主题具有较多重叠之处。

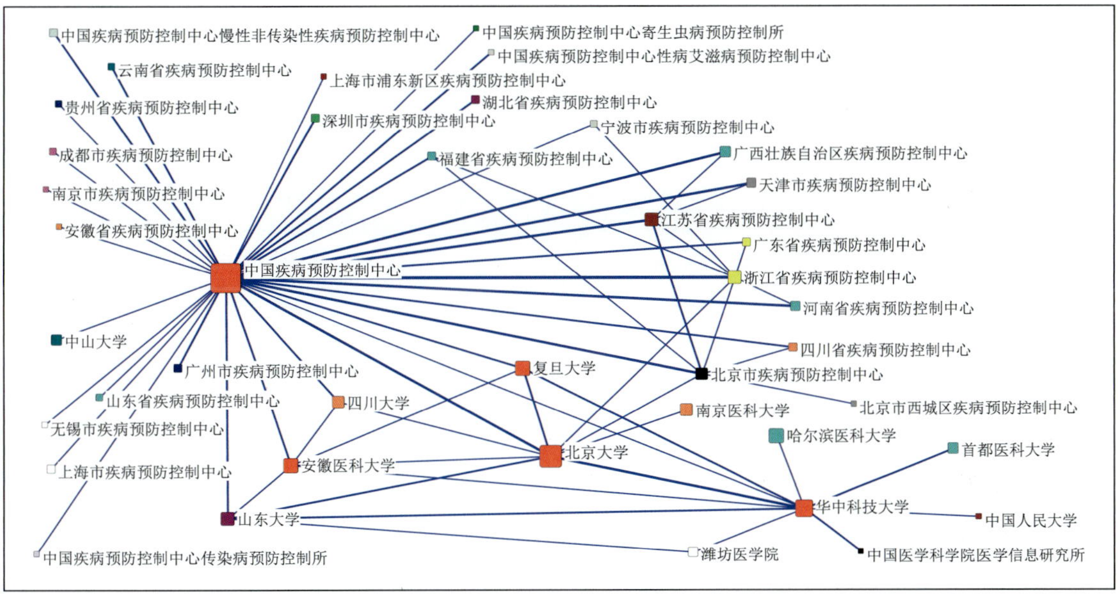

图 8-5　预防医学、卫生学学科机构发文主题关联（2017 年）

8.7　高被引国外期刊

预防医学、卫生学学科内被引次数 Top 10 的国外期刊见表 8-7，排名前 3 位的国外期刊是 *PLoS ONE*、*The Lancet* 和 *Fertility and Sterility*。

表 8-7　预防医学、卫生学学科高被引国外期刊 Top 10（2017 年）

排名	期刊名称	2017 年被引频次
1	PLoS ONE	2245
2	The Lancet	702
3	Fertility and Sterility	635

排名	期刊名称	2017 年被引频次
4	New England Journal of Medicine	509
5	Human Reproduction	348
6	BMC Public Health	324
7	BMC Infectious Diseases	264
8	Scientific reports	256
9	Nature	233
10	Journal of the American Medical Association	229

第 9 章　中医药学科高被引分析

9.1　学科论文概况

2012—2016 年，中医药学科的 123 种期刊上共发表学术论文 369038 篇，由来自在 27854 所机构的 231947 位学者作为第一作者发表。上述论文中，有 157698 篇在 2017 年获得过引用，整体被引率为 42.7%，总被引频次为 314526 次，篇均被引 0.85 次；其中，高被引论文有 2018 篇，累计被引 24524 次，篇均被引 12.15 次，单篇论文最高被引 105 次（表 9-1）。另外，2017 年本学科共发表论文 65127 篇，其中有 8316 篇在当年获得过引用，总共被引 11272 次。

表 9-1　中医药学科论文分布情况

年份	论文篇数	2017 年被引频次	2017 年被引率（%）	2017 年高被引论文			
				论文篇数	最高被引频次	总被引频次	篇均被引频次
2012	70000	43892	34.4	278	105	3595	12.93
2013	75773	57936	39.2	357	78	4525	12.68
2014	79140	71373	44.0	476	51	6154	12.93
2015	74084	77915	50.1	463	56	5590	12.07
2016	70041	63410	45.7	444	41	4660	10.5
合计	369038	314526	42.7	2018	105	24524	12.15

9.2　高被引论文分析

在中医药学科，2017 年被引次数 Top 10 论文（表 9-2）的平均被引次数为 57.6 次，是全部 2018 篇高被引论文篇均被引频次的 4.7 倍。其中，被引次数最高的论文是张蕾的《黄芪中有效成分药理活性的研究进展》（2012），随后两篇分别是李曦的《当归化学成分及药理作用研究进展》（2013）和陆小华的《赤芍的化学成分和药理作用研究进展》（2015）。

从论文分布来看，刊载高被引论文数量居前的 3 种期刊分别是《现代中西医结合杂志》（261 篇）、《中国中药杂志》（121 篇）和《中草药》（77 篇），其中，《中草药》和《中国中药杂志》分别刊载了高被引论文 Top 10 中的 3 篇；发表高被引论文数量居前的学者分别是广州中医药大学的潘建科（4 篇）、湖北科技学院附属第二医院的黄艳春（3 篇）和山东中医药大学的赵艳青（3 篇）；产出高被引论文数量居前的机构分别是北京中医药大学（41 篇）、南京中医药大学（36 篇）和山东中医药大学（30 篇），而天津大学产出了高被引论文 Top 10 中的 3 篇。

表 9-2　中医药学科高被引论文 Top 10（2017 年）

排名	论文题名	第一作者	期刊名称	发表年份	被引频次	
					总频次	2017 年
1	黄芪中有效成分药理活性的研究进展	张蔷	中国中药杂志	2012	267	95
2	当归化学成分及药理作用研究进展	李曦	中药材	2013	219	78
3	赤芍的化学成分和药理作用研究进展	陆小华	中草药	2015	120	56
4	中药指纹图谱技术进展及未来发展方向展望	李强	中草药	2013	124	55
4	糖尿病肾病发病机制研究进展	李敏州	中国实验方剂学杂志	2012	188	55
6	中医传承辅助系统软件开发与应用	卢朋	中国实验方剂学杂志	2012	175	51
6	白芍的药理作用及现代研究进展	张利	中医临床研究	2014	115	51
8	治疗类风湿性关节炎常用药物的研究进展	池里群	中国中药杂志	2014	100	45
8	补肾活血中药治疗多囊卵巢综合征导致排卵障碍性不孕的临床研究	金炫廷	中国中药杂志	2014	97	45
8	三七中皂苷成分及其药理作用的研究进展	王莹	中草药	2015	81	45

9.3　研究主题关联分析

在中医药学科，高被引论文共被 2017 年发表的 19401 篇论文引用了 24524 次。通过分析施引文献关键词的词频及关键词之间的共现关系，获得 2017 年中医药学科的热点主题和主题关联，如图 9-1 所示（共现 20 次以下不显示）。由图可知："临床疗效"、"针灸"、"生活质量"等关键词的文档词频较高，是 2017 年学科的研究热点；3 个节点以上的研究主题关联网络共 5 个，构成了学科内最为突出的研究主题簇；其中，以"临床疗效""疗效""针灸"为核心节点的研究主题关联网络最大，其余各团簇中词频最高或连线最多的关键词分别是"慢性阻塞性肺疾病""产后出血""子宫肌瘤""组方规律"。

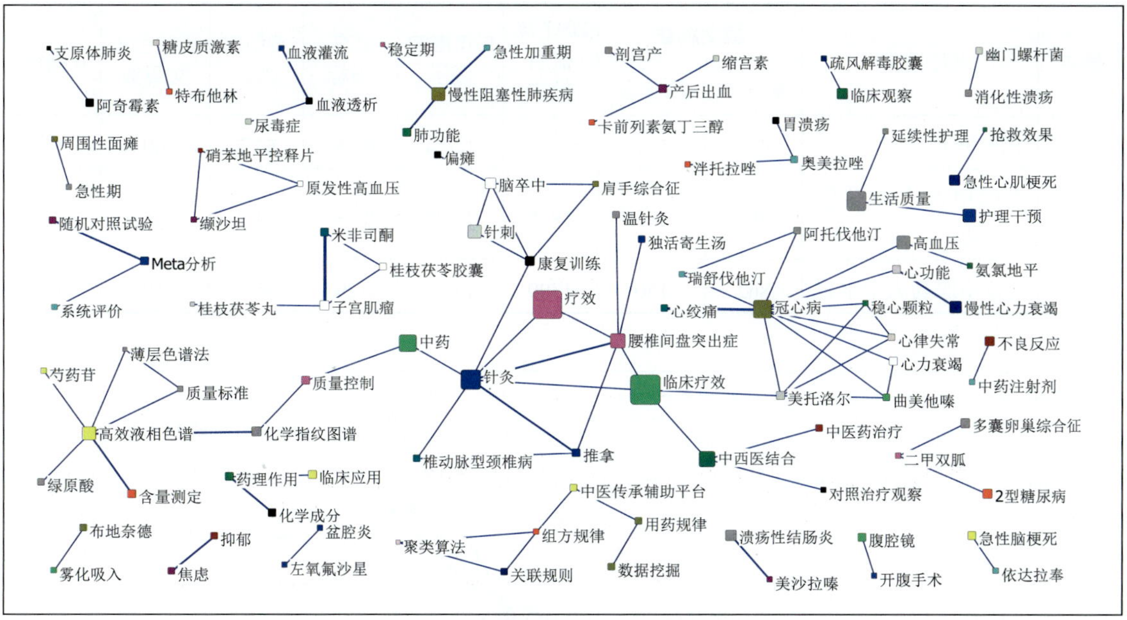

图 9-1　中医药学科热点论文主题关联（2017 年）

9.4　高影响力期刊分析

9.4.1　高影响力期刊 Top 10

在中医药学科，5 年影响因子 Top 10 期刊见表 9-3，前 3 种期刊分别是《针刺研究》、《中国中西医结合杂志》和《中草药》。其中，2017 年被引频次最高的期刊是《现代中西医结合杂志》，被引率最高的期刊是《针刺研究》。2012—2017 年期刊 5 年影响因子的变动情况如图 9-2 所示。

表 9-3　中医药学科高被引期刊基本指标（2017 年）

排名	期刊名称	载文篇数		2017 年被引频次	5 年影响因子	即年指标	被引率（%）	高被引论文篇数	h 指数
		前 5 年	2017 年						
1	针刺研究	523	91	1201	2.296	0.198	75.0	19	10
2	中国中西医结合杂志	1755	357	3783	2.156	0.246	69.2	67	15
3	中草药	3224	760	6502	2.017	0.300	70.0	77	17
4	中国中药杂志	4283	771	8483	1.981	0.298	68.2	121	18
5	中国针灸	1953	381	3697	1.893	0.273	62.8	63	13
6	中国骨伤	1433	258	2594	1.810	0.461	63.6	30	11
7	现代中西医结合杂志	9332	1463	16183	1.734	0.475	60.3	261	21

排名	期刊名称	载文篇数		2017年被引频次	5年影响因子	即年指标	被引率（%）	高被引论文篇数	h指数
		前5年	2017年						
8	中医杂志	3276	571	5615	1.714	0.259	62.7	60	15
9	中国中西医结合急救杂志	1069	183	1825	1.707	0.437	51.8	28	12
10	南京中医药大学学报	862	150	1399	1.623	0.293	60.7	17	10

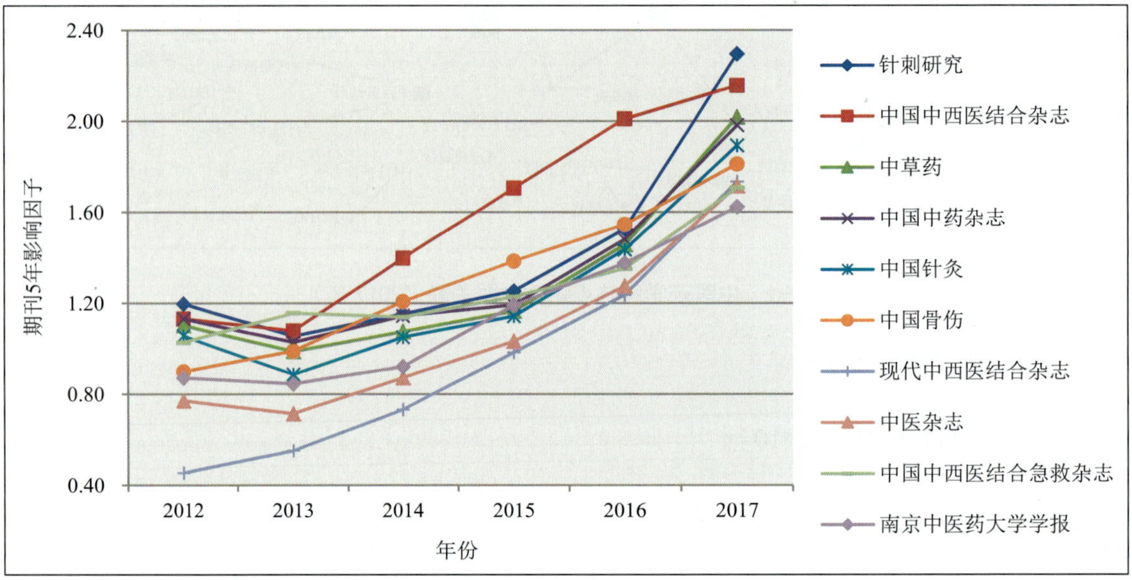

图9-2　中医药学科期刊5年影响因子变动趋势（2012—2017年）

9.4.2　期刊载文主题关联

通过期刊共被引分析，获得中医药学科期刊之间的载文主题关联，图中节点大小反映5年影响因子的高低，连线粗细代表共被引关联的强弱，关联越强表明两个期刊上有更多受学者们关注的相关主题论文，红色节点为学科高影响力期刊Top 10，详情见图9-3（共被引303次以下不显示）。如图所示，中医药学科的多个期刊均互相关联且关联较为紧密，各期刊的学科分类属性体现得较为明显；《中国中西医结合杂志》的5年影响因子最高；《中医临床研究》具有最多的关联关系，这是其研究主题广泛的典型体现；《中国中药杂志》与《中国实验方剂学杂志》《中草药》等期刊之间的关联较强，表明上述期刊具有较多相关主题的论文。

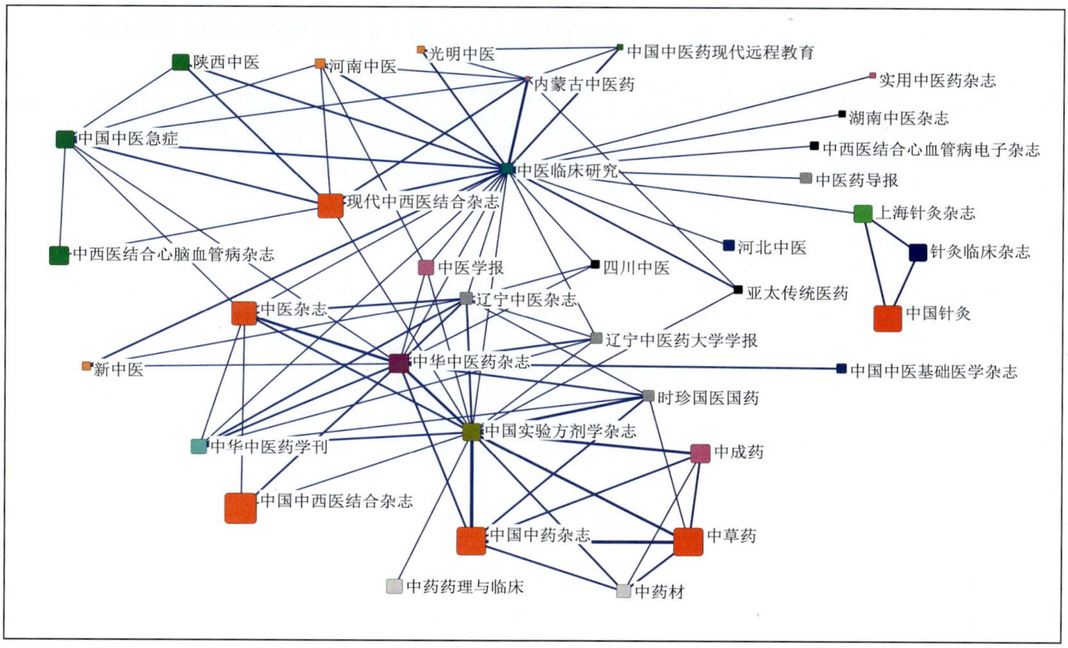

图 9-3　中医药学科期刊载文主题关联（2017 年）

9.5　高被引作者分析

9.5.1　高被引作者 Top 20

2017 年论文被引次数 Top 20 的作者见表 9-4。其中，学科发文总被引频次较高的 3 位作者分别是北京中医药大学的吴嘉瑞（124 次）、天津大学的张蕾（95 次）和上海中医药大学附属曙光医院的蒋健（84 次）。在学科发文 5 篇及以上的作者中，篇均被引较高的 3 位作者分别是浙江农林大学的斯金平（篇均 7.40 次）、南京中医药大学的陆兔林（篇均 7.25 次）和中国中医科学院广安门医院的张翠英（篇均 7.17 次）；5 年学科发文较多的 3 位作者分别是辽宁省沈阳皇姑协和中医门诊部的周宝宽（85 篇）、北京中医药大学的吴嘉瑞（71 篇）和黑龙江中医药大学附属第二医院的孙远征（56 篇）。

表 9-4　中医药学科高被引作者 Top 20（2017 年）

排名	姓名	作者单位	前 5 年发文			前 5 年学科发文在 2017 年的被引				h 指数（学科）
			学科发文（篇）	期刊分布（种）	发文总量（篇）	频次	被引率（%）	最高（次）	篇均（次）	
1	吴嘉瑞	北京中医药大学	71	11	95	124	62.0	15	1.75	5
2	张蕾	天津大学	1	1	1	95	100.0	95	95.00	1

排名	姓名	作者单位	前5年发文			前5年学科发文在2017年的被引				h指数（学科）
			学科发文（篇）	期刊分布（种）	发文总量（篇）	频次	被引率（%）	最高（次）	篇均（次）	
3	蒋健	上海中医药大学附属曙光医院	30	9	30	84	73.3	11	2.80	5
4	李冀	黑龙江中医药大学	36	5	36	82	66.7	15	2.28	5
5	李曦	成都中医药大学	2	2	2	80	100.0	78	40.00	2
6	仝小林	中国中医科学院广安门医院	19	11	28	76	73.7	32	4.00	4
7	张利	山东省东平县中医院	2	1	3	75	100.0	51	37.50	2
8	王亿平	安徽中医药大学第一附属医院	20	12	21	71	90.0	9	3.55	5
9	司富春	河南中医学院	27	5	34	64	74.1	8	2.37	5
10	潘建科	广州中医药大学	4	3	6	58	100.0	18	14.50	4
10	李毅	陕西中医药大学	9	4	9	58	100.0	13	6.44	6
10	陆兔林	南京中医药大学	8	3	9	58	100.0	15	7.25	5
13	谢晶日	黑龙江中医药大学附属第一医院	41	15	41	57	65.9	7	1.39	3
13	周萍	重庆医科大学	22	9	27	57	68.2	18	2.59	4
15	陈士林	中国医学科学院北京协和医学院药用植物研究所	3	1	7	56	100.0	41	18.67	2
15	李强	上海中医药大学	3	3	3	56	66.7	55	18.67	1
15	陆小华	成都中医药大学	1	1	2	56	100.0	56	56.00	1
15	孙远征	黑龙江中医药大学附属第二医院	56	11	59	56	62.5	4	1.00	3
19	李敏州	北京中医药大学东方医院	1	1	1	55	100.0	55	55.00	1
20	刘昌孝	天津药物研究院	4	2	16	54	100.0	41	13.50	3
20	陈士林	中国中医科学院中药研究所	3	2	4	54	100.0	39	18.00	3

9.5.2 作者发文主题关联

通过作者共被引分析，获得 2017 年中医药学科作者之间的发文主题关联，图中节点大小反映被引次数高低，连线粗细代表共被引关联的强弱，关联越强表明两位作者的发文主题可能具有更强的相关性，红色节点为学科高被引作者 Top 20，详情见图 9-4（共被引 6 次以下不显示）。如图所示，高被引作者主导了中医药学科的作者共被引网络，意味着他们的论文主题主导了学科研究热点；吕伟伟的共被引作者数最多；吕伟伟和何子龙、刘昌孝和张铁军等学者之间的关联较强，表明上述学者之间可能分别有较为相关的发文主题。

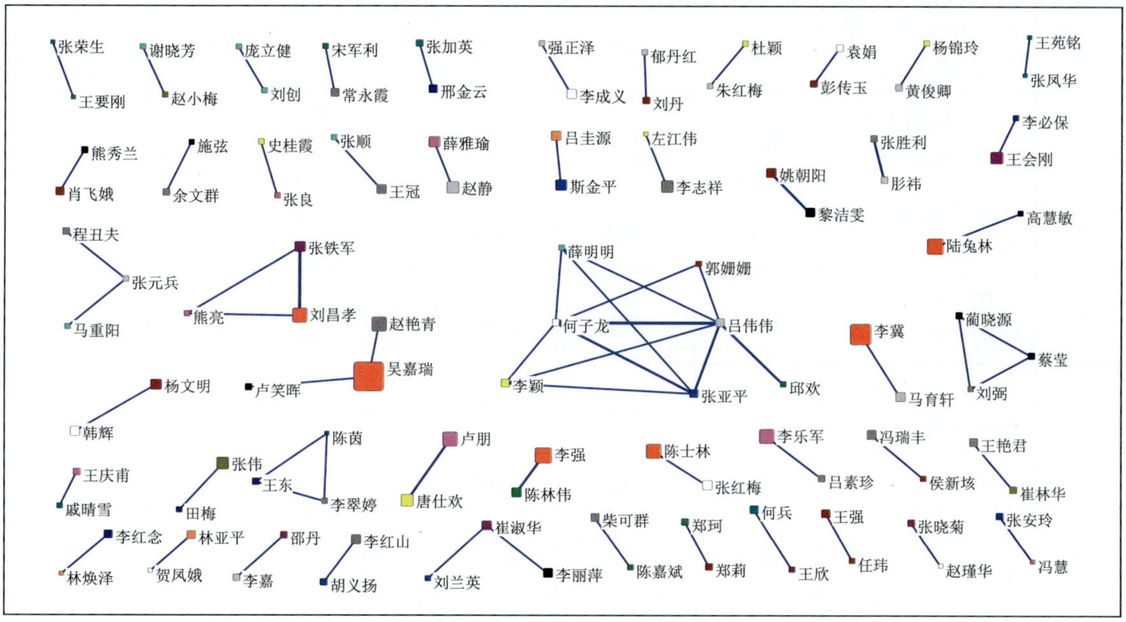

图 9-4 中医药学科作者发文主题关联（2017 年）

9.6 高被引机构分析

9.6.1 高被引机构

中医药学科被引次数 Top 10 医院和被引频次 Top 5 高等院校/科研院所的发文和被引情况分别见表 9-5 和表 9-6。表中，总被引次数排名前 3 位的医院分别是中国中医科学院广安门医院、上海中医药大学附属曙光医院和北京中医药大学东直门医院，排名前 3 位的高等院校/科研院所则是南京中医药大学、北京中医药大学和成都中医药大学；篇均被引最高的医院和高等院校/科研院所分别是中国中医科学院西苑医院和南京中医药大学。

表 9-5 中医药学科高被引医院 Top 10（2017 年）

排名	第一作者单位	学科发文量（篇）		前 5 年学科发文在 2017 年的被引			
		前 5 年	2017 年	频次	被引率(%)	最高（次）	篇均（次）
1	中国中医科学院广安门医院	2272	387	2858	53.6	32	1.26
2	上海中医药大学附属曙光医院	1480	270	1818	56.8	21	1.23
3	北京中医药大学东直门医院	1423	287	1705	51.5	27	1.20
4	上海中医药大学附属龙华医院	1278	277	1553	56.7	19	1.22
5	天津中医药大学第一附属医院	1316	189	1431	52.5	15	1.09
6	中国中医科学院西苑医院	1040	211	1368	56.3	21	1.32
7	黑龙江中医药大学附属第一医院	1124	159	1306	54.9	16	1.16
8	广东省中医院	1418	215	1300	46.6	19	0.92
9	河南中医学院第一附属医院	1418	15	1297	48.5	12	0.91
10	辽宁中医药大学附属医院	1157	211	1217	50.7	13	1.05

表 9-6 中医药学科高被引高等院校/科研院所 Top 5（2017 年）

排名	第一作者单位	学科发文量（篇）		前 5 年学科发文在 2017 年的被引			
		前 5 年	2017 年	频次	被引率（%）	最高（次）	篇均（次）
1	南京中医药大学	5842	815	6561	53.2	42	1.12
2	北京中医药大学	5953	1118	6457	50.9	29	1.08
3	成都中医药大学	5490	1023	4751	42.6	78	0.87
4	天津中医药大学	5713	1077	4694	41.9	38	0.82
5	山东中医药大学	6219	1183	4330	38.9	22	0.70

9.6.2 机构发文主题关联

通过机构共被引分析，获得中医药学科机构间的发文主题关联，图中节点大小反映被引次数高低，连线粗细代表共被引关联的强弱，关联越强表明两个机构的发文主题可能具有更强的相关性，红色节点为高被引医院 Top 10 和高被引高等院校/科研院所 Top 5，详情见图 9-5（共被引 180 次以下不显示）。由图可知，高被引高等院校/科研院所主导了中医药学科的机构共被引网络，在学科内体现出了较显著的学术影响力；南京中医药大学具有最多的被引次数和关联关系，充分表明了其学科学术影响力；南京中医药大学和北京中医药大学、成都中医药大学等机构之间的关联较强，表明上述机构的研究主题具有较多重叠之处。

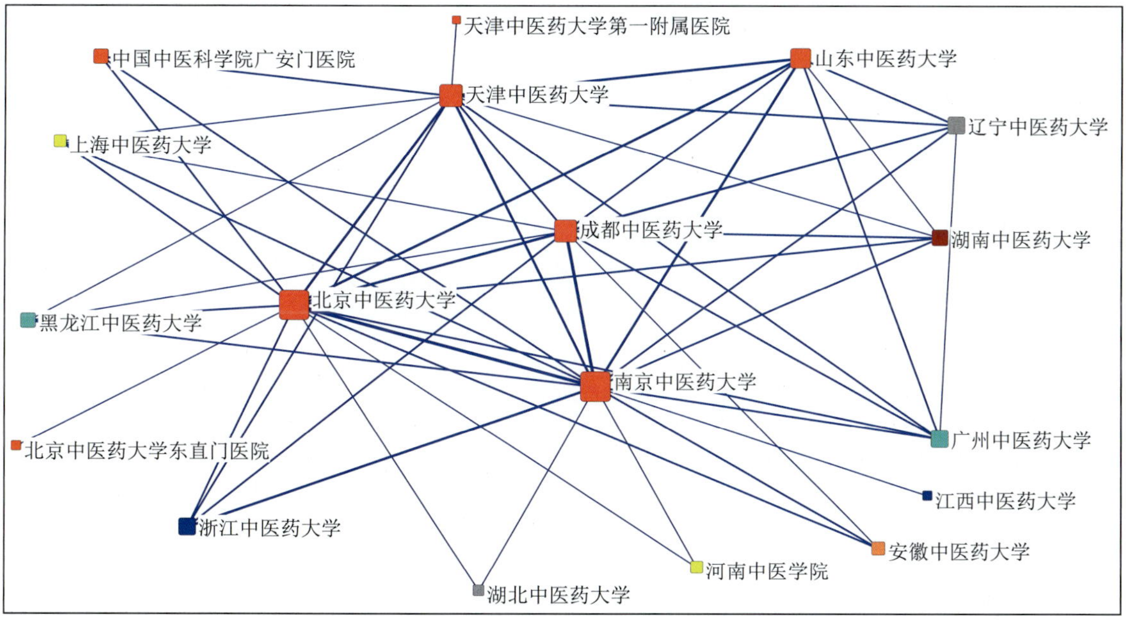

图 9-5 中医药学科机构发文主题关联（2017 年）

9.7 高被引国外期刊

中医药学科内被引次数 Top 10 的国外期刊见表 9-7，排名前 3 位的国外期刊是 *PLoS ONE*、*Evidence-based Complementary and Alternative Medicine* 和 *Journal of Ethnopharmacology*。

表 9-7 中医药学科高被引国外期刊 Top 10（2017 年）

排名	期刊名称	2017 年被引频次
1	PLoS ONE	1757
2	Evidence-based Complementary and Alternative Medicine	938
3	Journal of Ethnopharmacology	862
4	Molecules	370

排名	期刊名称	2017 年被引频次
5	World Journal of Gastroenterology	364
6	The Lancet	336
7	Scientific Reports	321
8	BMC Complementary and Alternative Medicine	306
9	New England Journal of Medicine	290
10	Food Chemistry	286

第 10 章　基础医学学科高被引分析

10.1　学科论文概况

2012—2016 年，基础医学学科的 68 种期刊上共发表学术论文 82958 篇，由来自在 12901 所机构的 67494 位学者作为第一作者发表。上述论文中，有 27536 篇在 2017 年获得过引用，整体被引率为 33.2%，总被引频次为 49769 次，篇均被引 0.60 次；其中，高被引论文有 363 篇，累计被引 4198 次，篇均被引 11.56 次，单篇论文最高被引 57 次（表 10-1）。另外，2017 年本学科共发表论文 15289 篇，其中有 1748 篇在当年获得过引用，总共被引 2294 次。

表 10-1　基础医学学科论文分布情况

年份	论文篇数	2017 年被引频次	2017 年被引率（%）	2017 年高被引论文			
				论文篇数	最高被引频次	总被引频次	篇均被引频次
2012	14739	5538	23.0	39	16	392	10.05
2013	13963	6916	28.9	42	30	598	14.24
2014	15988	10005	33.2	64	57	1016	15.88
2015	19799	14310	38.5	114	40	1218	10.68
2016	18469	13000	38.9	104	36	974	9.37
合计	82958	49769	33.2	363	57	4198	11.56

10.2　高被引论文分析

在基础医学学科，2017 年被引次数 Top 10 论文（表 10-2）的平均被引次数为 36.3 次，是全部 363 篇高被引论文篇均被引频次的 3.1 倍。其中，被引次数最高的论文是马超的《中国 2012—2013 年麻疹流行病学特征与消除麻疹进展》（2014），随后两篇分别是武文娣的《中国 2012 年疑似预防接种异常反应监测数据分析》（2014）和张丽的《优质护理在妊高症产妇产后出血护理中的应用特点》（2014）。

从论文分布来看，刊载高被引论文数量居前的 3 种期刊分别是《中国组织工程研究》（131 篇）、《中国疫苗和免疫》（32 篇）和《中国免疫学杂志》（22 篇），其中，《中国疫苗和免疫》刊载了高被引论文 Top 10 中的 5 篇；发表高被引论文数量居前的学者分别是第四军医大学唐都医院的张勇萍（3 篇）、中国疾病预防控制中心免疫规划中心的马超（3 篇）和中国疾病预防控制中心寄生虫病预防控制所的张丽（3 篇）；产出高被引论文数量居前的机构分别是中国疾病预防控制中心（17 篇）、中国疾病预防控制中心免疫规划中心（11 篇）和中国疾病预防控制中心寄生虫病预防控制所（6 篇），而中国疾病预防控制中心免疫规划中心产出了高被引论文 Top 10 中的 3 篇。

表 10-2 基础医学学科高被引论文 Top 10（2017 年）

排名	论文题名	第一作者	期刊名称	发表年份	被引频次	
					总频次	2017 年
1	中国2012—2013年麻疹流行病学特征与消除麻疹进展	马超	中国疫苗和免疫	2014	137	56
2	中国 2012 年疑似预防接种异常反应监测数据分析	武文娣	中国疫苗和免疫	2014	167	45
3	优质护理在妊高症产妇产后出血护理中的应用特点	张丽	中国组织工程研究	2014	87	41
4	2014 年全国疟疾疫情分析	张丽	中国寄生虫学与寄生虫病杂志	2015	83	40
5	中国2014年疑似预防接种异常反应信息管理系统监测数据分析	叶家楷	中国疫苗和免疫	2016	51	36
6	中国中老年人骨质疏松症患病率的 Meta 分析	韩亚军	中国组织工程研究	2014	71	29
6	微课在高等医学教育中的应用和体会	李育娴	基础医学与临床	2015	51	29
6	中国 2011 年疑似预防接种异常反应监测数据分析	武文娣	中国疫苗和免疫	2013	159	29
6	中国消除麻疹的关键技术问题：专家解读共识	苏琪茹	中国疫苗和免疫	2014	74	29
6	2013 年全国疟疾疫情分析	张丽	中国寄生虫学与寄生虫病杂志	2014	82	29

10.3 研究主题关联分析

在基础医学学科，高被引论文共被 2017 年发表的 3805 篇论文引用了 4198 次。通过分析施引文献关键词的词频及关键词之间的共现关系，获得 2017 年基础医学学科的热点主题和主题关联，如图 10-1 所示（共现 7 次以下不显示）。由图可知："麻疹""疟疾""疫苗"等关键词的文档词频较高，是 2017 年学科的研究热点；3 个节点以上的研究主题关联网络共4个，构成了学科内最为突出的研究主题簇；其中，以“麻疹”“疟疾”“流行病学特征”为核心节点的研究主题关联网络最大，其余各团簇中词频最高或连线最多的关键词分别是“骨科植入物”“优质护理”“预防接种”。

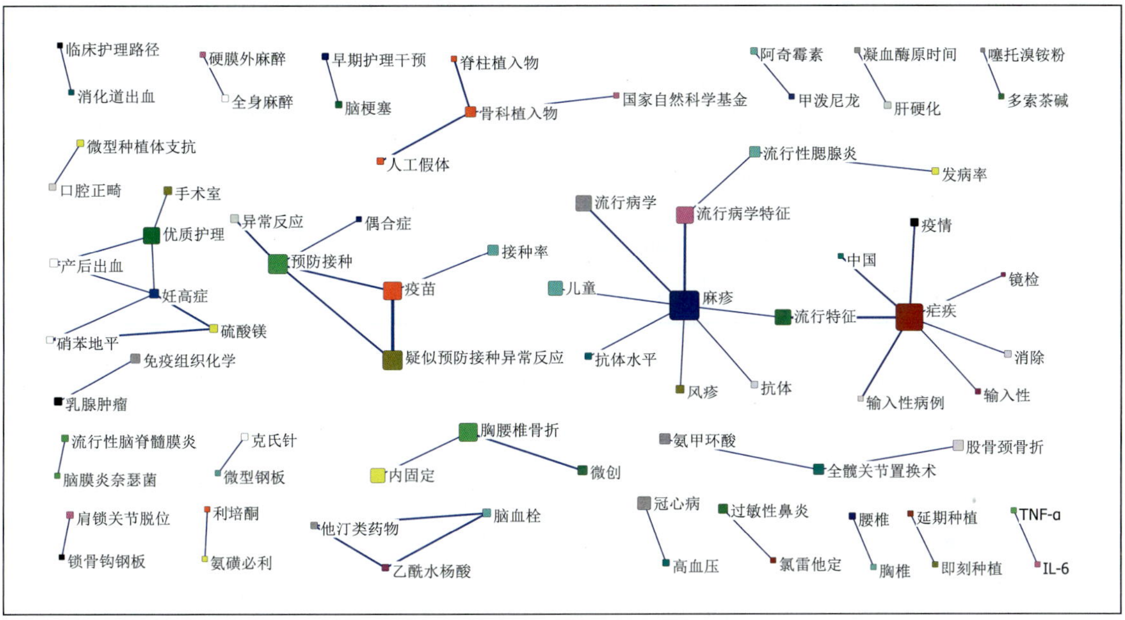

图10-1 基础医学学科热点论文主题关联（2017年）

10.4 高影响力期刊分析

10.4.1 高影响力期刊Top 10

在基础医学学科，5年影响因子Top 10期刊见表10-3，前3种期刊分别是《中国疫苗和免疫》、《中国寄生虫学与寄生虫病杂志》和《中国组织工程研究》。其中，2017年被引频次最高的期刊是《中国组织工程研究》，被引率最高的期刊是《中国疫苗和免疫》。2012—2017年期刊5年影响因子的变动情况如图10-2所示。

表10-3 基础医学学科高被引期刊基本指标（2017年）

排名	期刊名称	载文篇数		2017年被引频次	5年影响因子	即年指标	被引率(%)	高被引论文篇数	h指数
		前5年	2017年						
1	中国疫苗和免疫	761	159	1415	1.859	0.189	55.1	32	14
2	中国寄生虫学与寄生虫病杂志	672	135	778	1.158	0.148	46.7	10	9
3	中国组织工程研究	7879	961	8247	1.047	0.194	45.2	131	15
4	中国免疫学杂志	1837	431	1750	0.953	0.158	43.6	22	10

排名	期刊名称	载文篇数		2017年被引频次	5年影响因子	即年指标	被引率（%）	高被引论文篇数	h指数
		前5年	2017年						
5	中华诊断学电子杂志	277	71	255	0.921	0.155	43.0	3	6
6	系统医学	529	817	486	0.919	0.196	48.2	3	6
7	中华病理学杂志	1371	259	1137	0.829	0.247	39.6	10	9
8	中华实验和临床病毒学杂志	839	133	689	0.821	0.195	39.8	7	7
9	数理医药学杂志	3114	901	2553	0.820	0.319	41.7	21	9
10	中国病理生理杂志	2493	397	1986	0.797	0.194	41.1	11	8

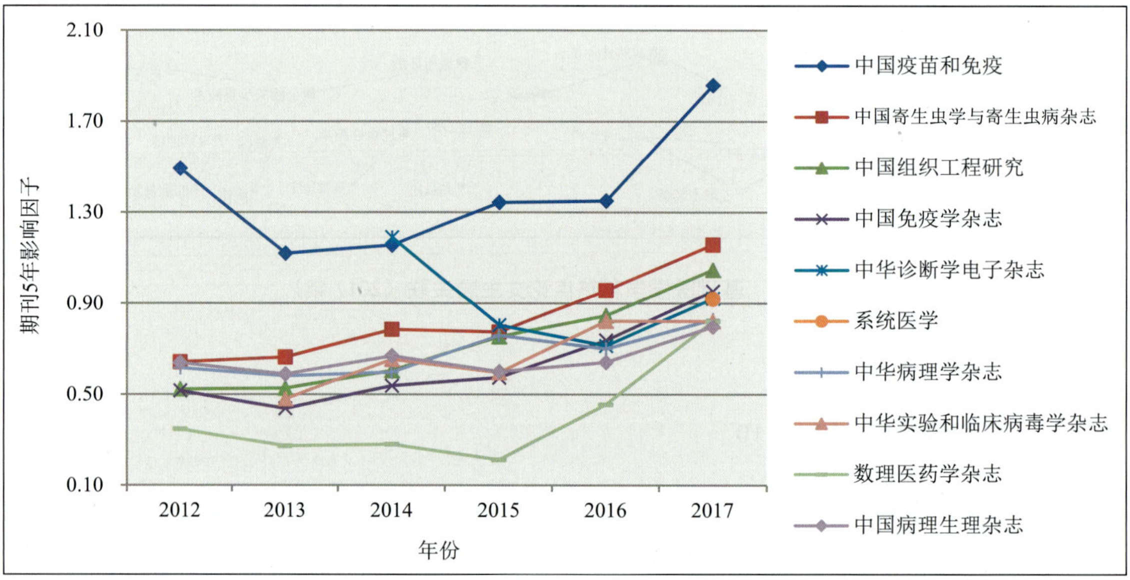

图 10-2 基础医学学科期刊 5 年影响因子变动趋势（2012—2017 年）

10.4.2 期刊载文主题关联

通过期刊共被引分析，获得基础医学学科期刊之间的载文主题关联，图中节点大小反映 5 年影响因子的高低，连线粗细代表共被引关联的强弱，关联越强表明两个期刊上有更多受学者们关注的相关主题论文，红色节点为学科高影响力期刊 Top 10，详情见图 10-3（共被引 10 次以下不显示）。如图所示，基础医学学科的多个期刊均互相关联且关联较为紧密，各期刊的学科分类属性体现得较为明显；《中国疫苗和免疫》的 5 年影响因子最高；《中国组织工程研究》具有最多的关联关系，这是其研究主题广泛的典型体现；《中国免疫学杂志》和《细胞与分子免疫学杂志》、《中国组织工程研究》和《中国临床解剖学杂志》等期刊之间的关联较强，表明上述期刊分别具有较多相关主题的论文。

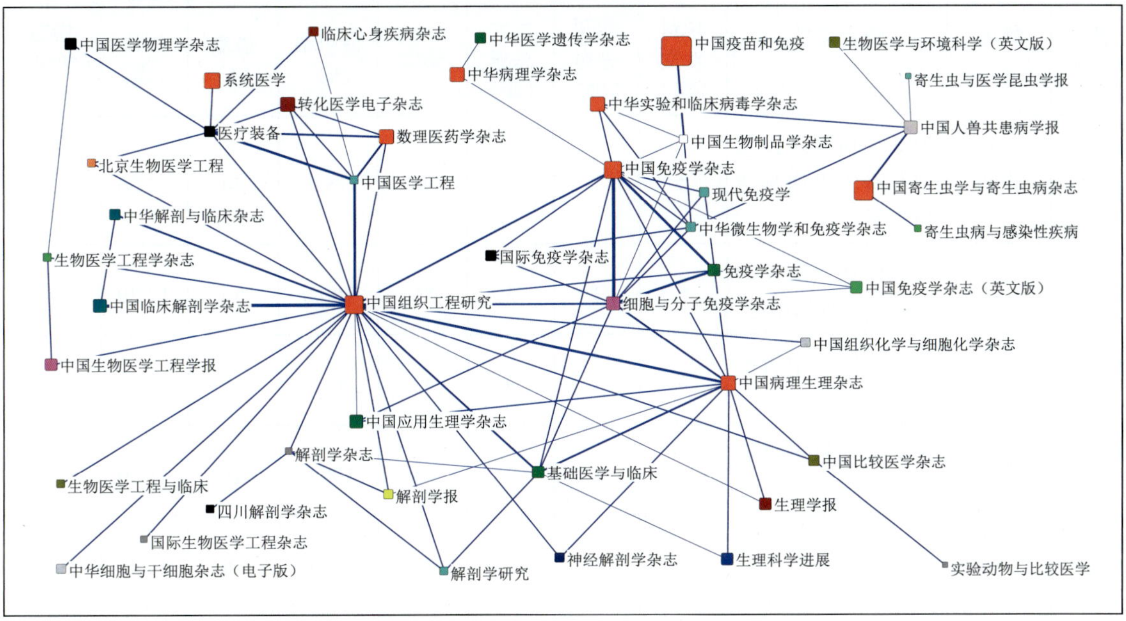

图 10-3 基础医学学科期刊载文主题关联（2017 年）

10.5 高被引作者分析

10.5.1 高被引作者 Top 20

2017 年论文被引次数 Top 20 的作者见表 10-4。其中，学科发文总被引频次较高的 3 位作者分别是中国疾病预防控制中心免疫规划中心的武文娣（100 次）、中国疾病预防控制中心寄生虫病预防控制所的张丽（96 次）和中国疾病预防控制中心免疫规划中心的马超（86 次）。在学科发文 5 篇及以上的作者中，篇均被引较高的 3 位作者分别是中国疾病预防控制中心免疫规划中心的马超（篇均 17.20 次）、中国疾病预防控制中心免疫规划中心的武文娣（篇均 10.00 次）和煤炭总医院的姚希（篇均 5.00 次）；5 年学科发文较多的 3 位作者分别是内蒙古师范大学的李咏兰（21 篇）、第二军医大学长征医院的廖建春（18 篇）和中国中医科学院广安门医院的刘艳骄（18 篇）。

表 10-4 基础医学学科高被引作者 Top 20（2017 年）

排名	姓名	作者单位	前 5 年发文			前 5 年学科发文在 2017 年的被引				h 指数（学科）
			学科发文（篇）	期刊分布（种）	发文总量（篇）	频次	被引率（%）	最高（次）	篇均（次）	
1	武文娣	中国疾病预防控制中心免疫规划中心	10	1	13	100	90.0	45	10.00	3

排名	姓名	作者单位	前5年发文			前5年学科发文在2017年的被引				h指数（学科）
			学科发文（篇）	期刊分布（种）	发文总量（篇）	频次	被引率（%）	最高（次）	篇均（次）	
2	张丽	中国疾病预防控制中心寄生虫病预防控制所	4	1	4	96	75.0	40	24.00	3
3	马超	中国疾病预防控制中心免疫规划中心	5	1	5	86	100.0	56	17.20	4
4	张勇萍	第四军医大学唐都医院	9	1	9	43	88.9	11	4.78	4
5	张丽	吉林大学白求恩第一医院	1	1	3	41	100.0	41	41.00	1
6	杨文涛	复旦大学附属肿瘤医院	4	1	5	38	100.0	18	9.50	3
7	叶家楷	中国疾病预防控制中心	1	1	1	36	100.0	36	36.00	1
8	李强	暨南大学第四附属医院	2	1	4	32	100.0	27	16.00	2
8	夏志贵	中国疾病预防控制中心寄生虫病预防控制所	2	1	4	32	100.0	19	16.00	2
8	苏琪茹	中国疾病预防控制中心免疫规划中心	2	1	3	32	100.0	29	16.00	2
8	韩亚军	新疆医科大学第二附属医院	2	1	2	32	100.0	29	16.00	2
12	姚希	煤炭总医院	6	1	6	30	100.0	14	5.00	3
13	李育娴	同济大学	2	1	3	29	50.0	29	14.50	1
14	张国民	中国疾病预防控制中心	4	1	4	28	50.0	27	7.00	1
14	陈燕	福建省肿瘤医院	2	2	5	28	100.0	27	14.00	1
16	刘洪	西南医科大学	1	1	1	27	100.0	27	27.00	1
16	李娜	吉林大学白求恩第一医院	3	1	6	27	66.7	26	9.00	1

排名	姓名	作者单位	前 5 年发文			前 5 年学科发文在 2017 年的被引				h 指数（学科）
			学科发文（篇）	期刊分布（种）	发文总量（篇）	频次	被引率（%）	最高（次）	篇均（次）	
18	侯娟娟	甘肃省庆阳市人民医院	1	1	2	25	100.0	25	25.00	1
18	叶家楷	中国疾病预防控制中心免疫规划中心	1	1	1	25	100.0	25	25.00	1
20	周景辉	上海交通大学附属第六人民医院	1	1	2	24	100.0	24	24.00	1

10.5.2　作者发文主题关联

通过作者共被引分析，获得 2017 年基础医学学科作者之间的发文主题关联，图中节点大小反映被引次数高低，连线粗细代表共被引关联的强弱，关联越强表明两位作者的发文主题可能具有更强的相关性，红色节点为学科高被引作者 Top 20，详情见图 10-4（共被引 3 次以下不显示）。如图所示，高被引作者主导了基础医学学科的作者共被引网络，意味着他们的论文主题主导了学科研究热点；张丽和马超的共被引作者数最多；武文娣和叶家楷、张丽和夏志贵等学者之间的关联较强，表明上述学者之间可能分别有较为相关的发文主题。

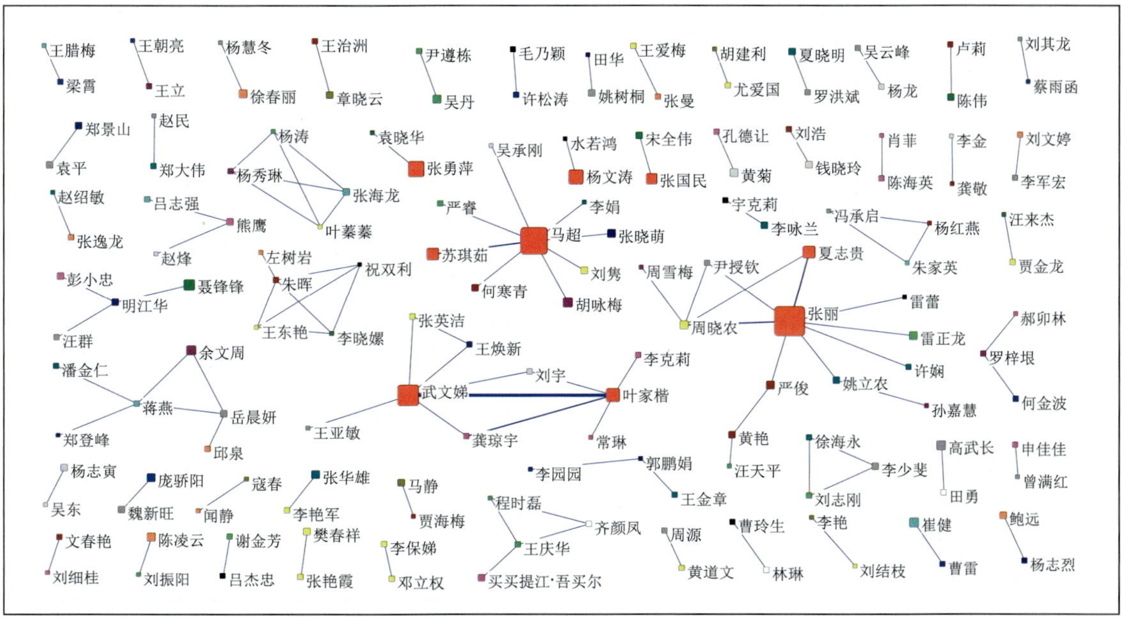

图 10-4　基础医学学科作者发文主题关联（2017 年）

10.6　高被引机构分析

10.6.1　高被引机构

基础医学学科被引次数 Top 10 医院和被引频次 Top 5 高等院校/科研院所的发文和被引情况分别见表 10-5 和表 10-6。表中，总被引次数排名前 3 位的医院分别是新疆医科大学第一附属医院、吉林大学白求恩第一医院和北京协和医院，排名前 3 位的高等院校/科研院所则是中国疾病预防控制中心、中国疾病预防控制中心免疫规划中心和南方医科大学；篇均被引最高的医院和高等院校/科研院所分别是新疆医科大学第一附属医院和中国疾病预防控制中心免疫规划中心。

表 10-5　基础医学学科高被引医院 Top 10（2017 年）

排名	第一作者单位	学科发文量（篇）		前 5 年学科发文在 2017 年的被引			
		前 5 年	2017 年	频次	被引率(%)	最高（次）	篇均（次）
1	新疆医科大学第一附属医院	379	31	387	47.8	11	1.02
2	吉林大学白求恩第一医院	332	29	337	41.9	41	1.02
3	北京协和医院	300	89	279	48.3	10	0.93
4	重庆医科大学附属第一医院	341	68	220	35.8	19	0.65
5	苏州大学附属第一医院	404	46	169	25.2	9	0.42
6	中国人民解放军总医院	240	35	164	40.8	8	0.68
7	中山大学附属第一医院	221	24	147	43.9	5	0.67
8	佛山市第一人民医院	225	95	145	38.2	8	0.64
9	武汉大学人民医院	240	50	139	32.1	11	0.58
10	中国医科大学附属第一医院	302	48	137	26.8	18	0.45

表 10-6 基础医学学科高被引高等院校/科研院所 Top 5（2017 年）

排名	第一作者单位	学科发文量（篇）		前 5 年学科发文在 2017 年的被引			
		前 5 年	2017 年	频次	被引率（%）	最高（次）	篇均（次）
1	中国疾病预防控制中心	253	72	539	53.4	36	2.13
2	中国疾病预防控制中心免疫规划中心	60	3	350	81.7	56	5.83
3	南方医科大学	499	74	343	36.9	15	0.69
4	中国疾病预防控制中心寄生虫病预防控制所	117	20	240	50.4	40	2.05
5	重庆医科大学	488	45	206	26.0	6	0.42

10.6.2 机构发文主题关联

通过机构共被引分析，获得基础医学学科机构间的发文主题关联，图中节点大小反映被引次数高低，连线粗细代表共被引关联的强弱，关联越强表明两个机构的发文主题可能具有更强的相关性，红色节点为高被引医院 Top 10 和高被引高等院校/科研院所 Top 5，详情见图 10-5（共被引 5 次以下不显示）。由图可知，高被引高等院校/科研院所主导了基础医学学科的机构共被引网络，在学科内体现出了较显著的学术影响力；中国疾病预防控制中心具有最多的被引次数和关联关系，充分表明了其学科学术影响力；中国疾病预防控制中心和中国疾病预防控制中心免疫规划中心、广东省疾病预防控制中心等机构之间的关联较强，表明上述机构的研究主题具有较多重叠之处。

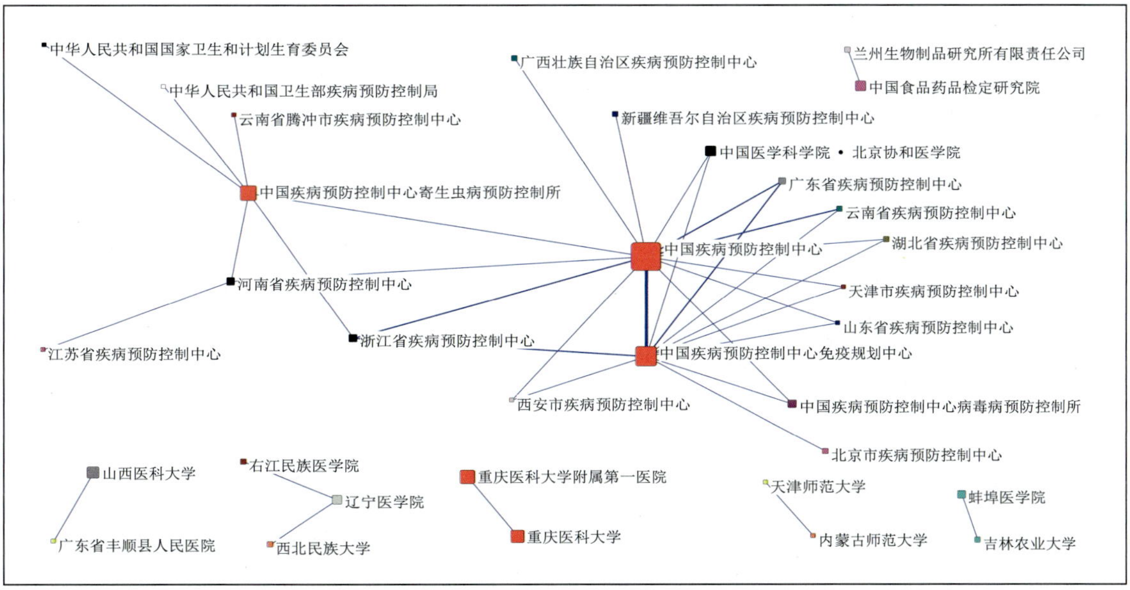

图 10-5 基础医学学科机构发文主题关联（2017 年）

10.7 高被引国外期刊

基础医学学科内被引次数 Top 10 的国外期刊见表 10-7，排名前 3 位的国外期刊是 *PLoS ONE*、*Oncotarget* 和 *Nature*。

表 10-7 基础医学学科高被引国外期刊 Top 10（2017 年）

排名	期刊名称	2017 年被引频次
1	PLoS ONE	2735
2	Oncotarget	709
3	Nature	629
4	Scientific Reports	588
5	Journal of Immunology	540
6	Proceedings of the National Academy of Sciences of the United States of America	504
7	New England Journal of Medicine	425
8	Journal of Biological Chemistry	412
9	Science	407
10	Cell	391

第 11 章　临床医学学科高被引分析

11.1　学科论文概况

2012—2016 年，临床医学学科的 273 种期刊上共发表学术论文 1197753 篇，由来自在 71708 所机构的 772760 位学者作为第一作者发表。上述论文中，有 412395 篇在 2017 年获得过引用，整体被引率为 34.4%，总被引频次为 835537 次，篇均被引 0.70 次；其中，高被引论文有 4564 篇，累计被引 66613 次，篇均被引 14.60 次，单篇论文最高被引 315 次（表 11-1）。另外，2017 年本学科共发表论文 201455 篇，其中有 27482 篇在当年获得过引用，总共被引 39134 次。

表 11-1　临床医学学科论文分布情况

年份	论文篇数	2017 年被引频次	2017 年被引率（%）	2017 年高被引论文			
				论文篇数	最高被引频次	总被引频次	篇均被引频次
2012	215851	97451	26.1	562	104	7607	13.54
2013	270574	142263	27.2	830	102	12732	15.34
2014	249866	177482	34.1	924	315	15228	16.48
2015	240625	216646	41.9	1284	166	18335	14.28
2016	220837	201695	43.6	964	58	12711	13.19
合计	1197753	835537	34.4	4564	315	66613	14.60

11.2　高被引论文分析

在临床医学学科，2017 年被引次数 Top 10 论文（表 11-2）的平均被引次数为 87.1 次，是全部 4564 篇高被引论文篇均被引频次的 6.0 倍。其中，被引次数最高的论文是路桃影的《匹兹堡睡眠质量指数的信度及效度分析》（2014），随后两篇分别是陈佰义的《中国鲍曼不动杆菌感染诊治与防控专家共识》（2012）和高戈的《2012 国际严重脓毒症及脓毒性休克诊疗指南》（2013）。

从论文分布来看，刊载高被引论文数量居前的 3 种期刊分别是《中国全科医学》（254 篇）、《实用临床医药杂志》（235 篇）和《重庆医学》（217 篇），其中，《重庆医学》刊载了高被引论文 Top 10 中的 3 篇；发表高被引论文数量居前的学者分别是四川大学华西医院的张伶俐（5 篇）、中国人民解放军第四军医大学的樊代明（4 篇）和武汉大学的黄如花（4 篇）；产出高被引论文数量居前的机构分别是四川大学华西医院（41 篇）、中国人民解放军总医院（23 篇）和中国医科大学附属盛京医院（22 篇）。

表 11-2　临床医学学科高被引论文 Top 10（2017 年）

排名	论文题名	第一作者	期刊名称	发表年份	被引频次	
					总频次	2017 年
1	匹兹堡睡眠质量指数的信度及效度分析	路桃影	重庆医学	2014	256	122
2	中国鲍曼不动杆菌感染诊治与防控专家共识	陈佰义	中华医学杂志	2012	507	104
3	2012 国际严重脓毒症及脓毒性休克诊疗指南	高戈	中华危重病急救医学	2013	307	102
4	手术室细节护理在确保手术室护理安全中的应用效果研究	关柏秋	实用临床医药杂志	2014	184	92
5	腹腔镜子宫肌瘤剔除术与传统开腹手术治疗子宫肌瘤的临床疗效比较	王瑞敏	重庆医学	2014	179	84
6	多样性护理方式在糖尿病合并冠心病患者护理中的应用效果观察	王咏梅	实用临床医药杂志	2015	148	82
7	不均匀沉降在膝关节退变及内翻过程中机制的研究	张英泽	河北医科大学学报	2014	166	78
7	患者疼痛评分法的术前选择及术后疼痛评估的效果分析	高万露	实用医学杂志	2013	235	78
9	个性化综合饮食护理干预对 2 型糖尿病患者的临床效果研究	徐灵莉	重庆医学	2015	135	75
10	动脉粥样硬化发病的炎症机制的研究进展	刘俊田	西安交通大学学报（医学版）	2015	142	72
10	综合护理干预预防社区老年高血压或糖尿病患者跌倒的效果评价	毛晓润	中国全科医学	2013	218	72

11.3 研究主题关联分析

在临床医学学科，高被引论文共被 2017 年发表的 53994 篇论文引用了 66613 次。通过分析施引文献关键词的词频及关键词之间的共现关系，获得 2017 年临床医学学科的热点主题和主题关联，如图 11-1 所示（共现 78 次以下不显示）。由图可知："生活质量""临床疗效""冠心病"等关键词的文档词频较高，是 2017 年学科的研究热点；3 个节点以上的研究主题关联网络共 5 个，构成了学科内最为突出的研究主题簇；其中，以"腹腔镜""生活质量""冠心病"为核心节点的研究主题关联网络最大，其余各团簇中词频最高或连线最多的关键词分别是"慢性阻塞性肺疾病""产后出血""布地奈德""阿奇霉素"。

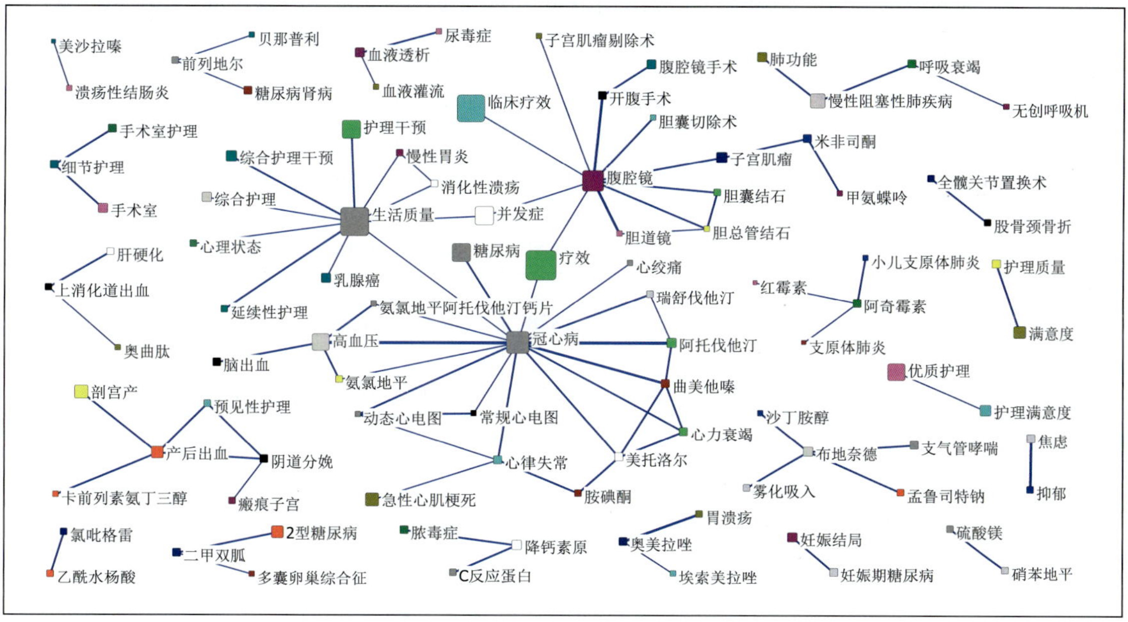

图 11-1 临床医学学科热点论文主题关联（2017 年）

11.4 高影响力期刊分析

11.4.1 高影响力期刊 Top 10

在临床医学学科，5 年影响因子 Top 10 期刊见表 11-3，前 3 种期刊分别是《中华危重病急救医学》、《实用临床医药杂志》和《海南医学院学报》。其中，2017 年被引频次最高的期刊是《实用临床医药杂志》，被引率最高的期刊是《实用临床医药杂志》。2012—2017 年期刊 5 年影响因子的变动情况如图 11-2 所示。

表 11-3　临床医学学科高被引期刊基本指标（2017 年）

排名	期刊名称	载文篇数		2017 年被引频次	5 年影响因子	即年指标	被引率（%）	高被引论文篇数	h 指数
		前 5 年	2017 年						
1	中华危重病急救医学	1468	283	3296	2.245	0.491	63.8	44	15
2	实用临床医药杂志	8102	1823	17588	2.171	0.515	66.6	235	23
3	海南医学院学报	3127	906	6699	2.142	0.412	65.1	80	17
4	中国全科医学	6662	1201	14017	2.104	0.361	59.5	254	23
5	中华全科医学	4487	611	8915	1.987	0.484	64.7	119	19
6	中国循证医学杂志	1206	231	2300	1.907	0.260	59.8	39	14
7	湖南师范大学学报（医学版）	937	296	1745	1.862	0.260	63.1	15	11
8	河北医学	4208	649	7596	1.805	0.364	59.9	99	18
9	北京大学学报（医学版）	1065	204	1878	1.763	0.324	60.9	22	13
10	中国疼痛医学杂志	1284	268	2157	1.680	0.228	55.8	26	14

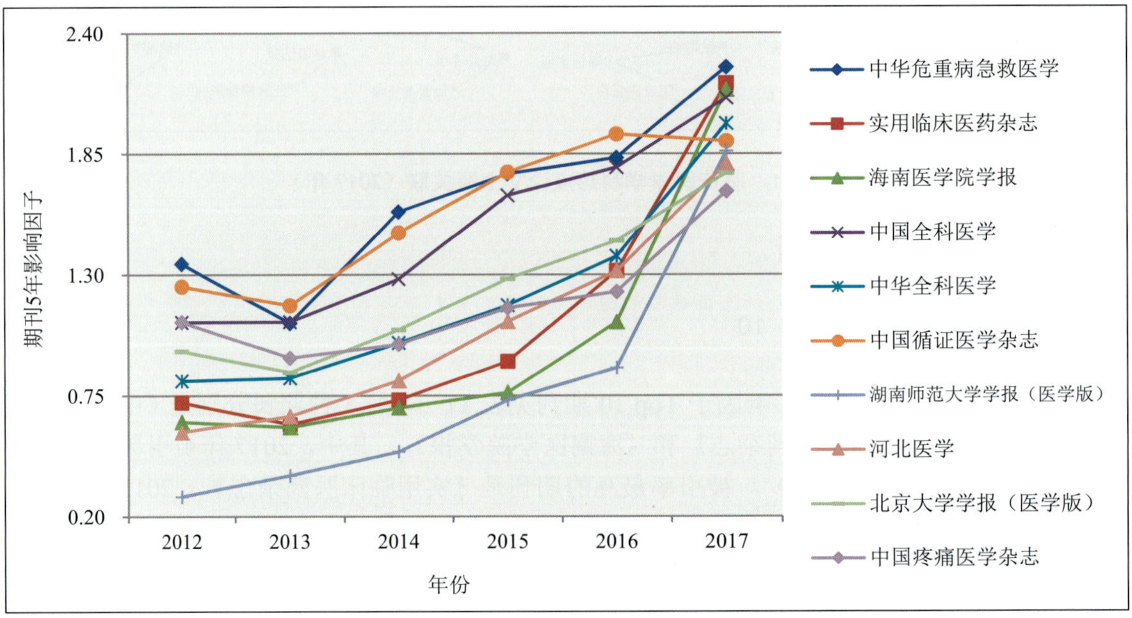

图 11-2　临床医学学科期刊 5 年影响因子变动趋势（2012—2017 年）

11.4.2　期刊载文主题关联

通过期刊共被引分析，获得临床医学学科期刊之间的载文主题关联，图中节点大小反映5年影响因子的高低，连线粗细代表共被引关联的强弱，关联越强表明两个期刊上有更多受学者们关注的相关主题论文，红色节点为学科高影响力期刊Top 10，详情见图11-3（共被引805次以下不显示）。如图所示，临床医学学科的多个期刊均互相关联且关联较为紧密，各期刊的学科分类属性体现得较为明显；《实用临床医药杂志》的5年影响因子最高；《中国医药指南》具有最多的关联关系，这是其研究主题广泛的典型体现；《中国医药指南》和《中国实用医药》《当代医学》《中外医学研究》等期刊之间的关联较强，表明上述期刊具有较多相关主题的论文。

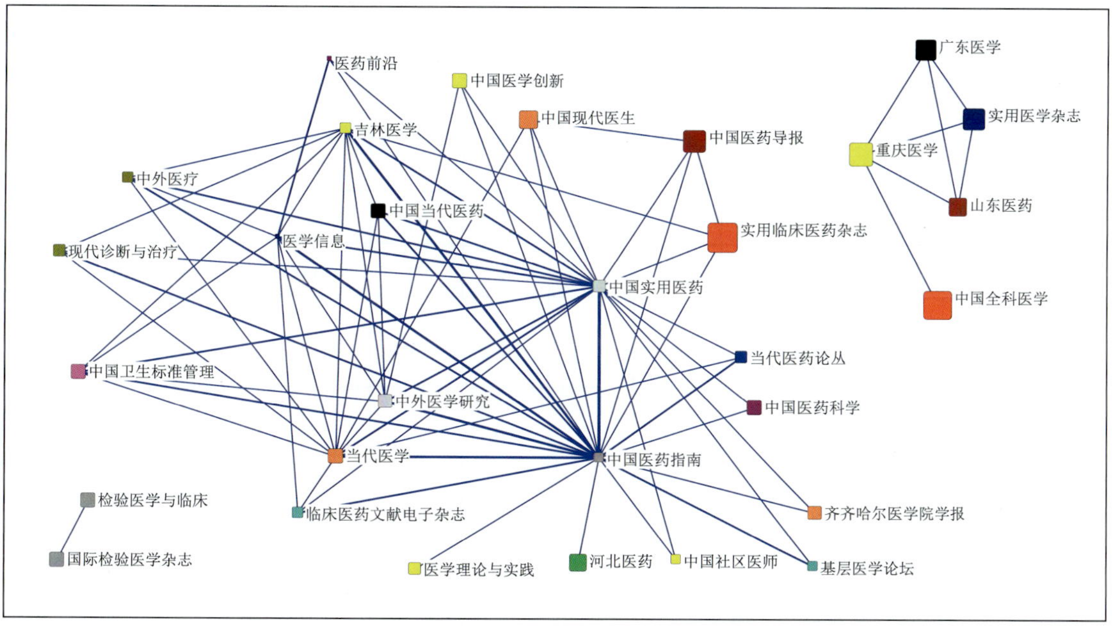

图11-3　临床医学学科期刊载文主题关联（2017年）

11.5　高被引作者分析

11.5.1　高被引作者Top 20

2017年论文被引次数Top 20的作者见表11-4。其中，学科发文总被引频次较高的3位作者分别是中国医科大学附属第一医院的陈佰义（159次）、南京医科大学的高万露（151次）和广州中医药大学第二附属医院的路桃影（122次）。在学科发文5篇及以上的作者中，篇均被引较高的3位作者分别是四川大学华西医院的张伶俐（篇均16.33次）、河北医科大学第三医院的张英泽（篇均14.00次）和河北医科大学第三医院的陈伟（篇均12.14次）；5年学科发文较多的3位作者分别是中华医学会的游苏宁（82篇）、首都医科大学附属北京朝阳医院的那开宪（68篇）和皖北卫生职业学院的侯鹏高（58篇）。

表 11-4　临床医学学科高被引作者 Top 20（2017 年）

排名	姓名	作者单位	前 5 年发文			前 5 年学科发文在 2017 年的被引				h 指数（学科）
			学科发文（篇）	期刊分布（种）	发文总量（篇）	频次	被引率（%）	最高（次）	篇均（次）	
1	陈佰义	中国医科大学附属第一医院	2	2	4	159	100.0	104	79.50	2
2	高万露	南京医科大学	4	2	8	151	75.0	78	37.75	3
3	路桃影	广州中医药大学第二附属医院	1	1	4	122	100.0	122	122.00	1
4	高戈	北京医院	1	1	5	102	100.0	102	102.00	1
4	关柏秋	吉化总医院	3	2	3	102	66.7	92	34.00	2
6	张伶俐	四川大学华西医院	6	1	6	98	100.0	34	16.33	5
7	王咏梅	东风公司花果医院	3	2	3	97	66.7	82	32.33	2
8	徐灵莉	重庆市肿瘤研究所	3	1	6	93	100.0	75	31.00	3
9	樊代明	中国人民解放军第四军医大学	8	1	8	90	87.5	27	11.25	5
10	陈伟	河北医科大学第三医院	7	1	10	85	71.4	43	12.14	3
11	王瑞敏	邢台市人民医院	1	1	3	84	100.0	84	84.00	1
11	张英泽	河北医科大学第三医院	6	3	14	84	66.7	78	14.00	2
13	金敏丽	临海市第一人民医院	2	2	3	73	100.0	62	36.50	2
14	毛晓润	石河子大学	1	1	3	72	100.0	72	72.00	1
14	刘俊田	西安交通大学	1	1	1	72	100.0	72	72.00	1
16	谢浩	重庆市大足区人民医院	1	1	2	67	100.0	67	67.00	1
16	史静琤	中南大学	1	1	2	67	100.0	67	67.00	1
18	张树义	渤海大学	9	1	25	65	100.0	16	7.22	5
18	陆新芬	湖州市中心医院	2	2	3	65	100.0	57	32.50	2
20	许全珍	梧州市人民医院	3	3	7	64	100.0	61	21.33	2

11.5.2　作者发文主题关联

通过作者共被引分析，获得 2017 年临床医学学科作者之间的发文主题关联，图中节点大小反映被引次数高低，连线粗细代表共被引关联的强弱，关联越强表明两位作者的发文主题可能具有更强的相关性，红色节点为学科高被引作者 Top 20，详情见图 11-4（共被引 9 次以下不显示）。如图所示，高被引作者主导了临床医学学科的作者共被引网络，意味着他们的论文主题主导了学科研究热点；张英泽和关柏秋的共被引作者数最多；张英泽和陈伟、杨延江，关柏秋和吴志华等学者之间的关联较强，表明上述学者之间可能分别有较为相关的发文主题。

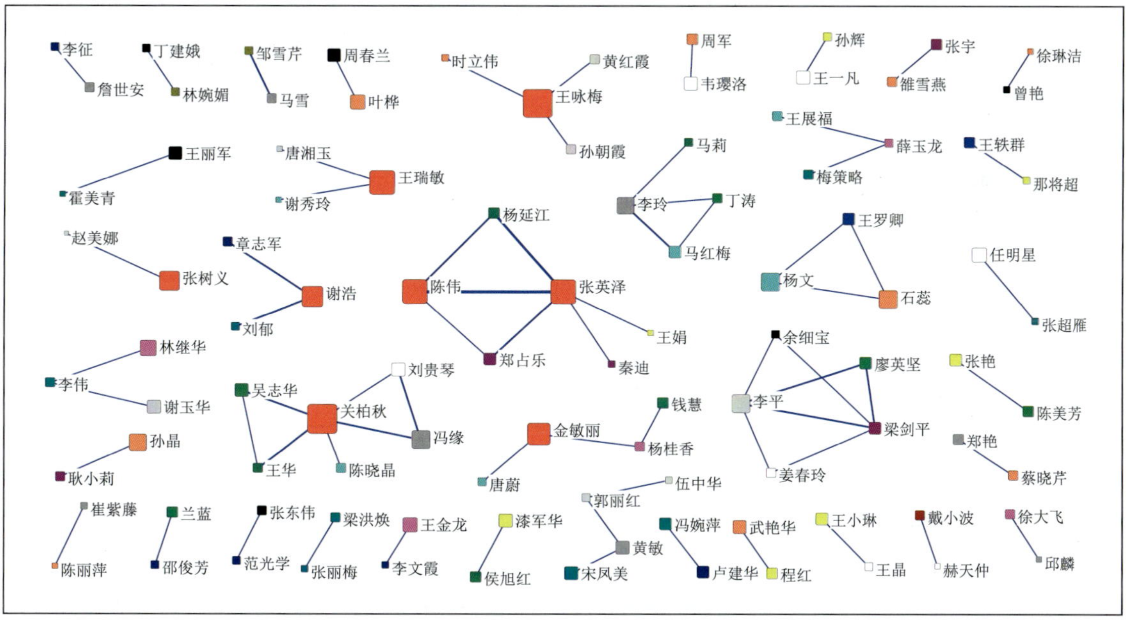

图 11-4　临床医学学科作者发文主题关联（2017 年）

11.6　高被引机构分析

11.6.1　高被引机构

临床医学学科被引次数 Top 10 医院和被引频次 Top 5 高等院校/科研院所的发文和被引情况分别见表 11-5 和表 11-6。表中，总被引次数排名前 3 位的医院分别是四川大学华西医院、安徽医科大学第一附属医院和中国人民解放军总医院，排名前 3 位的高等院校/科研院所则是山西医科大学、天津医科大学和宁夏医科大学；篇均被引最高的医院和高等院校/科研院所分别是蚌埠医学院第一附属医院和天津医科大学。

表 11-5　临床医学学科高被引医院 Top 10（2017 年）

排名	第一作者单位	学科发文量（篇）		前 5 年学科发文在 2017 年的被引			
		前 5 年	2017 年	频次	被引率(%)	最高（次）	篇均（次）
1	四川大学华西医院	3805	843	3993	45.9	34	1.05
2	安徽医科大学第一附属医院	2312	410	2579	49.2	21	1.12
3	中国人民解放军总医院	2273	325	2519	46.4	28	1.11
4	武汉大学人民医院	2009	531	2215	46.8	40	1.10
5	广西医科大学第一附属医院	2650	345	2167	39.9	24	0.82
6	新疆医科大学第一附属医院	2440	612	2162	41.2	19	0.89
7	郑州大学第一附属医院	2837	507	2160	38.4	32	0.76
8	重庆医科大学附属第一医院	2391	433	2105	41.9	35	0.88
9	四川省医学科学院·四川省人民医院	2557	325	2055	38.8	42	0.80
10	蚌埠医学院第一附属医院	1511	287	1989	51.2	29	1.32

表 11-6　临床医学学科高被引高等院校/科研院所 Top 5（2017 年）

排名	第一作者单位	学科发文量（篇）		前 5 年学科发文在 2017 年的被引			
		前 5 年	2017 年	频次	被引率（%）	最高（次）	篇均（次）
1	山西医科大学	2052	381	1464	36.6	23	0.71
2	天津医科大学	1269	165	1307	45.2	60	1.03
3	宁夏医科大学	1728	236	1210	34.8	27	0.70
4	南方医科大学	1012	144	999	42.5	31	0.99
5	重庆医科大学	1088	149	976	41.9	27	0.90

11.6.2 机构发文主题关联

通过机构共被引分析，获得临床医学学科机构间的发文主题关联，图中节点大小反映被引次数高低，连线粗细代表共被引关联的强弱，关联越强表明两个机构的发文主题可能具有更强的相关性，红色节点为高被引医院 Top 10 和高被引高等院校/科研院所 Top 5，详情见图 11-5（共被引 21 次以下不显示）。由图可知，高被引医院主导了临床医学学科的机构共被引网络，在学科内体现出了较显著的学术影响力；四川大学华西医院具有最多的被引次数和关联关系，充分表明了其学科学术影响力；四川大学华西医院和重庆医科大学附属第一医院、安徽医科大学第一附属医院、中国人民解放军总医院等机构之间的关联较强，表明上述机构的研究主题具有较多重叠之处。

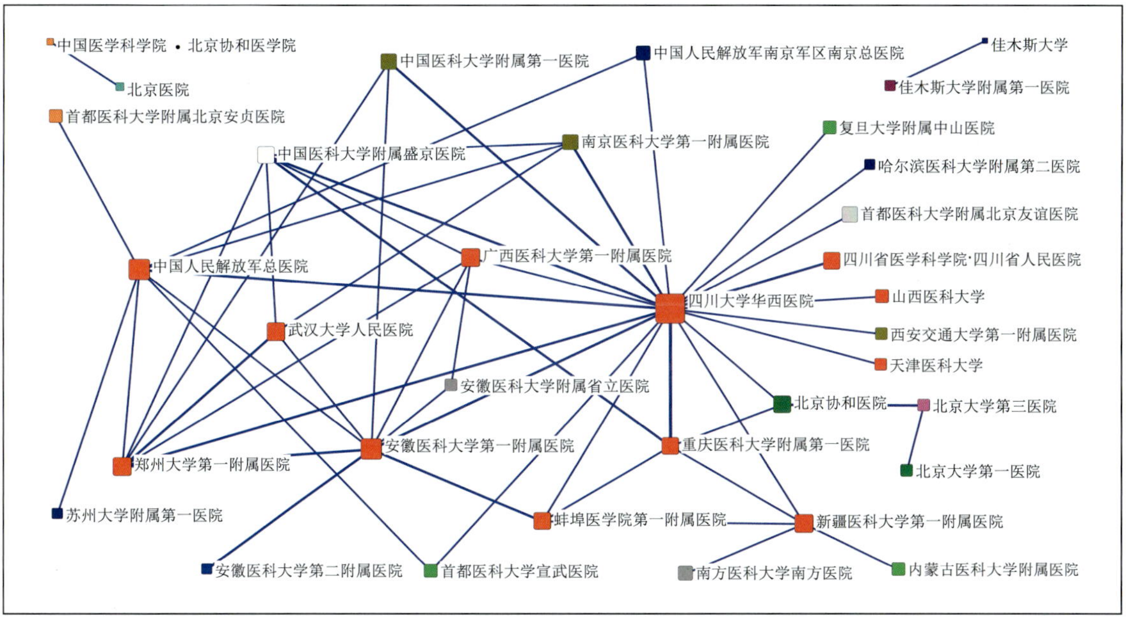

图 11-5 临床医学学科机构发文主题关联（2017 年）

11.7 高被引国外期刊

临床医学学科内被引次数 Top 10 的国外期刊见表 11-7，排名前 3 位的国外期刊是 *PLoS ONE*、*New England Journal of Medicine* 和 *Oncotarget*。

表 11-7 临床医学学科高被引国外期刊 Top 10（2017 年）

排名	期刊名称	2017 年被引频次
1	PLoS ONE	10483
2	New England Journal of Medicine	2928
3	Oncotarget	2806

排名	期刊名称	2017 年被引频次
4	World Journal of Gastroenterology	2245
5	The Lancet	2094
6	Scientific Reports	1604
7	Stroke	1518
8	CA: A Cancer Journal for Clinicians	1507
9	Circulation	1498
10	Journal of the American Medical Association	1399

第 12 章　护理学学科高被引分析

12.1　学科论文概况

2012—2016 年，护理学学科的 76 种期刊上共发表学术论文 327645 篇，由来自在 29385 所机构的 214540 位学者作为第一作者发表。上述论文中，有 95184 篇在 2017 年获得过引用，整体被引率为 29.1%，总被引频次为 227275 次，篇均被引 0.69 次；其中，高被引论文有 1061 篇，累计被引 21063 次，篇均被引 19.85 次，单篇论文最高被引 156 次（表 12-1）。另外，2017 年本学科共发表论文 130892 篇，其中有 9256 篇在当年获得过引用，总共被引 12570 次。

表 12-1　护理学学科论文分布情况

年份	论文篇数	2017 年被引频次	2017 年被引率（%）	2017 年高被引论文			
				论文篇数	最高被引频次	总被引频次	篇均被引频次
2012	46407	32881	28.9	155	156	3803	24.54
2013	51370	41108	30.8	162	97	4057	25.04
2014	59660	47729	30.7	201	91	4529	22.53
2015	66889	51576	31.4	244	89	4650	19.06
2016	103319	53981	25.8	299	43	4024	13.46
合计	327645	227275	29.1	1061	156	21063	19.85

12.2　高被引论文分析

在护理学学科，2017 年被引次数 Top 10 论文（表 12-2）的平均被引次数为 77.2 次，是全部 1061 篇高被引论文篇均被引频次的 3.9 倍。其中，被引次数最高的论文是覃桂荣的《出院患者延续护理的现状及发展趋势》（2012），随后两篇分别是章飞雪的《品管圈活动在精神科老年病房基础护理质量管理中的作用》（2013）和嵇加佳的《2 型糖尿病患者自我管理行为及血糖控制现状的研究》（2014）。

从论文分布来看，刊载高被引论文数量居前的 3 种期刊分别是《中华护理杂志》（271 篇）、《护士进修杂志》（167 篇）和《护理学杂志》（88 篇），其中，《中华护理杂志》刊载了高被引论文 Top 10 中的 6 篇；发表高被引论文数量居前的学者分别是华中科技大学同济医学院附属协和医院的刘义兰（3 篇）、北京协和医院的吴欣娟（3 篇）和同济大学附属第十人民医院的吴茜（3 篇）；产出高被引论文数量居前的机构分别是复旦大学（16 篇）、华中科技大学同济医学院附属协和医院（14 篇）和四川大学华西医院（14 篇）。

表 12-2　护理学学科高被引论文 Top 10（2017 年）

排名	论文题名	第一作者	期刊名称	发表年份	被引频次	
					总频次	2017 年
1	出院患者延续护理的现状及发展趋势	覃桂荣	护理学杂志	2012	501	109
2	品管圈活动在精神科老年病房基础护理质量管理中的作用	章飞雪	中华护理杂志	2013	408	97
3	2 型糖尿病患者自我管理行为及血糖控制现状的研究	嵇加佳	中华护理杂志	2014	200	91
4	运用微信对强直性脊柱炎出院患者行延续护理的效果	胡竹芳	中华护理杂志	2015	157	73
5	分娩球配合自由体位助产对初产妇产痛、分娩控制感及妊娠结局的影响	厉跃红	中华护理杂志	2013	193	72
6	品管圈在护理质量管理中的应用现状	赵庆华	护理学杂志	2014	159	69
7	综合护理干预对慢性胃炎及消化性溃疡患者生活质量的影响	陆忠红	齐鲁护理杂志	2012	231	68
8	全程健康教育模式在糖尿病护理管理中的作用	马静	护士进修杂志	2012	223	65
8	协同护理模式对血液透析患者自我护理能力和生活质量的影响	王新歌	中华护理杂志	2013	227	65
10	护理人文关怀标准的研究进展	刘义兰	中华护理杂志	2014	108	63

12.3　研究主题关联分析

在护理学学科，高被引论文共被 2017 年发表的 17521 篇论文引用了 21063 次。通过分析施引文献关键词的词频及关键词之间的共现关系，获得 2017 年护理学学科的热点主题和主题关联，如图 12-1 所示（共现 30 次以下不显示）。由图可知："生活质量""延续护理""健康教育"等关键词的文档词频较高，是 2017 年学科的研究热点；3 个节点以上的研究主题关联网络共 1 个，构成了学科内最为突出的研究主题簇；其中，以"护理""生活质量""延续护理"为核心节点的研究主题关联网络最大。

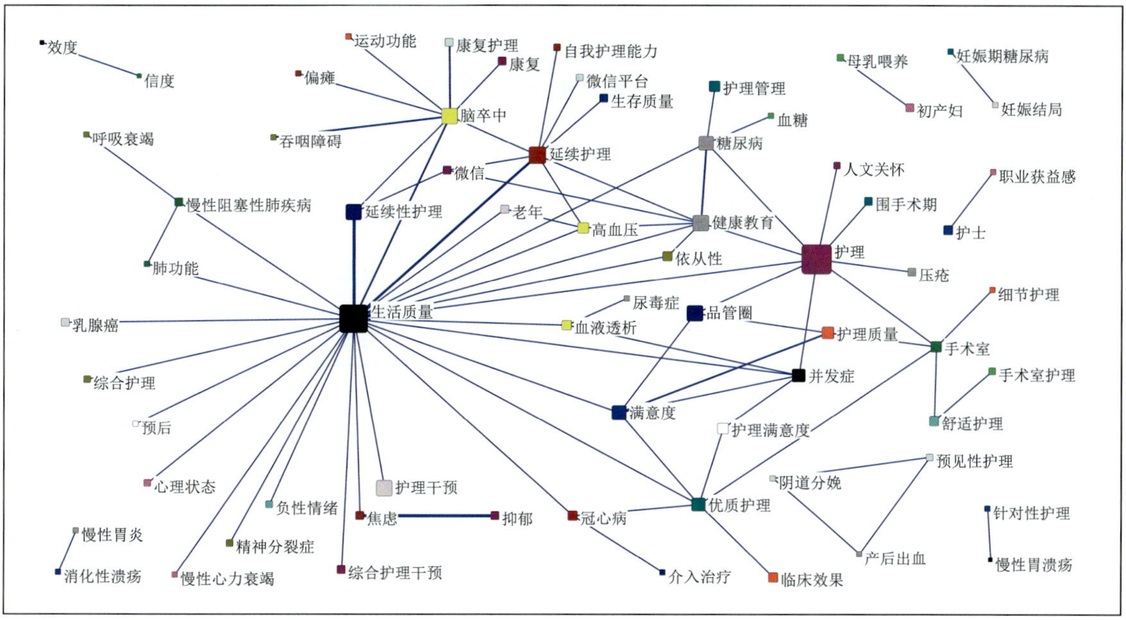

图 12-1　护理学学科热点论文主题关联（2017 年）

12.4　高影响力期刊分析

12.4.1　高影响力期刊 Top 10

在护理学学科，5 年影响因子 Top 10 期刊见表 12-3，前 3 种期刊分别是《中华护理杂志》、《中国护理管理》和《中华老年骨科与康复电子杂志》。其中，2017 年被引频次最高的期刊是《护士进修杂志》，被引率最高的期刊是《中华护理杂志》。2012—2017 年期刊 5 年影响因子的变动情况如图 12-2 所示。

表 12-3　护理学学科高被引期刊基本指标（2017 年）

排名	期刊名称	载文篇数		2017 年被引频次	5 年影响因子	即年指标	被引率（%）	高被引论文篇数	h 指数
		前 5 年	2017 年						
1	中华护理杂志	2003	389	12687	6.334	0.509	83.4	271	35
2	中国护理管理	2599	409	7156	2.753	0.364	68.4	76	22
3	中华老年骨科与康复电子杂志	77	73	209	2.714	0.425	72.7	1	7
4	护士进修杂志	5367	826	14135	2.634	0.412	63.9	167	30
5	护理管理杂志	1918	330	4973	2.593	0.361	74.4	30	17
6	中国康复医学杂志	1590	328	3959	2.490	0.372	72.6	24	16

排名	期刊名称	载文篇数		2017 年被引频次	5 年影响因子	即年指标	被引率（%）	高被引论文篇数	h 指数
		前 5 年	2017 年						
7	护理学杂志	5033	839	11513	2.288	0.392	67.4	88	21
8	解放军护理杂志	3170	482	5777	1.822	0.207	61.6	29	17
9	中华物理医学与康复杂志	1513	270	2682	1.773	0.222	62.5	10	12
10	中华护理教育	1343	247	2378	1.771	0.243	61.0	14	13

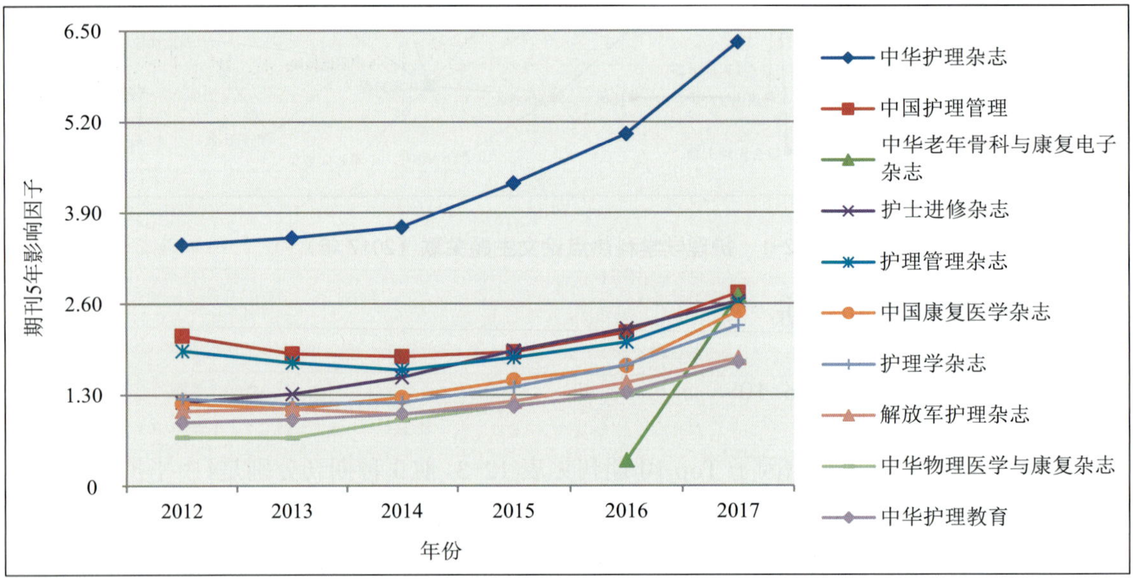

图 12-2　护理学学科期刊 5 年影响因子变动趋势（2012—2017 年）

12.4.2　期刊载文主题关联

通过期刊共被引分析，获得护理学学科期刊之间的载文主题关联，图中节点大小反映 5 年影响因子的高低，连线粗细代表共被引关联的强弱，关联越强表明两个期刊上有更多受学者们关注的相关主题论文，红色节点为学科高影响力期刊 Top 10，详情见图 12-3（共被引 648 次以下不显示）。如图所示，护理学学科的多个期刊均互相关联且关联较为紧密；《中华护理杂志》的 5 年影响因子最高；《中华现代护理杂志》具有最多的关联关系，这是其研究主题广泛的典型体现；《护理研究》与《护理学杂志》《中华护理杂志》《中华现代护理杂志》等期刊之间的关联较强，表明上述期刊具有较多相关主题的论文。

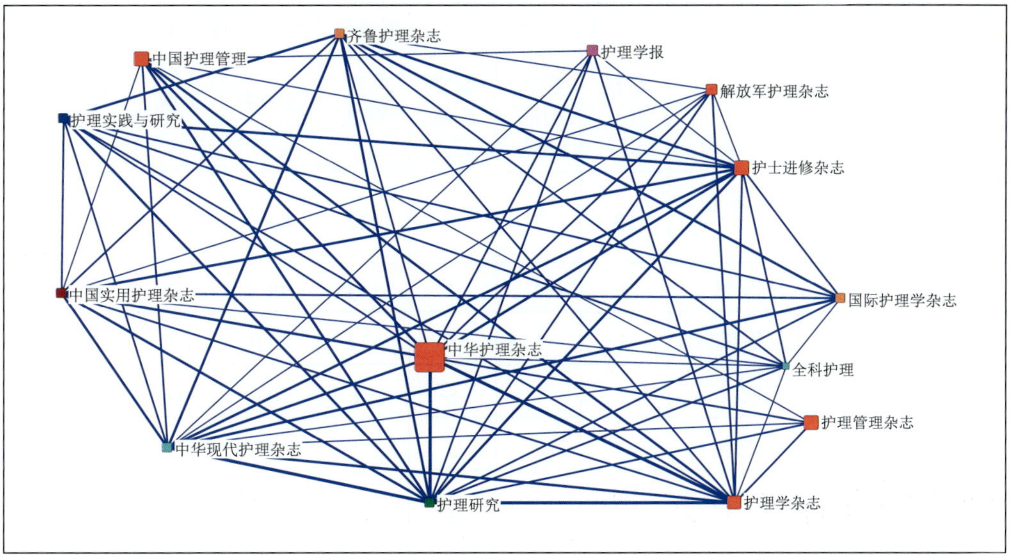

图 12-3　护理学学科期刊载文主题关联（2017 年）

12.5　高被引作者分析

12.5.1　高被引作者 Top 20

2017 年论文被引次数 Top 20 的作者见表 12-4。其中，学科发文总被引频次较高的 3 位作者分别是中国人民解放军南京军区南京总医院的蒋琪霞（172 次）、华中科技大学同济医学院附属协和医院的刘义兰（161 次）和同济大学附属第十人民医院的吴茜（122 次）。在学科发文 5 篇及以上的作者中，篇均被引较高的 3 位作者分别是融安县人民医院的覃桂荣（篇均 22.40 次）、华中科技大学同济医学院附属协和医院的刘义兰（篇均 20.13 次）和浙江大学医学院附属第二医院的徐双燕（篇均 14.80 次）；5 年学科发文较多的 3 位作者分别是陕西省人民医院的李增烈（108 篇）、武汉大学医学院附属中山医院的李定国（90 篇）和武汉大学同仁医院的万睿（82 篇）。

表 12-4　护理学学科高被引作者 Top 20（2017 年）

排名	姓名	作者单位	前 5 年发文			前 5 年学科发文在 2017 年的被引				h 指数（学科）
			学科发文（篇）	期刊分布（种）	发文总量（篇）	频次	被引率（%）	最高（次）	篇均（次）	
1	蒋琪霞	中国人民解放军南京军区南京总医院	42	10	57	172	76.2	37	4.10	7
2	刘义兰	华中科技大学同济医学院附属协和医院	8	5	12	161	100.0	63	20.13	5

排名	姓名	作者单位	前5年发文			前5年学科发文在2017年的被引				h指数（学科）
			学科发文（篇）	期刊分布（种）	发文总量（篇）	频次	被引率（%）	最高（次）	篇均（次）	
3	吴茜	同济大学附属第十人民医院	13	7	13	122	84.6	38	9.38	6
4	许晨耘	海南省人民医院	2	2	3	113	100.0	60	56.50	2
5	覃桂荣	融安县人民医院	5	5	8	112	80.0	109	22.40	1
6	章飞雪	温州康宁医院	2	2	8	97	50.0	97	48.50	1
7	嵇加佳	南京中医药大学	2	2	3	93	100.0	91	46.50	2
8	王新歌	郑州大学第一附属医院	2	1	4	92	100.0	65	46.00	2
9	黄天雯	中山大学附属第一医院	12	8	12	86	91.7	53	7.17	5
9	胡竹芳	江西省人民医院	6	5	13	86	33.3	73	14.33	2
11	吴欣娟	北京协和医院	10	2	12	82	100.0	17	8.20	6
12	吉云兰	南通大学附属医院	6	5	8	79	83.3	59	13.17	3
13	徐园	北京协和医院	10	5	10	78	100.0	36	7.80	5
14	厉跃红	同济大学附属第一妇婴保健院	2	2	2	75	100.0	72	37.50	2
15	徐双燕	浙江大学医学院附属第二医院	5	3	5	74	100.0	54	14.80	4
16	蒋维连	广西壮族自治区南溪山医院	5	5	5	73	100.0	28	14.60	4
16	戴莉敏	江苏大学附属人民医院	20	8	20	73	75.0	28	3.65	5
18	赵庆华	重庆医科大学附属第一医院	3	2	4	71	66.7	69	23.67	2
19	曹晶	北京协和医院	8	4	8	70	87.5	26	8.75	5
20	谢凤兰	中山大学附属第一医院	9	6	15	69	88.9	38	7.67	3

12.5.2　作者发文主题关联

通过作者共被引分析，获得 2017 年护理学学科作者之间的发文主题关联，图中节点大小反映被引次数高低，连线粗细代表共被引关联的强弱，关联越强表明两位作者的发文主题可能具有更强的相关性，红色节点为学科高被引作者 Top 20，详情见图 12-4（共被引 7 次以下不显示）。如图所示，高被引作者主导了护理学学科的作者共被引网络，意味着他们的论文主题主导了学科研究热点；徐双燕的共被引作者数最多；肖晓玲和胡菁、刘义兰和陈睿、厉跃红和顾倩等学者之间的关联较强，表明上述学者之间可能分别有较为相关的发文主题。

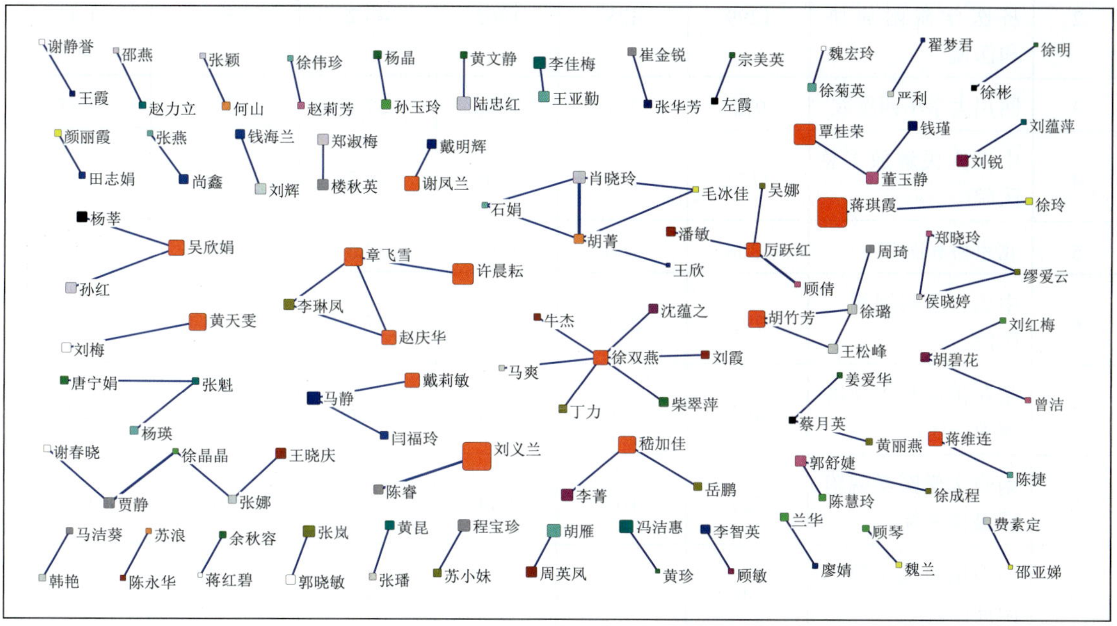

图 12-4　护理学学科作者发文主题关联（2017 年）

12.6　高被引机构分析

12.6.1　高被引机构

护理学学科被引次数 Top 10 医院和被引频次 Top 5 高等院校/科研院所的发文和被引情况分别见表 12-5 和表 12-6。表中，总被引次数排名前 3 位的医院分别是华中科技大学同济医学院附属同济医院、华中科技大学同济医学院附属协和医院和四川大学华西医院，排名前 3 位的高等院校/科研院所则是复旦大学、南京中医药大学和中国医学科学院·北京协和医学院；篇均被引最高的医院和高等院校/科研院所分别是哈尔滨医科大学附属第一医院和复旦大学。

表 12-5　护理学学科高被引医院 Top 10（2017 年）

排名	第一作者单位	学科发文量（篇）		前 5 年学科发文在 2017 年的被引			
		前 5 年	2017 年	频次	被引率(%)	最高（次）	篇均（次）
1	华中科技大学同济医学院附属同济医院	1335	574	2013	54.2	24	1.51
2	华中科技大学同济医学院附属协和医院	1299	428	1862	45.2	63	1.43
3	四川大学华西医院	972	211	1698	57.1	50	1.75
4	中国人民解放军总医院	1121	144	1298	49.2	36	1.16
5	北京协和医院	1308	260	1289	32.5	49	0.99
6	中山大学附属第一医院	793	261	1082	42.9	54	1.36
7	哈尔滨医科大学附属第一医院	462	77	1028	62.8	39	2.23
8	南京大学医学院附属鼓楼医院	527	103	954	59.8	29	1.81
9	南京医科大学第一附属医院	546	166	831	54.0	39	1.52
10	四川省医学科学院·四川省人民医院	704	110	825	42.8	27	1.17

表 12-6　护理学学科高被引高等院校/科研院所 Top 5（2017 年）

排名	第一作者单位	学科发文量（篇）		前 5 年学科发文在 2017 年的被引			
		前 5 年	2017 年	频次	被引率（%）	最高（次）	篇均（次）
1	复旦大学	458	100	1197	70.1	36	2.61
2	南京中医药大学	487	95	1051	59.5	91	2.16
3	中国医学科学院·北京协和医学院	343	73	885	65.9	32	2.58
4	北京大学	349	67	848	54.7	44	2.43
4	天津中医药大学	456	148	848	52.4	32	1.86

12.6.2 机构发文主题关联

通过机构共被引分析，获得护理学学科机构间的发文主题关联，图中节点大小反映被引次数高低，连线粗细代表共被引关联的强弱，关联越强表明两个机构的发文主题可能具有更强的相关性，红色节点为高被引医院 Top 10 和高被引高等院校/科研院所 Top 5，详情见图 12-5（共被引 24 次以下不显示）。由图可知，高被引医院主导了护理学学科的机构共被引网络，在学科内体现出了较显著的学术影响力；华中科技大学同济医学院附属同济医院的被引次数最高；华中科技大学同济医学院附属协和医院具有最多的关联关系，充分表明了其学科学术影响力；华中科技大学同济医学院附属协和医院和华中科技大学同济医学院附属同济医院、北京协和医院等机构之间的关联较强，表明上述机构的研究主题具有较多重叠之处。

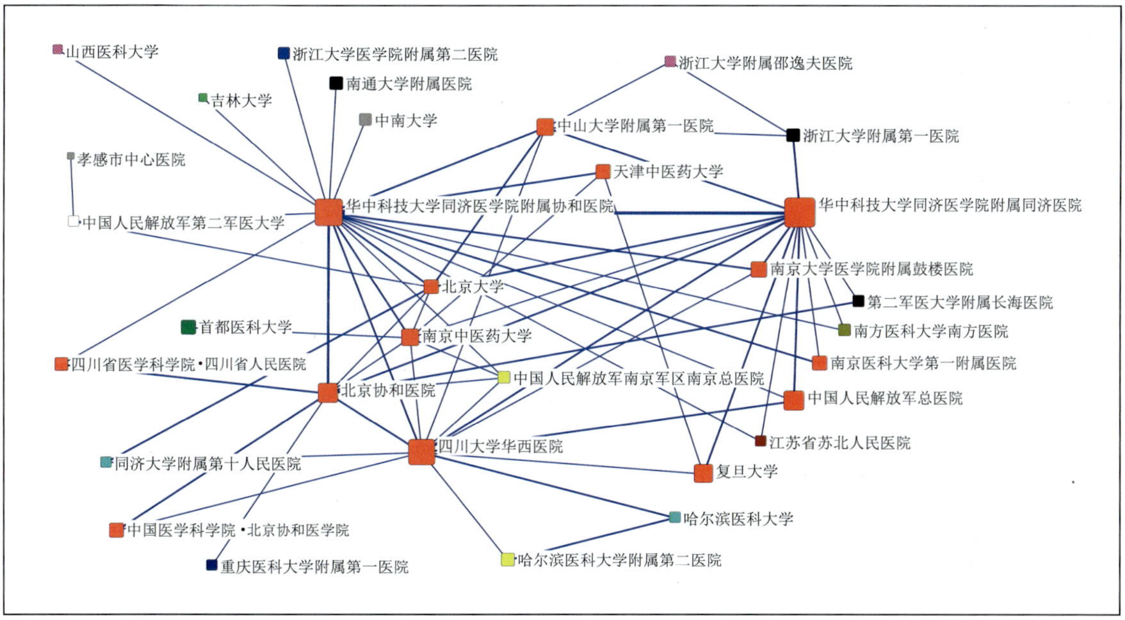

图 12-5 护理学学科机构发文主题关联（2017 年）

12.7 高被引国外期刊

护理学学科内被引次数 Top 10 的国外期刊见表 12-7，排名前 3 位的国外期刊是 *PLoS ONE*、*Journal of Clinical Nursing* 和 *The Lancet*。

表 12-7 护理学学科高被引国外期刊 Top 10（2017 年）

排名	期刊名称	2017 年被引频次
1	PLoS ONE	712
2	Journal of Clinical Nursing	341
3	The Lancet	333

排名	期刊名称	2017 年被引频次
4	Nurse Education Today	303
5	International Journal of nursing studies	285
6	Cochrane Database of Systematic Reviews	256
7	Critical Care Medicine	255
8	Stroke	233
8	Supportive Care in Cancer	233
10	Journal of Advanced Nursing	230

第 13 章　内科学学科高被引分析

13.1　学科论文概况

2012—2016 年，内科学学科的 97 种期刊上共发表学术论文 148480 篇，由来自在 12071 所机构的 104333 位学者作为第一作者发表。上述论文中，有 67166 篇在 2017 年获得过引用，整体被引率为 45.2%，总被引频次为 176424 次，篇均被引 1.19 次；其中，高被引论文有 725 篇，累计被引 23910 次，篇均被引 32.98 次，单篇论文最高被引 879 次（表 13-1）。另外，2017 年本学科共发表论文 27560 篇，其中有 3962 篇在当年获得过引用，总共被引 6158 次。

表 13-1　内科学学科论文分布情况

年份	论文篇数	2017 年被引频次	2017 年被引率（%）	2017 年高被引论文			
				论文篇数	最高被引频次	总被引频次	篇均被引频次
2012	27424	23041	36.0	106	320	3748	35.36
2013	28799	32539	42.2	132	879	4919	37.27
2014	30565	40056	46.7	164	669	6304	38.44
2015	31630	42751	50.7	172	281	5016	29.16
2016	30062	38037	49.3	151	313	3923	25.98
合计	148480	176424	45.2	725	879	23910	32.98

13.2　高被引论文分析

在内科学学科，2017 年被引次数 Top 10 论文（表 13-2）的平均被引次数为 156.8 次，是全部 725 篇高被引论文篇均被引频次的 4.8 倍。其中，被引次数最高的论文是陈伟伟的《〈中国心血管病报告 2015〉概要》（2016），随后两篇分别是胡付品的《2014 年 CHINET 中国细菌耐药性监测》（2015）和陈伟伟的《〈中国心血管病报告 2014〉概要》（2015）。

从论文分布来看，刊载高被引论文数量居前的 3 种期刊分别是《中国老年学杂志》（156 篇）、《中华医院感染学杂志》（70 篇）和《中华内科杂志》（32 篇）；《中国循环杂志》和《中国感染与化疗杂志》分别刊载了高被引论文 Top 10 中的 3 篇；发表高被引论文数量居前的学者分别是复旦大学附属华山医院的胡付品（5 篇）、湖北医药学院附属太和医院的曾宪涛（3 篇）和中国医科大学航空总医院的张智海（3 篇）；产出高被引论文数量居前的机构分别是中国医学科学院阜外医院（13 篇）、北京协和医院（12 篇）和复旦大学附属华山医院（11 篇），而复旦大学附属华山医院产出了高被引论文 Top 10 中的 3 篇。

表 13-2 内科学学科高被引论文 Top 10（2017 年）

排名	论文题名	第一作者	期刊名称	发表年份	被引频次	
					总频次	2017 年
1	《中国心血管病报告 2015》概要	陈伟伟	中国循环杂志	2016	423	313
2	2014 年 CHINET 中国细菌耐药性监测	胡付品	中国感染与化疗杂志	2015	452	273
3	《中国心血管病报告 2014》概要	陈伟伟	中国循环杂志	2015	397	218
4	2013 年中国 CHINET 细菌耐药性监测	胡付品	中国感染与化疗杂志	2014	498	180
5	中国人骨质疏松症诊断标准专家共识（第三稿•2014 版）	张智海	中国骨质疏松杂志	2014	285	160
6	中国心血管病报告 2013 概要	陈伟伟	中国循环杂志	2014	392	140
7	多重耐药菌医院感染预防与控制中国专家共识	黄勋	中国感染控制杂志	2015	240	121
8	中国胃癌发病率及死亡率研究进展	邹文斌	中国实用内科杂志	2014	224	93
9	慢性阻塞性肺疾病诊断、处理和预防全球策略（2011 年修订版）介绍	柳涛	中国呼吸与危重监护杂志	2012	600	81
10	2015 年 CHINET 细菌耐药性监测	胡付品	中国感染与化疗杂志	2016	94	73
10	中国成人糖尿病流行与控制现状——2010 年中国慢病监测暨糖尿病专题调查报告解读	徐瑜	中华内分泌代谢杂志	2014	198	73

13.3 研究主题关联分析

在内科学学科，高被引论文共被 2017 年发表的 20991 篇论文引用了 23910 次。通过分析施引文献关键词的词频及关键词之间的共现关系，获得 2017 年内科学学科的热点主题和主题关联，如图 13-1 所示（共现 27 次以下不显示）。由图可知：“冠心病”“慢性阻塞性肺疾病”“2 型糖尿病”等关键词的文档词频较高，是 2017 年学科的研究热点；3 个节点以上的研究主题关联网络共 2 个，构成了学科内最为突出的研究主题簇；其中，以“冠心病”“慢性阻塞性肺疾病”“2 型糖尿病”为核心节点的研究主题关联网络最大，其余团簇中词频最高或连线最多的关键词是“耐药性”。

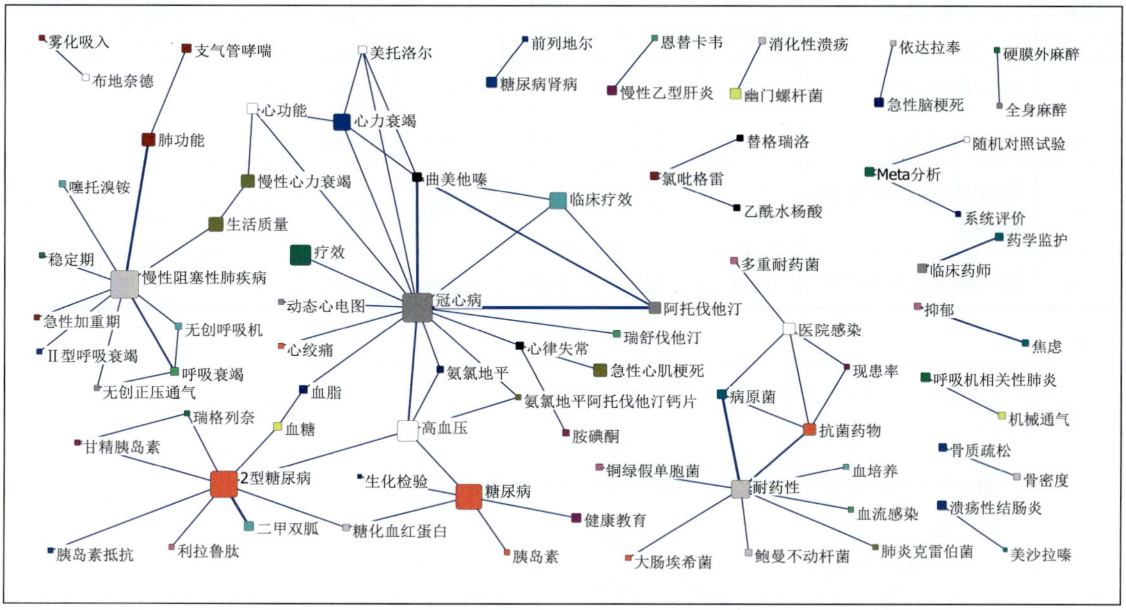

图 13-1　内科学学科热点论文主题关联（2017 年）

13.4　高影响力期刊分析

13.4.1　高影响力期刊 Top 10

在内科学学科，5 年影响因子 Top 10 期刊见表 13-3，前 3 种期刊分别是《中华心血管病杂志》、《中国感染与化疗杂志》和《中华结核和呼吸杂志》。其中，2017 年被引频次最高的期刊是《中华老年心脑血管病杂志》，被引率最高的期刊是《中国感染控制杂志》。2012—2017 年期刊 5 年影响因子的变动情况如图 13-2 所示。

表 13-3　内科学学科高被引期刊基本指标（2017 年）

排名	期刊名称	载文篇数		2017 年被引频次	5 年影响因子	即年指标	被引率（%）	高被引论文篇数	h 指数
		前 5 年	2017 年						
1	中华心血管病杂志	1350	259	3728	2.761	0.344	49.7	25	18
2	中国感染与化疗杂志	724	170	1978	2.732	0.371	55.2	20	16
3	中华结核和呼吸杂志	1569	270	4031	2.569	0.285	50.1	23	18
4	中国感染控制杂志	1061	288	2417	2.278	0.344	69.7	11	13
5	中国防痨杂志	1168	292	2508	2.147	0.503	61.8	12	13
6	肠外与肠内营养	587	101	1257	2.141	0.218	66.6	5	10

排名	期刊名称	载文篇数		2017 年被引频次	5 年影响因子	即年指标	被引率（%）	高被引论文篇数	h 指数
		前 5 年	2017 年						
7	中国糖尿病杂志	1529	257	3017	1.973	0.257	55.7	14	14
8	中华内科杂志	1582	264	3107	1.964	0.386	50.8	32	20
9	中华老年心脑血管病杂志	2081	373	4078	1.960	0.349	62.0	26	16
10	现代消化及介入诊疗	1133	220	2143	1.891	0.345	61.5	12	13

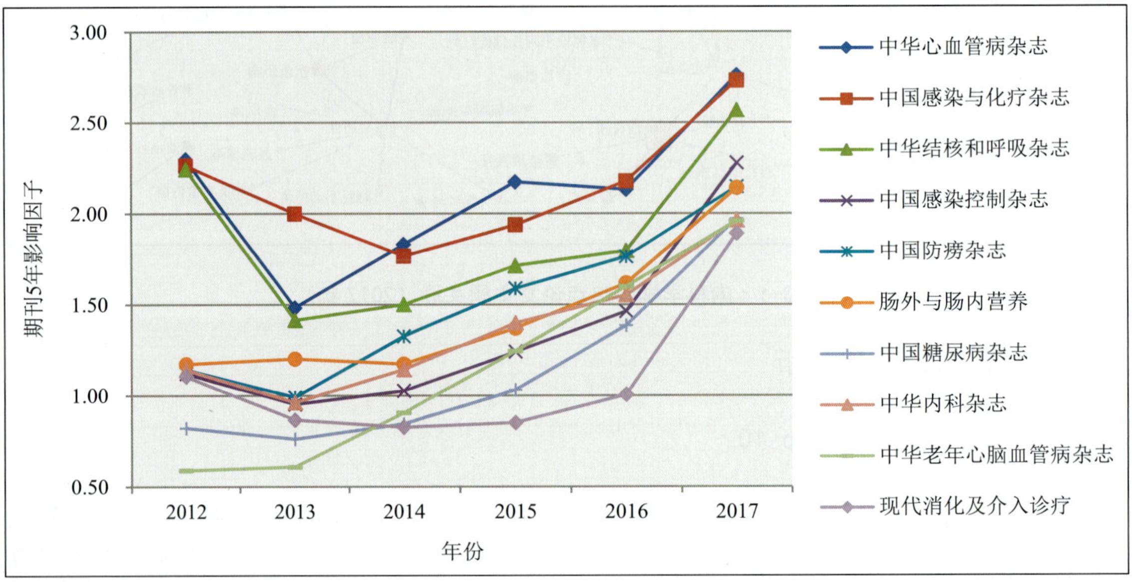

图 13-2　内科学学科期刊 5 年影响因子变动趋势（2012—2017 年）

13.4.2　期刊载文主题关联

通过期刊共被引分析，获得内科学学科期刊之间的载文主题关联，图中节点大小反映 5 年影响因子的高低，连线粗细代表共被引关联的强弱，关联越强表明两个期刊上有更多受学者们关注的相关主题论文，红色节点为学科高影响力期刊 Top 10，详情见图 13-3（共被引 145 次以下不显示）。如图所示，内科学学科的多个期刊均互相关联且关联较为紧密，各期刊的学科分类属性体现得较为明显；《中华心血管病杂志》的 5 年影响因子最高；《中国老年学杂志》具有最多的关联关系，这是其研究主题广泛的典型体现；《中华医院感染学杂志》和《中国感染控制杂志》《中国老年学杂志》等期刊之间的关联较强，表明上述期刊具有较多相关主题的论文。

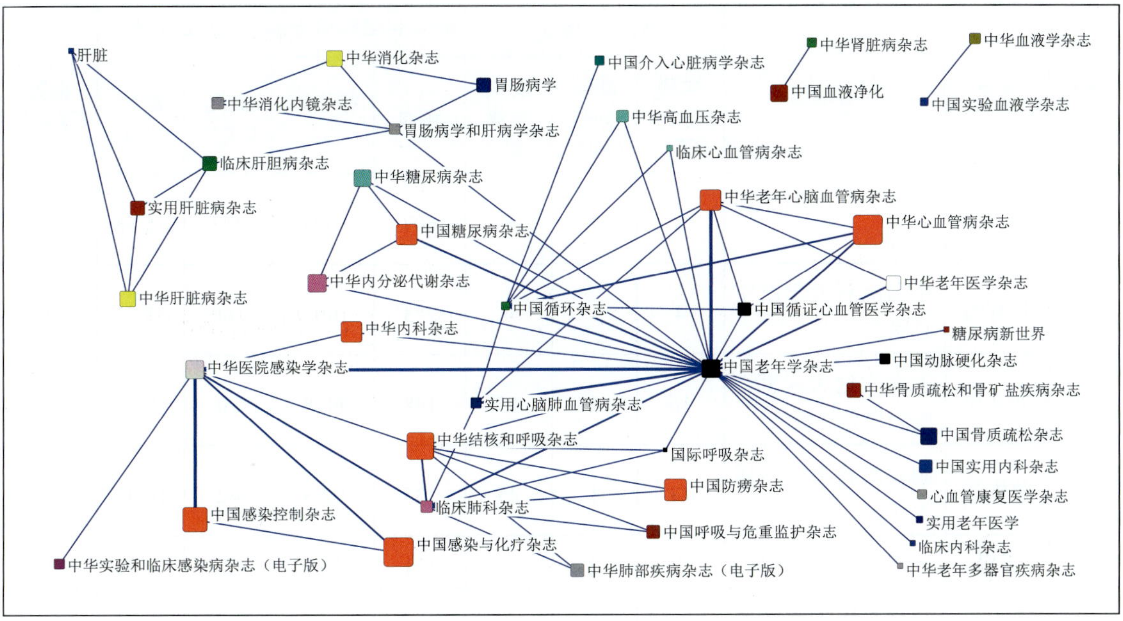

图 13-3　内科学学科期刊载文主题关联（2017 年）

13.5　高被引作者分析

13.5.1　高被引作者 Top 20

2017 年论文被引次数 Top 20 的作者见表 13-4。其中，学科发文总被引频次较高的 3 位作者分别是中国医学科学院阜外医院国家心血管病中心的陈伟伟（681 次）、复旦大学附属华山医院的胡付品（607 次）和中国医科大学航空总医院的张智海（223 次）。在学科发文 5 篇及以上的作者中，篇均被引较高的 3 位作者分别是复旦大学附属华山医院的胡付品（篇均 75.88 次）、中国医学科学院阜外医院国家心血管病中心的陈伟伟（篇均 56.75 次）和第二军医大学附属长海医院的邹文斌（篇均 20.20 次）；5 年学科发文较多的 3 位作者分别是北京大学人民医院的胡大一（115 篇）、北京大学人民医院的何权瀛（50 篇）和北京大学第一医院的李雪迎（48 篇）。

表 13-4　内科学学科高被引作者 Top 20（2017 年）

排名	姓名	作者单位	前 5 年发文			前 5 年学科发文在 2017 年的被引				h 指数（学科）
			学科发文（篇）	期刊分布（种）	发文总量（篇）	频次	被引率（%）	最高（次）	篇均（次）	
1	陈伟伟	中国医学科学院阜外医院国家心血管病中心	12	3	15	681	91.6	313	56.75	2

排名	姓名	作者单位	前5年发文			前5年学科发文在2017年的被引				h指数（学科）
			学科发文（篇）	期刊分布（种）	发文总量（篇）	频次	被引率（%）	最高（次）	篇均（次）	
2	胡付品	复旦大学附属华山医院	8	1	8	607	100.0	273	75.88	5
3	张智海	中国医科大学航空总医院	4	1	4	223	100.0	160	55.75	3
4	刘文忠	上海交通大学医学院附属仁济医院	16	2	17	148	68.8	70	9.25	6
5	曾宪涛	湖北医药学院附属太和医院	13	1	25	135	92.3	42	10.38	7
6	黄勋	中南大学湘雅医院	2	2	2	121	50.0	121	60.50	1
7	邹文斌	第二军医大学附属长海医院	5	3	6	101	60.0	93	20.20	2
8	胡大一	北京大学人民医院	115	9	184	99	27.8	13	0.86	5
9	母义明	中国人民解放军总医院	19	6	44	94	63.2	29	4.95	5
10	陆菊明	中国人民解放军总医院	23	4	35	90	69.6	32	3.91	5
11	王文	中国医学科学院阜外医院	23	6	38	89	82.6	47	3.87	4
11	柳涛	北京协和医院	3	3	3	89	66.7	81	29.67	2
13	孙宁玲	北京大学人民医院	34	11	54	82	55.9	21	2.41	4
14	李六亿	北京大学第一医院	10	2	13	76	100.0	19	7.60	5
15	徐瑜	上海交通大学医学院附属瑞金医院	1	1	1	73	100.0	73	73.00	1
16	隋辉	中国医学科学院阜外医院	5	4	7	70	80.0	38	14.00	3
17	张健	中国医学科学院阜外医院	15	9	18	69	80.0	24	4.60	5
18	李光辉	复旦大学附属华山医院	4	2	4	68	75.0	33	17.00	3

排名	姓名	作者单位	前 5 年发文			前 5 年学科发文在 2017 年的被引				h 指数（学科）
			学科发文（篇）	期刊分布（种）	发文总量（篇）	频次	被引率（%）	最高（次）	篇均（次）	
19	黎介寿	中国人民解放军南京军区南京总医院	4	1	10	63	100.0	24	15.75	4
19	纪立农	北京大学人民医院	37	5	46	63	18.9	32	1.70	4

13.5.2 作者发文主题关联

通过作者共被引分析，获得 2017 年内科学学科作者之间的发文主题关联，图中节点大小反映被引次数高低，连线粗细代表共被引关联的强弱，关联越强表明两位作者的发文主题可能具有更强的相关性，红色节点为学科高被引作者 Top 20，详情见图 13-4（共被引 6 次以下不显示）。如图所示，高被引作者主导了内科学学科的作者共被引网络，意味着他们的论文主题主导了学科研究热点；胡付品具有最多共被引作者，其与汪复、杨青、张辉、黄勋等学者之间的关联较强，表明上述学者之间可能分别有较为相关的发文主题。

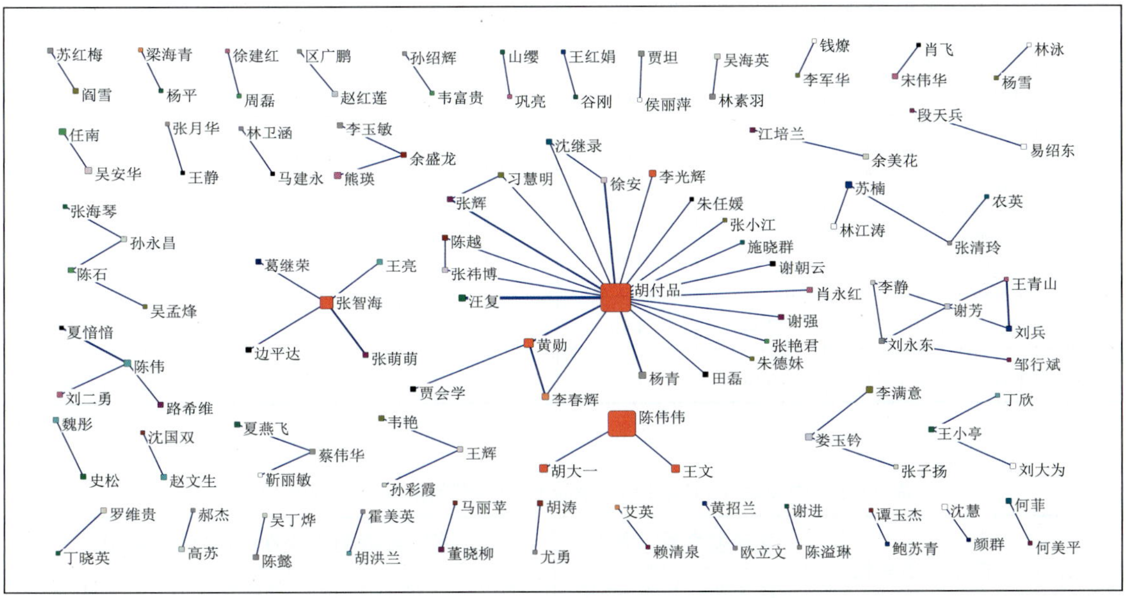

图 13-4 内科学学科作者发文主题关联（2017 年）

13.6 高被引机构分析

13.6.1 高被引机构

内科学学科被引次数 Top 10 医院和被引频次 Top 5 高等院校/科研院所的发文和被引情况

分别见表 13-5 和表 13-6。表中，总被引次数排名前 3 位的医院分别是中国医学科学院阜外医院、中国人民解放军总医院和首都医科大学附属北京安贞医院，排名前 2 位的高等院校/科研院所则是中华医学会糖尿病学分会和中国医学科学院 • 北京协和医学院；篇均被引最高的医院和高等院校/科研院所分别是复旦大学附属华山医院和中华医学会糖尿病学分会。

表 13-5 内科学学科高被引医院 Top 10（2017 年）

排名	第一作者单位	学科发文量（篇）		前 5 年学科发文在 2017 年的被引			
		前 5 年	2017 年	频次	被引率(%)	最高（次）	篇均（次）
1	中国医学科学院阜外医院	2670	540	2418	27.6	313	0.91
2	中国人民解放军总医院	1578	285	2112	52.3	32	1.34
3	首都医科大学附属北京安贞医院	1396	288	1763	54.9	55	1.26
4	北京协和医院	1237	262	1639	45.8	81	1.32
5	吉林大学白求恩第一医院	1163	188	1439	48.9	21	1.24
6	北京大学人民医院	1041	180	1264	43.9	32	1.21
7	复旦大学附属华山医院	393	85	1190	51.9	273	3.03
8	上海交通大学医学院附属瑞金医院	1052	146	1086	41.1	73	1.03
9	北京大学第一医院	794	150	1046	45.2	38	1.32
10	四川大学华西医院	626	156	903	55.4	27	1.44

表 13-6 内科学学科高被引高等院校/科研院所 Top 5（2017 年）

排名	第一作者单位	学科发文量（篇）		前 5 年学科发文在 2017 年的被引			
		前 5 年	2017 年	频次	被引率（%）	最高（次）	篇均（次）
1	中华医学会糖尿病学分会	37	1	705	8.1	666	19.05
2	中国医学科学院 •北京协和医学院	289	70	392	51.2	13	1.36
3	北京大学	187	41	304	50.3	25	1.63

排名	第一作者单位	学科发文量（篇）		前 5 年学科发文在 2017 年的被引			
		前 5 年	2017 年	频次	被引率（%）	最高（次）	篇均（次）
3	中国医学科学院血液学研究所	395	82	304	44.1	9	0.77
5	天津医科大学	210	41	266	49.5	11	1.27

13.6.2　机构发文主题关联

通过机构共被引分析，获得内科学学科机构间的发文主题关联，图中节点大小反映被引次数高低，连线粗细代表共被引关联的强弱，关联越强表明两个机构的发文主题可能具有更强的相关性，红色节点为高被引医院 Top 10 和高被引高等院校/科研院所 Top 5，详情见图 13-5（共被引 18 次以下不显示）。由图可知，高被引医院主导了内科学学科的机构共被引网络，在学科内体现出了较显著的学术影响力；中国医学科学院阜外医院的被引次数最高；中国人民解放军总医院具有最多的关联关系，充分表明了其学科学术影响力；中国医学科学院阜外医院和首都医科大学附属北京安贞医院、北京大学人民医院、中国人民解放军总医院等机构之间的关联较强，表明上述机构的研究主题具有较多重叠之处。

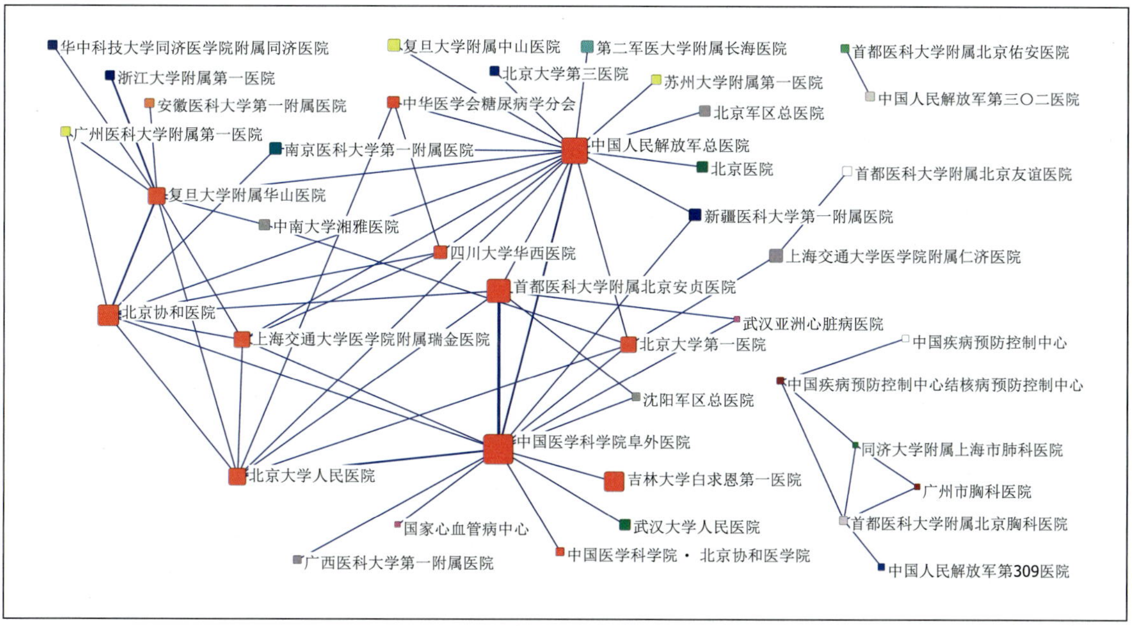

图 13-5　内科学学科机构发文主题关联（2017 年）

13.7　高被引国外期刊

内科学学科内被引次数 Top 10 的国外期刊见表 13-7，排名前 3 位的国外期刊是 *PLoS*

ONE、*New England Journal of Medicine* 和 *Journal of the American College of Cardiology*。

表 13-7　内科学学科高被引国外期刊 Top 10（2017 年）

排名	期刊名称	2017 年被引频次
1	PLoS ONE	3762
2	New England Journal of Medicine	1750
3	Journal of the American College of Cardiology	1331
4	World Journal of Gastroenterology	1303
5	European Heart Journal	1294
6	Circulation	1203
7	Hepatology	1184
8	Journal of Hepatology	1140
9	International Journal of Cardiology	1040
10	The Lancet	1000

第 14 章　外科学学科高被引分析

14.1　学科论文概况

2012—2016 年，外科学学科的 105 种期刊上共发表学术论文 138310 篇，由来自在 11953 所机构的 93049 位学者作为第一作者发表。上述论文中，有 56800 篇在 2017 年获得过引用，整体被引率为 41.1%，总被引频次为 129517 次，篇均被引 0.94 次；其中，高被引论文有 638 篇，累计被引 11082 次，篇均被引 17.37 次，单篇论文最高被引 90 次（表 14-1）。另外，2017 年本学科共发表论文 22263 篇，其中有 2933 篇在当年获得过引用，总共被引 4303 次。

表 14-1　外科学学科论文分布情况

年份	论文篇数	2017 年被引频次	2017 年被引率（%）	2017 年高被引论文			
				论文篇数	最高被引频次	总被引频次	篇均被引频次
2012	28766	18523	32.2	112	90	1769	15.79
2013	27710	23120	38.4	115	66	2049	17.82
2014	29914	28930	41.2	132	82	2408	18.24
2015	27281	31757	47.4	133	63	2531	19.03
2016	24639	27187	47.1	146	74	2325	15.92
合计	138310	129517	41.1	638	90	11082	17.37

14.2　高被引论文分析

在外科学学科，2017 年被引次数 Top 10 论文（表 14-2）的平均被引次数为 52.4 次，是全部 638 篇高被引论文篇均被引频次的 3.0 倍。其中，被引次数最高的论文是徐建国的《盐酸羟考酮的药理学和临床应用》（2014），随后两篇分别是许幸的《盐酸羟考酮注射液用于全麻患者术后镇痛的有效性和安全性：前瞻性、随机、盲法、多中心、阳性对照临床研究》（2013）和邱贵兴的《中国骨质疏松性骨折诊疗指南（骨质疏松性骨折诊断及治疗原则）》（2015）。

从论文分布来看，刊载高被引论文数量居前的 3 种期刊分别是《临床麻醉学杂志》（62 篇）、《中国微创外科杂志》（49 篇）和《中国实用外科杂志》（35 篇）；《临床麻醉学杂志》和《中华骨与关节外科杂志》分别刊载了高被引论文 Top 10 中的 2 篇；发表高被引论文数量居前的学者分别是中国人民解放军南京军区南京总医院的江志伟（4 篇）、中南大学湘雅医院的唐举玉（4 篇）和中国人民解放军总医院的田文（3 篇）；产出高被引论文数量居前的机构分别是四川大学华西医院（20 篇）、北京大学第三医院（10 篇）和中国人民解放军南京军区南京总医院（8 篇），而中国人民解放军南京军区南京总医院产出了高被引论文 Top 10 中的 2 篇。

表 14-2　外科学学科高被引论文 Top 10（2017 年）

排名	论文题名	第一作者	期刊名称	发表年份	被引频次	
					总频次	2017 年
1	盐酸羟考酮的药理学和临床应用	徐建国	临床麻醉学杂志	2014	231	82
2	盐酸羟考酮注射液用于全麻患者术后镇痛的有效性和安全性：前瞻性、随机、盲法、多中心、阳性对照临床研究	许幸	中华麻醉学杂志	2013	190	66
3	中国骨质疏松性骨折诊疗指南（骨质疏松性骨折诊断及治疗原则）	邱贵兴	中华骨与关节外科杂志	2015	76	53
4	中国髋、膝关节置换术加速康复——围术期管理策略专家共识	周宗科	中华骨与关节外科杂志	2016	71	51
4	快速康复外科——优化的临床路径	江志伟	中华胃肠外科杂志	2012	183	51
6	颈椎病流行病学及发病机理研究进展	柯尊华	颈腰痛杂志	2014	100	47
7	经皮椎间孔内窥镜下靶向穿刺椎间盘切除术治疗腰椎间盘突出症	李长青	中国脊柱脊髓杂志	2013	105	46
8	心房颤动：目前的认识和治疗建议-2015	黄从新	中国心脏起搏与心电生理杂志	2015	86	44
9	PFNA 与 DHS 内固定治疗老年股骨粗隆间骨折疗效比较	段文江	创伤外科杂志	2013	109	43
10	困难气道管理指南	于布为	临床麻醉学杂志	2013	121	41

14.3　研究主题关联分析

在外科学学科，高被引论文共被 2017 年发表的 9210 篇论文引用了 11082 次。通过分析施引文献关键词的词频及关键词之间的共现关系，获得 2017 年外科学学科的热点主题和主题关联，如图 14-1 所示（共现 19 次以下不显示）。由图可知："腹腔镜""右美托咪定"

“临床疗效”等关键词的文档词频较高，是 2017 年学科的研究热点；3 个节点以上的研究主题关联网络共 2 个，构成了学科内最为突出的研究主题簇；其中，以“腹腔镜”“右美托咪定”“股骨粗隆间骨折”为核心节点的研究主题关联网络最大，其余团簇中词频最高或连线最多的关键词是“加速康复外科”。

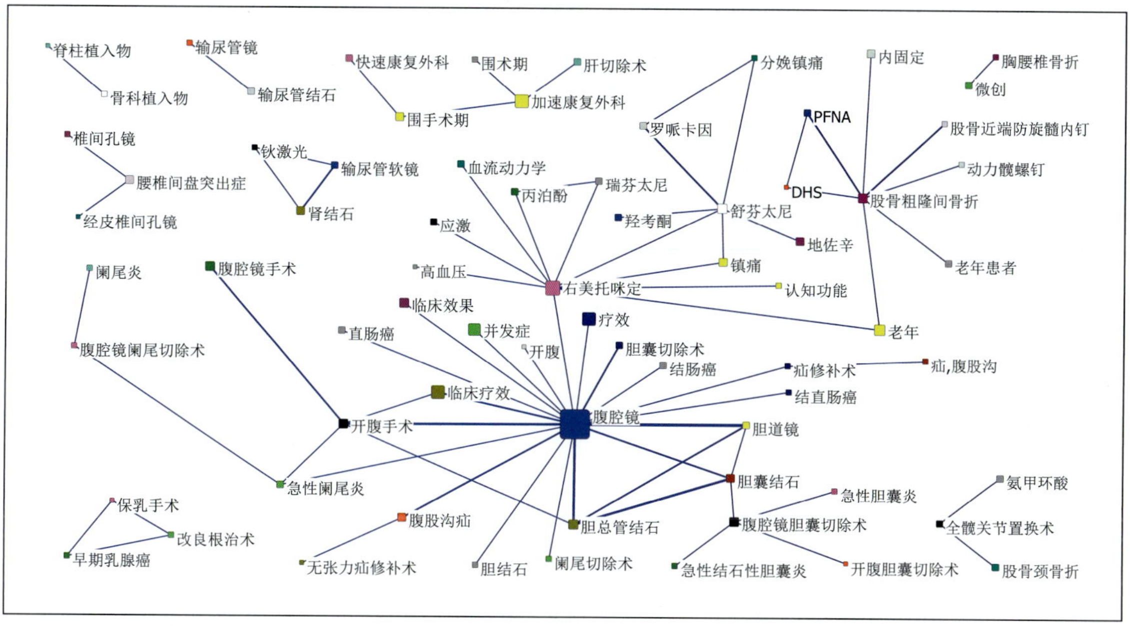

图 14-1 外科学学科热点论文主题关联（2017 年）

14.4 高影响力期刊分析

14.4.1 高影响力期刊 Top 10

在外科学学科，5 年影响因子 Top 10 期刊见表 14-3，前 3 种期刊分别是《中国微创外科杂志》、《临床麻醉学杂志》和《中华骨科杂志》。其中，2017 年被引频次最高的期刊是《临床麻醉学杂志》，被引率最高的期刊是《中国微创外科杂志》。2012—2017 年期刊 5 年影响因子的变动情况如图 14-2 所示。

表 14-3 外科学学科高被引期刊基本指标（2017 年）

排名	期刊名称	载文篇数		2017 年被引频次	5 年影响因子	即年指标	被引率（%）	高被引论文篇数	h 指数
		前 5 年	2017 年						
1	中国微创外科杂志	1875	326	4361	2.326	0.439	65.5	49	17
2	临床麻醉学杂志	2219	335	4767	2.148	0.275	59.8	62	18
3	中华骨科杂志	1169	214	2490	2.130	0.407	63.6	24	14
4	中华消化外科杂志	1217	253	2491	2.047	0.549	58.3	32	16

排名	期刊名称	载文篇数		2017 年被引频次	5 年影响因子	即年指标	被引率（%）	高被引论文篇数	h 指数
		前 5 年	2017 年						
5	中国内镜杂志	1864	302	3467	1.860	0.437	60.1	28	14
6	中国实用外科杂志	1982	375	3551	1.792	0.435	55.5	35	17
7	中华显微外科杂志	1139	221	2031	1.783	0.258	65.2	14	12
8	中国脊柱脊髓杂志	1235	189	2178	1.764	0.201	57.8	16	12
9	中华胃肠外科杂志	2037	411	3521	1.729	0.270	56.0	28	15
10	中国普通外科杂志	2002	272	3327	1.662	0.379	54.5	27	14

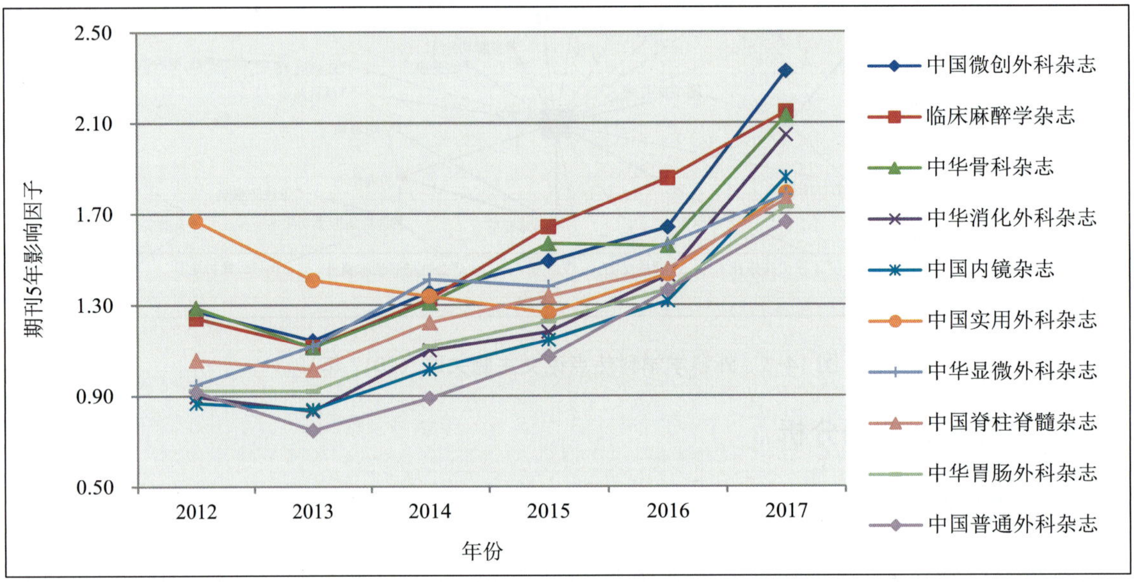

图 14-2 外科学学科期刊 5 年影响因子变动趋势（2012—2017 年）

14.4.2 期刊载文主题关联

通过期刊共被引分析，获得外科学学科期刊之间的载文主题关联，图中节点大小反映 5 年影响因子的高低，连线粗细代表共被引关联的强弱，关联越强表明两个期刊上有更多受学者们关注的相关主题论文，红色节点为学科高影响力期刊 Top 10，详情见图 14-3（共被引 159 次以下不显示）。如图所示，外科学学科的多个期刊均互相关联且关联较为紧密，各期刊的学科分类属性体现得较为明显；《中国微创外科杂志》的 5 年影响因子最高；《中国矫形外科杂志》具有最多的关联关系，这是其研究主题广泛的典型体现；《中国矫形外科杂志》和《中国骨与关节损伤杂志》、《临床麻醉学杂志》和《中华麻醉学杂志》等期刊之间的关联较强，表明上述期刊分别具有较多相关主题的论文。

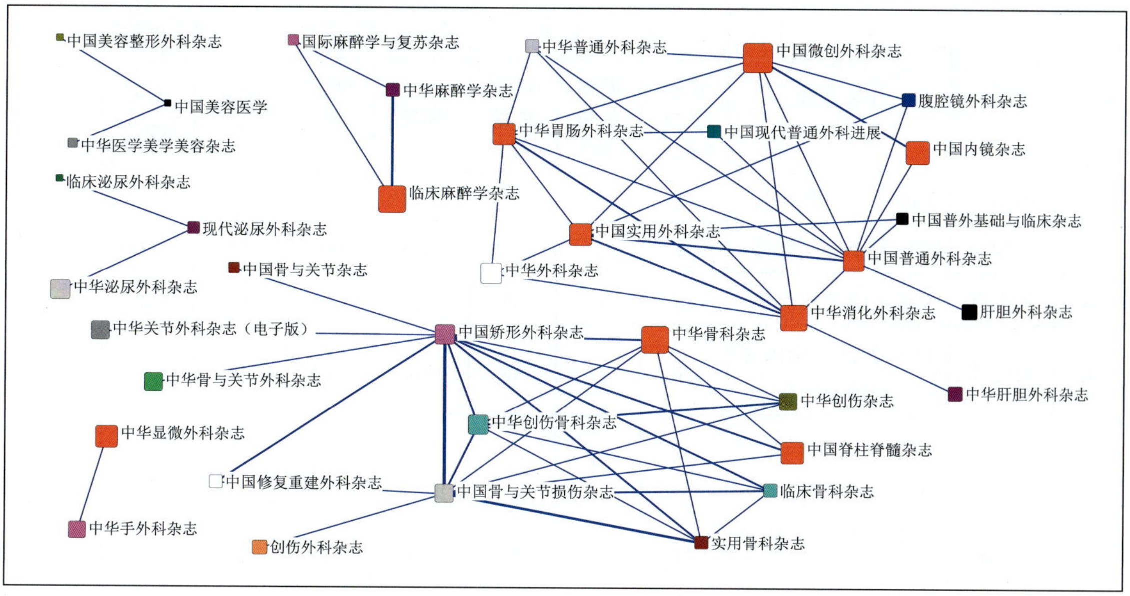

图 14-3　外科学学科期刊载文主题关联（2017 年）

14.5　高被引作者分析

14.5.1　高被引作者 Top 20

2017 年论文被引次数 Top 20 的作者见表 14-4。其中，学科发文总被引频次较高的 3 位作者分别是中国人民解放军南京军区南京总医院的江志伟（132 次）、中国人民解放军南京军区南京总医院的徐建国（109 次）和中南大学湘雅医院的唐举玉（109 次）。在学科发文 5 篇及以上的作者中，篇均被引较高的 3 位作者分别是中国人民解放军南京军区南京总医院的徐建国（篇均 21.80 次）、中国人民解放军南京军区南京总医院的江志伟（篇均 13.20 次）和四川大学华西医院的岳辰（篇均 10.00 次）；5 年学科发文较多的 3 位作者分别是北京大学人民医院的郭继鸿（58 篇）、中国人民解放军总医院的王建中（47 篇）和兰州军区兰州总医院的张功林（37 篇）。

表 14-4　外科学学科高被引作者 Top 20（2017 年）

排名	姓名	作者单位	前 5 年发文			前 5 年学科发文在 2017 年的被引				h 指数（学科）
			学科发文（篇）	期刊分布（种）	发文总量（篇）	频次	被引率（%）	最高（次）	篇均（次）	
1	江志伟	中国人民解放军南京军区南京总医院	10	5	15	132	100.0	51	13.20	5
2	徐建国	中国人民解放军南京军区南京总医院	5	1	6	109	60.0	82	21.80	2

排名	姓名	作者单位	前 5 年发文			前 5 年学科发文在 2017 年的被引				h 指数（学科）
			学科发文（篇）	期刊分布（种）	发文总量（篇）	频次	被引率（%）	最高（次）	篇均（次）	
2	唐举玉	中南大学湘雅医院	15	5	18	109	80.0	30	7.27	6
4	车国卫	四川大学华西医院	4	1	7	100	100.0	35	25.00	4
5	张宏其	中南大学湘雅医院	29	6	35	88	82.8	17	3.03	5
6	郑民华	上海交通大学医学院附属瑞金医院	34	11	38	86	73.5	9	2.53	7
7	田文	中国人民解放军总医院	22	9	26	85	59.1	16	3.86	7
8	曾国华	广州医科大学附属第一医院	10	4	10	83	90.0	17	8.30	6
9	李长青	第三军医大学新桥医院	3	1	5	72	100.0	46	24.00	3
10	池畔	福建医科大学附属协和医院	18	6	19	71	83.3	13	3.94	5
11	周宗科	四川大学华西医院	2	1	2	68	100.0	51	34.00	2
12	王平	浙江大学医学院附属第二医院	12	7	15	67	91.7	20	5.58	5
13	邱贵兴	北京协和医院	4	4	9	66	75.0	53	16.50	2
13	许幸	北京大学第一医院	1	1	1	66	100.0	66	66.00	1
15	季加孚	北京大学肿瘤医院	18	7	31	61	83.3	10	3.39	5
16	王深明	中山大学附属第一医院	28	11	36	59	64.3	28	2.11	3
17	方驰华	南方医科大学珠江医院	27	7	34	58	63.0	8	2.15	4
18	孙备	哈尔滨医科大学附属第一医院	34	7	34	56	67.6	10	1.65	4
19	梁寒	天津医科大学肿瘤医院	20	7	26	55	80.0	12	2.75	4
20	姚宏伟	北京大学第三医院	23	8	23	54	87.0	13	2.35	3
20	董家鸿	中国人民解放军总医院肝胆外科医院	15	3	15	54	60.0	11	3.60	6

14.5.2　作者发文主题关联

通过作者共被引分析，获得 2017 年外科学学科作者之间的发文主题关联，图中节点大小反映被引次数高低，连线粗细代表共被引关联的强弱，关联越强表明两位作者的发文主题可能具有更强的相关性，红色节点为学科高被引作者 Top 20，详情见图 14-4（共被引 6 次以下不显示）。如图所示，高被引作者主导了外科学学科的作者共被引网络，意味着他们的论文主题主导了学科研究热点；唐举玉的共被引作者数最多；徐建国和许幸、江志伟和车国卫、岳辰和谢锦伟等学者之间的关联较强，表明上述学者之间可能分别有较为相关的发文主题。

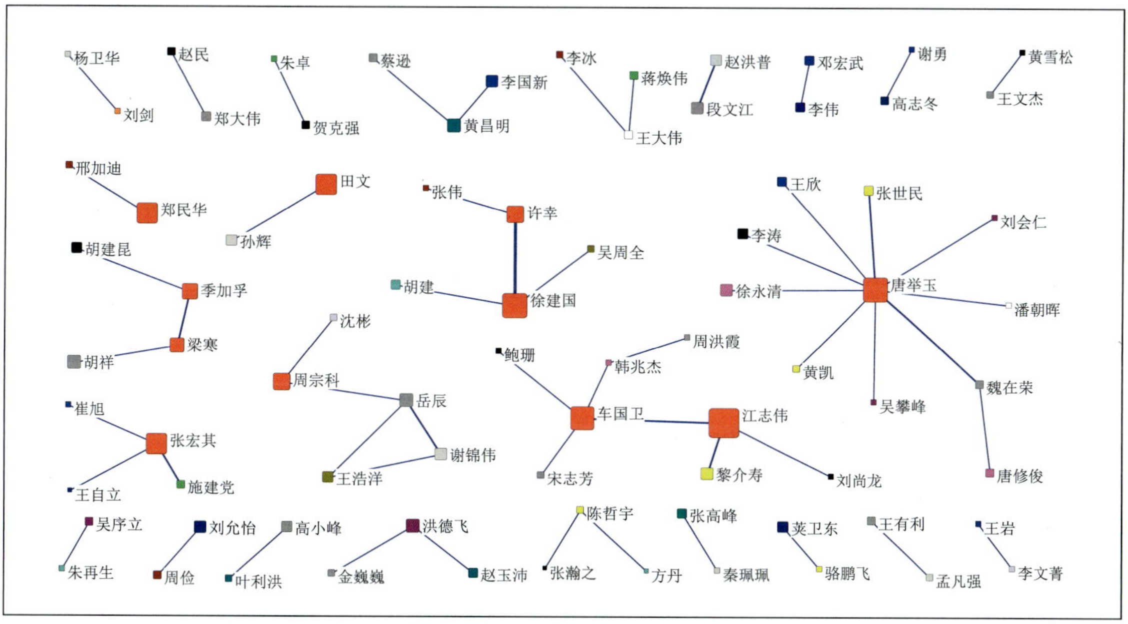

图 14-4　外科学学科作者发文主题关联（2017 年）

14.6　高被引机构分析

14.6.1　高被引机构

外科学学科被引次数 Top 10 医院和被引频次 Top 5 高等院校/科研院所的发文和被引情况分别见表 14-5 和表 14-6。表中，总被引次数排名前 3 位的医院分别是四川大学华西医院、中国人民解放军总医院和北京大学第三医院，排名前 3 位的高等院校/科研院所则是天津医科大学、扬州大学和南方医科大学；篇均被引最高的医院和高等院校/科研院所分别是北京大学第三医院和暨南大学。

表 14-5　外科学学科高被引医院 Top 10（2017 年）

排名	第一作者单位	学科发文量（篇）		前 5 年学科发文在 2017 年的被引			
		前 5 年	2017 年	频次	被引率（%）	最高（次）	篇均（次）
1	四川大学华西医院	1177	262	1724	51.3	51	1.46
2	中国人民解放军总医院	1178	232	1257	48.0	18	1.07
3	北京大学第三医院	628	140	1104	58.8	19	1.76
4	中国人民解放军南京军区南京总医院	678	95	1008	50.0	82	1.49
5	上海交通大学医学院附属瑞金医院	840	99	995	45.4	41	1.18
6	北京协和医院	673	149	845	49.3	53	1.26
7	北京大学人民医院	719	130	808	45.5	28	1.12
8	复旦大学附属中山医院	738	117	805	45.3	17	1.09
9	郑州大学第一附属医院	960	214	782	44.2	8	0.81
10	武汉大学人民医院	848	126	767	41.4	44	0.90

表 14-6　外科学学科高被引高等院校/科研院所 Top 5（2017 年）

排名	第一作者单位	学科发文量（篇）		前 5 年学科发文在 2017 年的被引			
		前 5 年	2017 年	频次	被引率（%）	最高（次）	篇均（次）
1	天津医科大学	284	56	244	45.8	11	0.86
2	扬州大学	230	15	239	43.5	10	1.04
3	南方医科大学	227	28	211	40.1	13	0.93
4	山西医科大学	197	33	185	40.6	23	0.94
5	暨南大学	92	13	140	51.1	18	1.52

14.6.2　机构发文主题关联

通过机构共被引分析，获得外科学学科机构间的发文主题关联，图中节点大小反映被引次数高低，连线粗细代表共被引关联的强弱，关联越强表明两个机构的发文主题可能具有更强的相关性，红色节点为高被引医院 Top 10 和高被引高等院校/科研院所 Top 5，详情见图

14-5（共被引 18 次以下不显示）。由图可知，高被引医院主导了外科学学科的机构共被引网络，在学科内体现出了较显著的学术影响力；四川大学华西医院具有最多的被引次数和关联关系，充分表明了其学科学术影响力；中国人民解放军总医院和上海交通大学医学院附属瑞金医院、中国人民解放军南京军区南京总医院和北京大学第一医院、上海交通大学附属第六人民医院和北京积水潭医院等机构之间的关联较强，表明上述机构的研究主题分别具有较多重叠之处。

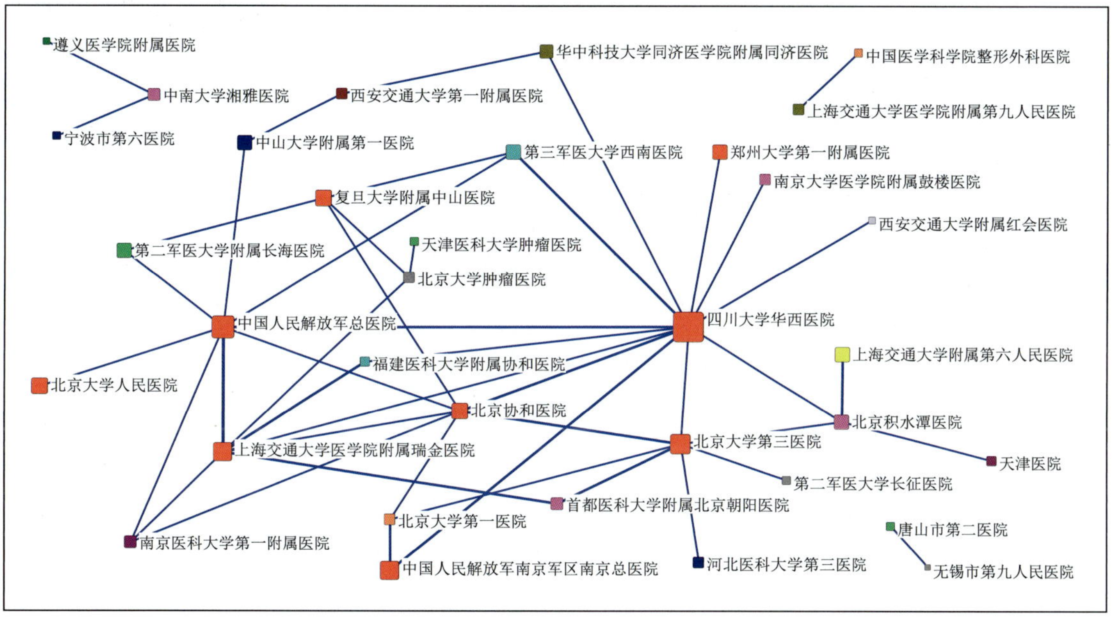

图 14-5　外科学学科机构发文主题关联（2017 年）

14.7　高被引国外期刊

外科学学科内被引次数 Top 10 的国外期刊见表 14-7，排名前 3 位的国外期刊是 *PLoS ONE*、*Annals of Surgery* 和 *Surgical Endoscopy*。

表 14-7　外科学学科高被引国外期刊 Top 10（2017 年）

排名	期刊名称	2017 年被引频次
1	PLoS ONE	1680
2	Annals of Surgery	1156
3	Surgical Endoscopy	1124
4	Spine	940
5	World Journal of Gastroenterology	909
6	European Spine Journal	848

排名	期刊名称	2017 年被引频次
7	Injury	818
8	Annals of Surgical Oncology	807
9	European Urology	767
10	Plastic and Reconstructive Surgery	641

第 15 章　妇产科学、儿科学学科高被引分析

15.1　学科论文概况

2012—2016 年，妇产科学、儿科学学科的 35 种期刊上共发表学术论文 65158 篇，由来自在 9391 所机构的 46890 位学者作为第一作者发表。上述论文中，有 28116 篇在 2017 年获得过引用，整体被引率为 43.2%，总被引频次为 73984 次，篇均被引 1.14 次；其中，高被引论文有 297 篇，累计被引 7432 次，篇均被引 25.02 次，单篇论文最高被引 192 次（表 15-1）。另外，2017 年本学科共发表论文 17445 篇，其中有 1760 篇在当年获得过引用，总共被引 2587 次。

表 15-1　妇产科学、儿科学学科论文分布情况

年份	论文篇数	2017 年被引频次	2017 年被引率（%）	2017 年高被引论文			
				论文篇数	最高被引频次	总被引频次	篇均被引频次
2012	10196	10040	41.4	48	48	942	19.63
2013	10378	12678	46.0	50	174	1385	27.7
2014	11273	16078	47.8	57	108	1962	34.42
2015	16313	19318	44.1	75	85	1865	24.87
2016	16998	15870	38.4	67	192	1278	19.07
合计	65158	73984	43.2	297	192	7432	25.02

15.2　高被引论文分析

在妇产科学、儿科学学科，2017 年被引次数 Top 10 论文（表 15-2）的平均被引次数为 57.1 次，是全部 297 篇高被引论文篇均被引频次的 2.3 倍。其中，被引次数最高的论文是侯磊的《全国剖宫产率及剖宫产指征构成比调查的多中心研究》（2014），随后依次是李晓捷的《脑性瘫痪的定义、诊断标准及临床分型》（2014）、张方芳的《产后出血原因及相关危险因素 135 例临床分析》(2014)和时春艳的《新产程标准及处理的专家共识(2014)》(2014)。

从论文分布来看，刊载高被引论文数量居前的 3 种期刊分别是《中国妇幼保健》(72 篇)、《实用妇产科杂志》（52 篇）和《中华妇产科杂志》（48 篇），其中，《实用妇产科杂志》刊载了高被引论文 Top 10 中的 5 篇；发表高被引论文数量居前的学者分别是北京协和医院的向阳（2 篇）、北京大学第三医院的乔杰（2 篇）和中国医科大学附属盛京医院的尚云晓（2 篇）；产出高被引论文数量居前的机构分别是北京大学第一医院（8 篇）、四川大学华西第二医院（8 篇）和中国医科大学附属盛京医院（7 篇）。

表 15-2 妇产科学、儿科学学科高被引论文 Top 10（2017 年）

排名	论文题名	第一作者	期刊名称	发表年份	被引频次	
					总频次	2017 年
1	全国剖宫产率及剖宫产指征构成比调查的多中心研究	侯磊	中华妇产科杂志	2014	211	96
2	脑性瘫痪的定义、诊断标准及临床分型	李晓捷	中华实用儿科临床杂志	2014	175	82
3	产后出血原因及相关危险因素 135 例临床分析	张方芳	实用妇产科杂志	2014	207	73
3	新产程标准及处理的专家共识（2014）	时春艳	中华妇产科杂志	2014	137	73
5	剖宫产术后瘢痕子宫再次妊娠分娩方式的研究进展	陆宣平	实用妇产科杂志	2014	157	65
6	产后盆底康复锻炼对女性盆底功能障碍性疾病的预防作用	孙智晶	中华妇产科杂志	2015	68	42
7	宫颈癌的流行病学现状和预防	乔友林	中华妇幼临床医学杂志（电子版）	2015	82	41
8	剖宫产术后瘢痕子宫再次妊娠 93 例分娩方式探讨	申恒春	实用妇产科杂志	2013	158	40
8	子宫内膜异位症合并不孕患者腹腔镜术后药物治疗妊娠结局分析	李焱	实用妇产科杂志	2015	71	40
10	高危型 HPV 检测及 TCT 检查在宫颈癌筛查中的应用分析	许剑利	实用妇产科杂志	2014	84	38
10	《2015 年 NCCN 宫颈癌临床实践指南》解读	周晖	中国实用妇科与产科杂志	2015	82	38

15.3 研究主题关联分析

在妇产科学、儿科学学科，高被引论文共被 2017 年发表的 6475 篇论文引用了 7432 次。通过分析施引文献关键词的词频及关键词之间的共现关系，获得 2017 年妇产科学、儿科学学科的热点主题和主题关联，如图 15-1 所示（共现 15 次以下不显示）。由图可知："剖宫产""妊娠结局""产后出血"等关键词的文档词频较高，是 2017 年学科的研究热点；3 个节点以上的研究主题关联网络共 7 个，构成了学科内最为突出的研究主题簇；其中，以“妊娠期糖尿病”“剖宫产”“产后出血”为核心节点的研究主题关联网络最大，其余各团簇中词频最高或连线最多的关键词分别是“硫酸镁”“腹腔镜”“儿童”“阿奇霉素”“早产儿”“米非司酮”。

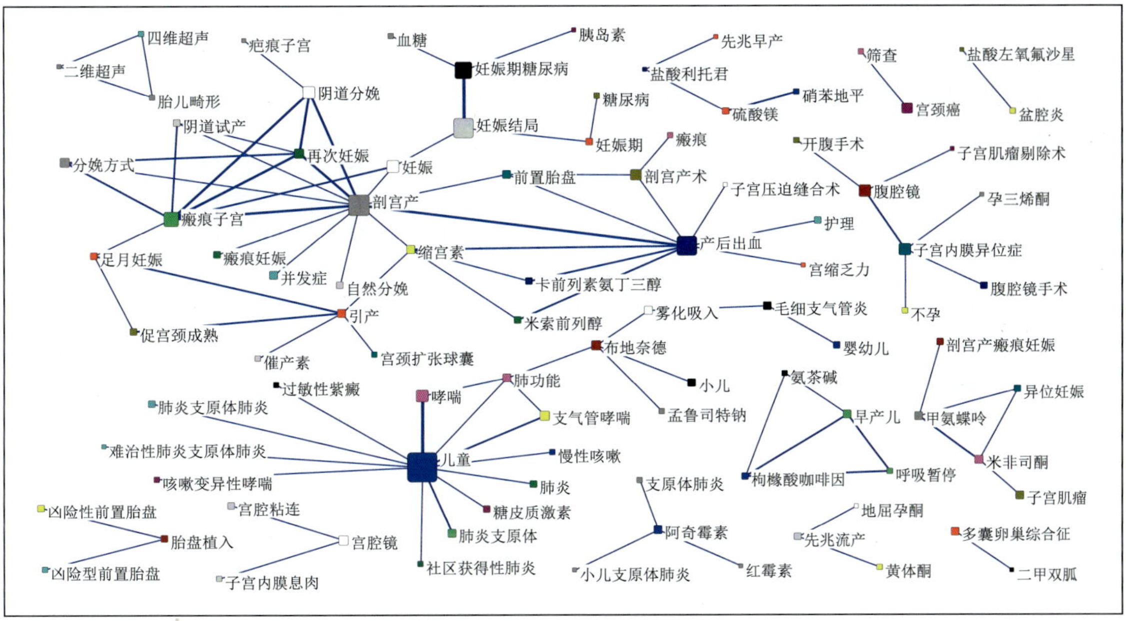

图 15-1　妇产科学、儿科学学科热点论文主题关联（2017 年）

15.4　高影响力期刊分析

15.4.1　高影响力期刊 Top 10

在妇产科学、儿科学学科，5 年影响因子 Top 10 期刊见表 15-3，前 3 种期刊分别是《中华妇产科杂志》、《中华儿科杂志》和《实用妇产科杂志》。其中，2017 年被引频次最高的期刊是《中国妇幼保健》，被引率最高的期刊是《中国实用妇科与产科杂志》。2012—2017 年期刊 5 年影响因子的变动情况如图 15-2 所示。

表 15-3　妇产科学、儿科学学科高被引期刊基本指标（2017 年）

排名	期刊名称	载文篇数		2017 年被引频次	5 年影响因子	即年指标	被引率（%）	高被引论文篇数	h 指数
		前 5 年	2017 年						
1	中华妇产科杂志	1363	210	3876	2.844	0.343	54.7	48	23
2	中华儿科杂志	1230	264	3145	2.557	0.314	53.8	27	20
3	实用妇产科杂志	1775	322	4471	2.519	0.323	58.3	52	21

排名	期刊名称	载文篇数		2017年被引频次	5年影响因子	即年指标	被引率（%）	高被引论文篇数	h指数
		前5年	2017年						
4	中国实用妇科与产科杂志	1523	321	3166	2.079	0.424	62.0	16	15
5	中国当代儿科杂志	1419	250	2465	1.737	0.340	57.6	11	13
6	中华新生儿科杂志（中英文）	727	130	1227	1.688	0.162	57.5	3	10
7	中国妇幼保健	11816	2171	19532	1.653	0.351	59.4	72	19
8	中华妇幼临床医学杂志（电子版）	1054	145	1622	1.539	0.241	51.2	8	11
9	中华围产医学杂志	1156	229	1680	1.453	0.245	50.7	10	12
10	临床儿科杂志	1702	247	2366	1.390	0.093	49.0	14	14

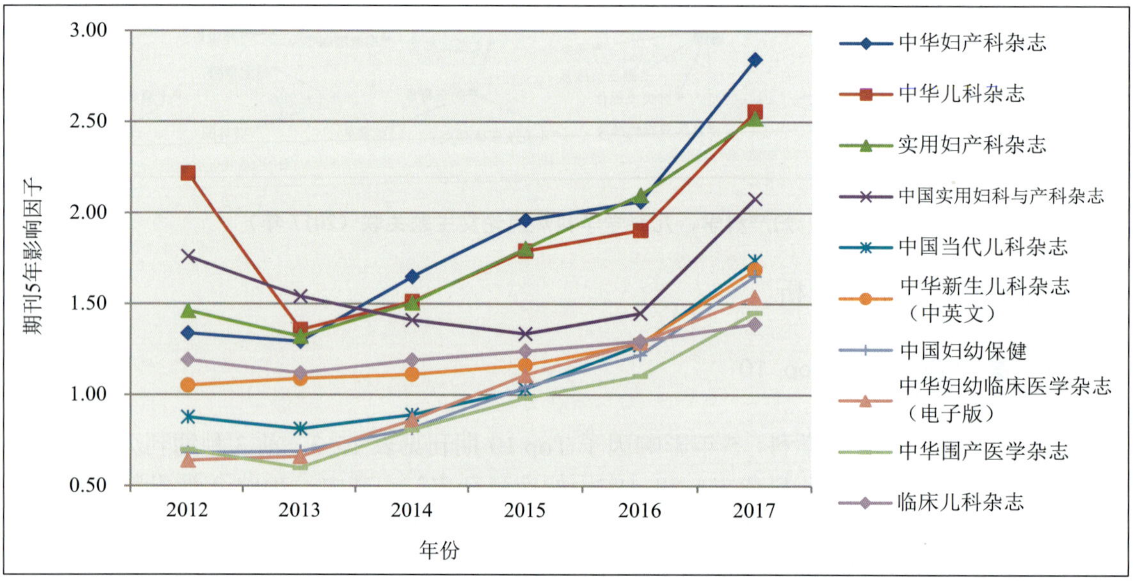

图 15-2 妇产科学、儿科学学科期刊5年影响因子变动趋势（2012—2017年）

15.4.2 期刊载文主题关联

通过期刊共被引分析，获得妇产科学、儿科学学科期刊之间的载文主题关联，图中节点大小反映5年影响因子的高低，连线粗细代表共被引关联的强弱，关联越强表明两个期刊上有更多受学者们关注的相关主题论文，红色节点为学科高影响力期刊 Top 10，详情见图 15-3（共被引 133 次以下不显示）。如图所示，妇产科学、儿科学学科的多个期刊均互相关联且关联较为紧密，各期刊的学科分类属性体现得较为明显；《中华妇产科杂志》的5年影响因子最高，《中国妇幼保健》具有最多的关联关系，这是其研究主题广泛的典型体现；《中国妇幼保健》和《实用妇产科杂志》《中华妇产科杂志》《中国妇幼健康研究》《中国实用妇科与产科杂志》等期刊之间的关联较强，表明上述期刊具有较多相关主题的论文。

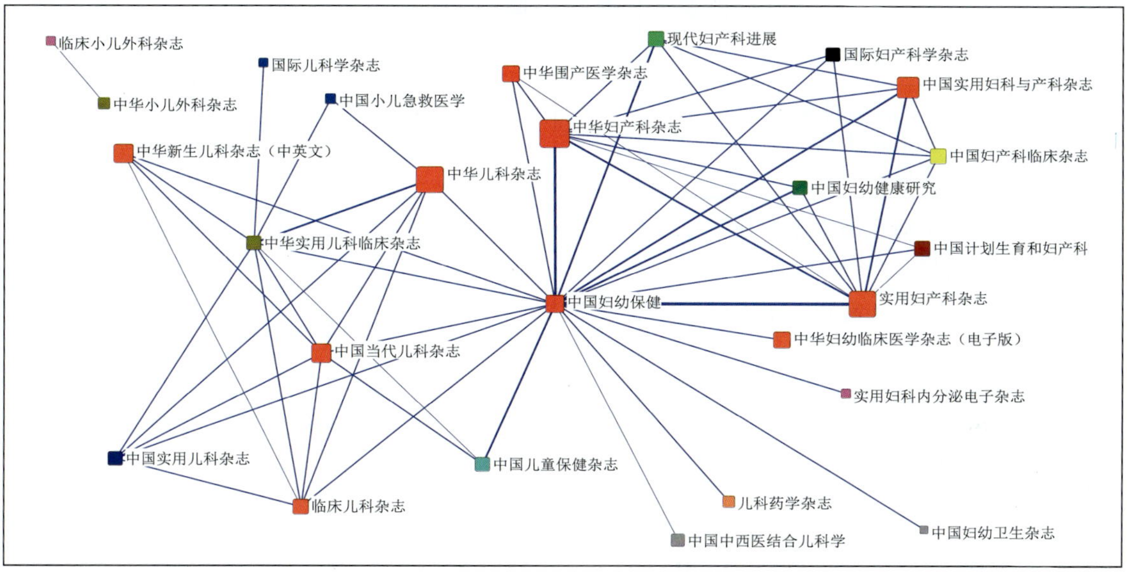

图 15-3 妇产科学、儿科学学科期刊载文主题关联（2017 年）

15.5 高被引作者分析

15.5.1 高被引作者 Top 20

2017 年论文被引次数 Top 20 的作者见表 15-4。其中，学科发文总被引频次较高的 3 位作者分别是首都医科大学附属北京妇产医院的侯磊（96 次）、北京大学第一医院的时春艳（95 次）和《中国脑性瘫痪康复治疗指南》编写委员会的李晓捷（82 次）。在学科发文 5 篇及以上的作者中，篇均被引较高的 3 位作者分别是北京大学第一医院的时春艳（篇均 13.57 次）、中山大学孙逸仙纪念医院的周晖（篇均 11.80 次）和北京儿童医院的申昆玲（篇均 11.50 次）；5 年学科发文较多的 3 位作者分别是南方医科大学南方医院的陈春林（33 篇）、中国医科大学附属盛京医院的刘春峰（23 篇）和北京军区总医院附属八一儿童医院的刘敬（23 篇）。

表 15-4 妇产科学、儿科学学科高被引作者 Top 20（2017 年）

排名	姓名	作者单位	前 5 年发文			前 5 年学科发文在 2017 年的被引				h 指数（学科）
			学科发文（篇）	期刊分布（种）	发文总量（篇）	频次	被引率（%）	最高（次）	篇均（次）	
1	侯磊	首都医科大学附属北京妇产医院	1	1	7	96	100.0	96	96.00	1

排名	姓名	作者单位	前5年发文			前5年学科发文在2017年的被引				h指数（学科）
			学科发文（篇）	期刊分布（种）	发文总量（篇）	频次	被引率（%）	最高（次）	篇均（次）	
2	时春艳	北京大学第一医院	7	5	7	95	71.4	73	13.57	3
3	李晓捷	《中国脑性瘫痪康复治疗指南》编写委员会	1	1	1	82	100.0	82	82.00	1
4	洪建国	上海交通大学附属第一人民医院	17	4	20	79	82.4	25	4.65	4
5	刘兴会	四川大学华西第二医院	14	4	15	77	64.3	24	5.50	5
6	张方芳	攀枝花市妇幼保健院	2	2	4	76	100.0	73	38.00	2
7	申昆玲	北京儿童医院	6	4	8	69	100.0	36	11.50	4
8	林仲秋	中山大学孙逸仙纪念医院	18	4	20	67	88.9	15	3.72	4
8	陆宣平	苏州大学附属第一医院	3	3	3	67	66.7	65	22.33	2
10	杨慧霞	北京大学第一医院	19	6	31	66	57.9	24	3.47	5
10	李雷	北京协和医院	20	5	23	66	70.0	20	3.30	5
12	刘传合	首都儿科研究所	7	3	8	63	100.0	35	9.00	4
13	刘敬	北京军区总医院附属八一儿童医院	23	8	25	62	82.6	12	2.70	4
14	赵德育	南京医科大学附属南京儿童医院	15	4	16	61	73.3	14	4.07	5
14	刘金荣	北京儿童医院	13	4	14	61	69.2	25	4.69	4
16	周晖	中山大学孙逸仙纪念医院	5	2	6	59	100.0	38	11.80	3
17	颜建英	福建省妇幼保健院	12	7	12	57	66.7	38	4.75	3
18	尚云晓	中国医科大学附属盛京医院	9	3	11	56	66.7	23	6.22	3
19	乔杰	北京大学第三医院	6	3	12	54	100.0	21	9.00	4
20	向阳	北京协和医院	3	3	4	53	100.0	31	17.67	2

15.5.2 作者发文主题关联

通过作者共被引分析，获得 2017 年妇产科学、儿科学学科作者之间的发文主题关联，图中节点大小反映被引次数高低，连线粗细代表共被引关联的强弱，关联越强表明两位作者的发文主题可能具有更强的相关性，红色节点为学科高被引作者 Top 20，详情见图 15-4（共被引 6 次以下不显示）。如图所示，高被引作者主导了妇产科学、儿科学学科的作者共被引网络，意味着他们的论文主题主导了学科研究热点；时春艳的共被引作者数最多；时春艳和漆洪波、许景林和李文斌、陆宣平与申恒春等学者之间的关联较强，表明上述学者之间可能分别有较为相关的发文主题。

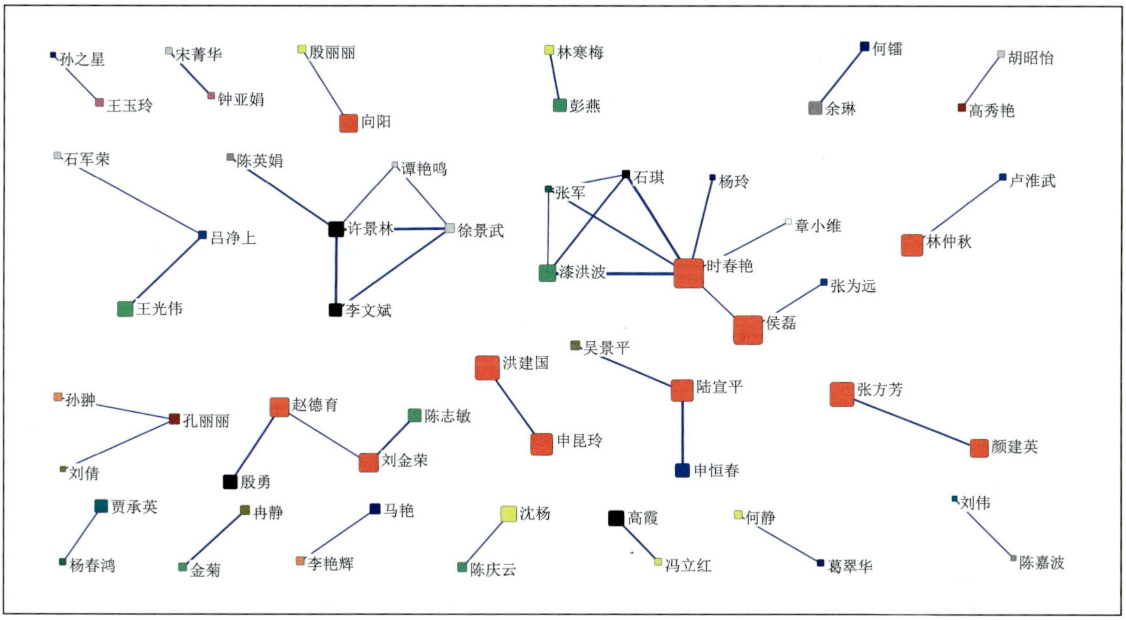

图 15-4 妇产科学、儿科学学科作者发文主题关联（2017 年）

15.6 高被引机构分析

15.6.1 高被引机构

妇产科学、儿科学学科被引次数 Top 10 医院和被引频次 Top 5 高等院校/科研院所的发文和被引情况分别见表 15-5 和表 15-6。表中，总被引次数排名前 3 位的医院分别是北京大学第一医院、四川大学华西第二医院和中国医科大学附属盛京医院，排名前 3 位的高等院校/科研院所则是广州市妇女儿童医疗中心、首都儿科研究所和武汉市妇女儿童医疗保健中心；篇均被引最高的医院和高等院校/科研院所分别是首都医科大学附属北京妇产医院和中国医学科学院・北京协和医学院。

表 15-5 妇产科学、儿科学学科高被引医院 Top 10（2017 年）

排名	第一作者单位	学科发文量（篇）		前 5 年学科发文在 2017 年的被引			
		前 5 年	2017 年	频次	被引率(%)	最高（次）	篇均（次）
1	北京大学第一医院	777	168	1282	52.5	73	1.65
2	四川大学华西第二医院	744	154	1193	53.0	33	1.60
3	中国医科大学附属盛京医院	848	186	1122	48.5	29	1.32
4	重庆医科大学附属儿童医院	835	170	973	50.9	25	1.17
5	北京儿童医院	836	133	961	49.5	36	1.15
6	北京协和医院	421	96	839	59.1	42	1.99
7	复旦大学附属儿科医院	661	130	776	49.8	24	1.17
8	首都医科大学附属北京妇产医院	325	78	764	62.8	96	2.35
9	北京大学第三医院	316	76	472	54.4	21	1.49
10	北京大学人民医院	353	53	463	51.3	12	1.31

表 15-6 妇产科学、儿科学学科高被引高等院校/科研院所 Top 5（2017 年）

排名	第一作者单位	学科发文量（篇）		前 5 年学科发文在 2017 年的被引			
		前 5 年	2017 年	频次	被引率（%）	最高（次）	篇均（次）
1	广州市妇女儿童医疗中心	457	90	494	51.6	13	1.08
2	首都儿科研究所	196	34	296	60.2	35	1.51
3	武汉市妇女儿童医疗保健中心	134	4	230	53.7	20	1.72
4	北京大学	109	23	183	60.6	12	1.68
5	中国医学科学院·北京协和医学院	93	8	182	59.1	17	1.96

15.6.2 机构发文主题关联

通过机构共被引分析，获得妇产科学、儿科学学科机构间的发文主题关联，图中节点大小反映被引次数高低，连线粗细代表共被引关联的强弱，关联越强表明两个机构的发文主题可能具有更强的相关性，红色节点为高被引医院 Top 10 和高被引高等院校/科研院所 Top 5，详情见图 15-5（共被引 19 次以下不显示）。由图可知，高被引医院主导了妇产科学、儿科学学科的机构共被引网络，在学科内体现出了较显著的学术影响力；北京大学第一医院的被引次数最高；四川大学华西第二医院、北京大学第一医院和中国医科大学附属盛京医院的关联关系较为密集，充分表明了它们的学科学术影响力；北京大学第一医院和首都医科大学附属北京妇产医院、中国医科大学附属盛京医院和重庆医科大学附属儿童医院、四川大学华西第二医院等机构之间的关联较强，表明上述机构的研究主题分别具有较多重叠之处。

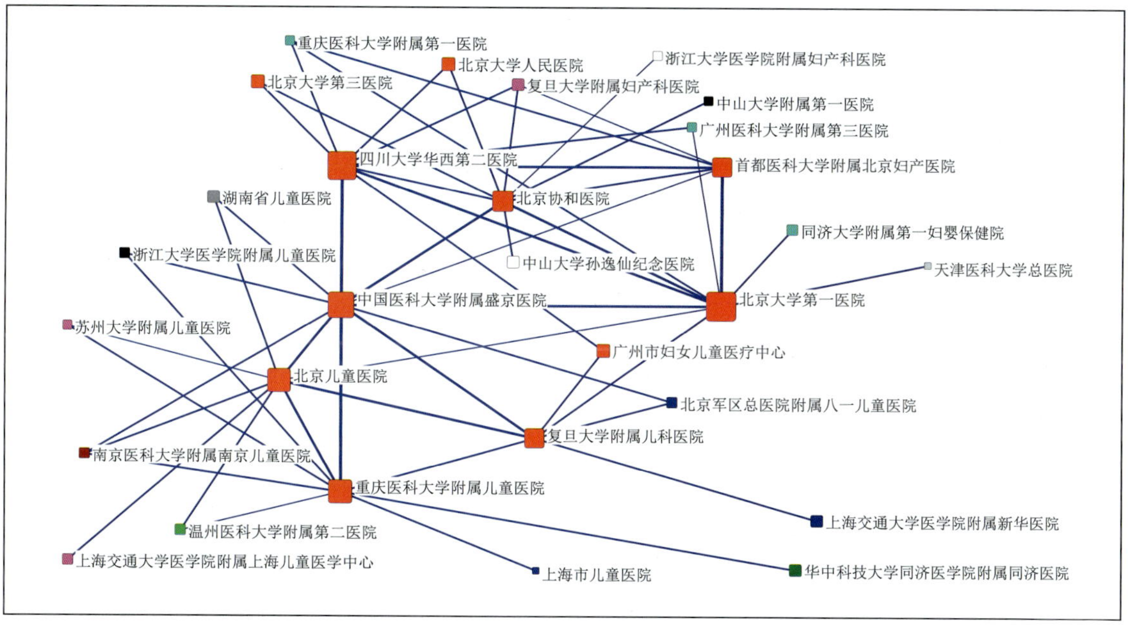

图 15-5　妇产科学、儿科学学科机构发文主题关联（2017 年）

15.7　高被引国外期刊

妇产科学、儿科学学科内被引次数 Top 10 的国外期刊见表 15-7，排名前 3 位的国外期刊是 *PLoS ONE*、*Pediatrics* 和 *Fertility and Sterility*。

表 15-7　妇产科学、儿科学学科高被引国外期刊 Top 10（2017 年）

排名	期刊名称	2017 年被引频次
1	PLoS ONE	1293
2	Pediatrics	510
3	Fertility and Sterility	453
4	Gynecologic Oncology	429
5	American Journal of Obstetrics & Gynecology	414

排名	期刊名称	2017 年被引频次
5	Obstetrics & Gynecology	414
7	Journal of Pediatrics	372
8	Cochrane Database of Systematic Reviews	367
9	New England Journal of Medicine	348
10	Journal of Maternal-Fetal and Neonatal Medicine	338

第 16 章　神经病学、精神病学学科高被引分析

16.1　学科论文概况

2012—2016 年，神经病学、精神病学学科的 40 种期刊上共发表学术论文 43709 篇，由来自在 6033 所机构的 31345 位学者作为第一作者发表。上述论文中，有 19131 篇在 2017 年获得过引用，整体被引率为 43.8%，总被引频次为 41988 次，篇均被引 0.96 次；其中，高被引论文有 227 篇，累计被引 4485 次，篇均被引 19.76 次，单篇论文最高被引 686 次（表 16–1）。另外，2017 年本学科共发表论文 7736 篇，其中有 1154 篇在当年获得过引用，总共被引 1739 次。

表 16–1　神经病学、精神病学学科论文分布情况

年份	论文篇数	2017 年被引频次	2017 年被引率（%）	2017 年高被引论文			
				论文篇数	最高被引频次	总被引频次	篇均被引频次
2012	8078	5232	34.3	31	119	543	17.52
2013	8173	6885	40.1	36	41	669	18.58
2014	8786	8957	45.9	48	59	772	16.08
2015	9404	11195	49.0	56	686	1795	32.05
2016	9268	9719	47.9	56	32	706	12.61
合计	43709	41988	43.8	227	686	4485	19.76

16.2　高被引论文分析

在神经病学、精神病学学科，2017 年被引次数 Top 10 论文（表 16–2）的平均被引次数为 39.4 次，是全部 227 篇高被引论文篇均被引频次的 2.0 倍。其中，被引次数最高的论文是张建荣的《延续性护理在高血压脑出血患者中的实施及对生活能力的影响》（2015）和高峰的《急性缺血性卒中血管内治疗中国指南 2015》（2015），之后是刘林晶的《氨磺必利与利培酮治疗首发精神分裂症疗效和安全性对照研究》（2012）。

从论文分布来看，刊载高被引论文数量居前的 3 种期刊分别是《中华神经科杂志》（27 篇）、《中国实用神经疾病杂志》（26 篇）和《中华神经医学杂志》（19 篇）；《中华神经科杂志》和《中国卒中杂志》分别刊载了高被引论文 Top 10 中的 2 篇；产出高被引论文数量居前的机构分别是首都医科大学附属北京天坛医院（6 篇）、北京大学（5 篇）和上海交通大学医学院附属上海市精神卫生中心（5 篇），而首都医科大学附属北京天坛医院产出了高被引论文 Top 10 中的 2 篇。

表 16-2 神经病学、精神病学学科高被引论文 Top 10（2017 年）

排名	论文题名	第一作者	期刊名称	发表年份	被引频次	
					总频次	2017 年
1	延续性护理在高血压脑出血患者中的实施及对生活能力的影响	张建荣	国际神经病学神经外科学杂志	2015	83	51
1	急性缺血性卒中血管内治疗中国指南 2015	高峰	中国卒中杂志	2015	93	51
3	氨磺必利与利培酮治疗首发精神分裂症疗效和安全性对照研究	刘林晶	中国神经精神疾病杂志	2012	208	44
4	卒中患者吞咽障碍和营养管理的中国专家共识（2013 版）	丁里	中国卒中杂志	2013	91	41
5	6374 例高血压脑出血患者临床特点的分析及治疗方法的选择	张荣军	中华神经医学杂志	2013	124	40
6	中国精神障碍分类与诊断标准第 3 版与国际疾病分类第 10 版的比较	戴云飞	临床精神医学杂志	2013	85	38
7	脑血管病流行病学研究进展	高一鹭	中华神经科杂志	2015	53	37
8	3 种焦虑评定量表在综合医院门诊患者中的应用比较	叶瑞繁	中华行为医学与脑科学杂志	2013	75	34
9	丁苯酞注射液治疗急性脑梗死的多中心、随机、双盲双模拟、对照Ⅲ期临床试验	朱以诚	中华神经科杂志	2014	89	33
10	丹参注射液与依达拉奉联合治疗急性脑梗死的临床疗效观察	魏林节	临床神经病学杂志	2014	80	32
10	神经内镜与开颅手术治疗高血压脑出血的疗效比较	张福征	中华神经外科杂志	2015	63	32

16.3 研究主题关联分析

在神经病学、精神病学学科，高被引论文共被 2017 年发表的 3951 篇论文引用了 4485 次。通过分析施引文献关键词的词频及关键词之间的共现关系，获得 2017 年神经病学、精神病学学科的热点主题和主题关联，如图 16-1 所示（共现 10 次以下不显示）。由图可知：“脑梗死”“急性脑梗死”“脑卒中”等关键词的文档词频较高，是 2017 年学科的研究热点；3 个节点以上的研究主题关联网络共 4 个，构成了学科内最为突出的研究主题簇；其中，以“脑梗死”“精神分裂症”“急性脑梗死”为核心节点的研究主题关联网络最大，其余各团簇中词频最高或连线最多的关键词分别是“卒中”“脑卒中”“帕金森病”。

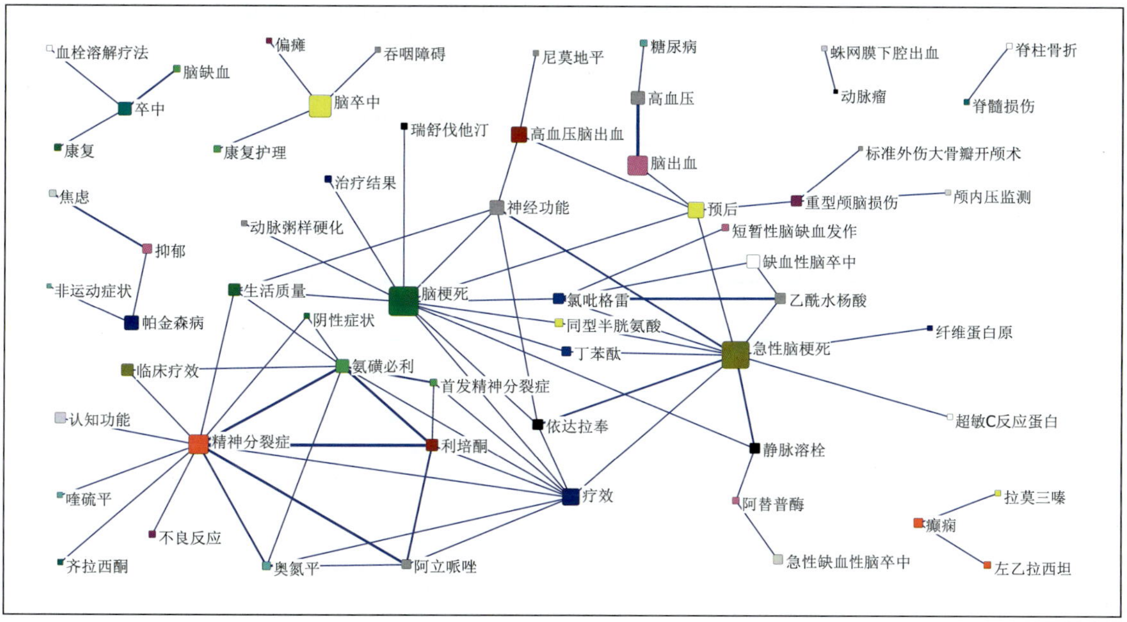

图 16-1　神经病学、精神病学学科热点论文主题关联（2017 年）

16.4　高影响力期刊分析

16.4.1　高影响力期刊 Top 10

在神经病学、精神病学学科，5 年影响因子 Top 10 期刊见表 16-3，前 3 种期刊分别是《中华神经科杂志》、《国际精神病学杂志》和《中国神经精神疾病杂志》。其中，2017 年被引频次最高的期刊是《中华神经科杂志》，被引率最高的期刊是《国际精神病学杂志》。2012—2017 年期刊 5 年影响因子的变动情况如图 16-2 所示。

表 16-3　神经病学、精神病学学科高被引期刊基本指标（2017 年）

排名	期刊名称	载文篇数		2017 年被引频次	5 年影响因子	即年指标	被引率（%）	高被引论文篇数	h 指数
		前 5 年	2017 年						
1	中华神经科杂志	1359	251	2669	1.964	0.375	40.7	27	16
2	国际精神病学杂志	865	341	1343	1.553	0.340	62.4	7	9
3	中国神经精神疾病杂志	973	178	1355	1.393	0.129	53.8	18	12

排名	期刊名称	载文篇数		2017 年被引频次	5 年影响因子	即年指标	被引率（%）	高被引论文篇数	h 指数
		前 5 年	2017 年						
4	精神医学杂志	828	140	1081	1.306	0.164	55.7	6	8
5	临床神经病学杂志	1026	160	1258	1.226	0.119	45.9	14	11
6	中华神经医学杂志	1564	268	1915	1.224	0.131	49.6	19	11
7	中国脑血管病杂志	849	150	1003	1.181	0.387	50.1	8	9
8	神经损伤与功能重建	947	213	1067	1.127	0.146	49.2	5	9
9	中华行为医学与脑科学杂志	1728	234	1859	1.076	0.355	49.7	6	8
10	中华神经外科杂志	1941	335	2087	1.075	0.173	47.7	14	11

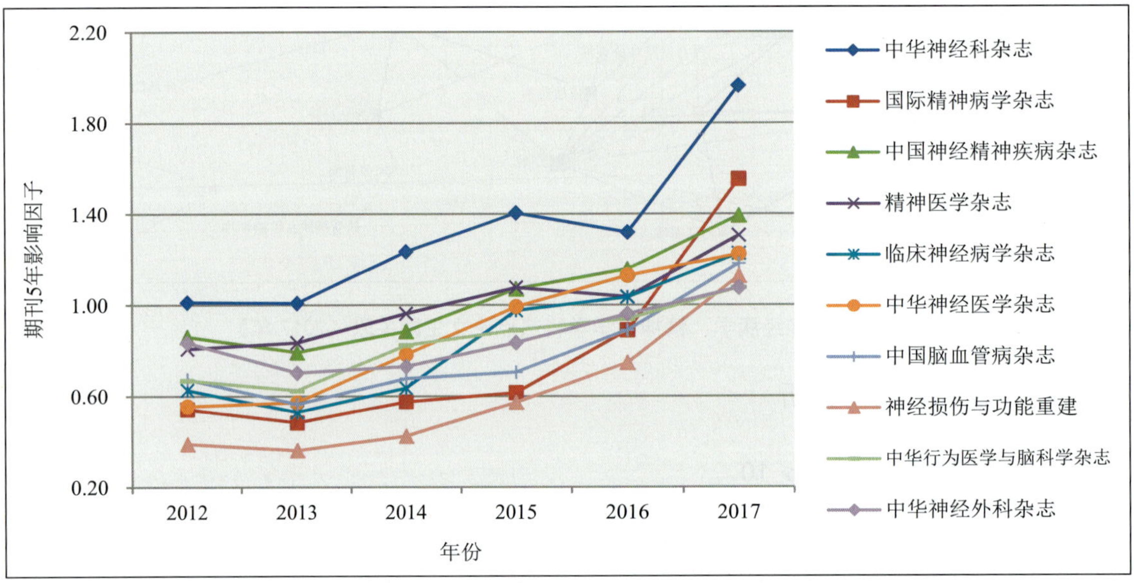

图 16-2　神经病学、精神病学学科期刊 5 年影响因子变动趋势（2012—2017 年）

16.4.2　期刊载文主题关联

通过期刊共被引分析，获得神经病学、精神病学学科期刊之间的载文主题关联，图中节点大小反映 5 年影响因子的高低，连线粗细代表共被引关联的强弱，关联越强表明两个期刊上有更多受学者们关注的相关主题论文，红色节点为学科高影响力期刊 Top 10，详情见图 16-3（共被引 62 次以下不显示）。如图所示，神经病学、精神病学学科的多个期刊均互相关联且关联较为紧密，各期刊的学科分类属性体现得较为明显；《中华神经科杂志》的 5 年影响因子最高；《中国实用神经疾病杂志》具有最多的关联关系，这是其研究主题广泛的典型体现；《中国实用神经疾病杂志》和《中华神经医学杂志》《中华神经科杂志》等期刊之间的关联较强，表明上述期刊具有较多相关主题的论文。

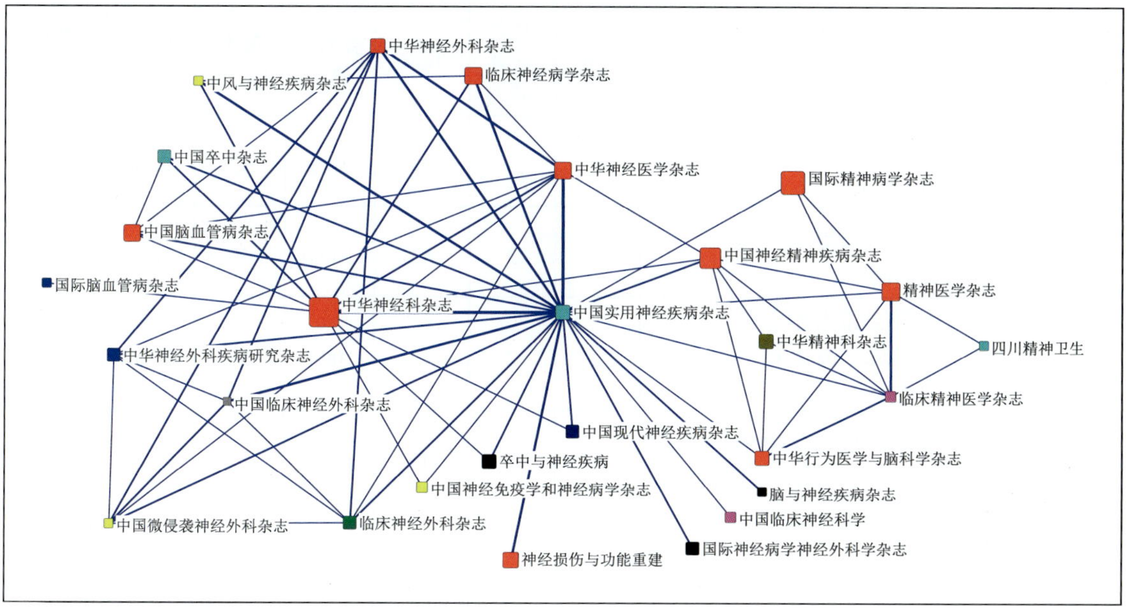

图 16-3　神经病学、精神病学学科期刊载文主题关联（2017 年）

16.5　高被引作者分析

16.5.1　高被引作者 Top 20

2017 年论文被引次数 Top 20 的作者见表 16-4。其中，学科发文总被引频次较高的 3 位作者分别是中国卒中学会的高峰（51 次）、南阳市中心医院的张建荣（51 次）和温州康宁医院的刘林晶（44 次）。在学科发文 5 篇及以上的作者中，篇均被引较高的 3 位作者分别是贵州省人民医院的胡晓（篇均 3.83 次）、广州军区武汉总医院的秦尚振（篇均 3.80 次）和中山市黄圃人民医院的秦德广（篇均 3.80 次）；5 年学科发文较多的 3 位作者分别是首都医科大学附属北京天坛医院的王拥军（62 篇）、山东省临沂市精神卫生中心的孙振晓（37 篇）和南京医科大学附属脑科医院的喻东山（32 篇）。

表 16-4　神经病学、精神病学学科高被引作者 Top 20（2017 年）

排名	姓名	作者单位	前 5 年发文			前 5 年学科发文在 2017 年的被引				h 指数（学科）
			学科发文（篇）	期刊分布（种）	发文总量（篇）	频次	被引率（%）	最高（次）	篇均（次）	
1	高峰	中国卒中学会	1	1	1	51	100.0	51	51.00	1
1	张建荣	南阳市中心医院	1	1	7	51	100.0	51	51.00	1
3	刘林晶	温州康宁医院	1	1	3	44	100.0	44	44.00	1

排名	姓名	作者单位	前5年发文			前5年学科发文在2017年的被引				h指数（学科）
			学科发文（篇）	期刊分布（种）	发文总量（篇）	频次	被引率（%）	最高（次）	篇均（次）	
4	魏林节	中国人民解放军第115医院	16	11	24	43	56.3	32	2.69	2
5	张荣军	中国人民解放军第三医院	2	2	3	43	100.0	40	21.50	2
6	戴云飞	上海交通大学医学院附属上海市精神卫生中心	2	2	2	42	100.0	38	21.00	2
7	丁里	首都医科大学附属北京天坛医院	1	1	1	41	100.0	41	41.00	1
8	高一鹭	首都医科大学附属北京天坛医院	2	2	2	37	50.0	37	18.50	1
9	朱以诚	北京协和医院	2	2	3	34	100.0	33	17.00	1
9	叶瑞繁	广东省人民医院	1	1	3	34	100.0	34	34.00	1
11	常琦	安徽医科大学附属省立医院	2	1	2	33	100.0	28	16.50	2
12	张福征	北京市平谷区医院	2	1	5	32	50.0	32	16.00	1
13	常琳	南京医科大学附属脑科医院	2	2	3	29	100.0	28	14.50	1
13	温宏峰	航天中心医院	3	2	5	29	100.0	26	9.67	2
13	张鹏	中国人民解放军第九十一中心医院	2	1	2	29	50.0	29	14.50	1
16	谢坚	佛山市第一人民医院	2	1	4	26	100.0	25	13.00	1
17	张洁靖	南阳医学高等专科学校第一附属医院	2	1	8	25	100.0	23	12.50	2
17	田小元	湘西自治州精神病医院	1	1	1	25	100.0	25	25.00	1
17	耿介立	上海交通大学医学院附属仁济医院	2	1	5	25	50.0	25	12.50	1
17	胡兰芳	郑州市第九人民医院	3	1	5	25	66.7	24	8.33	1

16.5.2　作者发文主题关联

通过作者共被引分析，获得 2017 年神经病学、精神病学学科作者之间的发文主题关联，图中节点大小反映被引次数高低，连线粗细代表共被引关联的强弱，关联越强表明两位作者的发文主题可能具有更强的相关性，红色节点为学科高被引作者 Top 20，详情见图 16-4（共被引 4 次以下不显示）。如图所示，刘林晶的共被引作者数最多，其和黄继伟、夏仲等学者之间的关联较强，表明上述学者之间可能分别有较为相关的发文主题。

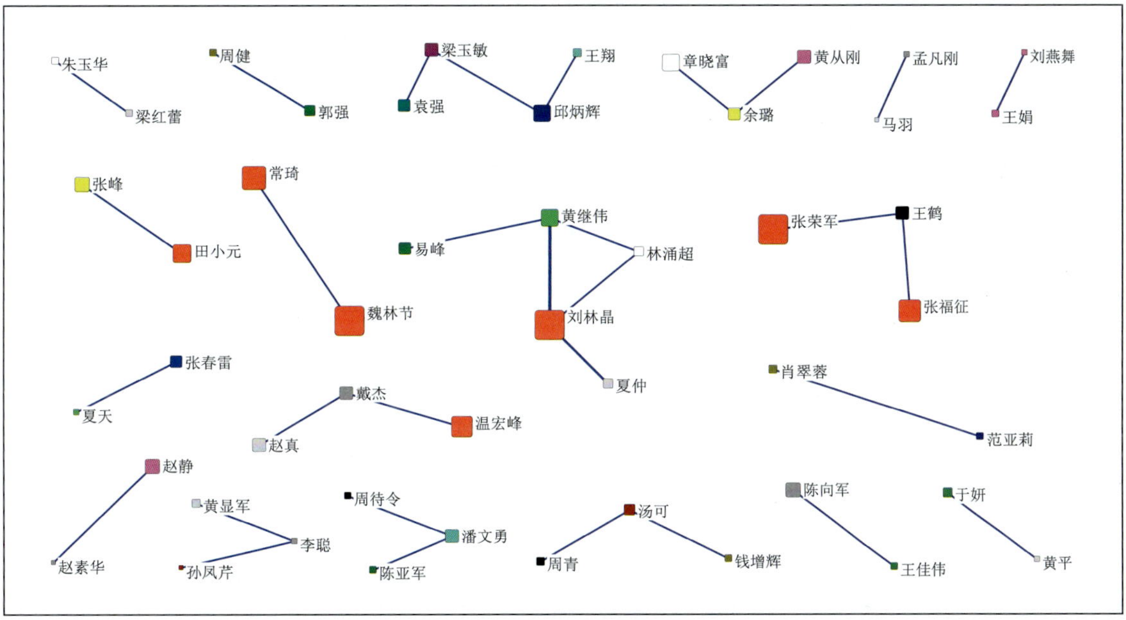

图 16-4　神经病学、精神病学学科作者发文主题关联（2017 年）

16.6　高被引机构分析

16.6.1　高被引机构

神经病学、精神病学学科被引次数 Top 10 医院和被引频次 Top 5 高等院校/科研院所的发文和被引情况分别见表 16-5 和表 16-6。表中，总被引次数排名前 3 位的医院分别是首都医科大学附属北京天坛医院、首都医科大学宣武医院和郑州大学第二附属医院，排名前 3 位的高等院校/科研院所则是上海交通大学医学院附属上海市精神卫生中心、北京大学和南方医科大学；篇均被引最高的医院和高等院校/科研院所分别是四川大学华西医院和山东精神卫生中心。

表 16-5　神经病学、精神病学学科高被引医院 Top 10（2017 年）

排名	第一作者单位	学科发文量（篇）		前 5 年学科发文在 2017 年的被引			
		前 5 年	2017 年	频次	被引率(%)	最高（次）	篇均（次）
1	首都医科大学附属北京天坛医院	764	148	747	43.2	41	0.98
2	首都医科大学宣武医院	551	126	534	45.6	18	0.97
3	郑州大学第二附属医院	388	43	408	50.3	8	1.05
4	复旦大学附属华山医院	357	57	369	46.2	14	1.03
5	南京医科大学附属脑科医院	328	54	325	47.9	28	0.99
6	武汉大学人民医院	307	73	304	45.6	16	0.99
7	吉林大学白求恩第一医院	472	84	289	33.9	9	0.61
8	郑州大学第一附属医院	296	82	276	45.9	11	0.93
9	四川大学华西医院	222	43	249	51.4	12	1.12
10	中国人民解放军总医院	239	27	232	46.0	9	0.97

表 16-6　神经病学、精神病学学科高被引高等院校/科研院所 Top 5（2017 年）

排名	第一作者单位	学科发文量（篇）		前 5 年学科发文在 2017 年的被引			
		前 5 年	2017 年	频次	被引率（%）	最高（次）	篇均（次）
1	上海交通大学医学院附属上海市精神卫生中心	357	95	444	48.5	38	1.24
2	北京大学	110	20	172	50.9	24	1.56
3	南方医科大学	113	21	107	52.2	7	0.95
4	山东精神卫生中心	55	14	87	63.6	10	1.58
5	首都医科大学	138	24	85	38.4	6	0.62

16.6.2　机构发文主题关联

通过机构共被引分析，获得神经病学、精神病学学科机构间的发文主题关联，图中节点大小反映被引次数高低，连线粗细代表共被引关联的强弱，关联越强表明两个机构的发文主题可能具有更强的相关性，红色节点为高被引医院 Top 10 和高被引高等院校/科研院所 Top 5，详情见图 16-5（共被引 7 次以下不显示）。由图可知，高被引医院主导了神经病学、精神病学学科的机构共被引网络，在学科内体现出了较显著的学术影响力；首都医科大学附属北京天坛医院具有最多的被引次数和关联关系，充分表明了其学科学术影响力，其与复旦大学附属华山医院、首都医科大学宣武医院等机构之间的关联较强，表明上述机构的研究主题具有较多重叠之处。

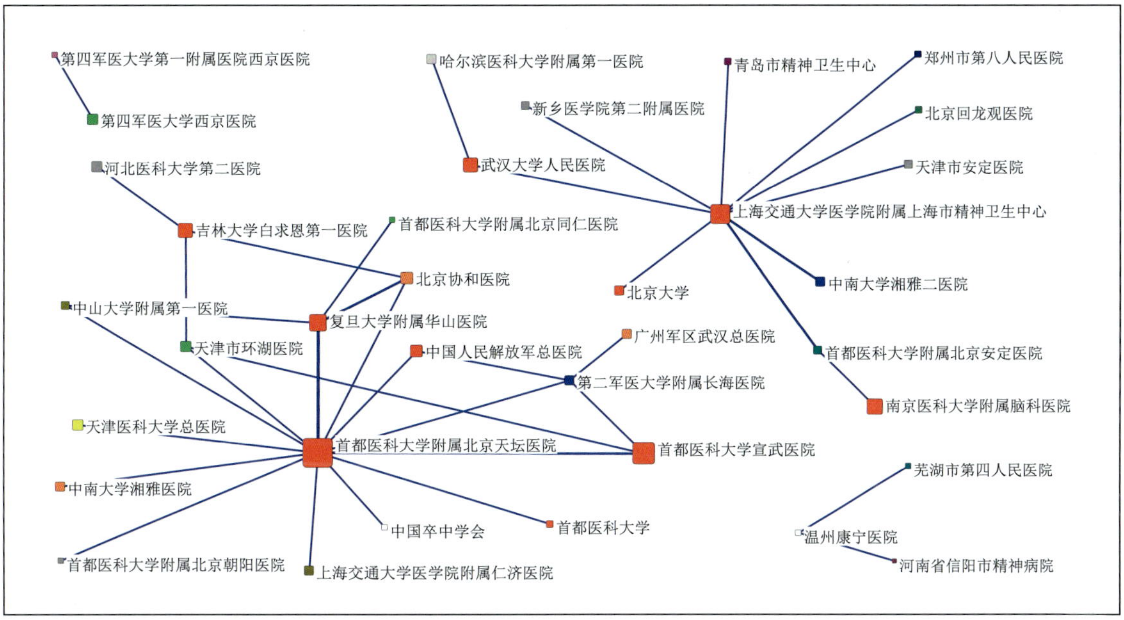

图 16-5　神经病学、精神病学学科机构发文主题关联（2017 年）

16.7　高被引国外期刊

神经病学、精神病学学科内被引次数 Top 10 的国外期刊见表 16-7，排名前 3 位的国外期刊是 *Stroke*、*PLoS ONE* 和 *Neurology*。

表 16-7　神经病学、精神病学学科高被引国外期刊 Top 10（2017 年）

排名	期刊名称	2017 年被引频次
1	Stroke	1600
2	PLoS ONE	1232
3	Neurology	862
4	New England Journal of Medicine	498
5	Journal of Neurosurgery	477
6	Epilepsia	405
6	Journal of Stroke and Cerebrovascular Diseases	405

排名	期刊名称	2017 年被引频次
8	Movement Disorders	391
9	The Lancet Neurology	365
10	World Neurosurgery	364

第 17 章　肿瘤学学科高被引分析

17.1　学科论文概况

2012—2016 年，肿瘤学学科的 38 种期刊上共发表学术论文 39577 篇，由来自在 4841 所机构的 30478 位学者作为第一作者发表。上述论文中，有 16733 篇在 2017 年获得过引用，整体被引率为 42.3%，总被引频次为 38979 次，篇均被引 0.98 次；其中，高被引论文有 175 篇，累计被引 5349 次，篇均被引 30.57 次，单篇论文最高被引 343 次（表 17-1）。另外，2017 年本学科共发表论文 7735 篇，其中有 1096 篇在当年获得过引用，总共被引 1702 次。

表 17-1　肿瘤学学科论文分布情况

年份	论文篇数	2017 年被引频次	2017 年被引率（%）	2017 年高被引论文			
				论文篇数	最高被引频次	总被引频次	篇均被引频次
2012	7621	5107	31.7	26	67	865	33.27
2013	7621	6814	39.5	30	196	1104	36.80
2014	8106	8312	44.1	35	181	947	27.06
2015	8034	9953	49.4	46	209	1361	29.59
2016	8195	8793	46.0	38	343	1072	28.21
合计	39577	38979	42.3	175	343	5349	30.57

17.2　高被引论文分析

在肿瘤学学科，2017 年被引次数 Top 10 论文（表 17-2）的平均被引次数为 159.1 次，是全部 175 篇高被引论文篇均被引频次的 5.2 倍。其中，被引次数最高的论文是陈万青的《2012 年中国恶性肿瘤发病和死亡分析》（2016），随后两篇分别是陈万青的《2011 年中国恶性肿瘤发病和死亡分析》（2015）和郑莹的《乳腺癌在中国的流行状况和疾病特征》（2013）。

从论文分布来看，刊载高被引论文数量居前的 3 种期刊分别是《中国肿瘤》（29 篇）、《中华肿瘤杂志》（22 篇）和《中国肿瘤临床》（22 篇），其中，《中国肿瘤》刊载了高被引论文 Top 10 中的 3 篇；发表高被引论文数量居前的学者分别是中国医学科学院肿瘤医院的陈万青（11 篇）、中国医学科学院肿瘤医院的石远凯（2 篇）和中国医学科学院肿瘤医院的韩苏军（2 篇）；产出高被引论文数量居前的机构分别是中国医学科学院肿瘤医院（33 篇）、四川大学华西医院（5 篇）和北京大学肿瘤医院（5 篇），而中国医学科学院肿瘤医院产出了高被引论文 Top 10 中的 6 篇。

表 17-2 肿瘤学学科高被引论文 Top 10（2017 年）

排名	论文题名	第一作者	期刊名称	发表年份	被引频次	
					总频次	2017 年
1	2012 年中国恶性肿瘤发病和死亡分析	陈万青	中国肿瘤	2016	536	343
2	2011 年中国恶性肿瘤发病和死亡分析	陈万青	中国肿瘤	2015	554	209
3	乳腺癌在中国的流行状况和疾病特征	郑莹	中国癌症杂志	2013	475	196
4	中国 2010 年恶性肿瘤发病与死亡	陈万青	中国肿瘤	2014	698	181
5	中国前列腺癌发病现状和流行趋势分析	韩苏军	临床肿瘤学杂志	2013	412	147
6	中国女性乳腺癌发病死亡和生存状况	陈万青	中国肿瘤临床	2015	230	128
7	中国原发性肺癌诊疗规范（2015 年版）	支修益	中华肿瘤杂志	2015	295	107
8	肺癌的流行病学及治疗现状	姚晓军	现代肿瘤医学	2014	205	105
9	结直肠癌流行病学趋势	李道娟	肿瘤防治研究	2015	186	102
10	中国膀胱癌发病现状及流行趋势分析	韩苏军	癌症进展	2013	214	73

17.3 研究主题关联分析

在肿瘤学学科，高被引论文共被 2017 年发表的 4817 篇论文引用了 5349 次。通过分析施引文献关键词的词频及关键词之间的共现关系，获得 2017 年肿瘤学学科的热点主题和主题关联，如图 17-1 所示（共现 11 次以下不显示）。由图可知："乳腺癌""肺癌""预后"等关键词的文档词频较高，是 2017 年学科的研究热点；3 个节点以上的研究主题关联网络共 2 个，构成了学科内最为突出的研究主题簇；其中，以"乳腺癌""肺癌""发病率"为核心节点的研究主题关联网络最大，其余团簇中词频最高或连线最多的关键词是"增殖"。

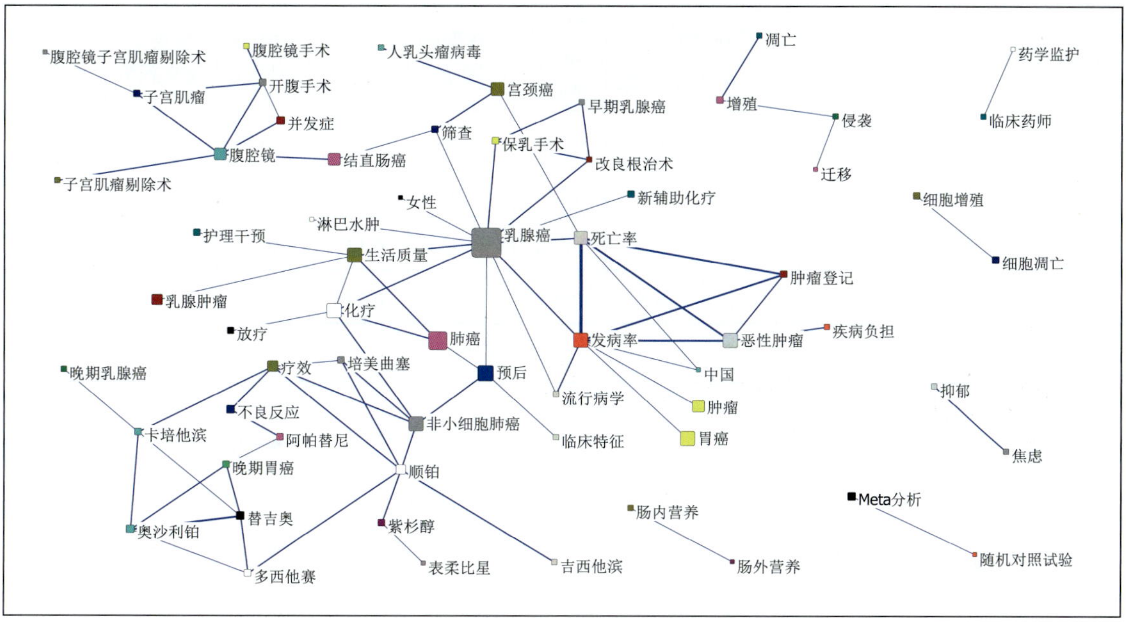

图 17-1　肿瘤学学科热点论文主题关联（2017 年）

17.4　高影响力期刊分析

17.4.1　高影响力期刊 Top 10

在肿瘤学学科，5 年影响因子 Top 10 期刊见表 17-3，前 3 种期刊分别是《中国肿瘤》、《中华肿瘤杂志》和《中国癌症杂志》。其中，2017 年被引频次最高的期刊是《实用癌症杂志》，被引率最高的期刊是《实用癌症杂志》。2012—2017 年期刊 5 年影响因子的变动情况如图 17-2 所示。

表 17-3　肿瘤学学科高被引期刊基本指标（2017 年）

排名	期刊名称	载文篇数		2017 年被引频次	5 年影响因子	即年指标	被引率（%）	高被引论文篇数	h 指数
		前 5 年	2017 年						
1	中国肿瘤	1119	187	2669	2.385	1.107	51.5	29	19
2	中华肿瘤杂志	1222	215	2038	1.668	0.316	53.1	22	14
3	中国癌症杂志	939	104	1558	1.659	0.279	50.7	9	11
4	中国肺癌杂志	798	148	1312	1.644	0.378	53.0	16	13
5	中国癌症研究（英文版）	454	59	735	1.619	0.593	50.7	6	9
6	临床肿瘤学杂志	1337	247	1892	1.415	0.150	47.3	16	14

排名	期刊名称	载文篇数		2017 年被引频次	5 年影响因子	即年指标	被引率（%）	高被引论文篇数	h 指数
		前 5 年	2017 年						
7	实用癌症杂志	2405	635	3280	1.364	0.277	56.8	12	12
8	中国肿瘤临床	2114	285	2788	1.319	0.281	46.3	22	14
9	中华肿瘤防治杂志	2258	276	2626	1.163	0.127	49.6	11	11
10	中国肿瘤临床与康复	2191	365	2507	1.144	0.318	51.5	9	11

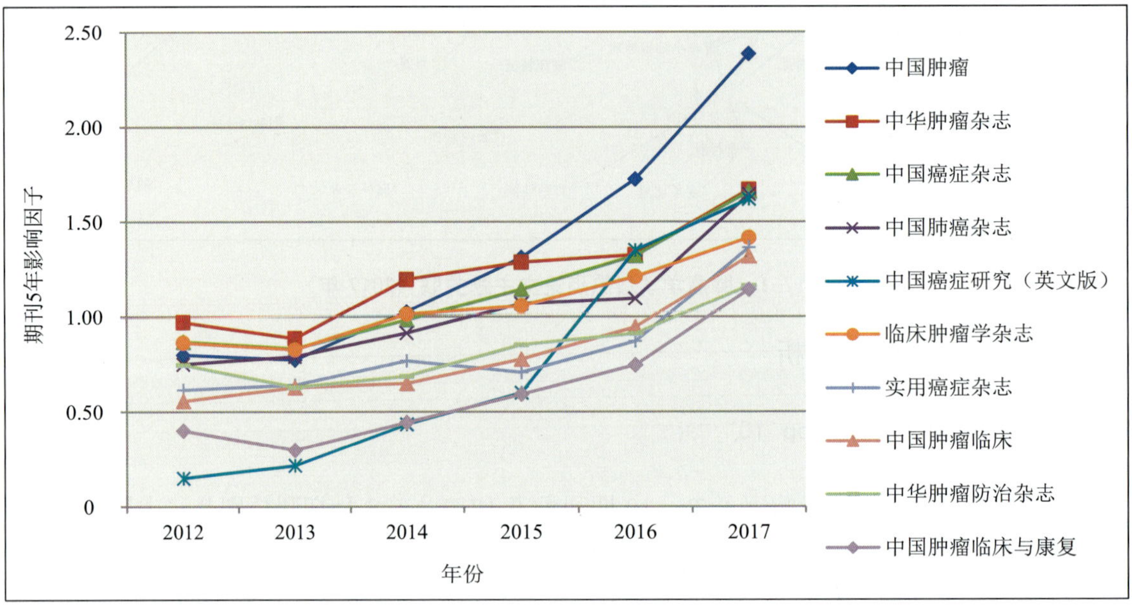

图 17-2　肿瘤学学科期刊 5 年影响因子变动趋势（2012—2017 年）

17.4.2　期刊载文主题关联

通过期刊共被引分析，获得肿瘤学学科期刊之间的载文主题关联，图中节点大小反映 5 年影响因子的高低，连线粗细代表共被引关联的强弱，关联越强表明两个期刊上有更多受学者们关注的相关主题论文，红色节点为学科高影响力期刊 Top 10，详情见图 17-3（共被引 57 次以下不显示）。如图所示，肿瘤学学科的多个期刊均互相关联且关联较为紧密，各期刊的学科分类属性体现得较为明显；《中国肿瘤》的 5 年影响因子最高；《现代肿瘤医学》具有最多的关联关系，这是其研究主题广泛的典型体现；《现代肿瘤医学》和《实用癌症杂志》《中华肿瘤防治杂志》《中国肿瘤临床》《临床肿瘤学杂志》等期刊之间的关联较强，表明上述期刊具有较多相关主题的论文。

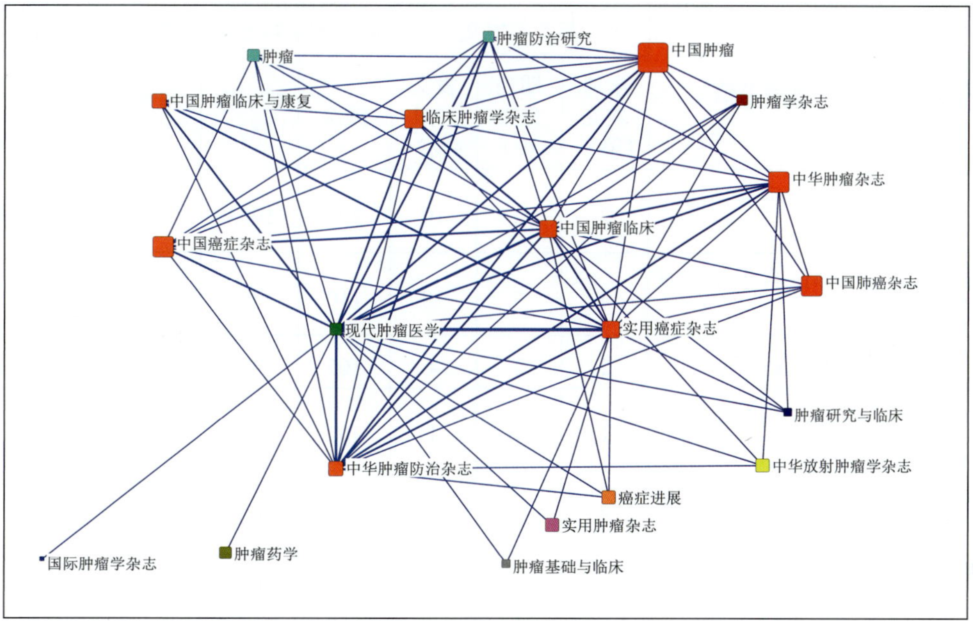

图 17-3 肿瘤学学科期刊载文主题关联（2017 年）

17.5 高被引作者分析

17.5.1 高被引作者 Top 20

2017 年论文被引次数 Top 20 的作者见表 17-4。其中，学科发文总被引频次较高的 3 位作者分别是中国医学科学院肿瘤医院的陈万青（1247 次）、中国医学科学院肿瘤医院的韩苏军（220 次）和上海市疾病预防控制中心的郑莹（206 次）。在学科发文 5 篇及以上的作者中，篇均被引较高的 3 位作者分别是中国医学科学院肿瘤医院的陈万青（篇均 69.28 次）、中国医学科学院肿瘤医院的石远凯（篇均 11.11 次）和中山大学附属第一医院的石汉平（篇均 6.00 次）；5 年学科发文较多的 3 位作者分别是兰州军区兰州总医院的张百红（43 篇）、南京市高淳人民医院的高福平（20 篇）和中国医学科学院肿瘤医院的陈万青（18 篇）。

表 17-4 肿瘤学学科高被引作者 Top 20（2017 年）

排名	姓名	作者单位	前 5 年发文			前 5 年学科发文在 2017 年的被引				h 指数（学科）
			学科发文（篇）	期刊分布（种）	发文总量（篇）	频次	被引率（%）	最高（次）	篇均（次）	
1	陈万青	中国医学科学院肿瘤医院	18	7	24	1247	100.0	343	69.28	11
2	韩苏军	中国医学科学院肿瘤医院	3	2	7	220	66.7	147	73.33	2

排名	姓名	作者单位	前5年发文			前5年学科发文在2017年的被引				h指数（学科）
			学科发文（篇）	期刊分布（种）	发文总量（篇）	频次	被引率（%）	最高（次）	篇均（次）	
3	郑莹	上海市疾病预防控制中心	2	2	10	206	100.0	196	103.00	2
4	支修益	首都医科大学宣武医院	4	3	18	110	50.0	107	27.50	2
5	姚晓军	眉山肿瘤医院	2	2	4	105	50.0	105	52.50	1
6	李道娟	河北医科大学第四医院	1	1	1	102	100.0	102	102.00	1
7	石远凯	中国医学科学院肿瘤医院	9	3	21	100	100.0	55	11.11	5
8	郑荣寿	国家癌症中心	2	2	2	71	100.0	58	35.50	2
9	黄哲宙	上海市疾病预防控制中心	2	1	2	70	100.0	65	35.00	2
10	高明	中国抗癌协会头颈肿瘤专业委员会	1	1	1	67	100.0	67	67.00	1
11	胡文斌	昆山市疾病预防控制中心	16	3	33	66	93.8	10	4.13	5
12	秦叔逵	中国人民解放军第八一医院	2	1	3	65	100.0	64	32.50	1
13	陈琼	河南省肿瘤医院	1	1	1	57	100.0	57	57.00	1
14	季加孚	北京大学肿瘤医院	3	2	31	55	100.0	48	18.33	2
15	张思维	全国肿瘤防治研究办公室	1	1	2	50	100.0	50	50.00	1
16	邹小农	中国医学科学院肿瘤医院	1	1	3	49	100.0	49	49.00	1
16	郑朝旭	中国医学科学院肿瘤医院	4	2	7	49	50.0	29	12.25	2
18	高婷	中国医学科学院肿瘤医院	1	1	1	47	100.0	47	47.00	1
19	吴菲	广州市疾病预防控制中心	2	1	2	46	50.0	46	23.00	1
20	皋文君	中国人民解放军第二军医大学	1	1	4	41	100.0	41	41.00	1

17.5.2　作者发文主题关联

通过作者共被引分析，获得 2017 年肿瘤学学科作者之间的发文主题关联，图中节点大小反映被引次数高低，连线粗细代表共被引关联的强弱，关联越强表明两位作者的发文主题可能具有更强的相关性，红色节点为学科高被引作者 Top 20，详情见图 17-4（共被引 4 次以下不显示）。如图所示，高被引作者主导了肿瘤学学科的作者共被引网络，意味着他们的论文主题主导了学科研究热点；陈万青的被引次数和共被引作者数均为最多；陈万青和郑莹、胡文斌、王悠清、应倩和李霓等学者之间的关联较强，表明上述学者之间可能分别有较为相关的发文主题。

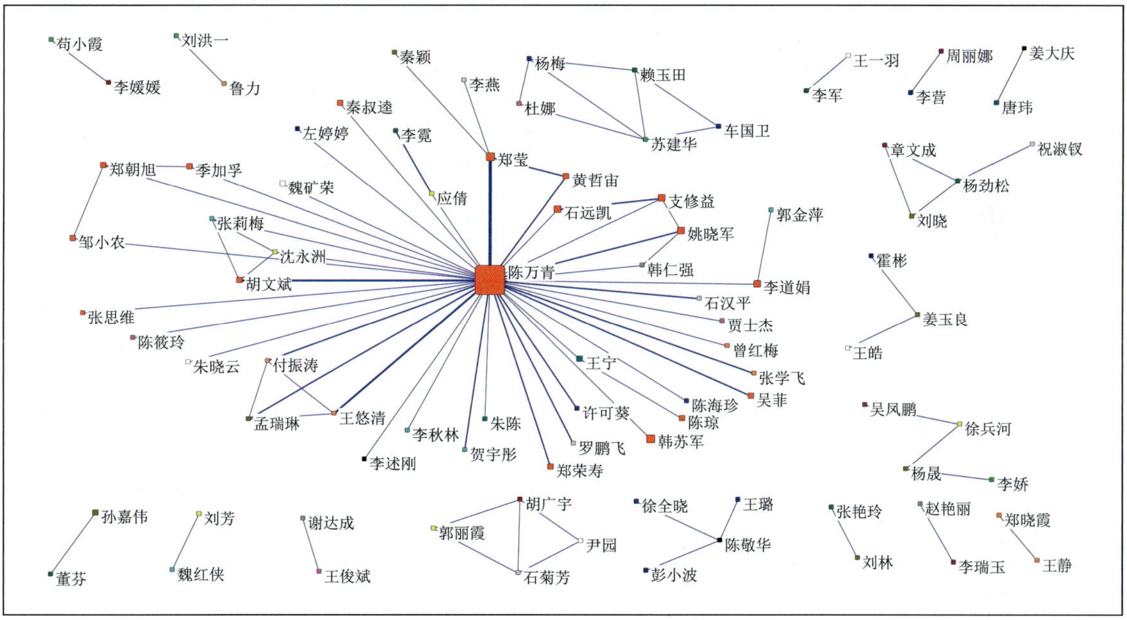

图 17-4　肿瘤学学科作者发文主题关联（2017 年）

17.6　高被引机构分析

17.6.1　高被引机构

肿瘤学学科被引次数 Top 10 医院和被引频次 Top 5 高等院校/科研院所的发文和被引情况分别见表 17-5 和表 17-6。表中，总被引次数排名前 3 位的医院分别是中国医学科学院肿瘤医院、天津医科大学肿瘤医院和河北医科大学第四医院，排名前 3 位的高等院校/科研院所则是上海市疾病预防控制中心、中山大学肿瘤防治中心和国家癌症中心；篇均被引最高的医院和高等院校/科研院所分别是中国医学科学院肿瘤医院和上海市疾病预防控制中心。

表 17-5　肿瘤学学科高被引医院 Top 10（2017 年）

排名	第一作者单位	学科发文量（篇）		前 5 年学科发文在 2017 年的被引			
		前 5 年	2017 年	频次	被引率(%)	最高（次）	篇均（次）
1	中国医学科学院肿瘤医院	885	148	3113	61.2	343	3.52
2	天津医科大学肿瘤医院	771	126	959	52.0	22	1.24
3	河北医科大学第四医院	488	102	724	53.9	102	1.48
4	复旦大学附属肿瘤医院	418	75	563	51.7	24	1.35
5	北京大学肿瘤医院	270	69	498	55.6	48	1.84
6	浙江省肿瘤医院	288	42	344	48.3	34	1.19
7	广西医科大学附属肿瘤医院	331	66	331	52.0	17	1.00
8	中国医科大学附属盛京医院	396	93	328	41.7	9	0.83
9	新疆医科大学附属肿瘤医院	215	50	261	54.0	15	1.21
10	四川省肿瘤医院	238	32	259	51.7	13	1.09

表 17-6　肿瘤学学科高被引高等院校/科研院所 Top 5（2017 年）

排名	第一作者单位	学科发文量（篇）		前 5 年学科发文在 2017 年的被引			
		前 5 年	2017 年	频次	被引率（%）	最高（次）	篇均（次）
1	上海市疾病预防控制中心	8	1	293	87.5	196	36.63
2	中山大学肿瘤防治中心	134	49	151	44.0	13	1.13
3	国家癌症中心	25	15	123	68.0	58	4.92
4	山东省医学科学院	89	5	119	47.2	33	1.34
5	浙江中医药大学	72	14	106	59.7	8	1.47

17.6.2　机构发文主题关联

通过机构共被引分析，获得肿瘤学学科机构间的发文主题关联，图中节点大小反映被引次数高低，连线粗细代表共被引关联的强弱，关联越强表明两个机构的发文主题可能具有更强的相关性，红色节点为高被引医院 Top 10 和高被引高等院校/科研院所 Top 5，详情见图 17-5（共被引 12 次以下不显示）。由图可知，高被引医院主导了肿瘤学学科的机构共被引网络，在学科内体现出了较显著的学术影响力；中国医学科学院肿瘤医院具有最多的被引次数和关联关系，充分表明了其学科学术影响力，其与天津医科大学肿瘤医院、河北医科大学第四医院、北京大学肿瘤医院等机构之间的关联较强，表明上述机构的研究主题具有较多重叠之处。

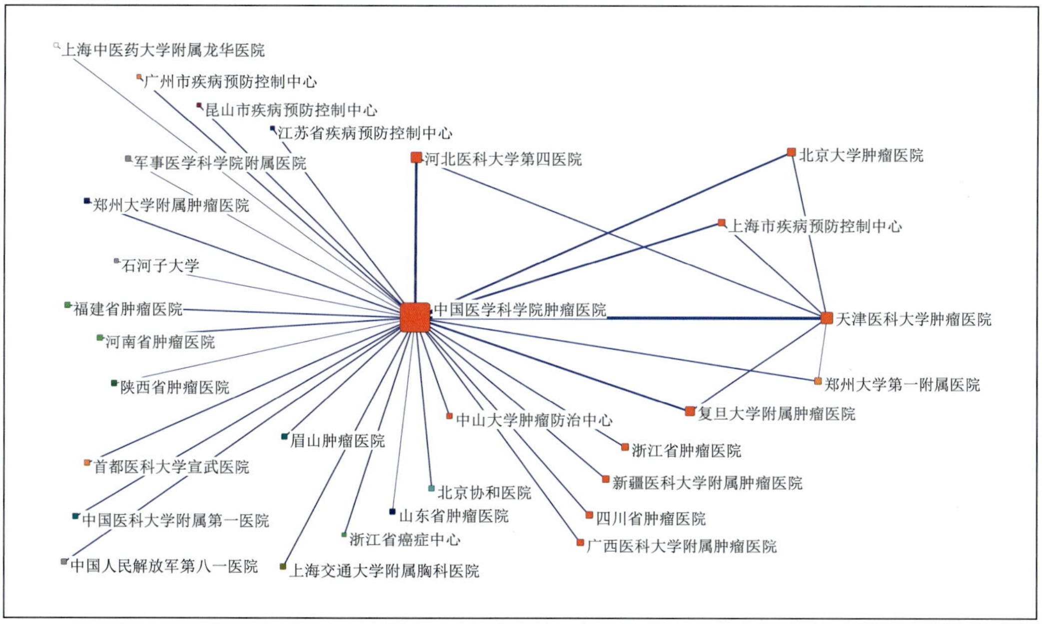

图 17-5　肿瘤学学科机构发文主题关联（2017 年）

17.7　高被引国外期刊

肿瘤学学科内被引次数 Top 10 的国外期刊见表 17-7，排名前 3 位的国外期刊是 *PLoS ONE*、*Oncotarget* 和 *Journal of Clinical Oncology*。

表 17-7　肿瘤学学科高被引国外期刊 Top 10（2017 年）

排名	期刊名称	2017 年被引频次
1	PLoS ONE	1715
2	Oncotarget	1544
3	Journal of Clinical Oncology	1464

排名	期刊名称	2017 年被引频次
4	CA: A Cancer Journal for Clinicians	874
5	New England Journal of Medicine	822
6	Clinical Cancer Research	739
7	The Lancet Oncology	709
8	Annals of Oncology	698
9	Tumor Biology	690
10	Cancer Research	621

第 18 章　皮肤病学与性病学学科高被引分析

18.1　学科论文概况

2012—2016 年，皮肤病学与性病学学科的 10 种期刊上共发表学术论文 14628 篇，由来自在 2475 所机构的 8927 位学者作为第一作者发表。上述论文中，有 5011 篇在 2017 年获得过引用，整体被引率为 34.3%，总被引频次为 9640 次，篇均被引 0.66 次；其中，高被引论文有 59 篇，累计被引 994 次，篇均被引 16.85 次，单篇论文最高被引 120 次（表 18-1）。另外，2017 年本学科共发表论文 2490 篇，其中有 210 篇在当年获得过引用，总共被引 314 次。

表 18-1　皮肤病学与性病学学科论文分布情况

年份	论文篇数	2017 年被引频次	2017 年被引率（%）	2017 年高被引论文			
				论文篇数	最高被引频次	总被引频次	篇均被引频次
2012	3120	1632	28.4	9	120	206	22.89
2013	3059	1761	32.1	16	19	137	8.56
2014	2951	2389	38.9	11	70	272	24.73
2015	2801	2145	39.0	12	68	222	18.50
2016	2697	1713	33.5	11	58	157	14.27
合计	14628	9640	34.3	59	120	994	16.85

18.2　高被引论文分析

在皮肤病学与性病学学科，2017 年被引次数 Top 10 论文（表 18-2）的平均被引次数为 20.8 次，是全部 59 篇高被引论文篇均被引频次的 1.2 倍。其中，被引次数最高的论文是龚向东的《2000—2013 年中国梅毒流行特征与趋势分析》（2014），随后两篇分别是毛越苹的《枸地氯雷他定片治疗慢性特发性荨麻疹有效性与临床安全性分析》（2014）和段茜的《中药药浴联合 NB-UVB 照射治疗寻常性银屑病疗效及安全性的系统评价》（2013）。

从论文分布来看，刊载高被引论文数量居前的 3 种期刊分别是《中华皮肤科杂志》（18 篇）、《中国艾滋病性病》（17 篇）和《中国皮肤性病学杂志》（12 篇），其中，《中华皮肤科杂志》和《中国艾滋病性病》分别刊载了高被引论文 Top 10 中的 4 篇；发表高被引论文数量居前的学者分别是中国医学科学院皮肤病研究所的龚向东（2 篇）和广西壮族自治区疾病预防控制中心的孟琴（2 篇）；产出高被引论文数量居前的机构分别是中国医学科学院皮肤病研究所（4 篇）、复旦大学附属华山医院（2 篇）和广西壮族自治区疾病预防控制中心（2 篇），而中国医学科学院皮肤病研究所产出了高被引论文 Top 10 中的 3 篇。

表 18-2 皮肤病学与性病学学科高被引论文 Top 10（2017 年）

排名	论文题名	第一作者	期刊名称	发表年份	被引频次	
					总频次	2017 年
1	2000—2013 年中国梅毒流行特征与趋势分析	龚向东	中华皮肤科杂志	2014	199	70
2	枸地氯雷他定片治疗慢性特发性荨麻疹有效性与临床安全性分析	毛越苹	中国皮肤性病学杂志	2014	41	21
3	中药药浴联合 NB-UVB 照射治疗寻常性银屑病疗效及安全性的系统评价	段茜	中国皮肤性病学杂志	2013	43	19
4	CO_2 点阵激光联合胶原贴敷料治疗面部痤疮凹陷性瘢痕的临床观察	薛燕宁	中华皮肤科杂志	2015	33	17
5	2001—2010 年中国麻风病流行病学特征分析	余美文	中华皮肤科杂志	2012	32	16
5	2013 年北京市新报告 HIV/AIDS 病人中晚发现病例的特征	曾吉	中国艾滋病性病	2015	27	16
7	南京市 2002—2014 年青年学生艾滋病疫情特征分析	徐园园	中国艾滋病性病	2015	19	14
7	浙江省 2004—2013 年 MSM 的艾滋病疫情分析	徐云	中国艾滋病性病	2015	25	14
7	“四免一关怀”政策实施 10 年中国艾滋病防治主要进展	郝阳	中国艾滋病性病	2014	26	14
7	2000—2014 年中国淋病流行特征与趋势分析	龚向东	中华皮肤科杂志	2015	21	14
7	头孢曲松钠联合苄星青霉素治疗潜伏梅毒血清快速血浆反应素的转归	闫宁	中国中西医结合皮肤性病学杂志	2014	21	14

18.3 研究主题关联分析

在皮肤病学与性病学学科，高被引论文共被 2017 年发表的 883 篇论文引用了 994 次。通过分析施引文献关键词的词频及关键词之间的共现关系，获得 2017 年皮肤病学与性病学学科的热点主题和主题关联，如图 18-1 所示（共现 4 次以下不显示）。由图可知：“艾滋病”“梅毒”“痤疮”等关键词的文档词频较高，是 2017 年学科的研究热点；3 个节点以上的研究主题关联网络共 4 个，构成了学科内最为突出的研究主题簇；其中，以“艾滋病”“梅毒”“获得性免疫缺陷综合征”为核心节点的研究主题关联网络最大，其余各团簇中词频最高或连线最多的关键词分别是“慢性荨麻疹”“痤疮”“尖锐湿疣”。

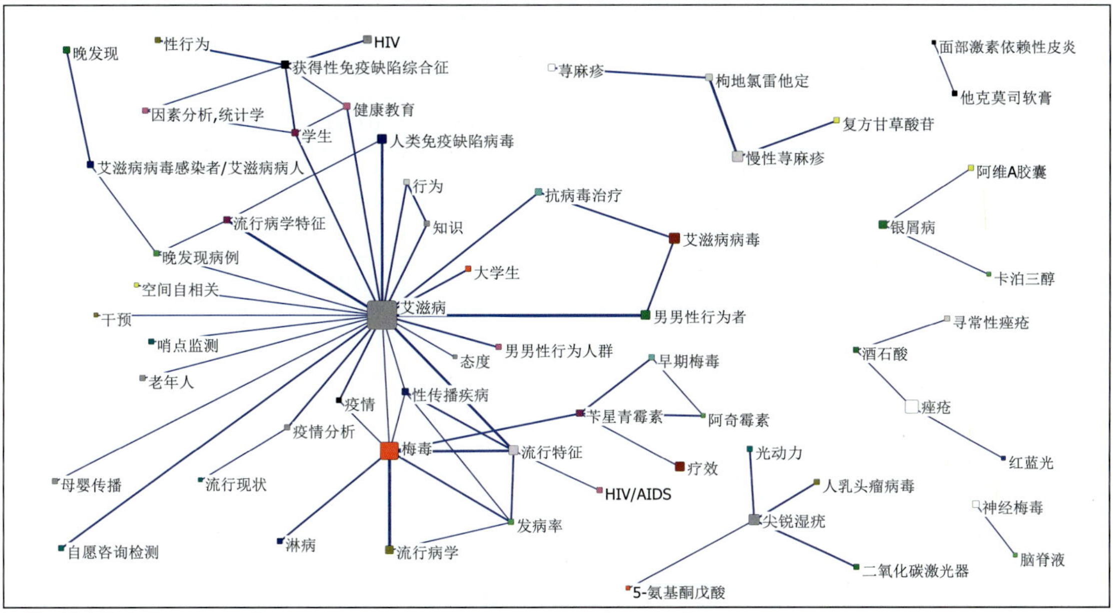

图 18-1　皮肤病学与性病学学科热点论文主题关联（2017 年）

18.4　高影响力期刊分析

18.4.1　高影响力期刊 Top 10

在皮肤病学与性病学学科，5 年影响因子 Top 10 期刊见表 18-3，前 3 种期刊分别是《中国艾滋病性病》、《中国中西医结合皮肤性病学杂志》和《中华皮肤科杂志》。其中，2017 年被引频次最高的期刊是《中国艾滋病性病》，被引率最高的期刊是《中国艾滋病性病》。2012—2017 年期刊 5 年影响因子的变动情况如图 18-2 所示。

表 18-3　皮肤病学与性病学学科高被引期刊基本指标（2017 年）

排名	期刊名称	载文篇数		2017 年被引频次	5 年影响因子	即年指标	被引率（%）	高被引论文篇数	h 指数
		前 5 年	2017 年						
1	中国艾滋病性病	1714	358	1900	1.109	0.274	47.8	17	11
2	中国中西医结合皮肤性病学杂志	898	220	778	0.866	0.150	45.0	3	6

排名	期刊名称	载文篇数		2017 年被引频次	5 年影响因子	即年指标	被引率（%）	高被引论文篇数	h 指数
		前 5 年	2017 年						
3	中华皮肤科杂志	1766	308	1347	0.763	0.130	31.9	18	11
4	中国皮肤性病学杂志	2614	507	1818	0.695	0.081	36.9	12	9
5	皮肤性病诊疗学杂志	826	138	560	0.678	0.116	36.4	2	6
6	实用皮肤病学杂志	934	132	568	0.608	0.114	33.7	0	6
7	临床皮肤科杂志	1847	302	1031	0.558	0.060	29.5	3	6
8	皮肤病与性病	1108	137	496	0.448	0.131	29.9	0	4
9	中国麻风皮肤病杂志	2200	281	870	0.395	0.085	26.4	2	6
10	国际皮肤性病学杂志	721	107	272	0.377	0.103	25.8	0	5

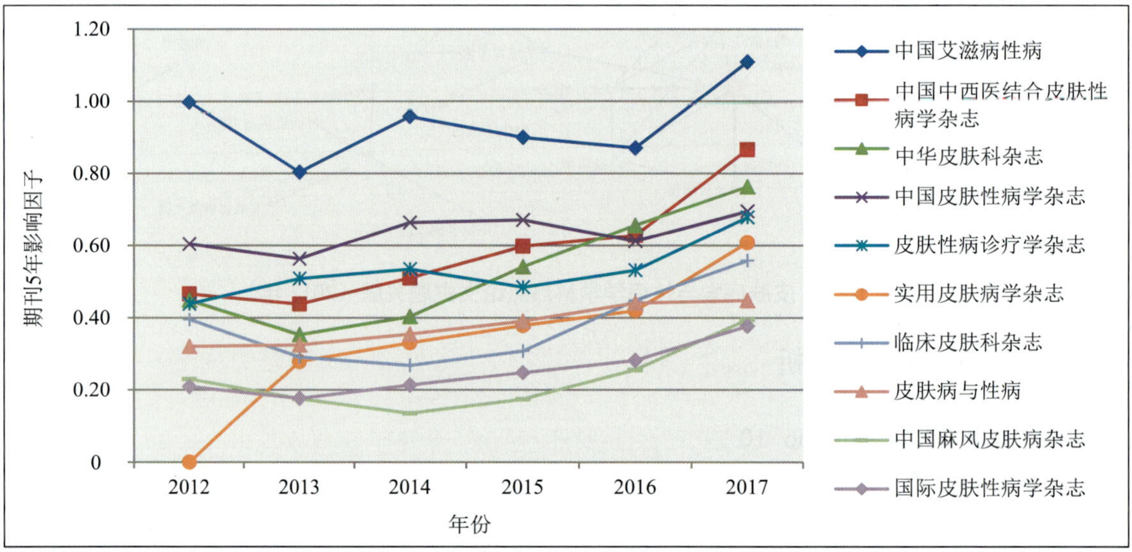

图 18-2　皮肤病学与性病学学科期刊 5 年影响因子变动趋势（2012—2017 年）

18.4.2　期刊载文主题关联

通过期刊共被引分析，获得皮肤病学与性病学学科期刊之间的载文主题关联，图中节点大小反映 5 年影响因子的高低，连线粗细代表共被引关联的强弱，关联越强表明两个期刊上有更多受学者们关注的相关主题论文，红色节点为学科高影响力期刊 Top 10，详情见图 18-3（共被引 2 次以下不显示）。如图所示，皮肤病学与性病学学科的多个期刊均互相关联且关联较为紧密，各期刊的学科分类属性体现得较为明显；《中国艾滋病性病》的 5 年影响因子最高；《中国皮肤性病学杂志》与《中华皮肤科杂志》《临床皮肤科杂志》等期刊之间的关联较强，表明上述期刊具有较多相关主题的论文。

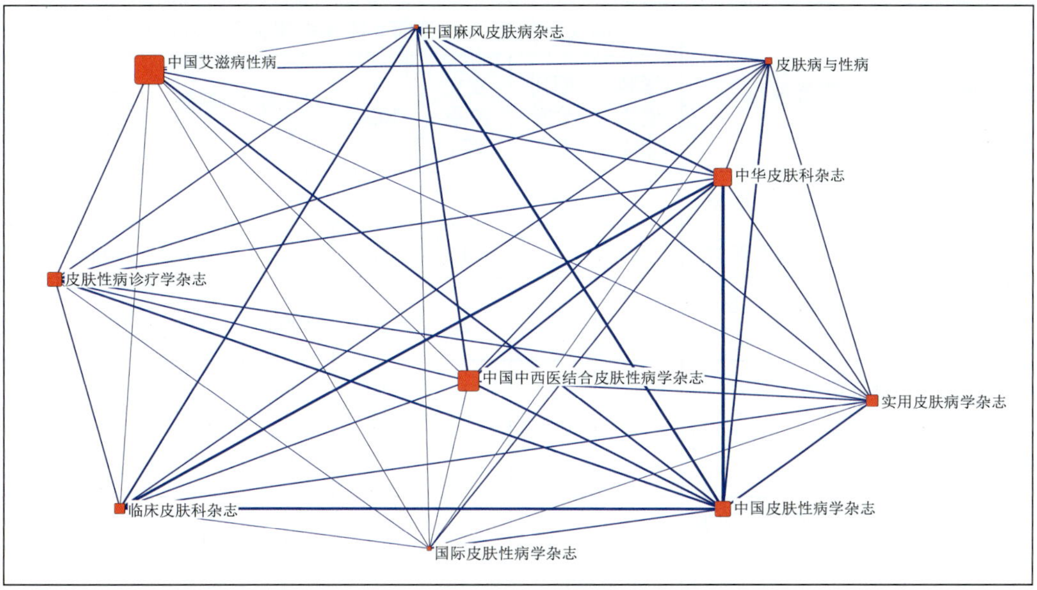

图 18-3　皮肤病学与性病学学科期刊载文主题关联（2017 年）

18.5　高被引作者分析

18.5.1　高被引作者 Top 20

2017 年论文被引次数 Top 20 的作者见表 18-4。其中，学科发文总被引频次较高的 2 位作者分别是中国医学科学院皮肤病研究所的龚向东（92 次）、广州市皮肤病防治所的叶兴东（23 次）。在学科发文 5 篇及以上的作者中，篇均被引较高的 3 位作者分别是烟台毓璜顶医院的金外淑（篇均 3.20 次）、首都医科大学附属北京友谊医院的李妍（篇均 2.80 次）和北京大学第三医院的路雪艳（篇均 2.63 次）；5 年学科发文较多的 3 位作者分别是衡水市第二人民医院的李俊峰（32 篇）、北京协和医院的吴超（20 篇）和北京医院的常建民（18 篇）。

表 18-4　皮肤病学与性病学学科高被引作者 Top 20（2017 年）

排名	姓名	作者单位	前 5 年发文			前 5 年学科发文在 2017 年的被引				h 指数（学科）
			学科发文（篇）	期刊分布（种）	发文总量（篇）	频次	被引率（%）	最高（次）	篇均（次）	
1	龚向东	中国医学科学院皮肤病研究所	3	1	3	92	100.0	70	30.67	3
2	叶兴东	广州市皮肤病防治所	11	3	12	23	72.7	6	2.09	3
3	毛越苹	中山大学孙逸仙纪念医院	1	1	3	21	100.0	21	21.00	1

排名	姓名	作者单位	前5年发文			前5年学科发文在2017年的被引				h指数（学科）
			学科发文（篇）	期刊分布（种）	发文总量（篇）	频次	被引率（%）	最高（次）	篇均（次）	
3	路雪艳	北京大学第三医院	8	5	8	21	75.0	7	2.63	3
5	段茜	四川大学华西医院	4	2	4	20	50.0	19	5.00	1
5	孟琴	广西壮族自治区疾病预防控制中心	2	1	2	20	100.0	11	10.00	2
7	闫宁	南京市第二医院	2	2	2	19	100.0	14	9.50	2
8	岳晓丽	中国医学科学院皮肤病研究所	2	2	2	18	100.0	11	9.00	2
9	闫毅	江西省赣州市皮肤病医院	3	3	3	17	66.7	12	5.67	2
9	薛燕宁	江苏省中医院	3	1	3	17	33.3	17	5.67	1
11	马英	复旦大学附属华山医院	2	2	3	16	100.0	11	8.00	2
11	徐园园	南京市疾病预防控制中心	2	1	3	16	100.0	14	8.00	2
11	曾吉	北京市疾病预防控制中心	1	1	2	16	100.0	16	16.00	1
11	余美文	中国医学科学院皮肤病研究所	2	1	2	16	50.0	16	8.00	1
11	金外淑	烟台毓璜顶医院	5	1	5	16	60.0	8	3.20	3
11	张云凤	上海市皮肤病医院	4	3	4	16	50.0	9	4.00	2
17	李薇薇	北京大学第一医院	8	3	8	15	75.0	4	1.88	3
17	陈磊	广东省皮肤性病防治中心	2	1	2	15	100.0	10	7.50	2
19	徐云	浙江省疾病预防控制中心	1	1	1	14	100.0	14	14.00	1
19	屈园园	新疆维吾尔自治区人民医院	6	4	10	14	50.0	11	2.33	2
19	于艳秋	天津市滨海新区汉沽医院	6	2	6	14	66.7	10	2.33	2
19	李妍	首都医科大学附属北京友谊医院	5	3	8	14	60.0	8	2.80	2

18.5.2　作者发文主题关联

通过作者共被引分析，获得 2017 年皮肤病学与性病学学科作者之间的发文主题关联，图中节点大小反映被引次数高低，连线粗细代表共被引关联的强弱，关联越强表明两位作者的发文主题可能具有更强的相关性，红色节点为学科高被引作者 Top 20，详情见图 18-4（共被引 3 次以下不显示）。如图所示，高被引作者主导了皮肤病学与性病学学科的作者共被引网络，意味着他们的论文主题主导了学科研究热点；龚向东的被引次数和共被引作者数均为最多；孟琴和曾吉、闫宁和王松挺等学者之间的关联较强，表明上述学者之间可能分别有较为相关的发文主题。

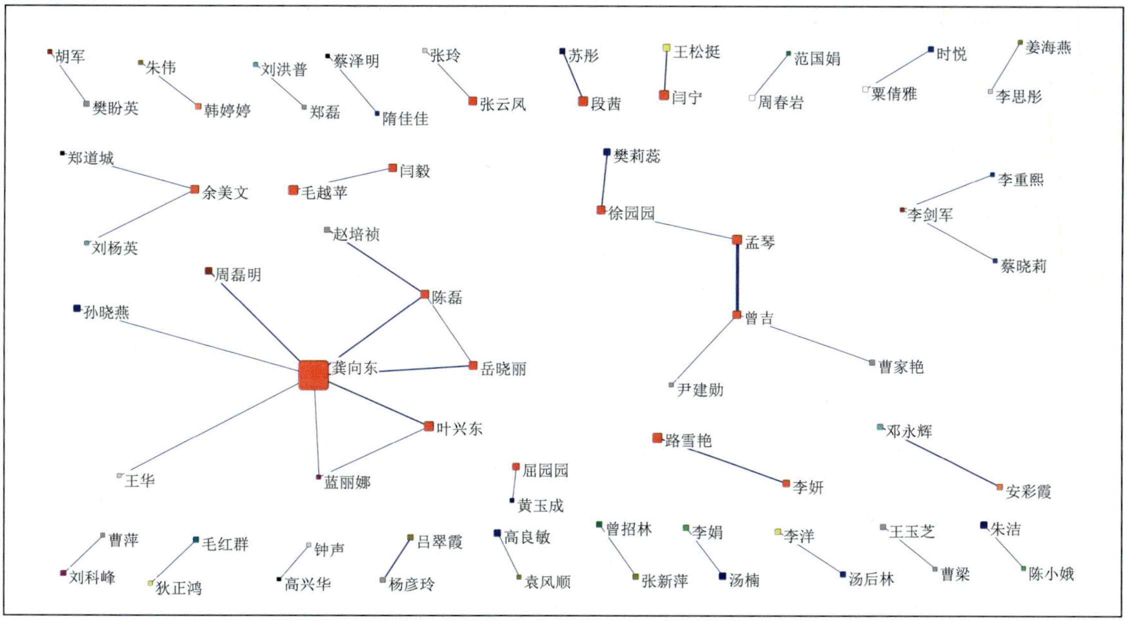

图 18-4　皮肤病学与性病学学科作者发文主题关联（2017 年）

18.6　高被引机构分析

18.6.1　高被引机构

皮肤病学与性病学学科被引次数 Top 10 医院和被引频次 Top 5 高等院校/科研院所的发文和被引情况分别见表 18-5 和表 18-6。表中，总被引次数排名前 2 位的医院分别是昆明医科大学第一附属医院和四川大学华西医院，排名前 3 位的高等院校/科研院所则是中国医学科学院皮肤病研究所、广州市皮肤病防治所和中国疾病预防控制中心；篇均被引最高的医院和高等院校/科研院所分别是上海市皮肤病医院和广西壮族自治区疾病预防控制中心。

表 18-5 皮肤病学与性病学学科高被引医院 Top 10（2017 年）

排名	第一作者单位	学科发文量（篇）		前 5 年学科发文在 2017 年的被引			
		前 5 年	2017 年	频次	被引率（%）	最高（次）	篇均（次）
1	昆明医科大学第一附属医院	180	27	147	41.7	6	0.82
2	四川大学华西医院	147	29	92	29.9	19	0.63
3	上海市皮肤病医院	95	27	82	38.9	9	0.86
3	北京协和医院	170	50	82	26.5	5	0.48
3	广东省皮肤病医院	126	2	82	35.7	6	0.65
6	第四军医大学西京皮肤病医院	111	27	78	37.8	6	0.70
7	第三军医大学西南医院	91	7	73	41.8	6	0.80
8	南京医科大学第一附属医院	141	17	67	32.6	7	0.48
9	北京大学第一医院	89	8	66	42.7	4	0.74
9	天津市中医药研究院附属医院	118	21	66	33.1	4	0.56

表 18-6 皮肤病学与性病学学科高被引高等院校/科研院所 Top 5（2017 年）

排名	第一作者单位	学科发文量（篇）		前 5 年学科发文在 2017 年的被引			
		前 5 年	2017 年	频次	被引率（%）	最高（次）	篇均（次）
1	中国医学科学院皮肤病研究所	404	44	288	28.2	70	0.71
2	广州市皮肤病防治所	135	32	139	45.2	8	1.03
3	中国疾病预防控制中心	98	23	115	54.1	10	1.17
4	广西壮族自治区疾病预防控制中心	26	6	62	65.4	11	2.38
5	天津医科大学	35	3	52	60.0	9	1.49

18. 6. 2 机构发文主题关联

通过机构共被引分析，获得皮肤病学与性病学学科机构间的发文主题关联，图中节点大小反映被引次数高低，连线粗细代表共被引关联的强弱，关联越强表明两个机构的发文主题可能具有更强的相关性，红色节点为高被引医院 Top 10 和高被引高等院校/科研院所 Top 5，详情见图 18-5（共被引 4 次以下不显示）。由图可知，高被引高等院校/科研院所主导了皮肤病学与性病学学科的机构共被引网络，在学科内体现出了较显著的学术影响力；中国医学科学院皮肤病研究所具有最多的关联关系，充分表明了其学科学术影响力；中国医学科学院皮肤病研究所和广东省皮肤性病防治中心、广州市皮肤病防治所等机构之间的关联较强，表明上述机构的研究主题具有较多重叠之处。

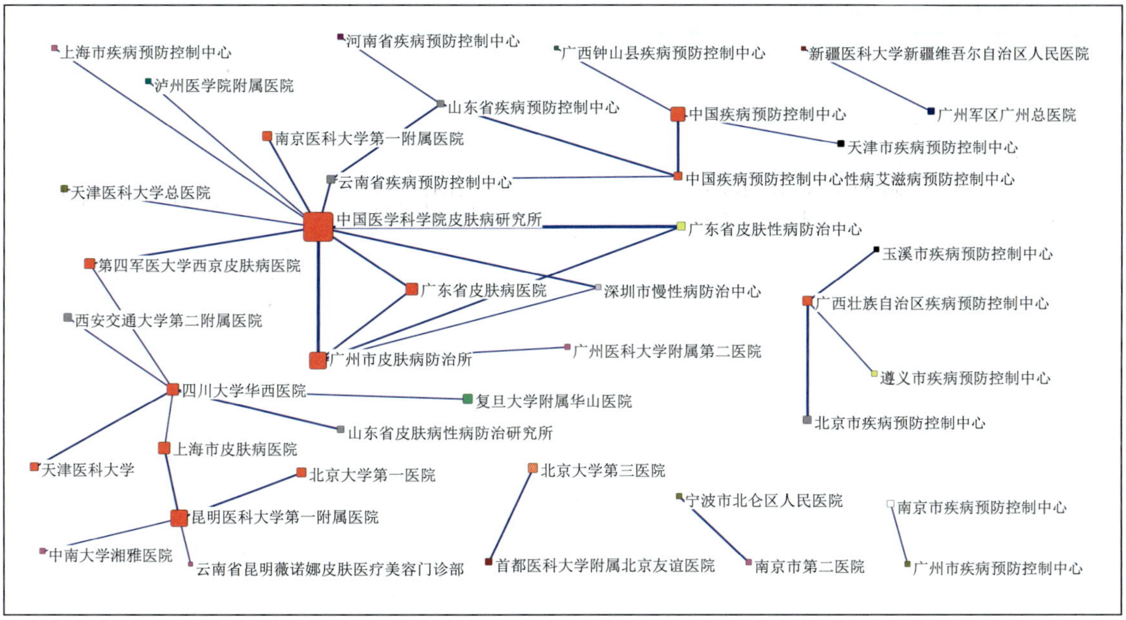

图 18-5 皮肤病学与性病学学科机构发文主题关联（2017 年）

18.7 高被引国外期刊

皮肤病学与性病学学科内被引次数 Top 10 的国外期刊见表 18-7，排名前 3 位的国外期刊是 *PLoS ONE*、*Journal of Investigative Dermatology* 和 *Journal of The American Academy of Dermatology*。

表 18-7 皮肤病学与性病学学科高被引国外期刊 Top 10（2017 年）

排名	期刊名称	2017 年被引频次
1	PLoS ONE	263
2	Journal of Investigative Dermatology	250
3	Journal of The American Academy of Dermatology	247
4	British Journal of Dermatology	241
5	Journal of the European Academy of Dermatology and Venereology	204

排名	期刊名称	2017 年被引频次
6	Journal of Dermatology	132
7	International Journal of Dermatology	110
8	Journal of Allergy and Clinical Immunology	104
9	Experimental Dermatology	85
10	Dermatologic Surgery	79

第 19 章　五官科学学科高被引分析

19.1　学科论文概况

2012—2016 年，五官科学学科的 53 种期刊上共发表学术论文 50100 篇，由来自在 5606 所机构的 33115 位学者作为第一作者发表。上述论文中，有 18473 篇在 2017 年获得过引用，整体被引率为 36.9%，总被引频次为 36292 次，篇均被引 0.72 次；其中，高被引论文有 199 篇，累计被引 2986 次，篇均被引 15.01 次，单篇论文最高被引 146 次（表 19-1）。另外，2017 年本学科共发表论文 8679 篇，其中有 860 篇在当年获得过引用，总共被引 1158 次。

表 19-1　五官科学学科论文分布情况

年份	论文篇数	2017 年被引频次	2017 年被引率（%）	2017 年高被引论文			
				论文篇数	最高被引频次	总被引频次	篇均被引频次
2012	9799	4988	29.6	34	21	343	10.09
2013	9792	6827	35.5	34	137	706	20.76
2014	9871	7733	38.3	37	110	625	16.89
2015	10147	9184	43.3	55	136	786	14.29
2016	10491	7560	37.4	39	146	526	13.49
合计	50100	36292	36.9	199	146	2986	15.01

19.2　高被引论文分析

在五官科学学科，2017 年被引次数 Top 10 论文（表 19-2）的平均被引次数为 22.0 次，是全部 199 篇高被引论文篇均被引频次的 1.5 倍。其中，被引次数最高的论文是张菁的《玻璃体腔注射康柏西普联合视网膜激光光凝治疗视网膜分支静脉阻塞继发黄斑水肿疗效观察》（2015），随后两篇分别是徐隽彦的《耳内镜下鼓膜置管或穿刺治疗慢性分泌性中耳炎的临床效果对比》（2015）和马洪学的《玻璃纤维桩核与铸造金属桩核修复残根残冠及无桩修复牙体的临床效果评价》（2013）。

从论文分布来看，刊载高被引论文数量居前的 3 种期刊分别是《中华耳鼻咽喉头颈外科杂志》（23 篇）、《国际眼科杂志》（19 篇）和《中华眼科杂志》（16 篇）；《中华眼底病杂志》刊载了高被引论文 Top 10 中的 3 篇；发表高被引论文数量居前的学者是中国人民解放军总医院的韩冰（2 篇）；产出高被引论文数量居前的机构分别是中国人民解放军总医院（5 篇）、首都医科大学附属北京同仁医院（4 篇）和天津市眼科医院（4 篇）。

表 19-2　五官科学学科高被引论文 Top 10（2017 年）

排名	论文题名	第一作者	期刊名称	发表年份	被引频次	
					总频次	2017 年
1	玻璃体腔注射康柏西普联合视网膜激光光凝治疗视网膜分支静脉阻塞继发黄斑水肿疗效观察	张菁	中华眼底病杂志	2015	55	30
2	耳内镜下鼓膜置管或穿刺治疗慢性分泌性中耳炎的临床效果对比	徐隽彦	中国耳鼻咽喉头颈外科	2015	53	28
3	玻璃纤维桩核与铸造金属桩核修复残根残冠及无桩修复牙体的临床效果评价	马洪学	华西口腔医学杂志	2013	76	22
4	糖尿病视网膜病变临床防治：进展、挑战与展望	郑志	中华眼底病杂志	2012	116	21
4	玻璃体腔注射康柏西普治疗渗出型老年性黄斑变性的疗效观察	余岚	中华眼底病杂志	2015	42	21
6	牙周基础治疗对伴 2 型糖尿病的中、重度牙周炎患者牙周炎症控制、血清炎症指标及代谢水平影响	陈蕾	华西口腔医学杂志	2014	35	20
6	牙周组织再生术—正畸联合治疗牙周炎患者的初步研究	曹甜	中华口腔正畸学杂志	2013	46	20
6	普拉洛芬联合玻璃酸钠滴眼液对白内障超声乳化术后干眼的干预观察	王金铎	中国实用眼科杂志	2016	25	20
9	功能性鼻内镜手术治疗慢性鼻-鼻窦炎的疗效及预后影响因素分析	刘晓哲	中国耳鼻咽喉头颈外科	2015	32	19
9	干眼症的发病机制及治疗现状	张正	中华眼科医学杂志（电子版）	2014	42	19

19.3　研究主题关联分析

在五官科学学科，高被引论文共被 2017 年发表的 2483 篇论文引用了 2986 次。通过分析施引文献关键词的词频及关键词之间的共现关系，获得 2017 年五官科学学科的热点主题和主题关联，如图 19-1 所示（共现 8 次以下不显示）。由图可知：“白内障”“变应性鼻炎”“糖尿病视网膜病变”等关键词的文档词频较高，是 2017 年学科的研究热点；3 个节点以上的研究主题关联网络共 4 个，构成了学科内最为突出的研究主题簇；其中，以“白内障”“青光眼”“干眼症”为核心节点的研究主题关联网络最大，其余各团簇中词频最高或连线最多的关键词分别是“雷珠单抗”“突发性耳聋”“疗效”。

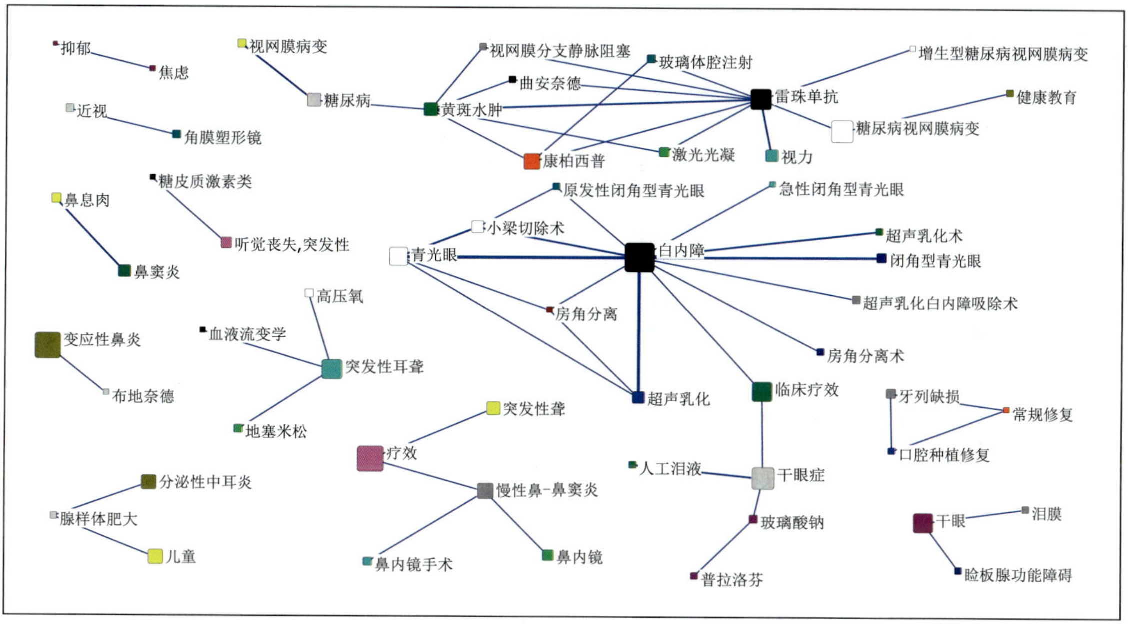

图 19-1　五官科学学科热点论文主题关联（2017 年）

19.4　高影响力期刊分析

19.4.1　高影响力期刊 Top 10

在五官科学学科，5 年影响因子 Top 10 期刊见表 19-3，前 3 种期刊分别是《中华耳鼻咽喉头颈外科杂志》、《中华眼科杂志》和《中华耳科学杂志》。其中，2017 年被引频次最高的期刊是《中华耳鼻咽喉头颈外科杂志》，被引率最高的期刊是《中华耳科学杂志》。2012—2017 年期刊 5 年影响因子的变动情况如图 19-2 所示。

表 19-3　五官科学学科高被引期刊基本指标（2017 年）

排名	期刊名称	载文篇数		2017 年被引频次	5 年影响因子	即年指标	被引率（%）	高被引论文篇数	h 指数
		前 5 年	2017 年						
1	中华耳鼻咽喉头颈外科杂志	1380	246	2028	1.470	0.280	47.4	23	11

排名	期刊名称	载文篇数		2017 年被引频次	5 年影响因子	即年指标	被引率（%）	高被引论文篇数	h 指数
		前 5 年	2017 年						
2	中华眼科杂志	1353	222	1608	1.188	0.149	41.2	16	12
3	中华耳科学杂志	888	153	1047	1.179	0.170	48.6	10	9
4	华西口腔医学杂志	825	130	894	1.084	0.246	47.2	7	8
5	中华眼底病杂志	960	193	1021	1.064	0.150	43.0	13	10
6	听力学及言语疾病杂志	986	166	1017	1.031	0.181	44.5	11	9
7	实用口腔医学杂志	1147	197	1118	0.975	0.107	46.8	4	7
8	中国耳鼻咽喉头颈外科	1169	184	1081	0.925	0.087	45.0	8	8
9	中国实用口腔科杂志	1050	181	970	0.924	0.155	45.2	2	7
10	中华老年口腔医学杂志	507	93	467	0.921	0.097	46.2	1	6

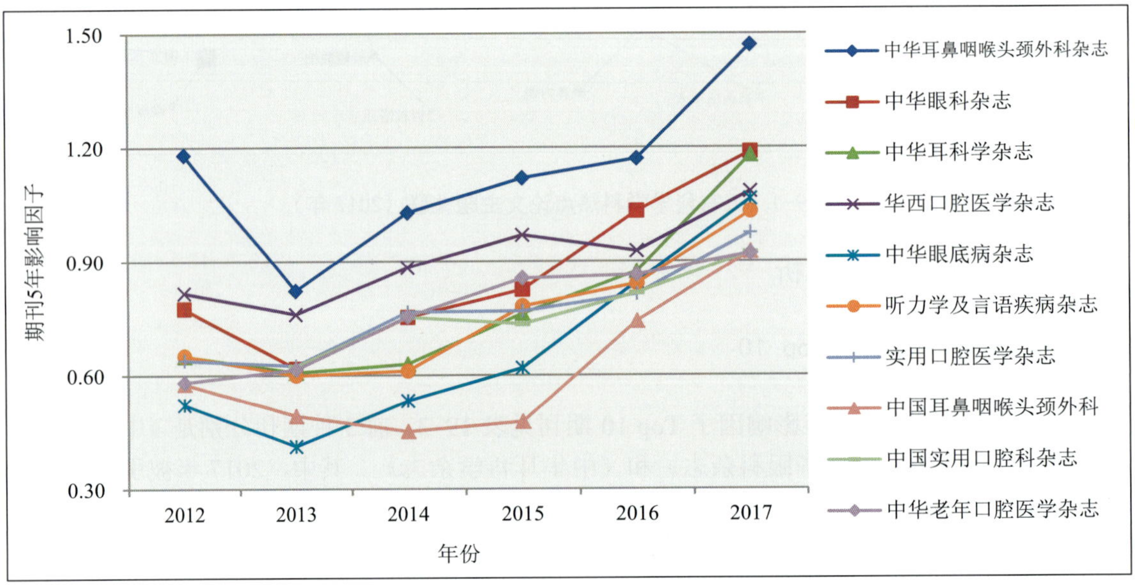

图 19-2　五官科学学科期刊 5 年影响因子变动趋势（2012—2017 年）

19.4.2　期刊载文主题关联

通过期刊共被引分析，获得五官科学学科期刊之间的载文主题关联，图中节点大小反映 5 年影响因子的高低，连线粗细代表共被引关联的强弱，关联越强表明两个期刊上有更多受学者们关注的相关主题论文，红色节点为学科高影响力期刊 Top 10，详情见图 19-3（共被引 75 次以下不显示）。如图所示，五官科学学科的多个期刊均互相关联且关联较为紧密，各期刊的学科分类属性体现得较为明显；《中华耳鼻咽喉头颈外科杂志》的 5 年影响因子最高；《国际眼科杂志》具有最多的关联关系，这是其研究主题广泛的典型体现；《国际眼科杂志》与《中国实用眼科杂志》《中华眼科杂志》《临床眼科杂志》等期刊之间的关联较强，表明上述期刊具有较多相关主题的论文。

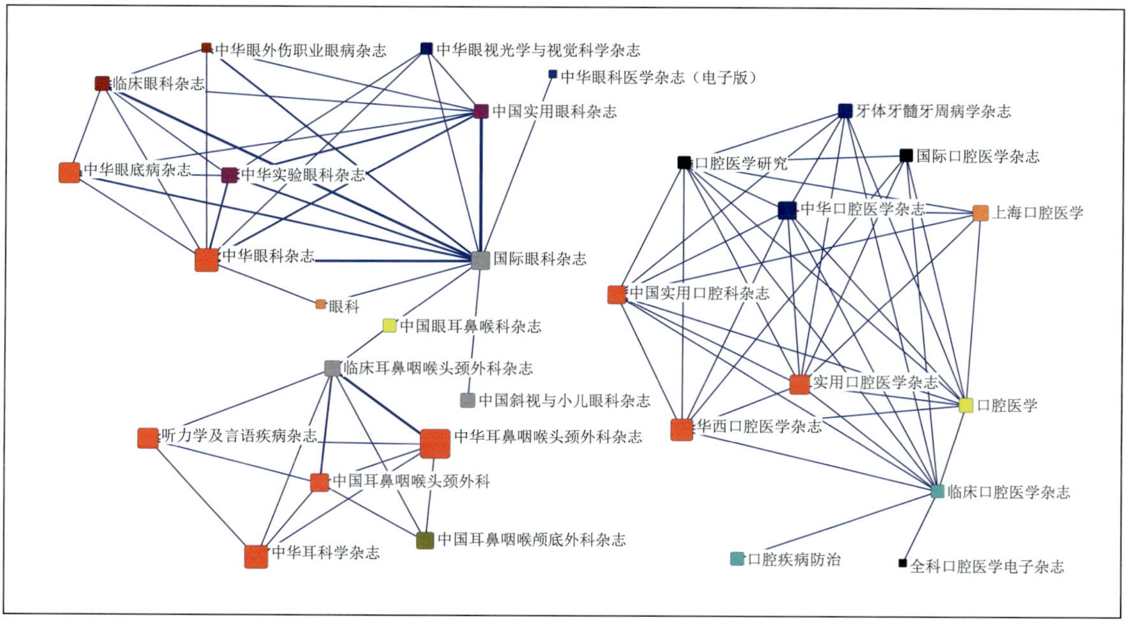

图 19-3　五官科学学科期刊载文主题关联（2017 年）

19.5　高被引作者分析

19.5.1　高被引作者 Top 20

2017 年论文被引次数 Top 20 的作者见表 19-4。其中，学科发文总被引频次较高的 3 位作者分别是四川省医学科学院·四川省人民医院的古庆家（49 次）、浙江大学医学院附属第二医院的姚克（32 次）和上海交通大学医学院附属第九人民医院的郑家伟（32 次）。在学科发文 5 篇及以上的作者中，篇均被引较高的 3 位作者分别是武汉大学人民医院的余岚（篇均 5.80 次）、浙江大学医学院附属第二医院的姚克（篇均 5.33 次）和广州军区广州总医院的冯晓华（篇均 5.20 次）；5 年学科发文较多的 3 位作者分别是复旦大学附属眼耳鼻喉科医院的王正敏（36 篇）、长春爱尔眼科医院的吕刚（26 篇）和复旦大学附属眼耳鼻喉科医院的田国红（25 篇）。

表 19-4　五官科学学科高被引作者 Top 20（2017 年）

排名	姓名	作者单位	前 5 年发文			前 5 年学科发文在 2017 年的被引				h 指数（学科）
			学科发文（篇）	期刊分布（种）	发文总量（篇）	频次	被引率（%）	最高（次）	篇均（次）	
1	古庆家	四川省医学科学院·四川省人民医院	24	3	26	49	66.7	6	2.04	4
2	姚克	浙江大学医学院附属第二医院	6	3	9	32	100.0	16	5.33	3
3	郑家伟	上海交通大学医学院附属第九人民医院	11	3	11	32	72.7	6	2.91	4
4	李进让	中国人民解放军海军总医院	9	5	14	31	77.8	9	3.44	4
5	张菁	武汉大学中南医院	1	1	2	30	100.0	30	30.00	1
6	余岚	武汉大学人民医院	5	3	5	29	80.0	21	5.80	2
7	徐隽彦	绍兴市中心医院	1	1	3	28	100.0	28	28.00	1
7	黎晓新	北京大学人民医院	11	3	12	28	54.5	16	2.55	3
9	刘洪臣	中国人民解放军总医院	16	4	17	27	62.5	7	1.69	3
10	程雷	南京医科大学第一附属医院	13	4	17	26	53.8	6	2.00	4
10	冯晓华	广州军区广州总医院	5	2	6	26	100.0	15	5.20	3
12	李玉瑾	南京医科大学附属淮安第一医院	6	4	6	25	83.3	15	4.17	3
13	王宁利	首都医科大学附属北京同仁医院	16	3	20	24	68.8	5	1.50	3
13	郭曦	北京北医眼视光学研究中心	3	3	3	24	66.7	16	8.00	2
13	史伟云	山东省眼科研究所	7	3	7	24	85.7	9	3.43	3
16	王明婕	首都医科大学附属北京同仁医院	6	3	6	23	66.7	14	3.83	2
16	帕尔扎提·吐尔地	新疆维吾尔自治区中医医院	2	2	2	23	100.0	15	11.50	2

排名	姓名	作者单位	前 5 年发文			前 5 年学科发文在 2017 年的被引				h 指数（学科）
			学科发文（篇）	期刊分布（种）	发文总量（篇）	频次	被引率（%）	最高（次）	篇均（次）	
18	韩冰	中国人民解放军总医院	3	2	3	22	100.0	9	7.33	3
18	陈蕾	广东省口腔医院	2	2	4	22	100.0	20	11.00	2
18	马洪学	聊城市人民医院	2	2	2	22	50.0	22	11.00	1
18	吴子明	中国人民解放军总医院	6	3	8	22	100.0	9	3.67	2

19.5.2　作者发文主题关联

通过作者共被引分析，获得 2017 年五官科学学科作者之间的发文主题关联，图中节点大小反映被引次数高低，连线粗细代表共被引关联的强弱，关联越强表明两位作者的发文主题可能具有更强的相关性，红色节点为学科高被引作者 Top 20，详情见图 19-4（共被引 4 次以下不显示）。如图所示，作者共被引网络较为松散，意味着他们的论文主题相关程度不高；许天民和陈斯之间的关联较强，表明他们之间可能分别有较为相关的发文主题。

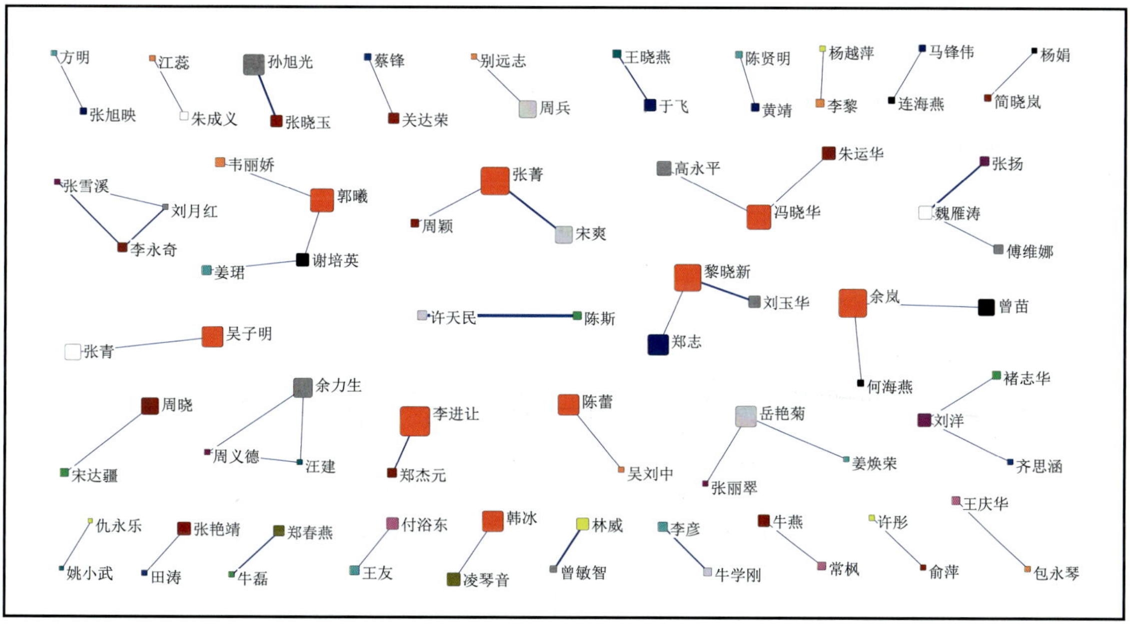

图 19-4　五官科学学科作者发文主题关联（2017 年）

19.6　高被引机构分析

19.6.1　高被引机构

五官科学学科被引次数 Top 10 医院和被引频次 Top 5 高等院校/科研院所的发文和被引情况分别见表 19-5 和表 19-6。表中，总被引次数排名前 3 位的医院分别是首都医科大学附属北京同仁医院、上海交通大学医学院附属第九人民医院和中国人民解放军总医院，排名前 3 位的高等院校/科研院所则是南京医科大学、中山大学中山眼科中心和暨南大学；篇均被引最高的医院和高等院校/科研院所分别是北京大学口腔医学院和中山大学。

表 19-5　五官科学学科高被引医院 Top 10（2017 年）

排名	第一作者单位	学科发文量（篇）		前 5 年学科发文在 2017 年的被引			
		前 5 年	2017 年	频次	被引率(%)	最高（次）	篇均（次）
1	首都医科大学附属北京同仁医院	1212	223	999	44.4	14	0.82
2	上海交通大学医学院附属第九人民医院	987	167	752	41.8	12	0.76
3	中国人民解放军总医院	715	108	729	48.0	10	1.02
4	第四军医大学口腔医院	683	108	561	43.6	7	0.82
5	四川大学华西口腔医院	614	127	508	47.1	8	0.83
6	北京大学口腔医学院	373	90	487	53.6	20	1.31
7	复旦大学附属眼耳鼻喉科医院	524	116	373	39.1	11	0.71
8	天津市眼科医院	409	65	319	38.9	10	0.78
9	中国医科大学口腔医学院	311	47	266	41.5	8	0.86
10	郑州大学第一附属医院	343	98	251	38.2	12	0.73

表 19-6　五官科学学科高被引高等院校/科研院所 Top 5（2017 年）

排名	第一作者单位	学科发文量（篇）		前 5 年学科发文在 2017 年的被引			
		前 5 年	2017 年	频次	被引率（%）	最高（次）	篇均（次）
1	南京医科大学	262	42	157	35.1	6	0.60
2	中山大学中山眼科中心	199	35	153	40.7	13	0.77

排名	第一作者单位	学科发文量（篇）		前 5 年学科发文在 2017 年的被引			
		前 5 年	2017 年	频次	被引率（%）	最高（次）	篇均（次）
3	暨南大学	121	19	99	39.7	10	0.82
4	中山大学	100	13	86	43.0	11	0.86
5	山西医科大学	119	51	79	40.3	6	0.66

19.6.2　机构发文主题关联

通过机构共被引分析，获得五官科学学科机构间的发文主题关联，图中节点大小反映被引次数高低，连线粗细代表共被引关联的强弱，关联越强表明两个机构的发文主题可能具有更强的相关性，红色节点为高被引医院 Top 10 和高被引高等院校/科研院所 Top 5，详情见图 19-5（共被引 14 次以下不显示）。由图可知，高被引医院主导了五官科学学科的机构共被引网络，在学科内体现出了较显著的学术影响力；首都医科大学附属北京同仁医院具有最多的被引次数和关联关系，充分表明了其学科学术影响力；首都医科大学附属北京同仁医院和复旦大学附属眼耳鼻喉科医院、上海交通大学医学院附属第九人民医院和第四军医大学口腔医院等机构之间的关联较强，表明上述机构的研究主题分别具有较多重叠之处。

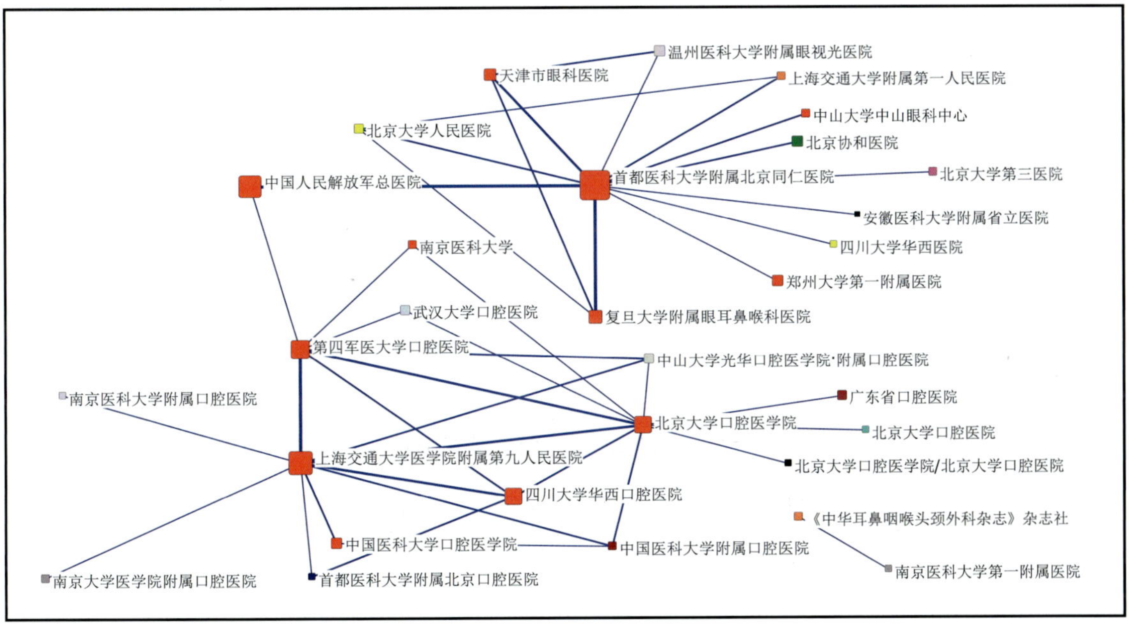

图 19-5　五官科学学科机构发文主题关联（2017 年）

19.7　高被引国外期刊

五官科学学科内被引次数 Top 10 的国外期刊见表 19-7，排名前 3 位的国外期刊是 *PLoS*

ONE、*Investigative Ophthalmology & Visual Science* 和 *Ophthalmology*。

表 19-7　五官科学学科高被引国外期刊 Top 10（2017 年）

排名	期刊名称	2017 年被引频次
1	PLoS ONE	1163
2	Investigative Ophthalmology & Visual Science	1068
3	Ophthalmology	903
4	American Journal of Ophthalmology	659
5	Journal of Endodontics	588
6	Retina	545
7	Journal of Cataract & Refractive Surgery	528
8	British Journal of Ophthalmology	415
9	Laryngoscope	335
10	Acta Ophthalmologica	313

第 20 章　特种医学学科高被引分析

20.1　学科论文概况

2012—2016 年，特种医学学科的 57 种期刊上共发表学术论文 87177 篇，由来自在 9745 所机构的 61444 位学者作为第一作者发表。上述论文中，有 36595 篇在 2017 年获得过引用，整体被引率为 42.0%，总被引频次为 77497 次，篇均被引 0.89 次；其中，高被引论文有 409 篇，累计被引 5417 次，篇均被引 13.24 次，单篇论文最高被引 56 次（表 20-1）。另外，2017 年本学科共发表论文 15306 篇，其中有 1838 篇在当年获得过引用，总共被引 2585 次。

表 20-1　特种医学学科论文分布情况

年份	论文篇数	2017 年被引频次	2017 年被引率（%）	2017 年高被引论文			
				论文篇数	最高被引频次	总被引频次	篇均被引频次
2012	17379	10620	33.2	71	31	785	11.06
2013	17159	13430	38.5	70	50	964	13.77
2014	17865	17153	43.7	105	56	1460	13.90
2015	17625	19875	49.1	86	38	1234	14.35
2016	17149	16419	45.3	77	34	974	12.65
合计	87177	77497	42.0	409	56	5417	13.24

20.2　高被引论文分析

在特种医学学科，2017 年被引次数 Top 10 论文（表 20-2）的平均被引次数为 32.4 次，是全部 409 篇高被引论文篇均被引频次的 2.4 倍。其中，被引次数最高的论文是段丽芬的《经阴道彩色多普勒超声在剖宫产术后子宫瘢痕妊娠诊治的应用》（2014），随后两篇分别是宋勇的《2014 年晚期非小细胞肺癌内科治疗进展》（2015）和高峰的《传统甲状腺切除术与改良小切口甲状腺切除术治疗甲状腺结节的临床疗效比较》（2016）。

从论文分布来看，刊载高被引论文数量居前的 3 种期刊分别是《中国 CT 和 MRI 杂志》（43 篇）、《中国超声医学杂志》（34 篇）和《医学影像学杂志》（30 篇）；《解放军医学杂志》和《中国 CT 和 MRI 杂志》分别刊载了高被引论文 Top 10 中的 2 篇；发表高被引论文数量居前的学者分别是杭州市第一人民医院的韩志江（2 篇）、廉江市人民医院的刘永（2 篇）和北京军区总医院的陈彬（2 篇）；产出高被引论文数量居前的机构分别是中国人民解放军总医院（12 篇）、第三军医大学大坪医院·野战外科研究所（8 篇）和上海交通大学医学院附属瑞金医院（6 篇），而第三军医大学西南医院产出了高被引论文 Top 10 中的 2 篇。

表 20-2 特种医学学科高被引论文 Top 10（2017 年）

排名	论文题名	第一作者	期刊名称	发表年份	被引频次	
					总频次	2017 年
1	经阴道彩色多普勒超声在剖宫产术后子宫瘢痕妊娠诊治的应用	段丽芬	中国临床医学影像杂志	2014	109	56
2	2014 年晚期非小细胞肺癌内科治疗进展	宋勇	解放军医学杂志	2015	71	38
3	传统甲状腺切除术与改良小切口甲状腺切除术治疗甲状腺结节的临床疗效比较	高峰	标记免疫分析与临床	2016	46	34
4	对比分析 X 线、CT 和 MRI 在早期强直性脊柱炎骶髂关节病变诊断中应用的价值	梁佐堂	中国 CT 和 MRI 杂志	2015	53	31
5	咳嗽变异性哮喘的诊断及治疗进展	胡红	解放军医学杂志	2014	60	30
6	老年股骨粗隆间骨折的手术治疗：应用 DHS 与 PFNA 的疗效比较	屈波	军事医学	2014	82	28
6	抑郁症治疗研究新进展	瞿伟	第三军医大学学报	2014	58	28
6	腰椎间盘突出 MRI 与 CT 诊断的应用的价值分析	程春	中国 CT 和 MRI 杂志	2014	55	28
9	国内外移动互联网医疗应用现状及未来发展趋势探讨	汪鹏	中国数字医学	2014	67	26
10	肌内效布贴扎辅助理疗治疗急性踝关节扭伤患者肿胀疼痛疗效观察	余波	中国运动医学杂志	2012	65	25

20.3 研究主题关联分析

在特种医学学科，高被引论文共被 2017 年发表的 4822 篇论文引用了 5417 次。通过分析施引文献关键词的词频及关键词之间的共现关系，获得 2017 年特种医学学科的热点主题和主题关联，如图 20-1 所示（共现 10 次以下不显示）。由图可知："CT""MRI""磁共振成像"等关键词的文档词频较高，是 2017 年学科的研究热点；3 个节点以上的研究主题关联网络共 2 个，构成了学科内最为突出的研究主题簇；其中，以"磁共振成像""CT"

"MRI"为核心节点的研究主题关联网络最大，其余团簇中词频最高或连线最多的关键词是"冠心病"。

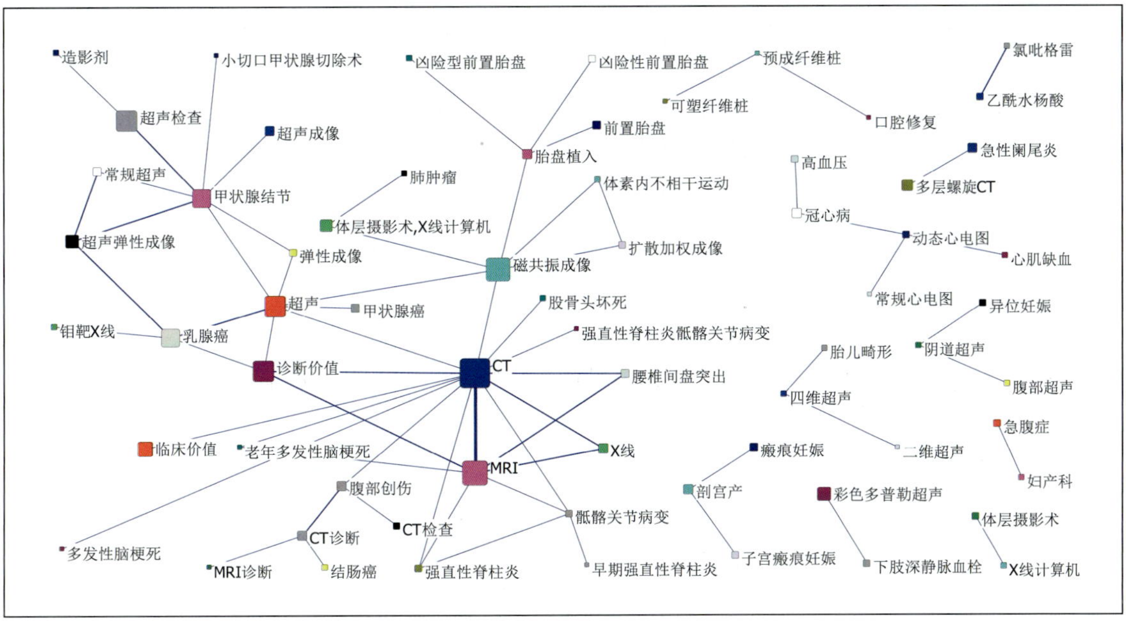

图 20-1　特种医学学科热点论文主题关联（2017 年）

20.4　高影响力期刊分析

20.4.1　高影响力期刊 Top 10

在特种医学学科，5 年影响因子 Top 10 期刊见表 20-3，前 3 种期刊分别是《中国 CT 和 MRI 杂志》、《介入放射学杂志》和《解放军医药杂志》。其中，2017 年被引频次最高的期刊是《中国 CT 和 MRI 杂志》，被引率最高的期刊是《中国 CT 和 MRI 杂志》。2012—2017 年期刊 5 年影响因子的变动情况如图 20-2 所示。

表 20-3　特种医学学科高被引期刊基本指标（2017 年）

排名	期刊名称	载文篇数		2017 年被引频次	5 年影响因子	即年指标	被引率（%）	高被引论文篇数	h 指数
		前 5 年	2017 年						
1	中国 CT 和 MRI 杂志	1744	559	3860	2.213	0.454	70.6	43	14
2	介入放射学杂志	1420	257	2432	1.713	0.210	60.8	28	13
3	解放军医药杂志	1888	373	2915	1.544	0.303	57.7	21	12
4	中华医学超声杂志（电子版）	1201	163	1820	1.515	0.049	54.8	22	11

排名	期刊名称	载文篇数		2017年被引频次	5年影响因子	即年指标	被引率（%）	高被引论文篇数	h指数
		前5年	2017年						
5	解放军医学杂志	1171	193	1757	1.500	0.295	54.2	15	11
6	中华放射学杂志	1565	248	2326	1.486	0.323	53.5	22	12
7	中国医学影像学杂志	1388	141	2028	1.461	0.170	56.6	16	11
8	中国超声医学杂志	2165	437	3109	1.436	0.680	52.3	34	12
9	标记免疫分析与临床	1339	359	1752	1.308	0.212	57.6	7	9
10	中国医学计算机成像杂志	659	124	828	1.256	0.081	55.5	2	7

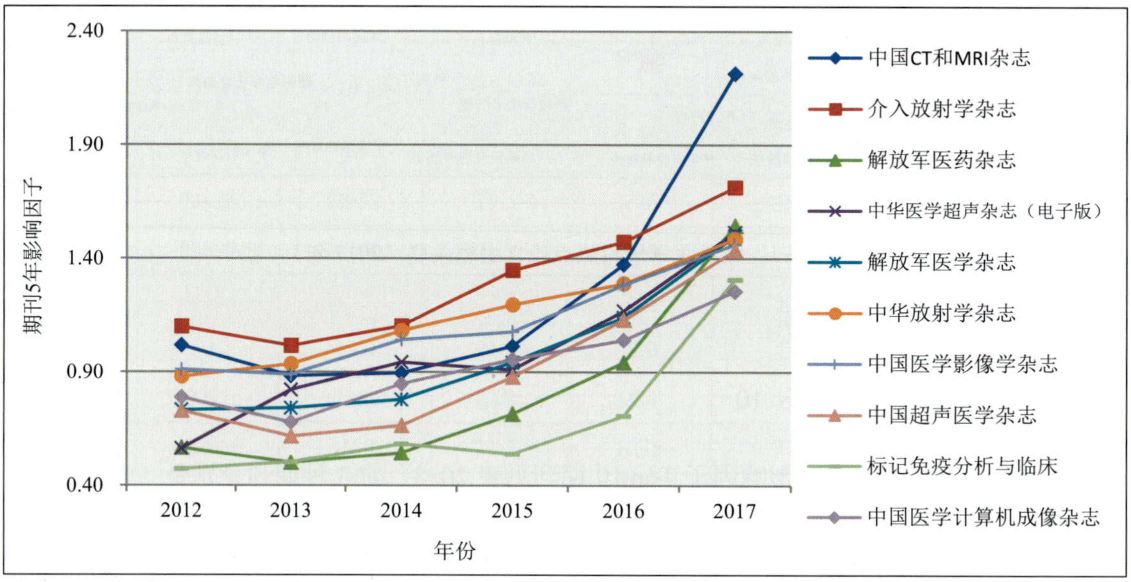

图 20-2 特种医学学科期刊 5 年影响因子变动趋势（2012—2017 年）

20.4.2 期刊载文主题关联

通过期刊共被引分析，获得特种医学学科期刊之间的载文主题关联，图中节点大小反映 5 年影响因子的高低，连线粗细代表共被引关联的强弱，关联越强表明两个期刊上有更多受学者们关注的相关主题论文，红色节点为学科高影响力期刊 Top 10，详情见图 20-3（共被引 95 次以下不显示）。如图所示，特种医学学科的多个期刊均互相关联且关联较为紧密，各期刊的学科分类属性体现得较为明显；《中国 CT 和 MRI 杂志》的 5 年影响因子最高；《中国医学影像技术》具有最多的关联关系，这是其研究主题广泛的典型体现；《医学影像学杂志》和《中国 CT 和 MRI 杂志》《实用放射学杂志》等期刊之间的关联较强，表明上述期刊具有较多相关主题的论文。

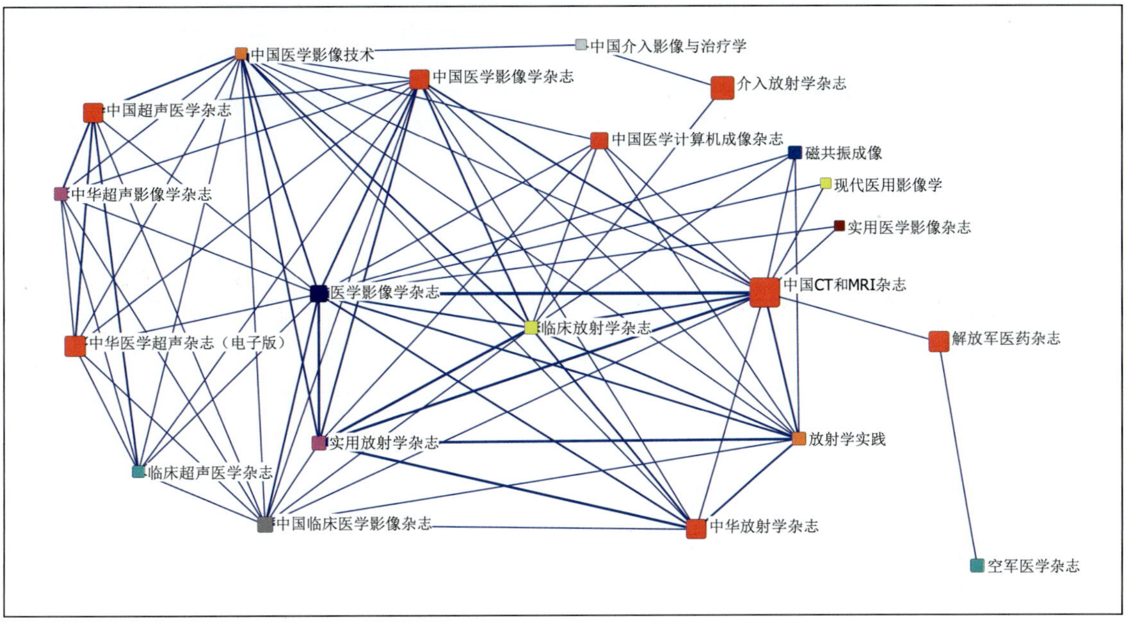

图 20-3　特种医学学科期刊载文主题关联（2017 年）

20.5　高被引作者分析

20.5.1　高被引作者 Top 20

2017 年论文被引次数 Top 20 的作者见表 20-4。其中，学科发文总被引频次较高的 3 位作者分别是北京四季青医院的段丽芬（56 次）、杭州市第一人民医院的韩志江（40 次）和南京军区南京总医院南京大学金陵医院的宋勇（38 次）。在学科发文 5 篇及以上的作者中，篇均被引较高的 3 位作者分别是杭州市第一人民医院的韩志江（篇均 6.67 次）、第三军医大学西南医院的瞿伟（篇均 6.00 次）和南方医科大学附属深圳妇幼保健院的官勇（篇均 5.60 次）；5 年学科发文较多的 3 位作者分别是中国人民解放军第 252 医院的田锦林（38 篇）、解放军第四五八医院的罗显荣（24 篇）和郑州大学第一附属医院的文宝红（19 篇）。

表 20-4　特种医学学科高被引作者 Top 20（2017 年）

排名	姓名	作者单位	前 5 年发文			前 5 年学科发文在 2017 年的被引				h 指数（学科）
			学科发文（篇）	期刊分布（种）	发文总量（篇）	频次	被引率（%）	最高（次）	篇均（次）	
1	段丽芬	北京四季青医院	1	1	1	56	100.0	56	56.00	1
2	韩志江	杭州市第一人民医院	6	3	9	40	100.0	12	6.67	4

排名	姓名	作者单位	前 5 年发文			前 5 年学科发文在 2017 年的被引				h 指数（学科）
			学科发文（篇）	期刊分布（种）	发文总量（篇）	频次	被引率（%）	最高（次）	篇均（次）	
3	宋勇	南京军区南京总医院南京大学金陵医院	1	1	1	38	100.0	38	38.00	1
4	程春	空军航空医学研究所附属医院	4	3	7	35	75.0	28	8.75	2
4	胡红	中国人民解放军总医院	2	2	5	35	100.0	30	17.50	2
6	高峰	仙桃市中医医院	1	1	3	34	100.0	34	34.00	1
6	余波	上海体育学院	2	1	2	34	100.0	25	17.00	2
8	汪鹏	第三军医大学西南医院	3	1	6	33	100.0	26	11.00	2
8	刘永	廉江市人民医院	2	1	2	33	100.0	22	16.50	2
10	屈波	成都军区总医院	3	2	6	32	66.7	28	10.67	2
11	梁佐堂	麻城市人民医院	2	2	5	31	50.0	31	15.50	1
12	瞿伟	第三军医大学西南医院	5	1	8	30	60.0	28	6.00	1
13	张顺	华中科技大学同济医学院附属同济医院	4	2	4	29	100.0	13	7.25	3
13	周伟	上海交通大学医学院附属瑞金医院	7	5	13	29	71.4	21	4.14	2
13	曹红元	第三军医大学大坪医院·野战外科研究所	2	1	2	29	100.0	24	14.50	2
16	官勇	南方医科大学附属深圳妇幼保健院	5	1	5	28	100.0	10	5.60	4
16	崔保刚	安阳市人民医院	4	2	8	28	100.0	10	7.00	3
18	陈圆圆	广西医科大学第一附属医院	3	3	5	27	100.0	15	9.00	2

排名	姓名	作者单位	前 5 年发文			前 5 年学科发文在 2017 年的被引				h 指数（学科）
			学科发文（篇）	期刊分布（种）	发文总量（篇）	频次	被引率（%）	最高（次）	篇均（次）	
18	陈毅	山西医科大学第一医院	4	2	4	27	50.0	24	6.75	2
20	郝少云	中山大学孙逸仙纪念医院	3	1	3	26	100.0	11	8.67	3
20	谭艳娟	杭州市第一人民医院	6	4	7	26	100.0	11	4.33	2
20	曹满瑞	南方医科大学附属深圳妇幼保健院	5	2	5	26	100.0	11	5.20	3

20.5.2　作者发文主题关联

通过作者共被引分析，获得 2017 年特种医学学科作者之间的发文主题关联，图中节点大小反映被引次数高低，连线粗细代表共被引关联的强弱，关联越强表明两位作者的发文主题可能具有更强的相关性，红色节点为学科高被引作者 Top 20，详情见图 20-4（共被引 5 次以下不显示）。如图所示，段丽芬的被引次数最高；梁佐堂的共被引作者数最多；郑忠勤和童元法、郭晓艳和杨奇芳等学者之间的关联较强，表明上述学者之间可能分别有较为相关的发文主题。

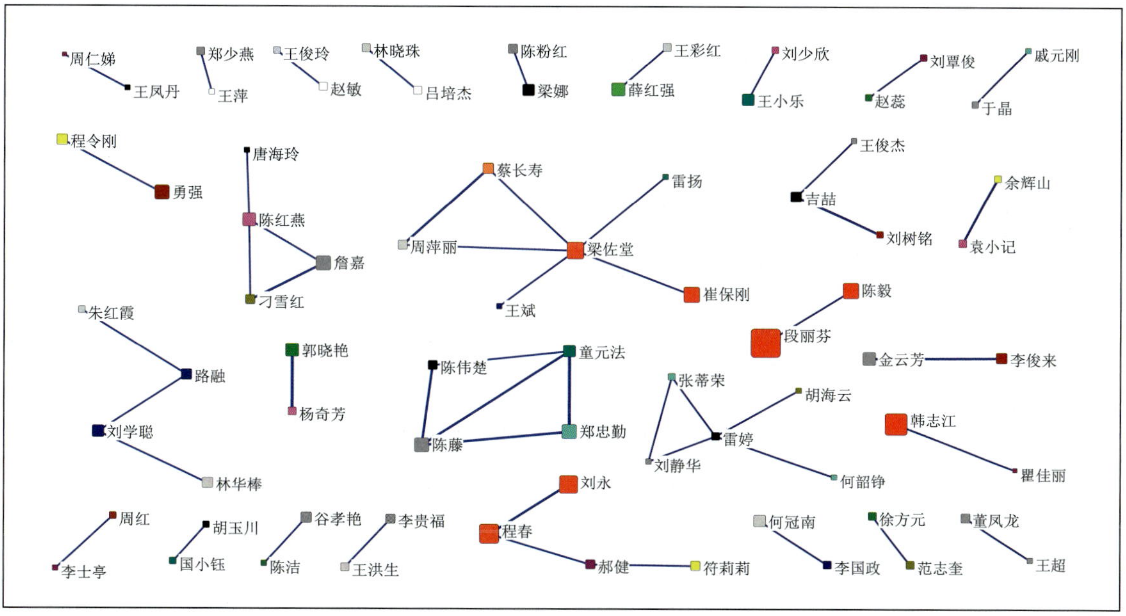

图 20-4　特种医学学科作者发文主题关联（2017 年）

20.6　高被引机构分析

20.6.1　高被引机构

特种医学学科被引次数 Top 10 医院和被引频次 Top 5 高等院校/科研院所的发文和被引情况分别见表 20-5 和表 20-6。表中，总被引次数排名前 3 位的医院分别是中国人民解放军总医院、第三军医大学西南医院和中国医科大学附属盛京医院，排名前 3 位的高等院校/科研院所则是中国人民解放军第三军医大学、重庆医科大学和南方医科大学；篇均被引最高的医院和高等院校/科研院所分别是中国医科大学附属盛京医院和宁夏医科大学。

表 20-5　特种医学学科高被引医院 Top 10（2017 年）

排名	第一作者单位	学科发文量（篇）		前 5 年学科发文在 2017 年的被引			
		前 5 年	2017 年	频次	被引率(%)	最高（次）	篇均（次）
1	中国人民解放军总医院	2008	330	1944	47.3	30	0.97
2	第三军医大学西南医院	699	81	701	46.4	28	1.00
3	中国医科大学附属盛京医院	455	104	601	53.6	15	1.32
4	郑州大学第一附属医院	596	192	595	48.2	10	1.00
5	第三军医大学大坪医院·野战外科研究所	414	66	532	52.9	24	1.29
6	空军总医院	663	80	527	45.1	9	0.79
7	第二军医大学附属长海医院	586	114	506	45.6	14	0.86
8	重庆医科大学附属第一医院	511	63	478	45.4	11	0.94
9	成都军区总医院	685	68	442	35.5	28	0.65
10	第三军医大学新桥医院	468	57	411	39.3	12	0.88

表 20-6　特种医学学科高被引高等院校/科研院所 Top 5（2017 年）

排名	第一作者单位	学科发文量（篇）		前 5 年学科发文在 2017 年的被引			
		前 5 年	2017 年	频次	被引率（%）	最高（次）	篇均（次）
1	中国人民解放军第三军医大学	421	109	466	50.1	14	1.11

排名	第一作者单位	学科发文量（篇）		前 5 年学科发文在 2017 年的被引			
		前 5 年	2017 年	频次	被引率（%）	最高（次）	篇均（次）
2	重庆医科大学	483	36	317	40.0	8	0.66
3	南方医科大学	208	31	197	51.9	7	0.95
4	中国人民解放军第二军医大学	284	65	175	35.6	5	0.62
5	宁夏医科大学	102	12	165	63.7	8	1.62

20.6.2 机构发文主题关联

通过机构共被引分析，获得特种医学学科机构间的发文主题关联，图中节点大小反映被引次数高低，连线粗细代表共被引关联的强弱，关联越强表明两个机构的发文主题可能具有更强的相关性，红色节点为高被引医院 Top 10 和高被引高等院校/科研院所 Top 5，详情见图 20-5（共被引 10 次以下不显示）。由图可知，高被引医院主导了特种医学学科的机构共被引网络，在学科内体现出了较显著的学术影响力；中国人民解放军总医院的被引次数最高；郑州大学第一附属医院具有最多的关联关系，充分表明了其学科学术影响力；中国人民解放军第三军医大学和兰州军区兰州总医院、中国医科大学附属盛京医院和中国医科大学附属第一医院等机构之间的关联较强，表明上述机构的研究主题分别具有较多重叠之处。

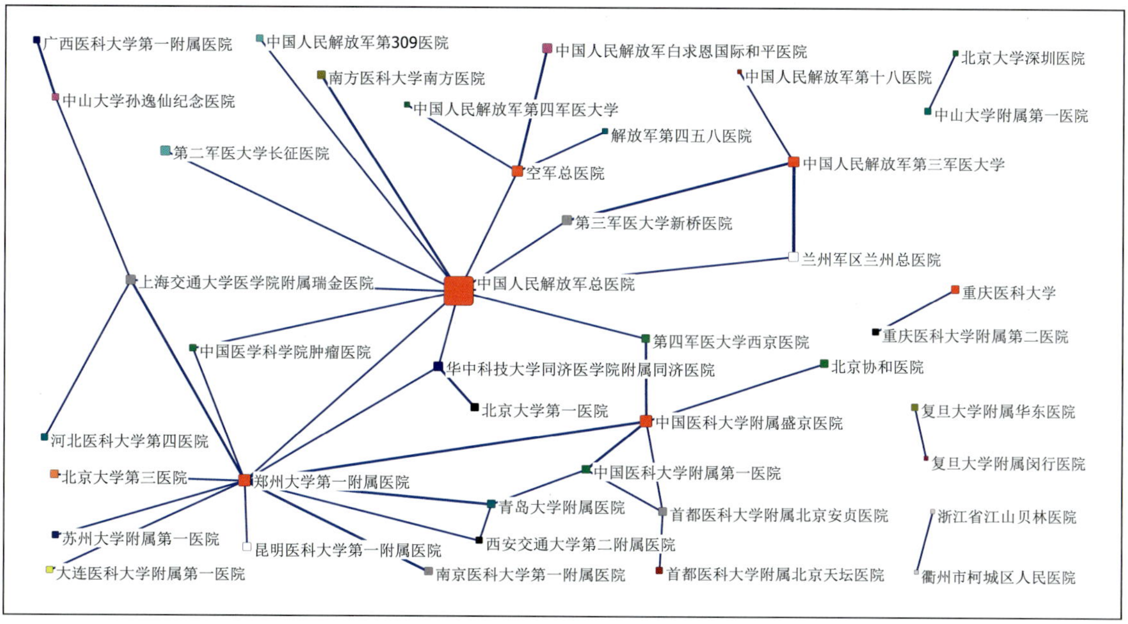

图 20-5 特种医学学科机构发文主题关联（2017 年）

20.7 高被引国外期刊

特种医学学科内被引次数 Top 10 的国外期刊见表 20-7，排名前 3 位的国外期刊是 *PLoS ONE*、*Radiology* 和 *European Radiology*。

表 20-7 特种医学学科高被引国外期刊 Top 10（2017 年）

排名	期刊名称	2017 年被引频次
1	PLoS ONE	1359
2	Radiology	893
3	European Radiology	762
4	European Journal of Radiology	721
5	Journal of Magnetic Resonance Imaging	492
6	American Journal of Roentgenology	427
7	World Journal of Gastroenterology	334
8	Stroke	270
9	Oncotarget	263
10	Scientific Reports	252

第 21 章　药学学科高被引分析

21.1　学科论文概况

2012—2016 年，药学学科的 71 种期刊上共发表学术论文 179731 篇，由来自在 20714 所机构的 130627 位学者作为第一作者发表。上述论文中，有 72933 篇在 2017 年获得过引用，整体被引率为 40.6%，总被引频次为 147927 次，篇均被引 0.82 次；其中，高被引论文有 871 篇，累计被引 11990 次，篇均被引 13.77 次，单篇论文最高被引 80 次（表 21-1）。另外，2017 年本学科共发表论文 33095 篇，其中有 5172 篇在当年获得过引用，总共被引 7660 次。

表 21-1　药学学科论文分布情况

年份	论文篇数	2017 年被引频次	2017 年被引率（%）	2017 年高被引论文			
				论文篇数	最高被引频次	总被引频次	篇均被引频次
2012	32764	16784	29.2	135	45	1533	11.36
2013	35651	23768	34.9	128	73	1887	14.74
2014	38453	30939	40.1	181	80	2731	15.09
2015	37600	38759	48.4	210	54	2993	14.25
2016	35263	37677	49.1	217	75	2846	13.12
合计	179731	147927	40.6	871	80	11990	13.77

21.2　高被引论文分析

在药学学科，2017 年被引次数 Top 10 论文（表 21-2）的平均被引次数为 54.55 次，是全部 871 篇高被引论文篇均被引频次的 4 倍。其中，被引次数最高的论文是马丙祥的《丹参的药理作用研究新进展》（2014），随后两篇分别是陈翀昊的《瑞舒伐他汀与阿托伐他汀对早发冠心病急性心肌梗死患者的近期疗效》（2013）和辛文妤的《黄芩素和黄芩苷的药理作用及机制研究进展》（2013）。

从论文分布来看，刊载高被引论文数量居前的 3 种期刊分别是《中国临床药理学杂志》（128 篇）、《中国现代药物应用》（83 篇）和《中国生化药物杂志》（66 篇），其中，《中国临床药理学杂志》刊载了高被引论文 Top 10 中的 3 篇；发表高被引论文数量居前的学者分别是上海美优制药有限公司的张明发（10 篇）、浙江省立同德医院的潘宏华（2 篇）和湖北民族学院附属民大医院的粟英（2 篇）；产出高被引论文数量居前的机构分别是上海美优制药有限公司（10 篇）、中国药科大学（9 篇）和南阳市中心医院（8 篇），而广东药学院产出了高被引论文 Top 10 中的 2 篇。

表 21-2　药学学科高被引论文 Top 10（2017 年）

排名	论文题名	第一作者	期刊名称	发表年份	被引频次	
					总频次	2017 年
1	丹参的药理作用研究新进展	马丙祥	中国药房	2014	165	80
2	瑞舒伐他汀与阿托伐他汀对早发冠心病急性心肌梗死患者的近期疗效	陈翀昊	中国临床药理学杂志	2013	249	73
3	黄芩素和黄芩苷的药理作用及机制研究进展	辛文妤	中国新药杂志	2013	191	59
4	糖尿病肾病发病机制研究进展	林子桐	中国药理学与毒理学杂志	2014	95	55
5	美托洛尔联合曲美他嗪治疗冠心病心力衰竭的临床疗效观察	孙小军	中国医院用药评价与分析	2015	112	54
6	盐酸氨溴索雾化吸入疗法治疗老年慢性支气管炎临床疗效的研究	孙丹	中国临床药理学杂志	2015	89	52
7	红霉素与阿奇霉素治疗小儿肺炎支原体肺炎的临床研究	陈嘉慧	中国临床药理学杂志	2015	104	46
7	阿奇霉素序贯疗法治疗小儿支原体肺炎的疗效和安全性分析	王素霞	中国生化药物杂志	2014	89	46
9	白术化学成分和药理作用的研究进展	杨娥	广东药学院学报	2012	139	45
9	超说明书用药专家共识	张镭	药物不良反应杂志	2015	82	45
9	品管圈管理在医疗机构中的应用价值	王临润	医药导报	2012	209	45

21.3　研究主题关联分析

在药学学科，高被引论文共被 2017 年发表的 10394 篇论文引用了 11990 次。通过分析施引文献关键词的词频及关键词之间的共现关系，获得 2017 年药学学科的热点主题和主题关联，如图 21-1 所示（共现 23 次以下不显示）。由图可知：“冠心病”“高血压”“不良反应”等关键词的文档词频较高，是 2017 年学科的研究热点；3 个节点以上的研究主题关联网络共 8 个，构成了学科内最为突出的研究主题簇；其中，以“冠心病”“高血压”“临床疗效”为核心节点的研究主题关联网络最大，其余各团簇中词频最高或连线最多的关键词分别是“布地奈德”“产后出血”“奥美拉唑”“阿奇霉素”“米非司酮”“2 型糖尿病”“氯吡格雷”。

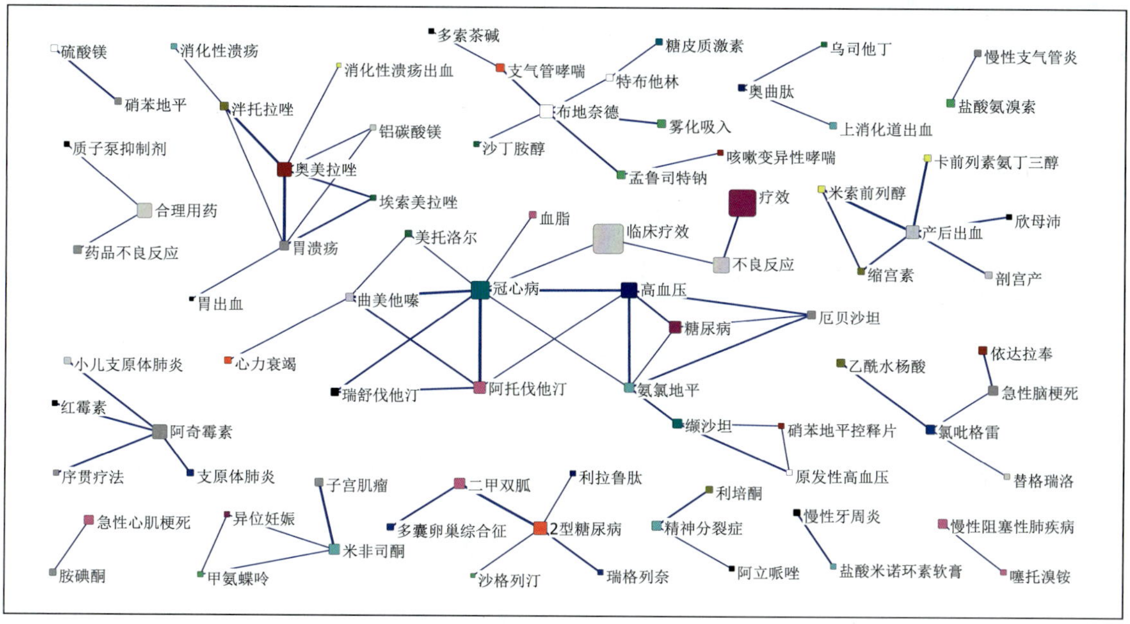

图 21-1 药学学科热点论文主题关联（2017 年）

21.4 高影响力期刊分析

21.4.1 高影响力期刊 Top 10

在药学学科，5 年影响因子 Top 10 期刊见表 21-3，前 3 种期刊分别是《中国临床药理学杂志》、《中国生化药物杂志》和《药物评价研究》。其中，2017 年被引频次最高的期刊是《中国临床药理学杂志》，被引率最高的期刊是《中国临床药理学杂志》。2012—2017 年期刊 5 年影响因子的变动情况如图 21-2 所示。

表 21-3 药学学科高被引期刊基本指标（2017 年）

排名	期刊名称	载文篇数		2017 年被引频次	5 年影响因子	即年指标	被引率（%）	高被引论文篇数	h 指数
		前 5 年	2017 年						
1	中国临床药理学杂志	2402	726	5722	2.382	0.326	61.9	128	21
2	中国生化药物杂志	2211	1748	4490	2.031	0.407	61.3	66	17
3	药物评价研究	722	325	1216	1.684	0.397	57.5	19	12
4	现代药物与临床	1549	561	2598	1.677	0.426	61.1	24	13
5	实用药物与临床	2304	382	3507	1.522	0.220	57.2	38	14
6	中国药理学通报	2017	347	2895	1.435	0.320	58.9	20	12

排名	期刊名称	载文篇数		2017 年被引频次	5 年影响因子	即年指标	被引率（%）	高被引论文篇数	h 指数
		前 5 年	2017 年						
7	中国医院药学杂志	3299	613	4274	1.296	0.295	53.6	33	14
8	中国医院用药评价与分析	2514	591	3050	1.213	0.294	50.3	27	14
9	中国药物应用与监测	643	112	761	1.184	0.179	51.2	6	9
10	药学学报	1372	272	1599	1.165	0.224	49.8	7	9

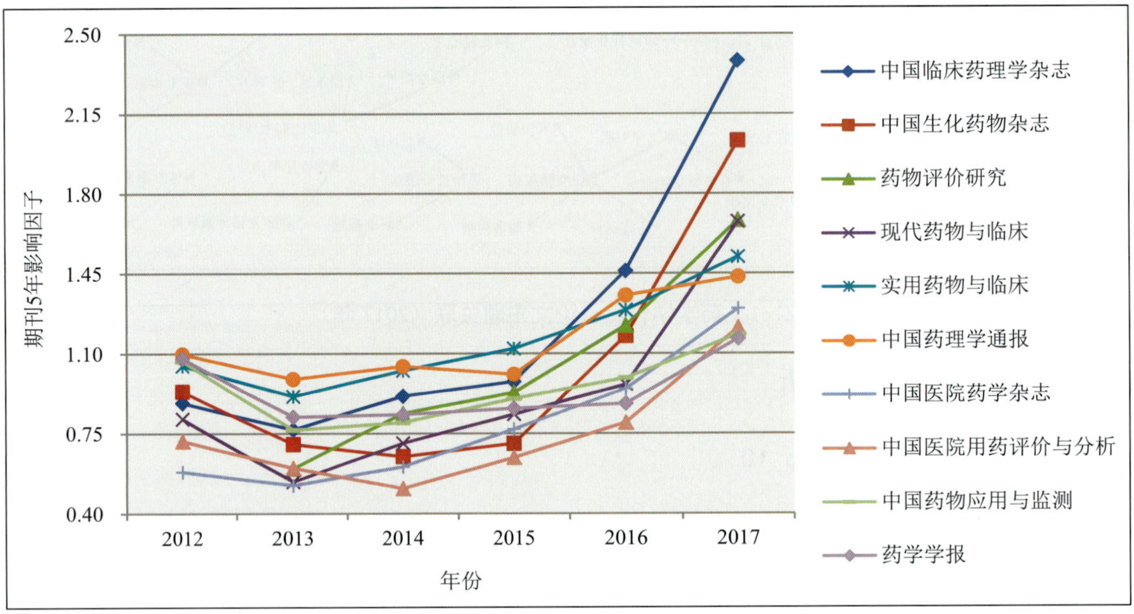

图 21-2　药学学科期刊 5 年影响因子变动趋势（2012—2017 年）

21.4.2　期刊载文主题关联

通过期刊共被引分析，获得药学学科期刊之间的载文主题关联，图中节点大小反映 5 年影响因子的高低，连线粗细代表共被引关联的强弱，关联越强表明两个期刊上有更多受学者们关注的相关主题论文，红色节点为学科高影响力期刊 Top 10，详情见图 21-3（共被引 166 次以下不显示）。如图所示，药学学科的多个期刊均互相关联且关联较为紧密，各期刊的学科分类属性体现得较为明显；《中国临床药理学杂志》的 5 年影响因子最高；《中国药房》具有最多的关联关系，这是其研究主题广泛的典型体现；《中国现代药物应用》与《临床合理用药杂志》、《中国药房》和《中国药业》《中国医院药学杂志》等期刊之间的关联较强，表明上述期刊分别具有较多相关主题的论文。

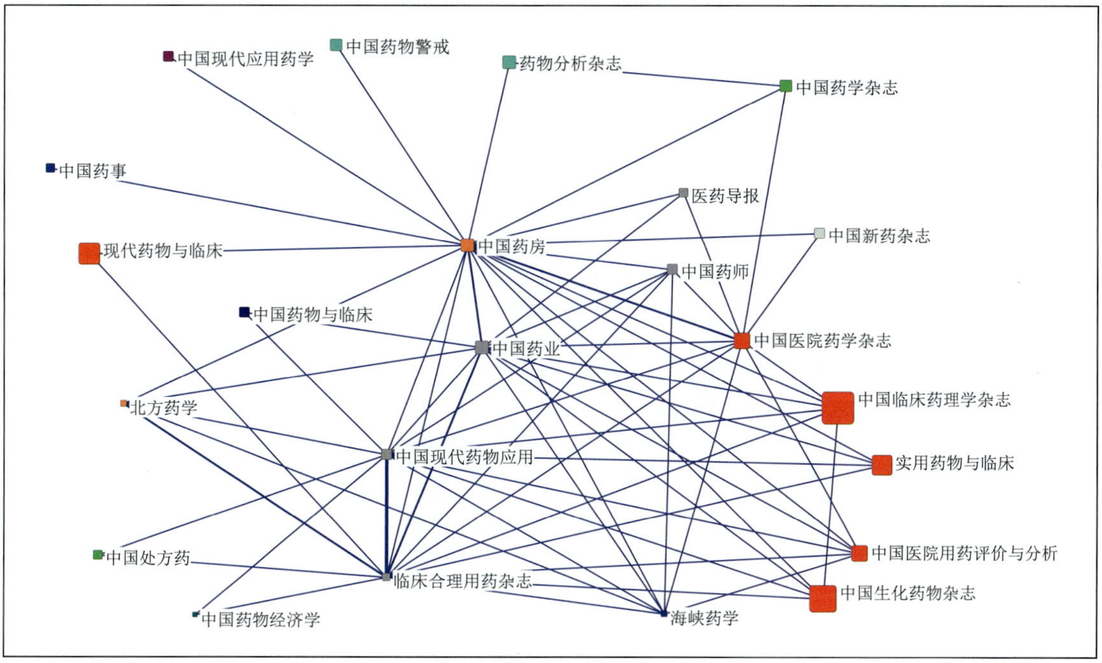

图 21-3　药学学科期刊载文主题关联（2017 年）

21.5　高被引作者分析

21.5.1　高被引作者 Top 20

2017 年论文被引次数 Top 20 的作者见表 21-4。其中，学科发文总被引频次较高的 3 位作者分别是上海美优制药有限公司的张明发（243 次）、河南中医学院第一附属医院的马丙祥（80 次）和无锡市第三人民医院的陈翀昊（73 次）。在学科发文 5 篇及以上的作者中，篇均被引较高的 3 位作者分别是中国食品药品检定研究院的胡昌勤（篇均 6.71 次）、天津药物研究院的刘永贵（篇均 6.00 次）和上海美优制药有限公司的张明发（篇均 5.93 次）；5 年学科发文较多的 3 位作者分别是第二军医大学附属长海医院的王忠壮（54 篇）、上海中医药大学的李晓锋（52 篇）和武汉大学医学院附属中山医院的李定国（42 篇）。

表 21-4　药学学科高被引作者 Top 20（2017 年）

排名	姓名	作者单位	前 5 年发文			前 5 年学科发文在 2017 年的被引				h 指数（学科）
			学科发文（篇）	期刊分布（种）	发文总量（篇）	频次	被引率（%）	最高（次）	篇均（次）	
1	张明发	上海美优制药有限公司	41	4	43	243	85.4	17	5.93	10
2	马丙祥	河南中医学院第一附属医院	1	1	13	80	100.0	80	80.00	1

排名	姓名	作者单位	前5年发文			前5年学科发文在2017年的被引				h指数（学科）
			学科发文（篇）	期刊分布（种）	发文总量（篇）	频次	被引率（%）	最高（次）	篇均（次）	
3	陈翀昊	无锡市第三人民医院	1	1	3	73	100.0	73	73.00	1
4	陈慧敏	浙江省中医院	2	1	7	61	100.0	42	30.50	2
5	辛文妤	中国医学科学院·北京协和医学院	1	1	1	59	100.0	59	59.00	1
6	李耘	北京大学第一医院	12	3	17	57	58.3	32	4.75	3
7	林子桐	广东药学院	1	1	1	55	100.0	55	55.00	1
8	孙小军	文山州人民医院	1	1	8	54	100.0	54	54.00	1
9	蒙光义	玉林市第一人民医院	12	3	20	53	100.0	13	4.42	4
10	孙丹	大庆油田总医院	2	2	9	52	50.0	52	26.00	1
11	金锐	首都医科大学附属北京世纪坛医院	14	5	20	51	85.7	9	3.64	5
12	胡昌勤	中国食品药品检定研究院	7	3	7	47	100.0	11	6.71	4
13	谢沐风	上海市食品药品检验所	11	3	11	46	100.0	18	4.18	3
13	陈嘉慧	广州市妇女儿童医疗中心	1	1	1	46	100.0	46	46.00	1
13	王素霞	河北医科大学第一医院	1	1	1	46	100.0	46	46.00	1
16	王临润	浙江大学附属第一医院	1	1	1	45	100.0	45	45.00	1
16	杨娥	广东药学院	1	1	1	45	100.0	45	45.00	1
16	张镭	中国药理学会治疗药物监测研究专业委员会	1	1	1	45	100.0	45	45.00	1
19	司继刚	淄博市中心医院	27	13	28	44	70.4	5	1.63	4
20	杨晓莉	陕西省食品药品检验所	11	5	15	41	72.7	19	3.73	3

21.5.2　作者发文主题关联

通过作者共被引分析，获得 2017 年药学学科作者之间的发文主题关联，图中节点大小反映被引次数高低，连线粗细代表共被引关联的强弱，关联越强表明两位作者的发文主题可能具有更强的相关性，红色节点为学科高被引作者 Top 20，详情见图 21-4（共被引 5 次以下不显示）。如图所示，作者共被引网络较为松散，意味着他们的论文主题相关程度不高；张大风的共被引作者数最多；张明发和孙雅文的关联较强，表明他们之间可能有较为相关的发文主题。

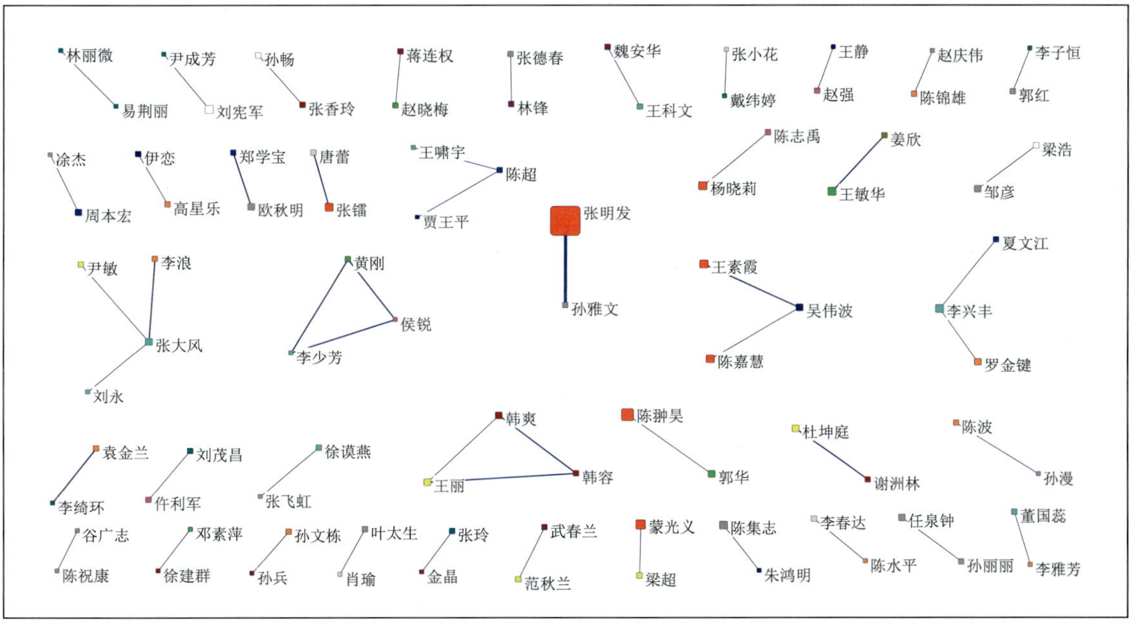

图 21-4　药学学科作者发文主题关联（2017 年）

21.6　高被引机构分析

21.6.1　高被引机构

药学学科被引次数 Top 10 医院和被引频次 Top 5 高等院校/科研院所的发文和被引情况分别见表 21-5 和表 21-6。表中，总被引次数排名前 3 位的医院分别是中国医科大学附属盛京医院、中国人民解放军总医院和南阳市中心医院，排名前 3 位的高等院校/科研院所则是中国药科大学、沈阳药科大学和中国食品药品检定研究院；篇均被引最高的医院和高等院校/科研院所分别是丽水市人民医院和南京中医药大学。

表 21-5　药学学科高被引医院 Top 10（2017 年）

排名	第一作者单位	学科发文量（篇）		前 5 年学科发文在 2017 年的被引			
		前 5 年	2017 年	频次	被引率(%)	最高（次）	篇均（次）
1	中国医科大学附属盛京医院	553	122	778	61.3	15	1.41
2	中国人民解放军总医院	549	70	649	51.5	14	1.18
3	南阳市中心医院	463	51	646	55.5	23	1.40
4	南阳医学高等专科学校第一附属医院	435	26	469	41.8	12	1.08
5	北京大学第一医院	295	55	423	50.8	32	1.43
6	华中科技大学同济医学院附属同济医院	418	70	371	43.8	18	0.89
7	山西省人民医院	367	94	335	43.3	9	0.91
8	福建省立医院	589	127	325	35.1	12	0.55
9	丽水市人民医院	176	22	310	52.8	26	1.76
10	北京大学第三医院	233	50	293	53.6	21	1.26

表 21-6　药学学科高被引高等院校/科研院所 Top 5（2017 年）

排名	第一作者单位	学科发文量（篇）		前 5 年学科发文在 2017 年的被引			
		前 5 年	2017 年	频次	被引率(%)	最高（次）	篇均（次）
1	中国药科大学	2578	395	2050	41.7	32	0.80
2	沈阳药科大学	1714	287	1148	37.0	16	0.67
3	中国食品药品检定研究院	971	147	929	45.8	33	0.96
4	广东药学院	744	3	714	42.6	55	0.96
5	南京中医药大学	625	95	681	45.1	22	1.09

21.6.2　机构发文主题关联

通过机构共被引分析，获得药学学科机构间的发文主题关联，图中节点大小反映被引次数高低，连线粗细代表共被引关联的强弱，关联越强表明两个机构的发文主题可能具有更强的相关性，红色节点为高被引医院 Top 10 和高被引高等院校/科研院所 Top 5，详情见图 21-5（共被引 11 次以下不显示）。由图可知，高被引医院主导了药学学科的机构共被引网络，在学科内体现出了较显著的学术影响力；中国药科大学具有最多的被引次数和关联关系，充分表明了其学科学术影响力，其与沈阳药科大学、中国食品药品检定研究院、南京中医药大学等机构之间的关联较强，表明上述机构的研究主题具有较多重叠之处。

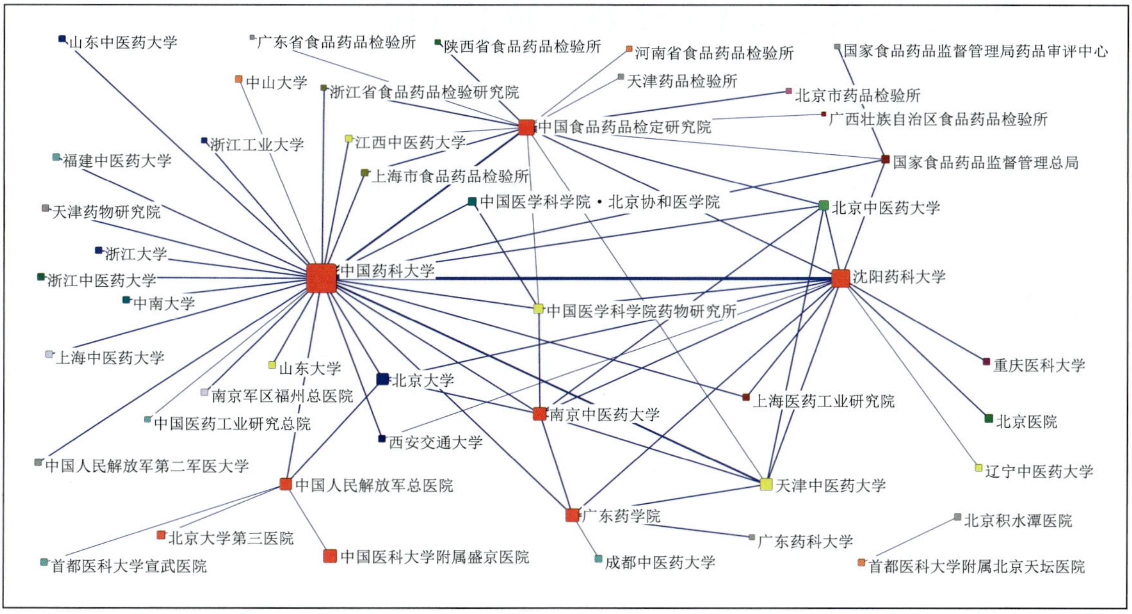

图 21-5 药学学科机构发文主题关联（2017 年）

21.7 高被引国外期刊

药学学科内被引次数 Top 10 的国外期刊见表 21-7，排名前 3 位的国外期刊是 *PLoS ONE*、*New England Journal of Medicine* 和 *International Journal of Pharmaceutics*。

表 21-7 药学学科高被引国外期刊 Top 10（2017 年）

排名	期刊名称	2017 年被引频次
1	PLoS ONE	1694
2	New England Journal of Medicine	618
3	International Journal of Pharmaceutics	485
4	Journal of Ethnopharmacology	447
5	Oncotarget	429
6	Journal of Medicinal Chemistry	394
7	Journal of Pharmaceutical and Biomedical Analysis	373
8	Antimicrobial Agents and Chemotherapy	371
9	Scientific Reports	362
10	Journal of Controlled Release	357

第 22 章　农业科学与工程学科高被引分析

22.1　学科论文概况

2012—2016 年，农业科学与工程学科的 193 种期刊上共发表学术论文 473669 篇，由来自在 79937 所机构的 300193 位学者作为第一作者发表。上述论文中，有 104980 篇在 2017 年获得过引用，整体被引率为 22.2%，总被引频次为 187502 次，篇均被引 0.40 次；其中，高被引论文有 1235 篇，累计被引 14985 次，篇均被引 12.13 次，单篇论文最高被引 71 次（表 22-1）。另外，2017 年本学科共发表论文 97526 篇，其中有 6995 篇在当年获得过引用，总共被引 9225 次。

表 22-1　农业科学与工程学科论文分布情况

年份	论文篇数	2017 年被引频次	2017 年被引率（%）	2017 年高被引论文			
				论文篇数	最高被引频次	总被引频次	篇均被引频次
2012	93436	32952	19.5	226	45	2839	12.56
2013	89697	34791	21.1	190	71	2977	15.67
2014	94555	38028	22.3	215	51	2868	13.34
2015	95065	44378	25.6	320	55	3628	11.34
2016	100916	37353	22.2	284	54	2673	9.41
合计	473669	187502	22.2	1235	71	14985	12.13

22.2　高被引论文分析

在农业科学与工程学科，2017 年被引次数 Top 10 论文（表 22-2）的平均被引次数为 54.20 次，是全部 1235 篇高被引论文篇均被引频次的 4.5 倍。其中，被引次数最高的论文是朱兆良的《保障我国粮食安全的肥料问题》（2013），随后是宋伟的《中国耕地土壤重金属污染概况》（2013），以及李学森的《凌河流域水资源现状及保护措施》（2015）和陈红川的《“互联网+”背景下现代农业发展路径研究》（2015）。

从论文分布来看，刊载高被引论文数量居前的 3 种期刊分别是《农业工程学报》（367 篇）、《中国农业科学》（143 篇）和《农业机械学报》（104 篇）；《植物营养与肥料学报》刊载了高被引论文 Top 10 中的 2 篇；发表高被引论文数量居前的学者分别是安徽省潜山县林业局的张国庆（12 篇）、东北农业大学的吕金庆（5 篇）和东北农业大学的王金武（3 篇）；产出高被引论文数量居前的机构分别是中国农业大学（105 篇）、西北农林科技大学（79 篇）和南京农业大学（45 篇），而沈阳农业大学产出了高被引论文 Top

10 中的 2 篇。

表 22-2　农业科学与工程学科高被引论文 Top 10（2017 年）

排名	论文题名	第一作者	期刊名称	发表年份	被引频次	
					总频次	2017 年
1	保障我国粮食安全的肥料问题	朱兆良	植物营养与肥料学报	2013	207	71
2	中国耕地土壤重金属污染概况	宋伟	水土保持研究	2013	225	66
3	凌河流域水资源现状及保护措施	李学森	水土保持应用技术	2015	132	55
3	“互联网+”背景下现代农业发展路径研究	陈红川	广东农业科学	2015	70	55
5	提高农业机械化水平促进农业可持续发展	罗锡文	农业工程学报	2016	85	54
6	农业物联网研究与应用现状及发展对策研究	葛文杰	农业机械学报	2014	119	51
6	基于主成分与聚类分析的苹果加工品质评价	公丽艳	农业工程学报	2014	103	51
8	中国水稻种植机械化高产农艺研究现状及发展探讨	张洪程	中国农业科学	2014	118	47
9	农用生物炭研究进展与前景	陈温福	中国农业科学	2013	123	46
9	我国农田氮肥施用现状、问题及趋势	巨晓棠	植物营养与肥料学报	2014	104	46

22.3　研究主题关联分析

在农业科学与工程学科，高被引论文共被 2017 年发表的 12526 篇论文引用了 14985 次。通过分析施引文献关键词的词频及关键词之间的共现关系，获得 2017 年农业科学与工程学科的热点主题和主题关联，如图 22-1 所示（共现 18 次以下不显示）。由图可知：“玉米”“水稻”“土”“秸秆还田”“生物活性炭”等关键词的文档词频较高，是 2017 年学科的研究热点；3 个节点以上的研究主题关联网络共 3 个，构成了学科内最为突出的研究主题簇；其中，以“土”“玉米”“水稻”为核心节点的研究主题关联网络最大，其余各团簇中词频最高或连线最多的关键词分别是“采摘机器人”“遥感”。

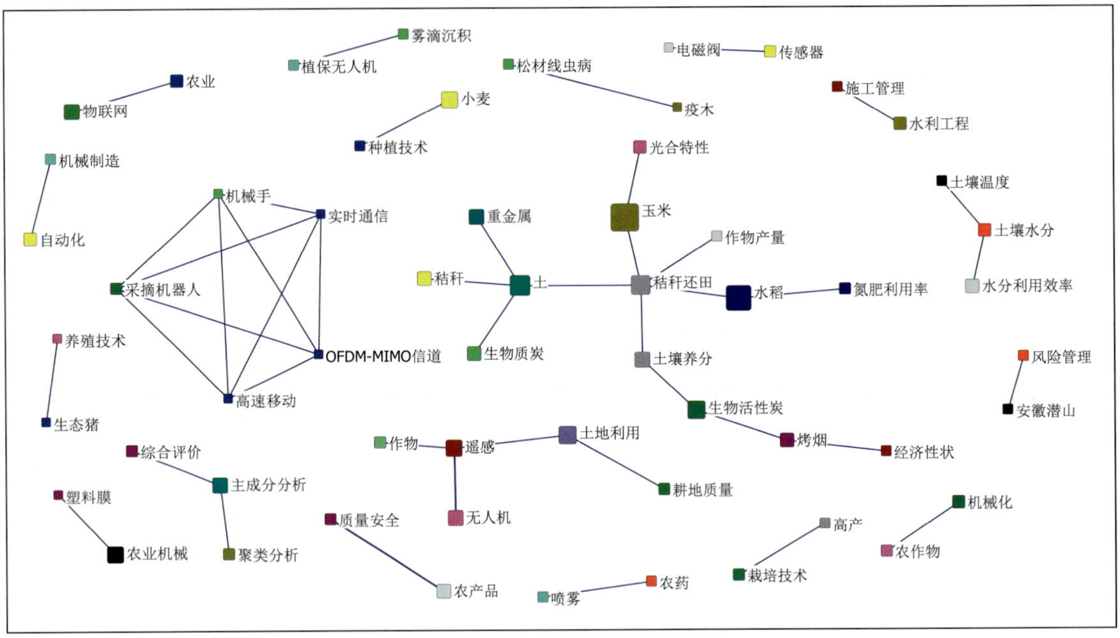

图 22-1　农业科学与工程学科热点论文主题关联（2017 年）

22.4　高影响力期刊分析

22.4.1　高影响力期刊 Top 10

在农业科学与工程学科，5 年影响因子 Top 10 期刊见表 22-3，前 3 种期刊分别是《植物营养与肥料学报》、《农业工程学报》和《土壤学报》。其中，2017 年被引频次最高的期刊是《农业工程学报》，被引率最高的期刊是《农业工程学报》。2012—2017 年期刊 5 年影响因子的变动情况如图 22-2 所示。

表 22-3　农业科学与工程学科高被引期刊基本指标（2017 年）

排名	期刊名称	载文篇数		2017 年被引频次	5 年影响因子	即年指标	被引率（%）	高被引论文篇数	h 指数
		前 5 年	2017 年						
1	植物营养与肥料学报	962	162	2868	2.981	0.475	76.0	72	15
2	农业工程学报	5230	1033	13952	2.668	0.296	77.0	367	21
3	土壤学报	794	147	2039	2.568	0.347	76.2	45	13
4	中国土地科学	809	128	1972	2.438	0.414	74.0	42	13
5	中国农业科学	2540	432	5850	2.303	0.412	69.1	143	18
6	中国生态农业学报	1139	206	2338	2.053	0.335	63.4	44	13
7	农业机械学报	3333	635	6312	1.894	0.339	68.2	104	16

排名	期刊名称	载文篇数		2017 年被引频次	5 年影响因子	即年指标	被引率（%）	高被引论文篇数	h 指数
		前 5 年	2017 年						
8	中国农业气象	511	92	847	1.658	0.196	64.8	8	8
9	水土保持学报	1727	333	2775	1.607	0.174	67.7	23	9
10	土壤	902	187	1348	1.494	0.112	60.8	21	9

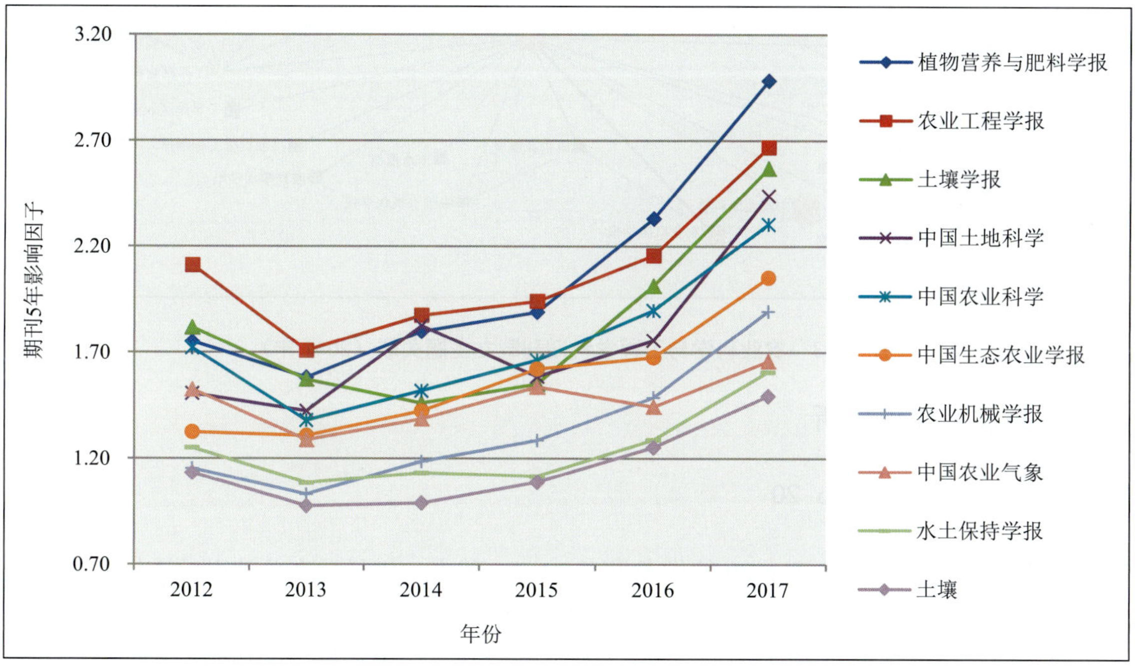

图 22-2　农业科学与工程学科期刊 5 年影响因子变动趋势（2012—2017 年）

22. 4. 2　期刊载文主题关联

通过期刊共被引分析，获得农业科学与工程学科期刊之间的载文主题关联，图中节点大小反映 5 年影响因子的高低，连线粗细代表共被引关联的强弱，关联越强表明两个期刊上有更多受学者们关注的相关主题论文，红色节点为学科高影响力期刊 Top 10，详情见图 22-3（共被引 201 次以下不显示）。如图所示，农业科学与工程学科的多个期刊均互相关联且关联较为紧密，各期刊的学科分类属性体现得较为明显；《植物营养与肥料学报》的 5 年影响因子最高，《农业工程学报》具有最多的关联关系，表明其发文主题与其他多个期刊的主题均有重合；《农业工程学报》与《农业机械学报》期刊之间的关联较强，表明上述期刊具有较多相关主题的论文。

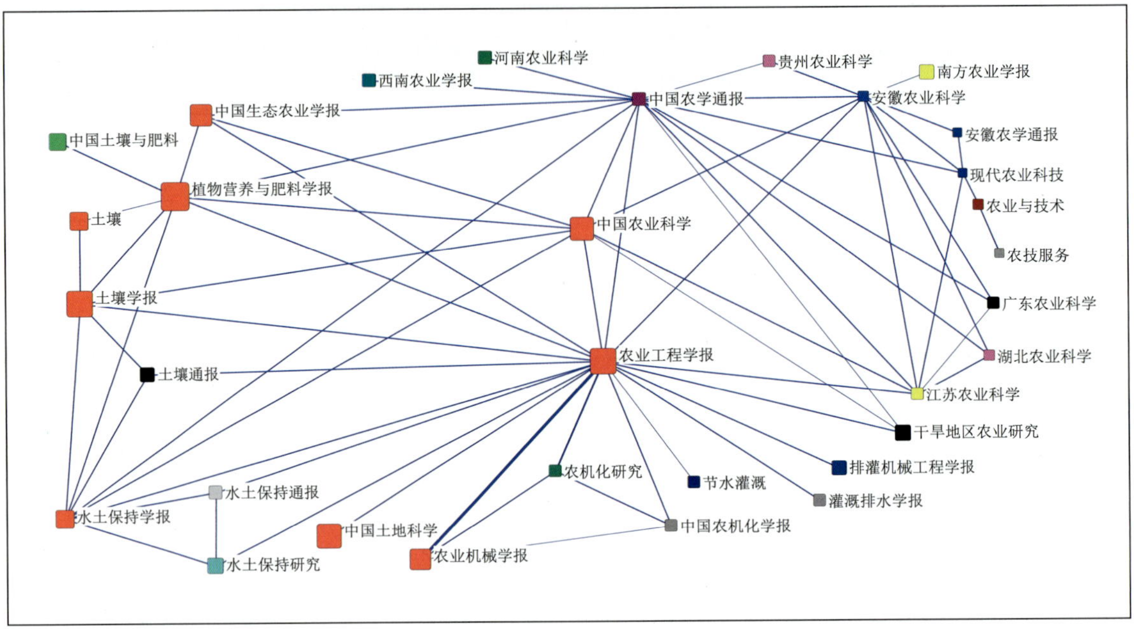

图 22-3　农业科学与工程学科期刊载文主题关联（2017 年）

22.5　高被引作者分析

22.5.1　高被引作者 Top 20

2017 年论文被引次数 Top 20 的作者见表 22-4。其中，学科发文总被引频次较高的 3 位作者分别是安徽省潜山县林业局的张国庆（192 次）、扬州大学的张洪程（84 次）和中国科学院地理科学与资源研究所的宋伟（71 次）。在学科发文 5 篇及以上的作者中，篇均被引较高的 3 位作者分别是扬州大学的张洪程（篇均 16.80 次）、安徽省潜山县林业局的张国庆（篇均 16.00 次）和中国科学院地理科学与资源研究所的宋伟（篇均 14.20 次）；5 年学科发文较多的 3 位作者分别是中国人民大学的孔祥智（50 篇）、浙江大学的徐旭初（41 篇）和华东交通大学的刘燕德（29 篇）。

表 22-4　农业科学与工程学科高被引作者 Top 20（2017 年）

排名	姓名	作者单位	前 5 年发文			前 5 年学科发文在 2017 年的被引				h 指数（学科）
			学科发文（篇）	期刊分布（种）	发文总量（篇）	频次	被引率（%）	最高（次）	篇均（次）	
1	张国庆	安徽省潜山县林业局	12	1	12	192	100.0	23	16.00	11
2	张洪程	扬州大学	5	2	11	84	100.0	47	16.80	4

排名	姓名	作者单位	前5年发文			前5年学科发文在2017年的被引				h指数（学科）
			学科发文（篇）	期刊分布（种）	发文总量（篇）	频次	被引率（%）	最高（次）	篇均（次）	
3	宋伟	中国科学院地理科学与资源研究所	5	2	7	71	60.0	66	14.20	2
3	朱兆良	中国科学院南京土壤研究所	1	1	1	71	100.0	71	71.00	1
5	巨晓棠	中国农业大学	3	2	3	70	100.0	46	23.33	3
6	袁寿其	江苏大学	12	3	18	58	83.3	39	4.83	2
7	李耀明	江苏大学	16	3	16	56	62.5	15	3.50	5
7	陈红川	广州大学	4	1	10	56	50.0	55	14.00	1
9	李学森	辽宁省凌河保护区管理局	1	1	1	55	100.0	55	55.00	1
10	吕金庆	东北农业大学	10	5	10	54	90.0	11	5.40	5
10	罗锡文	南方粮油作物协同创新中心	1	1	1	54	100.0	54	54.00	1
12	聂继云	中国农业科学院果树研究所	8	4	16	53	87.5	21	6.63	3
12	严金明	中国人民大学	4	2	15	53	100.0	22	13.25	3
14	公丽艳	沈阳农业大学	1	1	1	51	100.0	51	51.00	1
14	邢英英	西北农林科技大学	3	2	3	51	100.0	26	17.00	3
14	葛文杰	黑龙江八一农垦大学	1	1	1	51	100.0	51	51.00	1
17	王金武	东北农业大学	13	3	14	50	84.6	14	3.85	4
17	陈温福	沈阳农业大学	2	2	3	50	100.0	46	25.00	2
19	张德胜	江苏大学	18	3	28	48	44.4	12	2.67	5
20	冯广京	中国土地勘测规划院	10	1	10	47	90.0	10	4.70	5

22.5.2　作者发文主题关联

通过作者共被引分析，获得 2017 年农业科学与工程学科作者之间的发文主题关联，图中节点大小反映被引次数高低，连线粗细代表共被引关联的强弱，关联越强表明两位作者的发文主题可能具有更强的相关性，红色节点为学科高被引作者 Top 20，详情见图 22-4（共被引 8 次以下不显示）。如图所示，以王辉、魏泽鼎、刘金龙、马锃宏为主要节点的子网络涉及的作者人数最多，子网络规模最大，展现出了学科研究方向上的主要研究力量；牛文全、张俊和薛万来等学者之间的关联较强，表明上述学者之间可能有较为相关的发文主题。

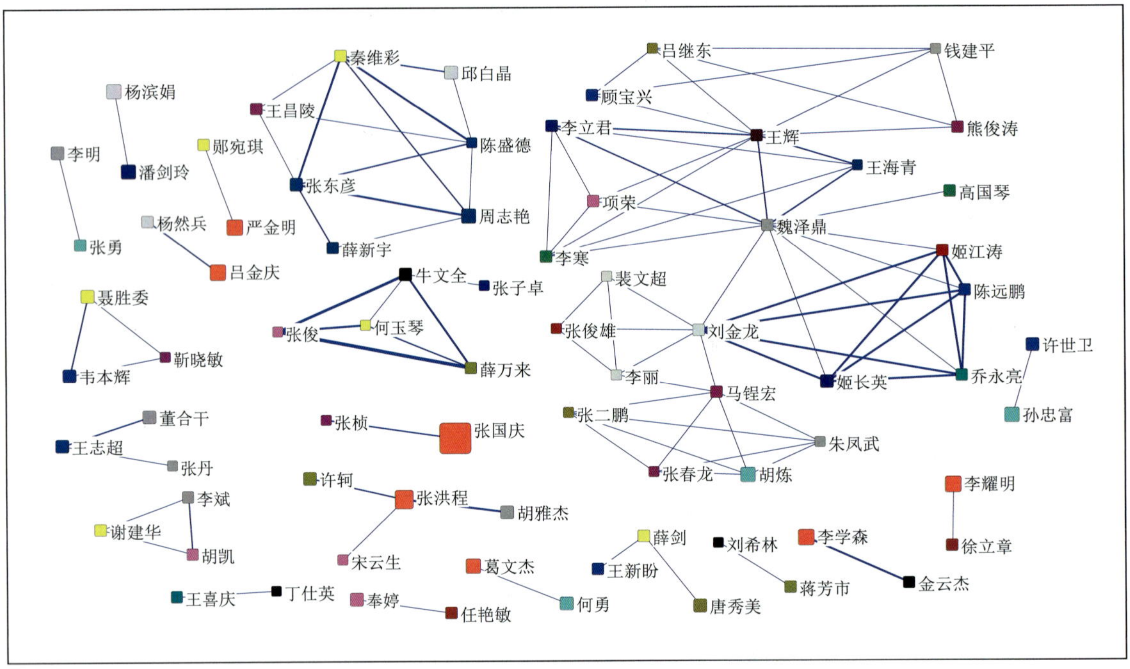

图 22-4　农业科学与工程学科作者发文主题关联（2017 年）

22.6　高被引机构分析

22.6.1　高被引机构

农业科学与工程学科被引次数 Top 10 高等院校和被引频次 Top 5 科研院所的发文和被引情况分别见表 22-5 和表 22-6。表中，总被引次数排名前 3 位的高等院校分别是西北农林科技大学、中国农业大学和南京农业大学，排名前 3 位的科研院所则是江苏省农业科学院、中国科学院南京土壤研究所和中国农业科学院农业资源与农业区划研究所；篇均被引最高的高等院校和科研院所分别是中国农业大学和中国农业科学院农业资源与农业区划研究所。

表 22-5　农业科学与工程学科高被引高等院校 Top 10（2017 年）

排名	第一作者单位	学科发文量（篇）		前 5 年学科发文在 2017 年的被引			
		前 5 年	2017 年	频次	被引率(%)	最高（次）	篇均（次）
1	西北农林科技大学	4816	725	5282	47.7	26	1.10
2	中国农业大学	3110	562	4833	55.0	46	1.55
3	南京农业大学	3025	543	3450	48.6	38	1.14

排名	第一作者单位	学科发文量（篇）		前5年学科发文在2017年的被引			
		前5年	2017年	频次	被引率(%)	最高（次）	篇均（次）
4	华南农业大学	2295	328	2220	44.5	27	0.97
5	东北农业大学	2465	407	2122	40.5	15	0.86
6	华中农业大学	1662	297	1919	49.0	22	1.15
7	沈阳农业大学	2229	345	1913	39.7	51	0.86
8	湖南农业大学	2789	430	1838	36.0	38	0.66
9	甘肃农业大学	2273	381	1805	40.9	18	0.79
10	山东农业大学	1738	384	1784	43.9	19	1.03

表22-6　农业科学与工程学科高被引科研院所Top 5（2017年）

排名	第一作者单位	学科发文量（篇）		前5年学科发文在2017年的被引			
		前5年	2017年	频次	被引率(%)	最高（次）	篇均（次）
1	江苏省农业科学院	1780	293	1531	43.7	34	0.86
2	中国科学院南京土壤研究所	553	75	1009	62.4	71	1.82
3	中国农业科学院农业资源与农业区划研究所	355	52	913	69.6	25	2.57
4	福建省农业科学院	1276	247	873	39.3	11	0.68
5	中国农业科学院	580	228	836	47.6	36	1.44

22.6.2　机构发文主题关联

通过机构共被引分析，获得农业科学与工程学科机构间的发文主题关联，图中节点大小反映被引次数高低，连线粗细代表共被引关联的强弱，关联越强表明两个机构的发文主题可能具有更强的相关性，红色节点为高被引高等院校Top 10和高被引科研院所Top 5，详情见图22-5（共被引100次以下不显示）。由图可知，高被引高等院校主导了农业科学与工程学科的机构共被引网络，在学科内体现出了较显著的学术影响力；西北农林科技大学具有最多的关联关系，充分表明了其学科学术影响力；西北农林科技大学和中国农业大学机构之间的关联较强，表明上述机构的研究主题具有较多重叠之处。

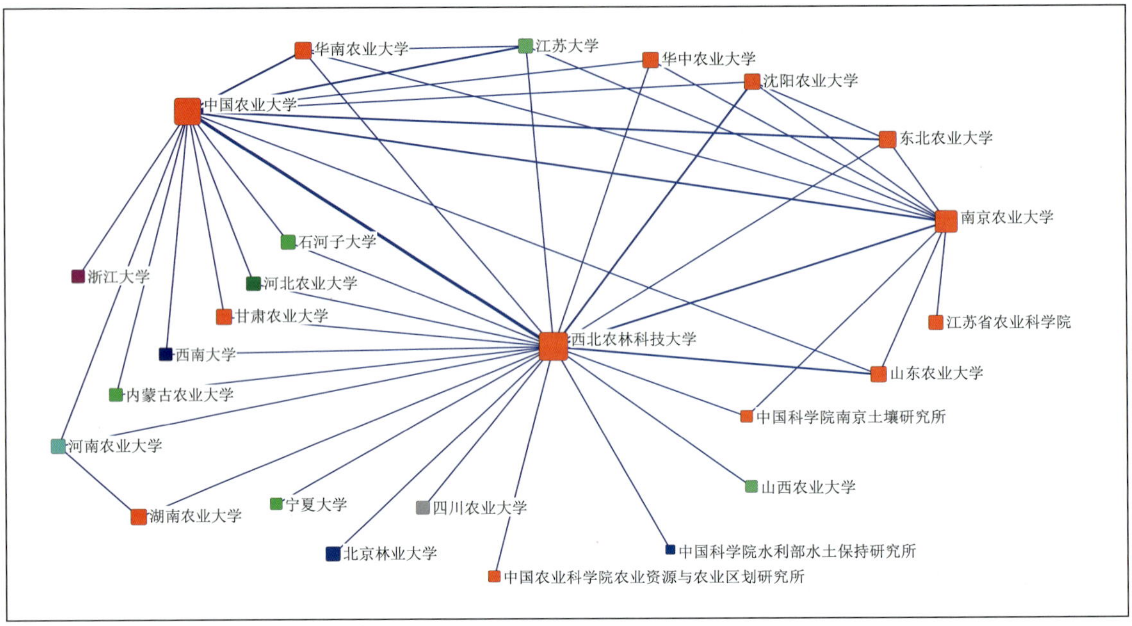

图 22-5 农业科学与工程学科机构发文主题关联（2017 年）

22.7 高被引国外期刊

农业科学与工程学科内被引次数 Top 10 的国外期刊见表 22-7，排名前 3 位的国外期刊是 *PLoS ONE*、*Food Chemistry* 和 *Field Crops Research*。

表 22-7 农业科学与工程学科高被引国外期刊 Top 10（2017 年）

排名	期刊名称	2017 年被引频次
1	PLoS ONE	1526
2	Food Chemistry	661
3	Field Crops Research	537
4	Bioresource Technology	503
5	Scientific Reports	434
6	Agricultural Water Management	406
7	Science of the Total Environment	393
8	Plant Physiology	387
9	Plant and Soil	380
10	Journal of Experimental Botany	376

第 23 章　植物保护学学科高被引分析

23.1　学科论文概况

2012—2016 年，植物保护学学科的 16 种期刊上共发表学术论文 12272 篇，由来自在 2306 所机构的 8401 位学者作为第一作者发表。上述论文中，有 4426 篇在 2017 年获得过引用，整体被引率为 36.1%，总被引频次为 7923 次，篇均被引 0.65 次；其中，高被引论文有 45 篇，累计被引 484 次，篇均被引 10.76 次，单篇论文最高被引 30 次（表 23-1）。另外，2017 年本学科共发表论文 2255 篇，其中有 215 篇在当年获得过引用，总共被引 256 次。

表 23-1　植物保护学学科论文分布情况

年份	论文篇数	2017 年被引频次	2017 年被引率（%）	2017 年高被引论文			
				论文篇数	最高被引频次	总被引频次	篇均被引频次
2012	2564	1363	30.9	7	13	71	10.14
2013	2379	1563	34.6	10	17	108	10.80
2014	2474	1686	37.3	9	17	95	10.56
2015	2479	1852	40.5	10	30	132	13.20
2016	2376	1459	37.1	9	13	78	8.67
合计	12272	7923	36.1	45	30	484	10.76

23.2　高被引论文分析

在植物保护学学科，2017 年被引次数 Top 10 论文（表 23-2）的平均被引次数为 16.1 次，是全部 45 篇高被引论文篇均被引频次的 1.5 倍。其中，被引次数最高的论文是张兴的《植物源农药研究进展》（2015），随后两篇分别是陈万权的《小麦重大病虫害综合防治技术体系》（2013）和张洁的《小麦赤霉病的防治技术研究进展》（2014）。

从论文分布来看，刊载高被引论文数量居前的 3 种期刊分别是《中国生物防治学报》（11 篇）、《植物保护》（10 篇）和《中国植保导刊》（9 篇），其中，《中国生物防治学报》刊载了高被引论文 Top 10 中的 3 篇；发表高被引论文数量居前的学者分别是山东农业大学的张鹏（2 篇）和中国农业科学院植物保护研究所的邱德文（2 篇）；产出高被引论文数量居前的机构分别是中国农业科学院植物保护研究所（7 篇）、全国农业技术推广服务中心（6 篇）和山东农业大学（3 篇），而中国农业科学院植物保护研究所产出了高被引论文 Top 10 中的 3 篇。

表 23-2　植物保护学学科高被引论文 Top 10（2017 年）

排名	论文题名	第一作者	期刊名称	发表年份	被引频次	
					总频次	2017 年
1	植物源农药研究进展	张兴	中国生物防治学报	2015	57	30
2	小麦重大病虫害综合防治技术体系	陈万权	植物保护	2013	43	17
2	小麦赤霉病的防治技术研究进展	张洁	中国植保导刊	2014	39	17
4	芽孢杆菌类生物杀菌剂的研发与应用	陈志谊	中国生物防治学报	2015	17	16
5	农作物病虫害绿色防控技术集成与应用	杨普云	中国植保导刊	2014	31	15
6	生物农药的发展现状与趋势分析	邱德文	中国生物防治学报	2015	26	14
7	中国农药使用现状及对策建议	陈晓明	农药科学与管理	2016	18	13
7	绿色环保生物杀虫剂多杀霉素和乙基多杀菌素的述评	华乃震	农药	2015	21	13
7	甲氧基丙烯酸酯类杀菌剂——吡唑醚菌酯	杨丽娟	现代农药	2012	47	13
7	农药残留研究进展与展望	郑永权	植物保护	2013	35	13

23.3　研究主题关联分析

在植物保护学学科，49 篇高被引论文共被 2017 年发表的 470 篇论文引用了 484 次。通过分析施引文献关键词的词频及关键词之间的共现关系，获得 2017 年植物保护学学科的热点主题和主题关联，如图 23-1 所示（共现 4 次以下不显示）。由图可知："生物防治""防治效果""小麦""韭菜迟眼蕈蚊""病虫害"等关键词的文档词频较高，是 2017 年学科的研究热点；3 个节点以上的研究主题关联网络共 2 个，构成了学科内最为突出的研究主题簇；其中，以"防治效果""韭菜迟眼蕈蚊""杀虫剂"为核心节点的研究主题关联网络最大，其余团簇中词频最高或连线最多的关键词是"病虫害"。

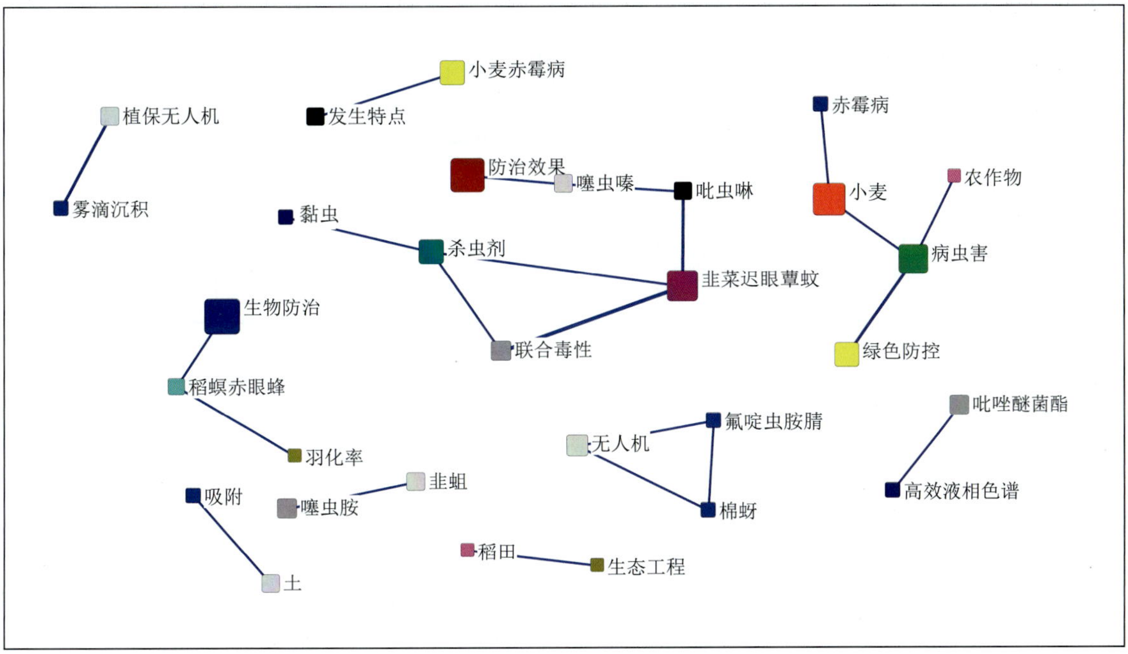

图 23-1　植物保护学学科热点论文主题关联（2017 年）

23.4　高影响力期刊分析

23.4.1　高影响力期刊 Top 10

在植物保护学学科，5 年影响因子 Top 10 期刊见表 23-3，前 3 种期刊分别是《中国生物防治学报》、《植物保护学报》和《植物保护》。其中，2017 年被引频次最高的期刊是《植物保护》，被引率最高的期刊是《植物保护学报》。2012—2017 年期刊 5 年影响因子的变动情况如图 23-2 所示。

表 23-3　植物保护学学科高被引期刊基本指标（2017 年）

排名	期刊名称	载文篇数		2017 年被引频次	5 年影响因子	即年指标	被引率(%)	高被引论文篇数	h 指数
		前 5 年	2017 年						
1	中国生物防治学报	571	118	700	1.226	0.203	52.0	11	9
2	植物保护学报	676	161	782	1.157	0.130	56.7	7	7
3	植物保护	1305	255	1266	0.970	0.161	50.5	10	8
4	农药学学报	601	108	559	0.930	0.185	47.1	3	6
5	植物病理学报	495	115	379	0.766	0.139	43.0	1	5
6	中国植保导刊	1334	250	917	0.687	0.208	36.6	9	8

排名	期刊名称	载文篇数		2017 年被引频次	5 年影响因子	即年指标	被引率（%）	高被引论文篇数	h 指数
		前 5 年	2017 年						
7	农药	1457	278	952	0.653	0.101	38.8	3	6
8	杂草学报	353	34	225	0.637	0	41.1	1	4
9	环境昆虫学报	766	184	468	0.611	0.076	38.8	1	5
10	现代农药	534	106	299	0.560	0.057	32.2	1	6

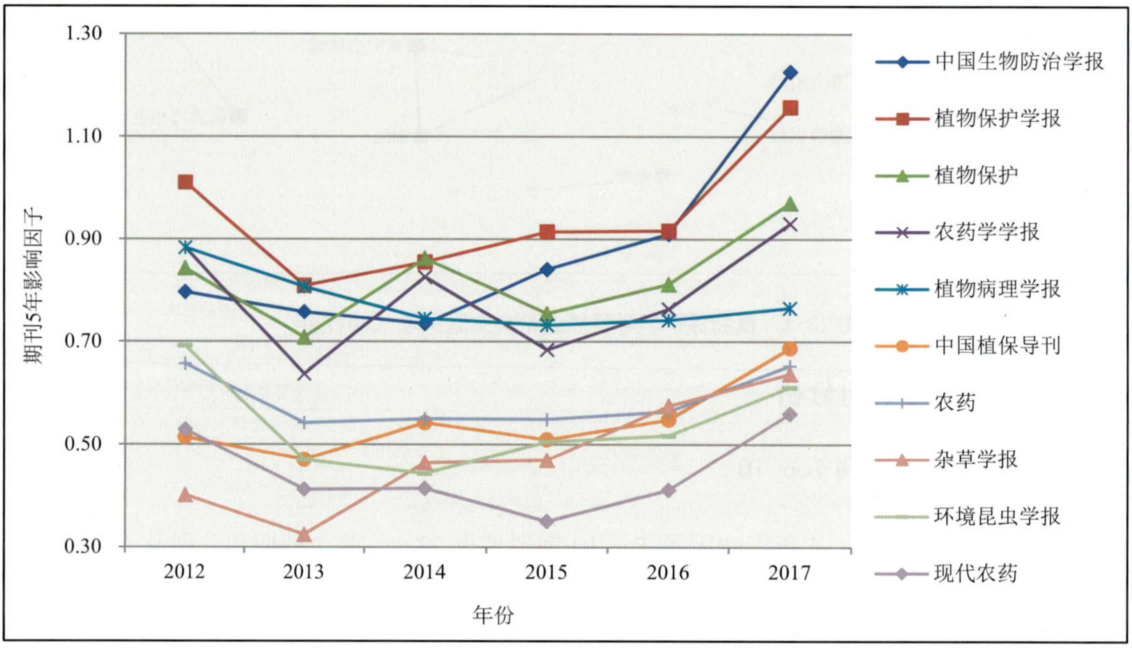

图 23-2 植物保护学学科期刊 5 年影响因子变动趋势（2012—2017 年）

23.4.2 期刊载文主题关联

通过期刊共被引分析，获得植物保护学学科期刊之间的载文主题关联，图中节点大小反映 5 年影响因子的高低，连线粗细代表共被引关联的强弱，关联越强表明两个期刊上有更多受学者们关注的相关主题论文，红色节点为学科高影响力期刊 Top 10，详情见图 23-3（共被引 17 次以下不显示）。如图所示，植物保护学学科的多个期刊均互相关联且关联较为紧密，各期刊的学科分类属性体现得较为明显；《中国生物防治学报》的 5 年影响因子最高；《植物保护》具有最多的关联关系，表明其发文主题与其他多个期刊的主题均有重合；《植物保护》与《植物保护学报》《中国植保导刊》，《农药学学报》与《农药》等期刊之间的关联较强，表明上述期刊分别具有较多相关主题的论文。

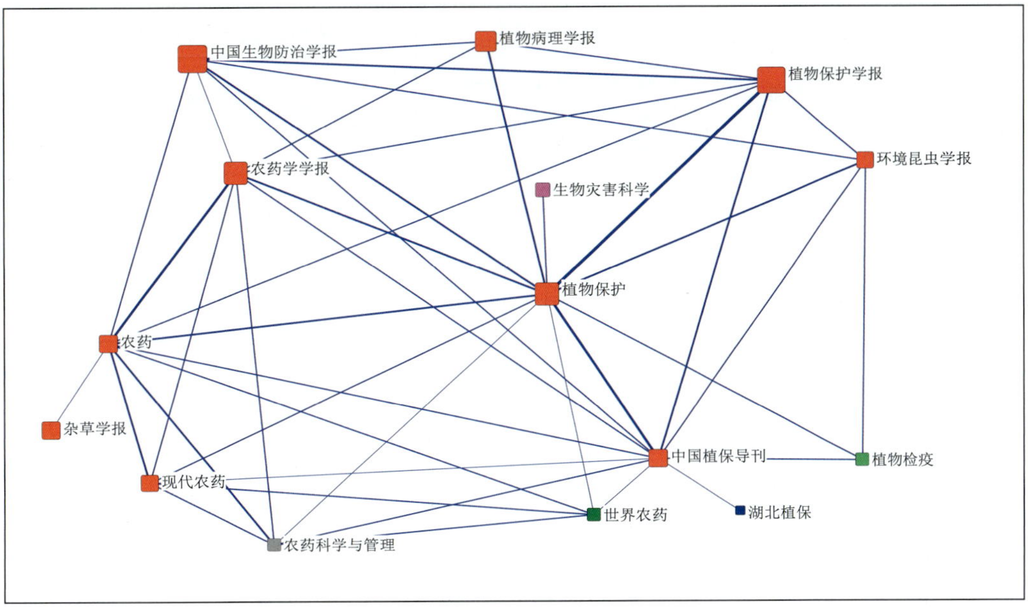

图 23-3　植物保护学学科期刊载文主题关联（2017 年）

23.5　高被引作者分析

23.5.1　高被引作者 Top 20

2017 年论文被引次数 Top 20 的作者见表 23-4。其中，学科发文总被引频次较高的 3 位作者分别是深圳诺普信农化股份有限公司的华乃震（45 次）、西北农林科技大学的张兴（32 次）和全国农业技术推广服务中心的张帅（31 次）。在学科发文 5 篇及以上的作者中，篇均被引较高的 3 位作者分别是江苏省农药研究所股份有限公司的顾林玲（篇均 3.29 次）、全国农业技术推广服务中心的杨普云（篇均 3.13 次）和全国农业技术推广服务中心的张帅（篇均 3.10 次）；5 年学科发文较多的 3 位作者分别是上海市农药研究所的张一宾（42 篇）、上海市农药研究所的叶萱（24 篇）和深圳诺普信农化股份有限公司的华乃震（23 篇）。

表 23-4　植物保护学学科高被引作者 Top 20（2017 年）

排名	姓名	作者单位	前 5 年发文			前 5 年学科发文在 2017 年的被引				h 指数（学科）
			学科发文（篇）	期刊分布（种）	发文总量（篇）	频次	被引率（%）	最高（次）	篇均（次）	
1	华乃震	深圳诺普信农化股份有限公司	23	3	23	45	56.5	13	1.96	4
2	张兴	西北农林科技大学	3	3	13	32	66.7	30	10.67	2
3	张帅	全国农业技术推广服务中心	10	3	11	31	90.0	8	3.10	3

排名	姓名	作者单位	前5年发文			前5年学科发文在2017年的被引				h指数（学科）
			学科发文（篇）	期刊分布（种）	发文总量（篇）	频次	被引率（%）	最高（次）	篇均（次）	
4	邱德文	中国农业科学院植物保护研究所	3	2	6	30	100.0	14	10.00	3
5	杨普云	全国农业技术推广服务中心	8	1	10	25	50.0	15	3.13	3
6	赵中华	全国农业技术推广服务中心	8	1	8	24	62.5	7	3.00	3
7	顾林玲	江苏省农药研究所股份有限公司	7	2	7	23	85.7	7	3.29	4
8	张鹏	山东农业大学	3	2	6	21	100.0	9	7.00	3
8	姜玉英	全国农业技术推广服务中心	9	2	14	21	77.8	5	2.33	3
8	刘万才	全国农业技术推广服务中心	10	2	11	21	90.0	6	2.10	3
11	曾娟	全国农业技术推广服务中心	10	2	13	20	30.0	9	2.00	3
11	黄冲	全国农业技术推广服务中心	7	2	8	20	57.1	9	2.86	3
13	仇是胜	江苏嘉隆化工有限公司	6	2	6	18	66.7	7	3.00	3
14	张云慧	中国农业科学院植物保护研究所	4	2	7	17	75.0	12	4.25	2
14	陈万权	中国农业科学院植物保护研究所	1	1	3	17	100.0	17	17.00	1
14	唐良德	中国热带农业科学院环境与植物保护研究所	7	4	10	17	71.4	7	2.43	2
14	张洁	河南工业大学	1	1	3	17	100.0	17	17.00	1
18	张一宾	上海市农药研究所	42	4	48	16	23.8	3	0.38	2
18	刘邮洲	江苏省农业科学院	4	3	9	16	75.0	9	4.00	2
18	戴德江	浙江省农药检定管理所	9	4	12	16	88.9	4	1.78	2
18	陈志谊	江苏省农业科学院	1	1	4	16	100.0	16	16.00	1

23.5.2　作者发文主题关联

通过作者共被引分析，获得 2017 年植物保护学学科作者之间的发文主题关联，图中节点大小反映被引次数高低，连线粗细代表共被引关联的强弱，关联越强表明两位作者的发文主题可能具有更强的相关性，红色节点为学科高被引作者 Top 20，详情见图 23-4（共被引 3 次以下不显示）。如图所示，以张鹏、李贤贤为主要节点的子网络规模较大；以唐良德、郭荣分别为主要节点的网络涉及的作者较多，展现出了学科研究方向上的主要研究力量。张鹏和李贤贤、郭荣和杨亚军等学者之间的关联较强，表明上述学者之间可能有较为相关的发文主题。

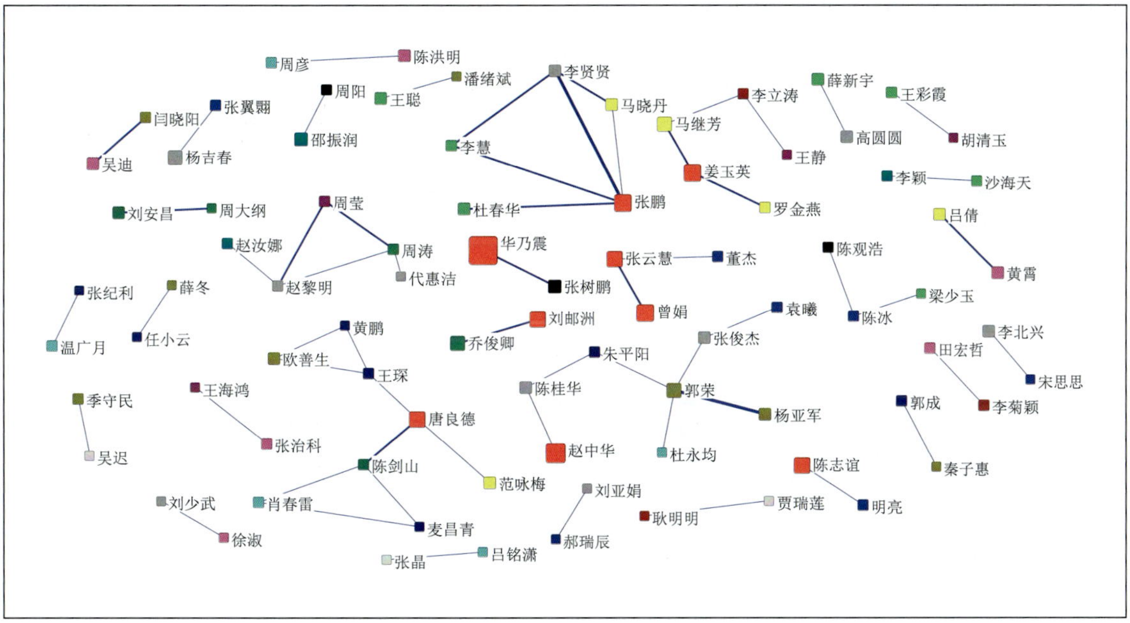

图 23-4　植物保护学学科作者发文主题关联（2017 年）

23.6　高被引机构分析

23.6.1　高被引机构

植物保护学学科被引次数 Top 10 高等院校和被引频次 Top 5 科研院所的发文和被引情况分别见表 23-5 和表 23-6。表中，总被引次数排名前 3 位的高等院校分别是山东农业大学、中国农业大学和西北农林科技大学，排名前 3 位的科研院所则是中国农业科学院植物保护研究所、全国农业技术推广服务中心和江苏省农业科学院；篇均被引最高的高等院校和科研院所分别是山东农业大学和全国农业技术推广服务中心。

表 23-5　植物保护学学科高被引高等院校 Top 10（2017 年）

排名	第一作者单位	学科发文量（篇）		前 5 年学科发文在 2017 年的被引			
		前 5 年	2017 年	频次	被引率(%)	最高（次）	篇均（次）
1	山东农业大学	209	32	267	56.5	10	1.28
2	中国农业大学	189	30	202	52.4	9	1.07
3	西北农林科技大学	169	31	170	48.5	30	1.01
4	华南农业大学	211	26	158	44.5	6	0.75
5	河北农业大学	147	17	140	54.4	5	0.95
6	沈阳农业大学	134	25	113	48.5	5	0.84
7	南京农业大学	129	14	111	49.6	6	0.86
8	江西农业大学	112	19	91	45.5	6	0.81
8	湖南农业大学	115	14	91	49.6	5	0.79
10	青岛农业大学	103	17	87	42.7	9	0.84

表 23-6　植物保护学学科高被引科研院所 Top 5（2017 年）

排名	第一作者单位	学科发文量（篇）		前 5 年学科发文在 2017 年的被引			
		前 5 年	2017 年	频次	被引率(%)	最高（次）	篇均（次）
1	中国农业科学院植物保护研究所	298	36	350	48.0	17	1.17
2	全国农业技术推广服务中心	139	18	271	61.2	15	1.95
3	江苏省农业科学院	65	14	102	58.5	16	1.57
4	广东省农业科学院	90	23	101	50.0	10	1.12
5	农业部农药检定所	226	44	89	25.7	6	0.39

23.6.2　机构发文主题关联

通过机构共被引分析，获得植物保护学学科机构间的发文主题关联，图中节点大小反映被引次数高低，连线粗细代表共被引关联的强弱，关联越强表明两个机构的发文主题可能具有更强的相关性，红色节点为高被引高等院校 Top 10 和高被引科研院所 Top 5，详情见图 23-5（共被引 6 次以下不显示）。由图可知，高被引高等院校主导了植物保护学学科的机构共被引网络，在学科内体现出了较显著的学术影响力；中国农业科学院植物保护研究所具有最多的关联关系，充分表明了其学科学术影响力；中国农业科学院植物保护研究所和全国农业技术推广服务中心、山东农业大学和中国农业大学等机构之间的关联较强，表明上述机构的研究主题具有较多重叠之处。

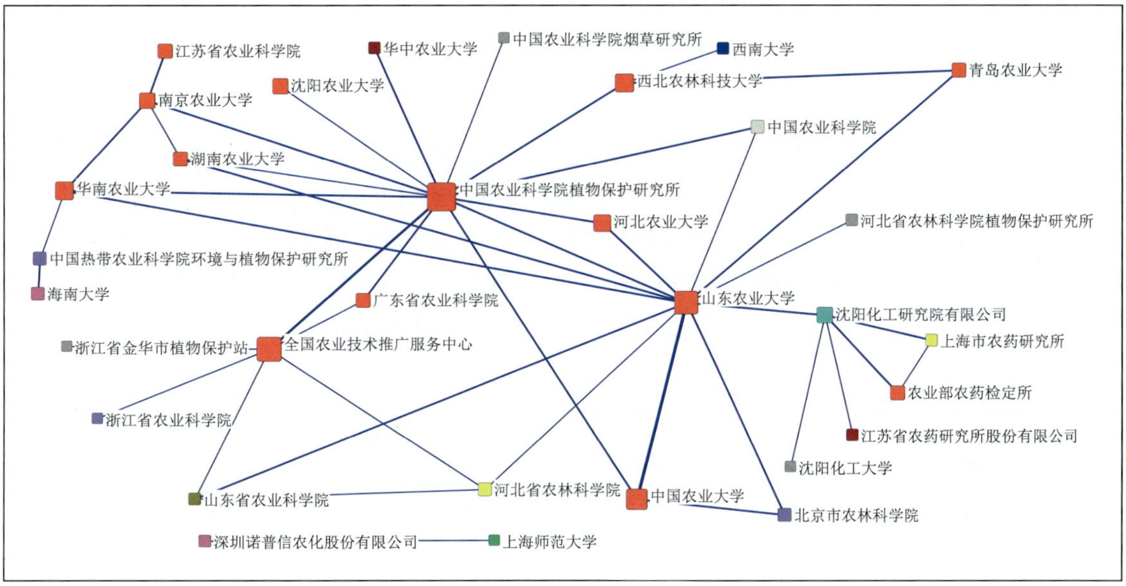

图 23-5　植物保护学学科机构发文主题关联（2017 年）

23.7　高被引国外期刊

植物保护学学科内被引次数 Top 10 的国外期刊见表 23-7，排名前 3 位的国外期刊是 *PLoS ONE*、*Plant Disease* 和 *Pest Management Science*。

表 23-7　植物保护学学科高被引国外期刊 Top 10（2017 年）

排名	期刊名称	2017 年被引频次
1	PLoS ONE	228
2	Plant Disease	121
3	Pest Management Science	71
4	Biological Control	62
5	Scientific Reports	55
5	European Journal of Plant Pathology	55
7	Journal of Economic Entomology	54
8	Crop Protection	45
9	Pesticide Biochemistry and Physiology	44
10	Archives of Virology	42

第 24 章　农作物学科高被引分析

24.1　学科论文概况

2012—2016 年，农作物学科的 42 种期刊上共发表学术论文 41252 篇，由来自在 7468 所机构的 27577 位学者作为第一作者发表。上述论文中，有 12566 篇在 2017 年获得过引用，整体被引率为 30.5%，总被引频次为 23351 次，篇均被引 0.57 次；其中，高被引论文有 137 篇，累计被引 1488 次，篇均被引 10.86 次，单篇论文最高被引 28 次（表 24-1）。另外，2017 年本学科共发表论文 8395 篇，其中有 751 篇在当年获得过引用，总共被引 996 次。

表 24-1　农作物学科论文分布情况

年份	论文篇数	2017 年被引频次	2017 年被引率（%）	2017 年高被引论文			
				论文篇数	最高被引频次	总被引频次	篇均被引频次
2012	8543	4135	26.1	30	23	321	10.70
2013	8263	4633	28.9	23	28	309	13.43
2014	8110	5002	32.5	30	23	350	11.67
2015	8179	5303	34.4	29	16	294	10.14
2016	8157	4278	30.7	25	13	214	8.56
合计	41252	23351	30.5	137	28	1488	10.86

24.2　高被引论文分析

在农作物学科，2017 年被引次数 Top 10 论文（表 24-2）的平均被引次数为 20.27 次，是全部 137 篇高被引论文篇均被引频次的 1.9 倍。其中，被引次数最高的论文是张伟明的《生物炭对水稻根系形态与生理特性及产量的影响》（2013），随后是唐琨的《土壤 pH 对植物生长发育影响的研究进展》（2013），以及刘子记的《特色植物辣木的应用价值及发展前景分析》（2014）和谭美莲的《国内外紫苏研究进展概述》（2012）。

从论文分布来看，刊载高被引论文数量居前的 3 种期刊分别是《作物学报》（53 篇）、《核农学报》（12 篇）和《植物遗传资源学报》（11 篇），其中，《作物学报》刊载了高被引论文 Top 10 中的 5 篇；发表高被引论文数量居前的学者分别是吉林省农业科学院的方向前（3 篇）、中国农业科学院棉花研究所的喻树迅（2 篇）和扬州大学的张洪程（2 篇）；产出高被引论文数量居前的机构分别是扬州大学（11 篇）、中国农业科学院作物科学研究所（8 篇）和四川农业大学（7 篇），而中国农业科学院油料作物研究所产出了高被引论文 Top 10 中的 2 篇。

表 24-2　农作物学科高被引论文 Top 10（2017 年）

排名	论文题名	第一作者	期刊名称	发表年份	被引频次	
					总频次	2017 年
1	生物炭对水稻根系形态与生理特性及产量的影响	张伟明	作物学报	2013	92	28
2	土壤 pH 对植物生长发育影响的研究进展	唐琨	作物研究	2013	53	26
3	特色植物辣木的应用价值及发展前景分析	刘子记	热带作物学报	2014	40	23
3	国内外紫苏研究进展概述	谭美莲	中国油料作物学报	2012	56	23
5	重要胡麻栽培品种的抗旱性综合评价及指标筛选	罗俊杰	作物学报	2014	33	20
6	影响玉米机械收粒质量因素的分析	柳枫贺	作物杂志	2013	37	19
7	长期稻-稻-绿肥轮作对水稻产量及土壤肥力的影响	高菊生	作物学报	2013	54	18
8	近年我国玉米超高产田的分布、产量构成及关键技术	陈国平	作物学报	2012	76	17
8	盐胁迫对不同水稻品种光合特性和生理生化特性的影响	徐晨	中国水稻科学	2013	38	17
10	我国油料产业形势分析与发展对策建议	王汉中	中国油料作物学报	2014	39	16
10	水稻核心种质表型性状遗传多样性分析及综合评价	胡标林	作物学报	2012	45	16

24.3　研究主题关联分析

在农作物学科，高被引论文共被 2017 年发表的 1407 篇论文引用了 1488 次。通过分析施引文献关键词的词频及关键词之间的共现关系，获得 2017 年农作物学科的热点主题和主题关联，如图 24-1 所示（共现 7 次以下不显示）。由图可知：“玉米”“产量”等关键词的文档词频较高，是 2017 年学科的研究热点。以“产量”“玉米”“水稻”等关键词为主要节点的多个概念相互关联，构成了学科内最为突出的研究主题簇。

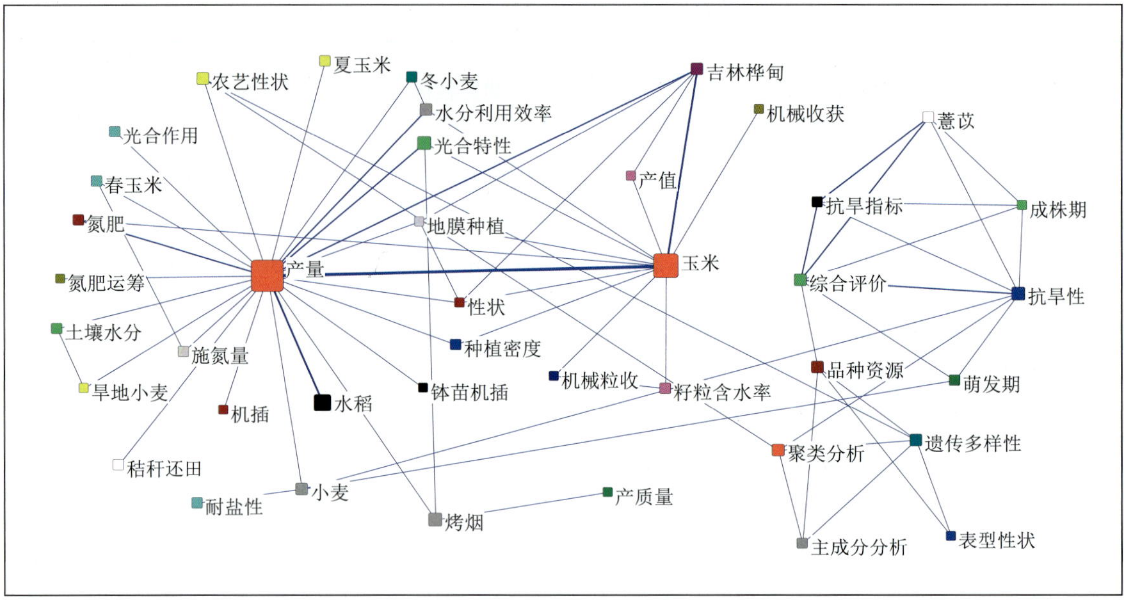

图 24-1　农作物学科热点论文主题关联（2017 年）

24.4　高影响力期刊分析

24.4.1　高影响力期刊 Top 10

在农作物学科，5 年影响因子 Top 10 期刊见表 24-3，前 3 种期刊分别是《作物学报》、《核农学报》和《植物遗传资源学报》。其中，2017 年被引频次最高的期刊是《作物学报》，被引率最高的期刊是《作物学报》。2012—2017 年期刊 5 年影响因子的变动情况如图 24-2 所示。

表 24-3　农作物学科高被引期刊基本指标（2017 年）

排名	期刊名称	载文篇数		2017 年被引频次	5 年影响因子	即年指标	被引率（%）	高被引论文篇数	h 指数
		前 5 年	2017 年						
1	作物学报	1269	196	2349	1.851	0.306	62.4	53	12
2	核农学报	1473	307	2028	1.377	0.296	62.3	12	8
3	植物遗传资源学报	933	147	1265	1.356	0.163	61.1	11	9
4	中国水稻科学	457	75	570	1.247	0.173	54.5	3	6
5	中国烟草科学	693	94	840	1.212	0.181	53.0	6	7
6	玉米科学	881	152	1030	1.169	0.132	52.7	8	8
7	茶叶科学	481	74	550	1.143	0.095	50.9	4	6

排名	期刊名称	载文篇数		2017 年被引频次	5 年影响因子	即年指标	被引率（%）	高被引论文篇数	h 指数
		前 5 年	2017 年						
8	棉花学报	392	83	425	1.084	0.169	56.9	2	5
9	中国油料作物学报	622	120	645	1.037	0.117	49.7	4	6
10	中国烟草学报	657	109	649	0.988	0.073	48.7	1	6

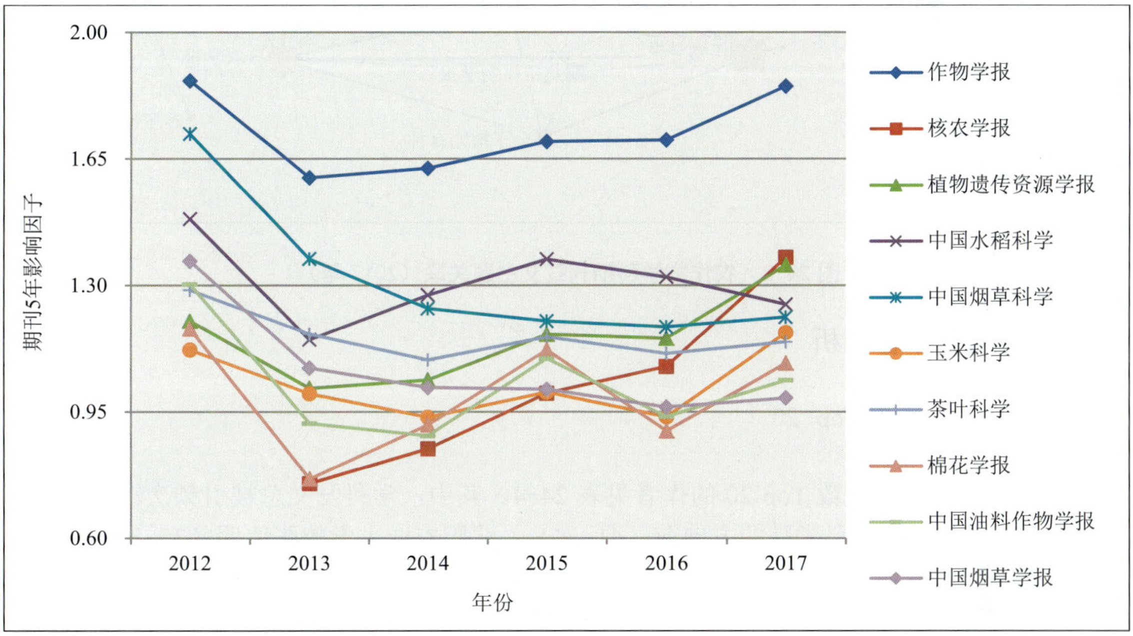

图 24-2　农作物学科期刊 5 年影响因子变动趋势（2012—2017 年）

24.4.2　期刊载文主题关联

通过期刊共被引分析，获得农作物学科期刊之间的载文主题关联，图中节点大小反映 5 年影响因子的高低，连线粗细代表共被引关联的强弱，关联越强表明两个期刊上有更多受学者们关注的相关主题论文，红色节点为学科高影响力期刊 Top 10，详情见图 24-3（共被引 34 次以下不显示）。如图所示，农作物学科的多个期刊均互相关联且关联较为紧密，各期刊的学科分类属性体现得较为明显，《作物学报》的被引次数最高且具有最多的关联关系，是主题关联网络里的核心节点；《作物学报》与《玉米科学》《植物遗传资源学报》《核农学报》等期刊之间的关联较强，表明上述期刊具有较多相关主题的论文。

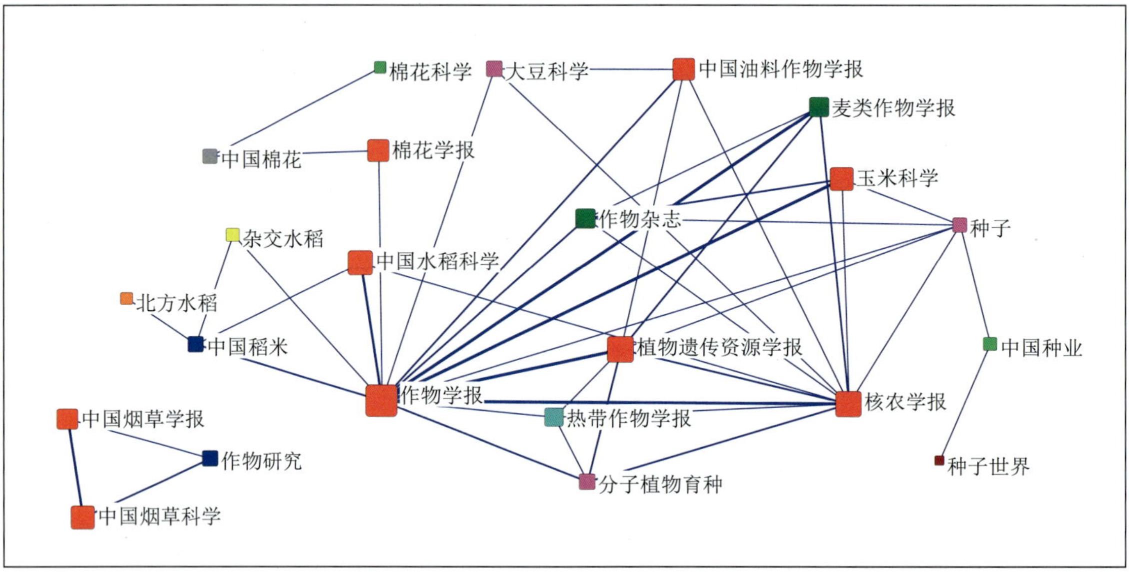

图 24-3　农作物学科期刊载文主题关联（2017 年）

24.5　高被引作者分析

24.5.1　高被引作者 Top 20

2017 年论文被引次数 Top 20 的作者见表 24-4。其中，学科发文总被引频次较高的 3 位作者分别是吉林省农业科学院的方向前（41 次）、沈阳农业大学的张伟明（35 次）和扬州大学的张洪程（30 次）。在学科发文 5 篇及以上的作者中，篇均被引较高的 3 位作者分别是扬州大学的胡雅杰（篇均 5.80 次）、扬州大学的张洪程（篇均 5.00 次）和扬州大学的徐云姬（篇均 4.60 次）；5 年学科发文较多的 3 位作者分别是中国农业科学院特产研究所的周淑荣（40 篇）、吉林农业科技学院的李沐森（24 篇）和中国农业科学院的佟屏亚（22 篇）。

表 24-4　农作物学科高被引作者 Top 20（2017 年）

排名	姓名	作者单位	前 5 年发文			前 5 年学科发文在 2017 年的被引				h 指数（学科）
			学科发文（篇）	期刊分布（种）	发文总量（篇）	频次	被引率（%）	最高（次）	篇均（次）	
1	方向前	吉林省农业科学院	12	3	26	41	50.0	15	3.42	3
2	张伟明	沈阳农业大学	2	1	3	35	100.0	28	17.50	2
3	张洪程	扬州大学	6	3	11	30	100.0	10	5.00	4
4	胡雅杰	扬州大学	5	3	9	29	80.0	16	5.80	3
4	罗俊杰	甘肃省农业科学院	3	2	3	29	100.0	20	9.67	3

排名	姓名	作者单位	前 5 年发文			前 5 年学科发文在 2017 年的被引				h 指数（学科）
			学科发文（篇）	期刊分布（种）	发文总量（篇）	频次	被引率（%）	最高（次）	篇均（次）	
6	王兰芬	中国农业科学院作物科学研究所	4	2	4	27	100.0	12	6.75	3
7	谭美莲	中国农业科学院油料作物研究所	3	2	5	26	66.7	23	8.67	2
7	唐琨	湖南农业大学	1	1	1	26	100.0	26	26.00	1
9	刘子记	中国热带农业科学院热带作物品种资源研究所	6	2	25	25	50.0	23	4.17	1
10	龚金龙	扬州大学	10	4	15	23	90.0	5	2.30	3
10	徐云姬	扬州大学	5	2	7	23	80.0	13	4.60	3
12	喻树迅	中国农业科学院棉花研究所	3	2	7	22	100.0	11	7.33	2
12	邓小华	湖南农业大学	6	2	18	22	83.3	8	3.67	3
14	胡标林	江西省农业科学院	2	2	5	21	100.0	16	10.50	2
14	雷小龙	四川农业大学	4	2	4	21	100.0	7	5.25	3
14	韦还和	扬州大学	11	1	12	21	72.7	6	1.91	3
14	宋朝辉	甘肃省武威市农业技术推广中心	4	1	4	21	100.0	9	5.25	2
18	张仁和	西北农林科技大学	4	2	4	20	100.0	8	5.00	3
18	姜元华	扬州大学	3	2	6	20	100.0	12	6.67	3
20	景立权	扬州大学	3	3	7	19	100.0	11	6.33	3
20	孙永健	四川农业大学	3	3	8	19	100.0	12	6.33	2
20	付景	扬州大学	4	2	5	19	100.0	10	4.75	3

24. 5. 2　作者发文主题关联

通过作者共被引分析，获得 2017 年农作物学科作者之间的发文主题关联，图中节点大小反映被引次数高低，连线粗细代表共被引关联的强弱，关联越强表明两位作者的发文主题可能具有更强的相关性，红色节点为学科高被引作者 Top 20，详情见图 24-4（共被引 5 次以下不显示）。如图所示，高被引作者主导了农作物学科的作者共被引网络，意味着他们的论文主题主导了学科研究热点；3 个节点及以上的作者发文主题关联网络共 3 个，其中，以柳枫贺为主要节点的子网络规模较大、关联较为紧密且涉及高被引作者人数最多，展现了学科热点研究方向上的主要研究力量；柳枫贺和谢瑞芝、孙学保和宋朝辉等学者之间的关联较强，表明上述学者之间可能分别有较为相关的发文主题。

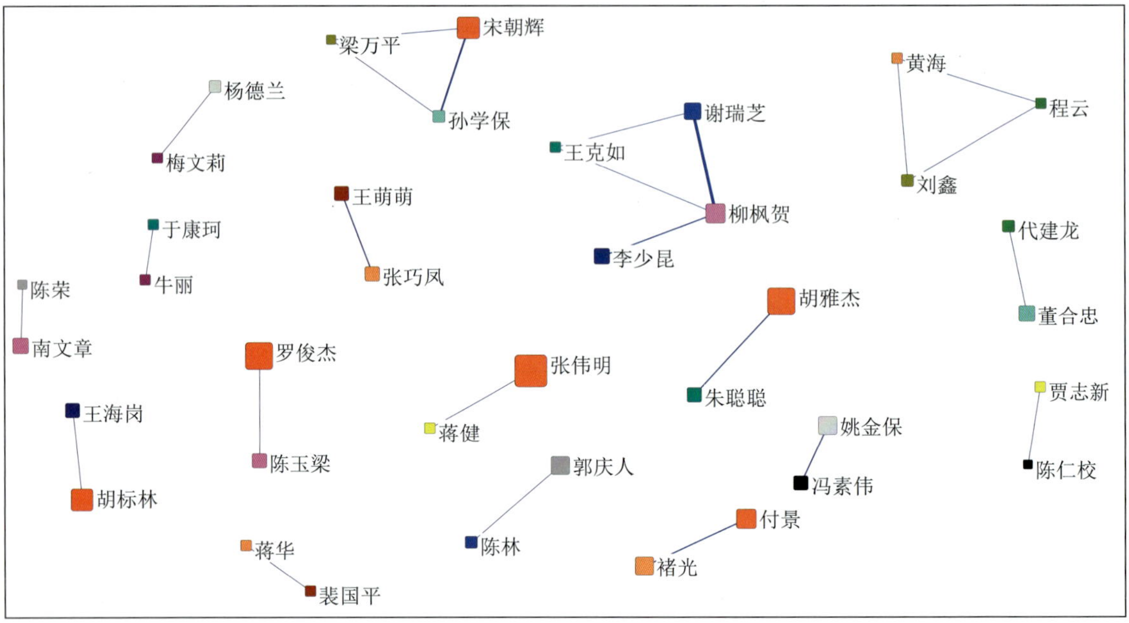

图 24-4　农作物学科作者发文主题关联（2017 年）

24.6　高被引机构分析

24.6.1　高被引机构

农作物学科被引次数 Top 10 高等院校和被引频次 Top 5 科研院所的发文和被引情况分别见表 24-5 和表 24-6。表中，总被引次数排名前 3 位的高等院校分别是湖南农业大学、扬州大学和四川农业大学，排名前 3 位的科研院所则是中国农业科学院作物科学研究所、中国农业科学院烟草研究所和中国农业科学院棉花研究所；篇均被引最高的高等院校和科研院所分别是扬州大学和中国农业科学院作物科学研究所。

表 24-5　农作物学科高被引高等院校 Top 10（2017 年）

排名	第一作者单位	学科发文量（篇）		前 5 年学科发文在 2017 年的被引			
		前 5 年	2017 年	频次	被引率(%)	最高（次）	篇均（次）
1	湖南农业大学	852	156	767	44.2	26	0.90
2	扬州大学	346	61	554	55.8	16	1.60
3	四川农业大学	358	89	513	59.5	14	1.43
4	河南农业大学	366	71	462	57.1	11	1.26

排名	第一作者单位	学科发文量（篇）		前5年学科发文在2017年的被引			
		前5年	2017年	频次	被引率(%)	最高（次）	篇均（次）
5	东北农业大学	557	85	405	43.6	7	0.73
6	西北农林科技大学	407	57	382	47.4	9	0.94
7	福建农林大学	496	75	378	42.3	13	0.76
8	南京农业大学	408	62	374	47.5	6	0.92
9	沈阳农业大学	339	40	363	51.3	28	1.07
10	山东农业大学	232	24	331	54.3	15	1.43

表24-6 农作物学科高被引科研院所 Top 5（2017年）

排名	第一作者单位	学科发文量（篇）		前5年学科发文在2017年的被引			
		前5年	2017年	频次	被引率(%)	最高（次）	篇均（次）
1	中国农业科学院作物科学研究所	360	47	468	51.7	16	1.30
2	中国农业科学院烟草研究所	223	34	286	60.1	8	1.28
3	中国农业科学院棉花研究所	295	70	284	47.8	11	0.96
4	江苏省农业科学院	239	27	257	49	12	1.08
5	中国水稻研究所	226	32	253	53.5	11	1.12

24.6.2 机构发文主题关联

通过机构共被引分析，获得农作物学科机构间的发文主题关联，图中节点大小反映被引次数高低，连线粗细代表共被引关联的强弱，关联越强表明两个机构的发文主题可能具有更强的相关性，红色节点为高被引高等院校 Top 10 和高被引科研院所 Top 5，详情见图24-5（共被引 15 次以下不显示）。由图可知，高被引高等院校主导了农作物学科的机构共被引网络，在学科内体现出了较显著的学术影响力；中国农业科学院作物科学研究所具有最多的关联关系，充分表明了其学科学术影响力，湖南农业大学的总被引次数最高；四川农业大学和扬州大学、湖南农业大学等机构之间的关联较强，表明上述机构的研究主题具有较多重叠之处。

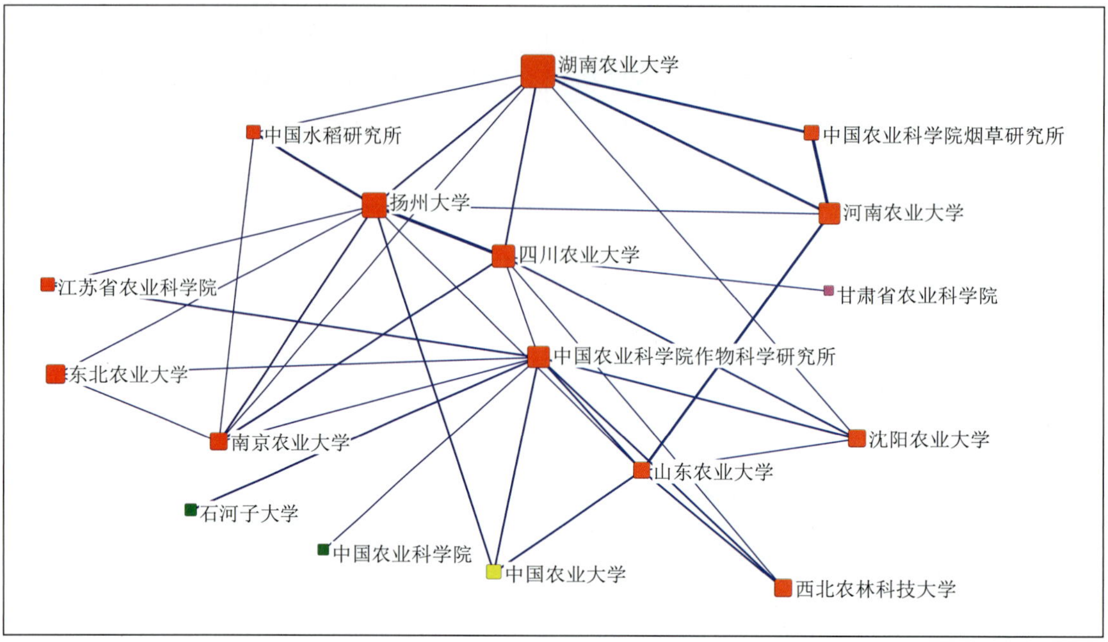

图 24-5 农作物学科机构发文主题关联（2017 年）

24.7 高被引国外期刊

农作物学科内被引次数 Top 10 的国外期刊见表 24-7，排名前 3 位的国外期刊是 *PLoS ONE*、*Journal of Experimental Botany* 和 *Plant Physiology*。

表 24-7 农作物学科高被引国外期刊 Top 10（2017 年）

排名	期刊名称	2017 年被引频次
1	PLoS ONE	592
2	Journal of Experimental Botany	278
3	Plant Physiology	250
4	Theoretical and Applied Genetics	220
5	Frontiers in Plant Science	211
6	Field Crops Research	204
7	Food Chemistry	169
8	BMC Plant Biology	164
9	Molecular Breeding	162
9	BMC Genetics	162

第 25 章　园艺学学科高被引分析

25.1　学科论文概况

2012—2016 年，园艺学学科的 36 种期刊上共发表学术论文 68354 篇，由来自在 17589 所机构的 45591 位学者作为第一作者发表。上述论文中，有 14603 篇在 2017 年获得过引用，整体被引率为 21.4%，总被引频次为 23668 次，篇均被引 0.35 次；其中，高被引论文有 167 篇，累计被引 1628 次，篇均被引 9.75 次，单篇论文最高被引 27 次（表 25-1）。另外，2017 年本学科共发表论文 13652 篇，其中有 1044 篇在当年获得过引用，总共被引 1393 次。

表 25-1　园艺学学科论文分布情况

年份	论文篇数	2017 年被引频次	2017 年被引率（%）	2017 年高被引论文			
				论文篇数	最高被引频次	总被引频次	篇均被引频次
2012	14323	4149	17.8	31	23	284	9.16
2013	13034	4199	20.4	26	20	235	9.04
2014	13475	4699	21.8	32	27	317	9.91
2015	13634	5335	23.9	43	22	429	9.98
2016	13888	5286	23.0	35	20	363	10.37
合计	68354	23668	21.4	167	27	1628	9.75

25.2　高被引论文分析

在园艺学学科，2017 年被引次数 Top 10 论文（表 25-2）的平均被引次数为 20.0 次，是全部 167 篇高被引论文篇均被引频次的 2.1 倍。其中，被引次数最高的论文是蔡力伟的《城市园林绿化养护管理存在问题及对策》（2014），随后两篇分别是郭世荣的《我国设施园艺概况及发展趋势》（2012）和曾凡逵的《马铃薯营养综述》（2015）。

从论文分布来看，刊载高被引论文数量居前的 3 种期刊分别是《现代园艺》（83 篇）、《园艺学报》（23 篇）和《果树学报》（16 篇），其中，《现代园艺》刊载了高被引论文 Top 10 中的 5 篇；发表高被引论文数量居前的学者分别是中国农业科学院的杨念（2 篇）、江西农业大学的刘科鹏（2 篇）和西北农林科技大学的刘杜玲（2 篇）；产出高被引论文数量居前的机构分别是西北农林科技大学（7 篇）、南京农业大学（6 篇）和西南大学（5 篇）。

表 25-2 园艺学学科高被引论文 Top 10（2017 年）

排名	论文题名	第一作者	期刊名称	发表年份	被引频次	
					总频次	2017 年
1	城市园林绿化养护管理存在问题及对策	蔡力伟	园艺与种苗	2014	74	27
2	我国设施园艺概况及发展趋势	郭世荣	中国蔬菜	2012	103	23
3	马铃薯营养综述	曾凡逵	中国马铃薯	2015	31	22
4	人参药理作用研究新进展	路放	人参研究	2013	48	20
4	浅析园林工程当中新技术和新工艺的应用	王东霞	现代园艺	2016	23	20
6	人性化理念在风景园林设计中的应用	邓梅芬	现代园艺	2015	43	19
7	节能型技术在风景园林施工中的应用	刮宏波	现代园艺	2015	33	18
8	低碳理念在城市园林植物景观设计中的应用探讨	苏志国	现代园艺	2015	34	17
8	对节能型技术在风景园林施工中的应用分析	渠丽	现代园艺	2014	40	17
8	我国辣椒品种市场需求变化趋势及育种对策	耿三省	中国蔬菜	2015	27	17

25.3 研究主题关联分析

在园艺学学科，高被引论文共被 2017 年发表的 1590 篇论文引用了 1628 次。通过分析施引文献关键词的词频及关键词之间的共现关系，获得 2017 年园艺学学科的热点主题和主题关联，如图 25-1 所示（共现 6 次以下不显示）。由图可知："园林工程""园林绿化"等关键词的文档词频较高，是 2017 年学科的研究热点；其中，3 个节点以上的研究主题关联网络共 3 个，构成了学科内最为突出的研究主题簇；其中，以"园林设计""园林工程""园林绿化"为核心节点的研究主题关联网络最大，其余各团簇中词频最高或连线最多的关键词分别是"SSR""果实品质"。

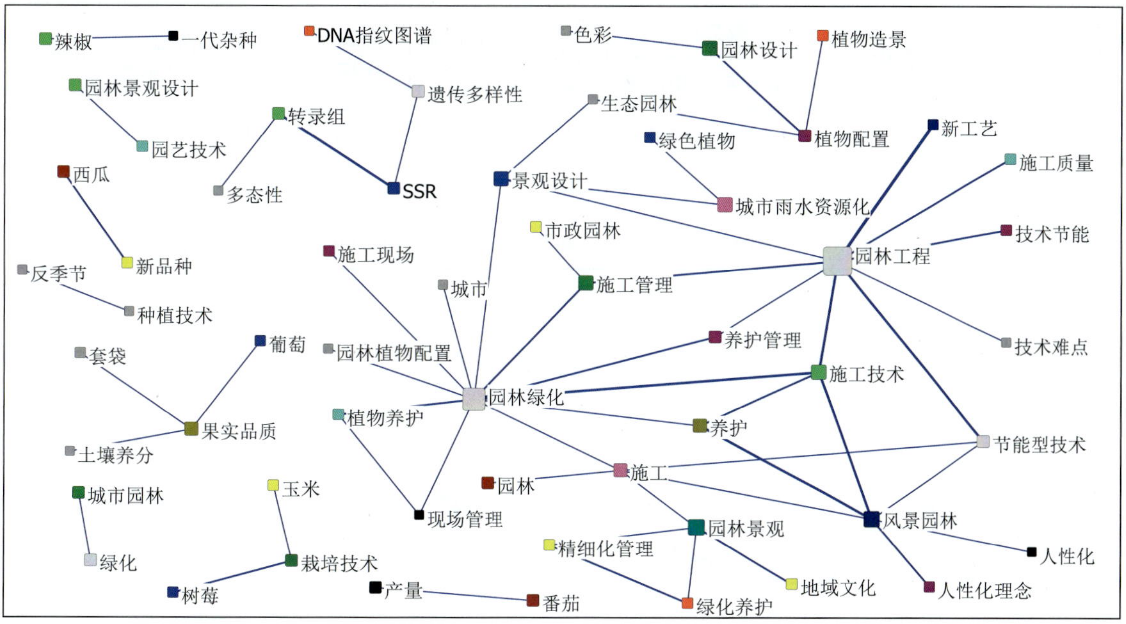

图 25-1　园艺学学科热点论文主题关联（2017 年）

25.4　高影响力期刊分析

25.4.1　高影响力期刊 Top 10

在园艺学学科，5 年影响因子 Top 10 期刊见表 25-3，前 3 种期刊分别是《果树学报》、《园艺学报》和《食用菌学报》。其中，2017 年被引频次最高的期刊是《北方园艺》，被引率最高的期刊是《果树学报》。2012—2017 年期刊 5 年影响因子的变动情况如图 25-2 所示。

表 25-3　园艺学学科高被引期刊基本指标（2017 年）

排名	期刊名称	载文篇数		2017 年被引频次	5 年影响因子	即年指标	被引率（%）	高被引论文篇数	h 指数
		前 5 年	2017 年						
1	果树学报	1006	206	1289	1.281	0.155	58.3	16	8
2	园艺学报	1800	279	1903	1.057	0.111	50.4	23	8
3	食用菌学报	363	74	264	0.727	0.041	41.9	1	4
4	中国马铃薯	508	74	349	0.687	0.216	36.8	2	5
5	花生学报	272	51	177	0.651	0.137	37.5	1	4
6	中国南方果树	1325	285	732	0.552	0.130	36.2	4	5
7	中国食用菌	725	138	376	0.519	0.094	31.0	1	5

排名	期刊名称	载文篇数		2017 年被引频次	5 年影响因子	即年指标	被引率（%）	高被引论文篇数	h 指数
		前 5 年	2017 年						
8	北方园艺	7275	1073	3725	0.512	0.114	33.4	13	8
9	中国果树	893	174	441	0.494	0.126	32.1	1	4
10	中国瓜菜	916	219	443	0.484	0.160	29.3	3	5

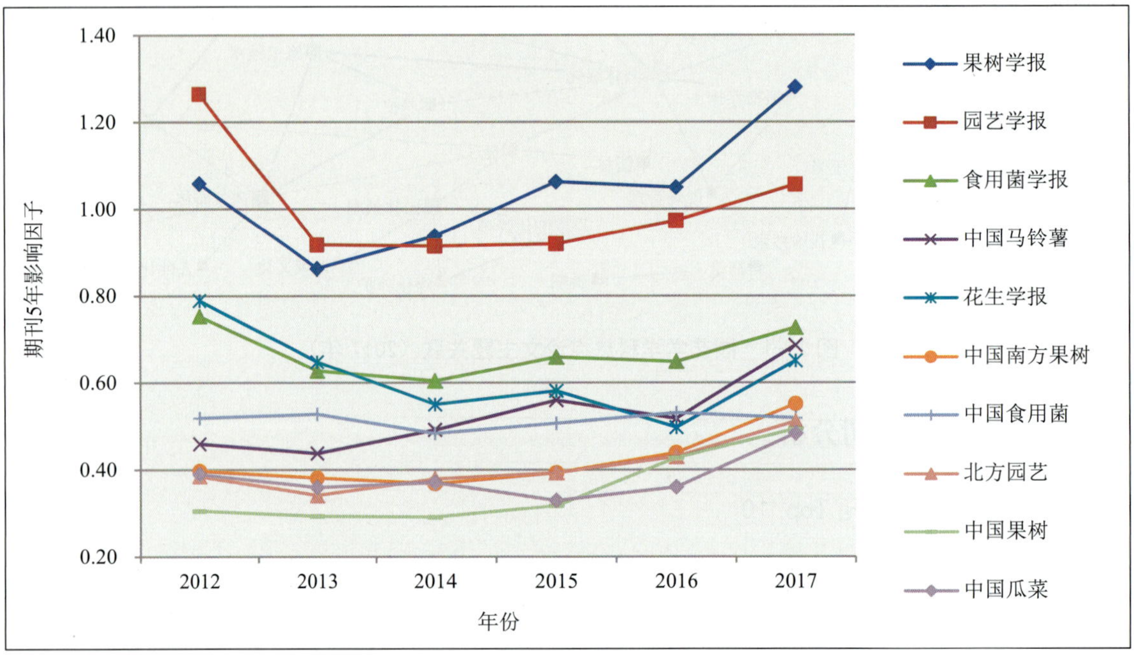

图 25-2　园艺学学科期刊 5 年影响因子变动趋势（2012—2017 年）

25.4.2　期刊载文主题关联

通过期刊共被引分析，获得园艺学学科期刊之间的载文主题关联，图中节点大小反映 5 年影响因子的高低，连线粗细代表共被引关联的强弱，关联越强表明两个期刊上有更多受学者们关注的相关主题论文，红色节点为学科高影响力期刊 Top 10，详情见图 25-3（共被引 20 次以下不显示）。如图所示，园艺学学科的多个期刊均互相关联且关联较为紧密，各期刊的学科分类属性体现得较为明显；《北方园艺》具有最多的关联关系，《果树学报》的 5 年影响因子最高；《中国园艺文摘》与《现代园艺》、《园艺学报》与《果树学报》《北方园艺》等期刊之间的关联较强，表明上述期刊分别具有较多相关主题的论文。

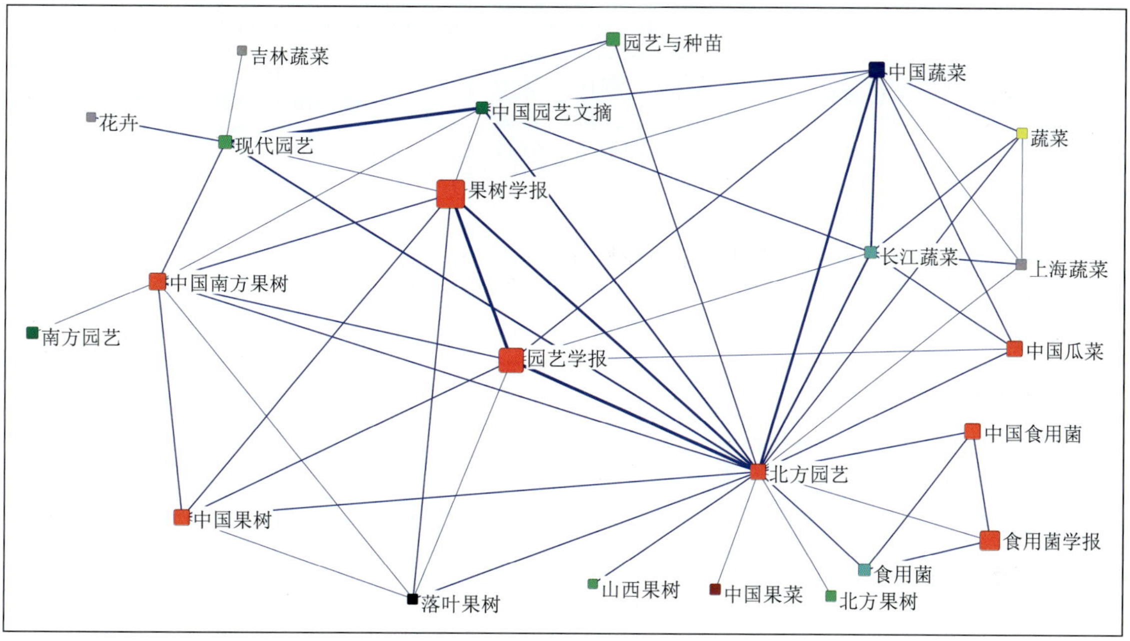

图 25-3　园艺学学科期刊载文主题关联（2017 年）

25.5　高被引作者分析

25.5.1　高被引作者 Top 20

2017 年论文被引次数 Top 20 的作者见表 25-4。其中，学科发文总被引频次较高的 3 位作者分别是甘肃省静宁县林业局的王田利（29 次）、北京市通州区西海子公园管理处的蔡力伟（27 次）和中国科学院兰州化学物理研究所的曾凡逵（26 次）。在学科发文 5 篇及以上的作者中，篇均被引较高的 3 位作者分别是河北农业大学的田景花（篇均 3.33 次）、中国农业科学院郑州果树研究所的刘文革（篇均 2.50 次）和枣庄学院的马丽（篇均 2.40 次）；5 年学科发文较多的 3 位作者分别是甘肃省静宁县林业局的王田利（149 篇）、中国农业科学院柑桔研究所的张放（42 篇）和中国农业科学院蔬菜花卉研究所的张德纯（41 篇）。

表 25-4　园艺学学科高被引作者 Top 20（2017 年）

排名	姓名	作者单位	前 5 年发文			前 5 年学科发文在 2017 年的被引				h 指数（学科）
			学科发文（篇）	期刊分布（种）	发文总量（篇）	频次	被引率（%）	最高（次）	篇均（次）	
1	王田利	甘肃省静宁县林业局	149	7	186	29	14.8	4	0.19	2
2	蔡力伟	北京市通州区西海子公园管理处	1	1	1	27	100.0	27	27.00	1

排名	姓名	作者单位	前 5 年发文			前 5 年学科发文在 2017 年的被引				h 指数（学科）
			学科发文（篇）	期刊分布（种）	发文总量（篇）	频次	被引率（%）	最高（次）	篇均（次）	
3	曾凡逵	中国科学院兰州化学物理研究所	4	1	9	26	50.0	22	6.50	2
4	刘杜玲	西北农林科技大学	4	3	6	24	75.0	13	6.00	3
5	杨芩	凯里学院	23	6	28	23	52.2	4	1.00	3
5	郭世荣	南京农业大学	1	1	2	23	100.0	23	23.00	1
7	刮宏波	广东荣佳园林建设工程有限公司	2	1	2	22	100.0	18	11.00	2
8	刘科鹏	江西农业大学	2	1	2	21	100.0	11	10.50	2
9	田景花	河北农业大学	6	2	8	20	66.7	9	3.33	3
9	王东霞	日照市园林绿化有限公司	1	1	1	20	100.0	20	20.00	1
9	路放	吉林农业大学	2	1	2	20	50.0	20	10.00	1
9	刘文革	中国农业科学院郑州果树研究所	8	3	9	20	50.0	14	2.50	2
13	邓梅芬	广西腾业建设工程有限公司	1	1	1	19	100.0	19	19.00	1
14	耿三省	北京市农林科学院	2	1	2	17	50.0	17	8.50	1
14	渠丽	山东省滕州市园林管理处	1	1	3	17	100.0	17	17.00	1
14	刘孟军	河北农业大学	4	3	4	17	100.0	10	4.25	2
14	苏志国	河南农业大学	1	1	1	17	100.0	17	17.00	1
18	薛晓敏	山东省果树研究所	16	6	34	16	43.8	6	1.00	2
18	史永红	天津市园林规划设计院	2	2	4	16	100.0	15	8.00	1
18	赵晓丽	广东省农业科学院	3	2	3	16	66.7	10	5.33	2

25.5.2　作者发文主题关联

通过作者共被引分析，获得 2017 年园艺学学科作者之间的发文主题关联，图中节点大小反映被引次数高低，连线粗细代表共被引关联的强弱，关联越强表明两位作者的发文主题可能具有更强的相关性，红色节点为学科高被引作者 Top 20，详情见图 25-4（共被引 3 次以下不显示）。如图所示，以张琪静、党瑞红为主要节点的子网络规模较大、关联较为紧密，网络结构类似的还有以孙国珍、刘永光为主要节点的子网络；齐金海和郭长杰、刘永光和孙国珍等学者之间的关联较强，表明上述学者之间可能分别有较为相关的发文主题。

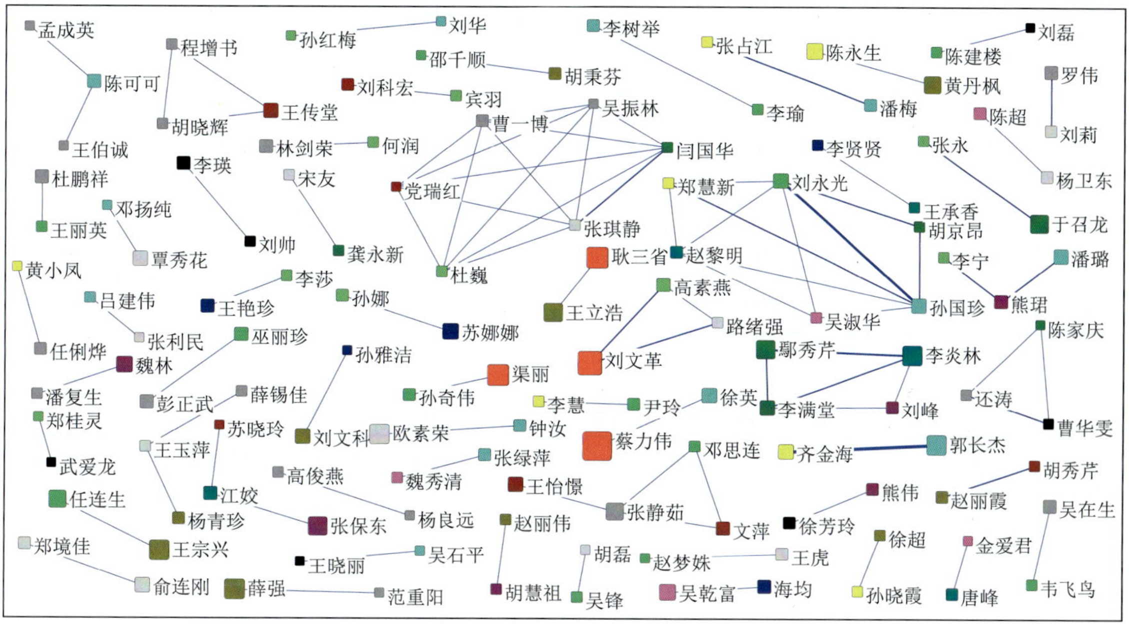

图 25-4　园艺学学科作者发文主题关联（2017 年）

25.6　高被引机构分析

25.6.1　高被引机构

园艺学学科被引次数 Top 10 高等院校和被引频次 Top 5 科研院所的发文和被引情况分别见表 25-5 和表 25-6。表中，总被引次数排名前 3 位的高等院校分别是西北农林科技大学、山东农业大学和南京农业大学，排名前 3 位的科研院所则是中国农业科学院郑州果树研究所、中国农业科学院果树研究所和北京市农林科学院；篇均被引最高的高等院校和科研院所分别是南京农业大学和中国农业科学院郑州果树研究所。

表 25-5　园艺学学科高被引高等院校 Top 10（2017 年）

排名	第一作者单位	学科发文量（篇）		前 5 年学科发文在 2017 年的被引			
		前 5 年	2017 年	频次	被引率(%)	最高（次）	篇均（次）
1	西北农林科技大学	668	111	495	38.3	14	0.74
2	山东农业大学	297	59	343	53.9	10	1.15
3	南京农业大学	229	37	295	54.6	23	1.29

排名	第一作者单位	学科发文量（篇）		前5年学科发文在2017年的被引			
		前5年	2017年	频次	被引率(%)	最高（次）	篇均（次）
4	河北农业大学	549	91	293	31.3	10	0.53
5	西南大学	334	67	256	41.6	12	0.77
6	中国农业大学	262	25	224	46.9	8	0.85
7	吉林农业大学	347	55	177	28.0	20	0.51
8	华中农业大学	218	43	165	38.1	7	0.76
9	沈阳农业大学	300	30	144	32.0	6	0.48
10	华南农业大学	209	28	135	37.3	7	0.65

表25-6　园艺学学科高被引科研院所Top 5（2017年）

排名	第一作者单位	学科发文量（篇）		前5年学科发文在2017年的被引			
		前5年	2017年	频次	被引率(%)	最高（次）	篇均（次）
1	中国农业科学院郑州果树研究所	234	55	227	46.2	14	0.97
2	中国农业科学院果树研究所	221	45	211	44.8	13	0.95
3	北京市农林科学院	320	53	207	31.6	17	0.65
4	中国农业科学院蔬菜花卉研究所	280	37	188	39.3	12	0.67
5	福建省农业科学院	264	45	148	33.3	6	0.56

25.6.2　机构发文主题关联

通过机构共被引分析，获得园艺学学科机构间的发文主题关联，图中节点大小反映被引次数高低，连线粗细代表共被引关联的强弱，关联越强表明两个机构的发文主题可能具有更强的相关性，红色节点为高被引高等院校Top 10和高被引科研院所Top 5，详情见图25-5（共被引6次以下不显示）。由图可知，高被引高等院校主导了园艺学学科的机构共被引网络，在学科内体现出了较显著的学术影响力；西北农林科技大学的总被引次数最高且具有最多的关联关系，充分表明了其学科学术影响力；西北农林科技大学和南京农业大学、山东农业大学等机构之间的关联较强，表明上述机构的研究主题具有较多重叠之处。

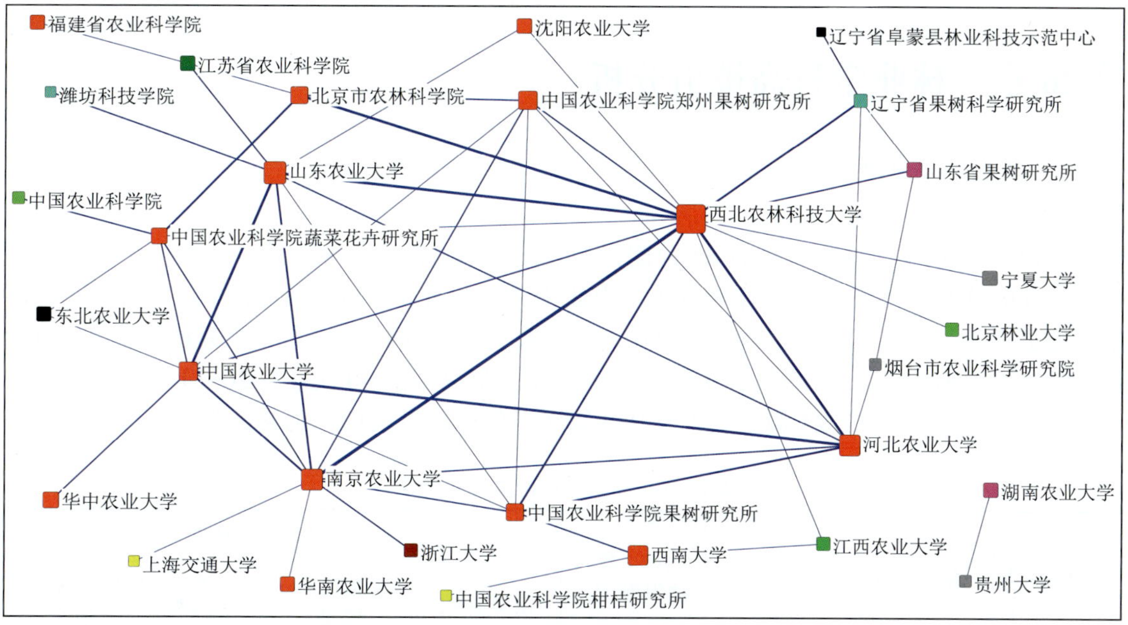

图 25-5　园艺学学科机构发文主题关联（2017 年）

25.7　高被引国外期刊

园艺学学科内被引次数 Top 10 的国外期刊见表 25-7，排名前 3 位的国外期刊是 *PLoS ONE*、*Scientia Horticulturae* 和 *Journal of Experimental Botany*。

表 25-7　园艺学学科高被引国外期刊 Top 10（2017 年）

排名	期刊名称	2017 年被引频次
1	PLoS ONE	219
2	Scientia Horticulturae	167
3	Journal of Experimental Botany	101
4	Frontiers in Plant Science	94
5	Food Chemistry	91
6	Plant Physiology	75
7	BMC Genetics	71
8	Postharvest Biology and Technology	67
9	BMC Plant Biology	66
10	Plant Disease	60

第 26 章　林业学科高被引分析

26.1　学科论文概况

2012—2016 年，林业学科的 68 种期刊上共发表学术论文 64883 篇，由来自在 12631 所机构的 43653 位学者作为第一作者发表。上述论文中，有 17129 篇在 2017 年获得过引用，整体被引率为 26.4%，总被引频次为 29031 次，篇均被引 0.45 次；其中，高被引论文有 197 篇，累计被引 1881 次，篇均被引 9.55 次，单篇论文最高被引 40 次（表 26-1）。另外，2017 年本学科共发表论文 12324 篇，其中有 950 篇在当年获得过引用，总共被引 1190 次。

表 26-1　林业学科论文分布情况

年份	论文篇数	2017 年被引频次	2017 年被引率（%）	2017 年高被引论文			
				论文篇数	最高被引频次	总被引频次	篇均被引频次
2012	12964	4982	23.0	33	13	280	8.48
2013	12910	5460	25.3	43	22	384	8.93
2014	13175	5923	27.1	42	28	405	9.64
2015	12853	6906	29.8	39	40	427	10.95
2016	12981	5760	26.9	40	27	385	9.63
合计	64883	29031	26.4	197	40	1881	9.55

26.2　高被引论文分析

在林业学科，2017 年被引次数 Top 10 论文（表 26-2）的平均被引次数为 17.73 次，是全部 197 篇高被引论文篇均被引频次的 1.9 倍。其中，被引次数最高的论文是黄海燕的《基于杜仲转录组序列的 SSR 分子标记的开发》（2013），随后两篇分别是熊中芝的《园林绿化施工与养护管理技术》（2013）和李娟的《林业有害生物风险分析指标体系及赋分标准的探讨》（2013）。

从论文分布来看，刊载高被引论文数量居前的 3 种期刊分别是《林业科学》（33 篇）、《中南林业科技大学学报》（24 篇）和《绿色科技》（16 篇），其中，《绿色科技》刊载了高被引论文 Top 10 中的 3 篇；发表高被引论文数量居前的学者分别是明溪县林业局的欧建德（3 篇）、沙县林业局的洪宜聪（2 篇）和东北林业大学的毛波（2 篇）；产出高被引论文数量居前的机构分别是中南林业科技大学（15 篇）、东北林业大学（12 篇）和北京林业大学（12 篇）。

表 26-2 林业学科高被引论文 Top 10（2017 年）

排名	论文题名	第一作者	期刊名称	发表年份	被引频次	
					总频次	2017 年
1	基于杜仲转录组序列的 SSR 分子标记的开发	黄海燕	林业科学	2013	54	22
2	园林绿化施工与养护管理技术	熊中芝	绿色科技	2013	86	21
3	林业有害生物风险分析指标体系及赋分标准的探讨	李娟	中国森林病虫	2013	32	20
4	藜麦特性及开发利用研究进展	王晨静	浙江农林大学学报	2017	48	19
5	农林剩余物无机人造板研究进展	吴义强	林业工程学报	2016	29	18
5	海绵城市理论在道路绿化景观设计中的应用	周延伟	河北林业科技	2015	34	18
7	油用牡丹研究进展	陈慧玲	湖北林业科技	2013	52	16
7	中国重楼资源现状评价及其种植业的发展对策	李恒	西部林业科学	2015	24	16
9	园林绿化工程施工管理现状及改善对策	丁有才	绿色科技	2016	23	15
9	我国林下经济的发展现状及建议	苗雨露	森林工程	2015	28	15
9	浅析园林绿化施工与养护管理	朱玉峰	绿色科技	2017	50	15

26.3 研究主题关联分析

在林业学科，高被引论文共被 2017 年发表的 1858 篇论文引用了 1881 次。通过分析施引文献关键词的词频及关键词之间的共现关系，获得 2017 年林业学科的热点主题和主题关联，如图 26-1 所示（共现 5 次以下不显示）。由图可知：“园林工程”“林下经济”“杉木”等关键词的文档词频较高，是 2017 年学科的研究热点；3 个节点以上的研究主题关联网络共 6 个，构成了学科内最为突出的研究主题簇；其中，以“土壤养分”“油茶”“大兴安岭”为核心节点的研究主题关联网络最大，其余各团簇中词频最高或连线最多的关键词分别是“生态环境”“南方红豆杉”“杉木”“园林工程”“林下经济”。

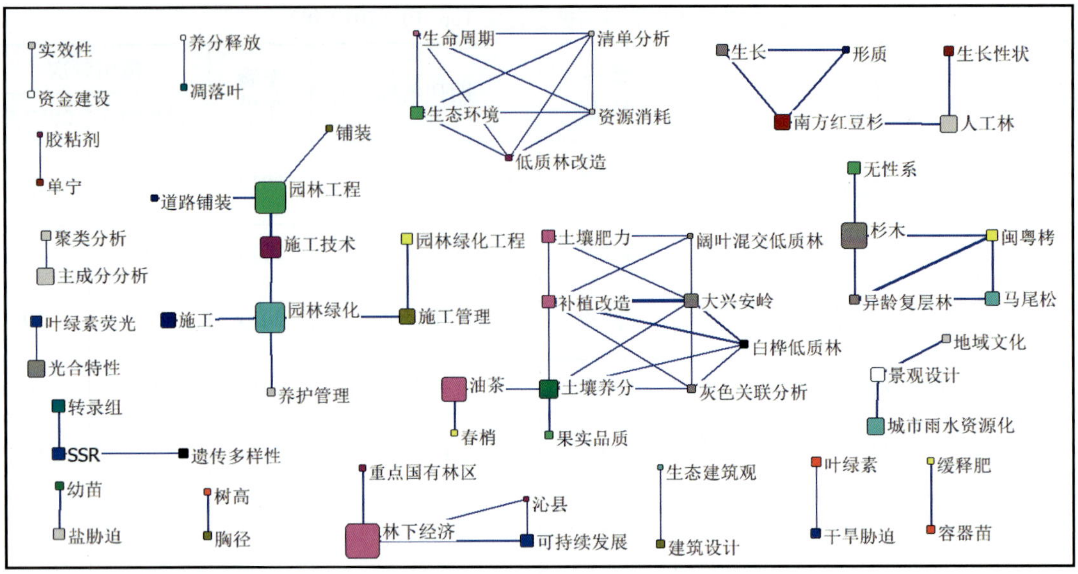

图 26-1 林业学科热点论文主题关联（2017 年）

26.4 高影响力期刊分析

26.4.1 高影响力期刊 Top 10

在林业学科，5 年影响因子 Top 10 期刊见表 26-3，前 3 种期刊分别是《经济林研究》、《林业科学》和《中南林业科技大学学报》。其中，2017 年被引频次最高的期刊是《中南林业科技大学学报》，被引率最高的期刊是《经济林研究》。2012—2017 年期刊 5 年影响因子的变动情况如图 26-2 所示。

表 26-3 林业学科高被引期刊基本指标（2017 年）

排名	期刊名称	载文篇数		2017 年被引频次	5 年影响因子	即年指标	被引率(%)	高被引论文篇数	h 指数
		前 5 年	2017 年						
1	经济林研究	674	152	972	1.442	0.118	61.3	16	8
2	林业科学	1488	222	1962	1.319	0.122	56.7	33	9
3	中南林业科技大学学报	1741	275	2055	1.180	0.273	57.1	24	8
4	西北林学院学报	1599	315	1792	1.121	0.184	55.5	12	7
5	世界林业研究	514	108	552	1.074	0.139	50.6	8	7
6	北京林业大学学报	865	175	928	1.073	0.091	54.9	6	6
7	林业科学研究	677	138	724	1.069	0.167	55.1	6	6

排名	期刊名称	载文篇数		2017年被引频次	5年影响因子	即年指标	被引率（%）	高被引论文篇数	h指数
		前5年	2017年						
8	森林与环境学报	364	85	358	0.984	0.200	49.2	5	6
9	南京林业大学学报（自然科学版）	1030	194	1005	0.976	0.242	50.2	7	7
10	浙江农林大学学报	740	150	699	0.945	0.140	49.1	9	7

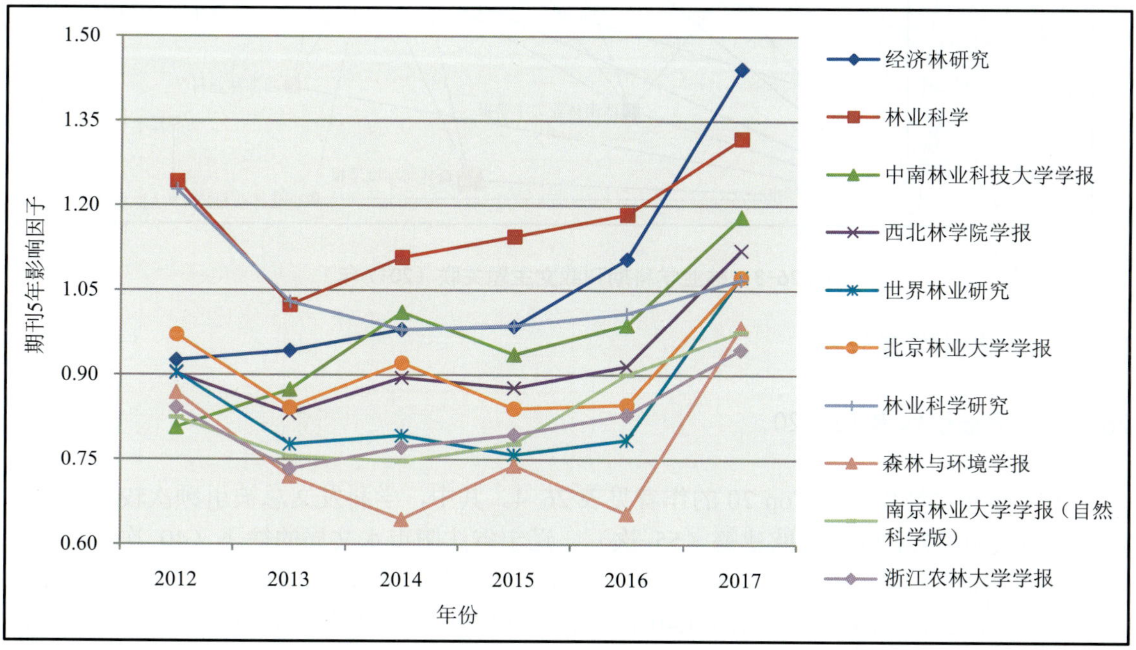

图26-2　林业学科期刊5年影响因子变动趋势（2012—2017年）

26.4.2　期刊载文主题关联

通过期刊共被引分析，获得林业学科期刊之间的载文主题关联，图中节点大小反映5年影响因子的高低，连线粗细代表共被引关联的强弱，关联越强表明两个期刊上有更多受学者们关注的相关主题论文，红色节点为学科高影响力期刊Top 10，详情见图26-3（共被引35次以下不显示）。如图所示，林业学科的多个期刊均互相关联且关联较为紧密，各期刊的学科分类属性体现得较为明显；《中南林业科技大学学报》具有最多的关联关系；《林业科学》与《中南林业科技大学学报》《经济林研究》《南京林业大学学报（自然科学版）》等期刊之间的关联较强，表明上述期刊具有较多相关主题的论文。

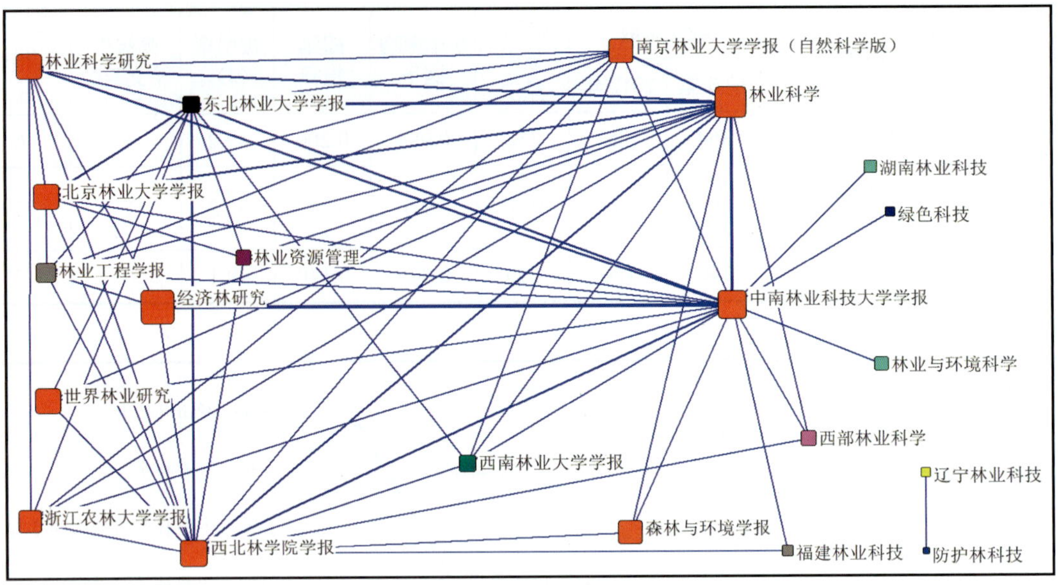

图 26-3　林业学科期刊载文主题关联（2017 年）

26.5　高被引作者分析

26.5.1　高被引作者 Top 20

2017 年论文被引次数 Top 20 的作者见表 26-4。其中，学科发文总被引频次较高的 3 位作者分别是明溪县林业局的欧建德（55 次）、辽宁省沈阳市水文局的徐飞（40 次）和湖南省林业科学院的王瑞（30 次）。在学科发文 5 篇及以上的作者中，篇均被引较高的 3 位作者分别是东北林业大学的毛波（篇均 4.40 次）、江西农业大学的罗汉东（篇均 3.60 次）和沙县林业局的洪宜聪（篇均 3.22 次）；5 年学科发文较多的 3 位作者分别是广西民族大学的李启军（31 篇）、东北林业大学的马岩（29 篇）和甘肃省林业科学研究院的王俊杰（28 篇）。

表 26-4　林业学科高被引作者 Top 20（2017 年）

排名	姓名	作者单位	前 5 年发文			前 5 年学科发文在 2017 年的被引				h 指数（学科）
			学科发文（篇）	期刊分布（种）	发文总量（篇）	频次	被引率（%）	最高（次）	篇均（次）	
1	欧建德	明溪县林业局	19	9	32	55	68.4	8	2.89	5
2	徐飞	辽宁省沈阳市水文局	1	1	1	40	100.0	40	40.00	1
3	王瑞	湖南省林业科学院	11	6	14	30	81.8	8	2.73	4
4	洪宜聪	沙县林业局	9	6	9	29	88.9	9	3.22	3

排名	姓名	作者单位	前5年发文			前5年学科发文在2017年的被引				h指数（学科）
			学科发文（篇）	期刊分布（种）	发文总量（篇）	频次	被引率（%）	最高（次）	篇均（次）	
5	陈慧玲	湖北省林业科学研究院	10	2	11	27	60.0	16	2.70	3
5	徐鹏飞	黑龙江省林业设计研究院	1	1	1	27	100.0	27	27.00	1
7	徐高福	淳安县新安江开发总公司	27	9	27	25	37.0	4	0.93	4
8	王俊杰	甘肃省林业科学研究院	28	2	29	23	50.0	3	0.82	2
8	刘海阳	黑龙江省林业设计研究院	1	1	1	23	100.0	23	23.00	1
8	李娟	国家林业局森林病虫害防治总站	3	2	3	23	66.7	20	7.67	2
11	毛波	东北林业大学	5	2	6	22	80.0	9	4.40	3
11	吴义强	中南林业科技大学	4	3	9	22	100.0	18	5.50	2
11	黄海燕	中国林业科学研究院经济林研究开发中心	2	2	2	22	50.0	22	11.00	1
11	杨升	中国林业科学研究院林业研究所	4	4	4	22	100.0	10	5.50	3
15	杨春梅	东北林业大学	23	11	35	21	52.2	4	0.91	3
15	熊中芝	棕榈园林股份有限公司上海分公司	1	1	1	21	100.0	21	21.00	1
15	曾伟生	国家林业局调查规划设计院	14	4	14	21	71.4	3	1.50	3
15	彭玉华	广西壮族自治区林业科学研究院	14	6	18	21	57.1	5	1.50	3
19	曹永庆	中国林业科学研究院亚热带林业研究所	9	6	12	20	88.9	6	2.22	3
20	王润辉	广东省林业科学研究院	4	3	4	19	100.0	13	4.75	2
20	曹小玉	中南林业科技大学	11	5	24	19	81.8	6	1.73	2
20	王晨静	浙江农林大学	1	1	3	19	100.0	19	19.00	1

26.5.2　作者发文主题关联

通过作者共被引分析，获得 2017 年林业学科作者之间的发文主题关联，图中节点大小反映被引次数高低，连线粗细代表共被引关联的强弱，关联越强表明两位作者的发文主题可能具有更强的相关性，红色节点为学科高被引作者 Top 20，详情见图 26-4（共被引 4 次以下不显示）。如图所示，林业学科的高被引作者以二人和三人的合作网络为主；两个规模较大的子网络：以毛波、陈百灵、曲杭峰为主要节点的子网络规模较大、关联较为紧密；以洪宜聪为主要节点的发散型网络，分别展现出了学科热点研究方向上的主要研究力量。

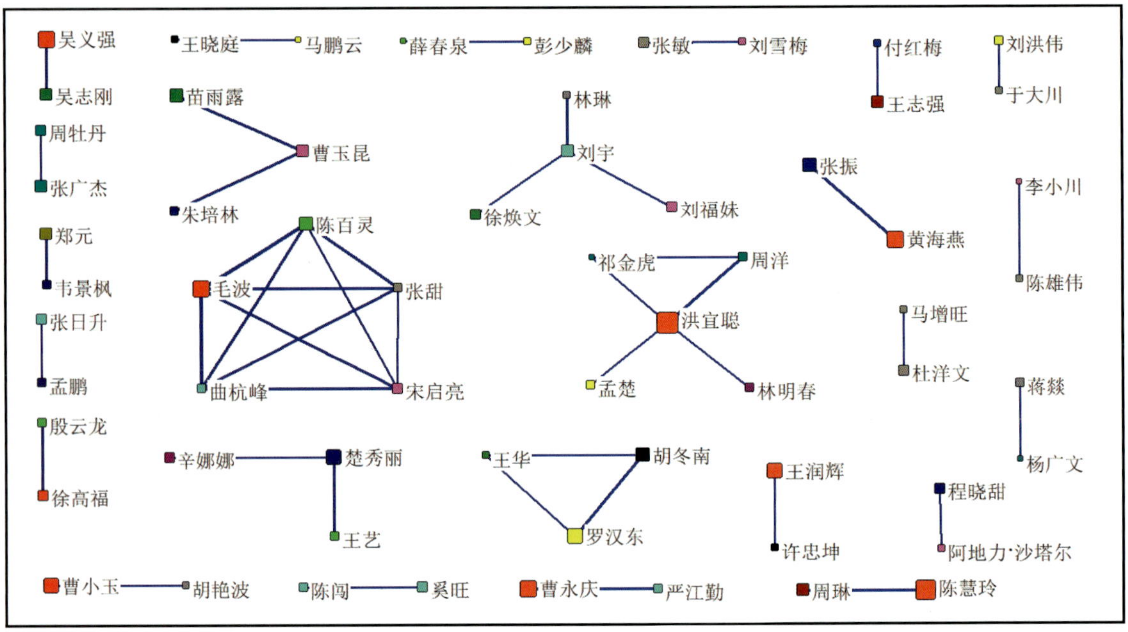

图 26-4　林业学科作者发文主题关联（2017 年）

26.6　高被引机构分析

26.6.1　高被引机构

林业学科被引次数 Top 10 高等院校和被引频次 Top 5 科研院所的发文和被引情况分别见表 26-5 和表 26-6。表中，总被引次数排名前 3 位的高等院校分别是东北林业大学、北京林业大学和南京林业大学，排名前 3 位的科研院所则是中国林业科学研究院林业研究所、广西壮族自治区林业科学研究院和黑龙江省林业设计研究院；篇均被引最高的高等院校和科研院所分别是江西农业大学和中国林业科学研究院亚热带林业研究所。

表 26-5　林业学科高被引高等院校 Top 10（2017 年）

排名	第一作者单位	学科发文量（篇）		前 5 年学科发文在 2017 年的被引			
		前 5 年	2017 年	频次	被引率(%)	最高（次）	篇均（次）
1	东北林业大学	2405	399	1800	40.5	14	0.75
2	北京林业大学	1702	296	1605	49.9	13	0.94
3	南京林业大学	1667	255	1375	44.7	12	0.82
4	中南林业科技大学	1150	183	1204	50.6	18	1.05
5	西南林业大学	1132	230	725	37.0	8	0.64
6	浙江农林大学	856	151	700	44.3	19	0.82
7	西北农林科技大学	666	113	636	47.9	9	0.95
8	福建农林大学	559	147	454	43.5	10	0.81
9	华南农业大学	320	77	322	48.4	8	1.01
10	江西农业大学	156	36	191	48.1	12	1.22

表 26-6　林业学科高被引科研院所 Top 5（2017 年）

排名	第一作者单位	学科发文量（篇）		前 5 年学科发文在 2017 年的被引			
		前 5 年	2017 年	频次	被引率(%)	最高（次）	篇均（次）
1	中国林业科学研究院林业研究所	330	21	372	48.5	14	1.13
2	广西壮族自治区林业科学研究院	469	96	319	39.7	6	0.68
3	黑龙江省林业设计研究院	460	62	282	25.7	27	0.61
4	中国林业科学研究院亚热带林业研究所	179	33	254	63.1	9	1.42
5	湖南省林业科学院	284	52	239	47.5	8	0.84

26.6.2　机构发文主题关联

通过机构共被引分析，获得林业学科机构间的发文主题关联，图中节点大小反映被引次数高低，连线粗细代表共被引关联的强弱，关联越强表明两个机构的发文主题可能具有更强的相关性，红色节点为高被引高等院校 Top 10，详情见图 26-5（共被引 16 次以下不显示）。由图可知，高被引高等院校主导了林业学科的机构共被引网络，在学科内体现出了较显著的学术影响力；东北林业大学和北京林业大学分别具有较多的关联关系，充分表明了其学科学术影响力；北京林业大学与南京林业大学、东北林业大学、中南林业科技大学等机构之间的关联较强，表明上述机构的研究主题具有较多重叠之处。

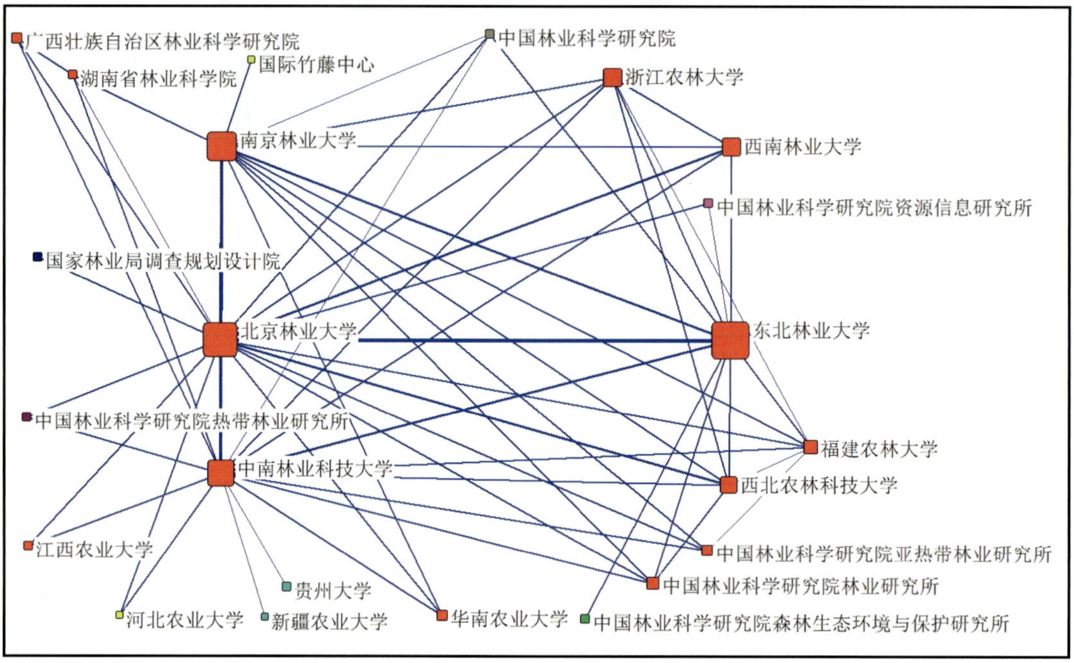

图 26-5　林业学科机构发文主题关联（2017 年）

26.7　高被引国外期刊

林业学科内被引次数 Top 10 的国外期刊见表 26-7，排名前 3 位的国外期刊是 *PLoS ONE*、*Forest Ecology and Management* 和 *BioResources*。

表 26-7　林业学科高被引国外期刊 Top 10（2017 年）

排名	期刊名称	2017 年被引频次
1	PLoS ONE	233
2	Forest Ecology and Management	210
3	BioResources	86
4	Bioresource Technology	77
5	New Phytologist	68
6	Remote Sensing of Environment	63
7	Global Change Biology	61
8	Industrial Crops and Products	60
9	Plant and Soil	57
9	Journal of Forestry Research	57

第 27 章　畜牧兽医学科高被引分析

27.1　学科论文概况

2012—2016 年，畜牧兽医学科的 103 种期刊上共发表学术论文 210156 篇，由来自在 32928 所机构的 105564 位学者作为第一作者发表。上述论文中，有 33893 篇在 2017 年获得过引用，整体被引率为 16.1%，总被引频次为 53707 次，篇均被引 0.26 次；其中，高被引论文有 386 篇，累计被引 3338 次，篇均被引 8.65 次，单篇论文最高被引 29 次（表 27-1）。另外，2017 年本学科共发表论文 43495 篇，其中有 2697 篇在当年获得过引用，总共被引 3319 次。

表 27-1　畜牧兽医学科论文分布情况

年份	论文篇数	2017 年被引频次	2017 年被引率（%）	2017 年高被引论文			
				论文篇数	最高被引频次	总被引频次	篇均被引频次
2012	43805	8285	11.9	57	15	561	9.84
2013	39119	9177	14.8	61	29	551	9.03
2014	41434	11022	16.5	81	28	719	8.88
2015	41019	12900	19.3	96	18	820	8.54
2016	44779	12323	18.1	91	15	687	7.55
合计	210156	53707	16.1	386	29	3338	8.65

27.2　高被引论文分析

在畜牧兽医学科，2017 年被引次数 Top 10 论文（表 27-2）的平均被引次数为 17.81 次，是全部 386 篇高被引论文篇均被引频次的 2.1 倍。其中，被引次数最高的论文是彭金美的《猪伪狂犬病病毒新流行株的分离鉴定及抗原差异性分析》（2013），随后是李冠楠的《抗菌肽的研究进展及其应用》（2017）。

从论文分布来看，刊载高被引论文数量居前的 3 种期刊分别是《草业学报》（75 篇）、《动物营养学报》（70 篇）和《草业科学》（31 篇），其中，《动物营养学报》刊载了高被引论文 Top 10 中的 4 篇；发表高被引论文数量居前的学者分别是中国农业科学院饲料研究所的刘洁（2 篇）、兰州大学的高雅（2 篇）和中国农业科学院上海兽医研究所的童武（2 篇）；产出高被引论文数量居前的机构分别是甘肃农业大学（25 篇）、兰州大学（20 篇）和中国农业大学（11 篇），而中国农业科学院哈尔滨兽医研究所产出了高被引论文 Top 10 中的 2 篇。

表 27-2　畜牧兽医学科高被引论文 Top 10（2017 年）

排名	论文题名	第一作者	期刊名称	发表年份	被引频次	
					总频次	2017 年
1	猪伪狂犬病病毒新流行株的分离鉴定及抗原差异性分析	彭金美	中国预防兽医学报	2013	121	29
2	抗菌肽的研究进展及其应用	李冠楠	动物营养学报	2017	55	28
3	猪伪狂犬病病毒变异株的分离鉴定及其 gE 基因的分子特征	赵鸿远	中国预防兽医学报	2017	43	16
3	猪伪狂犬病流行病学特征、净化技术及其应用示范	何启盖	中国畜牧杂志	2015	31	16
3	我国的食源性寄生虫病及其相关研究进展	刘明远	中国兽医学报	2017	41	16
3	免疫后发病仔猪中伪狂犬病毒的分离和鉴定	童武	中国动物传染病学报	2013	60	16
7	饲料中添加枯草芽孢杆菌对吉富罗非鱼幼鱼生长性能、免疫力和抗氧化功能的影响	程远	动物营养学报	2017	33	15
7	奶牛常用粗饲料的瘤胃降解规律	夏科	动物营养学报	2012	46	15
7	益生菌制剂对早期断奶仔猪生长性能和免疫指标的影响	刘虎传	动物营养学报	2012	46	15
7	对基层畜牧兽医动物防疫工作的重点探讨	其木格	甘肃畜牧兽医	2016	19	15
7	新城疫流行病学新特点及鹅新城疫防控策略	丁壮	中国兽医学报	2015	21	15

27.3　研究主题关联分析

在畜牧兽医学科，386 篇高被引论文共被 2017 年发表的 2607 篇论文引用了 3338 次。通过分析施引文献关键词的词频及关键词之间的共现关系，获得 2017 年畜牧兽医学科的热点主题和主题关联，如图 27-1 所示（共现 9 次以下不显示）。由图可知：“生长性能”的词频最高，是 2017 年畜牧兽医学科的研究热点；以“生长性能”“断奶仔猪”“凝结芽孢杆菌”关键词为主要节点的多个概念相互关联，构成了学科内最为突出的研究主题簇；3 个节点以上的研究主题关联网络共 3 个，构成了学科内最为突出的研究主题簇；其中，以“生长性能”“凝结芽孢杆菌”“生产性能”为核心节点的研究主题关联网络最大，其余各团簇中词频最高或连线最多的关键词分别是“种子萌发”“gE 基因”。

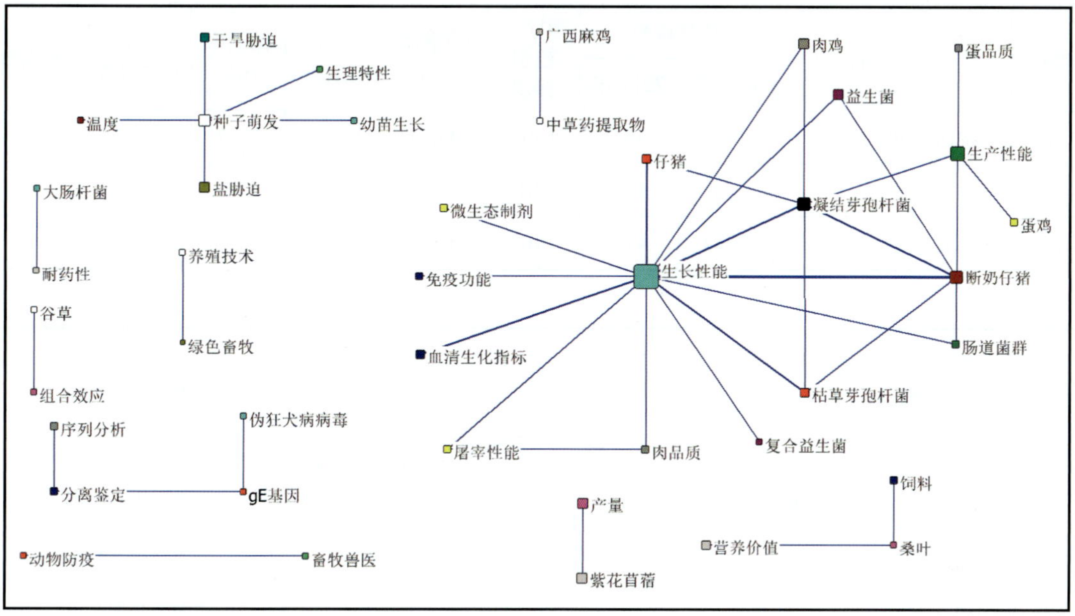

图 27-1　畜牧兽医学科热点论文主题关联（2017 年）

27.4　高影响力期刊分析

27.4.1　高影响力期刊 Top 10

在畜牧兽医学科，5 年影响因子 Top 10 期刊见表 27-3，前 3 种期刊分别是《草业学报》、《动物营养学报》和《中国草地学报》。其中，2017 年被引频次最高的期刊是《动物营养学报》，被引率最高的期刊是《草业学报》。2012—2017 年期刊 5 年影响因子的变动情况如图 27-2 所示。

表 27-3　畜牧兽医学科高被引期刊基本指标（2017 年）

排名	期刊名称	载文篇数		2017 年被引频次	5 年影响因子	即年指标	被引率（%）	高被引论文篇数	h 指数
		前 5 年	2017 年						
1	草业学报	1361	285	2725	2.002	0.204	69.6	75	11
2	动物营养学报	2149	541	3200	1.489	0.227	60.9	70	12
3	中国草地学报	607	108	777	1.280	0.148	57.8	14	8
4	草业科学	1710	314	2170	1.269	0.236	56.5	31	9
5	草地学报	1039	175	1243	1.196	0.120	57.0	10	7
6	中国畜牧兽医	3020	506	2455	0.813	0.174	44.1	16	8
7	畜牧兽医学报	1474	273	1151	0.781	0.117	43.0	8	7

排名	期刊名称	载文篇数		2017 年被引频次	5 年影响因子	即年指标	被引率（%）	高被引论文篇数	h 指数
		前 5 年	2017 年						
8	动物医学进展	2027	361	1407	0.694	0.130	38.9	11	7
9	蚕业科学	876	151	581	0.663	0.119	37.3	4	5
10	中国畜牧杂志	2234	412	1467	0.657	0.163	37.5	14	7

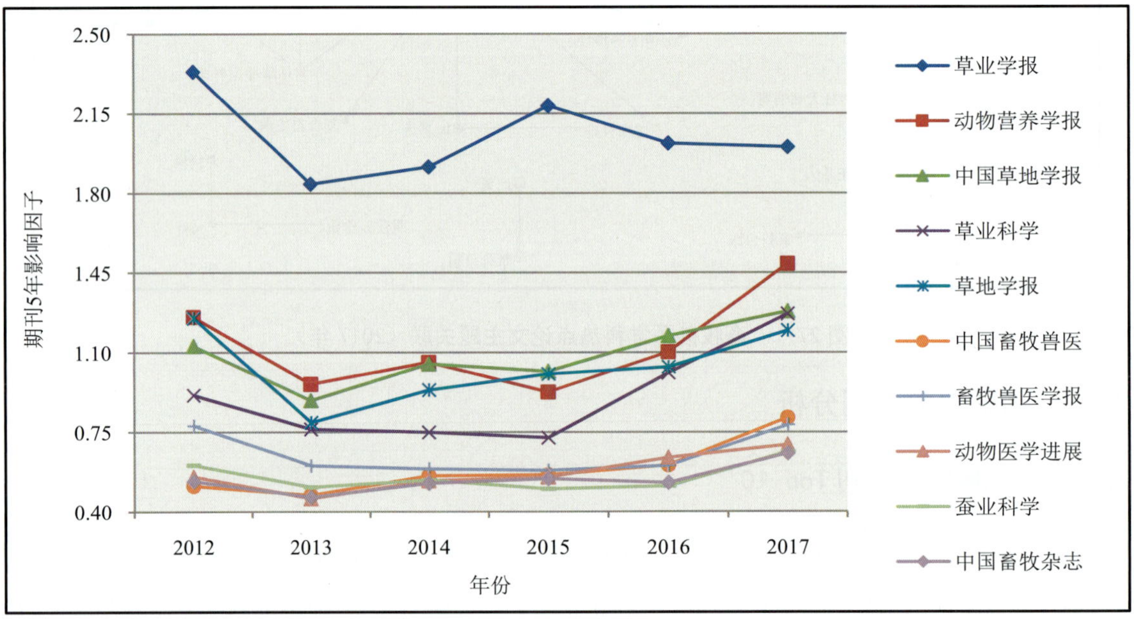

图 27-2　畜牧兽医学科期刊 5 年影响因子变动趋势（2012—2017 年）

27.4.2　期刊载文主题关联

通过期刊共被引分析，获得畜牧兽医学科期刊之间的载文主题关联，图中节点大小反映 5 年影响因子的高低，连线粗细代表共被引关联的强弱，关联越强表明两个期刊上有更多受学者们关注的相关主题论文，红色节点为学科高影响力期刊 Top 10，详情见图 27-3（共被引 100 次以下不显示）。如图所示，畜牧兽医学科的期刊形成了三个关联网络：一是《中国畜牧兽医》与《动物营养学报》、《畜牧兽医学报》和《动物医学进展》等互相关联且关联较为紧密，体现出其发文主题的高度相关性；二是以《中国畜牧兽医文摘》为核心的畜牧类期刊群；三是以草原学期刊为核心的期刊关联群，体现出草地科学虽然与畜牧兽医学是相关学科，但在发文上，与畜牧兽医学期刊的关联甚少。

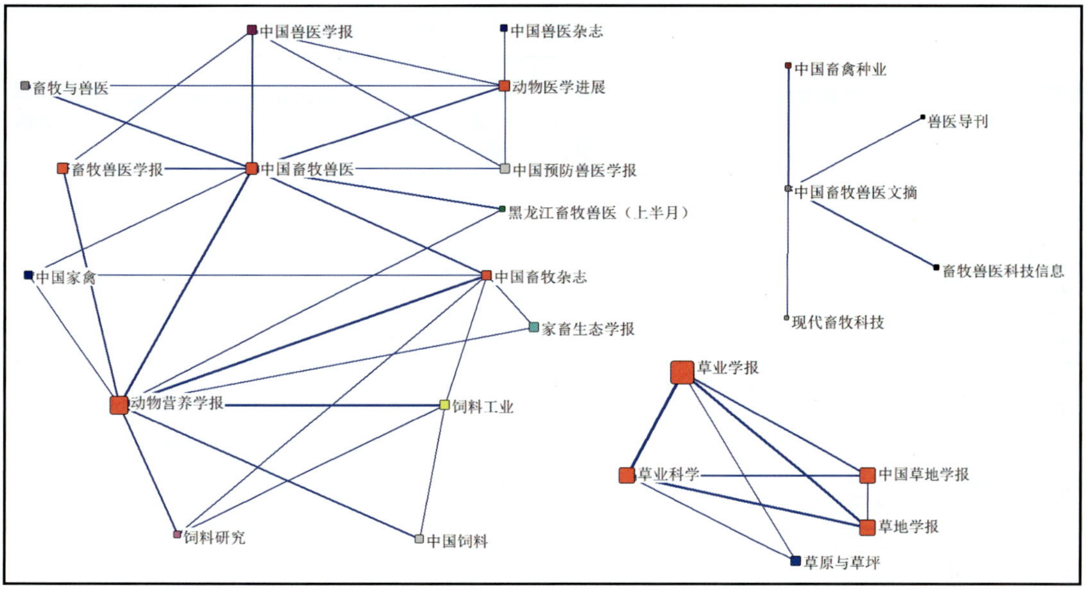

图 27-3　畜牧兽医学科期刊载文主题关联（2017 年）

27.5　高被引作者分析

27.5.1　高被引作者 Top 20

2017 年论文被引次数 Top 20 的作者见表 27-4。其中，学科发文总被引频次较高的 3 位作者分别是江苏省如东县蚕桑指导站的韩益飞（67 次）、中国农业科学院草原研究所的孙启忠（35 次）和中国农业科学院哈尔滨兽医研究所的彭金美（30 次）。在学科发文 5 篇及以上的作者中，篇均被引较高的 3 位作者分别是中国农业科学院上海兽医研究所的童武（篇均 5.60 次）、中国农业科学院草原研究所的孙启忠（篇均 4.38 次）和湖南省畜牧兽医研究所的林谦（篇均 3.50 次）；5 年学科发文较多的 3 位作者分别是国家统计局盐城调查队的虞华（274 篇）、外高桥出入境检验检疫局的翁善钢（119 篇）和山西省汾阳市动物疫病预防控制中心的费强（105 篇）。

表 27-4　畜牧兽医学科高被引作者 Top 20（2017 年）

排名	姓名	作者单位	前 5 年发文			前 5 年学科发文在 2017 年的被引				h 指数（学科）
			学科发文（篇）	期刊分布（种）	发文总量（篇）	频次	被引率（%）	最高（次）	篇均（次）	
1	韩益飞	江苏省如东县蚕桑指导站	31	6	32	67	83.9	7	2.16	4
2	孙启忠	中国农业科学院草原研究所	8	3	8	35	62.5	14	4.38	4

排名	姓名	作者单位	前 5 年发文			前 5 年学科发文在 2017 年的被引				h 指数（学科）
			学科发文（篇）	期刊分布（种）	发文总量（篇）	频次	被引率（%）	最高（次）	篇均（次）	
3	彭金美	中国农业科学院哈尔滨兽医研究所	2	1	2	30	100.0	29	15.00	1
4	李冠楠	西南大学	2	2	7	28	50.0	28	14.00	1
4	李建琴	浙江大学	13	3	14	28	84.6	5	2.15	3
4	童武	中国农业科学院上海兽医研究所	5	2	6	28	40.0	16	5.60	2
4	翁善钢	外高桥出入境检验检疫局	119	24	139	28	16.8	4	0.24	2
8	张志	中国动物卫生与流行病学中心	17	8	17	27	70.6	8	1.59	3
9	于新友	山东绿都生物科技有限公司	60	13	66	26	31.7	3	0.43	2
9	刘大林	扬州大学	13	4	14	26	92.3	6	2.00	3
11	熊本海	中国农业科学院北京畜牧兽医研究所	12	5	18	25	66.7	7	2.08	3
11	杨景宁	兰州大学	2	1	2	25	100.0	15	12.50	2
13	刘虎传	中国农业科学院北京畜牧兽医研究所	2	1	2	23	100.0	15	11.50	2
14	李胜利	中国农业大学	10	5	12	22	70.0	7	2.20	2
14	李瑞	湖南农业大学	10	6	10	22	50.0	12	2.20	2
16	袁翠林	青岛农业大学	14	7	17	22	42.9	10	1.57	2
17	郭志廷	中国农业科学院兰州畜牧与兽药研究所	17	7	18	21	52.9	4	1.24	3
17	何启盖	华中农业大学	12	7	14	21	50.0	16	1.75	1
17	林谦	湖南省畜牧兽医研究所	6	3	6	21	83.3	8	3.50	2
17	崔治中	山东农业大学	19	6	22	21	36.8	8	1.11	3
17	杨宁	中国农业大学	9	4	10	21	33.3	11	2.33	2
17	孙国强	青岛农业大学	13	4	15	21	61.5	7	1.62	3

27.5.2　作者发文主题关联

通过作者共被引分析，获得 2017 年畜牧兽医学科作者之间的发文主题关联，图中节点大小反映被引次数高低，连线粗细代表共被引关联的强弱，关联越强表明两位作者的发文主题可能具有更强的相关性，红色节点为学科高被引作者 Top 20，详情见图 27-4（共被引 5 次以下不显示）。如图所示，作者发文关联中体现了两个规模较大的子网络：以程志斌、赵树平和周映华为主要节点的子网络规模很大也具有较强的关联性；以童武和彭金美为主要节点的网络不是很大但关联较为紧密，分别展现出了学科热点研究方向上的主要研究力量。宋琼莉、李有贵和吴东等学者之间也有着较强的链接关系，表明上述学者之间可能有较为相关的发文主题。

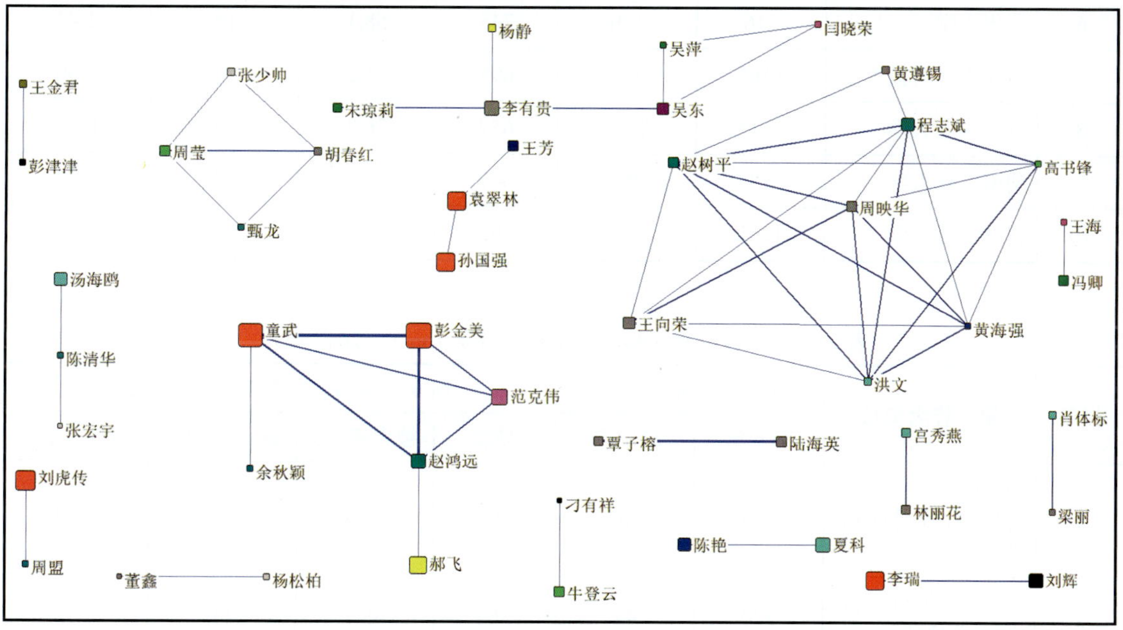

图 27-4　畜牧兽医学科作者发文主题关联（2017 年）

27.6　高被引机构分析

27.6.1　高被引机构

畜牧兽医学科被引次数 Top 10 高等院校和被引频次 Top 5 科研院所的发文和被引情况分别见表 27-5 和表 27-6。表中，总被引次数排名前 3 位的高等院校分别是甘肃农业大学、中国农业大学和四川农业大学，排名前 3 位的科研院所则是中国农业科学院北京畜牧兽医研究所、中国农业科学院饲料研究所和中国农业科学院兰州畜牧与兽药研究所；篇均被引最高的高等院校和科研院所分别是兰州大学和中国农业科学院饲料研究所。

表 27-5 畜牧兽医学科高被引高等院校 Top 10（2017 年）

排名	第一作者单位	学科发文量（篇）		前 5 年学科发文在 2017 年的被引			
		前 5 年	2017 年	频次	被引率(%)	最高（次）	篇均（次）
1	甘肃农业大学	1278	223	1367	48.4	15	1.07
2	中国农业大学	1480	233	1013	34.1	13	0.68
3	四川农业大学	1151	166	956	41.3	12	0.83
4	扬州大学	1327	235	829	35.6	13	0.62
5	内蒙古农业大学	1137	279	751	38.2	14	0.66
6	兰州大学	516	130	745	58.1	18	1.44
7	西北农林科技大学	1162	226	695	35.2	10	0.60
8	东北农业大学	1515	277	659	26.3	15	0.43
9	湖南农业大学	1157	281	607	29.4	12	0.52
10	吉林农业大学	1262	248	592	30.0	8	0.47

表 27-6 畜牧兽医学科高被引科研院所 Top 5（2017 年）

排名	第一作者单位	学科发文量（篇）		前 5 年学科发文在 2017 年的被引			
		前 5 年	2017 年	频次	被引率(%)	最高（次）	篇均（次）
1	中国农业科学院北京畜牧兽医研究所	629	102	589	44.4	15	0.94
2	中国农业科学院饲料研究所	320	47	362	48.1	11	1.13
3	中国农业科学院兰州畜牧与兽药研究所	427	70	286	36.5	10	0.67
4	中国动物卫生与流行病学中心	293	59	244	40.6	8	0.83
5	中国农业科学院哈尔滨兽医研究所	411	52	237	29.2	29	0.58

27.6.2 机构发文主题关联

通过机构共被引分析，获得畜牧兽医学科机构间的发文主题关联，图中节点大小反映被引次数高低，连线粗细代表共被引关联的强弱，关联越强表明两个机构的发文主题可能具有更强的相关性，红色节点为高被引高等院校 Top 10 和高被引科研院所 Top 5，详情见图 27-5（共被引 33 次以下不显示）。由图可知，高被引高等院校主导了畜牧兽医学科的机构共被引网络，在学科内体现出了较显著的学术影响力；甘肃农业大学与中国农业大学、四川农业大学、兰州大学、内蒙古农业大学等机构都具有较强的关联关系，表明上述机构的研究主题具有较多重叠之处。

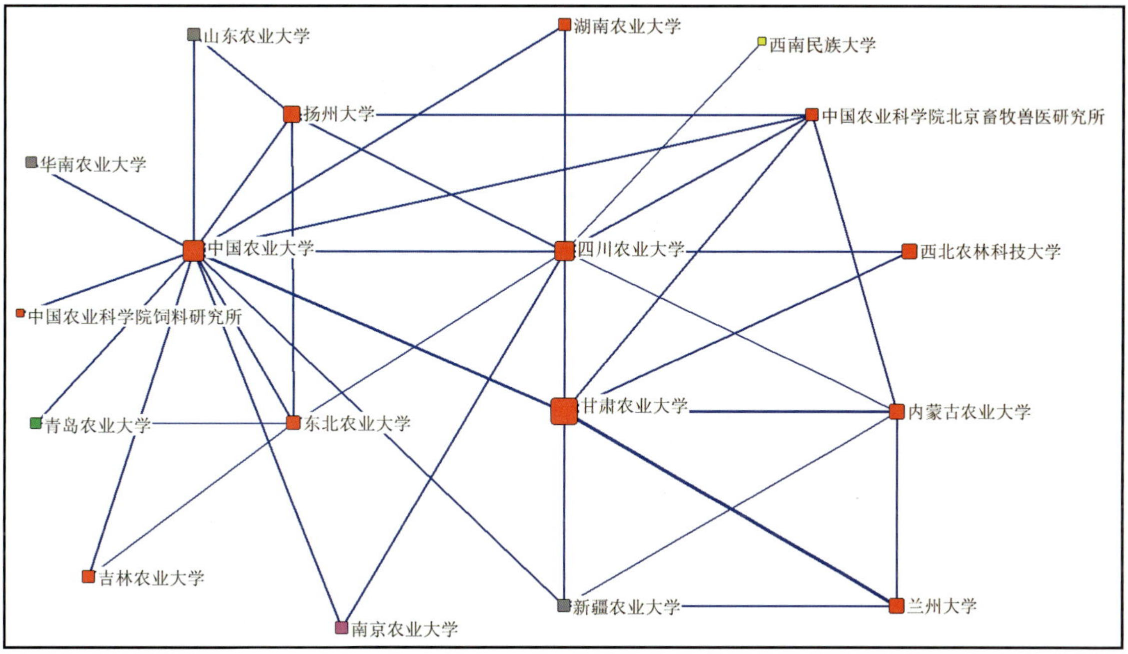

图 27-5　畜牧兽医学科机构发文主题关联（2017 年）

27.7　高被引国外期刊

畜牧兽医学科内被引次数 Top 10 的国外期刊见表 27-7，排名前 3 位的国外期刊是 *PLoS ONE*、*Journal of Dairy Science* 和 *Journal of Animal Science*。

表 27-7　畜牧兽医学科高被引国外期刊 Top 10（2017 年）

排名	期刊名称	2017 年被引频次
1	PLoS ONE	1295
2	Journal of Dairy Science	567
3	Journal of Animal Science	476
4	Poultry Science	388
5	Veterinary Microbiology	367
6	Journal of Virology	283
7	Animal Feed Science and Technology	273

排名	期刊名称	2017 年被引频次
8	Scientific Reports	229
9	Livestock Science	224
10	Emerging Infectious Diseases	210

第 28 章 水产、渔业学科高被引分析

28.1 学科论文概况

2012—2016 年，水产、渔业学科的 30 种期刊上共发表学术论文 28246 篇，由来自在 3830 所机构的 14561 位学者作为第一作者发表。上述论文中，有 5613 篇在 2017 年获得过引用，整体被引率为 19.9%，总被引频次为 9147 次，篇均被引 0.32 次；其中，高被引论文有 75 篇，累计被引 499 次，篇均被引 6.65 次，单篇论文最高被引 9 次（表 28-1）。另外，2017 年本学科共发表论文 5335 篇，其中有 209 篇在当年获得过引用，总共被引 237 次。

表 28-1 水产、渔业学科论文分布情况

年份	论文篇数	2017 年被引频次	2017 年被引率（%）	2017 年高被引论文			
				论文篇数	最高被引频次	总被引频次	篇均被引频次
2012	6281	1693	16.4	12	9	80	6.67
2013	5549	1910	20.7	11	9	82	7.45
2014	5522	1954	21.5	18	9	125	6.94
2015	5467	2141	23.2	18	9	121	6.72
2016	5427	1449	18.0	16	8	91	5.69
合计	28246	9147	19.9	75	9	499	6.65

28.2 高被引论文分析

在水产、渔业学科，2017 年被引次数 Top 10 论文（表 28-2）的平均被引次数为 8.36 次，是全部 75 篇高被引论文篇均被引频次的 1.2 倍。其中，被引次数最高的论文是李来好的《咸鱼中的挥发性风味成分》（2012）、杜震宇的《养殖鱼类脂肪肝成因及相关思考》（2014）、刘世禄的《关于加快发展我国远洋渔业的战略思考》（2014）和苏巍的《海州湾海域鱼类分类多样性的时空变化及其与环境因子的关系》（2013）。

从论文分布来看，刊载高被引论文数量居前的 3 种期刊分别是《水产学报》（24 篇）、《南方水产科学》（12 篇）和《中国水产科学》（9 篇），其中，《水产学报》刊载了高被引论文 Top 10 中的 5 篇；产出高被引论文数量居前的机构分别是中国水产科学研究院南海水产研究所（12 篇）、中国水产科学研究院黄海水产研究所（9 篇）和中国海洋大学（7 篇），而中国水产科学研究院南海水产研究所产出了高被引论文 Top 10 中的 3 篇。

表 28-2 水产、渔业学科高被引论文 Top 10（2017 年）

排名	论文题名	第一作者	期刊名称	发表年份	被引频次	
					总频次	2017 年
1	咸鱼中的挥发性风味成分	李来好	水产学报	2012	28	9
1	养殖鱼类脂肪肝成因及相关思考	杜震宇	水产学报	2014	19	9
1	关于加快发展我国远洋渔业的战略思考	刘世禄	渔业现代化	2014	18	9
1	海州湾海域鱼类分类多样性的时空变化及其与环境因子的关系	苏巍	中国水产科学	2013	21	9
5	莱州湾泥螺生态安全风险评估——基于 AHP 的 YAAHP 软件实现	吴文广	水产学报	2014	13	8
5	咸鱼品质的质构与感官相关性分析	张婷	水产学报	2013	28	8
5	我国海洋牧场建设回顾与展望	杨红生	水产学报	2016	10	8
5	添加复合乳酸菌再发酵对腌干鱼肉微生物、亚硝酸盐和亚硝胺的影响	游刚	南方水产科学	2015	12	8
5	密度胁迫对黄姑鱼幼鱼生长、代谢及非特异性免疫的影响	薛宝贵	渔业科学进展	2013	12	8
5	长江口及其邻近海域渔业资源结构的季节变化	孙鹏飞	渔业科学进展	2015	9	8
5	异育银鲫病原维氏气单胞菌的分离鉴定及药敏试验	夏飞	淡水渔业	2012	25	8

28.3 研究主题关联分析

在水产、渔业学科，高被引论文共被 2017 年发表的 416 篇论文引用了 499 次。通过分析施引文献关键词的词频及关键词之间的共现关系，获得 2017 年水产、渔业学科的热点主题和主题关联，如图 28-1 所示（共现 4 次以下不显示）。由图可知：“脂肪酸”“通径分析”“形态性状”等关键词的文档词频较高，是 2017 年学科的研究热点；3 个节点以上的研究主题关联网络共 5 个，构成了学科内最为突出的研究主题簇；其中，以“形态性状”“通径分析”“体质量”为核心节点的研究主题关联网络最大，其余各团簇中词频最高或连线最多的关键词分别是“原位杂交”“氨基酸”“风味”“水产品”。

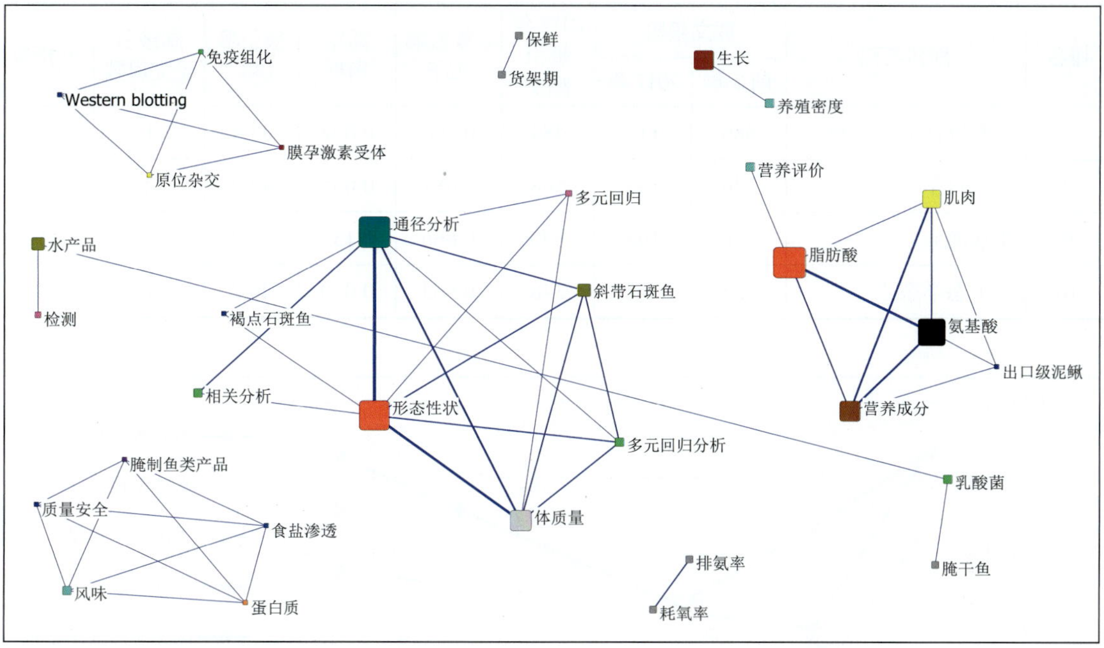

图 28-1　水产、渔业学科热点论文主题关联（2017 年）

28.4　高影响力期刊分析

28.4.1　高影响力期刊 Top 10

在水产、渔业学科，5 年影响因子 Top 10 期刊见表 28-3，前 3 种期刊分别是《南方水产科学》、《水产学报》和《中国水产科学》。其中，2017 年被引频次最高的期刊是《水产学报》，被引率最高的期刊是《南方水产科学》。2012—2017 年期刊 5 年影响因子的变动情况如图 28-2 所示。

表 28-3　水产、渔业学科高被引期刊基本指标（2017 年）

排名	期刊名称	载文篇数		2017 年被引频次	5 年影响因子	即年指标	被引率（%）	高被引论文篇数	h 指数
		前 5 年	2017 年						
1	南方水产科学	460	95	593	1.289	0.105	62.2	12	7
2	水产学报	1109	203	1315	1.186	0.113	57.3	24	7
3	中国水产科学	713	146	761	1.067	0.096	53.4	9	6
4	海洋渔业	376	79	337	0.896	0.013	50.5	2	5
5	大连海洋大学学报	607	117	525	0.865	0.094	49.1	3	5
6	渔业科学进展	618	132	496	0.803	0.053	44.0	4	5

排名	期刊名称	载文篇数		2017 年被引频次	5 年影响因子	即年指标	被引率（%）	高被引论文篇数	h 指数
		前 5 年	2017 年						
7	上海海洋大学学报	686	119	484	0.706	0.092	43.4	1	4
8	水产科学	746	143	508	0.681	0.035	42.9	2	5
9	淡水渔业	586	105	390	0.666	0.133	40.4	2	5
10	水生态学杂志	525	88	348	0.663	0.080	40.2	1	4

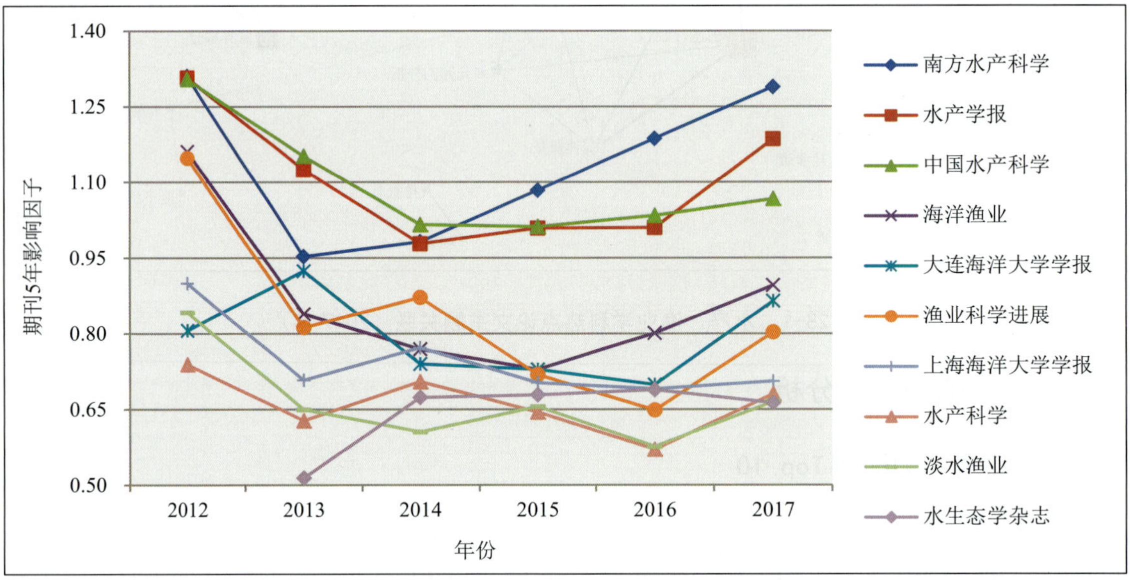

图 28-2　水产、渔业学科期刊 5 年影响因子变动趋势（2012—2017 年）

28. 4. 2　期刊载文主题关联

通过期刊共被引分析，获得水产、渔业学科期刊之间的载文主题关联，图中节点大小反映 5 年影响因子的高低，连线粗细代表共被引关联的强弱，关联越强表明两个期刊上有更多受学者们关注的相关主题论文，红色节点为学科高影响力期刊 Top 10，详情见图 28-3（共被引 28 次以下不显示）。如图所示，水产、渔业学科的高影响力期刊相互链接较为紧密，基本主导了该学科的期刊共被引网络。《水产学报》和《中国水产科学》具有较多的关联关系，表明其发文主题与其他多个期刊的主题均有重合，且两本期刊之间的关联较强，意味着它们之间可能有较多相同或相近的载文主题。

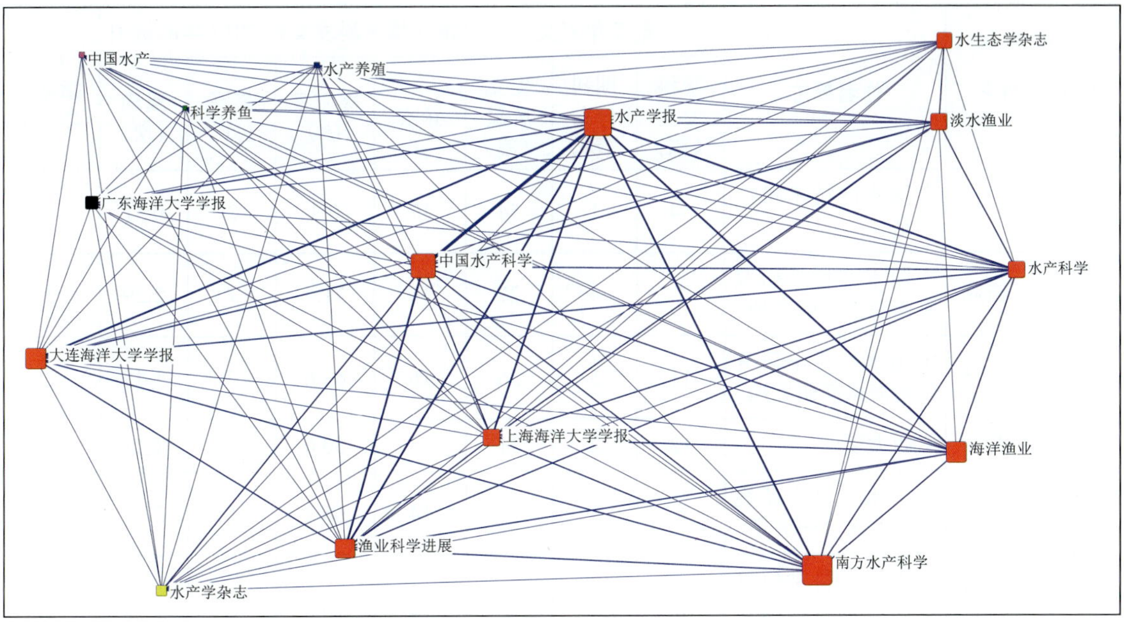

图 28-3 水产、渔业学科期刊载文主题关联（2017 年）

28.5 高被引作者分析

28.5.1 高被引作者 Top 20

2017 年论文被引次数 Top 20 的作者见表 28-4。其中，学科发文总被引频次较高的 3 位作者分别是宁德市富发水产有限公司的黄伟卿（18 次）、上海海洋大学的陈新军（18 次）和全国水产技术推广总站的王玉堂（17 次）。在学科发文 5 篇及以上的作者中，篇均被引较高的 3 位作者分别是中国水产科学研究院珠江水产研究所的夏耘（篇均 2.60 次）、上海海洋大学的陈新军（篇均 2.57 次）和宁德市富发水产有限公司的黄伟卿（篇均 2.57 次）；5 年学科发文较多的 3 位作者分别华中农业大学的陈昌福（60 篇）、全国水产技术推广总站的王玉堂（54 篇），南京巨豹生物工程有限公司的秦生巨（26 篇）。

表 28-4 水产、渔业学科高被引作者 Top 20（2017 年）

排名	姓名	作者单位	前 5 年发文			前 5 年学科发文在 2017 年的被引				h 指数（学科）
			学科发文（篇）	期刊分布（种）	发文总量（篇）	频次	被引率（%）	最高（次）	篇均（次）	
1	黄伟卿	宁德市富发水产有限公司	7	7	9	18	57.1	7	2.57	3
1	陈新军	上海海洋大学	7	2	10	18	100.0	6	2.57	3

排名	姓名	作者单位	前5年发文			前5年学科发文在2017年的被引				h指数（学科）
			学科发文（篇）	期刊分布（种）	发文总量（篇）	频次	被引率（%）	最高（次）	篇均（次）	
3	王玉堂	全国水产技术推广总站	54	1	54	17	0.3	2	0.31	1
4	吴燕燕	中国水产科学研究院南海水产研究所	7	4	27	16	71.4	7	2.29	2
4	区又君	中国水产科学研究院南海水产研究所	11	5	36	16	63.6	7	1.45	2
6	许友卿	广西大学	12	2	31	15	50.0	5	1.25	3
7	宋超	中国水产科学研究院东海水产研究所	6	3	7	14	66.7	5	2.33	3
7	徐皓	中国水产科学研究院渔业机械仪器研究所	8	4	9	14	50.0	6	1.75	2
9	张俊	中国水产科学研究院南海水产研究所	7	3	8	13	57.1	5	1.86	3
9	张鹏	中国水产科学研究院南海水产研究所	4	1	4	13	75.0	5	3.25	3
9	李来好	中国水产科学研究院南海水产研究所	4	2	5	13	75.0	9	3.25	2
9	刘杰	广西大学	2	2	8	13	100.0	8	6.50	2
9	吴文广	中国水产科学研究院黄海水产研究所	3	2	4	13	100.0	8	4.33	2
9	林军	上海海洋大学	7	2	7	13	85.7	3	1.86	2
9	夏耘	中国水产科学研究院珠江水产研究所	5	3	5	13	100.0	4	2.60	3
16	岳冬冬	中国水产科学研究院东海水产研究所	8	1	46	12	75.0	4	1.50	2
16	吴旭干	上海海洋大学	3	3	6	12	100.0	6	4.00	2
16	施永海	上海市水产研究所	3	2	9	12	100.0	7	4.00	2
16	刘健	中国水产科学研究院东海水产研究所	7	4	10	12	71.4	3	1.71	2
16	张波	中国水产科学研究院黄海水产研究所	7	3	7	12	85.7	3	1.71	2

28.5.2　作者发文主题关联

通过作者共被引分析，获得 2017 年水产、渔业学科作者之间的发文主题关联，图中节点大小反映被引次数高低，连线粗细代表共被引关联的强弱，关联越强表明两位作者的发文主题可能具有更强的相关性，红色节点为学科高被引作者 Top 20，详情见图 28-4（共被引 3 次以下不显示）。如图所示，学者区又君、吴燕燕和李来好等的作者总被引频次较高；区又君、陈红林、刘文广等作者构成的论文引用网络最为突出。吴燕燕和游刚之间的关联较强，表明两位学者之间有较为相关的发文主题。

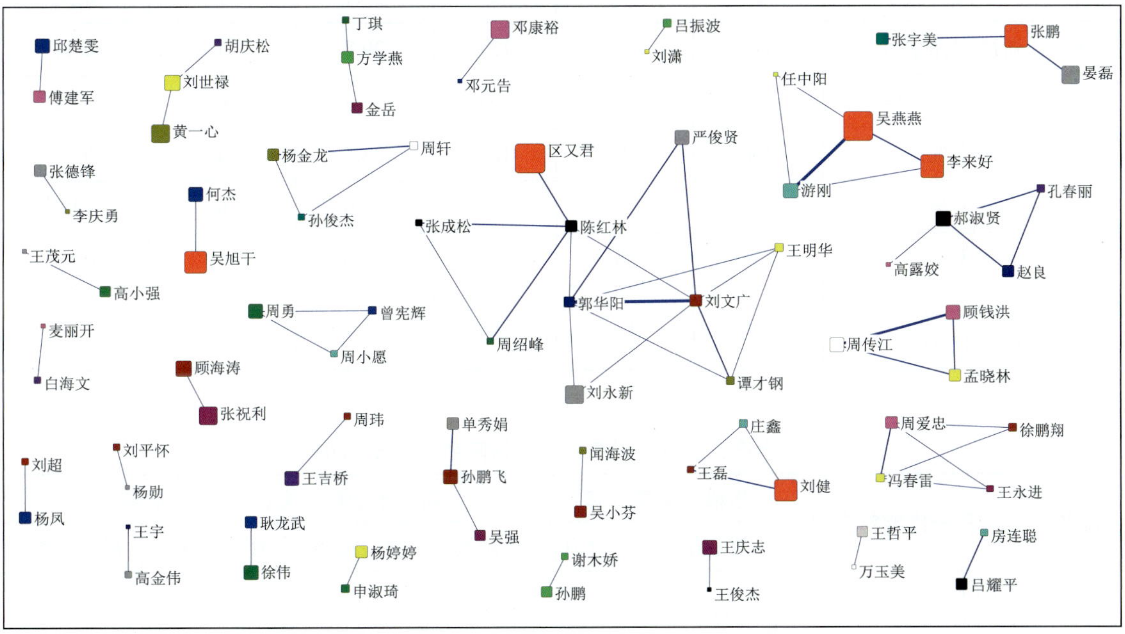

图 28-4　水产、渔业学科作者发文主题关联（2017 年）

28.6　高被引机构分析

28.6.1　高被引机构

水产、渔业学科被引次数 Top 10 高等院校和被引频次 Top 5 科研院所的发文和被引情况分别见表 28-5 和表 28-6。表中，总被引次数排名前 3 位的高等院校分别是上海海洋大学、大连海洋大学和中国海洋大学，排名前 3 位的科研院所则是中国水产科学研究院南海水产研究所、中国水产科学研究院黄海水产研究所和中国水产科学研究院东海水产研究所；篇均被引最高的高等院校和科研院所分别是南京农业大学无锡渔业学院和中国水产科学研究院南海水产研究所。

表 28-5　水产、渔业学科高被引高等院校 Top 10（2017 年）

排名	第一作者单位	学科发文量（篇）		前 5 年学科发文在 2017 年的被引			
		前 5 年	2017 年	频次	被引率(%)	最高（次）	篇均（次）
1	上海海洋大学	1294	256	1028	46.2	7	0.79
2	大连海洋大学	672	126	472	40.5	7	0.70
3	中国海洋大学	446	73	357	42.6	9	0.80
4	广东海洋大学	558	114	325	37.1	7	0.58
5	浙江海洋学院	413	1	181	29.8	5	0.44
6	华中农业大学	230	34	142	37.8	6	0.62
7	琼州学院	260		101	28.5	4	0.39
8	宁波大学	89	22	96	59.6	6	1.08
9	集美大学	136	24	79	36.0	6	0.58
10	南京农业大学无锡渔业学院	59	14	75	54.2	8	1.27

表 28-6　水产、渔业学科高被引科研院所 Top 5（2017 年）

排名	第一作者单位	学科发文量（篇）		前 5 年学科发文在 2017 年的被引			
		前 5 年	2017 年	频次	被引率(%)	最高（次）	篇均（次）
1	中国水产科学研究院南海水产研究所	384	72	449	55.5	9	1.17
1	中国水产科学研究院黄海水产研究所	492	84	449	45.1	9	0.91
3	中国水产科学研究院东海水产研究所	388	66	372	53.9	7	0.96
4	中国水产科学研究院珠江水产研究所	162	32	166	50.0	6	1.02
5	中国水产科学研究院黑龙江水产研究所	240	44	135	37.9	4	0.56

28.6.2　机构发文主题关联

通过机构共被引分析，获得水产、渔业学科机构间的发文主题关联，图中节点大小反映被引次数高低，连线粗细代表共被引关联的强弱，关联越强表明两个机构的发文主题可能具有更强的相关性，红色节点为高被引高等院校 Top 10 和高被引科研院所 Top 5，详情见图 28-5

（共被引 15 次以下不显示）。由图可知，高被引高等院校主导了水产、渔业学科的机构共被引网络，在学科内体现出了较显著的学术影响力；上海海洋大学具有最多的关联关系和最高的被引频次，充分表明了其学科学术影响力。上海海洋大学和中国水产科学研究院南海水产研究所、中国水产科学研究院黑龙江水产研究所、中国水产科学研究院珠江水产研究所等众多科研院所机构之间均建立关联关系，表明研究主题具有相似之处。

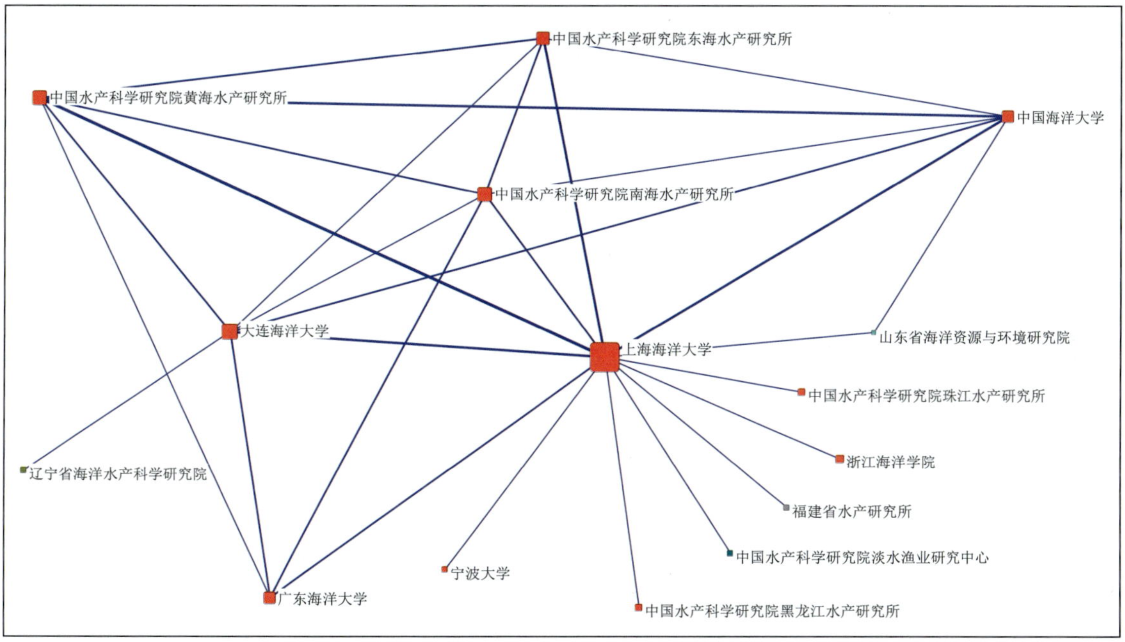

图 28-5 水产、渔业学科机构发文主题关联（2017 年）

28.7 高被引国外期刊

水产、渔业学科内被引次数 Top 10 的国外期刊见表 28-7，排名前 3 位的国外期刊是 *Aquaculture*、*Fish and Shellfish Immunology* 和 *PLoS ONE*。

表 28-7 水产、渔业学科高被引国外期刊 Top 10（2017 年）

排名	期刊名称	2017 年被引频次
1	Aquaculture	358
2	Fish and Shellfish Immunology	248
3	PLoS ONE	188
4	Aquaculture Research	112
5	Food Chemistry	69
6	Developmental & Comparative Immunology	59
7	Fish Physiology and Biochemistry	55

排名	期刊名称	2017 年被引频次
8	Fisheries Research	51
9	Aquaculture Nutrition	50
10	Gene	47

第 29 章　工程技术总论学科高被引分析

29.1　学科论文概况

2012—2016 年，工程技术总论学科的 172 种期刊上共发表学术论文 482834 篇，由来自在 82160 所机构的 381623 位学者作为第一作者发表。上述论文中，有 99453 篇在 2017 年获得过引用，整体被引率为 20.6%，总被引频次为 171470 次，篇均被引 0.36 次；其中，高被引论文有 1109 篇，累计被引 15275 次，篇均被引 13.77 次，单篇论文最高被引 109 次（表 29-1）。另外，2017 年本学科共发表论文 79758 篇，其中有 7263 篇在当年获得过引用，总共被引 10552 次。

表 29-1　工程技术总论学科论文分布情况

年份	论文篇数	2017 年被引频次	2017 年被引率（%）	2017 年高被引论文			
				论文篇数	最高被引频次	总被引频次	篇均被引频次
2012	100424	24627	15.3	163	53	2182	13.39
2013	98476	29999	18.0	177	109	2724	15.39
2014	101924	38182	21.3	270	66	3787	14.03
2015	93654	41936	25.0	274	59	3848	14.04
2016	88356	36726	24.0	225	39	2734	12.15
合计	482834	171470	20.6	1109	109	15275	13.77

29.2　高被引论文分析

在工程技术总论学科，2017 年被引次数 Top 10 论文（表 29-2）的平均被引次数为 67.6 次，是全部 1109 篇高被引论文篇均被引频次的 4.9 倍。其中，被引次数最高的论文是宋玉峰的《浅谈建筑工程中的深基坑支护施工技术》（2013），随后两篇分别是周春波的《BIM 技术在建筑施工中的应用研究》（2013）和刘超的《我国机械设计制造及其自动化发展方向研究》（2013）。

从论文分布来看，刊载高被引论文数量居前的 3 种期刊分别是《科学技术创新》（251 篇）、《科技创新导报》（97 篇）和《科技资讯》（95 篇）；《黑龙江科技信息》刊载了高被引论文 Top 10 中的 3 篇；发表高被引论文数量居前的学者分别是辽宁工程技术大学的汪培庄（3 篇）、黑龙江城熹建筑工程有限公司的张万库（3 篇）和中南大学的王新民（2 篇）；产出高被引论文数量居前的机构分别是哈尔滨工业大学（9 篇）、西安工程大学（6 篇）和中南大学（5 篇）。

表 29-2　工程技术总论学科高被引论文 Top 10（2017 年）

排名	论文题名	第一作者	期刊名称	发表年份	被引频次	
					总频次	2017 年
1	浅谈建筑工程中的深基坑支护施工技术	宋玉峰	黑龙江科技信息	2013	404	109
2	BIM 技术在建筑施工中的应用研究	周春波	青岛理工大学学报	2013	146	84
3	我国机械设计制造及其自动化发展方向研究	刘超	河南科技	2013	227	72
4	关于影响建筑工程管理的主要因素及对策分析	李世凯	黑龙江科技信息	2013	273	69
5	大数据技术研究综述	刘智慧	浙江大学学报（工学版）	2014	195	66
6	绿色节能施工技术在房屋建筑工程中的应用	张万库	民营科技	2014	135	60
7	智能化技术在电气工程自动化控制中的具体应用探析	张雪	科技展望	2015	138	59
8	浅析电气自动化在电气工程中的应用	陈宇	科技信息	2014	105	53
8	浅析建筑工程施工质量控制措施	李浩明	科技信息	2012	197	53
10	建筑工程管理中创新模式的应用及发展分析	陈曦	黑龙江科技信息	2013	171	51

29.3　研究主题关联分析

在工程技术总论学科，高被引论文共被 2017 年发表的 14126 篇论文引用了 15275 次。通过分析施引文献关键词的词频及关键词之间的共现关系，获得 2017 年工程技术总论学科的热点主题和主题关联，如图 29-1 所示（共现 34 次以下不显示）。由图可知：“建筑工程”“施工技术”等关键词的文档词频较高，是 2017 年学科的研究热点；3 个节点以上的研究主题关联网络共 2 个，构成了学科内最为突出的研究主题簇；其中，以“建筑工程”“施工技术”“施工管理”为核心节点的研究主题关联网络最大，其余团簇中词频最高或连线最多的关键词是“电气工程”。

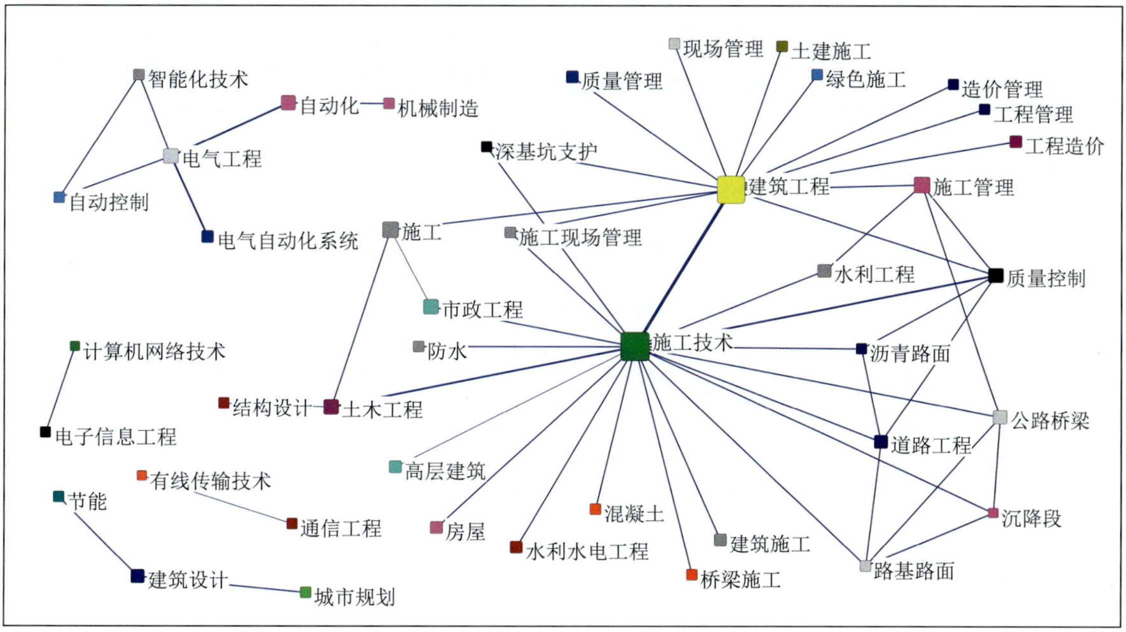

图 29-1 工程技术总论学科热点论文主题关联（2017 年）

29.4 高影响力期刊分析

29.4.1 高影响力期刊 Top 10

在工程技术总论学科，5 年影响因子 Top 10 期刊见表 29-3，前 3 种期刊分别是《中南大学学报（自然科学版）》、《同济大学学报（自然科学版）》和《湖南大学学报（自然科学版）》。其中，2017 年被引频次最高的期刊是《中南大学学报（自然科学版）》，被引率最高的期刊是《同济大学学报（自然科学版）》。2012—2017 年期刊 5 年影响因子的变动情况如图 29-2 所示。

表 29-3 工程技术总论学科高被引期刊基本指标（2017 年）

排名	期刊名称	载文篇数		2017 年被引频次	5 年影响因子	即年指标	被引率（%）	高被引论文篇数	h 指数
		前 5 年	2017 年						
1	中南大学学报（自然科学版）	3317	452	2932	0.884	0.033	46.0	8	8
2	同济大学学报（自然科学版）	1568	273	1361	0.868	0.081	46.8	4	7
3	湖南大学学报（自然科学版）	1183	263	921	0.779	0.065	43.6	2	6
4	辽宁工程技术大学学报（自然科学版）	1523	243	1139	0.748	0.066	39.3	6	8

排名	期刊名称	载文篇数		2017 年被引频次	5 年影响因子	即年指标	被引率（%）	高被引论文篇数	h 指数
		前 5 年	2017 年						
5	西安工程大学学报	839	139	624	0.744	0.122	36.5	8	8
6	浙江大学学报（工学版）	1685	285	1244	0.738	0.067	40.0	4	7
7	吉林大学学报（工学版）	1450	268	1033	0.712	0.112	40.2	3	7
8	东南大学学报（自然科学版）	1335	243	936	0.701	0.049	38.2	2	7
9	工程科学学报	1264	247	879	0.695	0.077	40.7	1	6
10	清华大学学报（自然科学版）	1336	35	924	0.692	0	36.9	5	7

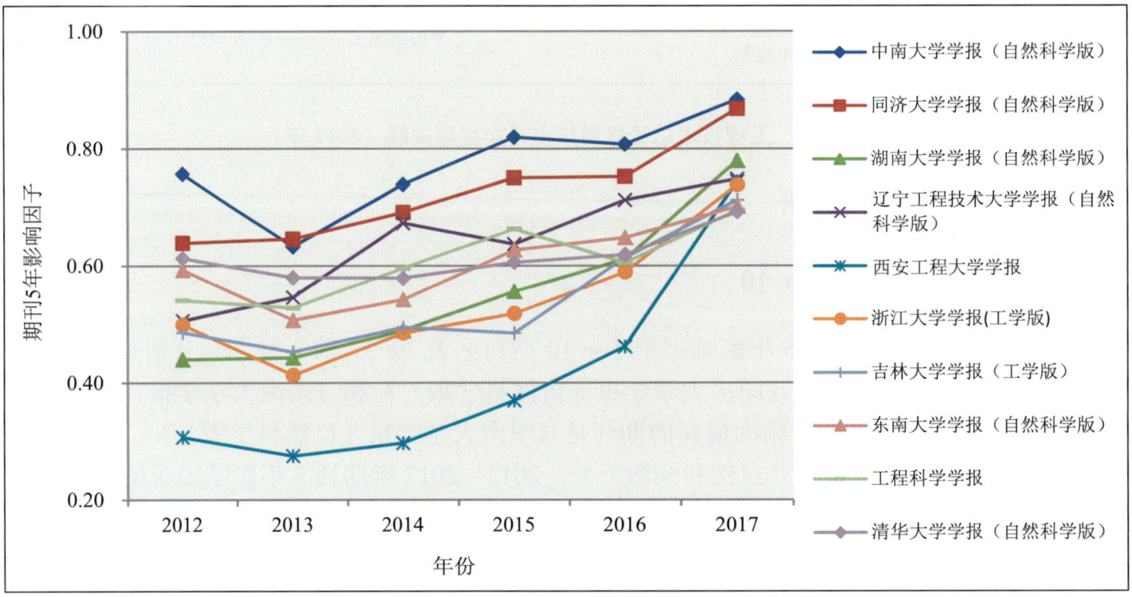

图 29-2 工程技术总论学科期刊 5 年影响因子变动趋势（2012—2017 年）

29.4.2 期刊载文主题关联

通过期刊共被引分析，获得工程技术总论学科期刊之间的载文主题关联，图中节点大小反映 5 年影响因子的高低，连线粗细代表共被引关联的强弱，关联越强表明两个期刊上有更多受学者们关注的相关主题论文，红色节点为学科高影响力期刊 Top 10，详情见图 29-3（共被引 50 次以下不显示）。如图所示，工程技术总论学科的多个期刊均互相关联且关联较为紧密，各期刊的学科分类属性体现得较为明显；《中南大学学报（自然科学版）》的 5 年影响因子最高，显示出该刊在学科内学术影响力较大；《科学技术创新》与《民营科技》《科技展望》《科技风》等期刊之间的关联较强，表明上述期刊具有较多相关主题的论文。

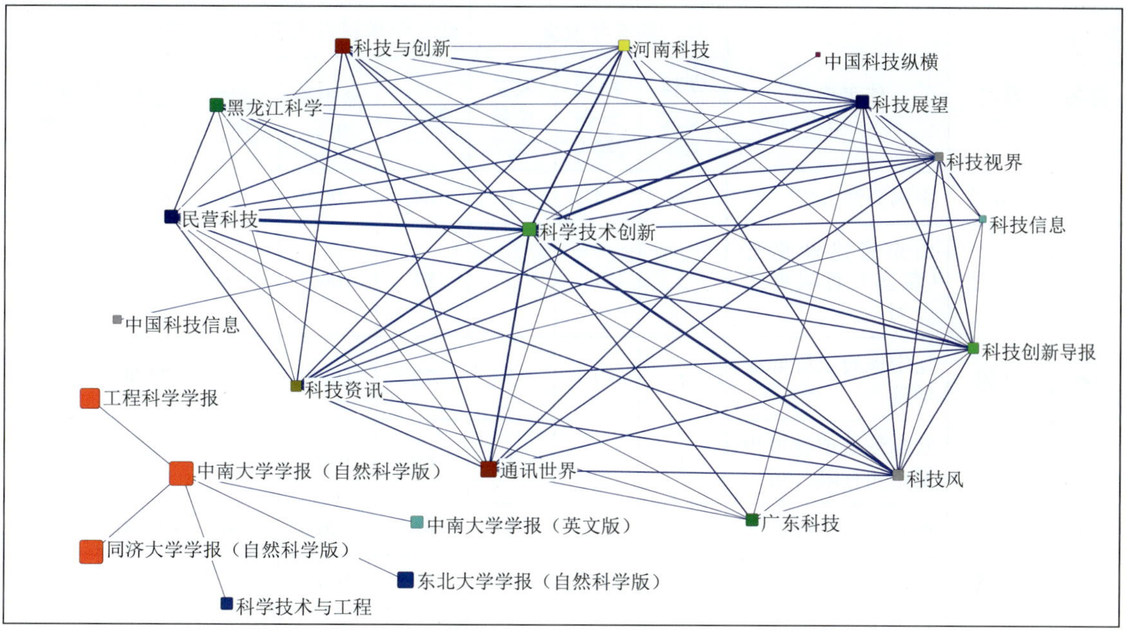

图 29-3　工程技术总论学科期刊载文主题关联（2017 年）

29.5　高被引作者分析

29.5.1　高被引作者 Top 20

2017 年论文被引次数 Top 20 的作者见表 29-4。其中，学科发文总被引频次较高的 3 位作者分别是黑龙江城熹建筑工程有限公司的张万库（111 次）、黑龙江省城乡建设开发公司的宋玉峰（111 次）和中国海洋大学的周春波（84 次）。在学科发文 5 篇及以上的作者中，篇均被引较高的 3 位作者分别是河南理工大学的王兆丰（篇均 5.80 次）、黑龙江省嫩江县城镇建设管理处的武占军（篇均 5.00 次）和黑龙江省嫩江县建设工程造价管理站的王巍（篇均 4.60 次）；5 年学科发文较多的 3 位作者分别是新乡医学院的王艳文（43 篇）、陕西省榆林市环境监测总站的武开业（39 篇）和河北联合大学的许晓峰（25 篇）。

表 29-4　工程技术总论学科高被引作者 Top 20（2017 年）

排名	姓名	作者单位	前 5 年发文			前 5 年学科发文在 2017 年的被引				h 指数（学科）
			学科发文（篇）	期刊分布（种）	发文总量（篇）	频次	被引率（%）	最高（次）	篇均（次）	
1	张万库	黑龙江城熹建筑工程有限公司	3	2	3	111	100.0	60	37.00	3
1	宋玉峰	黑龙江省城乡建设开发公司	2	2	3	111	100.0	109	55.50	2

排名	姓名	作者单位	前 5 年发文			前 5 年学科发文在 2017 年的被引				h 指数（学科）
			学科发文（篇）	期刊分布（种）	发文总量（篇）	频次	被引率（%）	最高（次）	篇均（次）	
3	周春波	中国海洋大学	1	1	1	84	100.0	84	84.00	1
4	李浩明	山东省建设建工（集团）有限责任公司	3	1	3	81	100.0	53	27.00	3
5	刘超	辽宁地质工程职业学院	1	1	5	72	100.0	72	72.00	1
6	李世凯	哈尔滨城市建设投资集团有限公司	1	1	1	69	100.0	69	69.00	1
7	方巍	南京信息工程大学	3	1	4	66	100.0	46	22.00	2
7	刘智慧	浙江大学	1	1	1	66	100.0	66	66.00	1
9	张雪	特变电工沈阳变压器集团有限公司	1	1	1	59	100.0	59	59.00	1
10	陈宇	辽源城郊供电公司	1	1	1	53	100.0	53	53.00	1
11	陈曦	黑龙江省大庆市萨尔图区城市建设管理站	1	1	1	51	100.0	51	51.00	1
12	王新民	中南大学	11	3	29	50	90.9	18	4.55	3
13	宋超	云南城市规划建筑设计院（集团）有限公司	2	1	2	48	100.0	47	24.00	1
13	臧丽薇	黑龙江省农垦建工集团	1	1	1	48	100.0	48	48.00	1
13	尹宝才	北京工业大学	2	2	4	48	50.0	48	24.00	1
16	陈蓉	南京西部路桥集团有限公司	1	1	1	46	100.0	46	46.00	1
17	刘次福	桂林市机电工程学校	1	1	1	45	100.0	45	45.00	1
18	常记周	河南省建设集团有限公司	1	1	1	44	100.0	44	44.00	1
18	张桂昌	国网山东省电力公司枣庄供电公司	1	1	1	44	100.0	44	44.00	1
20	段富振	中国航空动力机械研究所	1	1	2	40	100	40	40.00	1

29.5.2　作者发文主题关联

通过作者共被引分析，获得 2017 年工程技术总论学科作者之间的发文主题关联，图中节点大小反映被引次数高低，连线粗细代表共被引关联的强弱，关联越强表明两位作者的发文主题可能具有更强的相关性，红色节点为学科高被引作者 Top 20，详情见图 29-4（共被引 6 次以下不显示）。如图所示，4 个规模较大的子网络：以张万库为主要节点的子网络、以张雪为主要节点的子网络、以张国海为主要节点的子网络和以汪培庄为主要节点的子网络，展现了学科热点研究方向上的主要研究力量；张桂昌和张雪、张万库和刘丽等学者之间的关联较强，表明上述学者之间可能分别有较为相关的发文主题。

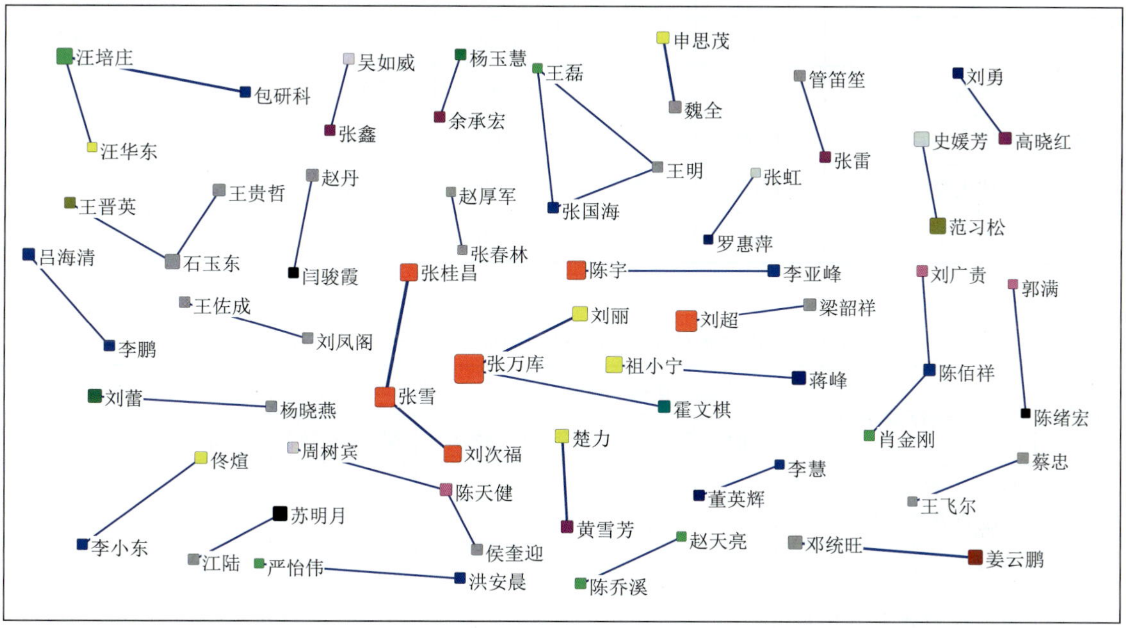

图 29-4　工程技术总论学科作者发文主题关联（2017 年）

29.6　高被引机构分析

29.6.1　高被引机构

工程技术总论学科被引次数 Top 10 高等院校和被引频次 Top 5 科研院所的发文和被引情况分别见表 29-5 和表 29-6。表中，总被引次数排名前 3 位的高等院校分别是同济大学、中南大学和北京科技大学，排名前 3 位的科研院所则是黑龙江省齐齐哈尔矿产勘查开发总院、上海飞机设计研究院和黑龙江省水利水电勘测设计研究院；篇均被引最高的高等院校和科研院所分别是中南大学和黑龙江省水利水电勘测设计研究院。

表 29-5 工程技术总论学科高被引高等院校 Top 10（2017 年）

排名	第一作者单位	学科发文量（篇）		前 5 年学科发文在 2017 年的被引			
		前 5 年	2017 年	频次	被引率(%)	最高（次）	篇均（次）
1	同济大学	2322	371	1669	40.1	10	0.72
2	中南大学	2148	330	1597	39.5	21	0.74
3	北京科技大学	1527	204	1046	39.9	13	0.69
4	东北大学	2063	364	1033	32.2	9	0.50
5	东南大学	1745	292	1014	33.3	18	0.58
6	浙江大学	1617	188	1009	35.7	66	0.62
7	哈尔滨工业大学	1702	192	1000	29.5	26	0.59
8	清华大学	1500	85	903	34.0	12	0.60
9	吉林大学	1562	323	877	33.4	9	0.56
10	华南理工大学	1492	255	810	31.2	14	0.54

表 29-6 工程技术总论学科高被引科研院所 Top 5（2017 年）

排名	第一作者单位	学科发文量（篇）		前 5 年学科发文在 2017 年的被引			
		前 5 年	2017 年	频次	被引率（%）	最高（次）	篇均（次）
1	黑龙江省齐齐哈尔矿产勘查开发总院	255	30	215	34.5	10	0.84
2	上海飞机设计研究院	868	367	121	11.4	4	0.14
3	黑龙江省水利水电勘测设计研究院	74	23	94	36.5	11	1.27
4	黑龙江省科学院	414	33	89	17.4	3	0.21
5	山东省科学院	184	37	74	22.7	3	0.40

29.6.2 机构发文主题关联

通过机构共被引分析，获得工程技术总论学科机构间的发文主题关联，图中节点大小反映被引次数高低，连线粗细代表共被引关联的强弱，关联越强表明两个机构的发文主题可能具有更强的相关性，红色节点为高被引高等院校 Top 10 和高被引科研院所 Top 5，详情见图 29-5（共被引 10 次以下不显示）。由图可知，高被引高等院校主导了工程技术总论学科的机构共被引网络，在学科内体现出了较显著的学术影响力；同济大学具有最多的关联关系，充分表明了其学科学术影响力；北京科技大学和东北大学、中南大学，东南大学与同济大学等机构之间的关联较强，表明上述机构的研究主题分别具有较多重叠之处。

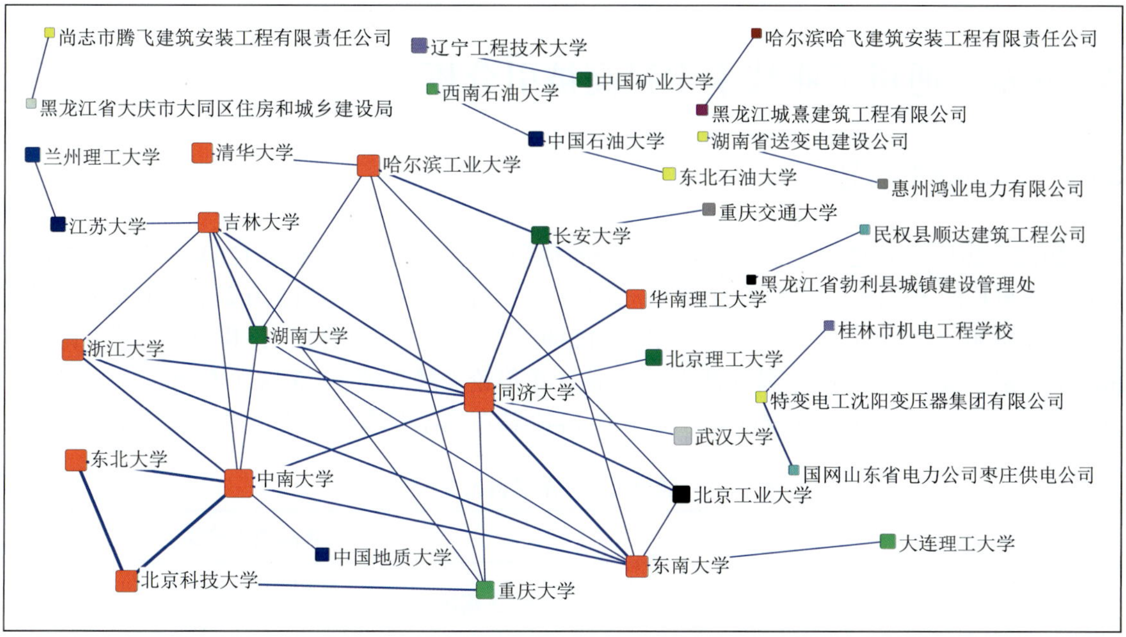

图 29-5　工程技术总论学科机构发文主题关联（2017 年）

29.7　高被引国外期刊

工程技术总论学科内被引次数 Top 10 的国外期刊见表 29-7，排名前 3 位的国外期刊是 *Construction and Building Materials*、*Neurocomputing* 和 *IEEE Transactions on Industrial Electronics*。

表 29-7　工程技术总论学科高被引国外期刊 Top 10（2017 年）

排名	期刊名称	2017 年被引频次
1	Construction and Building Materials	350
2	Neurocomputing	260
3	IEEE Transactions on Industrial Electronics	232
4	Applied Mechanics and Materials	228
5	Applied Energy	225
6	Bioresource Technology	215
7	Advanced Materials Research	212
8	Expert Systems with Applications	207
9	Chemical Engineering Journal	203
9	Information Sciences	203

第 30 章　通用工业技术学科高被引分析

30.1　学科论文概况

2012—2016 年，通用工业技术学科的 105 种期刊上共发表学术论文 126456 篇，由来自在 15017 所机构的 83318 位学者作为第一作者发表。上述论文中，有 26210 篇在 2017 年获得过引用，整体被引率为 20.7%，总被引频次为 42040 次，篇均被引 0.33 次；其中，高被引论文有 382 篇，累计被引 3351 次，篇均被引 8.77 次，单篇论文最高被引 73 次（表 30-1）。另外，2017 年本学科共发表论文 32958 篇，其中有 1440 篇在当年获得过引用，总共被引 1718 次。

表 30-1　通用工业技术学科论文分布情况

年份	论文篇数	2017 年被引频次	2017 年被引率（%）	2017 年高被引论文			
				论文篇数	最高被引频次	总被引频次	篇均被引频次
2012	24068	6308	17.1	56	22	466	8.32
2013	23973	7698	19.9	79	59	678	8.58
2014	24450	8649	22.0	58	26	580	10.00
2015	24448	10195	25.0	105	27	864	8.23
2016	29517	9190	19.7	84	73	763	9.08
合计	126456	42040	20.7	382	73	3351	8.77

30.2　高被引论文分析

在通用工业技术学科，2017 年被引次数 Top 10 论文（表 30-2）的平均被引次数为 34.5 次，是全部 382 篇高被引论文篇均被引频次的 3.9 倍。其中，被引次数最高的论文是唐雷的《建筑工程施工技术及其现场施工管理研究》（2016），随后两篇分别是马建光的《大数据的概念、特征及其应用》（2013）和张学军的《3D 打印技术研究现状和关键技术》（2016）。

从论文分布来看，刊载高被引论文数量居前的 3 种期刊分别是《包装工程》（87 篇）、《中国工程科学》（34 篇）和《复合材料学报》（25 篇），其中，《包装工程》刊载了高被引论文 Top 10 中的 3 篇；发表高被引论文数量居前的学者分别是重庆工商大学的戴宏民（3 篇）、陕西科技大学的吕生华（2 篇）和西安建筑科技大学的尚建丽（2 篇）；产出高被引论文数量居前的机构分别是国防科学技术大学（10 篇）、陕西科技大学（7 篇）和清华大学（7 篇）。

表 30-2　通用工业技术学科高被引论文 Top 10（2017 年）

排名	论文题名	第一作者	期刊名称	发表年份	被引频次	
					总频次	2017 年
1	建筑工程施工技术及其现场施工管理研究	唐雷	福建质量管理	2016	78	73
2	大数据的概念、特征及其应用	马建光	国防科技	2013	212	59
3	3D 打印技术研究现状和关键技术	张学军	材料工程	2016	74	43
4	基于 FDM 的 3D 打印技术研究现状与发展趋势	唐通鸣	化工新型材料	2015	37	27
5	试论中国传统文化元素在现代环境艺术设计中的运用	陈冲	包装世界	2014	66	26
5	城市智能交通系统的发展现状与趋势	陆化普	工程研究-跨学科视野中的工程	2014	61	26
7	传统文化设计元素提取模型研究与应用	王伟伟	包装工程	2014	69	25
8	服务设计驱动下的模式创新	罗仕鉴	包装工程	2015	37	23
9	基于主成分分析的指标权重确定方法	韩小孩	四川兵工学报	2012	73	22
10	大数据时代的大交互设计	覃京燕	包装工程	2015	45	21

30.3　研究主题关联分析

在通用工业技术学科，高被引论文共被 2017 年发表的 3295 篇论文引用了 3351 次。通过分析施引文献关键词的词频及关键词之间的共现关系，获得 2017 年通用工业技术学科的热点主题和主题关联，如图 30-1 所示（共现 6 次以下不显示）。由图可知："复合材料""建筑工程""力学性质"等关键词的文档词频较高，是 2017 年学科的研究热点；3 个节点以上的研究主题关联网络共 3 个，构成了学科内最为突出的研究主题簇；其中，以"复合材料""力学性质""三维打印"为核心节点的研究主题关联网络最大，其余各团簇中词频最高或连线最多的关键词分别是"建筑工程""产品设计""电气工程"。

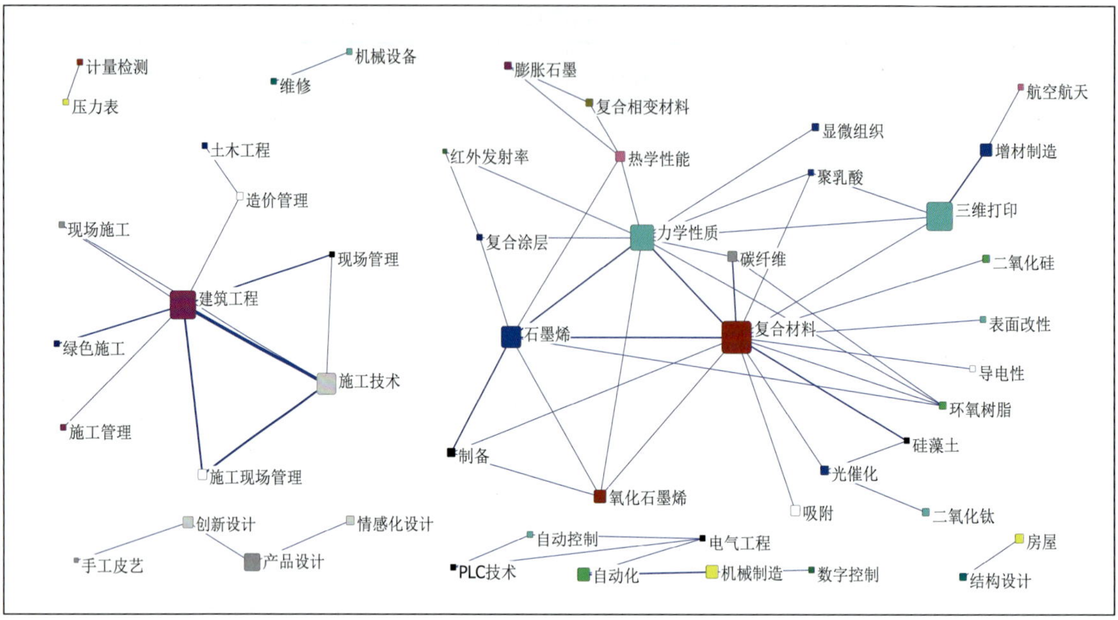

图 30-1　通用工业技术学科热点论文主题关联（2017 年）

30.4　高影响力期刊分析

30.4.1　高影响力期刊 Top 10

在通用工业技术学科，5 年影响因子 Top 10 期刊见表 30-3，前 3 种期刊分别是《中国工程科学》、《复合材料学报》和《制冷学报》。其中，2017 年被引频次最高的期刊是《包装工程》，被引率最高的期刊是《复合材料学报》。2012—2017 年期刊 5 年影响因子的变动情况如图 30-2 所示。

表 30-3　通用工业技术学科高被引期刊基本指标（2017 年）

排名	期刊名称	载文篇数		2017 年被引频次	5 年影响因子	即年指标	被引率（%）	高被引论文篇数	h 指数
		前 5 年	2017 年						
1	中国工程科学	921	126	1008	1.094	0.095	45.6	34	9
2	复合材料学报	1293	382	1381	1.068	0.144	52.7	25	7
3	制冷学报	537	104	525	0.978	0.115	52.3	8	6
4	包装工程	4373	1212	4202	0.961	0.144	46.2	87	12
5	材料工程	1113	238	1034	0.929	0.092	49.6	10	7
6	应用基础与工程科学学报	646	120	568	0.879	0.100	45.7	8	6

排名	期刊名称	载文篇数		2017 年被引频次	5 年影响因子	即年指标	被引率（%）	高被引论文篇数	h 指数
		前 5 年	2017 年						
7	工程研究——跨学科视野中的工程	284	77	226	0.796	0.078	35.9	4	5
8	兵工学报	1464	311	1120	0.765	0.100	45.9	6	6
9	中国科学（技术科学）	785	140	598	0.762	0.100	36.4	14	7
10	纳米研究（英文版）	365	375	255	0.699	0.085	39.5	4	5

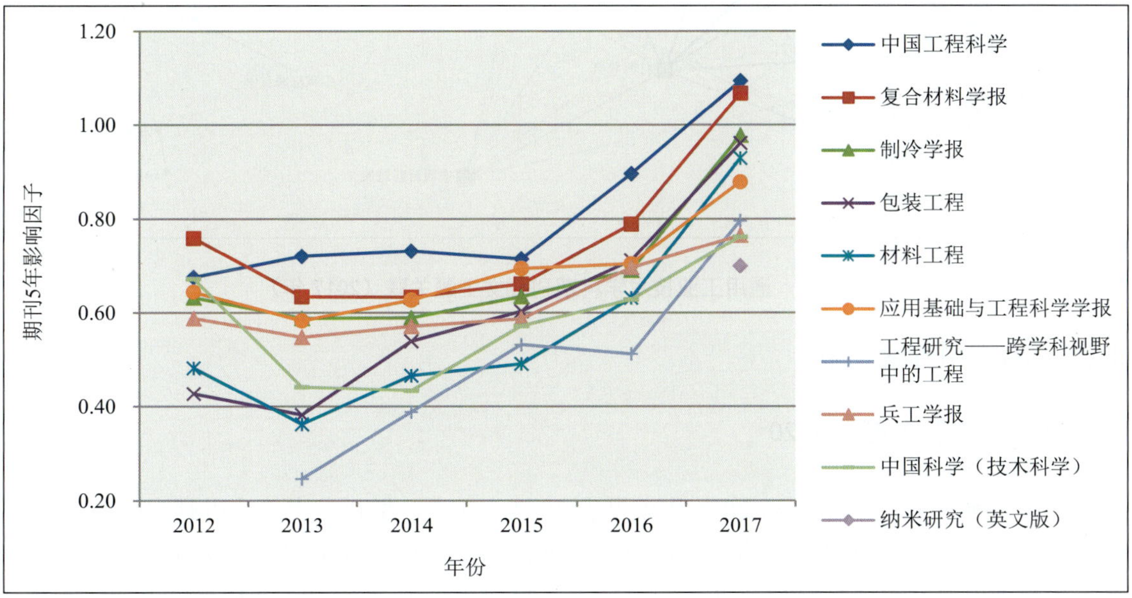

图 30-2　通用工业技术学科期刊 5 年影响因子变动趋势（2012—2017 年）

30. 4. 2　期刊载文主题关联

通过期刊共被引分析，获得通用工业技术学科期刊之间的载文主题关联，图中节点大小反映 5 年影响因子的高低，连线粗细代表共被引关联的强弱，关联越强表明两个期刊上有更多受学者们关注的相关主题论文，红色节点为学科高影响力期刊 Top 10，详情见图 30-3（共被引 30 次以下不显示）。如图所示，通用工业技术学科的多个期刊均互相关联且关联较为紧密，各期刊的学科分类属性体现得较为明显；《复合材料学报》《包装工程》《材料工程》《制冷学报》的影响因子较高；《功能材料》和《材料导报》具有较多的关联关系，表明其发文主题与其他多个期刊的主题均有重合；《功能材料》《材料导报》《化工新型材料》《高分子材料科学与工程》之间的关联较强，表明其具有较多相关主题的论文。

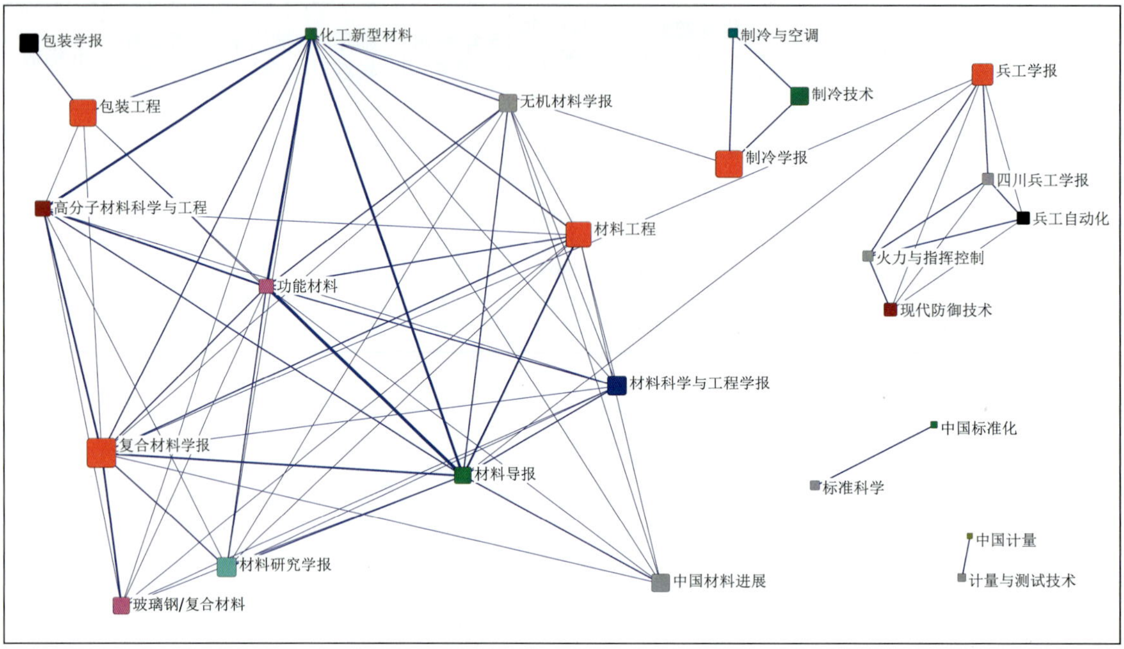

图 30-3 通用工业技术学科期刊载文主题关联（2017 年）

30.5 高被引作者分析

30.5.1 高被引作者 Top 20

2017 年论文被引次数 Top 20 的作者见表 30-4。其中，学科发文总被引频次较高的 3 位作者分别是九冶建设有限公司第五工程公司的唐雷（73 次）、国防科学技术大学的马建光（59 次）和中国航发北京航空材料研究院的张学军（43 次）。在学科发文 5 篇及以上的作者中，篇均被引较高的 3 位作者分别是上海市质量和标准化研究院的康俊生（篇均 3.20 次）、西安工程大学的黄翔（篇均 3.17 次）和安徽建筑大学的孙道胜（篇均 3.00 次）；5 年学科发文较多的 3 位作者分别是中国兵器工业标准化研究所的麦绿波（70 篇）、上海市质量技术监督局的黄培东（39 篇）和东北大学的张以忱（35 篇）。

表 30-4 通用工业技术学科高被引作者 Top 20（2017 年）

排名	姓名	作者单位	前 5 年发文			前 5 年学科发文在 2017 年的被引				h 指数（学科）
			学科发文（篇）	期刊分布（种）	发文总量（篇）	频次	被引率（%）	最高（次）	篇均（次）	
1	唐雷	九冶建设有限公司第五工程公司	1	1	2	73	100.0	73	73.00	1
2	马建光	国防科学技术大学	3	1	19	59	33.3	59	19.67	1

排名	姓名	作者单位	前5年发文			前5年学科发文在2017年的被引				h指数（学科）
			学科发文（篇）	期刊分布（种）	发文总量（篇）	频次	被引率（%）	最高（次）	篇均（次）	
3	张学军	中国航发北京航空材料研究院	1	1	8	43	100.0	43	43.00	1
4	戴宏民	重庆工商大学	15	2	16	42	93.3	9	2.80	4
5	吕生华	陕西科技大学	14	4	27	32	71.4	6	2.29	4
6	尚建丽	西安建筑科技大学	15	6	37	31	66.7	9	2.07	3
7	王伟伟	陕西科技大学	3	1	13	29	66.7	25	9.67	2
8	唐通鸣	南通大学	2	1	9	27	50.0	27	13.50	1
9	陆化普	清华大学	1	1	24	26	100.0	26	26.00	1
9	陈冲	重庆大学	1	1	4	26	100.0	26	26.00	1
9	喻树迅	中国农业科学院棉花研究所	2	1	7	26	100.0	19	13.00	2
12	黄卫东	西北工业大学	2	2	3	25	100.0	13	12.50	2
13	韩小孩	中国人民解放军装甲兵工程学院	3	2	4	24	66.7	22	8.00	2
13	王沣浩	西安交通大学	3	2	3	24	100.0	19	8.00	2
15	覃京燕	北京科技大学	4	1	4	23	75.0	21	5.75	1
15	罗仕鉴	浙江大学	1	1	4	23	100.0	23	23.00	1
17	赵成勇	华北电力大学	2	2	11	20	100.0	18	10.00	2
18	匡达	上海交通大学	1	1	1	19	100.0	19	19.00	1
18	黄翔	西安工程大学	6	3	19	19	66.7	9	3.17	3
20	李育材	国家林业局	1	1	1	18	100.0	18	18.00	1
20	李鹏斌	太原工业学院	2	1	7	18	100.0	16	9.00	2
20	周杨	江南大学	1	1	2	18	100.0	18	18.00	1

30.5.2　作者发文主题关联

通过作者共被引分析，获得 2017 年通用工业技术学科作者之间的发文主题关联，图中节点大小反映被引次数高低，连线粗细代表共被引关联的强弱，关联越强表明两位作者的发文主题可能具有更强的相关性，红色节点为学科高被引作者 Top 20，详情见图 30-4（共被引

4 次以下不显示）。如图所示，张学军、尚建丽、吕生华等学者的引用数量突出；柏建勇、陈强、刘全周 3 位作者之间的关联关系最为紧密，表明上述学者之间可能有较为相关的发文主题。

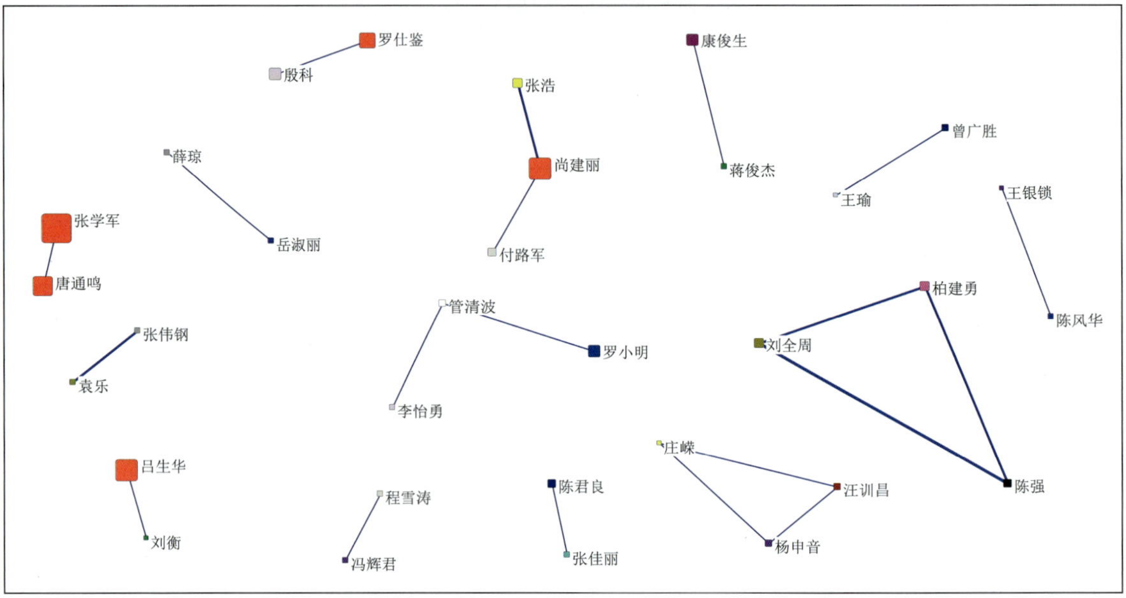

图 30-4　通用工业技术学科作者发文主题关联（2017 年）

30.6　高被引机构分析

30.6.1　高被引机构

通用工业技术学科被引次数 Top 10 高等院校和被引频次 Top 5 科研院所的发文和被引情况分别见表 30-5 和表 30-6。表中，总被引次数排名前 3 位的高等院校分别是江南大学、西北工业大学和南京理工大学，排名前 3 位的科研院所则是中国航发北京航空材料研究院、中国标准化研究院和中国计量科学研究院；篇均被引最高的高等院校和科研院所分别是清华大学和中国航发北京航空材料研究院。

表 30-5　通用工业技术学科高被引高等院校 Top 10（2017 年）

排名	第一作者单位	学科发文量（篇）		前 5 年学科发文在 2017 年的被引			
		前 5 年	2017 年	频次	被引率(%)	最高（次）	篇均（次）
1	江南大学	829	189	528	35.2	18	0.64
2	西北工业大学	1036	97	501	29.4	14	0.48
3	南京理工大学	924	247	481	34.5	9	0.52
4	国防科学技术大学	661	106	437	32.2	59	0.66

排名	第一作者单位	学科发文量（篇）		前 5 年学科发文在 2017 年的被引			
		前 5 年	2017 年	频次	被引率(%)	最高（次）	篇均（次）
5	北京航空航天大学	623	97	402	37.2	6	0.65
6	中国人民解放军装甲兵工程学院	962	136	398	26.3	22	0.41
7	上海交通大学	619	126	387	34.6	19	0.63
8	上海理工大学	565	126	382	40.4	14	0.68
9	清华大学	531	88	366	33.9	26	0.69
10	北京理工大学	578	99	361	37.5	8	0.62

表 30-6　通用工业技术学科高被引科研院所 Top 5（2017 年）

排名	第一作者单位	学科发文量（篇）		前 5 年学科发文在 2017 年的被引			
		前 5 年	2017 年	频次	被引率(%)	最高（次）	篇均（次）
1	中国航发北京航空材料研究院	172	26	209	50.0	43	1.22
2	中国标准化研究院	488	81	186	27.5	7	0.38
3	中国计量科学研究院	564	113	134	18.1	4	0.24
4	中国船舶重工集团公司第七二五研究所	267	57	88	23.2	4	0.33
5	中国科学院金属研究所	205	34	82	23.9	15	0.40

30.6.2　机构发文主题关联

通过机构共被引分析，获得通用工业技术学科机构间的发文主题关联，图中节点大小反映被引次数高低，连线粗细代表共被引关联的强弱，关联越强表明两个机构的发文主题可能具有更强的相关性，红色节点为高被引高等院校 Top 10 和高被引科研院所 Top 5，详情见图 30-5（共被引 9 次以下不显示）。由图可知，高被引高等院校主导了通用工业技术学科的机构共被引网络，在学科内体现出了较显著的学术影响力。江南大学具有最多的关联关系，充分表明了其学科学术影响力。中国人民解放军装甲兵工程学院、中国人民解放军军械工程学院和中国人民解放军装备学院机构之间的关联较强，表明上述机构的研究主题具有较多相似之处。

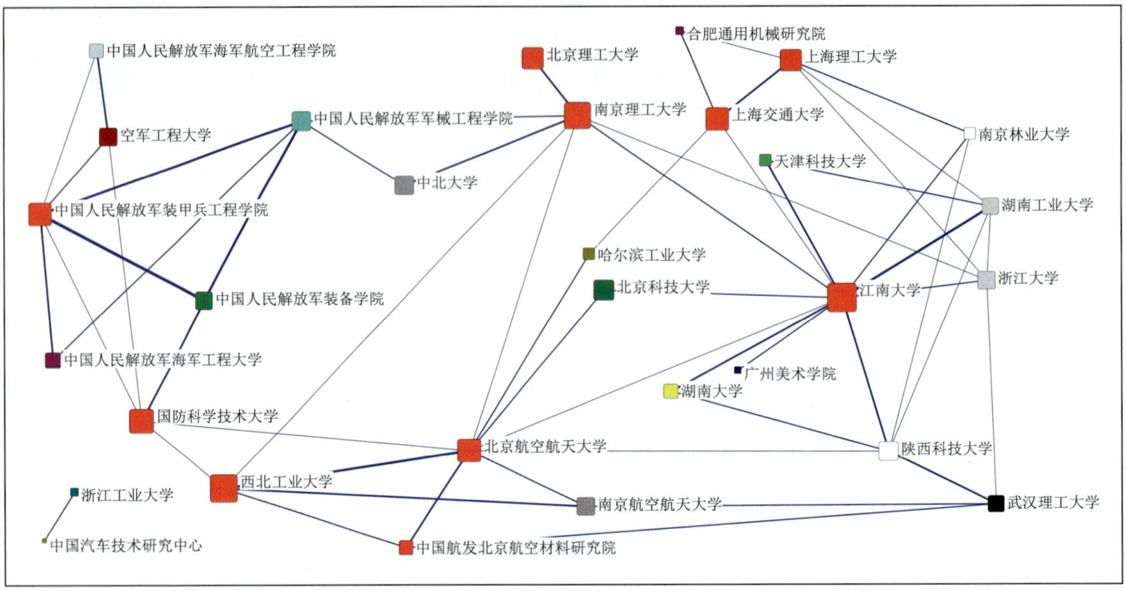

图 30-5　通用工业技术学科机构发文主题关联（2017 年）

30.7　高被引国外期刊

通用工业技术学科内被引次数 Top 10 的国外期刊见表 30-7，排名前 3 位的国外期刊是 *Advanced Materials*、*ACS Nano* 和 *ACS Applied Materials & Interfaces*。

表 30-7　通用工业技术学科高被引国外期刊 Top 10（2017 年）

排名	期刊名称	2017 年被引频次
1	Advanced Materials	1286
2	ACS Nano	985
3	ACS Applied Materials & Interfaces	963
4	Journal of the American Chemical Society	914
5	Nano Letters	887
6	Journal of Power Sources	833
7	RSC Advances	828
8	Journal of Alloys and Compounds	758
9	Journal of Materials Chemistry A	706
10	Electrochimica Acta	697

第 31 章　测绘科学技术学科高被引分析

31.1　学科论文概况

2012—2016 年，测绘科学技术学科的 27 种期刊上共发表学术论文 26228 篇，由来自在 3220 所机构的 17832 位学者作为第一作者发表。上述论文中，有 9647 篇在 2017 年获得过引用，整体被引率为 36.8%，总被引频次为 19378 次，篇均被引 0.74 次；其中，高被引论文有 103 篇，累计被引 1751 次，篇均被引 17.00 次，单篇论文最高被引 91 次（表 31-1）。另外，2017 年本学科共发表论文 5273 篇，其中有 415 篇在当年获得过引用，总共被引 561 次。

表 31-1　测绘科学技术学科论文分布情况

年份	论文篇数	2017 年被引频次	2017 年被引率（%）	2017 年高被引论文			
				论文篇数	最高被引频次	总被引频次	篇均被引频次
2012	4777	3139	33.9	17	32	286	16.82
2013	5308	3527	34.0	18	27	250	13.89
2014	5343	4637	40.0	25	91	553	22.12
2015	5398	4435	40.4	22	42	353	16.05
2016	5402	3640	35.2	21	37	309	14.71
合计	26228	19378	36.8	103	91	1751	17.00

31.2　高被引论文分析

在测绘科学技术学科，2017 年被引次数 Top 10 论文（表 31-2）的平均被引次数为 36.73 次，是全部 103 篇高被引论文篇均被引频次的 2.2 倍。其中，被引次数最高的论文是李德仁的《无人机遥感系统的研究进展与应用前景》（2014），随后两篇分别是毕凯的《轻小型无人机航摄技术现状及发展趋势》（2015）和孙宏伟的《基于倾斜摄影测量技术的三维数字城市建模》（2014）。

从论文分布来看，刊载高被引论文数量居前的 3 种期刊分别是《测绘学报》（30 篇）、《测绘与空间地理信息》（17 篇）和《武汉大学学报（信息科学版）》（17 篇），其中，《测绘学报》刊载了高被引论文 Top 10 中的 5 篇；发表高被引论文数量居前的学者分别是武汉大学的李德仁（12 篇）、中南大学的陶珂（2 篇）和国家基础地理信息中心的毕凯（2 篇）；产出高被引论文数量居前的机构分别是武汉大学（29 篇）、国家基础地理信息中心（5 篇）和中南大学（5 篇），而武汉大学产出了高被引论文 Top 10 中的 6 篇。

表 31-2　测绘科学技术学科高被引论文 Top 10（2017 年）

排名	论文题名	第一作者	期刊名称	发表年份	被引频次	
					总频次	2017 年
1	无人机遥感系统的研究进展与应用前景	李德仁	武汉大学学报（信息科学版）	2014	202	91
2	轻小型无人机航摄技术现状及发展趋势	毕凯	测绘通报	2015	70	42
3	基于倾斜摄影测量技术的三维数字城市建模	孙宏伟	现代测绘	2014	75	41
4	倾斜摄影测量技术应用及展望	杨国东	测绘与空间地理信息	2016	47	37
5	基于时空系统统一的北斗与GPS 融合定位	高星伟	测绘学报	2012	100	32
6	无人机低空摄影测量在城市测绘保障中的应用前景	王洛飞	测绘与空间地理信息	2014	64	29
6	论地理国情监测的技术支撑	李德仁	武汉大学学报：信息科学版	2012	157	29
8	车载激光扫描数据的结构化道路自动提取方法	方莉娜	测绘学报	2013	47	27
9	展望大数据时代的地球空间信息学	李德仁	测绘学报	2016	34	26
10	遥感大数据自动分析与数据挖掘	李德仁	测绘学报	2014	71	25
10	我国第一颗民用三线阵立体测图卫星——资源三号测绘卫星	李德仁	测绘学报	2012	138	25

31.3　研究主题关联分析

在测绘科学技术学科，高被引论文共被 2017 年发表的 1511 篇论文引用了 1751 次。通过分析施引文献关键词的词频及关键词之间的共现关系，获得 2017 年测绘科学技术学科的热点主题和主题关联，如图 31-1 所示（共现 6 次以下不显示）。由图可知："无人机""倾斜摄影""智慧城市"等关键词的文档词频较高，是 2017 年学科的研究热点；3 个节点以上的研究主题关联网络共 3 个，构成了学科内最为突出的研究主题簇；其中，以"倾斜摄影""无人机""倾斜摄影测量"为核心节点的研究主题关联网络最大，其余各团簇中词频最高或连线最多的关键词分别是"精度评估""全球定位系统"。

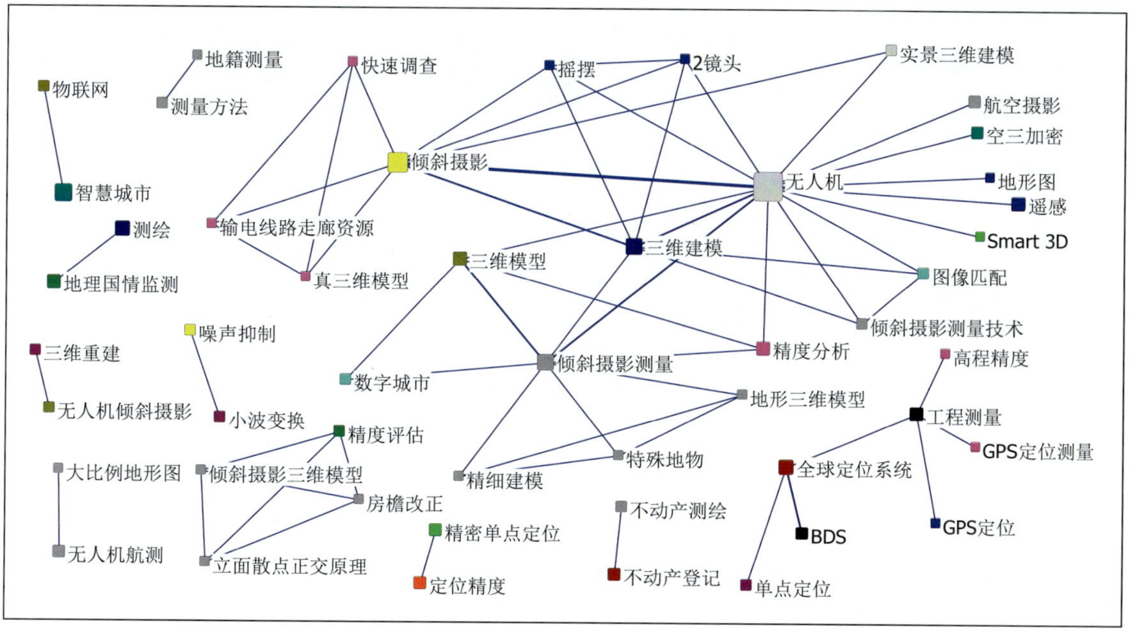

图 31-1　测绘科学技术学科热点论文主题关联（2017 年）

31.4　高影响力期刊分析

31.4.1　高影响力期刊 Top 10

在测绘科学技术学科，5 年影响因子 Top 10 期刊见表 31-3，前 3 种期刊分别是《测绘学报》、《遥感学报》和《武汉大学学报（信息科学版）》。其中，2017 年被引频次最高的期刊是《测绘通报》，被引率最高的期刊是《测绘学报》。2012—2017 年期刊 5 年影响因子的变动情况如图 31-2 所示。

表 31-3　测绘科学技术学科高被引期刊基本指标（2017 年）

排名	期刊名称	载文篇数		2017 年被引频次	5 年影响因子	即年指标	被引率（%）	高被引论文篇数	h 指数
		前 5 年	2017 年						
1	测绘学报	1024	268	2052	2.004	0.160	63.4	30	14
2	遥感学报	561	94	770	1.373	0.170	55.8	4	8
3	武汉大学学报（信息科学版）	1511	273	2070	1.370	0.099	55.1	17	13
4	国土资源遥感	623	164	751	1.205	0.134	55.1	2	7
5	测绘通报	2227	444	2473	1.110	0.196	50.1	15	11
6	遥感技术与应用	756	138	737	0.975	0.072	50.0	1	7

排名	期刊名称	载文篇数		2017 年被引频次	5 年影响因子	即年指标	被引率（%）	高被引论文篇数	h 指数
		前 5 年	2017 年						
7	测绘科学	2108	411	1735	0.823	0.173	42.7	5	8
8	测绘科学技术学报	641	83	498	0.777	0.060	45.4	1	5
9	测绘工程	923	193	688	0.745	0.150	41.1	0	6
10	遥感信息	672	151	488	0.726	0.093	38.5	4	7

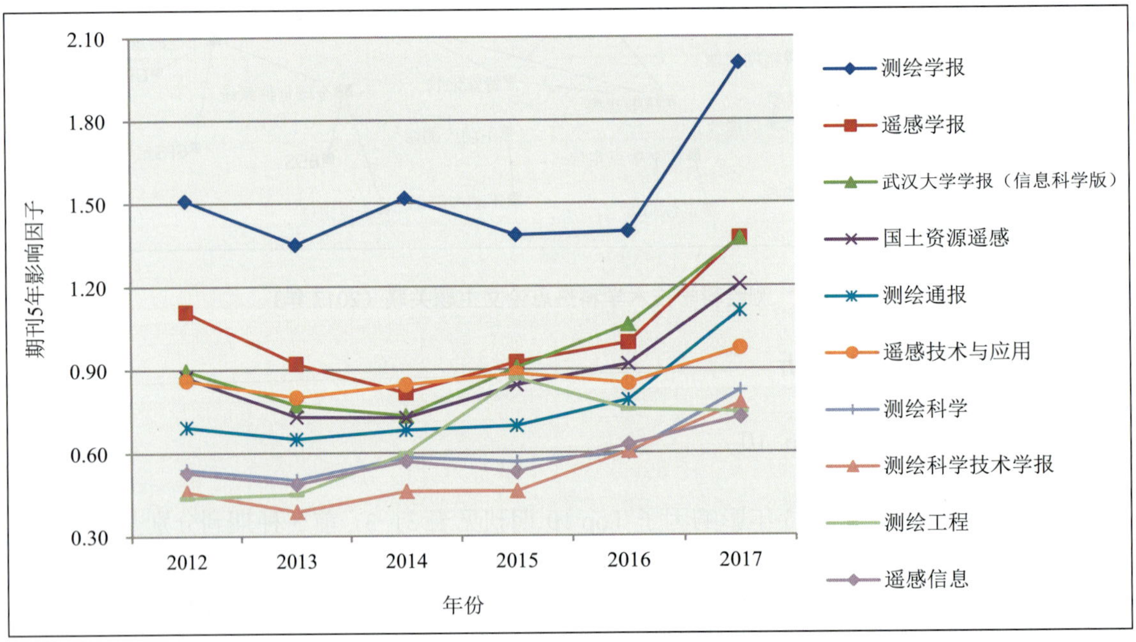

图 31-2　测绘科学技术学科期刊 5 年影响因子变动趋势（2012—2017 年）

31.4.2　期刊载文主题关联

通过期刊共被引分析，获得测绘科学技术学科期刊之间的载文主题关联，图中节点大小反映 5 年影响因子的高低，连线粗细代表共被引关联的强弱，关联越强表明两个期刊上有更多受学者们关注的相关主题论文，红色节点为学科高影响力期刊 Top 10，详情见图 31-3（共被引 40 次以下不显示）。如图所示，测绘科学技术学科的多个期刊均互相关联且关联较为紧密，各期刊的学科分类属性体现得较为明显；《测绘学报》的 5 年影响因子最高，显示出该刊在学科内学术影响力较大；《测绘学报》与《武汉大学学报（信息科学版）》，《测绘通报》和《测绘与空间地理信息》等期刊之间的关联较强，表明上述期刊分别具有较多相关主题的论文。

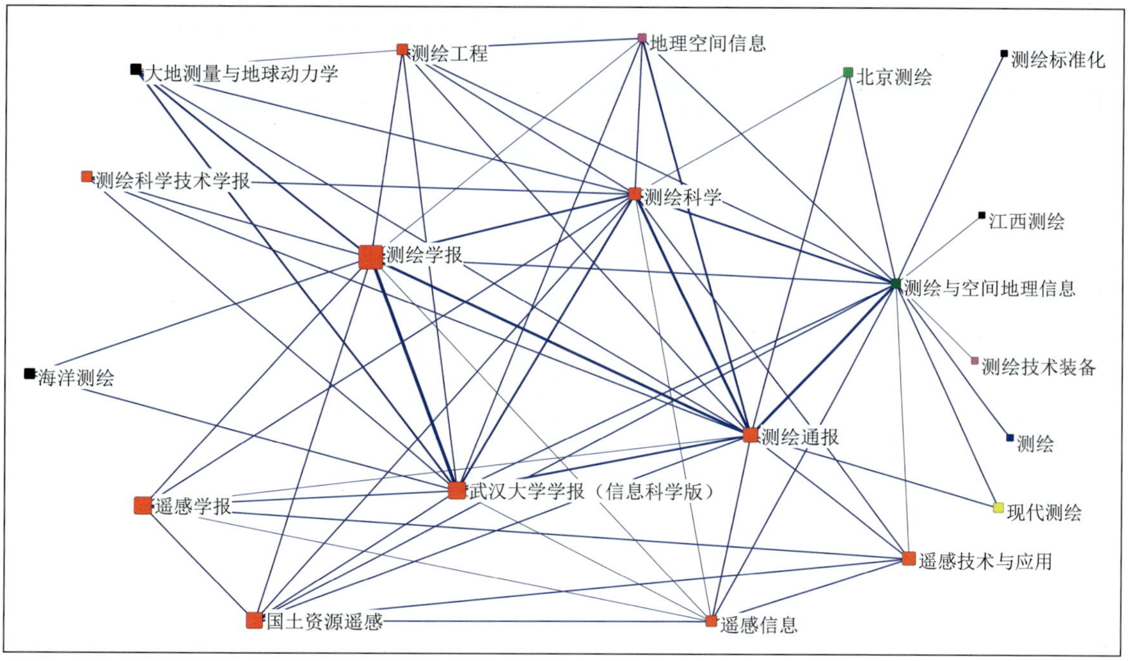

图 31-3 测绘科学技术学科期刊载文主题关联（2017 年）

31.5 高被引作者分析

31.5.1 高被引作者 Top 20

2017 年论文被引次数 Top 20 的作者见表 31-4。其中，学科发文总被引频次较高的 3 位作者分别是武汉大学的李德仁（369 次）、国家基础地理信息中心的毕凯（55 次）和武汉大学的张小红（54 次）。在学科发文 5 篇及以上的作者中，篇均被引较高的 3 位作者分别是武汉大学的李德仁（篇均 16.77 次）、武汉大学的刘经南（篇均 6.50 次）和南京大学的杜培军（篇均 6.00 次）；5 年学科发文较多的 3 位作者分别是武汉大学的闫利（31 篇）、武汉大学的李德仁（22 篇）和东华理工大学的王乐洋（22 篇）。

表 31-4 测绘科学技术学科高被引作者 Top 20（2017 年）

排名	姓名	作者单位	前 5 年发文			前 5 年学科发文在 2017 年的被引				h 指数（学科）
			学科发文（篇）	期刊分布（种）	发文总量（篇）	频次	被引率（%）	最高（次）	篇均（次）	
1	李德仁	武汉大学	22	5	38	369	86.4	91	16.77	10
2	毕凯	国家基础地理信息中心	4	4	5	55	75.0	42	13.75	2
3	张小红	武汉大学	16	3	25	54	75.0	20	3.38	4

排名	姓名	作者单位	前 5 年发文			前 5 年学科发文在 2017 年的被引				h 指数（学科）
			学科发文（篇）	期刊分布（种）	发文总量（篇）	频次	被引率（%）	最高（次）	篇均（次）	
4	王乐洋	东华理工大学	22	5	25	49	68.2	8	2.23	4
5	宁津生	武汉大学	11	5	13	46	90.9	15	4.18	4
6	闫利	武汉大学	31	6	35	45	58.1	8	1.45	4
7	姚宜斌	武汉大学	18	2	27	43	77.8	6	2.39	4
8	孙宏伟	丹阳市国土资源局	2	1	2	41	50.0	41	20.50	1
9	杨国东	吉林大学	2	1	2	40	100.0	37	20.00	2
10	刘经南	武汉大学	6	3	6	39	83.3	21	6.50	3
11	暴景阳	中国人民解放军海军大连舰艇学院	8	2	8	34	87.5	8	4.25	4
11	禹文豪	武汉大学	3	2	3	34	100.0	20	11.33	3
13	杨伯钢	北京市测绘设计研究院	6	3	7	32	83.3	19	5.33	3
13	高星伟	中国测绘科学研究院	1	1	1	32	100.0	32	32.00	1
15	龚健雅	武汉大学	7	4	11	31	71.4	18	4.43	3
16	杜培军	南京大学	5	2	6	30	80.0	21	6.00	3
17	王洛飞	中国人民解放军 63883 部队	1	1	1	29	100.0	29	29.00	1
18	唐卫明	武汉大学	8	3	8	28	75.0	16	3.50	2
18	陈军	国家基础地理信息中心	7	4	9	28	71.4	22	4.00	2
20	方莉娜	武汉大学	1	1	1	27	100.0	27	27.00	1
20	陶珂	中南大学	2	2	2	27	100.0	16	13.50	2
20	袁修孝	武汉大学	9	3	10	27	88.9	14	3.00	2

31.5.2 作者发文主题关联

通过作者共被引分析，获得 2017 年测绘科学技术学科作者之间的发文主题关联，图中节点大小反映被引次数高低，连线粗细代表共被引关联的强弱，关联越强表明两位作者的发文主题可能具有更强的相关性，红色节点为学科高被引作者 Top 20，详情见图 31-4（共被引 5 次以下不显示）。如图所示，高被引作者主导了测绘科学技术学科的作者共被引网络，意味着他们的论文主题主导了学科研究热点；以李德仁、孙宏伟为主要节点的子网络规模最大、关联十分紧密，展现出了学科热点研究方向上的主要研究力量；李德仁和毕凯、孙宏伟和杨国东等学者之间的关联较强，表明上述学者之间可能分别有较为相关的发文主题。

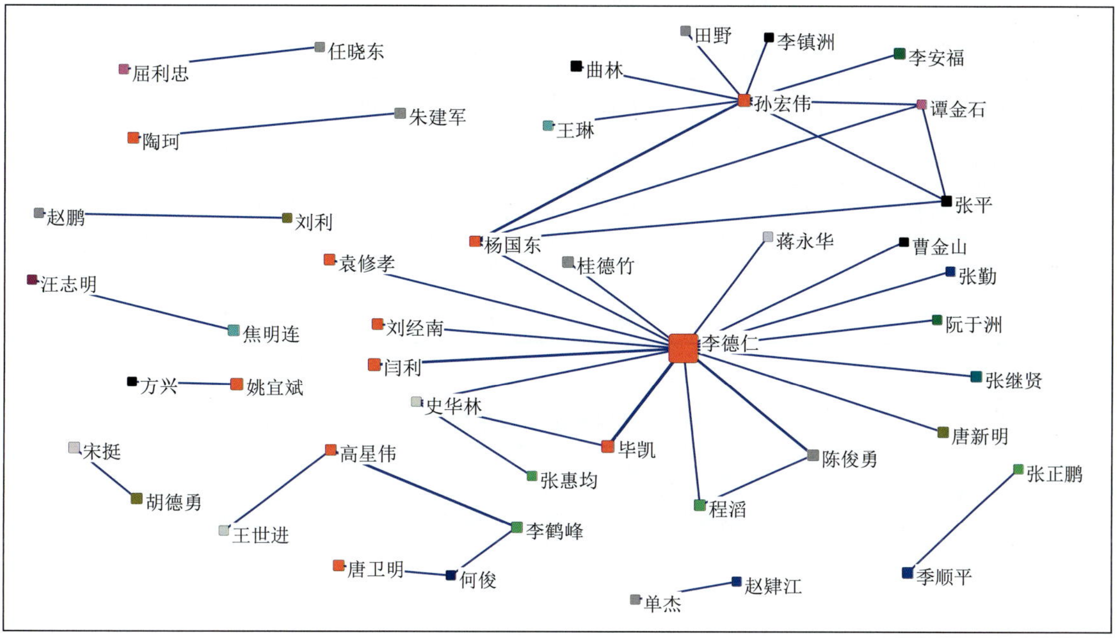

图 31-4　测绘科学技术学科作者发文主题关联（2017 年）

31.6　高被引机构分析

31.6.1　高被引机构

测绘科学技术学科被引次数 Top 10 高等院校和被引频次 Top 5 科研院所的发文和被引情况分别见表 31-5 和表 31-6。表中，总被引次数排名前 3 位的高等院校分别是武汉大学、中国人民解放军信息工程大学和中南大学，排名前 3 位的科研院所则是中国科学院遥感与数字地球研究所、中国测绘科学研究院和国家基础地理信息中心；篇均被引最高的高等院校和科研院所分别是武汉大学和国家基础地理信息中心。

表 31-5　测绘科学技术学科高被引高等院校 Top 10（2017 年）

排名	第一作者单位	学科发文量（篇）		前 5 年学科发文在 2017 年的被引			
		前 5 年	2017 年	频次	被引率(%)	最高（次）	篇均（次）
1	武汉大学	1757	320	2516	53.1	91	1.43
2	中国人民解放军信息工程大学	1355	291	1053	42.7	19	0.78

排名	第一作者单位	学科发文量（篇）		前5年学科发文在2017年的被引			
		前5年	2017年	频次	被引率(%)	最高（次）	篇均（次）
3	中南大学	369	53	391	46.3	19	1.06
4	中国矿业大学	352	69	327	45.5	13	0.93
5	中国地质大学	381	70	294	40.2	14	0.77
6	山东科技大学	380	150	281	39.7	11	0.74
7	河海大学	355	74	278	41.4	14	0.78
8	辽宁工程技术大学	232	160	249	47.0	7	1.07
9	河南理工大学	200	36	197	48.5	8	0.99
10	西南交通大学	231	40	173	37.7	11	0.75

表31-6　测绘科学技术学科高被引科研院所Top 5（2017年）

排名	第一作者单位	学科发文量（篇）		前5年学科发文在2017年的被引			
		前5年	2017年	频次	被引率(%)	最高（次）	篇均（次）
1	中国科学院遥感与数字地球研究所	310	53	357	51.3	9	1.15
2	中国测绘科学研究院	236	57	275	42.8	32	1.17
3	国家基础地理信息中心	84	11	182	57.1	42	2.17
4	北京市测绘设计研究院	162	41	149	40.7	19	0.92
5	国家测绘地理信息局	130	37	133	38.5	20	1.02

31.6.2　机构发文主题关联

通过机构共被引分析，获得测绘科学技术学科机构间的发文主题关联，图中节点大小反映被引次数高低，连线粗细代表共被引关联的强弱，关联越强表明两个机构的发文主题可能具有更强的相关性，红色节点为高被引高等院校Top 10和高被引科研院所Top 5，详情见图31-5（共被引 16 次以下不显示）。由图可知，高被引高等院校主导了测绘科学技术学科的机构共被引网络，在学科内体现出了较显著的学术影响力，武汉大学、中国人民解放军信息工程大学构成了该学科机构发文主题关联网络的核心节点；武汉大学具有最多的关联关系，充分表明了其学科学术影响力；武汉大学和中国人民解放军信息工程大学、中南大学等机构之间的关联较强，表明上述机构的研究主题具有较多重叠之处。

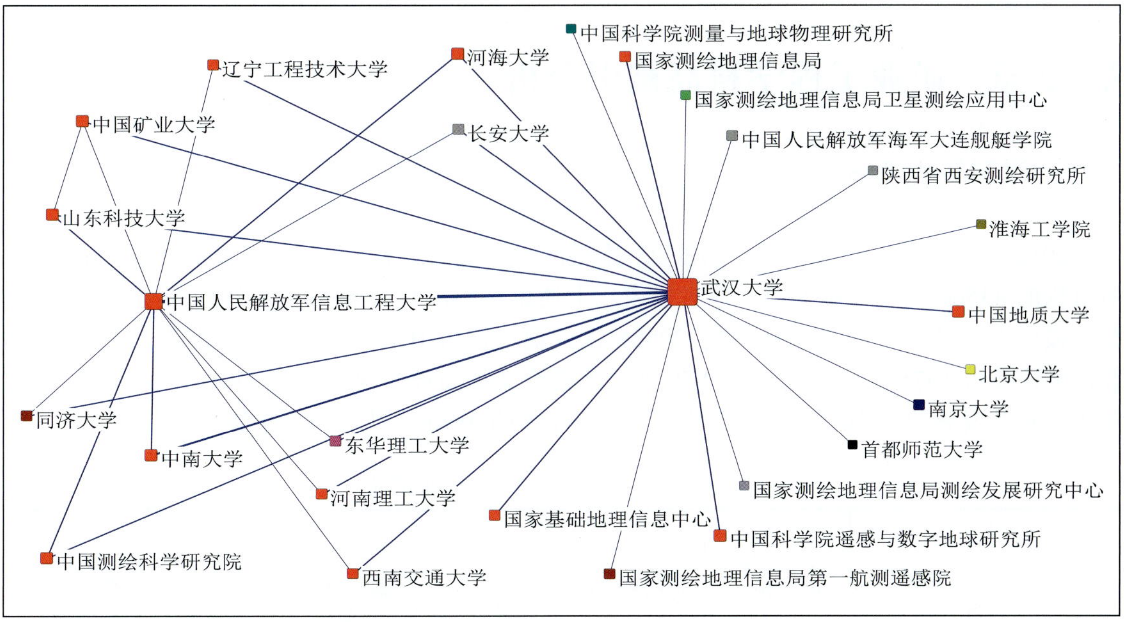

图 31-5　测绘科学技术学科机构发文主题关联（2017 年）

31.7　高被引国外期刊

测绘科学技术学科内被引次数 Top 10 的国外期刊见表 31-7，排名前 3 位的国外期刊是 *IEEE Transactions on Geoscience and Remote Sensing*、*Remote Sensing of Environment* 和 *Journal of Geodesy*。

表 31-7　测绘科学技术学科高被引国外期刊 Top 10（2017 年）

排名	期刊名称	2017 年被引频次
1	IEEE Transactions on Geoscience and Remote Sensing	317
2	Remote Sensing of Environment	281
3	Journal of Geodesy	247
4	GPS Solutions	233
5	ISPRS Journal of Photogrammetry and Remote Sensing	199
6	Remote Sensing	193
7	IEEE Geoscience and Remote Sensing Letters	156
8	IEEE Journal of Selected Topics in Applied Earth Observations and Remote Sensing	142
9	Advances in Space Research	126
10	International Journal of Remote Sensing	98

第 32 章　矿业工程学科高被引分析

32.1　学科论文概况

2012—2016 年，矿业工程学科的 45 种期刊上共发表学术论文 60616 篇，由来自在 9009 所机构的 43564 位学者作为第一作者发表。上述论文中，有 17553 篇在 2017 年获得过引用，整体被引率为 29%，总被引频次为 29566 次，篇均被引 0.49 次；其中，高被引论文有 202 篇，累计被引 1978 次，篇均被引 9.79 次，单篇论文最高被引 30 次（表 32-1）。另外，2017 年本学科共发表论文 10724 篇，其中有 788 篇在当年获得过引用，总共被引 1021 次。

表 32-1　矿业工程学科论文分布情况

年份	论文篇数	2017 年被引频次	2017 年被引率（%）	2017 年高被引论文			
				论文篇数	最高被引频次	总被引频次	篇均被引频次
2012	11906	4957	24.6	32	24	360	11.25
2013	12599	5876	27.0	41	30	443	10.80
2014	12398	6375	29.8	39	27	409	10.49
2015	12293	6708	32.6	45	19	431	9.58
2016	11420	5650	30.8	45	24	335	7.44
合计	60616	29566	29.0	202	30	1978	9.79

32.2　高被引论文分析

在矿业工程学科，2017 年被引次数 Top 10 论文（表 32-2）的平均被引次数为 22.2 次，是全部 202 篇高被引论文篇均被引频次的 2.3 倍。其中，被引次数最高的论文是康红普的《煤矿巷道围岩注浆加固技术的现状与发展趋势》（2013），随后是马小平的《物联网、大数据及云计算技术在煤矿安全生产中的应用研究》（2014），以及郑西贵的《掘采全过程沿空掘巷小煤柱应力分布研究》（2012）和康红普的《我国煤矿巷道锚杆支护技术发展 60 年及展望》（2016）。

从论文分布来看，刊载高被引论文数量居前的 3 种期刊分别是《采矿与安全工程学报》（74 篇）、《中国矿业大学学报》（39 篇）和《煤矿安全》（18 篇），其中，《中国矿业大学学报》刊载了高被引论文 Top 10 中的 4 篇；发表高被引论文数量居前的学者分别是中国矿业大学的孙继平（7 篇）、中国矿业大学的孟庆彬（3 篇）和中国矿业大学的王连国（2 篇）；产出高被引论文数量居前的机构分别是中国矿业大学（92 篇）、中煤科工集团西安研究院有限公司（10 篇）和西安科技大学（9 篇），而中国矿业大学产出了高被引论文 Top 10 中的 6 篇。

表 32-2　矿业工程学科高被引论文 Top 10（2017 年）

排名	论文题名	第一作者	期刊名称	发表年份	被引频次	
					总频次	2017 年
1	煤矿巷道围岩注浆加固技术的现状与发展趋势	康红普	煤矿开采	2013	81	30
2	物联网、大数据及云计算技术在煤矿安全生产中的应用研究	马小平	工矿自动化	2014	70	27
3	掘采全过程沿空掘巷小煤柱应力分布研究	郑西贵	采矿与安全工程学报	2012	77	24
3	我国煤矿巷道锚杆支护技术发展 60 年及展望	康红普	中国矿业大学学报	2016	31	24
5	深部巷道注浆加固浆液扩散机理与应用研究	刘泉声	采矿与安全工程学报	2014	41	23
6	采动影响下断层活化规律的数值模拟研究	姜耀东	中国矿业大学学报	2013	76	20
7	大煤柱内沿空掘巷窄煤柱合理宽度的确定	张科学	采矿与安全工程学报	2014	38	19
7	水分对煤体瓦斯解吸扩散的影响	聂百胜	中国矿业大学学报	2015	27	19
9	基于钻孔瓦斯流量和压力测定有效抽采半径	余陶	采矿与安全工程学报	2012	50	18
9	圆形巷道围岩偏应力场及塑性区分布规律研究	马念杰	中国矿业大学学报	2015	37	18

32.3　研究主题关联分析

在矿业工程学科，高被引论文共被 2017 年发表的 1965 篇论文引用了 1978 次。通过分析施引文献关键词的词频及关键词之间的共现关系，获得 2017 年矿业工程学科的热点主题和主题关联，如图 32-1 所示（共现 6 次以下不显示）。由图可知：“数值模拟”“瓦斯抽采”等关键词的文档词频较高，是 2017 年学科的研究热点；3 个节点以上的研究主题关联网络共 2 个，构成了学科内最为突出的研究主题簇；其中，以“数值模拟”“瓦斯抽采”“沿空掘巷”为核心节点的研究主题关联网络最大，其余团簇中词频最高或连线最多的关键词分别是“固体充填采煤”。

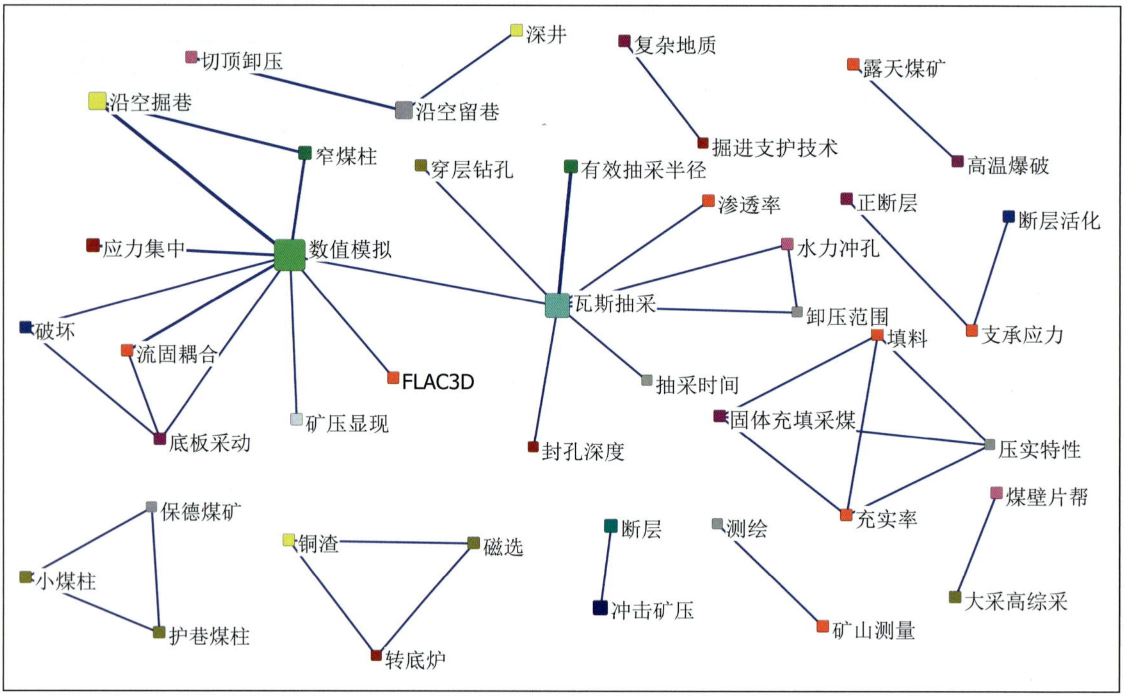

图 32-1　矿业工程学科热点论文主题关联（2017 年）

32.4　高影响力期刊分析

32.4.1　高影响力期刊 Top 10

在矿业工程学科，5 年影响因子 Top 10 期刊见表 32-3，前 3 种期刊分别是《采矿与安全工程学报》、《中国矿业大学学报》和《煤田地质与勘探》。其中，2017 年被引频次最高的期刊是《采矿与安全工程学报》，被引率最高的期刊是《采矿与安全工程学报》。2012—2017 年期刊 5 年影响因子的变动情况如图 32-2 所示。

表 32-3　矿业工程学科高被引期刊基本指标（2017 年）

排名	期刊名称	载文篇数		2017 年被引频次	5 年影响因子	即年指标	被引率(%)	高被引论文篇数	h 指数
		前 5 年	2017 年						
1	采矿与安全工程学报	834	179	2048	2.456	0.235	71.7	74	12
2	中国矿业大学学报	852	143	1607	1.886	0.364	64.3	39	12
3	煤田地质与勘探	743	187	790	1.063	0.080	54.0	11	7
4	爆破	656	120	592	0.902	0.092	45.9	5	6
5	矿业安全与环保	1025	163	921	0.899	0.196	47.2	11	8

排名	期刊名称	载文篇数		2017 年被引频次	5 年影响因子	即年指标	被引率（%）	高被引论文篇数	h 指数
		前 5 年	2017 年						
6	矿业科学技术学报（英文版）	761	153	611	0.803	0.118	47.8	1	5
7	金属矿山	2540	466	1966	0.774	0.124	45.1	11	7
8	西安科技大学学报	723	145	541	0.748	0.055	43.2	5	6
9	矿业研究与开发	1247	0	927	0.743	0	42.5	5	6
10	有色金属（选矿部分）	679	181	494	0.728	0.088	45.5	1	5

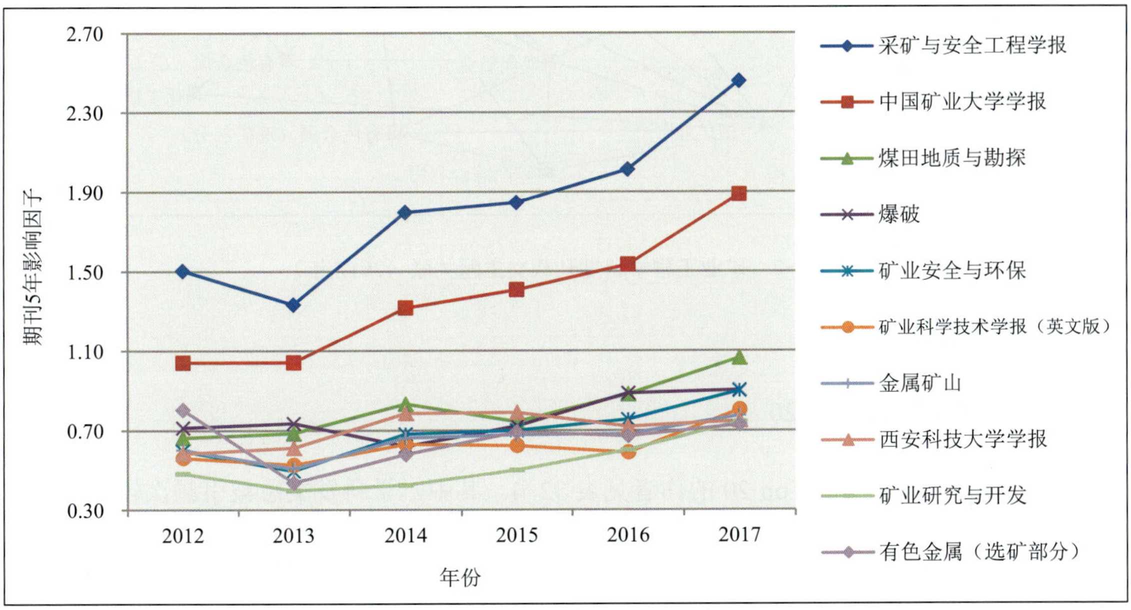

图 32-2　矿业工程学科期刊 5 年影响因子变动趋势（2012—2017 年）

32. 4. 2　期刊载文主题关联

通过期刊共被引分析，获得矿业工程学科期刊之间的载文主题关联，图中节点大小反映 5 年影响因子的高低，连线粗细代表共被引关联的强弱，关联越强表明两个期刊上有更多受学者们关注的相关主题论文，红色节点为学科高影响力期刊 Top 10，详情见图 32-3（共被引 35 次以下不显示）。如图所示，矿业工程学科的多个期刊均互相关联且关联较为紧密，各期刊的学科分类属性体现得较为明显；《采矿与安全工程学报》的 5 年影响因子最高，显示出该刊在学科内学术影响力较大；《采矿与安全工程学报》与《煤矿安全》《中国矿业大学学报》等期刊之间的关联较强，表明上述期刊具有较多相关主题的论文。

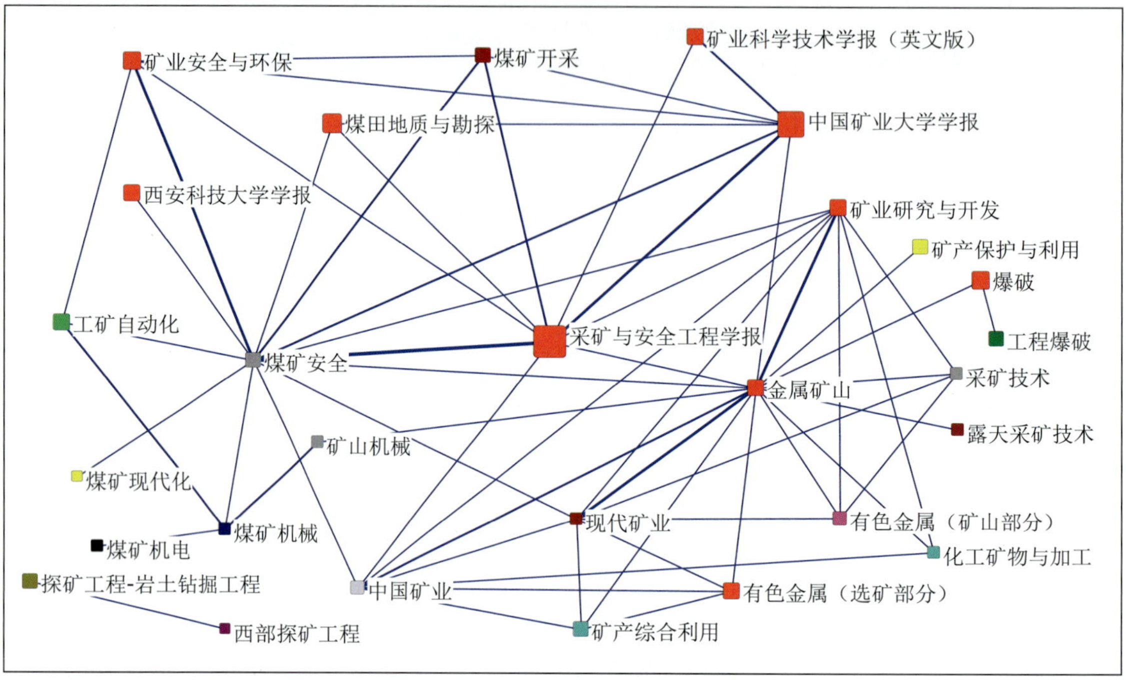

图 32-3　矿业工程学科期刊载文主题关联（2017 年）

32.5　高被引作者分析

32.5.1　高被引作者 Top 20

2017 年论文被引次数 Top 20 的作者见表 32-4。其中，学科发文总被引频次较高的 3 位作者分别是中国矿业大学的孙继平（117 次）、中国矿业大学的孟庆彬（59 次）和中国矿业大学的郑西贵（40 次）。在学科发文 5 篇及以上的作者中，篇均被引较高的 3 位作者分别是中国矿业大学的王连国（篇均 6.00 次）、中国矿业大学的郑西贵（篇均 5.71 次）和中国矿业大学的孟庆彬（篇均 5.36 次）；5 年学科发文较多的 3 位作者分别是中国矿业大学的孙继平（32 篇）、中国矿业大学的谭章禄（25 篇）和西安科技大学的李树刚（24 篇）。

表 32-4　矿业工程学科高被引作者 Top 20（2017 年）

排名	姓名	作者单位	前 5 年发文			前 5 年学科发文在 2017 年的被引				h 指数（学科）
			学科发文（篇）	期刊分布（种）	发文总量（篇）	频次	被引率（%）	最高（次）	篇均（次）	
1	孙继平	中国矿业大学	32	3	51	117	84.4	17	3.66	7
2	孟庆彬	中国矿业大学	11	4	19	59	100.0	12	5.36	5
3	郑西贵	中国矿业大学	7	3	11	40	100.0	24	5.71	2

排名	姓名	作者单位	前5年发文			前5年学科发文在2017年的被引				h指数（学科）
			学科发文（篇）	期刊分布（种）	发文总量（篇）	频次	被引率（%）	最高（次）	篇均（次）	
4	聂百胜	中国矿业大学	7	2	18	35	42.9	19	5.00	3
5	李树刚	西安科技大学	24	6	40	34	58.3	7	1.42	3
6	张科学	中国矿业大学	2	1	3	32	100.0	19	16.00	2
6	马小平	中国矿业大学	2	1	2	32	100.0	27	16.00	2
8	王连国	中国矿业大学	5	2	5	30	100.0	12	6.00	3
8	康红普	天地科技股份有限公司	2	1	9	30	50.0	30	15.00	1
8	梁冰	辽宁工程技术大学	7	5	51	30	85.7	16	4.29	3
11	许延春	中国矿业大学	12	6	30	29	66.7	9	2.42	3
11	邱廷省	江西理工大学	15	3	23	29	73.3	8	1.93	3
13	刘泉声	中国科学院武汉岩土力学研究所	2	1	30	28	100.0	23	14.00	2
14	张炜	中国矿业大学	2	1	2	27	100.0	15	13.50	2
15	姜耀东	中国矿业大学	2	1	11	24	100.0	20	12.00	2
15	邓军	西安科技大学	19	6	39	24	52.6	9	1.26	3
15	田水承	西安科技大学	16	5	28	24	56.3	4	1.50	3
15	韩跃新	东北大学	7	2	13	24	100.0	16	3.43	2
15	康红普	煤炭科学研究总院开采设计研究分院	1	1	5	24	100.0	24	24.00	1
15	鞠金峰	中国矿业大学	2	1	8	24	100.0	15	12.00	2
15	黄庆享	西安科技大学	8	2	15	24	87.5	8	3.00	3

32.5.2　作者发文主题关联

通过作者共被引分析，获得2017年矿业工程学科作者之间的发文主题关联，图中节点大小反映被引次数高低，连线粗细代表共被引关联的强弱，关联越强表明两位作者的发文主题可能具有更强的相关性，红色节点为学科高被引作者Top 20，详情见图32-4（共被引4次以下不显示）。如图所示，高被引作者主导了矿业工程学科的作者共被引网络，意味着他们的论文主题主导了学科研究热点；学者孙继平的节点较大，显示出他们的学术成果在学科内得到较多关注；康红普和刘泉声，和鹏飞和牟炯，余陶和梁冰等学者之间的关联较强，表明上述学者之间可能分别有较为相关的发文主题。

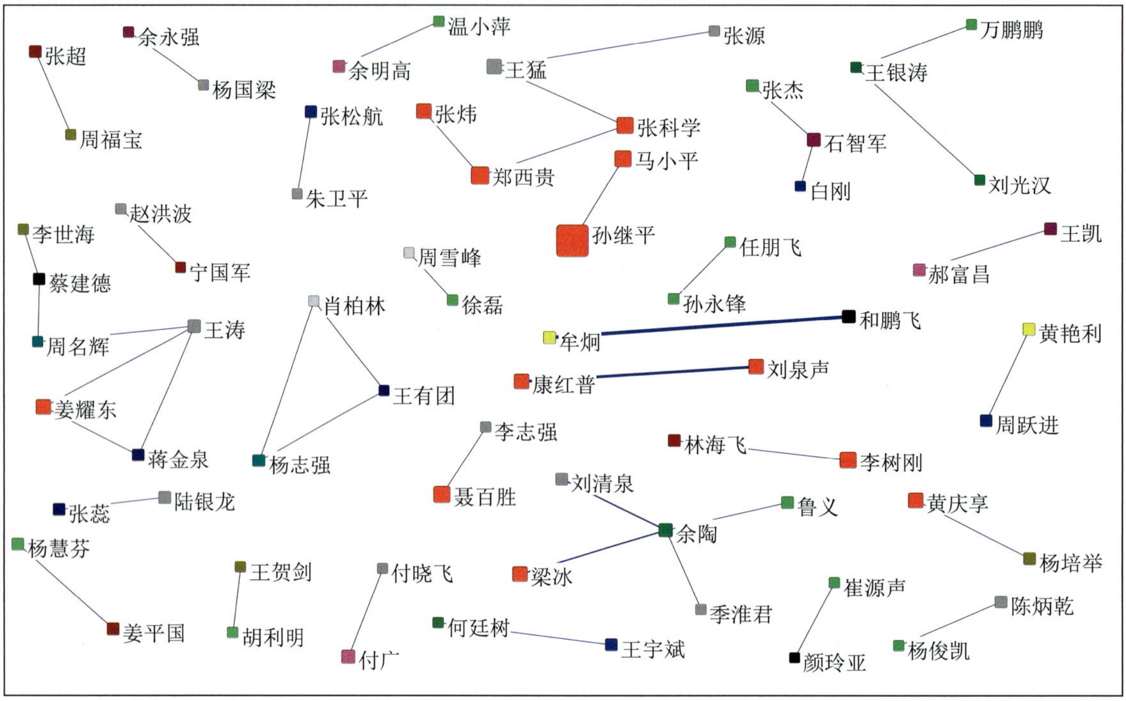

图 32-4　矿业工程学科作者发文主题关联（2017 年）

32.6　高被引机构分析

32.6.1　高被引机构

矿业工程学科被引次数 Top 10 高等院校和被引频次 Top 5 科研院所的发文和被引情况分别见表 32-5 和表 32-6。表中，总被引次数排名前 3 位的高等院校分别是中国矿业大学、西安科技大学和河南理工大学，排名前 3 位的科研院所则是北京矿冶研究总院、中国地质科学院郑州矿产综合利用研究所和中国煤炭科工集团重庆研究院；篇均被引最高的高等院校和科研院所分别是中国矿业大学和中国地质调查局。

表 32-5　矿业工程学科高被引高等院校 Top 10（2017 年）

排名	第一作者单位	学科发文量（篇）		前 5 年学科发文在 2017 年的被引			
		前 5 年	2017 年	频次	被引率(%)	最高（次）	篇均（次）
1	中国矿业大学	3948	475	3974	43.3	27	1.01
2	西安科技大学	935	183	715	44.0	10	0.76
3	河南理工大学	767	101	654	42.0	12	0.85
4	安徽理工大学	1232	153	631	31.1	9	0.51

排名	第一作者单位	学科发文量（篇）		前 5 年学科发文在 2017 年的被引			
		前 5 年	2017 年	频次	被引率(%)	最高（次）	篇均（次）
5	北京科技大学	755	103	612	42.4	13	0.81
6	中国地质大学	844	171	605	39.0	13	0.72
7	山东科技大学	810	117	582	39.9	11	0.72
8	太原理工大学	892	114	517	36.4	7	0.58
9	中南大学	490	64	399	44.3	16	0.81
10	昆明理工大学	389	87	321	47.6	9	0.83

表 32-6　矿业工程学科高被引科研院所 Top 5（2017 年）

排名	第一作者单位	学科发文量（篇）		前 5 年学科发文在 2017 年的被引			
		前 5 年	2017 年	频次	被引率(%)	最高（次）	篇均（次）
1	北京矿冶研究总院	546	103	313	38.6	5	0.57
2	中国地质科学院郑州矿产综合利用研究所	202	32	130	39.6	7	0.64
3	中国煤炭科工集团重庆研究院	142	0	111	40.8	9	0.78
4	中国地质调查局	99	34	92	43.4	10	0.93
5	煤炭科学研究总院	119	39	85	39.5	8	0.71

32.6.2　机构发文主题关联

通过机构共被引分析，获得矿业工程学科机构间的发文主题关联，图中节点大小反映被引次数高低，连线粗细代表共被引关联的强弱，关联越强表明两个机构的发文主题可能具有更强的相关性，红色节点为高被引高等院校 Top 10 和高被引科研院所 Top 5，详情见图 32-5（共被引 18 次以下不显示）。由图可知，高被引高等院校主导了矿业工程学科的机构共被引网络，在学科内体现出了较显著的学术影响力；中国矿业大学具有最多的关联关系，充分表明了其学科学术影响力；中国矿业大学和山东科技大学、西安科技大学、太原理工大学、河南理工大学、安徽理工大学等机构之间的关联较强，表明上述机构的研究主题具有较多重叠之处。

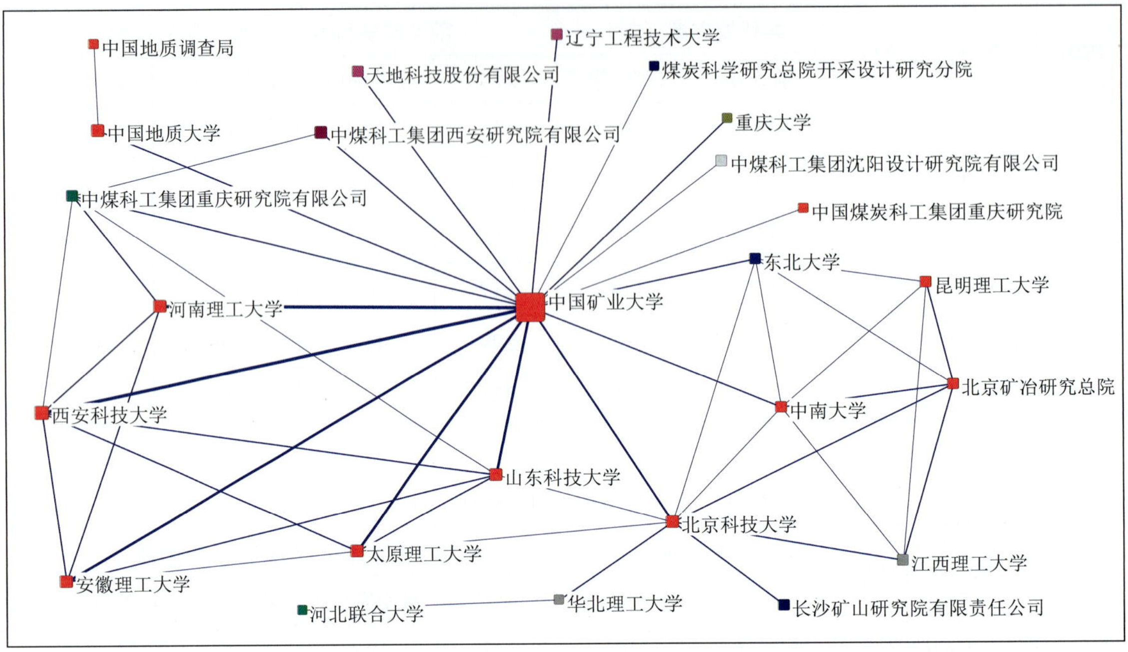

图 32-5 矿业工程学科机构发文主题关联（2017 年）

32.7 高被引国外期刊

矿业工程学科内被引次数 Top 10 的国外期刊见表 32-7，排名前 3 位的国外期刊是 *International Journal of Mining Science and Technology*、*International Journal of Rock Mechanics and Mining Sciences* 和 *Minerals Engineering*。

表 32-7 矿业工程学科高被引国外期刊 Top 10（2017 年）

排名	期刊名称	2017 年被引频次
1	International Journal of Mining Science and Technology	133
2	International Journal of Rock Mechanics and Mining Sciences	120
3	Minerals Engineering	119
4	Fuel	96
5	International Journal of Coal Geology	88
6	Rock Mechanics and Rock Engineering	69
7	Journal of Natural Gas Science and Engineering	53
8	Ore Geology Reviews	40
9	Tunnelling and Underground Space Technology	39
10	International Journal of Mineral Processing	36

第 33 章　石油、天然气工业学科高被引分析

33.1　学科论文概况

2012—2016 年，石油、天然气工业学科的 100 种期刊上共发表学术论文 105425 篇，由来自在 9547 所机构的 71695 位学者作为第一作者发表。上述论文中，有 28745 篇在 2017 年获得过引用，整体被引率为 27.3%，总被引频次为 57616 次，篇均被引 0.55 次；其中，高被引论文有 325 篇，累计被引 5291 次，篇均被引 16.28 次，单篇论文最高被引 113 次（表 33-1）。另外，2017 年本学科共发表论文 19022 篇，其中有 1452 篇在当年获得过引用，总共被引 1929 次。

表 33-1　石油、天然气工业学科论文分布情况

年份	论文篇数	2017 年被引频次	2017 年被引率（%）	2017 年高被引论文			
				论文篇数	最高被引频次	总被引频次	篇均被引频次
2012	22882	10317	22.9	60	113	1216	20.27
2013	23009	11668	25.8	59	66	1072	18.17
2014	21453	12239	27.3	71	66	1230	17.32
2015	18681	12820	32.0	60	43	943	15.72
2016	19400	10572	29.4	75	36	830	11.07
合计	105425	57616	27.3	325	113	5291	16.28

33.2　高被引论文分析

在石油、天然气工业学科，2017 年被引次数 Top 10 论文（表 33-2）的平均被引次数为 71.8 次，是全部 325 篇高被引论文篇均被引频次的 4.4 倍。其中，被引次数最高的论文是邹才能的《常规与非常规油气聚集类型、特征、机理及展望——以中国致密油和致密气为例》（2012）和贾承造的《中国非常规油气资源与勘探开发前景》（2012），随后一篇是贾承造的《中国致密油评价标准、主要类型、基本特征及资源前景》（2012）。

从论文分布来看，刊载高被引论文数量居前的 3 种期刊分别是《石油勘探与开发》（73 篇）、《石油学报》（64 篇）和《天然气工业》（47 篇），其中，《石油勘探与开发》刊载了高被引论文 Top 10 中的 5 篇；发表高被引论文数量居前的学者分别是中国石油勘探开发研究院的邹才能（11 篇）、中国石油长庆油田公司的杨华（6 篇）和西安石油大学的赵靖舟（5 篇）；产出高被引论文数量居前的机构分别是中国石油勘探开发研究院（48 篇）、中国石油大学（42 篇）和中国地质大学（20 篇），而中国石油勘探开发研究院产出了高被引论

文 Top 10 中的 4 篇。

表 33-2 石油、天然气工业学科高被引论文 Top 10（2017 年）

排名	论文题名	第一作者	期刊名称	发表年份	被引频次	
					总频次	2017 年
1	常规与非常规油气聚集类型、特征、机理及展望——以中国致密油和致密气为例	邹才能	石油学报	2012	496	113
1	中国非常规油气资源与勘探开发前景	贾承造	石油勘探与开发	2012	455	113
3	中国致密油评价标准、主要类型、基本特征及资源前景	贾承造	石油学报	2012	484	112
4	鄂尔多斯盆地致密油、页岩油特征及资源潜力	杨华	石油学报	2013	227	66
4	四川盆地焦石坝页岩气田形成与富集高产模式	郭彤楼	石油勘探与开发	2014	251	66
6	鄂尔多斯盆地延长组致密油特征	姚泾利	石油勘探与开发	2013	179	53
6	非常规油气概念、特征、潜力及技术——兼论非常规油气地质学	邹才能	石油勘探与开发	2013	165	53
8	四川盆地震旦系—寒武系特大型气田形成分布、资源潜力及勘探发现	邹才能	石油勘探与开发	2014	124	51
9	页岩储层微观孔隙结构特征	杨峰	石油学报	2013	186	48
10	中国页岩气勘探开发进展与发展前景	董大忠	石油学报	2012	189	43

33.3 研究主题关联分析

在石油、天然气工业学科，高被引论文共被 2017 年发表的 3017 篇论文引用了 5291 次。通过分析施引文献关键词的词频及关键词之间的共现关系，获得 2017 年石油、天然气工业学科的热点主题和主题关联，如图 33-1 所示（共现 20 次以下不显示）。由图可知：“页岩气”“四川盆地”“致密油”“鄂尔多斯盆地”等关键词的文档词频较高，是 2017 年学科的研究热点；3 个节点以上的研究主题关联网络共 1 个，构成了学科内最为突出的研究主题簇；其中，以“页岩气”“四川盆地”“鄂尔多斯盆地”“致密油”为核心节点的研究主题关联网络最大。

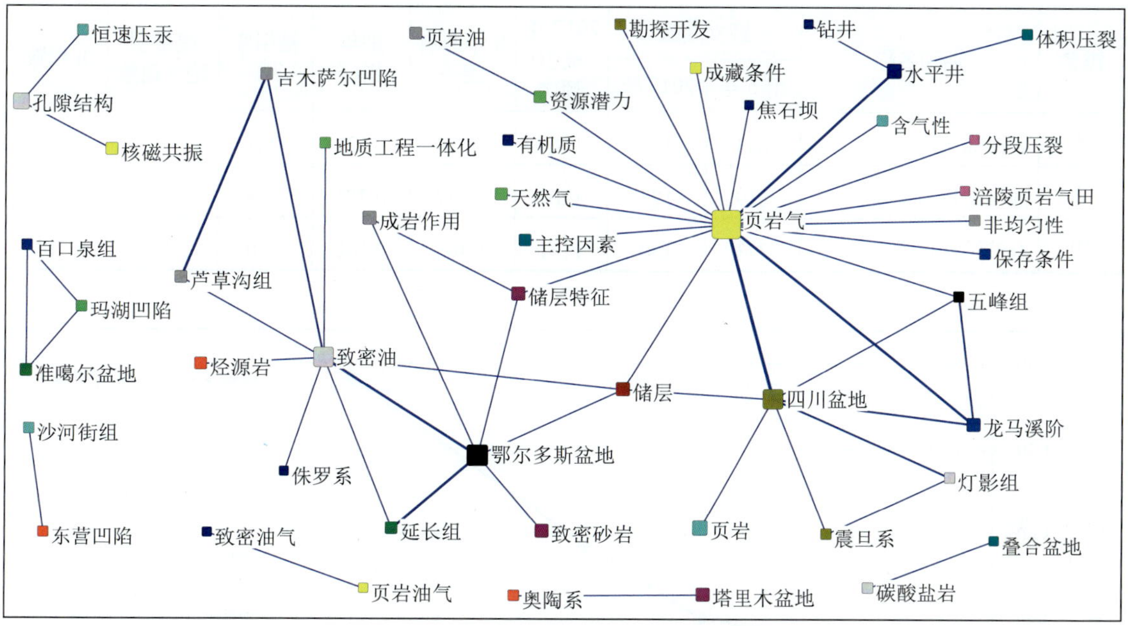

图 33-1　石油、天然气工业学科热点论文主题关联（2017 年）

33.4　高影响力期刊分析

33.4.1　高影响力期刊 Top 10

在石油、天然气工业学科，5 年影响因子 Top 10 期刊见表 33-3，前 3 种期刊分别是《石油勘探与开发》、《石油学报》和《石油与天然气地质》。其中，2017 年被引频次最高的期刊是《石油学报》，被引率最高的期刊是《石油勘探与开发》。2012—2017 年期刊 5 年影响因子的变动情况如图 33-2 所示。

表 33-3　石油、天然气工业学科高被引期刊基本指标（2017 年）

排名	期刊名称	载文篇数		2017 年被引频次	5 年影响因子	即年指标	被引率（%）	高被引论文篇数	h 指数
		前 5 年	2017 年						
1	石油勘探与开发	572	118	2790	4.878	0.525	79.0	73	22
2	石油学报	977	157	3325	3.403	0.261	76.9	64	18
3	石油与天然气地质	625	137	1711	2.738	0.285	77.4	29	11
4	天然气工业	1364	224	3145	2.306	0.420	70.3	47	15
5	中国石油勘探	391	87	857	2.192	0.356	60.4	14	11
6	天然气地球科学	1130	211	2047	1.812	0.199	66.0	17	11
7	石油实验地质	633	130	1066	1.684	0.169	66.4	6	9

排名	期刊名称	载文篇数		2017 年被引频次	5 年影响因子	即年指标	被引率（%）	高被引论文篇数	h 指数
		前 5 年	2017 年						
8	岩性油气藏	693	122	1160	1.674	0.139	68.1	7	9
9	油气地质与采收率	819	124	1267	1.547	0.371	59.8	8	9
10	石油钻探技术	773	130	1131	1.463	0.162	59.0	11	10

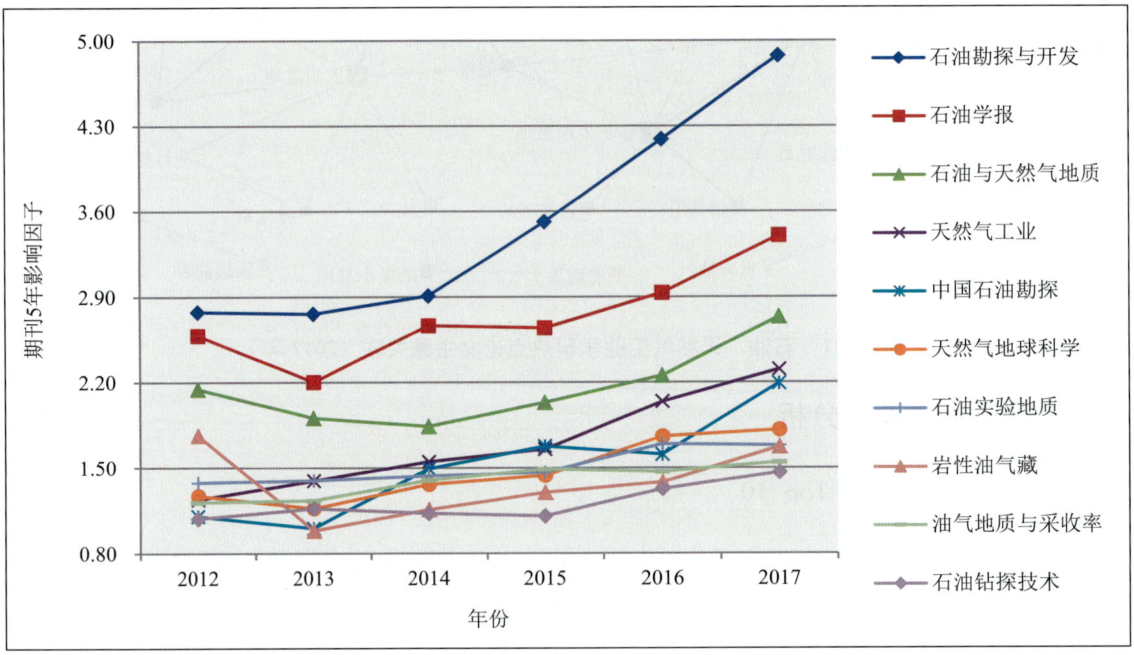

图 33-2　石油、天然气工业学科期刊 5 年影响因子变动趋势（2012—2017 年）

33.4.2　期刊载文主题关联

通过期刊共被引分析，获得石油、天然气工业学科期刊之间的载文主题关联，图中节点大小反映 5 年影响因子的高低，连线粗细代表共被引关联的强弱，关联越强表明两个期刊上有更多受学者们关注的相关主题论文，红色节点为学科高影响力期刊 Top 10，详情见图 33-3（共被引 120 次以下不显示）。如图所示，石油、天然气工业学科的多个期刊均互相关联且关联较为紧密，各期刊的学科分类属性体现得较为明显；《石油勘探与开发》的 5 年影响因子最高，显示出该刊在学科内学术影响力较大；《石油勘探与开发》与《石油学报》《天然气地球科学》等期刊之间的关联较强，表明上述期刊具有较多相关主题的论文。

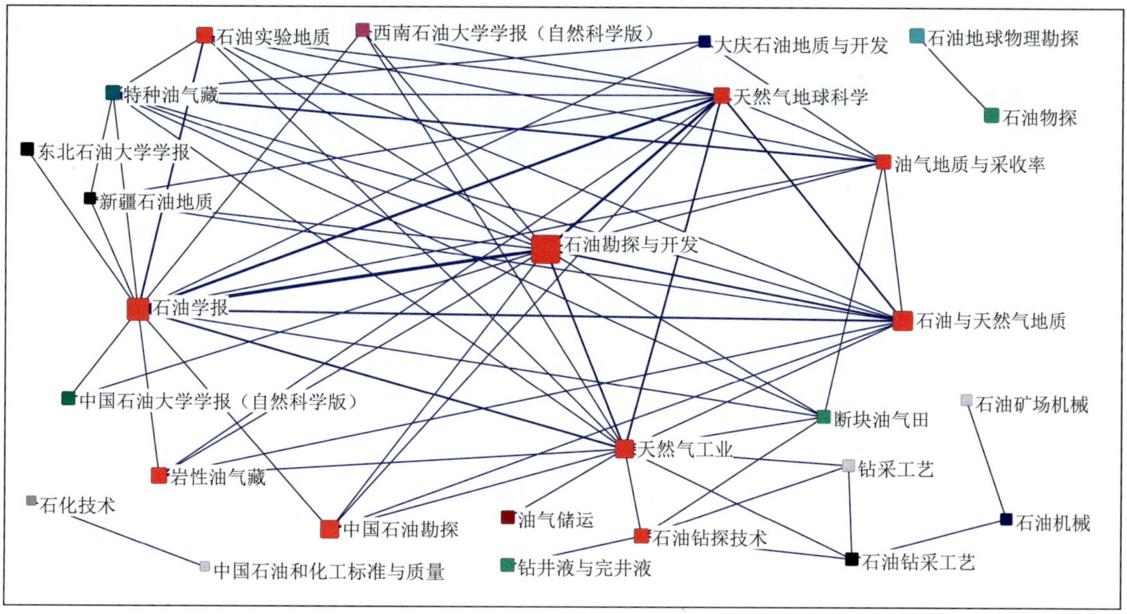

图 33-3　石油、天然气工业学科期刊载文主题关联（2017 年）

33.5　高被引作者分析

33.5.1　高被引作者 Top 20

2017 年论文被引次数 Top 20 的作者见表 33-4。其中，学科发文总被引频次较高的 3 位作者分别是中国石油勘探开发研究院的邹才能（439 次）、中国石油天然气集团公司的贾承造（270 次）和中国石油长庆油田公司的杨华（177 次）。在学科发文 5 篇及以上的作者中，篇均被引较高的 3 位作者分别是中国石油天然气集团公司的贾承造（篇均 54 次）、中国石油勘探开发研究院的邹才能（篇均 39.91 次）和中国石油勘探开发研究院的董大忠（篇均 25.2 次）；5 年学科发文较多的 3 位作者分别是中国石油经济技术研究院的周向彤（39 篇）、华北油田第五采油厂的付亚荣（36 篇）和中国石油勘探开发研究院的陈元千（34 篇）。

表 33-4　石油、天然气工业学科高被引作者 Top 20（2017 年）

排名	姓名	作者单位	前 5 年发文			前 5 年学科发文在 2017 年的被引				h 指数（学科）
			学科发文（篇）	期刊分布（种）	发文总量（篇）	频次	被引率（%）	最高（次）	篇均（次）	
1	邹才能	中国石油勘探开发研究院	11	4	17	439	100.0	113	39.91	11
2	贾承造	中国石油天然气集团公司	5	2	5	270	100.0	113	54.00	5

排名	姓名	作者单位	前5年发文			前5年学科发文在2017年的被引				h指数（学科）
			学科发文（篇）	期刊分布（种）	发文总量（篇）	频次	被引率（%）	最高（次）	篇均（次）	
3	杨华	中国石油长庆油田公司	16	8	27	177	93.8	66	11.06	7
4	杜金虎	中国石油天然气股份有限公司勘探与生产分公司	10	5	10	140	100.0	35	14.00	6
5	董大忠	中国石油勘探开发研究院	5	3	6	126	100.0	43	25.20	5
6	郭彤楼	中国石油化工股份有限公司勘探南方分公司	4	3	5	109	100.0	66	27.25	3
7	杨峰	中国石油大学	5	4	9	100	100.0	48	20.00	4
8	魏国齐	中国石油勘探开发研究院廊坊分院	13	4	13	89	84.6	19	6.85	6
9	姚泾利	长庆油田勘探开发研究院	10	6	14	86	80.0	53	8.60	5
10	付广	东北石油大学	26	9	40	82	88.5	9	3.15	5
11	张功成	中海油研究总院	17	5	19	78	94.1	15	4.59	6
12	匡立春	中国石油新疆油田公司	6	6	8	76	100.0	29	12.67	4
13	王香增	陕西延长石油(集团)有限责任公司	12	6	16	74	91.7	25	6.17	5
14	赵贤正	中国石油天然气股份有限公司华北油田分公司	18	6	20	66	88.9	16	3.67	4
15	赵金洲	西南石油大学	21	9	26	65	66.7	10	3.10	5
15	赵靖舟	西安石油大学	6	3	7	65	100.0	20	10.83	5
17	王志刚	中国石油化工股份有限公司	5	4	5	64	80.0	42	12.80	2
18	陈元千	中国石油勘探开发研究院	34	6	34	61	70.6	7	1.79	4
19	王玉满	中国石油勘探开发研究院	7	4	9	60	100.0	28	8.57	4
20	王招明	中国石油塔里木油田公司	6	3	9	57	100.0	21	9.50	5

33.5.2 作者发文主题关联

通过作者共被引分析，获得 2017 年石油、天然气工业学科作者之间的发文主题关联，图中节点大小反映被引次数高低，连线粗细代表共被引关联的强弱，关联越强表明两位作者的发文主题可能具有更强的相关性，红色节点为学科高被引作者 Top 20，详情见图 33-4（共被引 11 次以下不显示）。如图所示，高被引作者主导了石油、天然气工业学科的作者共被引网络，意味着他们的论文主题主导了学科研究热点；以邹才能、贾承造为主要节点的子网络规模最大、关联较为紧密且涉及高被引作者人数最多，展现出了学科热点研究方向上的主要研究力量；邹才能和贾承造、杜金虎、杨华等学者之间的关联较强，表明上述学者之间可能有较为相关的发文主题。

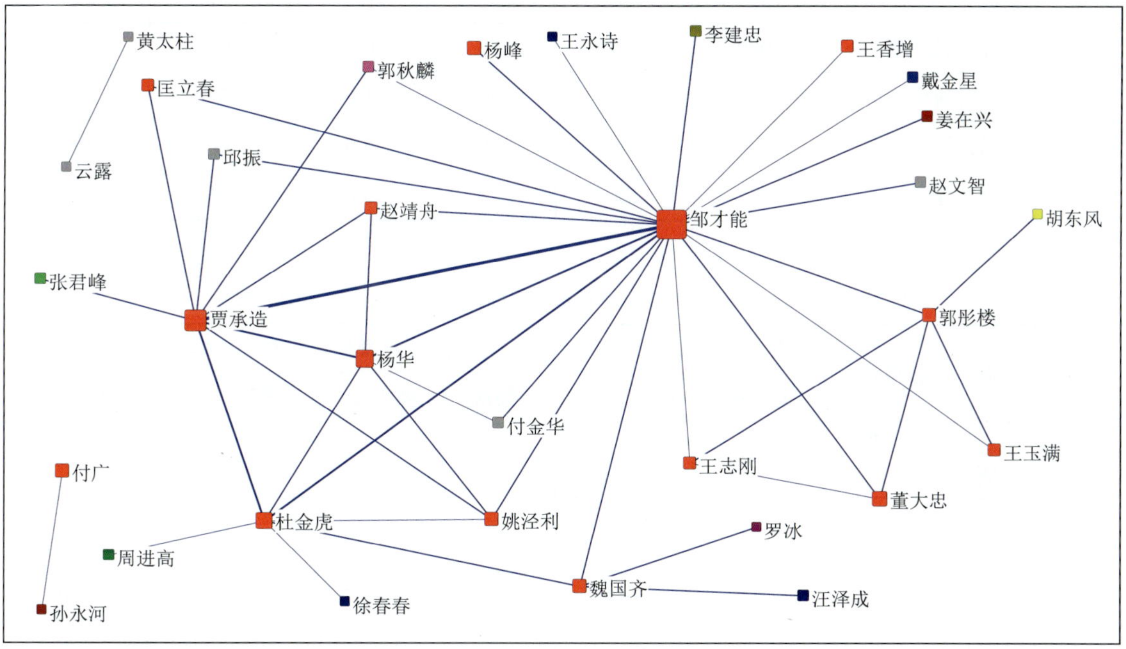

图 33-4 石油、天然气工业学科作者发文主题关联（2017 年）

33.6 高被引机构分析

33.6.1 高被引机构

石油、天然气工业学科被引次数 Top 10 高等院校和被引频次 Top 5 科研院所的发文和被引情况分别见表 33-5 和表 33-6。表中，总被引次数排名前 3 位的高等院校分别是中国石油大学、西南石油大学和中国地质大学，排名前 3 位的科研院所则是中国石油勘探开发研究院、中国石化石油勘探开发研究院和中海油研究总院；篇均被引最高的高等院校和科研院所分别是中国矿业大学和中国石油勘探开发研究院。

表 33-5　石油、天然气工业学科高被引高等院校 Top 10（2017 年）

排名	第一作者单位	学科发文量（篇）		前 5 年学科发文在 2017 年的被引			
		前 5 年	2017 年	频次	被引率(%)	最高（次）	篇均（次）
1	中国石油大学	6511	1049	7164	48.6	48	1.10
2	西南石油大学	2666	380	2559	46.1	12	0.96
3	中国地质大学	1032	171	1560	56.4	27	1.51
4	成都理工大学	945	115	900	43.9	15	0.95
5	西安石油大学	2057	579	898	22.6	20	0.44
6	长江大学	1596	251	896	29.6	10	0.56
7	东北石油大学	1089	207	856	40.5	14	0.79
8	辽宁石油化工大学	907	139	440	31.6	7	0.49
9	中国矿业大学	169	34	280	55.0	17	1.66
10	西北大学	239	55	268	45.6	19	1.12

表 33-6　石油、天然气工业学科高被引科研院所 Top 5（2017 年）

排名	第一作者单位	学科发文量（篇）		前 5 年学科发文在 2017 年的被引			
		前 5 年	2017 年	频次	被引率(%)	最高（次）	篇均（次）
1	中国石油勘探开发研究院	1035	205	2698	64.6	113	2.61
2	中国石化石油勘探开发研究院	520	92	709	54.0	13	1.36
3	中海油研究总院	694	164	682	48.7	15	0.98
4	中国石油勘探开发研究院廊坊分院	245	24	581	64.5	19	2.37
5	中国石化石油工程技术研究院	309	65	481	59.2	16	1.56

33.6.2　机构发文主题关联

通过机构共被引分析，获得石油、天然气工业学科机构间的发文主题关联，图中节点大小反映被引次数高低，连线粗细代表共被引关联的强弱，关联越强表明两个机构的发文主题可能具有更强的相关性，红色节点为高被引高等院校 Top 10 和高被引科研院所 Top 5，详情见图 33-5（共被引 86 次以下不显示）。由图可知，高被引高等院校主导了石油、天然气工业学科的机构共被引网络，在学科内体现出了较显著的学术影响力；中国石油大学和中国石油勘探开发研究院构成了该共被引网络的核心节点；中国石油大学具有最多的关联关系，充分表明了其学科学术影响力；中国石油大学和西南石油大学、中国石油勘探开发研究院、中国地质大学等机构之间的关联较强，表明上述机构的研究主题具有较多重叠之处。

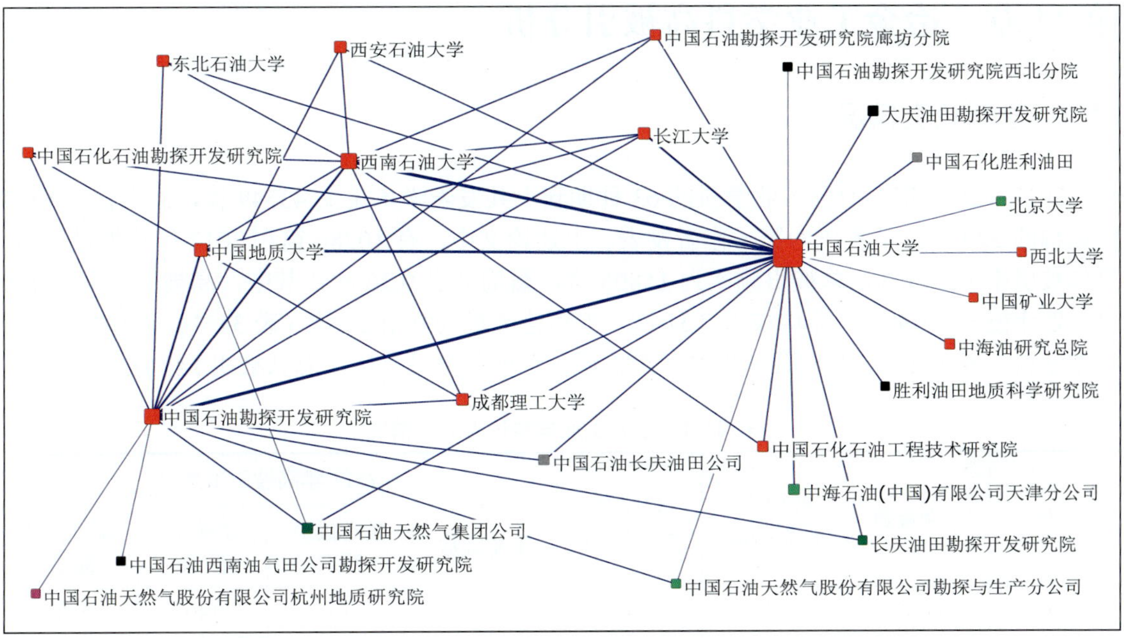

图 33-5　石油、天然气工业学科机构发文主题关联（2017 年）

33.7　高被引国外期刊

石油、天然气工业学科内被引次数 Top 10 的国外期刊见表 33-7，排名前 3 位的国外期刊是 *Fuel*、*Journal of Materials Chemistry A* 和 *Journal of Natural Gas Science and Engineering*。

表 33-7　石油、天然气工业学科高被引国外期刊 Top 10（2017 年）

排名	期刊名称	2017 年被引频次
1	Fuel	237
2	Journal of Materials Chemistry A	226
3	Journal of Natural Gas Science and Engineering	215
4	Geophysics	207
5	Marine and Petroleum Geology	201
6	Journal of Petroleum Science and Engineering	190
7	Journal of Energy Chemistry	189
7	Journal of the American Chemical Society	189
9	Energy & Fuels	178
10	RSC Advances	177

第 34 章　冶金工业学科高被引分析

34.1　学科论文概况

2012—2016 年，冶金工业学科的 63 种期刊上共发表学术论文 43549 篇，由来自在 6597 所机构的 32037 位学者作为第一作者发表。上述论文中，有 10286 篇在 2017 年获得过引用，整体被引率为 23.6%，总被引频次为 15805 次，篇均被引 0.36 次；其中，高被引论文有 140 篇，累计被引 1024 次，篇均被引 7.31 次，单篇论文最高被引 22 次（表 34-1）。另外，2017 年本学科共发表论文 8418 篇，其中有 472 篇在当年获得过引用，总共被引 547 次。

表 34-1　冶金工业学科论文分布情况

年份	论文篇数	2017 年被引频次	2017 年被引率（%）	2017 年高被引论文			
				论文篇数	最高被引频次	总被引频次	篇均被引频次
2012	8681	2561	20.1	18	14	140	7.78
2013	8620	2828	21.5	21	22	166	7.90
2014	8856	3166	23.6	27	17	215	7.96
2015	8706	4018	28.6	30	17	245	8.17
2016	8686	3232	24.3	44	10	258	5.86
合计	43549	15805	23.6	140	22	1024	7.31

34.2　高被引论文分析

在冶金工业学科，2017 年被引次数 Top 10 论文（表 34-2）的平均被引次数为 15.6 次，是全部 140 篇高被引论文篇均被引频次的 2.1 倍。其中，被引次数最高的论文是张朝晖的《钢渣处理工艺与国内外钢渣利用技术》（2013），随后两篇分别是康永林的《中国汽车发展趋势及汽车用钢面临的机遇与挑战》（2014）和王国栋的《钢铁行业技术创新和发展方向》（2015）。

从论文分布来看，刊载高被引论文数量居前的 3 种期刊分别是《钢铁》（21 篇）、《中国稀土学报》（9 篇）和《矿冶工程》（9 篇），其中，《稀土》刊载了高被引论文 Top 10 中的 3 篇；发表高被引论文数量居前的学者分别是东北大学的董辉（3 篇）、包头钢铁(集团)有限责任公司的李春龙（2 篇）和冶金工业规划研究院的李新创（2 篇）；产出高被引论文数量居前的机构分别是北京科技大学（9 篇）、东北大学（8 篇）和中南大学（6 篇），而江西理工大学产出了高被引论文 Top 10 中的 2 篇。

表 34-2 冶金工业学科高被引论文 Top 10（2017 年）

排名	论文题名	第一作者	期刊名称	发表年份	被引频次	
					总频次	2017 年
1	钢渣处理工艺与国内外钢渣利用技术	张朝晖	钢铁研究学报	2013	59	22
2	中国汽车发展趋势及汽车用钢面临的机遇与挑战	康永林	钢铁	2014	30	17
2	钢铁行业技术创新和发展方向	王国栋	钢铁	2015	26	17
4	赣南离子吸附型稀土矿床成矿特征概述	张恋	中国稀土学报	2015	30	16
5	离子吸附型稀土矿绿色提取技术研究进展	肖燕飞	稀土	2015	23	15
5	稀土在钢中应用与研究新进展	李春龙	稀土	2013	57	15
7	离子吸附型稀土高效提取和分离技术进展	李永绣	中国稀土学报	2012	40	14
7	电感耦合等离子体原子发射光谱分析仪器与方法的新进展	郑国经	冶金分析	2014	29	14
9	世界稀土生产与消费结构分析	杨斌清	稀土	2014	31	13
9	中国薄板坯连铸连轧技术的发展	毛新平	钢铁	2014	23	13

34.3 研究主题关联分析

在冶金工业学科，高被引论文共被 2017 年发表的 819 篇论文引用了 1024 次。通过分析施引文献关键词的词频及关键词之间的共现关系，获得 2017 年冶金工业学科的热点主题和主题关联，如图 34-1 所示（共现 4 次以下不显示）。由图可知：“稀土金属”“力学性质”“钢铁工业”“石灰岩”等关键词的文档词频较高，是 2017 年学科的研究热点；3 个节点以上的研究主题关联网络共 6 个，构成了学科内最为突出的研究主题簇；其中，以“控轧控冷”“无头轧制”“轧制”为核心节点的研究主题关联网络最大，其余各团簇中词频最高或连线最多的关键词分别是“稀土金属”“烧结矿”“浮选”“标准物质”“石灰岩”。

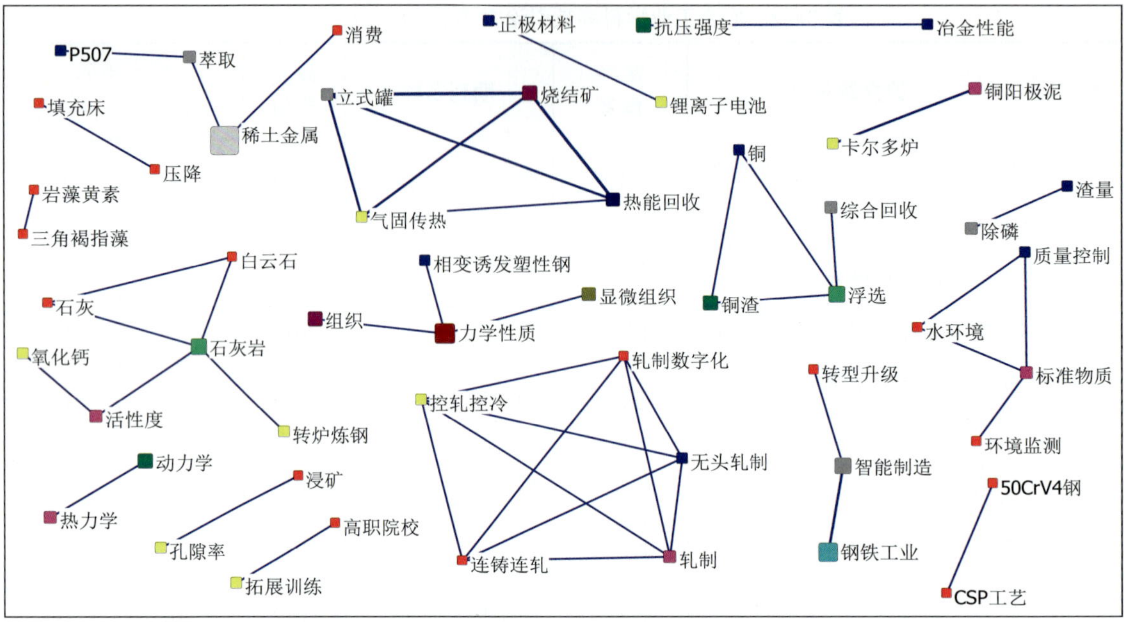

图 34-1　冶金工业学科热点论文主题关联（2017 年）

34.4　高影响力期刊分析

34.4.1　高影响力期刊 Top 10

在冶金工业学科，5 年影响因子 Top 10 期刊见表 34-3，前 3 种期刊分别是《钢铁》、《中国稀土学报》和《稀土》。其中，2017 年被引频次最高的期刊是《钢铁》，被引率最高的期刊是《钢铁》。2012—2017 年期刊 5 年影响因子的变动情况如图 34-2 所示。

表 34-3　冶金工业学科高被引期刊基本指标（2017 年）

排名	期刊名称	载文篇数		2017 年被引频次	5 年影响因子	即年指标	被引率（%）	高被引论文篇数	h 指数
		前 5 年	2017 年						
1	钢铁	1110	203	1150	1.036	0.202	50.5	21	8
2	中国稀土学报	527	99	466	0.884	0.051	46.5	9	6
3	稀土	693	129	592	0.854	0.047	43.6	7	6
4	冶金分析	1020	188	812	0.796	0.218	46.0	7	6
5	钢铁研究学报	824	165	588	0.714	0.103	40.7	5	5
6	粉末冶金工业	493	115	340	0.690	0.087	37.9	6	6
7	中国冶金	924	213	600	0.649	0.211	37.7	4	5
8	矿冶	715	124	443	0.620	0.065	39.0	2	4

排名	期刊名称	载文篇数		2017 年被引频次	5 年影响因子	即年指标	被引率（%）	高被引论文篇数	h 指数
		前 5 年	2017 年						
9	矿冶工程	1337	203	819	0.613	0.133	36.0	9	6
10	稀土学报（英文版）	1019	172	608	0.597	0.023	37.0	2	5

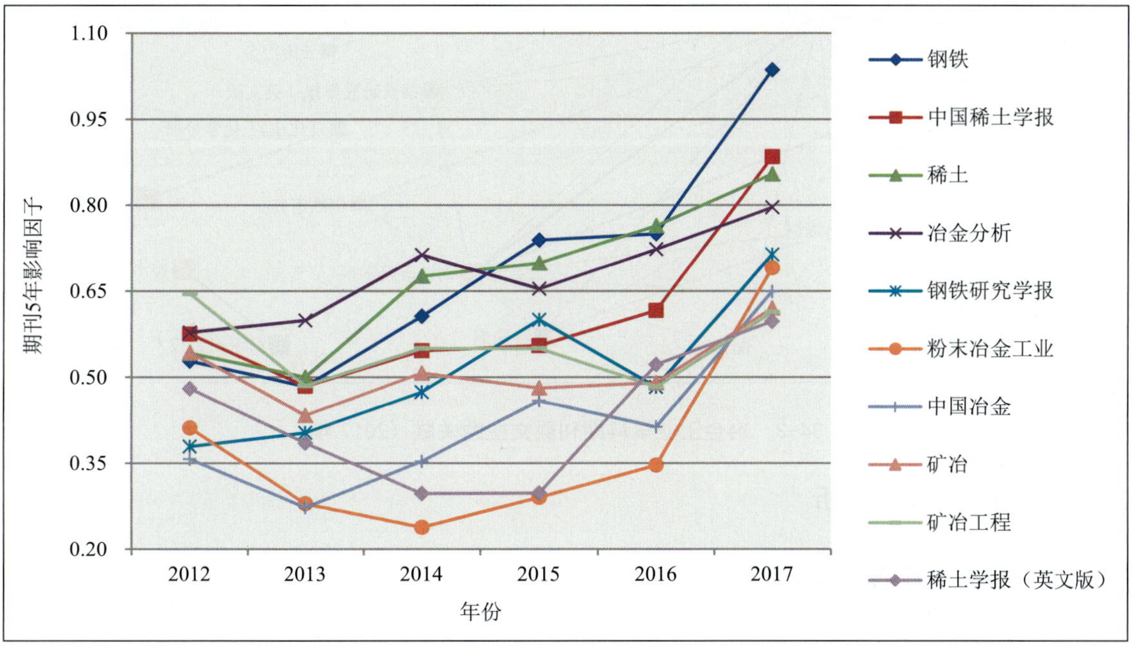

图 34-2　冶金工业学科期刊 5 年影响因子变动趋势（2012—2017 年）

34. 4. 2　期刊载文主题关联

通过期刊共被引分析，获得冶金工业学科期刊之间的载文主题关联，图中节点大小反映 5 年影响因子的高低，连线粗细代表共被引关联的强弱，关联越强表明两个期刊上有更多受学者们关注的相关主题论文，红色节点为学科高影响力期刊 Top 10，详情见图 34-3（共被引 13 次以下不显示）。如图所示，冶金工业学科的多个期刊均互相关联且关联较为紧密，各期刊的学科分类属性体现得较为明显；《钢铁》的 5 年影响因子最高且具有最多的关联关系，这是其总被引次数最高的典型体现；《钢铁》与《中国冶金》《钢铁研究学报》等期刊之间的关联较强，表明上述期刊具有较多相关主题的论文。

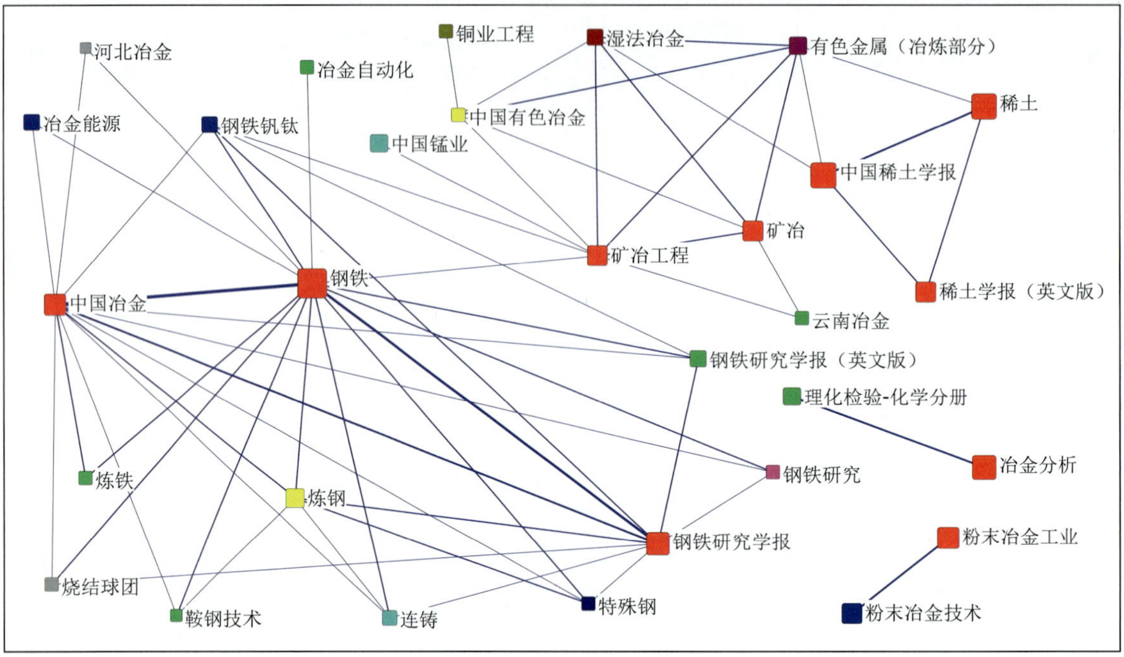

图 34-3　冶金工业学科期刊载文主题关联（2017 年）

34.5　高被引作者分析

34.5.1　高被引作者 Top 20

2017 年论文被引次数 Top 20 的作者见表 34-4。其中，学科发文总被引频次较高的 2 位作者分别是东北大学的王国栋（34 次）和内蒙古科技大学的杨吉春（27 次）。在学科发文 5 篇及以上的作者中，篇均被引较高的 3 位作者分别是东北大学的王国栋（篇均 5.67 次）、东北大学的董辉（篇均 5.00 次）和北京科技大学的康永林（篇均 5.00 次）；5 年学科发文较多的 3 位作者分别是江西铜业集团铜材有限公司的张伟旗（19 篇）、攀钢集团研究院有限公司的成勇（19 篇）和内蒙古科技大学的杨吉春（17 篇）。

表 34-4　冶金工业学科高被引作者 Top 20（2017 年）

排名	姓名	作者单位	前 5 年发文			前 5 年学科发文在 2017 年的被引				h 指数（学科）
			学科发文（篇）	期刊分布（种）	发文总量（篇）	频次	被引率（%）	最高（次）	篇均（次）	
1	王国栋	东北大学	6	3	10	34	100.0	17	5.67	4
2	杨吉春	内蒙古科技大学	17	6	29	27	58.8	5	1.59	3
3	张朝晖	西安建筑科技大学	4	3	8	25	50.0	22	6.25	2

排名	姓名	作者单位	前5年发文			前5年学科发文在2017年的被引				h指数（学科）
			学科发文（篇）	期刊分布（种）	发文总量（篇）	频次	被引率（%）	最高（次）	篇均（次）	
3	董辉	东北大学	5	4	10	25	60.0	11	5.00	3
3	康永林	北京科技大学	5	3	6	25	80.0	17	5.00	2
6	李春龙	包头钢铁(集团)有限责任公司	4	1	8	22	75.0	15	5.50	2
6	张福明	北京首钢国际工程技术有限公司	13	4	14	22	61.5	5	1.69	3
8	王新华	北京科技大学	3	3	4	21	100.0	10	7.00	3
9	张立峰	北京科技大学	7	3	7	20	85.7	7	2.86	3
9	李新创	冶金工业规划研究院	3	2	10	20	100.0	8	6.67	3
11	肖燕飞	有研稀土新材料股份有限公司	2	2	2	19	100.0	15	9.50	2
12	成勇	攀钢集团研究院有限公司	19	3	23	17	68.4	3	0.89	2
13	张恋	江西理工大学	1	1	1	16	100.0	16	16.00	1
14	张建良	北京科技大学	15	7	31	15	53.3	4	1.00	2
15	李永绣	南昌大学	1	1	1	14	100.0	14	14.00	1
15	王承忠	宝山钢铁股份有限公司特殊钢分公司	15	1	15	14	26.7	10	0.93	2
15	郑国经	能力验证研究中心	1	1	1	14	100.0	14	14.00	1
15	杨斌清	江西理工大学	4	2	10	14	50.0	13	3.50	1
15	毛新平	武汉科技大学	2	2	2	14	100.0	13	7.00	1
15	白振华	燕山大学	9	2	30	14	66.7	4	1.56	3

34.5.2 作者发文主题关联

通过作者共被引分析，获得 2017 年冶金工业学科作者之间的发文主题关联，图中节点大小反映被引次数高低，连线粗细代表共被引关联的强弱，关联越强表明两位作者的发文主题可能具有更强的相关性，红色节点为学科高被引作者 Top 20，详情见图 34-4（共被引 3 次以下不显示）。如图所示，高被引作者主导了冶金工业学科的作者共被引网络，意味着他们的论文主题主导了学科研究热点；学者王国栋、杨吉春的节点较大，显示出他们的学术成果在学科内得到较多关注；黄万抚和郭玉武，王春和王文丽，李晨晓和张春杰等学者之间的关联较强，表明上述学者之间可能分别有较为相关的发文主题。

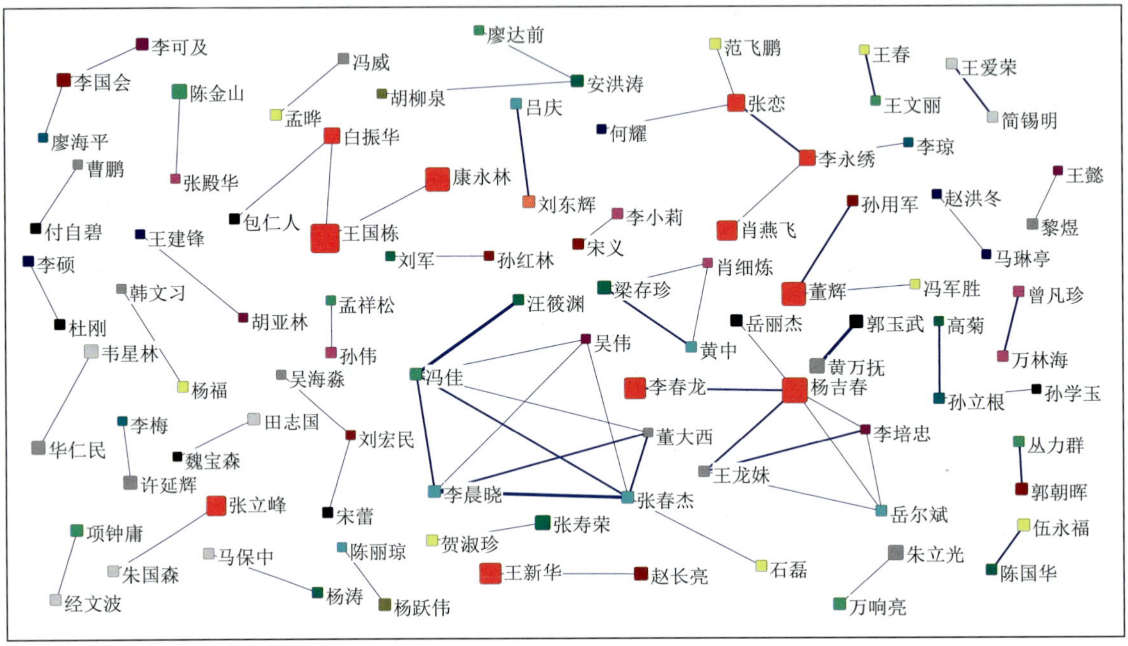

图 34-4　冶金工业学科作者发文主题关联（2017 年）

34.6　高被引机构分析

34.6.1　高被引机构

冶金工业学科被引次数 Top 10 高等院校和被引频次 Top 5 科研院所的发文和被引情况分别见表 34-5 和表 34-6。表中，总被引次数排名前 3 位的高等院校分别是北京科技大学、东北大学和昆明理工大学，排名前 3 位的科研院所则是钢铁研究总院、北京矿冶研究总院和武汉钢铁(集团)公司研究院；篇均被引最高的高等院校和科研院所分别是江西理工大学和包头稀土研究院。

表 34-5　冶金工业学科高被引高等院校 Top 10（2017 年）

排名	第一作者单位	学科发文量（篇）		前 5 年学科发文在 2017 年的被引			
		前 5 年	2017 年	频次	被引率(%)	最高（次）	篇均（次）
1	北京科技大学	1516	217	1057	41.4	17	0.70
2	东北大学	728	120	442	34.3	17	0.61
3	昆明理工大学	532	95	396	45.9	7	0.74
4	中南大学	557	96	384	40.8	10	0.69

排名	第一作者单位	学科发文量（篇）		前5年学科发文在2017年的被引			
		前5年	2017年	频次	被引率(%)	最高（次）	篇均（次）
5	武汉科技大学	408	98	228	34.3	13	0.56
6	江西理工大学	236	74	206	45.3	16	0.87
7	内蒙古科技大学	414	78	195	28.5	6	0.47
8	燕山大学	202	44	155	45.5	5	0.77
9	河北联合大学	247	0	153	37.7	5	0.62
10	西安建筑科技大学	206	29	145	34.0	22	0.70

表34-6　冶金工业学科高被引科研院所Top 5（2017年）

排名	第一作者单位	学科发文量（篇）		前5年学科发文在2017年的被引			
		前5年	2017年	频次	被引率(%)	最高（次）	篇均（次）
1	钢铁研究总院	353	82	265	39.1	9	0.75
2	北京矿冶研究总院	291	43	187	40.5	7	0.64
3	武汉钢铁(集团)公司研究院	356	31	119	21.3	7	0.33
4	首钢技术研究院	146	18	111	48.6	6	0.76
5	包头稀土研究院	86	19	89	50.0	6	1.03

34.6.2　机构发文主题关联

通过机构共被引分析，获得冶金工业学科机构间的发文主题关联，图中节点大小反映被引次数高低，连线粗细代表共被引关联的强弱，关联越强表明两个机构的发文主题可能具有更强的相关性，红色节点为高被引高等院校Top 10和高被引科研院所Top 5，详情见图34-5（共被引9次以下不显示）。由图可知，高被引高等院校主导了冶金工业学科的机构共被引网络，在学科内体现出了较显著的学术影响力；北京科技大学具有最多的关联关系，充分表明了其学科学术影响力；北京科技大学和东北大学、钢铁研究总院等机构之间的关联较强，表明上述机构的研究主题具有较多重叠之处。

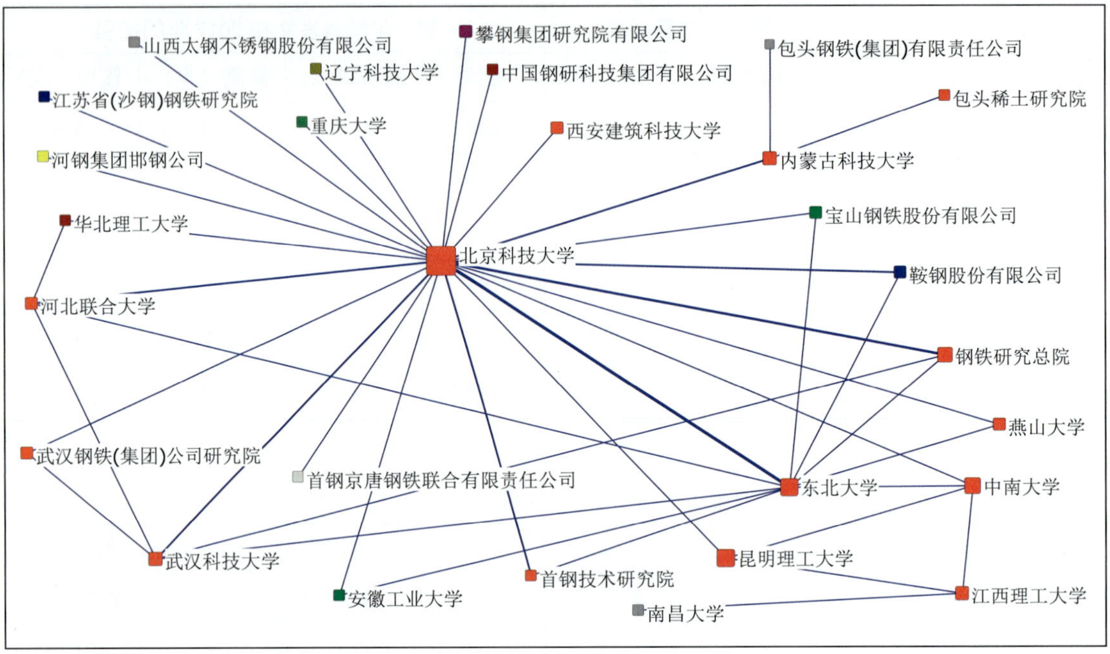

图 34-5　冶金工业学科机构发文主题关联（2017 年）

34.7　高被引国外期刊

冶金工业学科内被引次数 Top 10 的国外期刊见表 34-7，排名前 3 位的国外期刊是 *Journal of Iron and Steel Research, International*、*Journal of Alloys and Compounds* 和 *ISIJ International*。

表 34-7　冶金工业学科高被引国外期刊 Top 10（2017 年）

排名	期刊名称	2017 年被引频次
1	Journal of Iron and Steel Research, International	229
2	Journal of Alloys and Compounds	217
3	ISIJ International	207
4	Materials Science and Engineering A-Structural Materials Properties Microstructure and Processing	200
5	Journal of Rare Earths	188
6	Acta Materialia	144
7	Materials & Design	124
8	Ceramics International	118
9	Metallurgical and Materials Transactions B: Process Metallurgy and Materials Processing Science	98
10	Hydrometallurgy	93

第 35 章　金属学与金属工艺学科高被引分析

35.1　学科论文概况

2012—2016 年，金属学与金属工艺学科的 66 种期刊上共发表学术论文 84249 篇，由来自在 10325 所机构的 54878 位学者作为第一作者发表。上述论文中，有 22386 篇在 2017 年获得过引用，整体被引率为 26.6%，总被引频次为 35375 次，篇均被引 0.42 次；其中，高被引论文有 300 篇，累计被引 2212 次，篇均被引 7.37 次，单篇论文最高被引 28 次（表 35-1）。另外，2017 年本学科共发表论文 17524 篇，其中有 1174 篇在当年获得过引用，总共被引 1520 次。

表 35-1　金属学与金属工艺学科论文分布情况

年份	论文篇数	2017 年被引频次	2017 年被引率（%）	2017 年高被引论文			
				论文篇数	最高被引频次	总被引频次	篇均被引频次
2012	16066	5848	23.5	56	15	412	7.36
2013	16118	6561	25.9	59	13	427	7.24
2014	17333	7494	27.4	59	12	424	7.19
2015	17553	8730	30.2	74	28	583	7.88
2016	17179	6742	25.6	52	16	366	7.04
合计	84249	35375	26.6	300	28	2212	7.37

35.2　高被引论文分析

在金属学与金属工艺学科，2017 年被引次数 Top 10 论文（表 35-2）的平均被引次数为 17 次，是全部 300 篇高被引论文篇均被引频次的 2.3 倍。其中，被引次数最高的论文是郭玉琴的《汽车轻量化材料及制造工艺研究现状》（2015）和金和喜的《航空用钛合金研究进展》（2015），随后一篇是郑晖的《汽车轻量化及铝合金在现代汽车生产中的应用》（2016）。

从论文分布来看，刊载高被引论文数量居前的 3 种期刊分别是《中国有色金属学报》（43 篇）、《中国有色金属学报（英文版）》（27 篇）和《锻压技术》（18 篇），其中，《锻压技术》刊载了高被引论文 Top 10 中的 2 篇；发表高被引论文数量居前的学者分别是上海交通大学的潘健生（2 篇）、南昌大学的袁秋红（2 篇）和中南大学的闵小波（2 篇）；产出高被引论文数量居前的机构分别是中南大学（26 篇）、北京科技大学（13 篇）和上海交通大学（10 篇），而中南大学产出了高被引论文 Top 10 中的 2 篇。

表 35-2 金属学与金属工艺学科高被引论文 Top 10（2017 年）

排名	论文题名	第一作者	期刊名称	发表年份	被引频次	
					总频次	2017 年
1	汽车轻量化材料及制造工艺研究现状	郭玉琴	锻压技术	2015	51	28
1	航空用钛合金研究进展	金和喜	中国有色金属学报	2015	61	28
3	汽车轻量化及铝合金在现代汽车生产中的应用	郑晖	锻压技术	2016	27	16
4	高强铝合金的发展及其材料的制备加工技术	张新明	金属学报	2015	21	15
4	风化壳淋积型稀土矿的基础研究	池汝安	有色金属科学与工程	2012	55	15
4	医用钛合金的研究及应用现状	王运锋	钛工业进展	2015	22	15
7	BIM 技术在中国尊建筑工程施工中的应用研究	高成	钢结构	2016	20	14
8	激光熔覆研究现状及发展趋势	张坚	热加工工艺	2013	48	13
8	基于 Simufact 的连杆衬套旋压工艺参数的拟研究	原霞	热加工工艺	2013	31	13
8	我国熔模精密铸造的历史回顾与发展展望	吕志刚	铸造	2012	39	13

35.3 研究主题关联分析

在金属学与金属工艺学科，高被引论文共被 2017 年发表的 1954 篇论文引用了 2212 次。通过分析施引文献关键词的词频及关键词之间的共现关系，获得 2017 年金属学与金属工艺学科的热点主题和主题关联，如图 35-1 所示（共现 6 次以下不显示）。由图可知：“力学性质”“显微组织”等关键词的文档词频较高，是 2017 年学科的研究热点；3 个节点以上的研究主题关联网络共 2 个，构成了学科内最为突出的研究主题簇；其中，以“显微组织”“力学性质”“镁合金”为核心节点的研究主题关联网络最大，其余团簇中词频最高或连线最多的关键词分别是“AZ31 镁合金”。

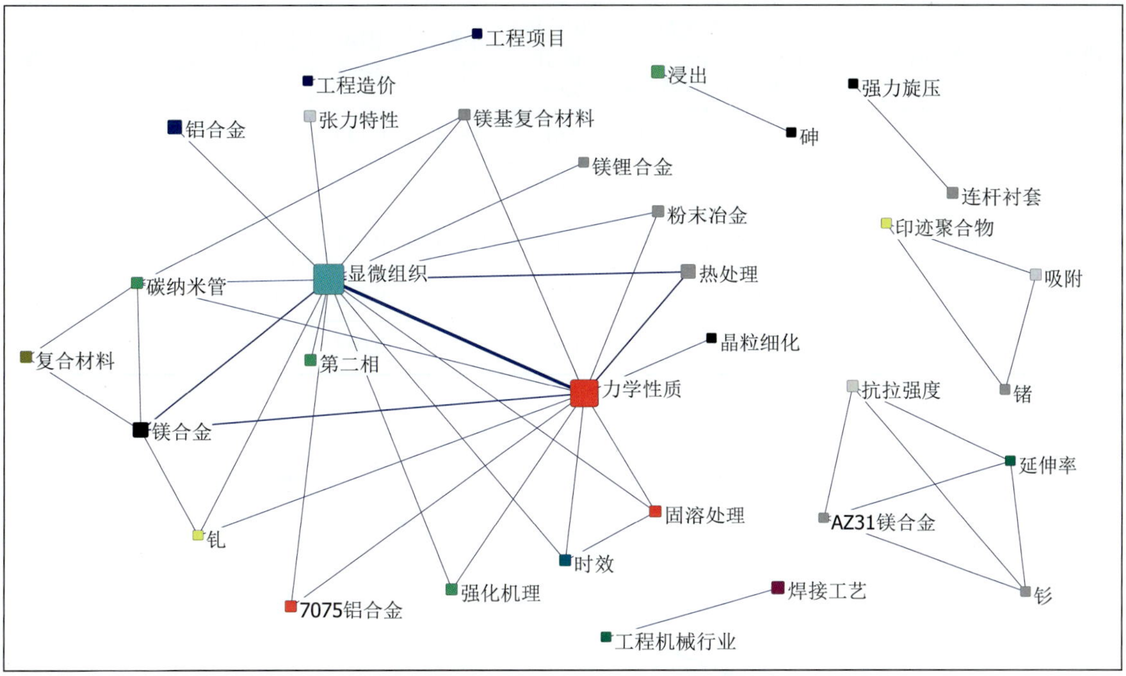

图 35-1　金属学与金属工艺学科热点论文主题关联（2017 年）

35.4　高影响力期刊分析

35.4.1　高影响力期刊 Top 10

在金属学与金属工艺学科，5 年影响因子 Top 10 期刊见表 35-3，前 3 种期刊分别是《中国有色金属学报》、《中国有色金属学报（英文版）》和《金属学报》。其中，2017 年被引频次最高的期刊是《中国有色金属学报（英文版）》，被引率最高的期刊是《中国有色金属学报》。2012—2017 年期刊 5 年影响因子的变动情况如图 35-2 所示。

表 35-3　金属学与金属工艺学科高被引期刊基本指标（2017 年）

排名	期刊名称	载文篇数		2017 年被引频次	5 年影响因子	即年指标	被引率（%）	高被引论文篇数	h 指数
		前 5 年	2017 年						
1	中国有色金属学报	2106	315	2276	1.081	0.063	53.4	43	8
2	中国有色金属学报（英文版）	2454	300	2455	1.000	0.047	52.7	27	8
3	金属学报	995	176	944	0.949	0.097	49.6	13	7
4	稀有金属	854	195	767	0.898	0.118	49.8	9	6
5	锻压技术	1643	411	1394	0.848	0.148	45.5	18	7

排名	期刊名称	载文篇数		2017 年被引频次	5 年影响因子	即年指标	被引率（%）	高被引论文篇数	h 指数
		前 5 年	2017 年						
6	有色金属科学与工程	689	134	561	0.814	0.142	45.6	8	7
7	表面技术	1259	512	992	0.788	0.102	42.9	12	6
8	中国腐蚀与防护学报	443	85	345	0.779	0.071	46.3	1	4
9	中国表面工程	627	126	464	0.740	0.159	40.4	5	5
10	焊接学报	1713	352	1248	0.729	0.063	43.2	10	6

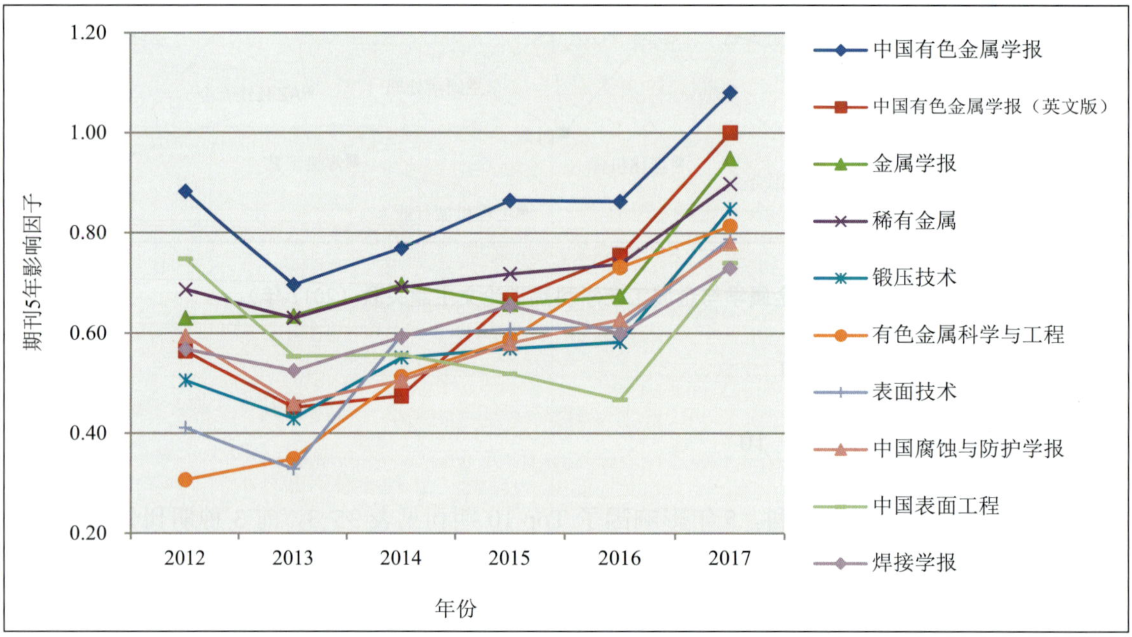

图 35-2　金属学与金属工艺学科期刊 5 年影响因子变动趋势（2012—2017 年）

35.4.2　期刊载文主题关联

通过期刊共被引分析，获得金属学与金属工艺学科期刊之间的载文主题关联，图中节点大小反映 5 年影响因子的高低，连线粗细代表共被引关联的强弱，关联越强表明两个期刊上有更多受学者们关注的相关主题论文，红色节点为学科高影响力期刊 Top 10，详情见图 35-3（共被引 45 次以下不显示）。如图所示，金属学与金属工艺学科的多个期刊均互相关联且关联较为紧密，各期刊的学科分类属性体现得较为明显；《中国有色金属学报》的 5 年影响因子最高，显示出该刊在学科内学术影响力较大；《中国有色金属学报》与《中国有色金属学报（英文版）》，《材料热处理学报》与《金属热处理》等期刊之间的关联较强，表明上述期刊分别具有较多相关主题的论文。

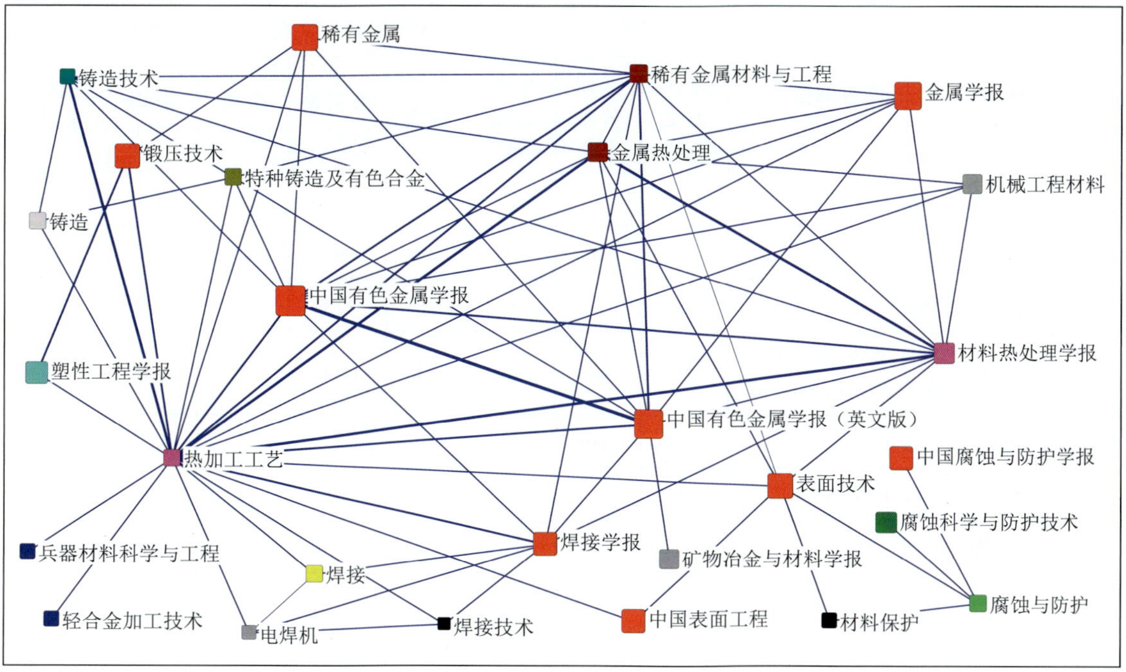

图 35-3　金属学与金属工艺学科期刊载文主题关联（2017 年）

35.5　高被引作者分析

35.5.1　高被引作者 Top 20

2017 年论文被引次数 Top 20 的作者见表 35-4。其中，学科发文总被引频次较高的 3 位作者分别是江西理工大学的刘政（38 次）、中南大学的郭学益（32 次）和江苏大学的郭玉琴（31 次）。在学科发文 5 篇及以上的作者中，篇均被引较高的 3 位作者分别是江苏大学的郭玉琴（篇均 6.20 次）、天津工业大学的刘元军（篇均 4.00 次）和西安理工大学的付三玲（篇均 3.25 次）；5 年学科发文较多的 3 位作者分别是西安理工大学的张敏（42 篇）、辽宁工程技术大学的马壮（31 篇）和西安理工大学的李继红（30 篇）。

表 35-4　金属学与金属工艺学科高被引作者 Top 20（2017 年）

排名	姓名	作者单位	前 5 年发文			前 5 年学科发文在 2017 年的被引				h 指数（学科）
			学科发文（篇）	期刊分布（种）	发文总量（篇）	频次	被引率（%）	最高（次）	篇均（次）	
1	刘政	江西理工大学	24	10	30	38	75.0	5	1.58	3
2	郭学益	中南大学	11	3	21	32	90.9	8	2.91	3
3	郭玉琴	江苏大学	5	2	8	31	40.0	28	6.20	2

排名	姓名	作者单位	前5年发文			前5年学科发文在2017年的被引				h指数（学科）
			学科发文（篇）	期刊分布（种）	发文总量（篇）	频次	被引率（%）	最高（次）	篇均（次）	
4	金和喜	中南大学	2	1	2	29	100.0	28	14.50	1
4	张新明	中南大学	12	6	26	29	66.7	15	2.42	2
6	付三玲	西安理工大学	8	4	9	26	75.0	12	3.25	2
7	路浩	南车青岛四方机车车辆股份有限公司	25	4	26	24	64.0	2	0.96	2
7	张敏	西安理工大学	42	10	53	24	35.7	4	0.57	3
9	李继红	西安理工大学	30	7	34	23	50.0	4	0.77	2
9	何柏林	华东交通大学	11	4	16	23	63.6	6	2.09	3
9	刘静安	西南铝业(集团)有限责任公司	28	3	33	23	32.1	6	0.82	3
9	郎利辉	北京航空航天大学	15	5	35	23	66.7	5	1.53	3
13	张羊换	内蒙古科技大学	14	3	19	21	50.0	5	1.50	3
13	洪波	湘潭大学	15	2	17	21	66.7	4	1.40	2
15	刘元军	天津工业大学	5	2	36	20	100.0	6	4.00	3
15	王希靖	兰州理工大学	27	8	34	20	40.7	4	0.74	3
17	王松	昆明贵金属研究所	17	5	25	18	47.1	5	1.06	3
17	邓汝荣	广州科技职业技术学院	23	4	35	18	21.7	9	0.78	3
17	张亮	江苏师范大学	13	5	27	18	69.2	7	1.38	2
17	李小斌	中南大学	12	2	16	18	58.3	6	1.50	2

35.5.2　作者发文主题关联

通过作者共被引分析，获得2017年金属学与金属工艺学科作者之间的发文主题关联，图中节点大小反映被引次数高低，连线粗细代表共被引关联的强弱，关联越强表明两位作者的发文主题可能具有更强的相关性，红色节点为学科高被引作者Top 20，详情见图35-4（共被引4次以下不显示）。如图所示，学者郭学益和郭玉琴的节点较大，显示出他们的学术成果在学科内得到较多关注；付三玲和汤伊金之间的关联较强，表明他们之间可能有较为相关的发文主题。

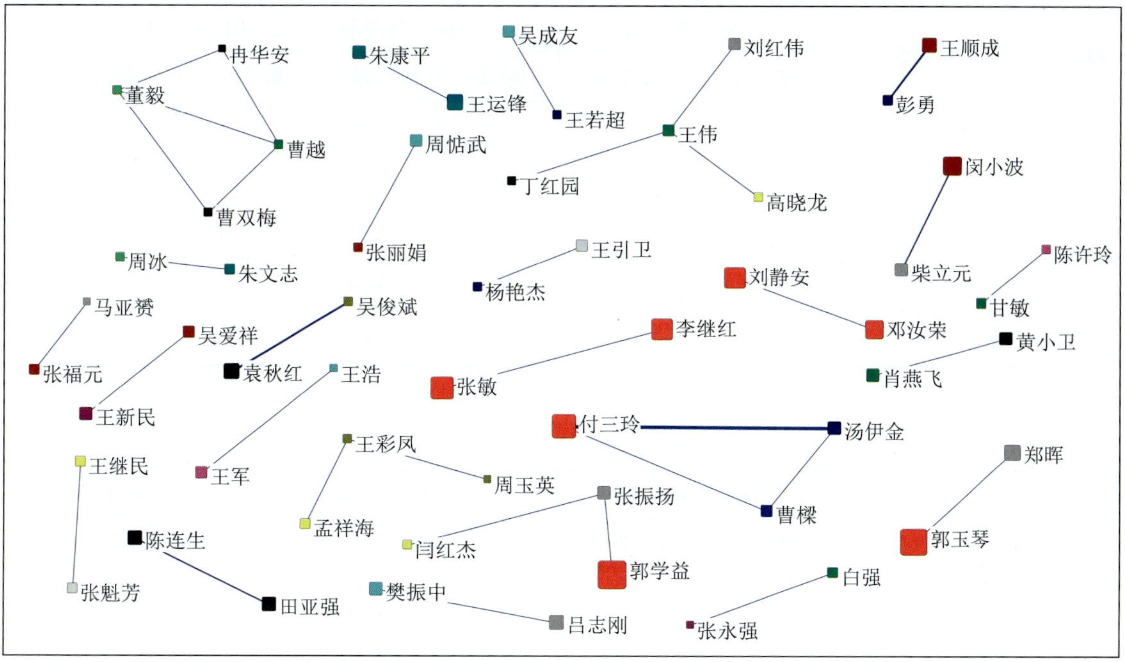

图 35-4　金属学与金属工艺学科作者发文主题关联（2017 年）

35.6　高被引机构分析

35.6.1　高被引机构

金属学与金属工艺学科被引次数 Top 10 高等院校和被引频次 Top 5 科研院所的发文和被引情况分别见表 35-5 和表 35-6。表中，总被引次数排名前 3 位的高等院校分别是中南大学、北京科技大学和昆明理工大学，排名前 3 位的科研院所则是中国科学院金属研究所、北京有色金属研究总院和中国航发北京航空材料研究院；篇均被引最高的高等院校和科研院所分别是中南大学和中国科学院金属研究所。

表 35-5　金属学与金属工艺学科高被引高等院校 Top 10（2017 年）

排名	第一作者单位	学科发文量（篇）		前 5 年学科发文在 2017 年的被引			
		前 5 年	2017 年	频次	被引率(%)	最高（次）	篇均（次）
1	中南大学	2096	341	1890	47.5	28	0.90
2	北京科技大学	2078	261	1384	40.3	10	0.67
3	昆明理工大学	1135	162	813	43.5	8	0.72
4	西北工业大学	953	78	561	35.8	9	0.59
5	东北大学	801	150	543	42.1	7	0.68

排名	第一作者单位	学科发文量（篇）		前 5 年学科发文在 2017 年的被引			
		前 5 年	2017 年	频次	被引率(%)	最高（次）	篇均（次）
6	江西理工大学	755	143	536	41.9	7	0.71
7	上海交通大学	641	83	464	37.3	12	0.72
8	哈尔滨工业大学	636	99	411	37.3	8	0.65
9	南昌航空大学	635	138	390	38.3	6	0.61
10	兰州理工大学	657	90	372	34.7	11	0.57

表 35-6 金属学与金属工艺学科高被引科研院所 Top 5（2017 年）

排名	第一作者单位	学科发文量（篇）		前 5 年学科发文在 2017 年的被引			
		前 5 年	2017 年	频次	被引率(%)	最高（次）	篇均（次）
1	中国科学院金属研究所	433	69	364	46.9	12	0.84
2	北京有色金属研究总院	356	57	262	42.1	8	0.74
3	中国航发北京航空材料研究院	261	54	148	38.3	5	0.57
4	钢铁研究总院	241	50	130	34.9	5	0.54
5	西北有色金属研究院	228	45	119	28.9	15	0.52

35. 6. 2 机构发文主题关联

通过机构共被引分析，获得金属学与金属工艺学科机构间的发文主题关联，图中节点大小反映被引次数高低，连线粗细代表共被引关联的强弱，关联越强表明两个机构的发文主题可能具有更强的相关性，红色节点为高被引高等院校 Top 10 和高被引科研院所 Top 5，详情见图 35-5（共被引 15 次以下不显示）。由图可知，高被引高等院校主导了金属学与金属工艺学科的机构共被引网络，在学科内体现出了较显著的学术影响力；中南大学和北京科技大学构成了该共被引网络的核心节点,而且具有最多的关联关系，充分表明了它们在其学科学术影响力；北京科技大学和中南大学、东北大学等机构之间的关联较强，表明上述机构的研究主题具有较多重叠之处。

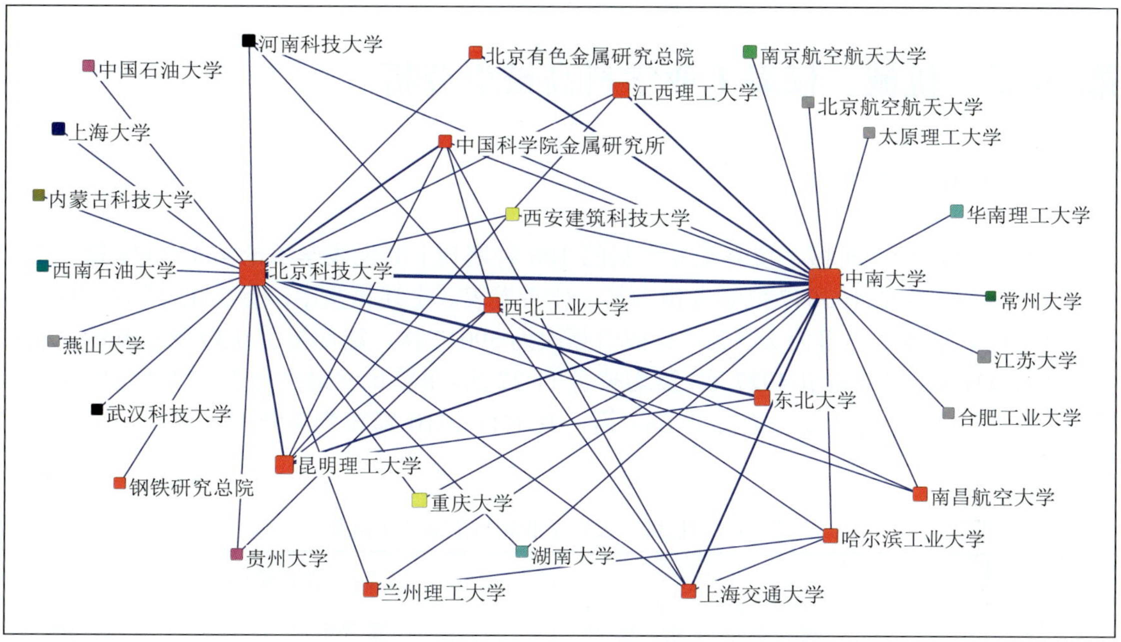

图 35-5　金属学与金属工艺学科机构发文主题关联（2017 年）

35.7　高被引国外期刊

金属学与金属工艺学科内被引次数 Top 10 的国外期刊见表 35-7，排名前 3 位的国外期刊是 *Journal of Alloys and Compounds*、*Materials Science and Engineering A-Structural Materials Properties Microstructure and Processing* 和 *Materials & Design*。

表 35-7　金属学与金属工艺学科高被引国外期刊 Top 10（2017 年）

排名	期刊名称	2017 年被引频次
1	Journal of Alloys and Compounds	1142
2	Materials Science and Engineering A-Structural Materials Properties Microstructure and Processing	1140
3	Materials & Design	1131
4	Corrosion Science	824
5	Surface and Coatings Technology	821
6	Applied Surface Science	645
7	Acta Materialia	609
8	Ceramics International	396
9	Electrochimica Acta	385
10	Materials Letters	333

第 36 章　机械、仪表工业学科高被引分析

36.1　学科论文概况

2012—2016 年，机械、仪表工业学科的 108 种期刊上共发表学术论文 152024 篇，由来自在 20378 所机构的 103647 位学者作为第一作者发表。上述论文中，有 35122 篇在 2017 年获得过引用，整体被引率为 23.1%，总被引频次为 59017 次，篇均被引 0.39 次；其中，高被引论文有 437 篇，累计被引 4927 次，篇均被引 11.27 次，单篇论文最高被引 117 次（表 36-1）。另外，2017 年本学科共发表论文 29688 篇，其中有 1710 篇在当年获得过引用，总共被引 2239 次。

表 36-1　机械、仪表工业学科论文分布情况

年份	论文篇数	2017 年被引频次	2017 年被引率（%）	2017 年高被引论文			
				论文篇数	最高被引频次	总被引频次	篇均被引频次
2012	31047	10063	19.9	63	27	726	11.52
2013	30196	11559	22.5	79	89	1061	13.43
2014	30633	12998	24.5	97	103	1230	12.68
2015	30017	13749	26.5	127	117	1265	9.96
2016	30131	10648	22.2	71	27	645	9.08
合计	152024	59017	23.1	437	117	4927	11.27

36.2　高被引论文分析

在机械、仪表工业学科，2017 年被引次数 Top 10 论文（表 36-2）的平均被引次数为 51.7 次，是全部 437 篇高被引论文篇均被引频次的 4.6 倍。其中，被引次数最高的论文是王田苗的《我国工业机器人技术现状与产业化发展战略》（2014），随后两篇分别是李小丽的《3D 打印技术及应用趋势》（2014）和卢秉恒的《增材制造（3D 打印）技术发展》（2013）。

从论文分布来看，刊载高被引论文数量居前的 3 种期刊分别是《机械工程学报》（87 篇）、《仪器仪表学报》（76 篇）和《光学精密工程》（40 篇），其中，《机械工程学报》刊载了高被引论文 Top 10 中的 3 篇；发表高被引论文数量居前的学者分别是西安交通大学的雷亚国（4 篇）、重庆大学的李聪波（3 篇）和西安交通大学的李涤尘（2 篇）；产出高被引论文数量居前的机构分别是西安交通大学（13 篇）、重庆大学（11 篇）和燕山大学（10 篇），而西安交通大学产出了高被引论文 Top 10 中的 2 篇。

表 36-2 机械、仪表工业学科高被引论文 Top 10（2017 年）

排名	论文题名	第一作者	期刊名称	发表年份	被引频次	
					总频次	2017 年
1	我国工业机器人技术现状与产业化发展战略	王田苗	机械工程学报	2014	191	103
2	3D 打印技术及应用趋势	李小丽	自动化仪表	2014	211	97
3	增材制造(3D 打印)技术发展	卢秉恒	机械制造与自动化	2013	212	89
4	工业 4.0 和智能制造	张曙	机械设计与制造工程	2014	117	55
5	工业机器人技术的发展与应用综述	计时鸣	机电工程	2015	64	35
6	增材制造：实现宏微结构一体化制造	李涤尘	机械工程学报	2013	89	30
7	机械故障诊断基础研究“何去何从”	王国彪	机械工程学报	2013	101	27
7	电气工程及其自动化技术的设计与应用分析	袁红军	装备制造技术	2014	101	27
7	BIM 技术在暖通空调设计应用中的现状分析	张大镇	发电与空调	2016	33	27
7	数字技术在工业电气自动化中的应用与创新	马建华	制造业自动化	2012	130	27

36.3 研究主题关联分析

在机械、仪表工业学科，高被引论文共被 2017 年发表的 3974 篇论文引用了 4927 次。通过分析施引文献关键词的词频及关键词之间的共现关系，获得 2017 年机械、仪表工业学科的热点主题和主题关联，如图 36-1 所示（共现 6 次以下不显示）。由图可知：“三维打印”“故障诊断”“有限元法”等关键词的文档词频较高，是 2017 年学科的研究热点；3 个节点以上的研究主题关联网络共 4 个，构成了学科内最为突出的研究主题簇；其中，以“三维打印”“增材制造”“智能制造”为核心节点的研究主题关联网络最大，其余各团簇中词频最高或连线最多的关键词分别是“自动化”“故障诊断”“模态分析”。

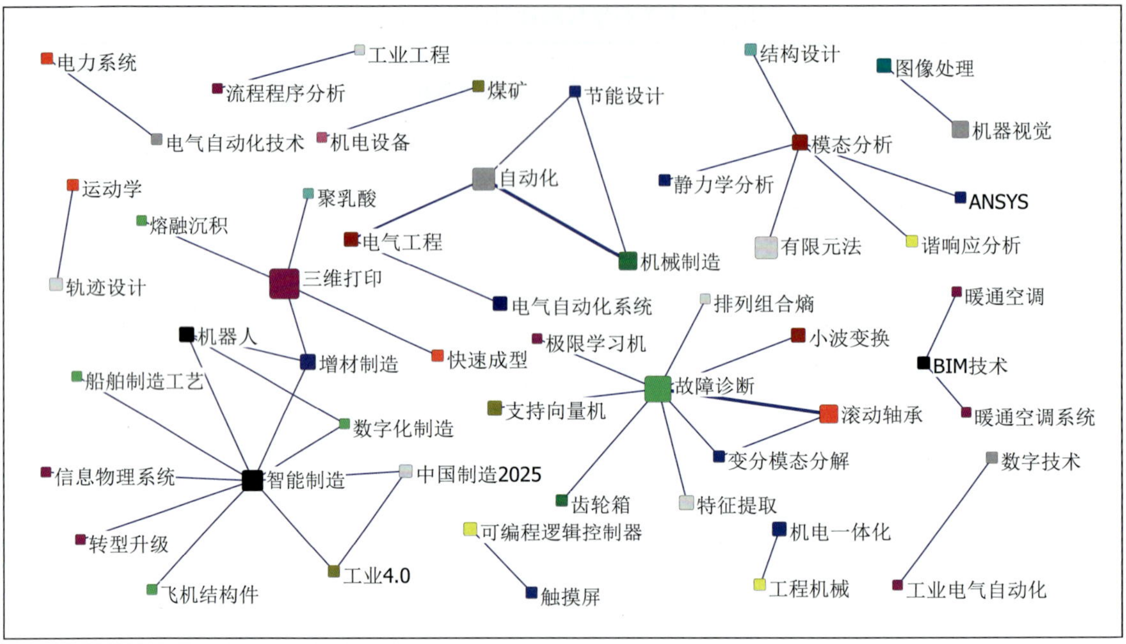

图 36-1　机械、仪表工业学科热点论文主题关联（2017 年）

36.4　高影响力期刊分析

36.4.1　高影响力期刊 Top 10

在机械、仪表工业学科，5 年影响因子 Top 10 期刊见表 36-3，前 3 种期刊分别是《仪器仪表学报》、《机械工程学报》和《光学精密工程》。其中，2017 年被引频次最高的期刊是《机械工程学报》，被引率最高的期刊是《仪器仪表学报》。2012—2017 年期刊 5 年影响因子的变动情况如图 36-2 所示。

表 36-3　机械、仪表工业学科高被引期刊基本指标（2017 年）

排名	期刊名称	载文篇数		2017 年被引频次	5 年影响因子	即年指标	被引率（%）	高被引论文篇数	h 指数
		前 5 年	2017 年						
1	仪器仪表学报	2053	368	3797	1.849	0.261	65.6	76	14
2	机械工程学报	3325	532	5536	1.665	0.145	62.7	87	16
3	光学精密工程	2094	385	3037	1.450	0.158	60.6	40	11
4	摩擦学学报	518	110	619	1.195	0.118	54.2	4	6
5	中国机械工程学报	748	143	857	1.146	0.140	55.5	1	6
6	压力容器	866	150	762	0.880	0.113	44.7	9	8

排名	期刊名称	载文篇数		2017 年被引频次	5 年影响因子	即年指标	被引率(%)	高被引论文篇数	h 指数
		前 5 年	2017 年						
7	流体机械	1140	209	989	0.868	0.139	44.9	7	7
8	中国机械工程	3061	466	2394	0.782	0.064	41.0	13	8
9	图学学报	777	146	543	0.699	0.116	35.8	6	7
10	机电工程	1697	267	1109	0.654	0.045	35.9	8	8

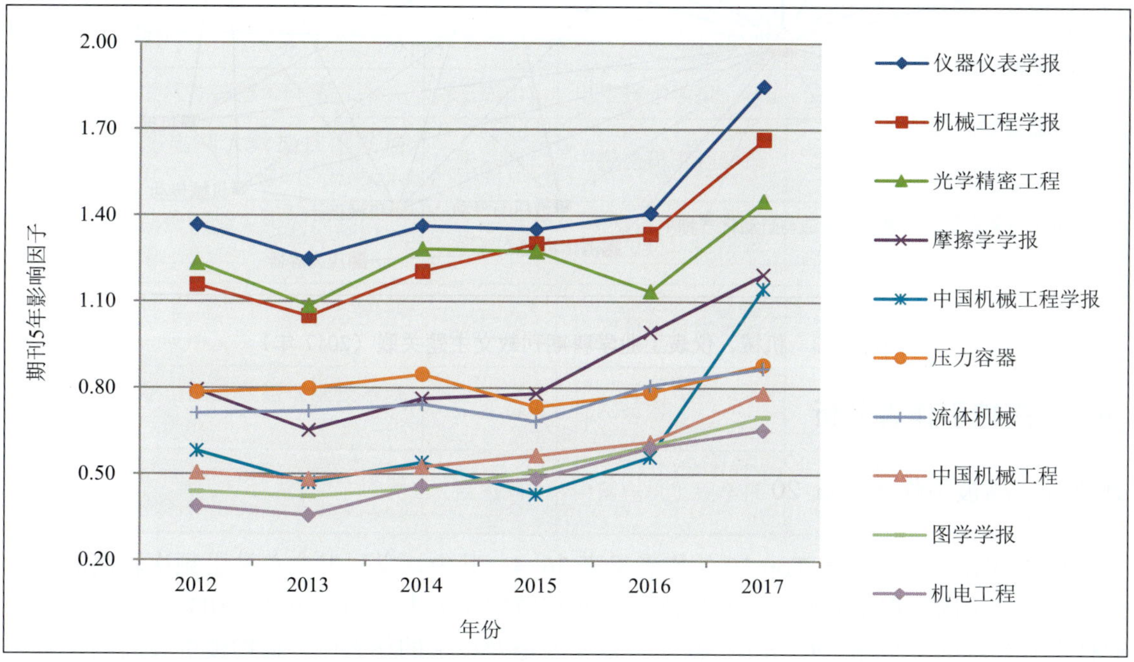

图 36-2 机械、仪表工业学科期刊 5 年影响因子变动趋势（2012—2017 年）

36. 4. 2 期刊载文主题关联

通过期刊共被引分析，获得机械、仪表工业学科期刊之间的载文主题关联，图中节点大小反映 5 年影响因子的高低，连线粗细代表共被引关联的强弱，关联越强表明两个期刊上有更多受学者们关注的相关主题论文，红色节点为学科高影响力期刊 Top 10，详情见图 36-3（共被引 40 次以下不显示）。如图所示，机械、仪表工业学科的多个期刊均互相关联且关联较为紧密，各期刊的学科分类属性体现得较为明显；《机械工程学报》具有最多的关联关系，这是其研究主题广泛的典型体现，《仪器仪表学报》的 5 年影响因子最高；《机械工程学报》与《中国机械工程》《中国工程机械学报》《机械设计与制造》等期刊之间的关联较强，表明上述期刊具有较多相关主题的论文。

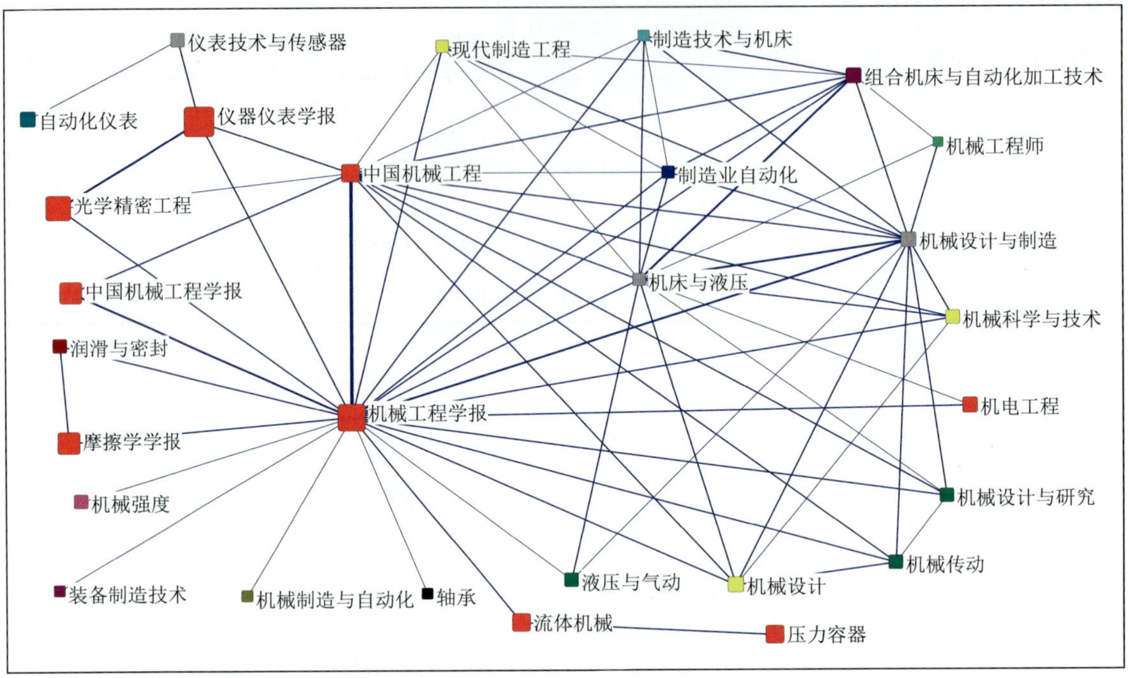

图 36-3 机械、仪表工业学科期刊载文主题关联（2017 年）

36.5 高被引作者分析

36.5.1 高被引作者 Top 20

2017 年论文被引次数 Top 20 的作者见表 36-4。其中，学科发文总被引频次较高的 3 位作者分别是中国工程院的周济（125 次）、北京航空航天大学的王田苗（103 次）和上海产业技术研究院的李小丽（97 次）。在学科发文 5 篇及以上的作者中，篇均被引较高的 3 位作者分别是西安交通大学的雷亚国（篇均 8.00 次）、重庆大学的李聪波（篇均 7.00 次）和同济大学的余卓平（篇均 6.60 次）；5 年学科发文较多的 3 位作者分别是重庆大学的张根保（50 篇）、北京工业大学的范晋伟（43 篇）和沈阳工业大学的杨理践（41 篇）。

表 36-4 机械、仪表工业学科高被引作者 Top 20（2017 年）

排名	姓名	作者单位	前 5 年发文			前 5 年学科发文在 2017 年的被引				h 指数（学科）
			学科发文（篇）	期刊分布（种）	发文总量（篇）	频次	被引率（%）	最高（次）	篇均（次）	
1	周济	中国工程院	3	1	12	125	100.0	117	41.67	2
2	王田苗	北京航空航天大学	2	1	8	103	50.0	103	51.50	1
3	李小丽	上海产业技术研究院	1	1	2	97	100.0	97	97.00	1

排名	姓名	作者单位	前5年发文			前5年学科发文在2017年的被引				h指数（学科）
			学科发文（篇）	期刊分布（种）	发文总量（篇）	频次	被引率（%）	最高（次）	篇均（次）	
4	卢秉恒	西安交通大学	2	2	6	91	100.0	89	45.50	2
5	张曙	同济大学	26	3	34	81	61.5	55	3.12	3
6	计时鸣	浙江工业大学	37	6	49	57	27.0	35	1.54	3
7	王国彪	国家自然科学基金委员会	11	2	15	53	63.6	27	4.82	3
8	杨理践	沈阳工业大学	41	6	61	52	48.8	8	1.27	4
9	李涤尘	西安交通大学	3	3	4	50	66.7	30	16.67	2
10	雷亚国	西安交通大学	6	1	6	48	100.0	13	8.00	4
11	苏建宁	兰州理工大学	9	4	14	42	88.9	20	4.67	4
12	徐滨士	中国人民解放军装甲兵工程学院	2	1	9	38	100.0	24	19.00	2
13	赵丽娟	辽宁工程技术大学	36	9	58	37	55.6	4	1.03	3
14	李聪波	重庆大学	5	1	11	35	100.0	15	7.00	3
15	石欣	重庆大学	9	1	11	34	66.7	12	3.78	4
16	孟宗	燕山大学	13	5	25	33	76.9	9	2.54	4
16	余卓平	同济大学	5	2	19	33	80.0	19	6.60	4
18	张强	辽宁工程技术大学	16	6	43	32	75.0	9	2.00	3
19	毛君	辽宁工程技术大学	31	8	57	30	51.6	6	0.97	3
19	朱坚民	上海理工大学	13	5	22	30	61.5	8	2.31	4
19	谢苗	辽宁工程技术大学	9	5	17	30	88.9	7	3.33	4
19	陈东宁	燕山大学	14	6	14	30	64.3	10	2.14	3

36.5.2　作者发文主题关联

通过作者共被引分析，获得 2017 年机械、仪表工业学科作者之间的发文主题关联，图中节点大小反映被引次数高低，连线粗细代表共被引关联的强弱，关联越强表明两位作者的发文主题可能具有更强的相关性，红色节点为学科高被引作者 Top 20，详情见图 36-4（共被引 5 次以下不显示）。如图所示，高被引作者主导了机械、仪表工业学科的作者共被引网络，意味着他们的论文主题主导了学科研究热点；学者周济和王田苗的节点较大，显示出他们的学术成果在学科内得到较多关注；卢秉恒和李涤尘、李小丽，王田苗和计时鸣等学者之间的关联较强，表明上述学者之间可能分别有较为相关的发文主题。

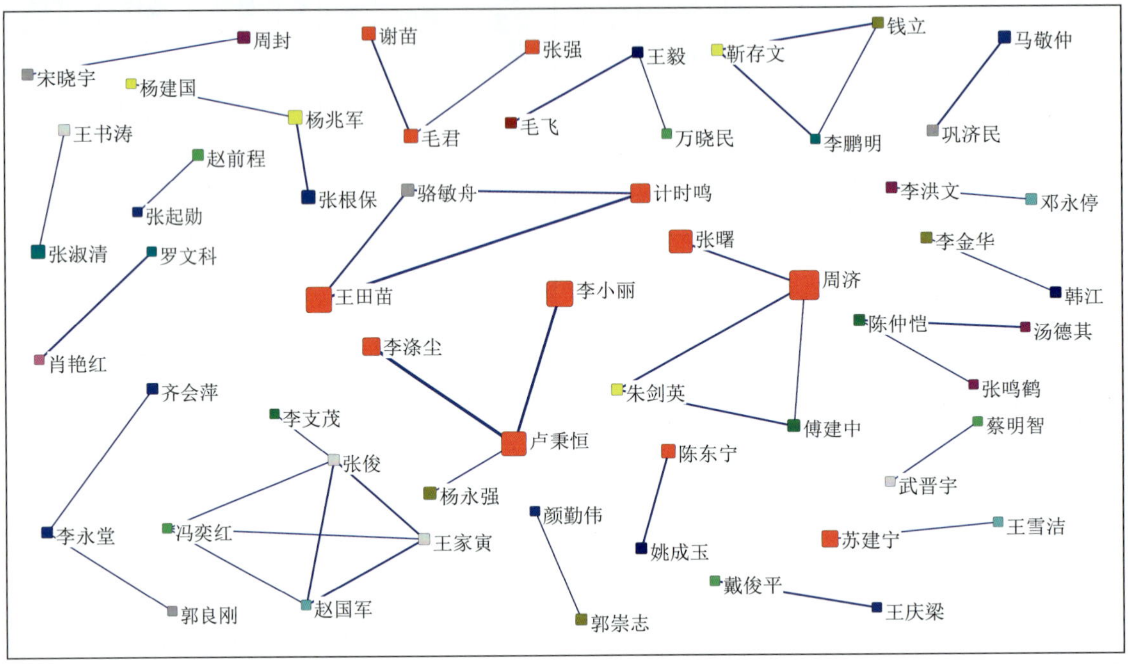

图 36-4　机械、仪表工业学科作者发文主题关联（2017 年）

36.6　高被引机构分析

36.6.1　高被引机构

机械、仪表工业学科被引次数 Top 10 高等院校和被引频次 Top 5 科研院所的发文和被引情况分别见表 36-5 和表 36-6。表中，总被引次数排名前 3 位的高等院校分别是南京航空航天大学、合肥工业大学和燕山大学，排名前 3 位的科研院所则是中国科学院长春光学精密机械与物理研究所、合肥通用机械研究院和中国科学院沈阳自动化研究所；篇均被引最高的高等院校和科研院所分别是西安交通大学和中国工程院。

表 36-5　机械、仪表工业学科高被引高等院校 Top 10（2017 年）

排名	第一作者单位	学科发文量（篇）		前 5 年学科发文在 2017 年的被引			
		前 5 年	2017 年	频次	被引率(%)	最高（次）	篇均（次）
1	南京航空航天大学	1630	228	1035	34.7	24	0.63
2	合肥工业大学	1193	177	877	38.4	16	0.74
3	燕山大学	867	191	830	43.7	16	0.96
4	重庆大学	733	81	742	45.3	15	1.01

排名	第一作者单位	学科发文量（篇）		前5年学科发文在2017年的被引			
		前5年	2017年	频次	被引率(%)	最高（次）	篇均（次）
5	西安交通大学	574	78	684	41.8	89	1.19
6	西北工业大学	1373	108	663	30.4	7	0.48
7	西南交通大学	985	192	662	36.0	9	0.67
8	湖南大学	605	71	601	48.8	15	0.99
9	浙江大学	665	102	596	43.9	20	0.90
9	北京航空航天大学	759	110	596	35.8	103	0.79

表36-6　机械、仪表工业学科高被引科研院所Top 5（2017年）

排名	第一作者单位	学科发文量（篇）		前5年学科发文在2017年的被引			
		前5年	2017年	频次	被引率(%)	最高（次）	篇均（次）
1	中国科学院长春光学精密机械与物理研究所	717	83	905	56.6	13	1.26
2	合肥通用机械研究院	282	67	198	35.1	19	0.70
3	中国科学院沈阳自动化研究所	184	24	151	38.0	7	0.82
4	中国工程院	6	2	125	50.0	117	20.83
5	中国科学院兰州化学物理研究所	97	22	103	55.7	16	1.06

36.6.2　机构发文主题关联

通过机构共被引分析，获得机械、仪表工业学科机构间的发文主题关联，图中节点大小反映被引次数高低，连线粗细代表共被引关联的强弱，关联越强表明两个机构的发文主题可能具有更强的相关性，红色节点为高被引高等院校Top 10和高被引科研院所Top 5，详情见图36-5（共被引13次以下不显示）。由图可知，高被引高等院校主导了机械、仪表工业学科的机构共被引网络，在学科内体现出了较显著的学术影响力；南京航空航天大学具有最多的关联关系，充分表明了其学科学术影响力；长春理工大学和中国科学院长春光学精密机械与物理研究所，重庆大学和合肥工业大学等机构之间的关联较强，表明上述机构的研究主题分别具有较多重叠之处。

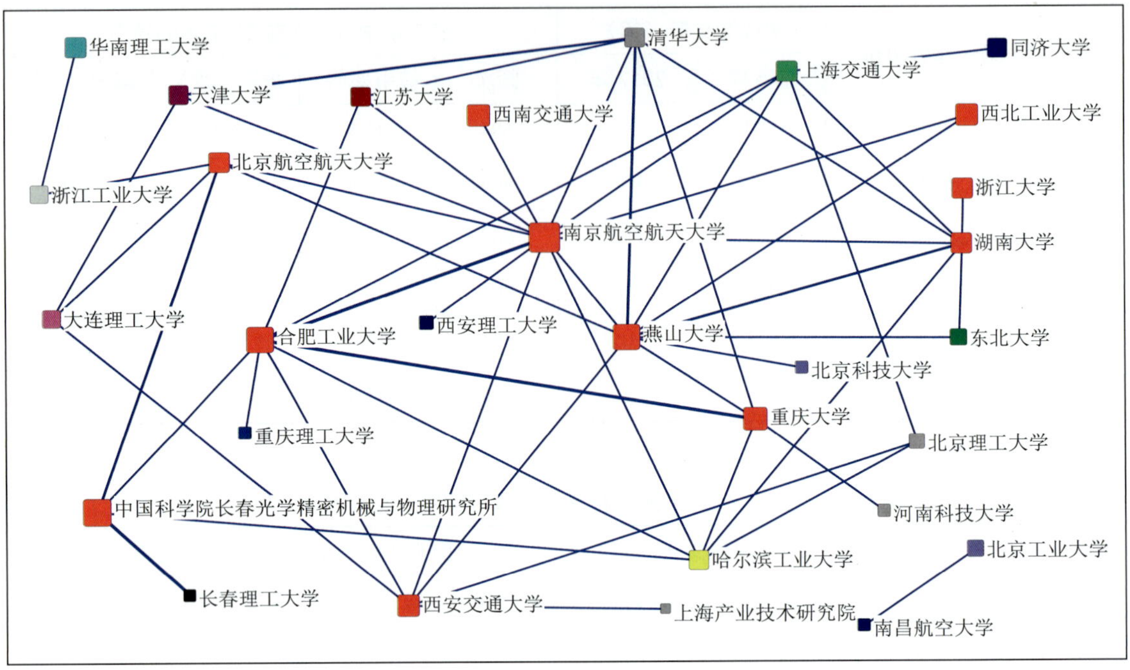

图 36-5 机械、仪表工业学科机构发文主题关联（2017 年）

36.7 高被引国外期刊

机械、仪表工业学科内被引次数 Top 10 的国外期刊见表 36-7，排名前 3 位的国外期刊是 *International Journal of Advanced Manufacturing Technology*、*Mechanical Systems and Signal Processing* 和 *International Journal of Machine Tools and Manufacture*。

表 36-7 机械、仪表工业学科高被引国外期刊 Top 10（2017 年）

排名	期刊名称	2017 年被引频次
1	International Journal of Advanced Manufacturing Technology	509
2	Mechanical Systems and Signal Processing	225
3	International Journal of Machine Tools and Manufacture	221
4	Tribology International	212
5	Materials & Design	209
6	Applied Mechanics and Materials	208
6	Journal of Materials Processing Technology	208
8	IEEE Transactions on Industrial Electronics	206
9	Mechanism and Machine Theory	203
10	Wear	192

第 37 章　能源与动力工程学科高被引分析

37.1　学科论文概况

2012—2016 年，能源与动力工程学科的 88 种期刊上共发表学术论文 99350 篇，由来自在 15173 所机构的 73131 位学者作为第一作者发表。上述论文中，有 24721 篇在 2017 年获得过引用，整体被引率为 24.9%，总被引频次为 44621 次，篇均被引 0.45 次；其中，高被引论文有 276 篇，累计被引 4075 次，篇均被引 14.76 次，单篇论文最高被引 98 次（表 37-1）。另外，2017 年本学科共发表论文 20859 篇，其中有 1483 篇在当年获得过引用，总共被引 1946 次。

表 37-1　能源与动力工程学科论文分布情况

年份	论文篇数	2017 年被引频次	2017 年被引率（%）	2017 年高被引论文			
				论文篇数	最高被引频次	总被引频次	篇均被引频次
2012	19311	7574	20.9	41	98	839	20.46
2013	19731	8426	23.3	49	41	713	14.55
2014	20248	10006	26.3	55	87	954	17.35
2015	19998	10330	28.9	64	40	863	13.48
2016	20062	8285	24.9	67	40	706	10.54
合计	99350	44621	24.9	276	98	4075	14.76

37.2　高被引论文分析

在能源与动力工程学科，2017 年被引次数 Top 10 论文（表 37-2）的平均被引次数为 44.3 次，是全部 276 篇高被引论文篇均被引频次的 3 倍。其中，被引次数最高的论文是姜耀东的《我国煤炭开采中的冲击地压机理和防治》（2014），随后两篇分别是谢和平的《煤炭深部开采与极限开采深度的研究与思考》（2012）和张农的《沿空留巷围岩控制理论与实践》（2014）。

从论文分布来看，刊载高被引论文数量居前的 3 种期刊分别是《煤炭学报》（162 篇）、《煤炭科学技术》（59 篇）和《煤炭工程》（12 篇），其中，《煤炭学报》刊载了高被引论文 Top 10 中的 8 篇；发表高被引论文数量居前的学者分别是中国煤炭科工集团有限公司的王金华（6 篇）、四川大学的谢和平（5 篇）和天地科技股份有限公司的王国法（5 篇）；产出高被引论文数量居前的机构分别是中国矿业大学（77 篇）、河南理工大学（17 篇）和天地科技股份有限公司（10 篇），而中国矿业大学产出了高被引论文 Top 10 中的 4 篇。

表 37-2　能源与动力工程学科高被引论文 Top 10（2017 年）

排名	论文题名	第一作者	期刊名称	发表年份	被引频次	
					总频次	2017 年
1	我国煤炭开采中的冲击地压机理和防治	姜耀东	煤炭学报	2014	225	87
2	煤炭深部开采与极限开采深度的研究与思考	谢和平	煤炭学报	2012	131	48
3	沿空留巷围岩控制理论与实践	张农	煤炭学报	2014	79	42
4	行为安全“2-4”模型及其在煤矿安全管理中的应用	傅贵	煤炭学报	2013	92	41
5	我国煤矿深部开采现状及灾害防治分析	蓝航	煤炭科学技术	2016	52	40
5	西部生态脆弱矿区保水采煤研究与实践进展	范立民	煤炭学报	2015	63	40
7	我国矿井水防控与资源化利用的研究进展、问题和展望	武强	煤炭学报	2014	117	37
7	电气自动化控制设备可靠性测试研究	张群英	煤炭技术	2012	154	37
9	特厚煤层大采高综放开采关键技术	王金华	煤炭学报	2013	83	36
10	燃煤电厂污染物超净排放的发展及现状	赵永椿	煤炭学报	2015	50	35

37.3　研究主题关联分析

在能源与动力工程学科，高被引论文共被 2017 年发表的 3420 篇论文引用了 4075 次。通过分析施引文献关键词的词频及关键词之间的共现关系，获得 2017 年能源与动力工程学科的热点主题和主题关联，如图 37-1 所示（共现 8 次以下不显示）。由图可知：“数值模拟”“煤层气”“冲击矿压”等关键词的文档词频较高，是 2017 年学科的研究热点；3 个节点以上的研究主题关联网络共 3 个，构成了学科内最为突出的研究主题簇；其中，以“冲击矿压”“特厚煤层”“煤矿”为核心节点的研究主题关联网络最大，其余各团簇中词频最高或连线最多的关键词分别是“瓦斯抽采”“煤层气”。

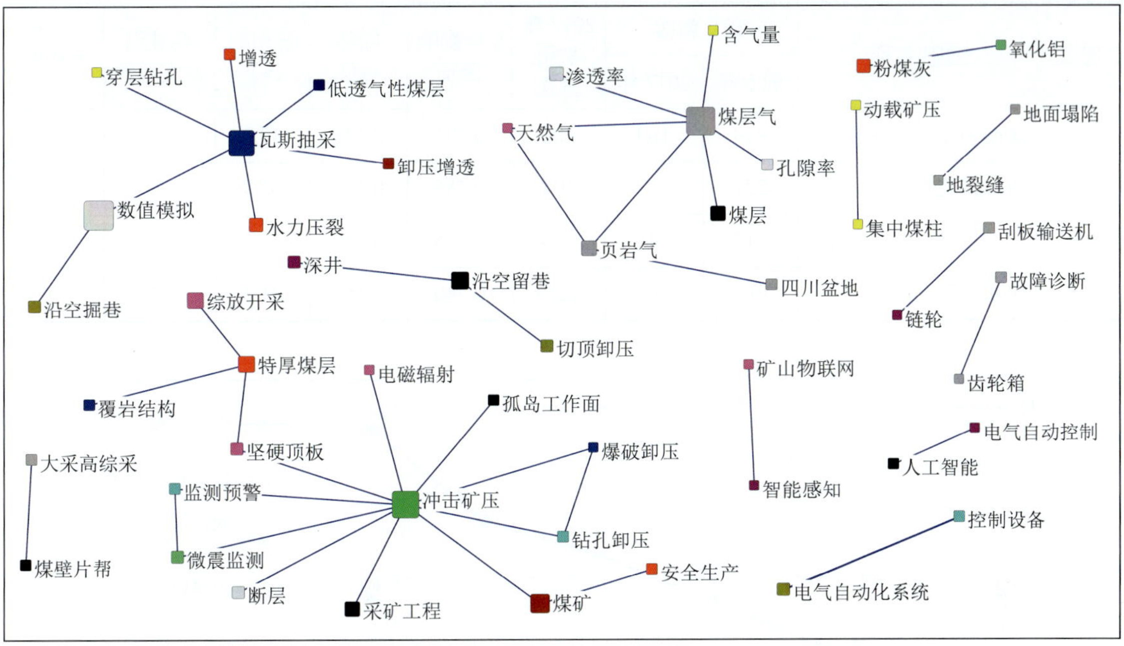

图 37-1　能源与动力工程学科热点论文主题关联（2017 年）

37.4　高影响力期刊分析

37.4.1　高影响力期刊 Top 10

在能源与动力工程学科，5 年影响因子 Top 10 期刊见表 37-3，前 3 种期刊分别是《煤炭学报》、《煤炭科学技术》和《国际煤炭科学技术学报（英文）》。其中，2017 年被引频次最高的期刊是《煤炭学报》，被引率最高的期刊是《煤炭学报》。2012—2017 年期刊 5 年影响因子的变动情况如图 37-2 所示。

表 37-3　能源与动力工程学科高被引期刊基本指标（2017 年）

排名	期刊名称	载文篇数		2017 年被引频次	5 年影响因子	即年指标	被引率（%）	高被引论文篇数	h 指数
		前 5 年	2017 年						
1	煤炭学报	2327	517	6680	2.871	0.358	70.9	162	22
2	煤炭科学技术	2063	454	4024	1.951	0.297	66.2	59	16
3	国际煤炭科学技术学报（英文）	75	31	142	1.893	0.129	69.3	2	6
4	内燃机学报	427	78	425	0.995	0.038	53.4	0	5
5	洁净煤技术	925	147	863	0.933	0.190	44.6	9	9
6	动力工程学报	881	165	787	0.893	0.103	43.1	4	7

排名	期刊名称	载文篇数		2017 年被引频次	5 年影响因子	即年指标	被引率(%)	高被引论文篇数	h 指数
		前 5 年	2017 年						
7	储能科学与技术	449	169	400	0.891	0.148	39.2	2	7
8	新能源进展	257	71	194	0.755	0.113	37.7	2	4
9	中国能源	715	141	533	0.745	0.248	35.1	3	7
10	煤炭工程	3078	560	2279	0.740	0.152	41.3	12	9

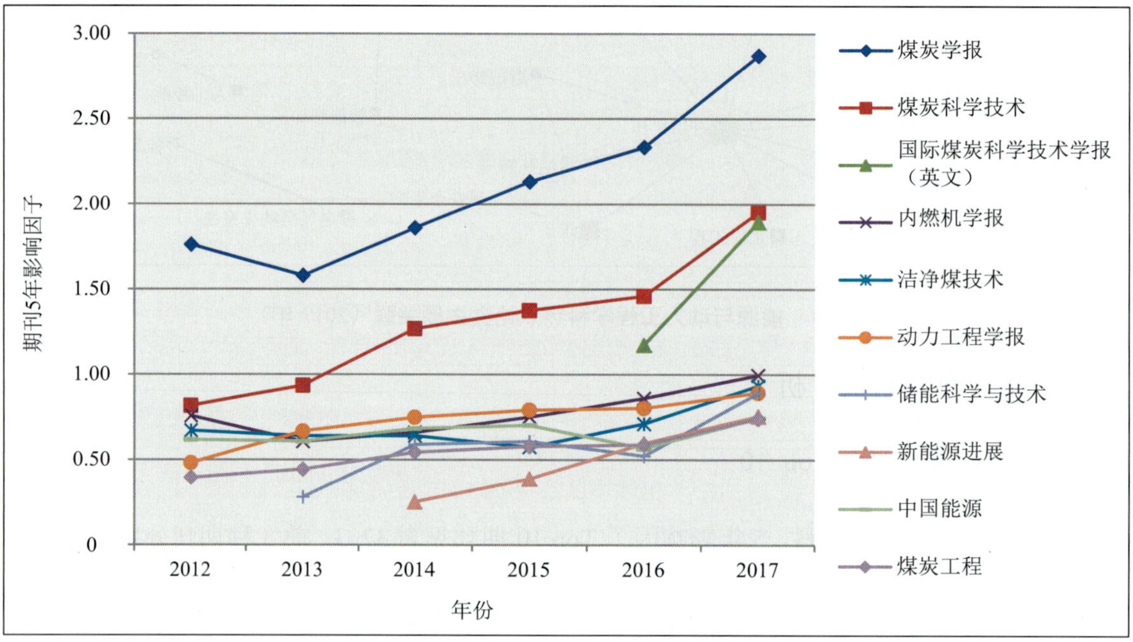

图 37-2　能源与动力工程学科期刊 5 年影响因子变动趋势（2012—2017 年）

37. 4. 2　期刊载文主题关联

通过期刊共被引分析，获得能源与动力工程学科期刊之间的载文主题关联，图中节点大小反映 5 年影响因子的高低，连线粗细代表共被引关联的强弱，关联越强表明两个期刊上有更多受学者们关注的相关主题论文，红色节点为学科高影响力期刊 Top 10，详情见图 37-3（共被引 30 次以下不显示）。如图所示，能源与动力工程学科的多个期刊均互相关联且关联较为紧密，各期刊的学科分类属性体现得较为明显；《煤炭学报》和《煤炭科学技术》构成了该学科载文主题关联网络的核心节点；《煤炭科学技术》具有最多的关联关系，这是其研究主题广泛的典型体现；《煤炭科学技术》与《煤炭学报》《煤炭技术》等期刊之间的关联较强，表明上述期刊具有较多相关主题的论文。

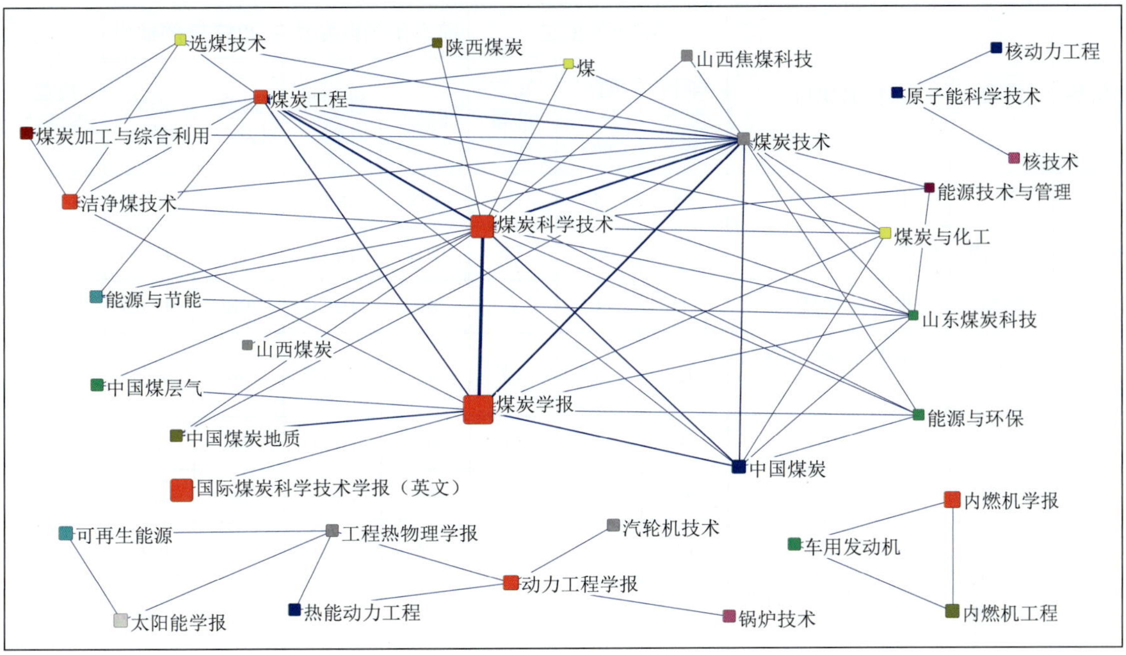

图 37-3　能源与动力工程学科期刊载文主题关联（2017 年）

37.5　高被引作者分析

37.5.1　高被引作者 Top 20

2017 年论文被引次数 Top 20 的作者见表 37-4。其中，学科发文总被引频次较高的 3 位作者分别是四川大学的谢和平（141 次）、中国煤炭科工集团有限公司的王金华（131 次）和中国矿业大学的武强（128 次）。在学科发文 5 篇及以上的作者中，篇均被引较高的 3 位作者分别是四川大学的谢和平（篇均 15.67 次）、中国矿业大学的秦勇（篇均 14.00 次）和天地科技股份有限公司的蓝航（篇均 11.00 次）；5 年学科发文较多的 3 位作者分别是华北电力大学的韩中合（27 篇）、中国人民解放军 92375 部队的孔劲松（24 篇）和华北电力大学的李勇（24 篇）。

表 37-4　能源与动力工程学科高被引作者 Top 20（2017 年）

排名	姓名	作者单位	前 5 年发文			前 5 年学科发文在 2017 年的被引				h 指数（学科）
			学科发文（篇）	期刊分布（种）	发文总量（篇）	频次	被引率（%）	最高（次）	篇均（次）	
1	谢和平	四川大学	9	2	32	141	100.0	48	15.67	6
2	王金华	中国煤炭科工集团有限公司	14	4	21	131	71.4	36	9.36	7

排名	姓名	作者单位	前5年发文			前5年学科发文在2017年的被引				h指数（学科）
			学科发文（篇）	期刊分布（种）	发文总量（篇）	频次	被引率（%）	最高（次）	篇均（次）	
3	武强	中国矿业大学	15	5	18	128	80.0	37	8.53	6
4	王家臣	中国矿业大学	16	5	17	100	100.0	19	6.25	7
5	杨颖	华北科技学院	1	1	1	98	100.0	98	98.00	1
6	王国法	天地科技股份有限公司	13	3	15	95	100.0	20	7.31	6
7	姜耀东	中国矿业大学	3	1	11	93	100.0	87	31.00	3
8	秦勇	中国矿业大学	6	2	13	84	100.0	34	14.00	5
9	孟召平	中国矿业大学	11	2	14	76	100.0	22	6.91	5
10	康红普	天地科技股份有限公司	7	3	9	63	100.0	17	9.00	5
10	孙继平	中国矿业大学	16	2	51	63	75.0	12	3.94	5
12	范立民	陕西省地质调查院	4	2	4	61	100.0	40	15.25	3
13	许家林	中国矿业大学	4	2	6	59	100.0	31	14.75	4
14	何满潮	中国矿业大学	6	3	19	58	100.0	34	9.67	3
15	傅贵	中国矿业大学	3	2	17	57	100.0	41	19.00	2
16	张农	中国矿业大学	4	2	8	56	100.0	42	14.00	3
17	蓝航	天地科技股份有限公司	5	2	6	55	100.0	40	11.00	3
18	胡振琪	中国矿业大学	6	3	19	54	100.0	19	9.00	5
19	尹光志	重庆大学	7	1	16	50	100.0	15	7.14	4
20	赵庆彪	冀中能源集团有限责任公司	8	2	14	49	100.0	17	6.13	4
20	伍永平	西安科技大学	12	4	18	49	75.0	27	4.08	4
20	马念杰	中国矿业大学	6	2	7	49	100.0	21	8.17	4

37.5.2 作者发文主题关联

通过作者共被引分析，获得 2017 年能源与动力工程学科作者之间的发文主题关联，图中节点大小反映被引次数高低，连线粗细代表共被引关联的强弱，关联越强表明两位作者的发文主题可能具有更强的相关性，红色节点为学科高被引作者 Top 20，详情见图 37-4（共被引 6 次以下不显示）。如图所示，高被引作者主导了能源与动力工程学科的作者共被引网络，意味着他们的论文主题主导了学科研究热点；学者谢和平和武强的节点较大，显示出他们的学术成果在学科内得到较多关注；范立民和马雄德，姜耀东和潘俊锋、齐庆新等学者之间的关联较强，表明上述学者之间可能分别有较为相关的发文主题。

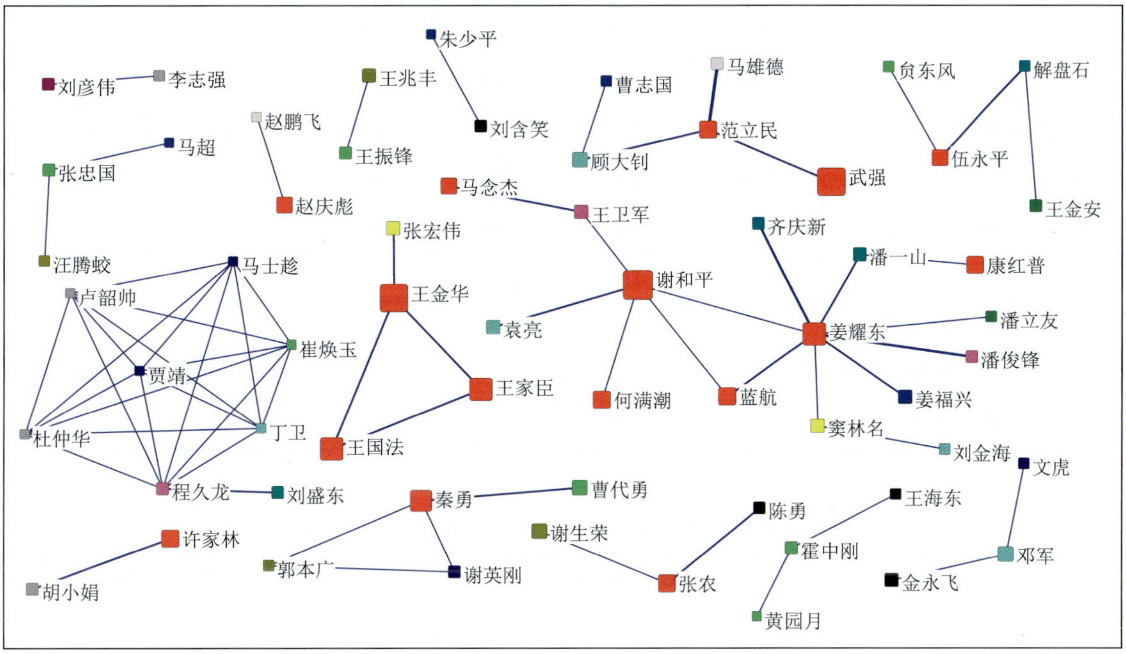

图 37-4　能源与动力工程学科作者发文主题关联（2017 年）

37.6　高被引机构分析

37.6.1　高被引机构

能源与动力工程学科被引次数 Top 10 高等院校和被引频次 Top 5 科研院所的发文和被引情况分别见表 37-5 和表 37-6。表中，总被引次数排名前 3 位的高等院校分别是中国矿业大学、河南理工大学和华北电力大学，排名前 3 位的科研院所则是中国核动力研究设计院、中国科学院工程热物理研究所、中国科学院上海应用物理研究所和中国科学院广州能源研究所；篇均被引最高的高等院校和科研院所分别是辽宁工程技术大学和中国科学院广州能源研究所。

表 37-5　能源与动力工程学科高被引高等院校 Top 10（2017 年）

排名	第一作者单位	学科发文量（篇）		前 5 年学科发文在 2017 年的被引			
		前 5 年	2017 年	频次	被引率(%)	最高（次）	篇均（次）
1	中国矿业大学	3422	673	4886	50.5	87	1.43
2	河南理工大学	902	132	872	39.4	22	0.97
3	华北电力大学	1204	240	807	38.0	15	0.67
4	太原理工大学	1214	249	773	34.4	14	0.64
5	西安科技大学	559	170	599	46.3	27	1.07
6	安徽理工大学	749	132	580	41.5	13	0.77
7	清华大学	1160	154	564	29.2	12	0.49
8	山东科技大学	611	167	541	41.4	24	0.89
9	辽宁工程技术大学	197	93	412	63.5	26	2.09
10	上海交通大学	809	128	387	28.8	14	0.48

表 37-6　能源与动力工程学科高被引科研院所 Top 5（2017 年）

排名	第一作者单位	学科发文量（篇）		前 5 年学科发文在 2017 年的被引			
		前 5 年	2017 年	频次	被引率(%)	最高（次）	篇均（次）
1	中国核动力研究设计院	645	119	192	22.8	5	0.3
2	中国科学院工程热物理研究所	290	30	157	26.6	18	0.54
3	中国科学院上海应用物理研究所	399	94	145	25.1	5	0.36
3	中国科学院广州能源研究所	262	53	145	33.2	9	0.55
5	环境保护部核与辐射安全中心	351	42	142	29.1	6	0.4

37.6.2　机构发文主题关联

通过机构共被引分析，获得能源与动力工程学科机构间的发文主题关联，图中节点大小反映被引次数高低，连线粗细代表共被引关联的强弱，关联越强表明两个机构的发文主题可能具有更强的相关性，红色节点为高被引高等院校 Top 10 和高被引科研院所 Top 5，详情见图 37-5（共被引 20 次以下不显示）。由图可知，高被引高等院校主导了能源与动力工程学科的机构共被引网络，在学科内体现出了较显著的学术影响力；中国矿业大学具有最多的关联关系，充分表明了其学科学术影响力；中国矿业大学和河南理工大学、天地科技股份有限公司、安徽理工大学等机构之间的关联较强，表明上述机构的研究主题具有较多重叠之处。

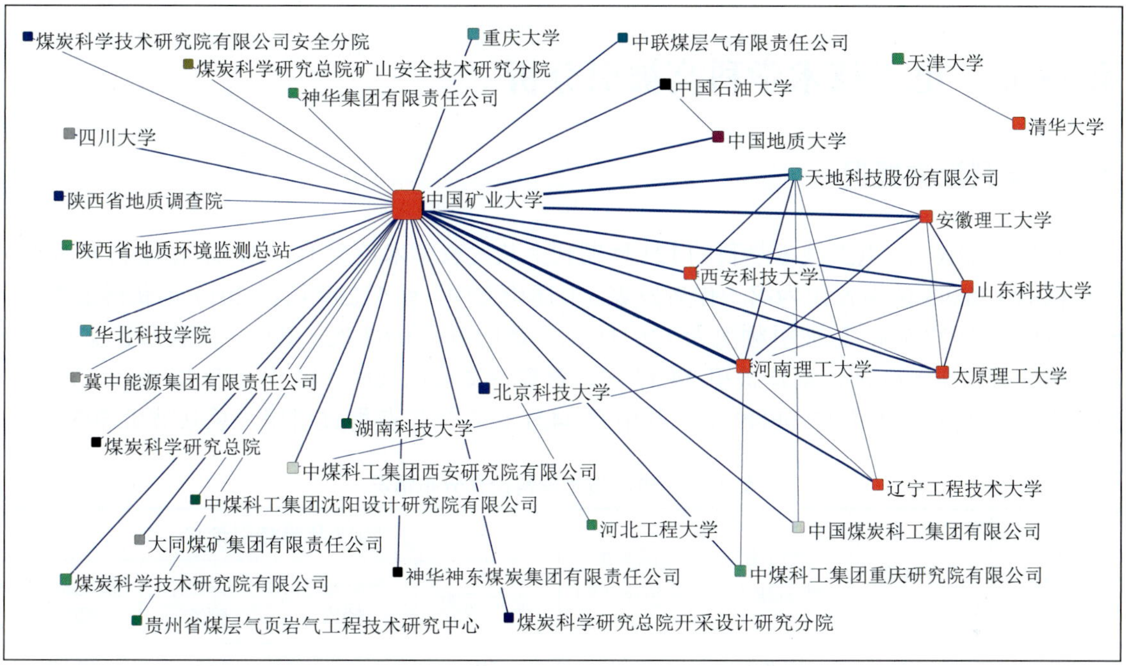

图 37-5　能源与动力工程学科机构发文主题关联（2017 年）

37.7　高被引国外期刊

能源与动力工程学科内被引次数 Top 10 的国外期刊见表 37-7，排名前 3 位的国外期刊是 *Fuel*、*Applied Energy* 和 *Energy*。

表 37-7　能源与动力工程学科高被引国外期刊 Top 10（2017 年）

排名	期刊名称	2017 年被引频次
1	Fuel	450
2	Applied Energy	431
3	Energy	322
4	Applied Thermal Engineering	275
5	Journal of Power Sources	273
6	Energy Conversion and Management	196
7	International Journal of Heat and Mass Transfer	193
8	Renewable Energy	186
9	Renewable and Sustainable Energy Reviews	179
10	Annals of Nuclear Energy	174

第 38 章 电工技术学科高被引分析

38.1 学科论文概况

2012—2016 年，电工技术学科的 121 种期刊上共发表学术论文 186721 篇，由来自在 26479 所机构的 126293 位学者作为第一作者发表。上述论文中，有 51299 篇在 2017 年获得过引用，整体被引率为 27.5%，总被引频次为 126315 次，篇均被引 0.68 次；其中，高被引论文有 557 篇，累计被引 13575 次，篇均被引 24.37 次，单篇论文最高被引 140 次（表 38-1）。另外，2017 年本学科共发表论文 34049 篇，其中有 3421 篇在当年获得过引用，总共被引 5057 次。

表 38-1 电工技术学科论文分布情况

年份	论文篇数	2017 年被引频次	2017 年被引率（%）	2017 年高被引论文			
				论文篇数	最高被引频次	总被引频次	篇均被引频次
2012	31089	17702	23.8	79	87	1859	23.53
2013	38030	22493	23.7	102	105	2745	26.91
2014	40700	27282	26.4	122	140	3357	27.52
2015	40236	34158	32	134	92	3381	25.23
2016	36666	24680	30.7	120	52	2233	18.61
合计	186721	126315	27.5	557	140	13575	24.37

38.2 高被引论文分析

在电工技术学科，2017 年被引次数 Top 10 论文（表 38-2）的平均被引次数为 103.4 次，是全部 557 篇高被引论文篇均被引频次的 4.2 倍。其中，被引次数最高的论文是杨新法的《微电网技术综述》（2014），随后两篇分别是丁明的《大规模光伏发电对电力系统影响综述》（2014）和董朝阳的《从智能电网到能源互联网：基本概念与研究框架》（2014）。

从论文分布来看，刊载高被引论文数量居前的 3 种期刊分别是《中国电机工程学报》（195 篇）、《电力系统自动化》（101 篇）和《电网技术》（59 篇），其中，《中国电机工程学报》刊载了高被引论文 Top 10 中的 6 篇；发表高被引论文数量居前的学者分别是合肥工业大学的丁明（6 篇）、天津大学的王成山（6 篇）和国家电网公司的刘振亚（4 篇）；产出高被引论文数量居前的机构分别是华北电力大学（61 篇）、清华大学（51 篇）和中国电力科学研究院（46 篇），而中国电力科学研究院产出了高被引论文 Top 10 中的 3 篇。

表 38-2　电工技术学科高被引论文 Top 10（2017 年）

排名	论文题名	第一作者	期刊名称	发表年份	被引频次	
					总频次	2017 年
1	微电网技术综述	杨新法	中国电机工程学报	2014	345	140
2	大规模光伏发电对电力系统影响综述	丁明	中国电机工程学报	2014	326	136
3	从智能电网到能源互联网：基本概念与研究框架	董朝阳	电力系统自动化	2014	362	134
4	多端直流输电与直流电网技术	汤广福	中国电机工程学报	2013	347	105
5	微电网关键技术研究	王成山	电工技术学报	2014	256	102
6	智能电网大数据技术发展研究	张东霞	中国电机工程学报	2015	198	92
7	电动汽车接入电网的影响与利用	胡泽春	中国电机工程学报	2012	351	87
8	柔性直流输电工程技术研究、应用及发展	汤广福	电力系统自动化	2013	256	81
9	智能电网大数据处理技术现状与挑战	宋亚奇	电网技术	2013	295	79
10	虚拟同步发电机及其在微电网中的应用	吕志鹏	中国电机工程学报	2014	148	78

38.3　研究主题关联分析

在电工技术学科，高被引论文共被 2017 年发表的 8326 篇论文引用了 13575 次。通过分析施引文献关键词的词频及关键词之间的共现关系，获得 2017 年电工技术学科的热点主题和主题关联，如图 38-1 所示（共现 21 次以下不显示）。由图可知：“微电网”“能源互联网”“电动汽车”等关键词的文档词频较高，是 2017 年学科的研究热点；3 个节点以上的研究主题关联网络共 3 个，构成了学科内最为突出的研究主题簇；其中，以“能源互联网”“微电网”“电动汽车”为核心节点的研究主题关联网络最大，其余各团簇中词频最高或连线最多的关键词分别是“电气工程”“模块化多平换流器”。

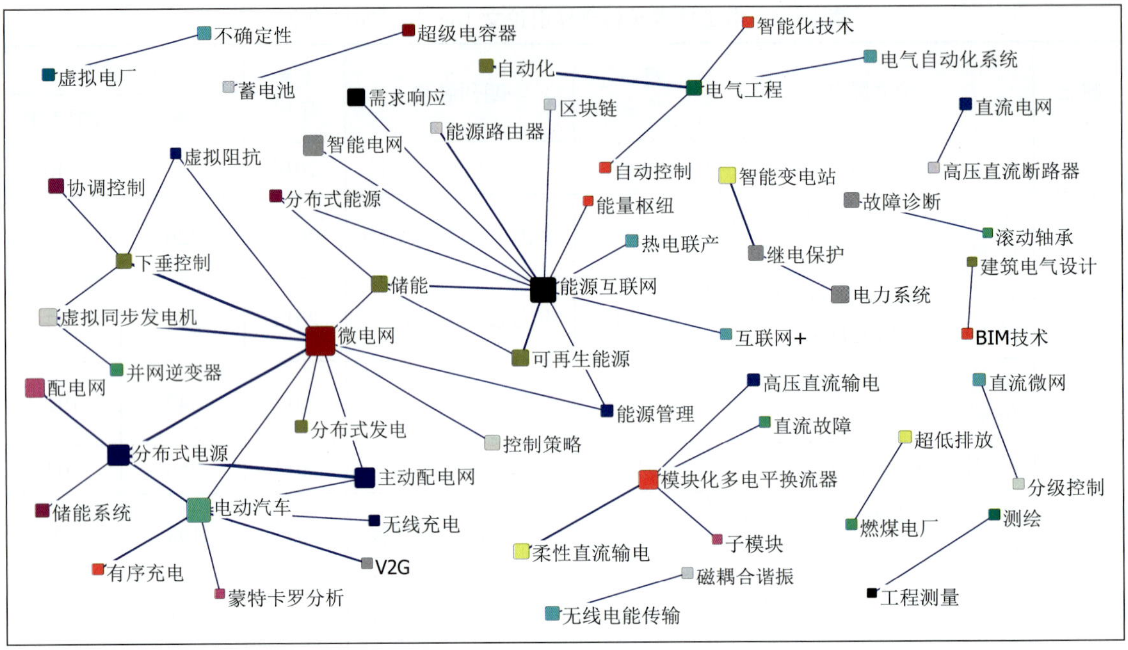

图 38-1　电工技术学科热点论文主题关联（2017 年）

38.4　高影响力期刊分析

38.4.1　高影响力期刊 Top 10

在电工技术学科，5 年影响因子 Top 10 期刊见表 38-3，前 3 种期刊分别是《电力系统自动化》、《电网技术》和《中国电机工程学报》。其中，2017 年被引频次最高的期刊是《中国电机工程学报》，被引率最高的期刊是《电网技术》。2012—2017 年期刊 5 年影响因子的变动情况如图 38-2 所示。

表 38-3　电工技术学科高被引期刊基本指标（2017 年）

排名	期刊名称	载文篇数		2017 年被引频次	5 年影响因子	即年指标	被引率（%）	高被引论文篇数	h 指数
		前 5 年	2017 年						
1	电力系统自动化	3004	593	10628	3.538	0.369	77.8	101	26
2	电网技术	2802	503	9244	3.299	0.366	80.5	59	20
3	中国电机工程学报	5087	834	16274	3.199	0.283	64.0	195	33
4	电工技术学报	2882	736	8575	2.975	0.221	77.4	52	20
5	电力系统保护与控制	2974	543	8734	2.937	0.276	77.0	42	19
6	高电压技术	2548	529	6012	2.359	0.355	70.8	28	18

排名	期刊名称	载文篇数		2017 年被引频次	5 年影响因子	即年指标	被引率（%）	高被引论文篇数	h 指数
		前 5 年	2017 年						
7	电力自动化设备	1669	409	3677	2.203	0.330	71.4	13	14
8	电力系统及其自动化学报	1032	276	1604	1.554	0.163	60.5	3	10
9	南方电网技术	850	135	1145	1.347	0.170	54.1	6	10
10	中国电力	1744	392	2327	1.334	0.232	53.8	9	13

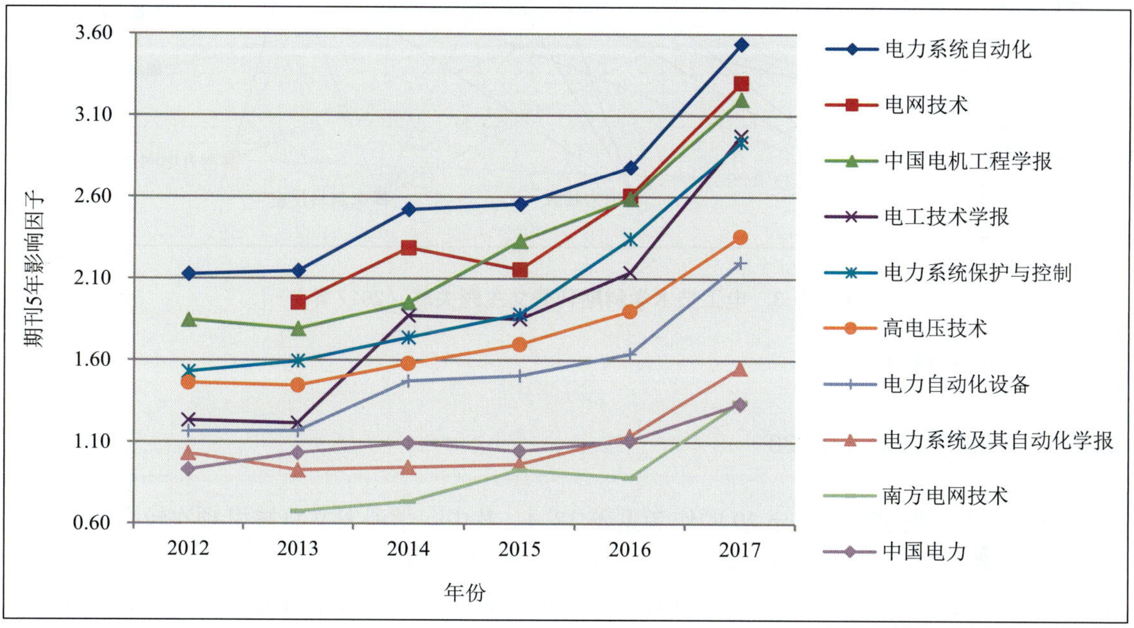

图 38-2　电工技术学科期刊 5 年影响因子变动趋势（2012—2017 年）

38.4.2　期刊载文主题关联

通过期刊共被引分析，获得电工技术学科期刊之间的载文主题关联，图中节点大小反映 5 年影响因子的高低，连线粗细代表共被引关联的强弱，关联越强表明两个期刊上有更多受学者们关注的相关主题论文，红色节点为学科高影响力期刊 Top 10，详情见图 38-3（共被引 160 次以下不显示）。如图所示，电工技术学科的多个期刊均互相关联且关联较为紧密，各期刊的学科分类属性体现得较为明显；《中国电机工程学报》具有最多的关联关系，这是其载文主题广泛的典型体现；《中国电机工程学报》与《电网技术》《电力系统自动化》《电工技术学报》等期刊之间的关联较强，表明上述期刊具有较多相关主题的论文。

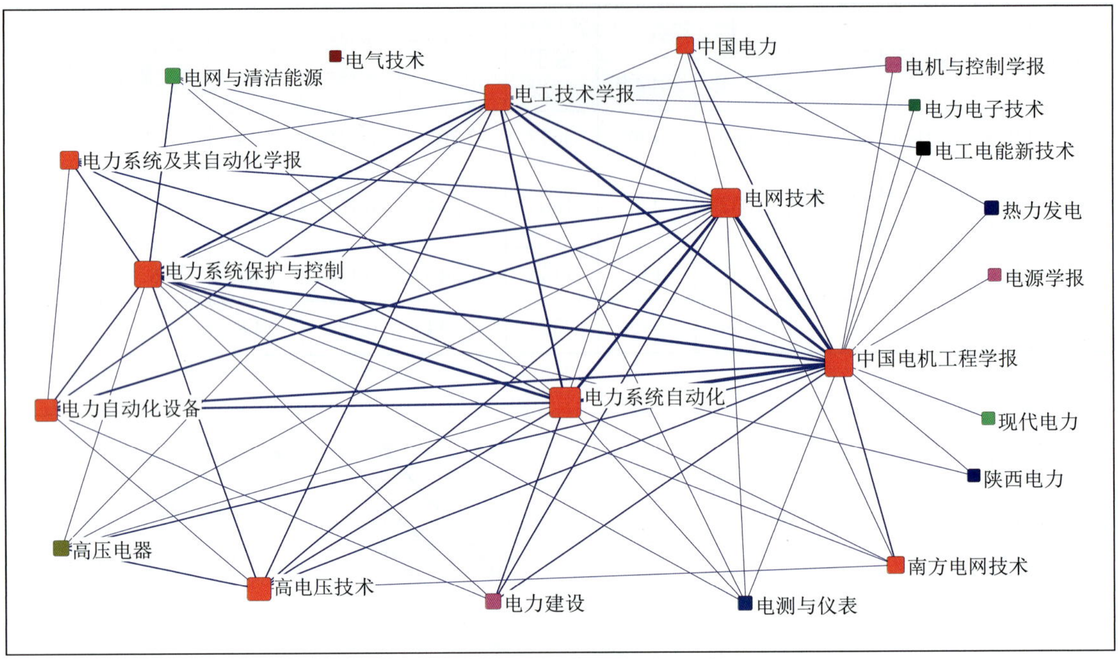

图 38-3　电工技术学科期刊载文主题关联（2017 年）

38.5　高被引作者分析

38.5.1　高被引作者 Top 20

2017 年论文被引次数 Top 20 的作者见表 38-4。其中，学科发文总被引频次较高的 3 位作者分别是合肥工业大学的丁明（413 次）、天津大学的王成山（381 次）和陕西省电力科学研究院的刘健（233 次）。在学科发文 5 篇及以上的作者中，篇均被引较高的 3 位作者分别是国网智能电网研究院的汤广福（篇均 38.80 次）、国家电网公司的刘振亚（篇均 31.20 次）和中国电力科学研究院的周孝信（篇均 22.00 次）；5 年学科发文较多的 3 位作者分别是华北电力大学的马静（50 篇）、华北电力大学的曾鸣（48 篇）和华北电力大学的徐岩（47 篇）。

表 38-4　电工技术学科高被引作者 Top 20（2017 年）

排名	姓名	作者单位	前 5 年发文			前 5 年学科发文在 2017 年的被引				h 指数（学科）
			学科发文（篇）	期刊分布（种）	发文总量（篇）	频次	被引率（%）	最高（次）	篇均（次）	
1	丁明	合肥工业大学	39	12	44	413	82.1	136	10.59	10
2	王成山	天津大学	31	8	35	381	93.5	102	12.29	10
3	刘健	陕西省电力科学研究院	36	7	36	233	75.0	33	6.47	8

排名	姓名	作者单位	前 5 年发文			前 5 年学科发文在 2017 年的被引				h 指数（学科）
			学科发文（篇）	期刊分布（种）	发文总量（篇）	频次	被引率（%）	最高（次）	篇均（次）	
4	汤广福	国网智能电网研究院	5	4	5	194	80.0	105	38.80	3
5	曾鸣	华北电力大学	48	13	164	188	68.8	37	3.92	6
6	刘振亚	国家电网公司	5	2	28	156	100.0	53	31.20	5
7	张东霞	中国电力科学研究院	4	3	5	153	100.0	92	38.25	4
8	肖峻	天津大学	32	8	34	149	96.9	10	4.66	8
9	薛禹胜	南瑞集团公司	8	2	8	144	100.0	72	18.00	5
9	杨新法	中国电力科学研究院	2	2	2	144	100.0	140	72.00	2
11	董朝阳	南方电网科学研究院	1	1	1	134	100.0	134	134.00	1
12	廖瑞金	重庆大学	39	7	44	130	84.6	27	3.33	6
13	葛少云	天津大学	28	9	28	129	92.9	13	4.61	6
14	尤毅	上海交通大学	4	2	4	125	100.0	72	31.25	3
15	刘吉臻	华北电力大学	14	5	36	121	85.7	56	8.64	5
16	王德文	华北电力大学	17	5	19	118	82.4	48	6.94	5
17	胡泽春	清华大学	7	4	7	116	85.7	87	16.57	4
18	田世明	中国电力科学研究院	4	3	4	115	100.0	65	28.75	3
19	周孝信	中国电力科学研究院	5	4	5	110	100.0	47	22.00	3
19	吕志鹏	中国电力科学研究院	7	4	8	110	71.4	78	15.71	4

38.5.2　作者发文主题关联

通过作者共被引分析，获得 2017 年电工技术学科作者之间的发文主题关联，图中节点大小反映被引次数高低，连线粗细代表共被引关联的强弱，关联越强表明两位作者的发文主题可能具有更强的相关性，红色节点为学科高被引作者 Top 20，详情见图 38-4（共被引 15 次以下不显示）。如图所示，高被引作者主导了电工技术学科的作者共被引网络，意味着他们的论文主题主导了学科研究热点；3 个规模较大的子网络：以丁明、王成山、吕志鹏为主要节点的子网络规模最大、关联较为紧密；以汤广福、姚良忠为主要节点的子网络和以董朝阳、孙宏斌等为主要节点的子网络结构类似，均关联较为紧密、涉及作者人数较多，分别展现出了学科热点研究方向上的主要研究力量；王成山和杨新法、丁明，尤毅和范明天等学者之间的关联较强，表明上述学者之间可能分别有较为相关的发文主题。

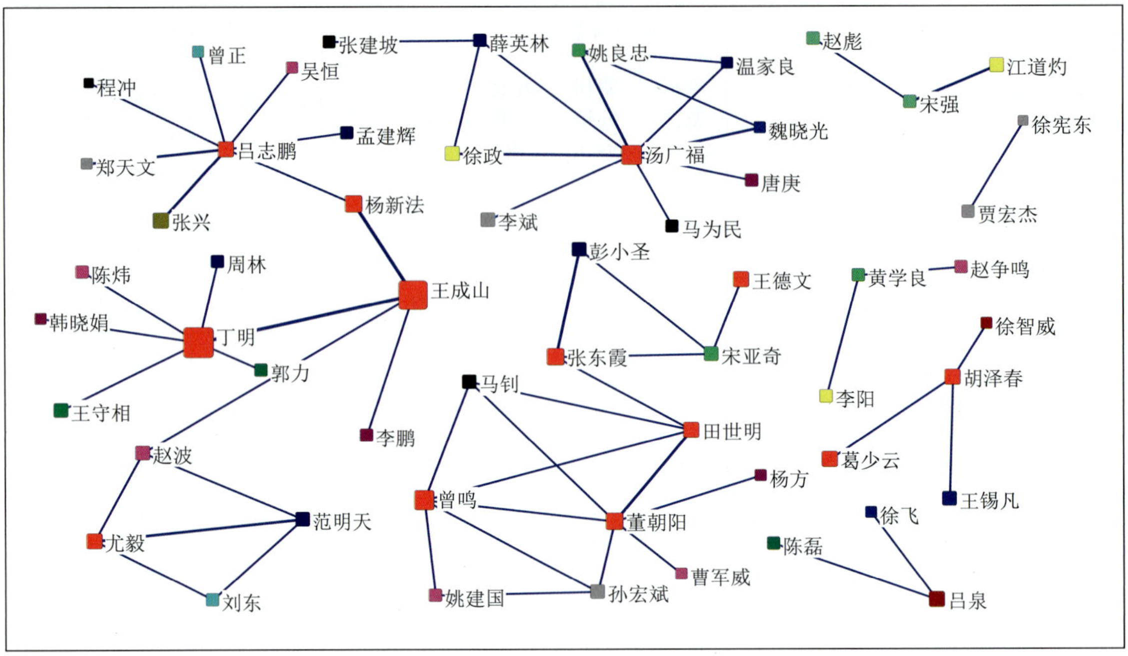

图 38-4 电工技术学科作者发文主题关联（2017 年）

38.6 高被引机构分析

38.6.1 高被引机构

电工技术学科被引次数 Top 10 高等院校和被引频次 Top 5 科研院所的发文和被引情况分别见表 38-5 和表 38-6。表中，总被引次数排名前 3 位的高等院校分别是华北电力大学、清华大学和浙江大学，排名前 3 位的科研院所则是中国电力科学研究院、中国科学院电工研究所和广东电网公司电力科学研究院；篇均被引最高的高等院校和科研院所分别是清华大学和国网智能电网研究院。

表 38-5 电工技术学科高被引高等院校 Top 10（2017 年）

排名	第一作者单位	学科发文量（篇）		前 5 年学科发文在 2017 年的被引			
		前 5 年	2017 年	频次	被引率(%)	最高（次）	篇均（次）
1	华北电力大学	5503	1085	9387	53.6	79	1.71
2	清华大学	1148	214	3906	68.7	87	3.40
3	浙江大学	1167	172	3036	64.4	59	2.60
4	重庆大学	1252	165	2638	66.2	27	2.11
5	上海交通大学	1343	255	2417	51.5	72	1.80

排名	第一作者单位	学科发文量（篇）		前5年学科发文在2017年的被引			
		前5年	2017年	频次	被引率(%)	最高（次）	篇均（次）
6	天津大学	757	187	2282	66.1	102	3.01
7	西安交通大学	935	198	2081	64.0	41	2.23
8	华中科技大学	913	148	2024	60.7	76	2.22
9	武汉大学	1035	179	1998	62.3	22	1.93
10	东南大学	903	166	1953	55.5	53	2.16

表38-6　电工技术学科高被引科研院所Top 5（2017年）

排名	第一作者单位	学科发文量（篇）		前5年学科发文在2017年的被引			
		前5年	2017年	频次	被引率(%)	最高（次）	篇均（次）
1	中国电力科学研究院	1574	282	4776	66.5	140	3.03
2	中国科学院电工研究所	298	58	671	62.1	40	2.25
3	广东电网公司电力科学研究院	516	76	655	52.1	22	1.27
4	南方电网科学研究院	283	58	638	61.5	134	2.25
5	国网智能电网研究院	169	2	539	55.6	105	3.19

38.6.2　机构发文主题关联

通过机构共被引分析，获得电工技术学科机构间的发文主题关联，图中节点大小反映被引次数高低，连线粗细代表共被引关联的强弱，关联越强表明两个机构的发文主题可能具有更强的相关性，红色节点为高被引高等院校Top 10和高被引科研院所Top 5，详情见图38-5（共被引210次以下不显示）。由图可知，高被引高等院校主导了电工技术学科的机构共被引网络，在学科内体现出了较显著的学术影响力；华北电力大学具有最多的关联关系，充分表明了其学科学术影响力；华北电力大学和中国电力科学研究院、清华大学、浙江大学、上海交通大学等机构之间的关联较强，表明上述机构的研究主题具有较多重叠之处。

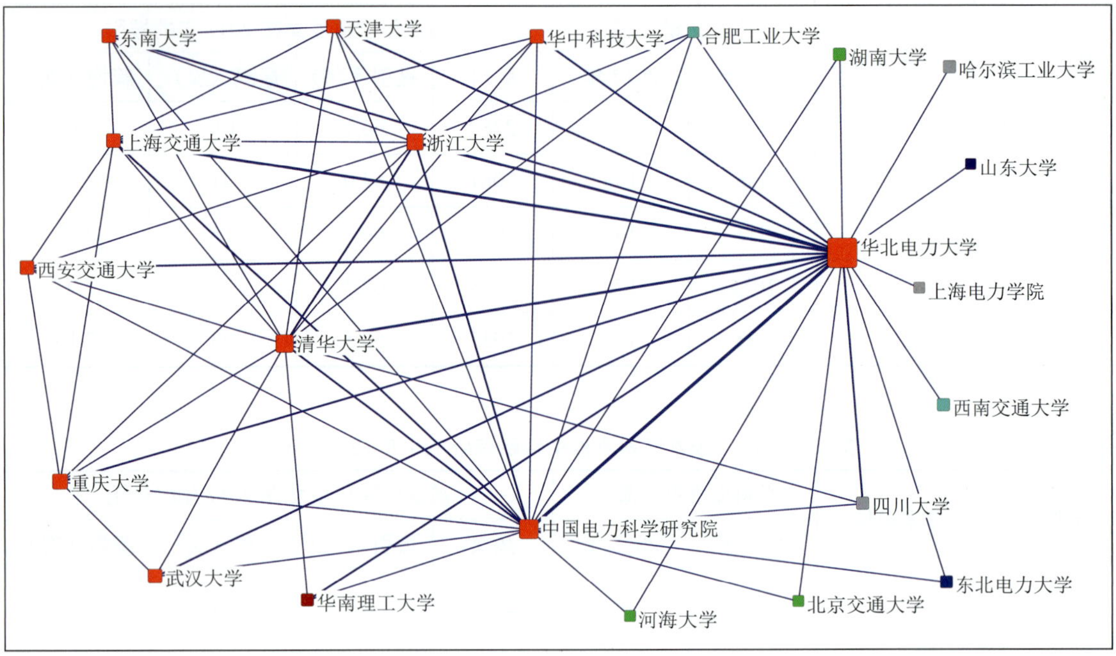

图 38-5　电工技术学科机构发文主题关联（2017 年）

38.7　高被引国外期刊

电工技术学科内被引次数 Top 10 的国外期刊见表 38-7，排名前 3 位的国外期刊是 *IEEE Transactions on Power Electronics*、*IEEE Transactions on Power Systems* 和 *IEEE Transactions on Industrial Electronics*。

表 38-7　电工技术学科高被引国外期刊 Top 10（2017 年）

排名	期刊名称	2017 年被引频次
1	IEEE Transactions on Power Electronics	2327
2	IEEE Transactions on Power Systems	1705
3	IEEE Transactions on Industrial Electronics	1591
4	IEEE Transactions on Smart Grid	1048
5	IEEE Transactions on Power Delivery	965
6	IEEE Transactions on Dielectrics and Electrical Insulation	561
7	IEEE Transactions on Industry Applications	508
8	IEEE Transactions on Sustainable Energy	463
9	IEEE Transactions on Magnetics	456
10	Applied Energy	436

第 39 章　无线电电子学、电信技术学科高被引分析

39.1　学科论文概况

2012—2016 年，无线电电子学、电信技术学科的 136 种期刊上共发表学术论文 220530 篇，由来自在 23865 所机构的 156946 位学者作为第一作者发表。上述论文中，有 51333 篇在 2017 年获得过引用，整体被引率为 23.3%，总被引频次为 87492 次，篇均被引 0.40 次；其中，高被引论文有 619 篇，累计被引 7179 次，篇均被引 11.60 次，单篇论文最高被引 82 次（表 39-1）。另外，2017 年本学科共发表论文 40965 篇，其中有 3212 篇在当年获得过引用，总共被引 4367 次。

表 39-1　无线电电子学、电信技术学科论文分布情况

年份	论文篇数	2017 年被引频次	2017 年被引率（%）	2017 年高被引论文			
				论文篇数	最高被引频次	总被引频次	篇均被引频次
2012	41059	10644	16.5	83	59	1010	12.17
2013	43878	14489	20.2	89	82	1083	12.17
2014	47847	19178	23.4	145	31	1641	11.32
2015	42795	21994	29.1	157	66	1846	11.76
2016	44951	21187	26.9	145	42	1599	11.03
合计	220530	87492	23.3	619	82	7179	11.60

39.2　高被引论文分析

在无线电电子学、电信技术学科，2017 年被引次数 Top 10 论文（表 39-2）的平均被引次数为 42.9 次，是全部 619 篇高被引论文篇均被引频次的 3.7 倍。其中，被引次数最高的论文是钱志鸿的《面向物联网的无线传感器网络综述》（2013），随后两篇分别是赵国锋的《5G 移动通信网络关键技术综述》（2015）和钱志鸿的《物联网技术与应用研究》（2012）。

从论文分布来看，刊载高被引论文数量居前的 3 种期刊分别是《电子测试》（41 篇）、《电子测量与仪器学报》（38 篇）和《电信科学》（34 篇）；《电子设计工程》刊载了高被引论文 Top 10 中的 2 篇；发表高被引论文数量居前的学者分别是吉林大学的钱志鸿（4 篇）、电子科技大学的周涛（2 篇）和合肥工业大学的刘春（2 篇）；产出高被引论文数量居前的机构分别是合肥工业大学（14 篇）、重庆邮电大学（13 篇）和电子科技大学（11 篇），而吉林大学产出了高被引论文 Top 10 中的 3 篇。

表 39-2 无线电电子学、电信技术学科高被引论文 Top 10（2017 年）

排名	论文题名	第一作者	期刊名称	发表年份	被引频次	
					总频次	2017 年
1	面向物联网的无线传感器网络综述	钱志鸿	电子与信息学报	2013	278	82
2	5G 移动通信网络关键技术综述	赵国锋	重庆邮电大学学报（自然科学版）	2015	97	66
3	物联网技术与应用研究	钱志鸿	电子学报	2012	220	59
4	NB-IoT 的产生背景、标准发展以及特性和业务研究	戴国华	移动通信	2016	50	40
5	K-means 聚类算法研究综述	王千	电子设计工程	2012	79	35
6	“互联网+”时代传统行业的创新与机遇分析	徐争荣	互联网天地	2015	46	33
7	DHT11 数字式温湿度传感器的应用性研究	韩丹翱	电子设计工程	2013	67	29
7	5G 网络技术研究现状和发展趋势	王胡成	电信科学	2015	41	29
9	FPGA 的模块化设计方法	张松	电子测量与仪器学报	2014	68	28
9	一种基于改进 Canny 的边缘检测算法	许宏科	红外技术	2014	57	28

39.3 研究主题关联分析

在无线电电子学、电信技术学科，高被引论文共被 2017 年发表的 6206 篇论文引用了 7179 次。通过分析施引文献关键词的词频及关键词之间的共现关系，获得 2017 年无线电电子学、电信技术学科的热点主题和主题关联，如图 39-1 所示（共现 9 次以下不显示）。由图可知：“物联网”“5G”“云计算”“无线传感器网络”等关键词的文档词频较高，是 2017 年学科的研究热点；3 个节点以上的研究主题关联网络共 6 个，构成了学科内最为突出的研究主题簇；其中，以“自动化”“电气工程”“智能化技术”为核心节点的研究主题关联网络最大，其余各团簇中词频最高或连线最多的关键词分别是“电子信息工程”“无线传感器网络”“人工智能”“物联网”“5G”。

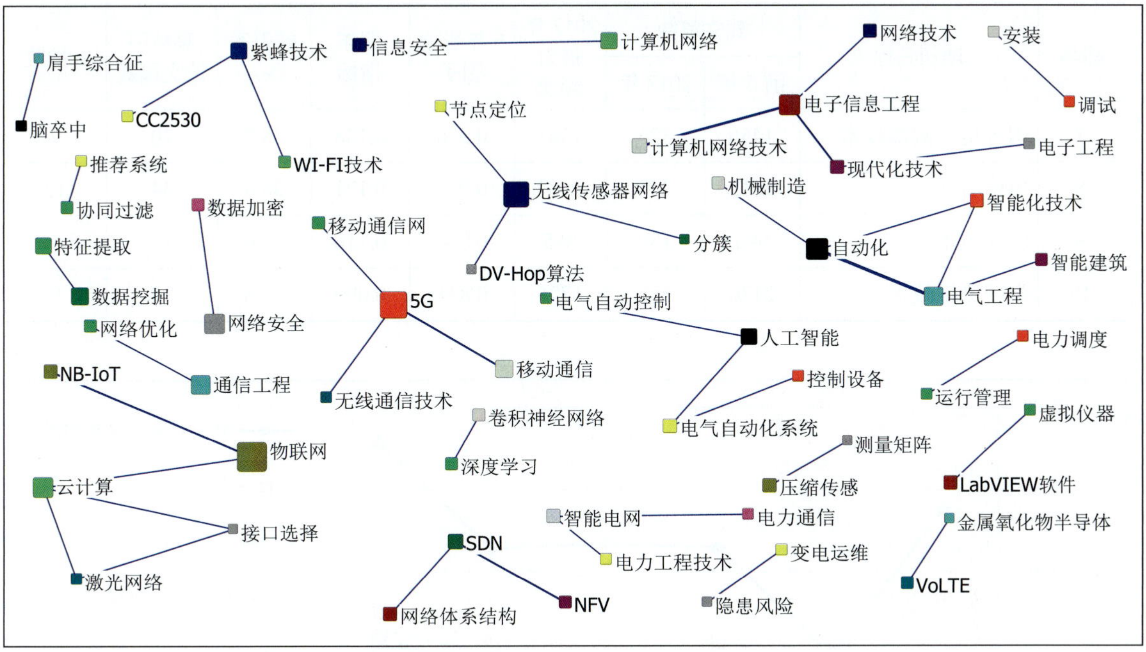

图 39-1　无线电电子学、电信技术学科热点论文主题关联（2017 年）

39.4　高影响力期刊分析

39.4.1　高影响力期刊 Top 10

在无线电电子学、电信技术学科，5 年影响因子 Top 10 期刊见表 39-3，前 3 种期刊分别是《电子测量与仪器学报》、《电子学报》和《通信学报》。其中，2017 年被引频次最高的期刊是《电子与信息学报》，被引率最高的期刊是《电子测量与仪器学报》。2012—2017 年期刊 5 年影响因子的变动情况如图 39-2 所示。

表 39-3　无线电电子学、电信技术学科高被引期刊基本指标（2017 年）

排名	期刊名称	载文篇数		2017 年被引频次	5 年影响因子	即年指标	被引率（%）	高被引论文篇数	h 指数
		前 5 年	2017 年						
1	电子测量与仪器学报	1145	319	2028	1.771	0.210	60.4	38	11
2	电子学报	2017	380	2327	1.154	0.055	51.3	31	11
3	通信学报	1536	267	1673	1.089	0.124	47.2	20	11
4	传感技术学报	1646	326	1783	1.083	0.141	52.6	14	9
5	电子与信息学报	2358	424	2423	1.028	0.123	48.5	25	9
6	电力电容器与无功补偿	598	188	570	0.953	0.144	50.8	3	6

排名	期刊名称	载文篇数		2017 年被引频次	5 年影响因子	即年指标	被引率（%）	高被引论文篇数	h 指数
		前 5 年	2017 年						
7	国外电子测量技术	1456	326	1363	0.936	0.138	38.7	20	9
8	电信科学	1612	258	1487	0.922	0.171	38.4	34	12
9	激光技术	994	189	855	0.860	0.116	43.0	13	9
10	电子测量技术	2126	557	1776	0.835	0.099	42.8	15	9

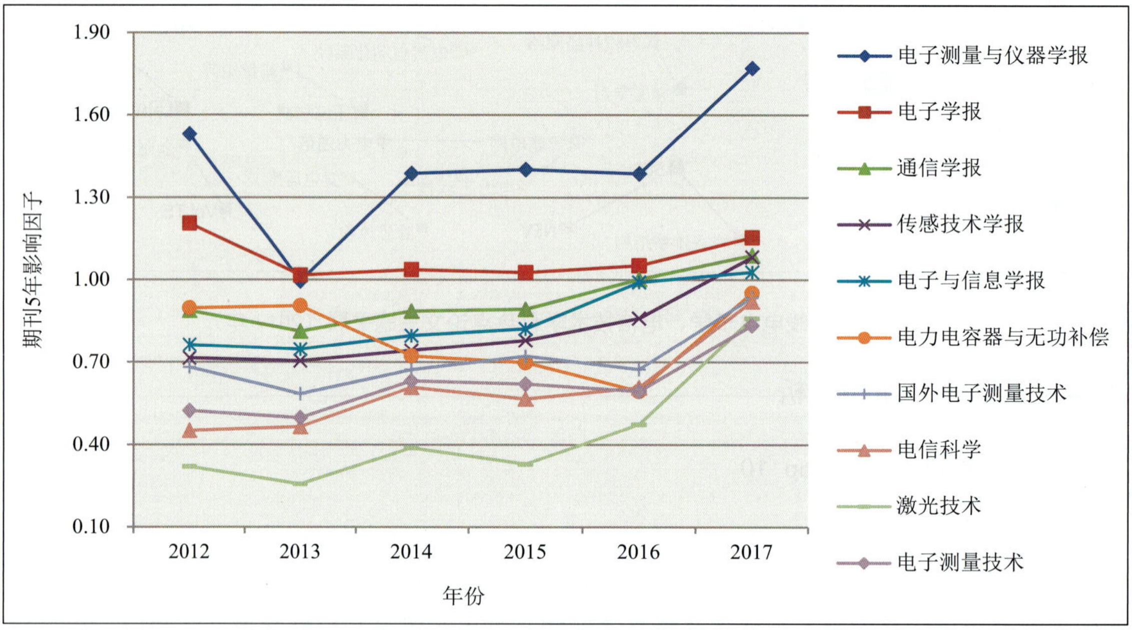

图 39-2　无线电电子学、电信技术学科期刊 5 年影响因子变动趋势（2012—2017 年）

39.4.2　期刊载文主题关联

通过期刊共被引分析，获得无线电电子学、电信技术学科期刊之间的载文主题关联，图中节点大小反映 5 年影响因子的高低，连线粗细代表共被引关联的强弱，关联越强表明两个期刊上有更多受学者们关注的相关主题论文，红色节点为学科高影响力期刊 Top 10，详情见图 39-3（共被引 60 次以下不显示）。如图所示，无线电电子学、电信技术学科的多个期刊均互相关联且关联较为紧密，各期刊的学科分类属性体现得较为明显；《电子测量与仪器学报》的 5 年影响因子最高，显示出该刊在学科内学术影响力较大；《电子测量与仪器学报》与《电子测量技术》《国外电子测量技术》等期刊之间的关联较强，表明上述期刊具有较多相关主题的论文。

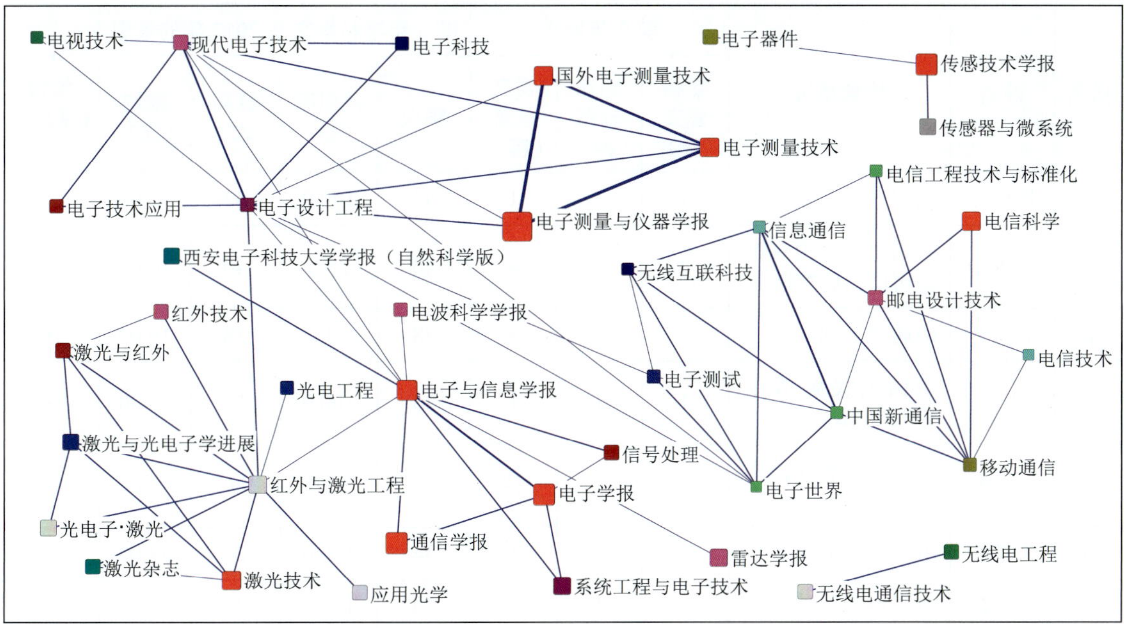

图 39-3　无线电电子学、电信技术学科期刊载文主题关联（2017 年）

39.5　高被引作者分析

39.5.1　高被引作者 Top 20

2017 年论文被引次数 Top 20 的作者见表 39-4。其中，学科发文总被引频次较高的 3 位作者分别是吉林大学的钱志鸿（158 次）、重庆邮电大学的赵国锋（68 次）和大连大学的蔡睿妍（46 次）。在学科发文 5 篇及以上的作者中，篇均被引较高的 3 位作者分别是南京邮电大学的杨真真（篇均 5.20 次）、北京邮电大学的张平（篇均 5.00 次）与工业和信息化部通信科学技术委员会的陈如明（篇均 4.17 次）；5 年学科发文较多的 3 位作者分别是中国人民解放军国防信息学院的郎为民（80 篇）、国家无线电频谱管理研究所的何廷润（50 篇）和重庆邮电大学的袁建国（50 篇）。

表 39-4　无线电电子学、电信技术学科高被引作者 Top 20（2017 年）

排名	姓名	作者单位	前 5 年发文			前 5 年学科发文在 2017 年的被引				h 指数（学科）
			学科发文（篇）	期刊分布（种）	发文总量（篇）	频次	被引率（%）	最高（次）	篇均（次）	
1	钱志鸿	吉林大学	4	3	9	158	100.0	82	39.50	4
2	赵国锋	重庆邮电大学	4	1	8	68	50.0	66	17.00	2
3	蔡睿妍	大连大学	3	3	8	46	33.3	46	15.33	1

排名	姓名	作者单位	前5年发文			前5年学科发文在2017年的被引				h指数（学科）
			学科发文（篇）	期刊分布（种）	发文总量（篇）	频次	被引率（%）	最高（次）	篇均（次）	
4	贺德才	成都理工大学	1	1	1	42	100.0	42	42.00	1
5	戴国华	中国电信股份有限公司广州研究院	4	2	4	40	25.0	40	10.00	1
6	熊芳芳	南通理工学院	2	2	5	38	50.0	38	19.00	1
7	王千	中国人民解放军69026部队	1	1	1	35	100.0	35	35.00	1
7	兰羽	陕西工业职业技术学院	25	3	48	35	64.0	9	1.40	3
9	朱郁筱	电子科技大学	1	1	1	34	100.0	34	34.00	1
9	周涛	电子科技大学	3	1	7	34	100.0	20	11.33	2
11	徐争荣	中国人民大学	2	1	5	33	50.0	33	16.50	1
11	袁建国	重庆邮电大学	50	10	55	33	48.0	3	0.66	2
13	张长青	中国移动岳阳分公司	38	3	41	32	44.7	7	0.84	3
14	纪文革	郑州大学第一附属医院	2	2	2	31	50.0	31	15.50	1
15	许宏科	长安大学	2	2	10	30	100.0	28	15.00	2
15	王胡成	电信科学技术研究院	2	2	2	30	100.0	29	15.00	1
17	韩丹翱	吉林大学	1	1	2	29	100.0	29	29.00	1
17	张磊	呼和浩特铁路局包头供电段	2	1	2	29	100.0	16	14.50	2
19	张松	上海理工大学	1	1	1	28	100.0	28	28.00	1
20	吴虎胜	空军工程大学	3	2	6	27	100.0	21	9.00	2

39.5.2 作者发文主题关联

通过作者共被引分析，获得 2017 年无线电电子学、电信技术学科作者之间的发文主题关联，图中节点大小反映被引次数高低，连线粗细代表共被引关联的强弱，关联越强表明两位作者的发文主题可能具有更强的相关性，红色节点为学科高被引作者 Top 20，详情见图 39-4（共被引 5 次以下不显示）。如图所示，作者之间整体关联情况较为松散，未形成具规模的子网络；赵国锋、熊芳芳、戴国华 3 位高被引作者的被引次数较高；戴国华和陈博、赵静，姜先贵和许可等学者之间的关联较强，表明上述学者之间可能分别有较为相关的发文主题。

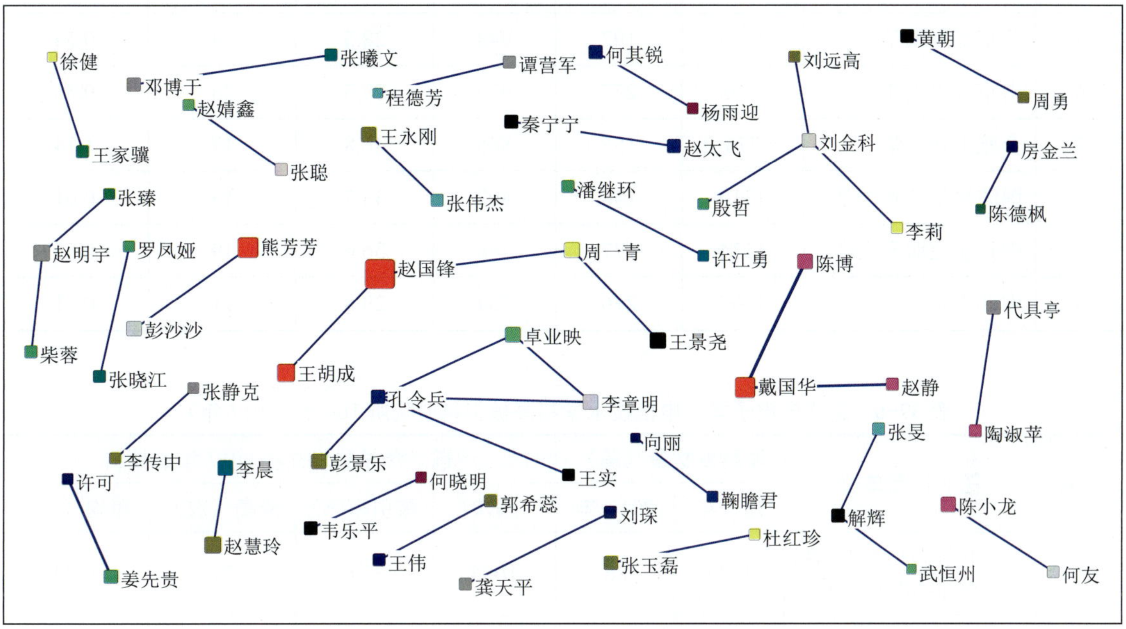

图 39-4　无线电电子学、电信技术学科作者发文主题关联（2017 年）

39.6　高被引机构分析

39.6.1　高被引机构

无线电电子学、电信技术学科被引次数 Top 10 高等院校和被引频次 Top 5 科研院所的发文与被引情况分别见表 39-5 和表 39-6。表中，总被引次数排名前 3 位的高等院校分别是西安电子科技大学、重庆邮电大学和电子科技大学，排名前 3 位的科研院所则是中国科学院长春光学精密机械与物理研究所、中国电子科技集团公司第五十四研究所和中国电信股份有限公司广州研究院；篇均被引最高的高等院校和科研院所分别是合肥工业大学和中国联通网络技术研究院。

表 39-5　无线电电子学、电信技术学科高被引高等院校 Top 10（2017 年）

排名	第一作者单位	学科发文量（篇）		前 5 年学科发文在 2017 年的被引			
		前 5 年	2017 年	频次	被引率(%)	最高（次）	篇均（次）
1	西安电子科技大学	2744	334	1646	34.8	22	0.60
2	重庆邮电大学	2401	413	1141	26.4	66	0.48
3	电子科技大学	2494	299	1059	24.8	34	0.42

排名	第一作者单位	学科发文量（篇）		前 5 年学科发文在 2017 年的被引			
		前 5 年	2017 年	频次	被引率(%)	最高（次）	篇均（次）
4	空军工程大学	1290	223	994	37.6	21	0.77
5	北京邮电大学	1766	192	948	28.5	24	0.54
6	南京邮电大学	1663	277	934	29.5	23	0.56
7	合肥工业大学	776	155	886	46.8	17	1.14
8	国防科学技术大学	1310	148	802	33.7	15	0.61
9	南京航空航天大学	1174	177	766	36.6	19	0.65
10	中北大学	1467	216	754	29.8	11	0.51

表 39-6 无线电电子学、电信技术学科高被引科研院所 Top 5（2017 年）

排名	第一作者单位	学科发文量（篇）		前 5 年学科发文在 2017 年的被引			
		前 5 年	2017 年	频次	被引率(%)	最高（次）	篇均（次）
1	中国科学院长春光学精密机械与物理研究所	1424	86	1055	37.6	27	0.74
2	中国电子科技集团公司第五十四研究所	944	181	559	35.0	22	0.59
3	中国电信股份有限公司广州研究院	671	125	405	25.9	40	0.60
4	中国联通网络技术研究院	263	81	311	51.0	20	1.18
5	南京电子技术研究所	538	120	287	34.2	8	0.53

39.6.2 机构发文主题关联

通过机构共被引分析，获得无线电电子学、电信技术学科机构间的发文主题关联，图中节点大小反映被引次数高低，连线粗细代表共被引关联的强弱，关联越强表明两个机构的发文主题可能具有更强的相关性，红色节点为高被引高等院校 Top 10 和高被引科研院所 Top 5，详情见图 39-5（共被引 21 次以下不显示）。由图可知，高被引高等院校主导了无线电电子学、电信技术学科的机构共被引网络，在学科内体现出了较显著的学术影响力；西安电子科技大学具有最多的关联关系，充分表明了其学科学术影响力；西安电子科技大学和国防科学技术大学、空军工程大学、电子科技大学等机构之间的关联较强，表明上述机构的研究主题具有较多重叠之处。

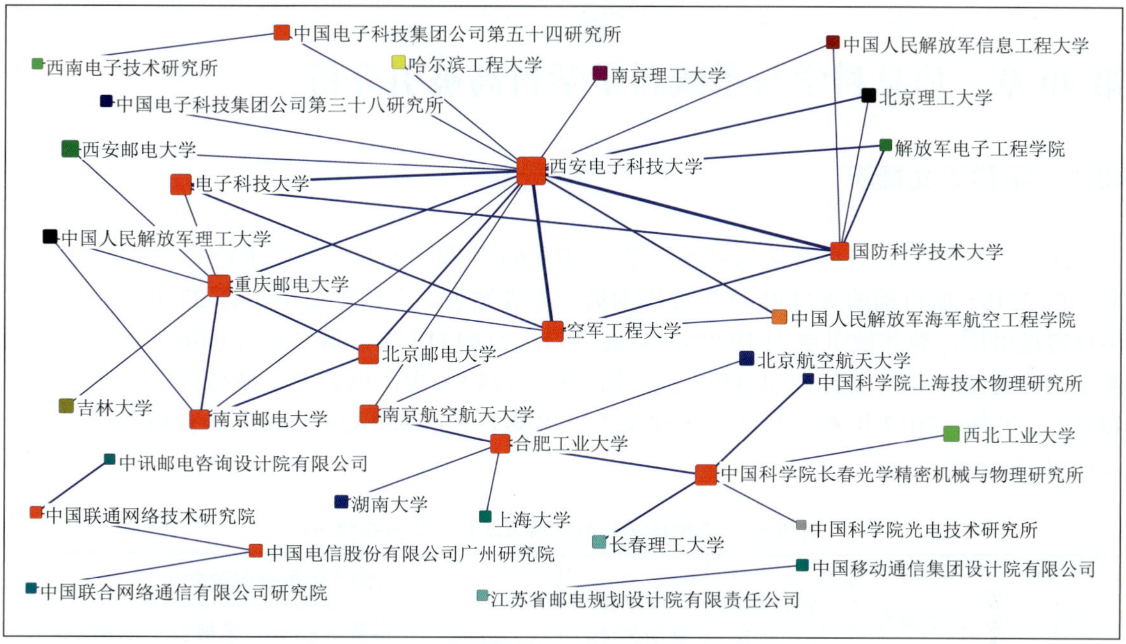

图 39-5　无线电电子学、电信技术学科机构发文主题关联（2017 年）

39.7　高被引国外期刊

无线电电子学、电信技术学科内被引次数 Top 10 的国外期刊见表 39-7，排名前 3 位的国外期刊是 *Optics Express*、*IEEE Transactions on Wireless Communications* 和 *IEEE Transactions on Signal Processing*。

表 39-7　无线电电子学、电信技术学科高被引国外期刊 Top 10（2017 年）

排名	期刊名称	2017 年被引频次
1	Optics Express	1134
2	IEEE Transactions on Wireless Communications	751
3	IEEE Transactions on Signal Processing	605
4	Applied Physics Letters	598
5	Optics Letters	570
6	IEEE Communications Letters	534
7	IEEE Transactions on Vehicular Technology	506
8	IEEE Transactions on Communications	493
9	IEEE Communications Magazine	484
10	IEEE Transactions on Geoscience and Remote Sensing	418

第 40 章　信息科学与系统科学学科高被引分析

40.1　学科论文概况

2012—2016 年，信息科学与系统科学学科的 69 种期刊上共发表学术论文 115077 篇，由来自在 22195 所机构的 87430 位学者作为第一作者发表。上述论文中，有 22765 篇在 2017 年获得过引用，整体被引率为 19.8%，总被引频次为 41317 次，篇均被引 0.36 次；其中，高被引论文有 237 篇，累计被引 3760 次，篇均被引 15.86 次，单篇论文最高被引 138 次（表 40-1）。另外，2017 年本学科共发表论文 33748 篇，其中有 1425 篇在当年获得过引用，总共被引 1882 次。

表 40-1　信息科学与系统科学学科论文分布情况

年份	论文篇数	2017 年被引频次	2017 年被引率（%）	2017 年高被引论文			
				论文篇数	最高被引频次	总被引频次	篇均被引频次
2012	18516	5754	17.6	38	32	516	13.58
2013	26702	7717	15.3	42	67	784	18.67
2014	25028	9086	19.0	48	138	945	19.69
2015	20424	10314	27.2	58	80	839	14.47
2016	24407	8446	20.8	51	119	676	13.25
合计	115077	41317	19.8	237	138	3760	15.86

40.2　高被引论文分析

在信息科学与系统科学学科，2017 年被引次数 Top 10 论文（表 40-2）的平均被引次数为 65.5 次，是全部 237 篇高被引论文篇均被引频次的 4.1 倍。其中，被引次数最高的论文是尤肖虎的《5G 移动通信发展趋势与若干关键技术》（2014），随后两篇分别是袁勇的《区块链技术发展现状与展望》（2016）和李学龙的《大数据系统综述》（2015）。

从论文分布来看，刊载高被引论文数量居前的 3 种期刊分别是《自动化学报》（59 篇）、《系统工程理论与实践》（46 篇）和《控制与决策》（21 篇），其中，《自动化学报》刊载了高被引论文 Top 10 中的 3 篇；发表高被引论文数量居前的学者分别是中国科学院自动化研究所的王飞跃（3 篇）、清华大学的周东华（3 篇）和西安电子科技大学的张晓（2 篇）；产出高被引论文数量居前的机构分别是清华大学（11 篇）、中国科学院自动化研究所（11 篇）和大连理工大学（7 篇），而中国科学院自动化研究所产出了高被引论文 Top 10 中的 2 篇。

表 40-2 信息科学与系统科学学科高被引论文 Top 10（2017 年）

排名	论文题名	第一作者	期刊名称	发表年份	被引频次	
					总频次	2017 年
1	5G 移动通信发展趋势与若干关键技术	尤肖虎	中国科学（信息科学）	2014	303	138
2	区块链技术发展现状与展望	袁勇	自动化学报	2016	188	119
3	大数据系统综述	李学龙	中国科学（信息科学）	2015	174	80
4	灰色关联分析模型研究进展	刘思峰	系统工程理论与实践	2013	175	67
5	机器人技术研究进展	谭民	自动化学报	2013	166	60
6	模型预测控制——现状与挑战	席裕庚	自动化学报	2013	150	46
7	大数据下的机器学习算法综述	何清	模式识别与人工智能	2014	79	42
8	虚拟现实增强技术综述	周忠	中国科学（信息科学）	2015	58	37
9	协同过滤推荐技术综述	冷亚军	模式识别与人工智能	2014	59	34
10	改进粒子群算法优化 BP 神经网络的短时交通流预测	李松	系统工程理论与实践	2012	84	32

40.3 研究主题关联分析

在信息科学与系统科学学科，高被引论文共被 2017 年发表的 3750 篇论文引用了 3760 次。通过分析施引文献关键词的词频及关键词之间的共现关系，获得 2017 年信息科学与系统科学学科的热点主题和主题关联，如图 40-1 所示（共现 8 次以下不显示）。由图可知："故障诊断""深度学习"等关键词的文档词频较高，是 2017 年学科的研究热点；3 个节点以上的研究主题关联网络共 5 个，构成了学科内最为突出的研究主题簇；其中，以"能源互联网""故障诊断""能量转换"为核心节点的研究主题关联网络最大，其余各团簇中词频最高或连线最多的关键词分别是"电气工程""区块链""自抗扰控制""深度学习"。

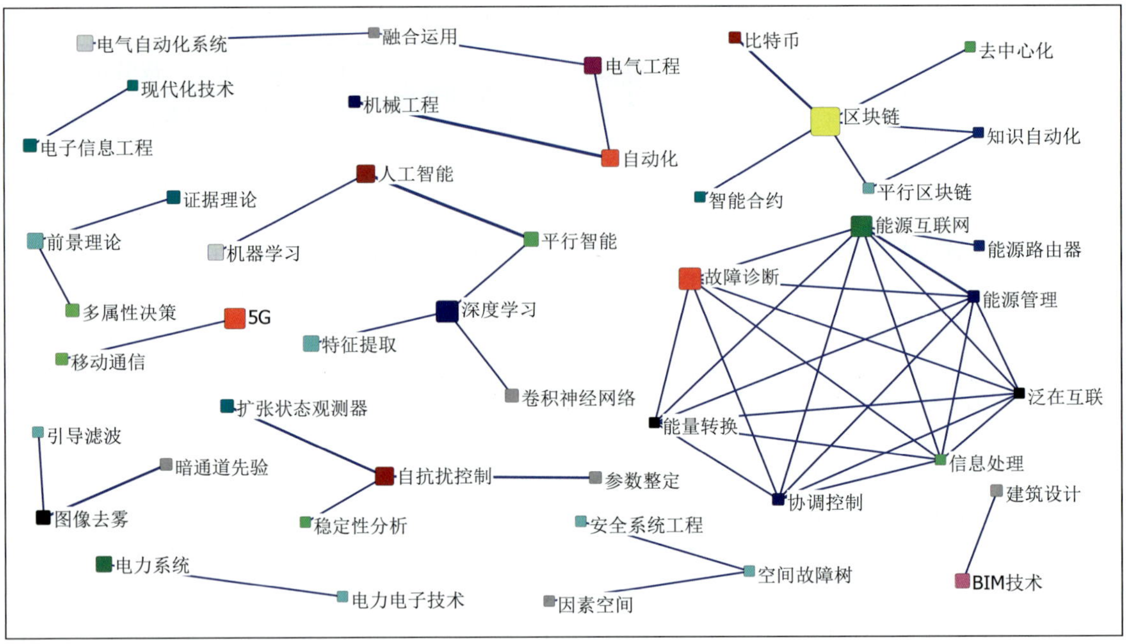

图 40-1 信息科学与系统科学学科热点论文主题关联（2017 年）

40.4 高影响力期刊分析

40.4.1 高影响力期刊 Top 10

在信息科学与系统科学学科，5 年影响因子 Top 10 期刊见表 40-3，前 3 种期刊分别是《自动化学报》、《系统工程理论与实践》和《机器人》。其中，2017 年被引频次最高的期刊是《系统工程理论与实践》，被引率最高的期刊是《自动化学报》。2012—2017 年期刊 5 年影响因子的变动情况如图 40-2 所示。

表 40-3 信息科学与系统科学学科高被引期刊基本指标（2017 年）

排名	期刊名称	载文篇数		2017 年被引频次	5 年影响因子	即年指标	被引率（%）	高被引论文篇数	h 指数
		前 5 年	2017 年						
1	自动化学报	1154	204	2628	2.277	0.309	64.6	59	16
2	系统工程理论与实践	1847	315	3121	1.690	0.057	60.4	46	13
3	机器人	490	102	712	1.453	0.069	59.2	9	9
4	中国科学（信息科学）	637	160	918	1.441	0.119	37.7	17	13
5	系统工程学报	486	84	686	1.412	0.036	54.5	8	8
6	信息安全学报	27	28	36	1.333	0.143	51.9	0	3

排名	期刊名称	载文篇数		2017 年被引频次	5 年影响因子	即年指标	被引率（%）	高被引论文篇数	h 指数
		前 5 年	2017 年						
7	控制与决策	1843	336	2395	1.300	0.116	54.3	21	13
8	系统管理学报	630	120	727	1.154	0.067	53.7	3	8
9	控制理论与应用	1134	198	1275	1.124	0.106	51.3	13	11
10	模式识别与人工智能	721	128	706	0.979	0.195	42.9	6	8

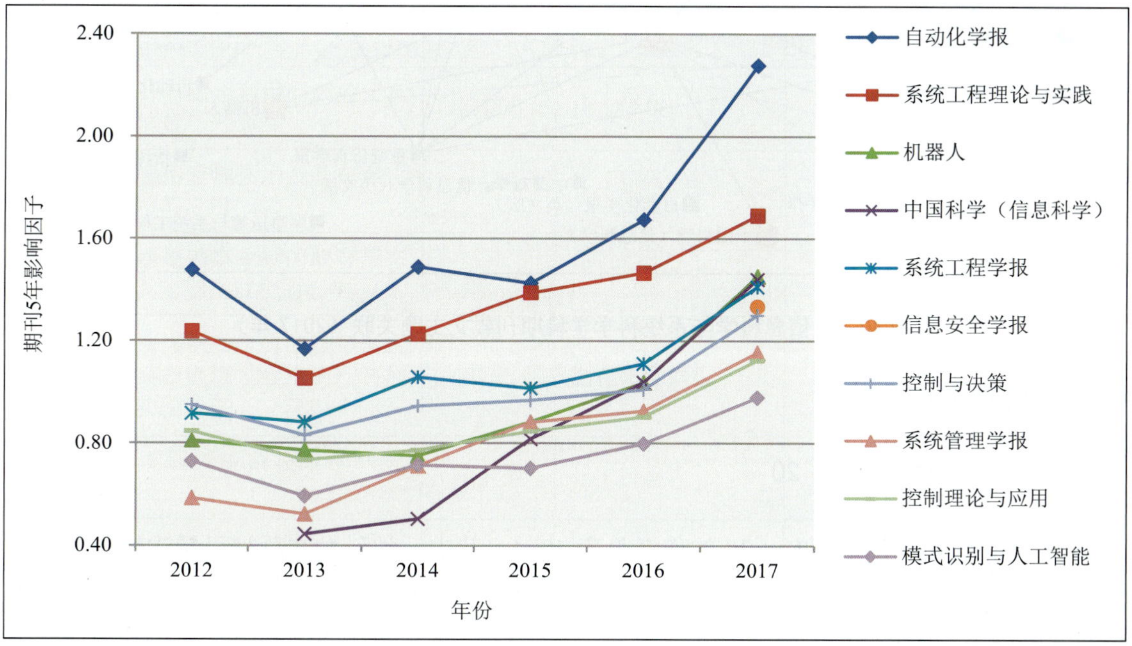

图 40-2 信息科学与系统科学学科期刊 5 年影响因子变动趋势（2012—2017 年）

40.4.2 期刊载文主题关联

通过期刊共被引分析，获得信息科学与系统科学学科期刊之间的载文主题关联，图中节点大小反映 5 年影响因子的高低，连线粗细代表共被引关联的强弱，关联越强表明两个期刊上有更多受学者们关注的相关主题论文，红色节点为学科高影响力期刊 Top 10，详情见图 40-3（共被引 16 次以下不显示）。如图所示，信息科学与系统科学学科的多个期刊均互相关联且关联较为紧密，各期刊的学科分类属性体现得较为明显；《自动化学报》的 5 年影响因子最高且具有最多的关联关系，显示出该刊在学科内学术影响力较大；《控制与决策》与《系统工程理论与实践》《自动化学报》《控制理论与应用》等期刊之间的关联较强，表明上述期刊具有较多相关主题的论文。

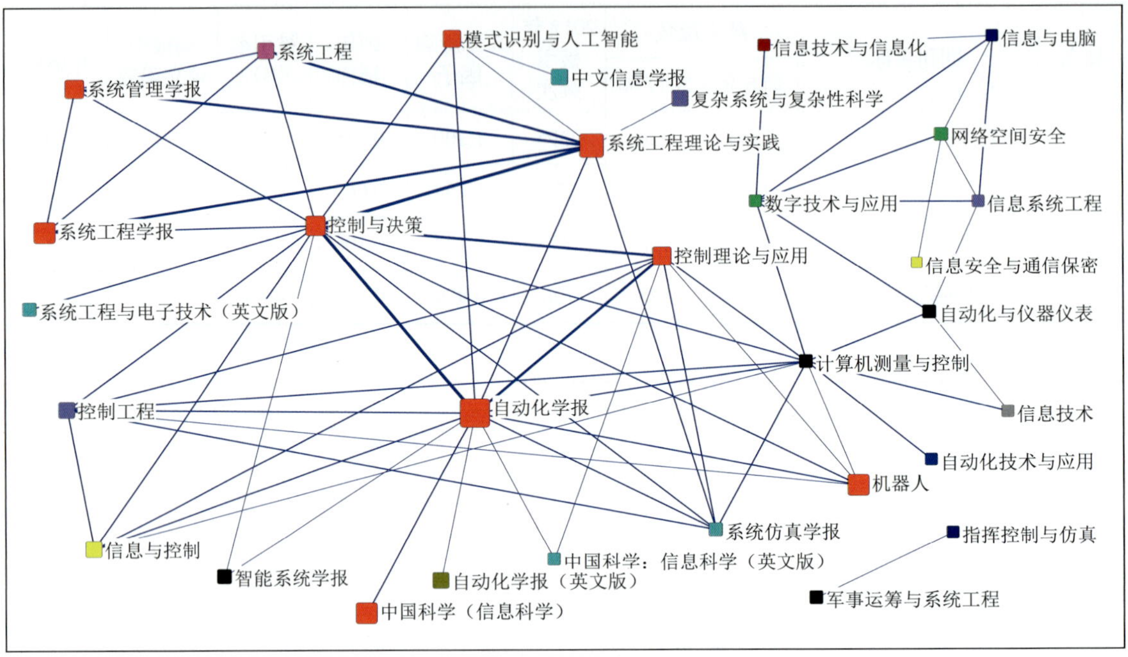

图 40-3　信息科学与系统科学学科期刊载文主题关联（2017 年）

40.5　高被引作者分析

40.5.1　高被引作者 Top 20

2017 年论文被引次数 Top 20 的作者见表 40-4。其中，学科发文总被引频次较高的 3 位作者分别是东南大学的尤肖虎（138 次）、中国科学院自动化研究所的袁勇（122 次）和中国科学院西安光学精密机械研究所的李学龙（86 次）。在学科发文 5 篇及以上的作者中，篇均被引较高的 3 位作者分别是中国科学院自动化研究所的王飞跃（篇均 6.60 次）、武汉大学的张焕国（篇均 6.60 次）和大连理工大学的王旭坪（篇均 5.20 次）；5 年学科发文较多的 3 位作者分别是浙江工商职业技术学院的李方园（61 篇）、中国人民解放军国防大学的刘明福（23 篇）和莆田学院的俞志松（18 篇）。

表 40-4　信息科学与系统科学学科高被引作者 Top 20（2017 年）

排名	姓名	作者单位	前 5 年发文			前 5 年学科发文在 2017 年的被引				h 指数（学科）
			学科发文（篇）	期刊分布（种）	发文总量（篇）	频次	被引率（%）	最高（次）	篇均（次）	
1	尤肖虎	东南大学	1	1	2	138	100.0	138	138.00	1
2	袁勇	中国科学院自动化研究所	2	1	2	122	100.0	119	61.00	2

排名	姓名	作者单位	前 5 年发文			前 5 年学科发文在 2017 年的被引				h 指数（学科）
			学科发文（篇）	期刊分布（种）	发文总量（篇）	频次	被引率（%）	最高（次）	篇均（次）	
3	李学龙	中国科学院西安光学精密机械研究所	2	1	2	86	100.0	80	43.00	2
4	刘思峰	南京航空航天大学	2	2	7	84	100.0	67	42.00	2
5	王飞跃	中国科学院自动化研究所	10	6	18	66	90.0	21	6.60	4
6	谭民	中国科学院自动化研究所	2	2	2	60	50.0	60	30.00	1
7	何清	中国科学院计算技术研究所	3	3	8	57	100.0	42	19.00	2
8	席裕庚	上海交通大学	4	2	4	50	75.0	46	12.50	2
9	周东华	清华大学	3	1	3	39	100.0	16	13.00	3
10	周忠	北京航空航天大学	1	1	3	37	100.0	37	37.00	1
11	王坚强	中南大学	10	2	10	36	90.0	7	3.60	4
12	史玉升	华中科技大学	2	1	5	34	100.0	19	17.00	2
12	冷亚军	上海电力学院	1	1	6	34	100.0	34	34.00	1
14	张焕国	武汉大学	5	3	9	33	80.0	23	6.60	2
14	王耀南	湖南大学	7	2	11	33	85.7	11	4.71	3
16	毕功兵	中国科学技术大学	3	2	4	32	100.0	14	10.67	3
16	李松	河北大学	2	2	7	32	50.0	32	16.00	1
16	张国兴	兰州大学	4	3	15	32	100.0	13	8.00	3
16	曹军威	清华大学	1	1	7	32	100.0	32	32.00	1
16	曹莹	西安电子科技大学	1	1	3	32	100.0	32	32.00	1

40.5.2　作者发文主题关联

通过作者共被引分析，获得 2017 年信息科学与系统科学学科作者之间的发文主题关联，图中节点大小反映被引次数高低，连线粗细代表共被引关联的强弱，关联越强表明两位作者的发文主题可能具有更强的相关性，红色节点为学科高被引作者 Top 20，详情见图 40-4（共被引 4 次以下不显示）。如图所示，学者袁勇、尤肖虎的节点较大，显示出他们的学术成果在学科内得到较多关注；王飞跃和王坤峰，查亚兵和曹军威等学者之间的关联较强，表明上述学者之间可能分别有较为相关的发文主题。

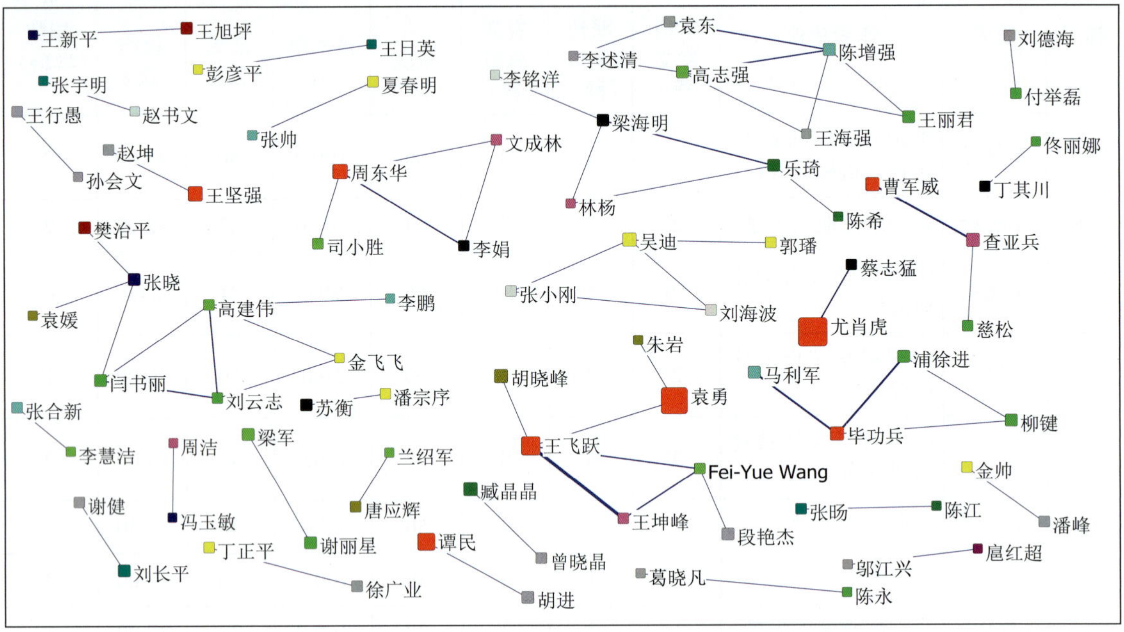

图 40-4 信息科学与系统科学学科作者发文主题关联（2017 年）

40.6 高被引机构分析

40.6.1 高被引机构

信息科学与系统科学学科被引次数 Top 10 高等院校和被引频次 Top 5 科研院所的发文与被引情况分别见表 40-5 和表 40-6。表中，总被引次数排名前 3 位的高等院校分别是南京航空航天大学、东北大学和清华大学，排名前 3 位的科研院所则是中国科学院自动化研究所、中国电子科技集团公司第二十八研究所和中国科学院沈阳自动化研究所；篇均被引最高的高等院校和科研院所分别是大连理工大学和中国科学院自动化研究所。

表 40-5 信息科学与系统科学学科高被引高等院校 Top 10（2017 年）

排名	第一作者单位	学科发文量（篇）		前 5 年学科发文在 2017 年的被引			
		前 5 年	2017 年	频次	被引率(%)	最高（次）	篇均（次）
1	南京航空航天大学	606	99	653	44.6	67	1.08
2	东北大学	508	79	507	45.7	15	1.00
3	清华大学	413	82	505	38.7	32	1.22
4	大连理工大学	368	75	478	49.2	17	1.30
5	中南大学	486	56	448	41.6	11	0.92

排名	第一作者单位	学科发文量（篇）		前 5 年学科发文在 2017 年的被引			
		前 5 年	2017 年	频次	被引率(%)	最高（次）	篇均（次）
6	北京航空航天大学	542	88	446	36.7	37	0.82
7	上海交通大学	856	101	431	26.3	46	0.50
8	国防科学技术大学	659	81	424	33.1	29	0.64
9	东南大学	340	46	422	38.2	138	1.24
10	西北工业大学	777	92	404	29.3	17	0.52

表 40-6　信息科学与系统科学学科高被引科研院所 Top 5（2017 年）

排名	第一作者单位	学科发文量（篇）		前 5 年学科发文在 2017 年的被引			
		前 5 年	2017 年	频次	被引率(%)	最高（次）	篇均（次）
1	中国科学院自动化研究所	137	33	473	58.4	119	3.45
2	中国电子科技集团公司第二十八研究所	454	75	219	32.4	7	0.48
3	中国科学院沈阳自动化研究所	176	25	213	54.5	13	1.21
4	中国科学院计算技术研究所	117	18	118	35.0	42	1.01
5	中国电子技术标准化研究院	270	62	97	18.5	8	0.36

40.6.2　机构发文主题关联

通过机构共被引分析，获得信息科学与系统科学学科机构间的发文主题关联，图中节点大小反映被引次数高低，连线粗细代表共被引关联的强弱，关联越强表明两个机构的发文主题可能具有更强的相关性，红色节点为高被引高等院校 Top 10 和高被引科研院所 Top 5，详情见图 40-5（共被引 9 次以下不显示）。由图可知，高被引高等院校主导了信息科学与系统科学学科的机构共被引网络，在学科内体现出了较显著的学术影响力；东北大学具有相对最多的关联关系，充分表明了其学科学术影响力；东北大学和大连理工大学、南京航空航天大学等机构之间的关联较强，表明上述机构的研究主题具有较多重叠之处。

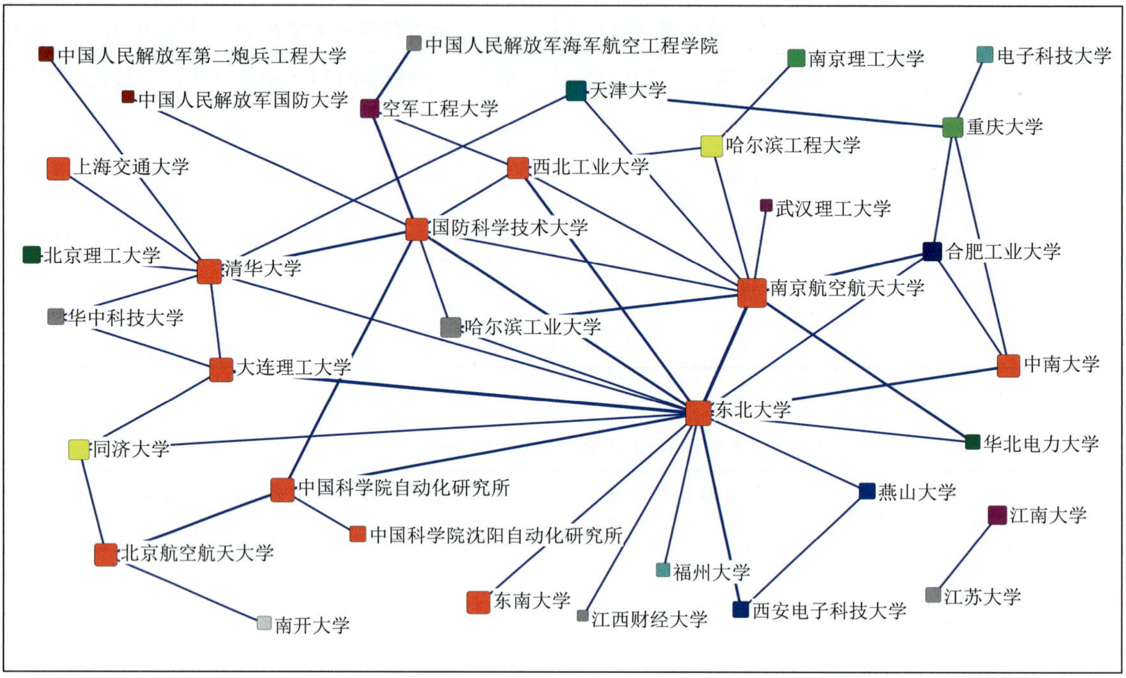

图 40-5　信息科学与系统科学学科机构发文主题关联（2017 年）

40.7　高被引国外期刊

信息科学与系统科学学科内被引次数 Top 10 的国外期刊见表 40-7，排名前 3 位的国外期刊是 *Automatica*、*IEEE Transactions on Industrial Electronics* 和 *Neurocomputing*。

表 40-7　信息科学与系统科学学科高被引国外期刊 Top 10（2017 年）

排名	期刊名称	2017 年被引频次
1	Automatica	479
2	IEEE Transactions on Industrial Electronics	372
3	Neurocomputing	343
4	Information Sciences	323
5	IEEE Transactions on Automatic Control	304
6	European Journal of Operational Research	215
7	IEEE Transactions on Pattern Analysis and Machine Intelligence	213
8	Expert Systems with Applications	204
9	IEEE Transactions on Image Processing	191
10	Knowledge-based systems	184

第 41 章　计算机科学与技术学科高被引分析

41.1　学科论文概况

2012—2016 年，计算机科学与技术学科的 65 种期刊上共发表学术论文 205554 篇，由来自在 28666 所机构的 146903 位学者作为第一作者发表。上述论文中，有 39502 篇在 2017 年获得过引用，整体被引率为 19.2%，总被引频次为 71689 次，篇均被引 0.35 次；其中，高被引论文有 428 篇，累计被引 7548 次，篇均被引 17.64 次，单篇论文最高被引 316 次（表 41-1）。另外，2017 年本学科共发表论文 37550 篇，其中有 2521 篇在当年获得过引用，总共被引 3300 次。

表 41-1　计算机科学与技术学科论文分布情况

年份	论文篇数	2017 年被引频次	2017 年被引率（%）	2017 年高被引论文			
				论文篇数	最高被引频次	总被引频次	篇均被引频次
2012	36037	11077	17.3	62	68	1134	18.29
2013	39684	12861	17.0	87	316	1927	22.15
2014	43596	16068	19.6	94	137	1847	19.65
2015	41850	17433	22.5	98	64	1574	16.06
2016	44387	14250	19.3	87	38	1066	12.25
合计	205554	71689	19.2	428	316	7548	17.64

41.2　高被引论文分析

在计算机科学与技术学科，2017 年被引次数 Top 10 论文（表 41-2）的平均被引次数为 109.9 次，是全部 428 篇高被引论文篇均被引频次的 6.2 倍。其中，被引次数最高的论文是孟小峰的《大数据管理：概念、技术与挑战》（2013），随后两篇分别是程学旗的《大数据系统和分析技术综述》（2014）和王元卓的《网络大数据:现状与展望》（2013）。

从论文分布来看，刊载高被引论文数量居前的 3 种期刊分别是《计算机学报》（80 篇）、《软件学报》（71 篇）和《计算机研究与发展》（53 篇），其中，《计算机研究与发展》刊载了高被引论文 Top 10 中的 3 篇；发表高被引论文数量居前的学者分别是广东工业大学的陆兴华（3 篇）、中国科学院大学的张玉清（3 篇）和中国科学院计算技术研究所的王元卓（3 篇）；产出高被引论文数量居前的机构分别是清华大学（23 篇）、中国科学院计算技术研究所（16 篇）和中国人民大学（11 篇），而清华大学产出了高被引论文 Top 10 中的 3 篇。

表 41-2　计算机科学与技术学科高被引论文 Top 10（2017 年）

排名	论文题名	第一作者	期刊名称	发表年份	被引频次	
					总频次	2017 年
1	大数据管理：概念、技术与挑战	孟小峰	计算机研究与发展	2013	1499	316
2	大数据系统和分析技术综述	程学旗	软件学报	2014	285	137
3	网络大数据：现状与展望	王元卓	计算机学报	2013	453	123
4	大数据安全与隐私保护	冯登国	计算机学报	2014	371	115
5	深度学习的昨天、今天和明天	余凯	计算机研究与发展	2013	192	75
6	大数据应用的现状与展望	张引	计算机研究与发展	2013	188	72
7	遗传算法研究进展	马永杰	计算机应用研究	2012	224	68
8	大数据流式计算：关键技术及系统实例	孙大为	软件学报	2014	170	66
9	软件定义网络（SDN）研究进展	张朝昆	软件学报	2015	149	64
10	云计算安全：架构、机制与模型评价	林闯	计算机学报	2013	208	63

41.3　研究主题关联分析

在计算机科学与技术学科，高被引论文共被 2017 年发表的 6902 篇论文引用了 7548 次。通过分析施引文献关键词的词频及关键词之间的共现关系，获得 2017 年计算机科学与技术学科的热点主题和主题关联，如图 41-1 所示（共现 9 次以下不显示）。由图可知："云计算""深度学习""物联网"等关键词的文档词频较高，是 2017 年学科的研究热点；3 个节点以上的研究主题关联网络共 3 个，构成了学科内最为突出的研究主题簇；其中，以"云计算""物联网" "数据挖掘"为核心节点的研究主题关联网络最大，其余各团簇中词频最高或连线最多的关键词分别是"隐私保护""深度学习"。

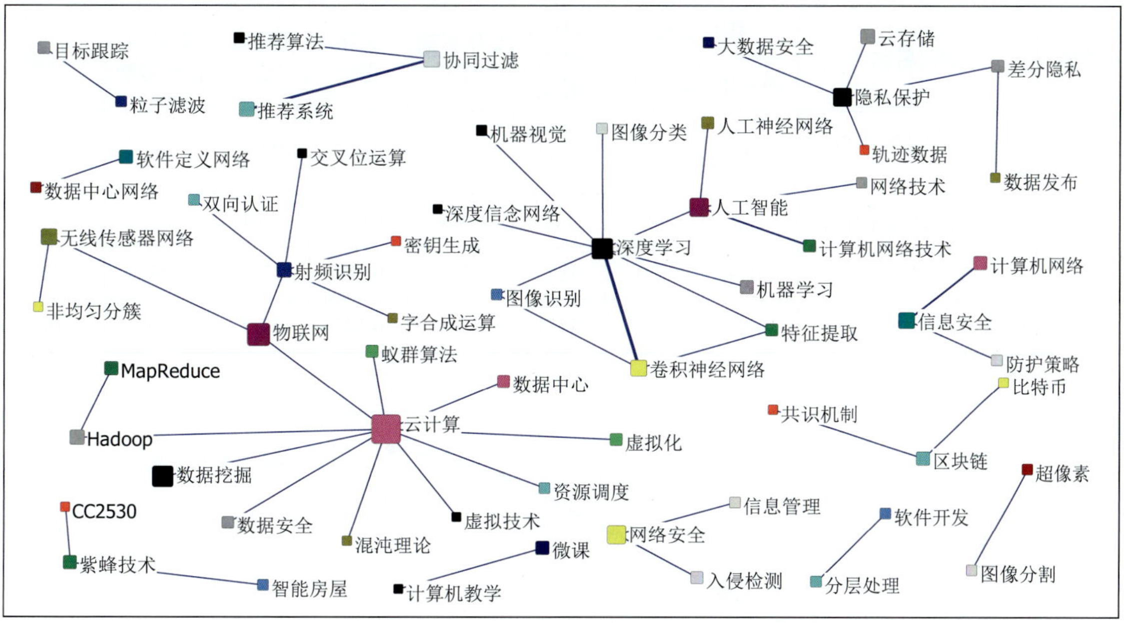

图 41-1　计算机科学与技术学科热点论文主题关联（2017 年）

41.4　高影响力期刊分析

41.4.1　高影响力期刊 Top 10

在计算机科学与技术学科，5 年影响因子 Top 10 期刊见表 41-3，前 3 种期刊分别是《计算机学报》、《软件学报》和《计算机研究与发展》。其中，2017 年被引频次最高的期刊是《计算机应用研究》，被引率最高的期刊是《计算机学报》。2012—2017 年期刊 5 年影响因子的变动情况如图 41-2 所示。

表 41-3　计算机科学与技术学科高被引期刊基本指标（2017 年）

排名	期刊名称	载文篇数		2017 年被引频次	5 年影响因子	即年指标	被引率（%）	高被引论文篇数	h 指数
		前 5 年	2017 年						
1	计算机学报	1060	192	3136	2.958	0.344	65.0	80	21
2	软件学报	1105	211	2888	2.614	0.327	59.7	71	20
3	计算机研究与发展	1564	248	2889	1.847	0.250	49.6	53	19
4	大数据	130	67	232	1.785	0.269	50.8	9	9
5	计算机集成制造系统	1740	290	2152	1.237	0.110	55.1	16	10
6	中国图象图形学报	1043	180	1114	1.068	0.100	48.5	10	9

排名	期刊名称	载文篇数		2017 年被引频次	5 年影响因子	即年指标	被引率（%）	高被引论文篇数	h 指数
		前 5 年	2017 年						
7	计算机辅助设计与图形学学报	1294	268	1241	0.959	0.093	49.3	6	8
8	网络与信息安全学报	122	96	112	0.918	0.073	43.4	2	4
9	计算机应用研究	5014	870	3862	0.770	0.187	37.5	34	12
10	计算机应用	4895	813	3471	0.709	0.122	37.9	20	10

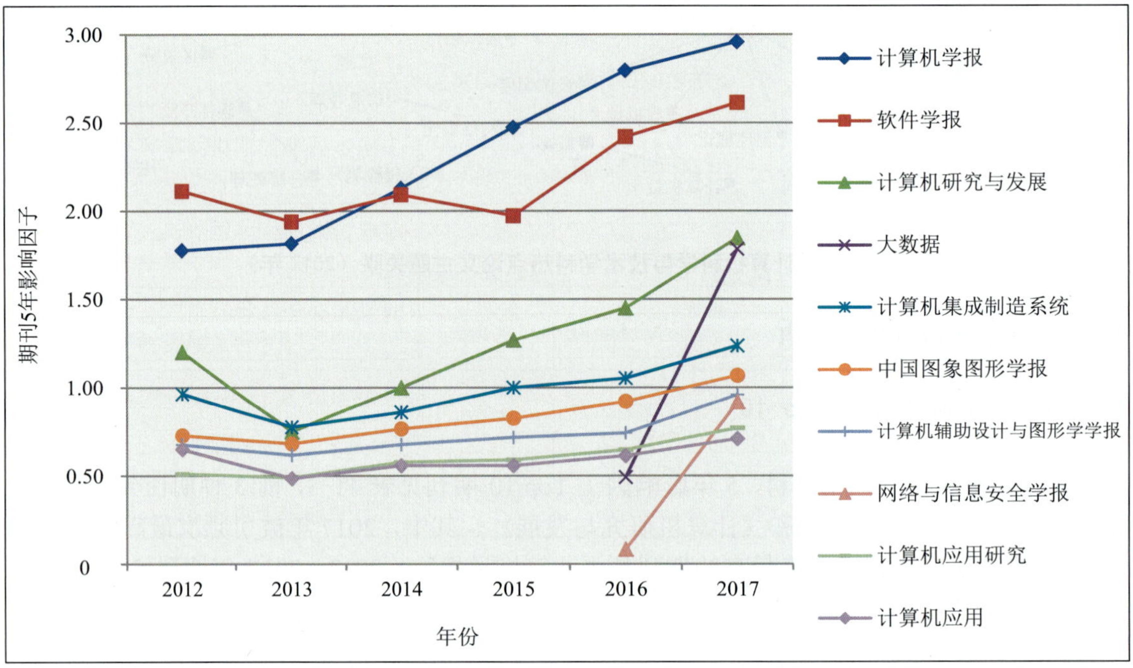

图 41-2　计算机科学与技术学科期刊 5 年影响因子变动趋势（2012—2017 年）

41.4.2　期刊载文主题关联

通过期刊共被引分析，获得计算机科学与技术学科期刊之间的载文主题关联，图中节点大小反映 5 年影响因子的高低，连线粗细代表共被引关联的强弱，关联越强表明两个期刊上有更多受学者们关注的相关主题论文，红色节点为学科高影响力期刊 Top 10，详情见图 41-3（共被引 100 次以下不显示）。如图所示，计算机科学与技术学科的多个期刊均互相关联且关联较为紧密，各期刊的学科分类属性体现得较为明显；《计算机学报》和《软件学报》的 5 年影响因子较高，显示出两本期刊在学科内学术影响力较大；《计算机学报》与《软件学报》，《计算机应用研究》与《计算机工程与应用》等期刊之间的关联较强，表明上述期刊分别具有较多相关主题的论文。

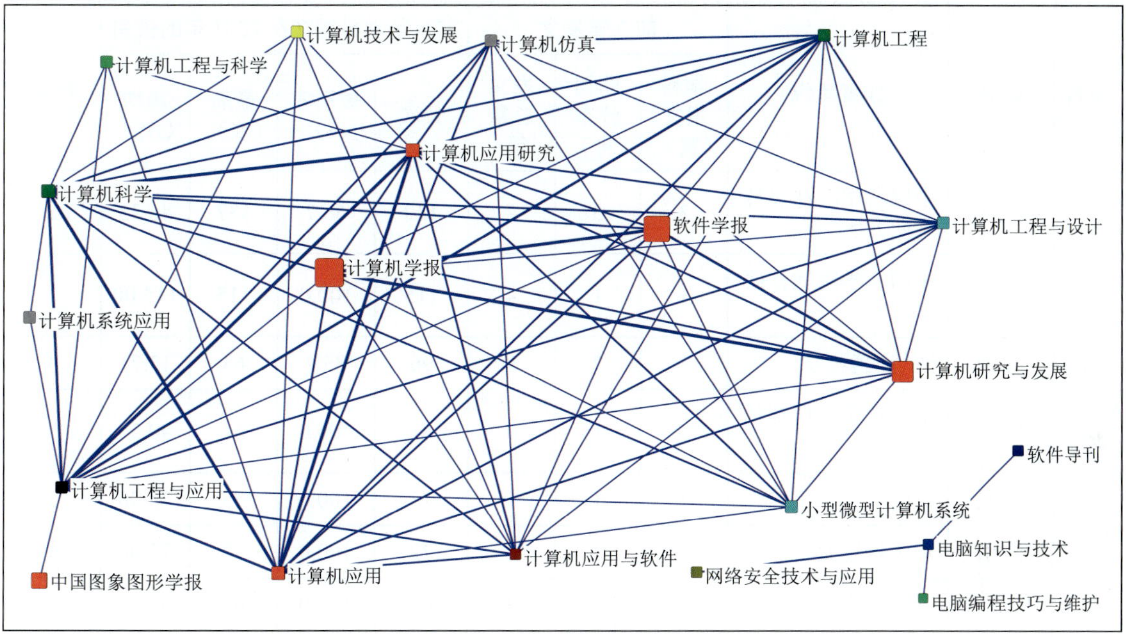

图 41-3　计算机科学与技术学科期刊载文主题关联（2017 年）

41.5　高被引作者分析

41.5.1　高被引作者 Top 20

2017 年论文被引次数 Top 20 的作者见表 41-4。其中，学科发文总被引频次较高的 3 位作者分别是中国人民大学的孟小峰（358 次）、中国科学院计算技术研究所的王元卓（158 次）和中国科学院计算技术研究所的程学旗（139 次）。在学科发文 5 篇及以上的作者中，篇均被引较高的 3 位作者分别是中国人民大学的孟小峰（篇均 44.75 次）、清华大学的林闯（篇均 13.71 次）和合肥工业大学的吴信东（篇均 9.60 次）；5 年学科发文较多的 3 位作者分别是南京航空航天大学的朱偀治（38 篇）、北京航空航天大学的何立民（28 篇）和兰州理工大学的曹洁（26 篇）。

表 41-4　计算机科学与技术学科高被引作者 Top 20（2017 年）

排名	姓名	作者单位	前 5 年发文			前 5 年学科发文在 2017 年的被引				h 指数（学科）
			学科发文（篇）	期刊分布（种）	发文总量（篇）	频次	被引率（%）	最高（次）	篇均（次）	
1	孟小峰	中国人民大学	8	2	9	358	50.0	316	44.75	4
2	王元卓	中国科学院计算技术研究所	3	2	4	158	100.0	123	52.67	3

排名	姓名	作者单位	前5年发文			前5年学科发文在2017年的被引				h指数（学科）
			学科发文（篇）	期刊分布（种）	发文总量（篇）	频次	被引率（%）	最高（次）	篇均（次）	
3	程学旗	中国科学院计算技术研究所	3	3	7	139	66.7	137	46.33	2
4	冯登国	中国科学院软件研究所	1	1	4	115	100.0	115	115.00	1
5	林闯	清华大学	7	2	8	96	85.7	63	13.71	4
6	黄凯奇	中国科学院自动化研究所	2	1	3	81	100.0	61	40.50	2
7	余凯	百度	1	1	1	75	100.0	75	75.00	1
8	张引	华中科技大学	1	1	1	72	100.0	72	72.00	1
9	马永杰	西北师范大学	1	1	3	68	100.0	68	68.00	1
10	孙大为	清华大学	1	1	3	66	100.0	66	66.00	1
11	张朝昆	清华大学	1	1	1	64	100.0	64	64.00	1
11	刘建伟	中国石油大学	16	7	25	64	37.5	39	4.00	4
13	陆兴华	广东工业大学	11	7	32	63	81.8	23	5.73	4
14	任磊	北京航空航天大学	2	2	2	62	100.0	58	31.00	2
15	张玉清	中国科学院大学	4	3	5	61	100.0	25	15.25	4
16	卜彩丽	河南师范大学	3	1	15	58	66.7	57	19.33	1
17	王国霞	北京科技大学	4	2	8	57	75.0	51	14.25	2
18	孙志军	解放军电子工程学院	1	1	3	56	100.0	56	56.00	1
19	蒋卓轩	北京大学	1	1	1	55	100.0	55	55.00	1
19	陈海明	中国科学院计算技术研究所	2	1	3	55	100.0	43	27.50	2

41.5.2 作者发文主题关联

通过作者共被引分析，获得 2017 年计算机科学与技术学科作者之间的发文主题关联，图中节点大小反映被引次数高低，连线粗细代表共被引关联的强弱，关联越强表明两位作者的发文主题可能具有更强的相关性，红色节点为学科高被引作者 Top 20，详情见图 41-4（共被引 5 次以下不显示）。如图所示，高被引作者主导了计算机科学与技术学科的作者共被引网络，意味着他们的论文主题主导了学科研究热点；以孟小峰、王元卓、程学旗等为主要节点的子网络规模最大、关联较为紧密，展现出了学科热点研究方向上的主要研究力量；孟小峰和王元卓，熊平和张啸剑等学者之间的关联较强，表明上述学者之间可能分别有较为相关的发文主题。

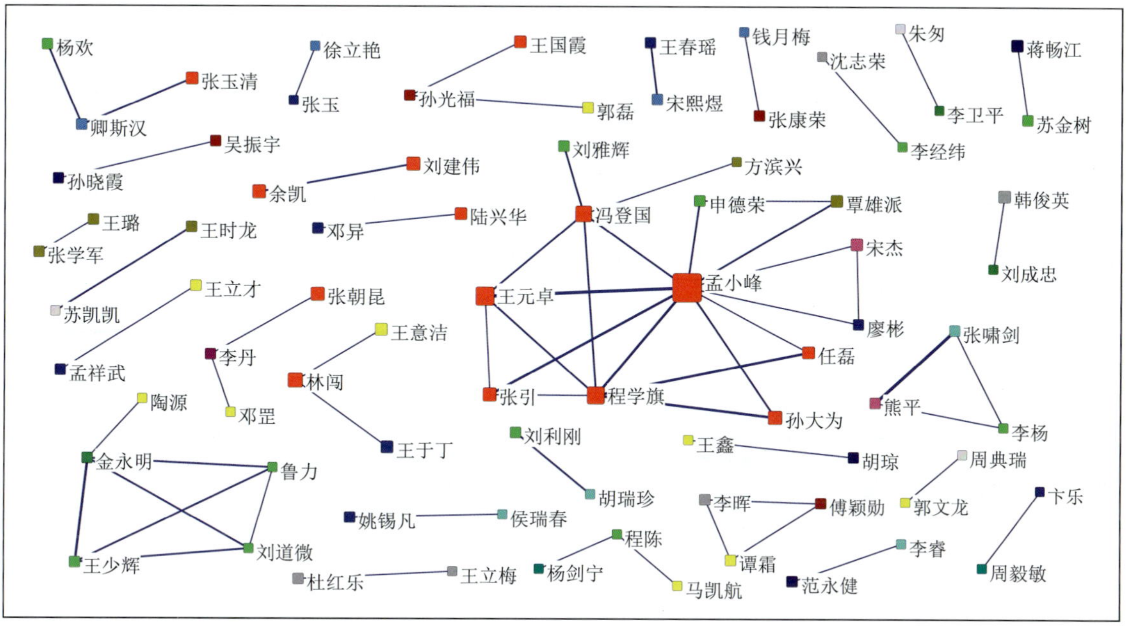

图 41-4　计算机科学与技术学科作者发文主题关联（2017 年）

41.6　高被引机构分析

41.6.1　高被引机构

计算机科学与技术学科被引次数 Top 10 高等院校和被引频次 Top 5 科研院所的发文与被引情况分别见表 41-5 和表 41-6。表中，总被引次数排名前 3 位的高等院校分别是清华大学、国防科学技术大学和西北工业大学，排名前 3 位的科研院所则是中国科学院计算技术研究所、中国科学院软件研究所和中国科学院信息工程研究所；篇均被引最高的高等院校和科研院所分别是中国人民大学和中国科学院计算技术研究所。

表 41-5　计算机科学与技术学科高被引高等院校 Top 10（2017 年）

排名	第一作者单位	学科发文量（篇）		前 5 年学科发文在 2017 年的被引			
		前 5 年	2017 年	频次	被引率(%)	最高（次）	篇均（次）
1	清华大学	669	114	986	39.6	66	1.47
2	国防科学技术大学	1200	119	817	30.4	48	0.68
3	西北工业大学	1367	101	760	32.4	14	0.56

排名	第一作者单位	学科发文量（篇）		前 5 年学科发文在 2017 年的被引			
		前 5 年	2017 年	频次	被引率(%)	最高（次）	篇均（次）
4	北京邮电大学	891	102	748	40.5	25	0.84
5	重庆大学	864	112	739	38.8	14	0.86
6	武汉大学	720	200	671	43.1	16	0.93
7	中国人民大学	172	33	664	48.3	316	3.86
8	南京邮电大学	1222	328	637	29.6	17	0.52
9	江南大学	1008	172	600	34.4	10	0.60
10	西南交通大学	740	99	552	35.9	22	0.75

表 41-6　计算机科学与技术学科高被引科研院所 Top 5（2017 年）

排名	第一作者单位	学科发文量（篇）		前 5 年学科发文在 2017 年的被引			
		前 5 年	2017 年	频次	被引率(%)	最高（次）	篇均（次）
1	中国科学院计算技术研究所	344	52	825	43.0	137	2.40
2	中国科学院软件研究所	361	50	439	35.5	115	1.22
3	中国科学院信息工程研究所	130	34	185	52.3	20	1.42
4	中国科学院自动化研究所	88	9	153	36.4	61	1.74
5	国家数字交换系统工程技术研究中心	222	48	130	35.6	7	0.59

41.6.2　机构发文主题关联

通过机构共被引分析，获得计算机科学与技术学科机构间的发文主题关联，图中节点大小反映被引次数高低，连线粗细代表共被引关联的强弱，关联越强表明两个机构的发文主题可能具有更强的相关性，红色节点为高被引高等院校 Top 10 和高被引科研院所 Top 5，详情见图 41-5（共被引 16 次以下不显示）。由图可知，高被引高等院校主导了计算机科学与技术学科的机构共被引网络，在学科内体现出了较显著的学术影响力；清华大学具有最多的关联关系，充分表明了其学科学术影响力；清华大学和国防科学技术大学，中国人民大学和中国科学院计算技术研究所等机构之间的关联较强，表明上述机构的研究主题分别具有较多重叠之处。

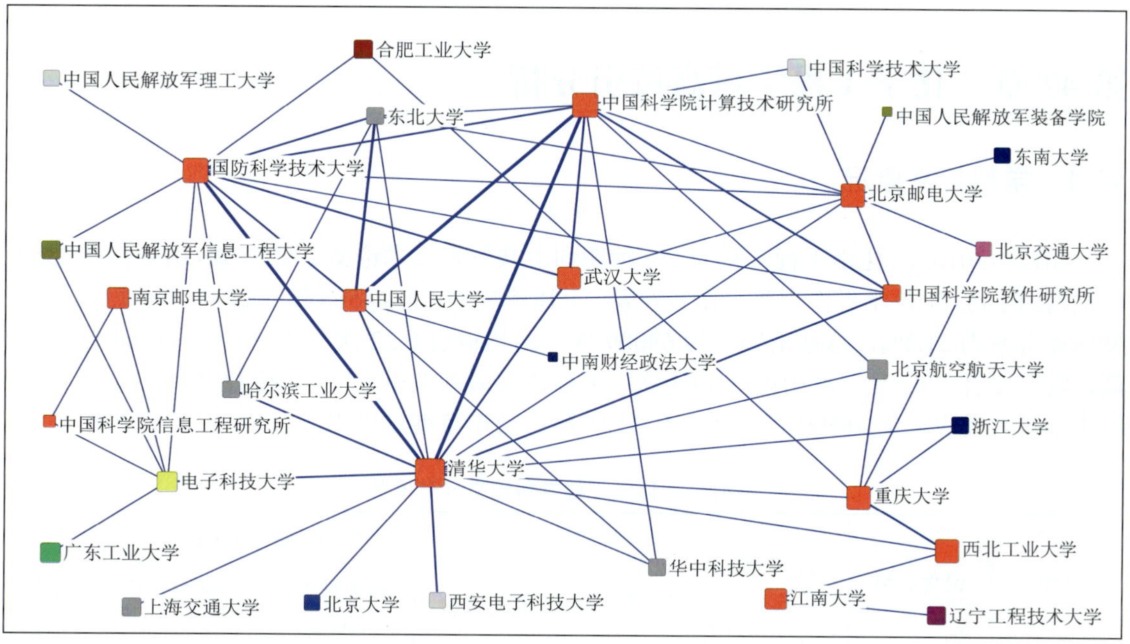

图 41-5　计算机科学与技术学科机构发文主题关联（2017 年）

41.7　高被引国外期刊

计算机科学与技术学科内被引次数 Top 10 的国外期刊见表 41-7，排名前 3 位的国外期刊是 *IEEE Transactions on Pattern Analysis and Machine Intelligence*、*IEEE Transactions on Image Processing* 和 *Neurocomputing*。

表 41-7　计算机科学与技术学科高被引国外期刊 Top 10（2017 年）

排名	期刊名称	2017 年被引频次
1	IEEE Transactions on Pattern Analysis and Machine Intelligence	782
2	IEEE Transactions on Image Processing	644
3	Neurocomputing	553
4	Information Sciences	547
5	Expert Systems with Applications	446
6	ACM Transactions on Graphics	422
7	Pattern Recognition	387
8	IEEE Transactions on Knowledge and Data Engineering	346
9	IEEE Transactions on Parallel and Distributed Systems	328
10	Knowledge-based systems	323

第 42 章　化学工程学科高被引分析

42.1　学科论文概况

2012—2016 年，化学工程学科的 156 种期刊上共发表学术论文 209292 篇，由来自在 25691 所机构的 138371 位学者作为第一作者发表。上述论文中，有 44565 篇在 2017 年获得过引用，整体被引率为 21.3%，总被引频次为 68009 次，篇均被引 0.32 次；其中，高被引论文有 547 篇，累计被引 4392 次，篇均被引 8.03 次，单篇论文最高被引 67 次（表 42-1）。另外，2017 年本学科共发表论文 46509 篇，其中有 3121 篇在当年获得过引用，总共被引 3932 次。

表 42-1　化学工程学科论文分布情况

年份	论文篇数	2017 年被引频次	2017 年被引率（%）	2017 年高被引论文			
				论文篇数	最高被引频次	总被引频次	篇均被引频次
2012	37336	9399	17.1	65	19	504	7.75
2013	37948	11435	19.9	83	67	735	8.86
2014	43377	14187	21.3	126	24	1036	8.22
2015	44047	16514	24.1	149	20	1141	7.66
2016	46584	16474	23.2	124	25	976	7.87
合计	209292	68009	21.3	547	67	4392	8.03

42.2　高被引论文分析

在化学工程学科，2017 年被引次数 Top 10 论文（表 42-2）的平均被引次数为 26.0 次，是全部 547 篇高被引论文篇均被引频次的 3.2 倍。其中，被引次数最高的论文是任南琪的《染料废水处理技术研究进展》（2013），随后两篇分别是张帆的《吸附法处理重金属废水的研究进展》（2013）和马双忱的《燃煤电厂脱硫废水处理技术研究与应用进展》（2016）。

从论文分布来看，刊载高被引论文数量居前的 3 种期刊分别是《化工管理》（90 篇）、《化工进展》（77 篇）和《化工学报》（48 篇），其中，《化工进展》刊载了高被引论文 Top 10 中的 5 篇；发表高被引论文数量居前的学者分别是亿利资源集团有限公司的顾卫荣（2 篇）、湖南大学的常远（2 篇）和中国聚氨酯工业协会的朱长春（2 篇）；产出高被引论文数量居前的机构分别是清华大学（14 篇）、中国石油大学（12 篇）和华南理工大学（10 篇）。

表 42-2　化学工程学科高被引论文 Top 10（2017 年）

排名	论文题名	第一作者	期刊名称	发表年份	被引频次	
					总频次	2017 年
1	染料废水处理技术研究进展	任南琪	化工学报	2013	223	67
2	吸附法处理重金属废水的研究进展	张帆	化工进展	2013	84	38
3	燃煤电厂脱硫废水处理技术研究与应用进展	马双忱	化工进展	2016	33	25
4	浅议绿色化工技术在化学工程工艺中的应用	井博勋	天津化工	2015	30	20
5	煤矸石综合利用的产业化及其展望	郭彦霞	化工学报	2014	51	19
5	低温甲醇洗技术及其在煤化工中的应用	赵鹏飞	化工进展	2012	61	19
5	新疆高钠煤中钠的赋存形态及其对燃烧过程的影响	陈川	燃料化学学报	2013	64	19
8	准东煤中碱金属的赋存形式及其在燃烧过程中的迁移规律实验研究	刘敬	燃料化学学报	2014	51	18
8	燃煤烟气脱硝技术的研究进展	顾卫荣	化工进展	2012	61	18
10	精馏技术研究进展与工业应用	任海伦	化工进展	2016	20	17

42.3　研究主题关联分析

在化学工程学科，高被引论文共被 2017 年发表的 3957 篇论文引用了 4392 次。通过分析施引文献关键词的词频及关键词之间的共现关系，获得 2017 年化学工程学科的热点主题和主题关联，如图 42-1 所示（共现 8 次以下不显示）。由图可知："化工工艺""石墨烯""力学性质"等关键词的文档词频较高，是 2017 年学科的研究热点；3 个节点以上的研究主题关联网络共 4 个，构成了学科内最为突出的研究主题簇；其中，以"注射模""脱模""机构设计""三板模"为核心节点的研究主题关联网络最大，其余各团簇中词频最高或连线最多的关键词分别是"聚丙烯""石墨烯""化工工艺"。

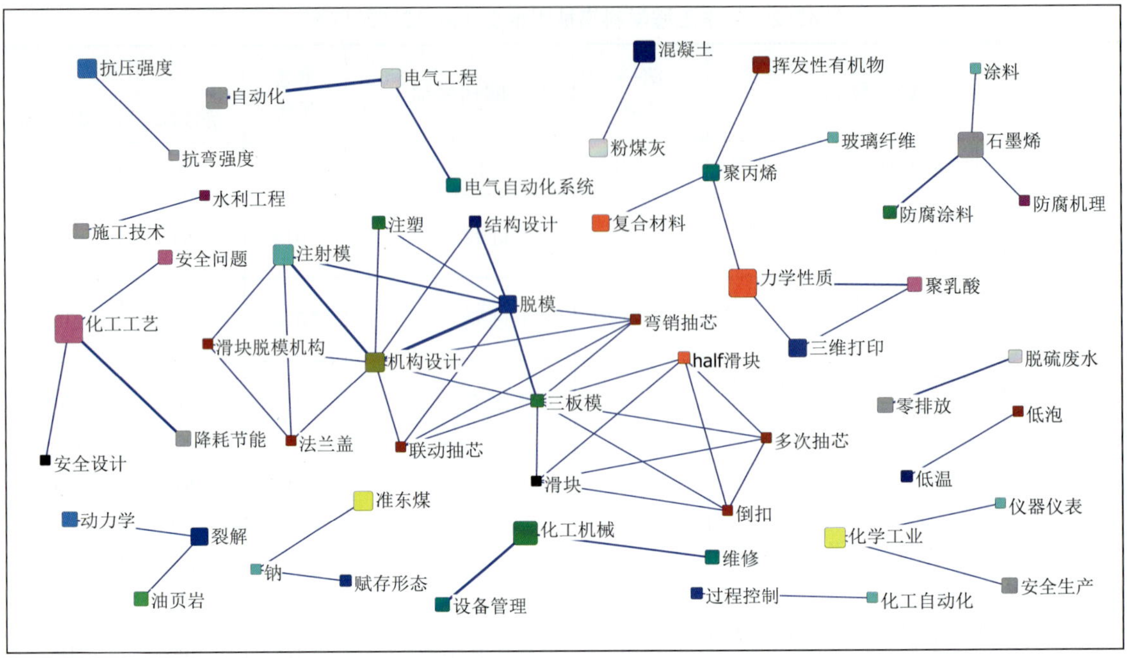

图 42-1 化学工程学科热点论文主题关联（2017 年）

42.4 高影响力期刊分析

42.4.1 高影响力期刊 Top 10

在化学工程学科，5 年影响因子 Top 10 期刊见表 42-3，前 3 种期刊分别是《燃料化学学报》、《化工进展》和《化工学报》。其中，2017 年被引频次最高的期刊是《化工学报》，被引率最高的期刊是《燃料化学学报》。2012—2017 年期刊 5 年影响因子的变动情况如图 42-2 所示。

表 42-3 化学工程学科高被引期刊基本指标（2017 年）

排名	期刊名称	载文篇数		2017 年被引频次	5 年影响因子	即年指标	被引率（%）	高被引论文篇数	h 指数
		前 5 年	2017 年						
1	燃料化学学报	1137	192	1204	1.059	0.135	52.2	27	8
2	化工进展	3319	714	3258	0.982	0.141	45.1	77	11
3	化工学报	3530	618	3389	0.960	0.162	49.7	48	9
4	硅酸盐学报	1436	252	1287	0.896	0.175	46.0	30	9
5	煤炭转化	411	74	309	0.752	0.081	44.3	1	5
6	硅酸盐通报	2964	739	2145	0.724	0.087	39.7	34	8

排名	期刊名称	载文篇数		2017 年被引频次	5 年影响因子	即年指标	被引率（%）	高被引论文篇数	h 指数
		前 5 年	2017 年						
7	无机盐工业	1299	272	837	0.644	0.162	38.7	7	6
8	膜科学与技术	667	124	413	0.619	0.008	37.5	5	5
9	林产化学与工业	774	123	472	0.610	0.146	36.4	5	5
10	塑料	997	200	584	0.586	0.065	36.0	5	5

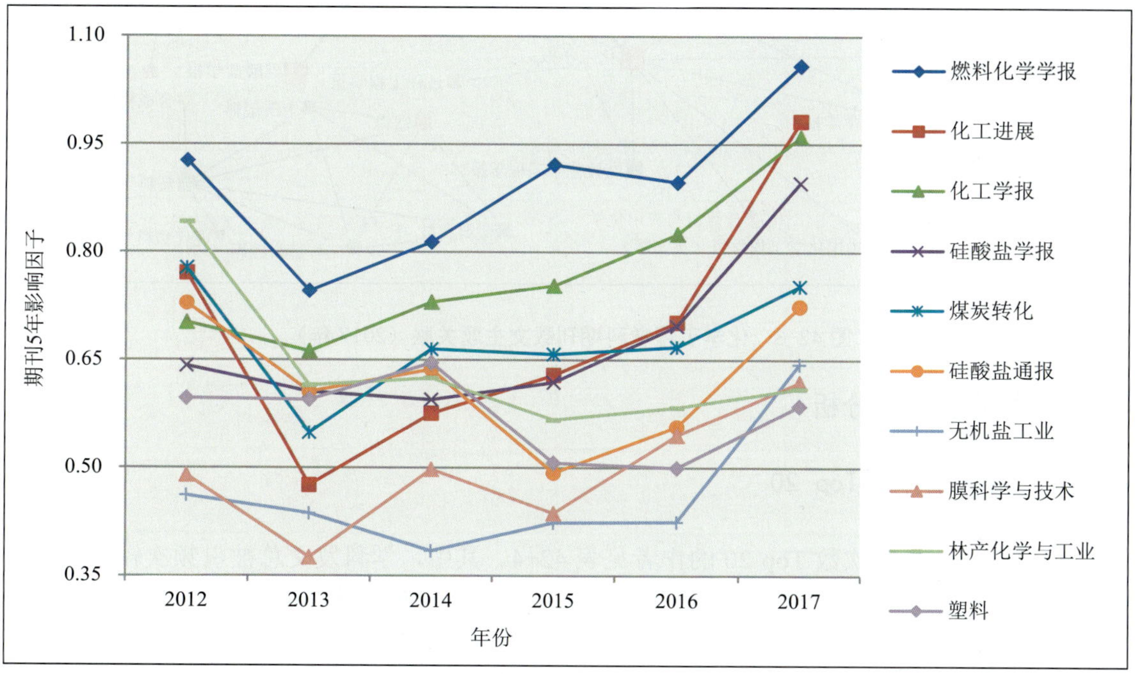

图 42-2　化学工程学科期刊 5 年影响因子变动趋势（2012—2017 年）

42.4.2　期刊载文主题关联

通过期刊共被引分析，获得化学工程学科期刊之间的载文主题关联，图中节点大小反映 5 年影响因子的高低，连线粗细代表共被引关联的强弱，关联越强表明两个期刊上有更多受学者们关注的相关主题论文，红色节点为学科高影响力期刊 Top 10，详情见图 42-3（共被引 45 次以下不显示）。如图所示，化学工程学科的多个期刊均互相关联且关联较为紧密，各期刊的学科分类属性体现得较为明显；《化工进展》具有最多的关联关系，这是其总被引次数相对较高的典型体现；《化工学报》与《化工进展》，《广东化工》与《广州化工》等期刊之间的关联较强，表明上述期刊分别具有较多相关主题的论文。

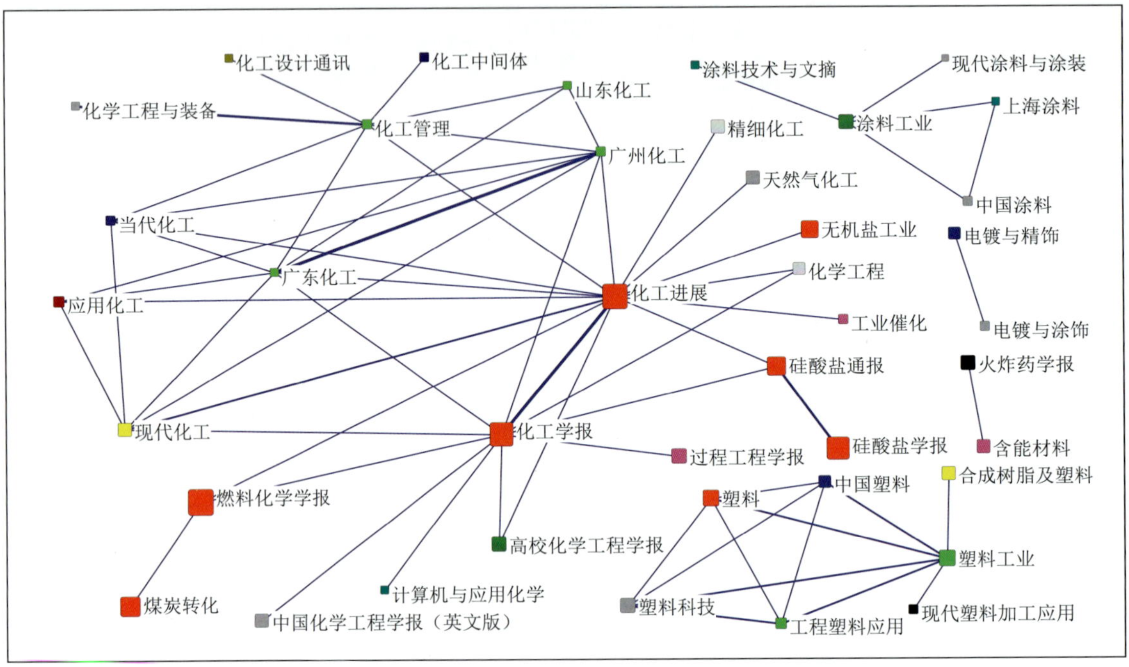

图 42-3　化学工程学科期刊载文主题关联（2017 年）

42.5　高被引作者分析

42.5.1　高被引作者 Top 20

2017 年论文被引次数 Top 20 的作者见表 42-4。其中，学科发文总被引频次较高的 3 位作者分别是哈尔滨工业大学的任南琪（67 次）、吉首大学的张帆（44 次）和东北电力大学的王擎（40 次）。在学科发文 5 篇及以上的作者中，篇均被引较高的 3 位作者分别是怀化职业技术学院的张建卿（篇均 4.14 次）、中国建筑材料科学研究总院的王昕（篇均 3.80 次）和华北电力大学的马双忱（篇均 3.60 次）；5 年学科发文较多的 3 位作者分别是宝鸡文理学院的张来新（64 篇）、华南理工大学的江畹兰（60 篇）和东北电力大学的周云龙（45 篇）。

表 42-4　化学工程学科高被引作者 Top 20（2017 年）

排名	姓名	作者单位	前 5 年发文			前 5 年学科发文在 2017 年的被引				h 指数（学科）
			学科发文（篇）	期刊分布（种）	发文总量（篇）	频次	被引率（%）	最高（次）	篇均（次）	
1	任南琪	哈尔滨工业大学	1	1	3	67	100.0	67	67.00	1
2	张帆	吉首大学	4	3	6	44	50.0	38	11.00	2
3	王擎	东北电力大学	21	5	37	40	81.0	9	1.90	3

排名	姓名	作者单位	前 5 年发文			前 5 年学科发文在 2017 年的被引				h 指数（学科）
			学科发文（篇）	期刊分布（种）	发文总量（篇）	频次	被引率（%）	最高（次）	篇均（次）	
4	马双忱	华北电力大学	10	4	37	36	60.0	25	3.60	2
5	张建卿	怀化职业技术学院	7	4	14	29	100.0	7	4.14	4
6	朱长春	中国聚氨酯工业协会	4	2	4	28	75.0	14	7.00	2
7	黄良仙	陕西科技大学	24	3	29	27	79.2	3	1.13	2
7	顾卫荣	亿利资源集团有限公司	4	2	4	27	50.0	18	6.75	2
7	王锡春	中国第一汽车集团公司	21	3	21	27	66.7	6	1.29	3
10	柏静儒	东北电力大学	17	8	35	25	47.1	7	1.47	3
10	陈川	上海理工大学	2	2	2	25	100.0	19	12.50	2
12	冯刚	浙江工业职业技术学院	19	3	24	24	42.1	9	1.26	3
13	郭崇武	广州超邦化工有限公司	33	3	33	23	36.4	7	0.70	2
14	孔祥明	清华大学	7	1	10	22	85.7	7	3.14	3
14	何选明	武汉科技大学	26	6	31	22	46.2	4	0.85	2
16	韩中合	华北电力大学	7	2	60	21	100.0	7	3.00	2
16	常远	湖南大学	2	1	2	21	100.0	12	10.50	2
18	王成云	深圳出入境检验检疫局	12	5	71	20	75.0	3	1.67	3
18	张维合	广东科技学院	27	3	43	20	44.4	4	0.74	2
18	王承遇	大连工业大学	15	1	15	20	66.7	6	1.33	3

42.5.2　作者发文主题关联

通过作者共被引分析，获得 2017 年化学工程学科作者之间的发文主题关联，图中节点大小反映被引次数高低，连线粗细代表共被引关联的强弱，关联越强表明两位作者的发文主题可能具有更强的相关性，红色节点为学科高被引作者 Top 20，详情见图 42-4（共被引 4 次以下不显示）。如图所示，以张建卿、杨安、海争平为主要节点的子网络规模最大、关联较为紧密，展现出了学科热点研究方向上的主要研究力量；刘敬和陈川、刘大海等学者之间的关联较强，表明上述学者之间可能有较为相关的发文主题。

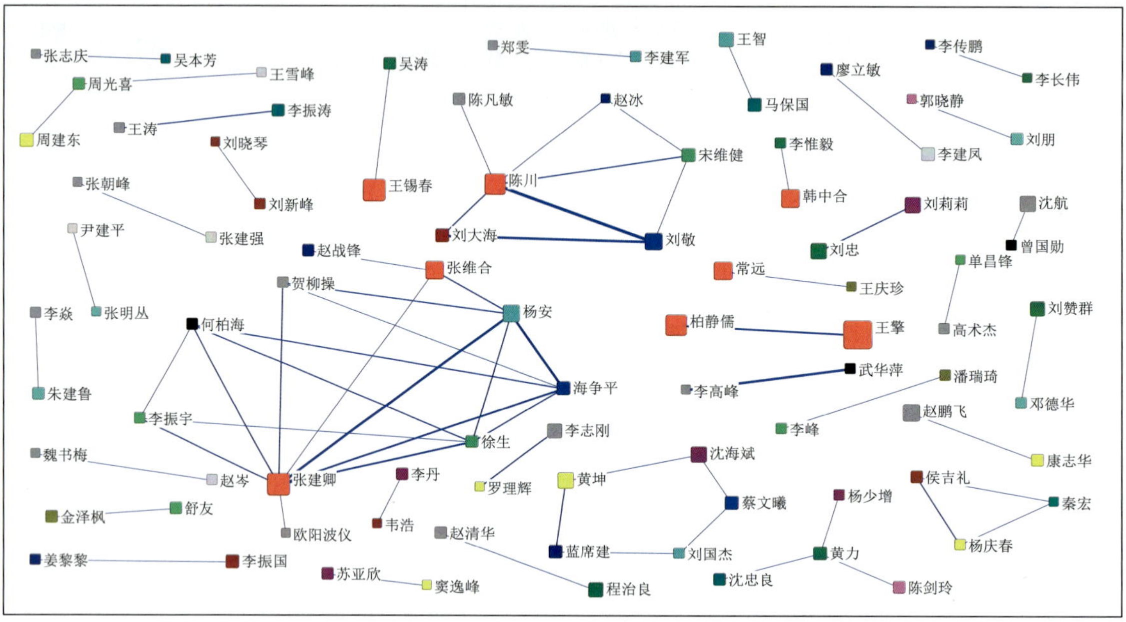

图 42-4　化学工程学科作者发文主题关联（2017 年）

42.6　高被引机构分析

42.6.1　高被引机构

化学工程学科被引次数 Top 10 高等院校和被引频次 Top 5 科研院所的发文与被引情况分别见表 42-5 和表 42-6。表中，总被引次数排名前 3 位的高等院校分别是中国石油大学、华南理工大学和青岛科技大学，排名前 3 位的科研院所则是西安近代化学研究所、中国林业科学研究院林产化学工业研究所和中国科学院过程工程研究所；篇均被引最高的高等院校和科研院所分别是中国石油大学和中国科学院山西煤炭化学研究所。

表 42-5　化学工程学科高被引高等院校 Top 10（2017 年）

排名	第一作者单位	学科发文量（篇）		前 5 年学科发文在 2017 年的被引			
		前 5 年	2017 年	频次	被引率(%)	最高（次）	篇均（次）
1	中国石油大学	1492	296	922	36.4	12	0.62
2	华南理工大学	1278	207	727	33.6	11	0.57
3	青岛科技大学	1885	378	726	26.2	8	0.39
4	天津大学	1273	248	698	35.4	17	0.55
5	北京化工大学	1465	231	687	31.1	10	0.47

排名	第一作者单位	学科发文量（篇）		前 5 年学科发文在 2017 年的被引			
		前 5 年	2017 年	频次	被引率(%)	最高（次）	篇均（次）
6	华东理工大学	1182	196	667	35.9	6	0.56
7	辽宁石油化工大学	1454	182	665	30.2	7	0.46
8	陕西科技大学	1412	301	649	30.9	9	0.46
9	四川大学	1135	208	512	29.1	14	0.45
10	南京工业大学	896	151	499	33.1	8	0.56

表 42-6　化学工程学科高被引科研院所 Top 5（2017 年）

排名	第一作者单位	学科发文量（篇）		前 5 年学科发文在 2017 年的被引			
		前 5 年	2017 年	频次	被引率(%)	最高（次）	篇均（次）
1	西安近代化学研究所	525	93	286	38.5	4	0.54
2	中国林业科学研究院林产化学工业研究所	424	60	279	38.0	8	0.66
3	中国科学院过程工程研究所	271	56	182	39.1	10	0.67
4	中国科学院山西煤炭化学研究所	218	35	150	38.1	6	0.69
5	中国石化抚顺石油化工研究院	226	52	144	37.2	8	0.64

42.6.2　机构发文主题关联

通过机构共被引分析，获得化学工程学科机构间的发文主题关联，图中节点大小反映被引次数高低，连线粗细代表共被引关联的强弱，关联越强表明两个机构的发文主题可能具有更强的相关性，红色节点为高被引高等院校 Top 10 和高被引科研院所 Top 5，详情见图 42-5（共被引 13 次以下不显示）。由图可知，高被引高等院校主导了化学工程学科的机构共被引网络，在学科内体现出了较显著的学术影响力；华东理工大学和中国石油大学具有相对较多的关联关系，充分表明了其学科学术影响力；中国石油大学和辽宁石油化工大学，北京化工大学和青岛科技大学等机构之间的关联较强，表明上述机构的研究主题分别具有较多重叠之处。

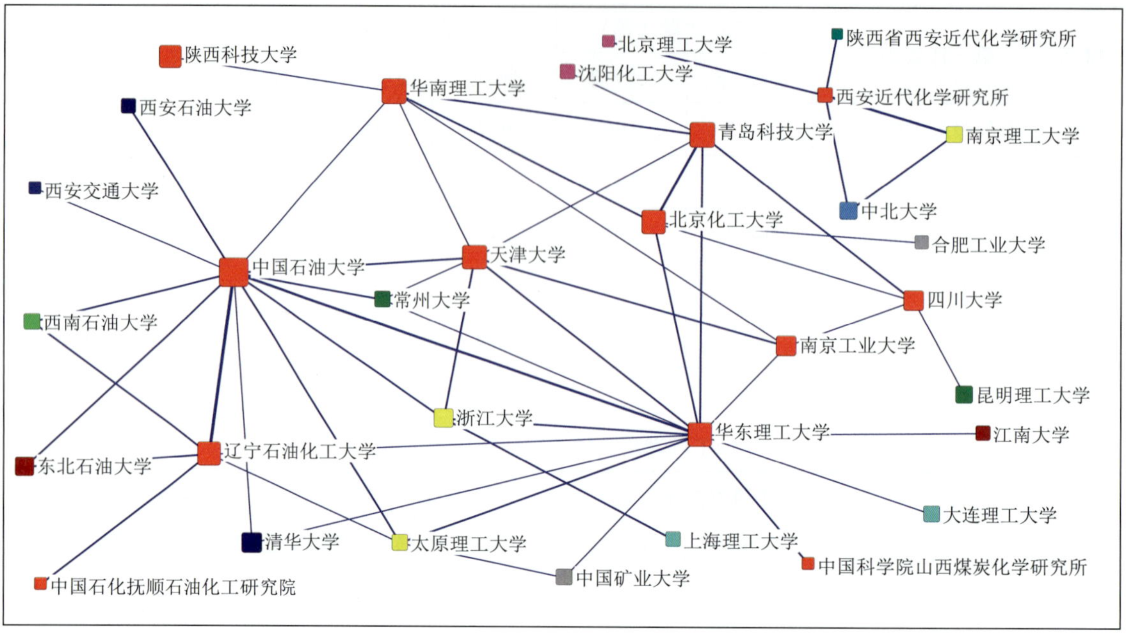

图 42-5　化学工程学科机构发文主题关联（2017 年）

42.7　高被引国外期刊

化学工程学科内被引次数 Top 10 的国外期刊见表 42-7，排名前 3 位的国外期刊是 *RSC Advances*、*Chemical Engineering Journal* 和 *Industrial & Engineering Chemistry Research*。

表 42-7　化学工程学科高被引国外期刊 Top 10（2017 年）

排名	期刊名称	2017 年被引频次
1	RSC Advances	1089
2	Chemical Engineering Journal	1077
3	Industrial & Engineering Chemistry Research	925
4	Journal of Membrane Science	907
5	Fuel	736
6	Ceramics International	707
7	Journal of Applied Polymer Science	665
8	Applied Surface Science	626
9	ACS Applied Materials & Interfaces	588
10	Bioresource Technology	578

第 43 章　轻工业、手工业学科高被引分析

43.1　学科论文概况

2012—2016 年，轻工业、手工业学科的 142 种期刊上共发表学术论文 197002 篇，由来自在 17226 所机构的 100635 位学者作为第一作者发表。上述论文中，有 48803 篇在 2017 年获得过引用，整体被引率为 24.8%，总被引频次为 84619 次，篇均被引 0.43 次；其中，高被引论文有 750 篇，累计被引 6435 次，篇均被引 8.58 次，单篇论文最高被引 43 次（表 43-1）。另外，2017 年本学科共发表论文 43596 篇，其中有 2749 篇在当年获得过引用，总共被引 3390 次。

表 43-1　轻工业、手工业学科论文分布情况

年份	论文篇数	2017 年被引频次	2017 年被引率（%）	2017 年高被引论文			
				论文篇数	最高被引频次	总被引频次	篇均被引频次
2012	41177	13803	19.6	107	27	986	9.21
2013	35606	16023	25.3	139	43	1313	9.45
2014	37075	17013	26.0	157	30	1400	8.92
2015	38292	18618	27.6	142	18	1224	8.62
2016	44852	19162	25.7	205	19	1512	7.38
合计	197002	84619	24.8	750	43	6435	8.58

43.2　高被引论文分析

在轻工业、手工业学科，2017 年被引次数 Top 10 论文（表 43-2）的平均被引次数为 24.7 次，是全部 750 篇高被引论文篇均被引频次的 2.9 倍。其中，被引次数最高的论文是侯学敏的《响应面法优化薄荷叶总黄酮提取工艺及抗氧化活性》（2013），随后两篇分别是韦献雅的《DPPH 法评价抗氧化活性研究进展》（2014）和林建原的《响应面优化银杏叶中黄酮的提取工艺》（2013）。

从论文分布来看，刊载高被引论文数量居前的 3 种期刊分别是《食品科学》（203 篇）、《食品工业科技》（63 篇）和《中国食品学报》（32 篇），其中，《食品科学》刊载了高被引论文 Top 10 中的 5 篇；发表高被引论文数量居前的学者分别是天津工业大学的刘元军（5 篇）、天津工业大学的赵晓明（3 篇）和南昌大学的谢明勇（3 篇）；产出高被引论文数量居前的机构分别是江南大学（23 篇）、西南大学（17 篇）和南昌大学（15 篇）。

表 43-2 轻工业、手工业学科高被引论文 Top 10（2017 年）

排名	论文题名	第一作者	期刊名称	发表年份	被引频次	
					总频次	2017 年
1	响应面法优化薄荷叶总黄酮提取工艺及抗氧化活性	侯学敏	食品科学	2013	109	43
2	DPPH 法评价抗氧化活性研究进展	韦献雅	食品科学	2014	91	30
3	响应面优化银杏叶中黄酮的提取工艺	林建原	中国食品学报	2013	84	28
4	多不饱和脂肪酸的研究进展	孙翔宇	食品工业科技	2012	95	27
5	牡丹籽油超临界 CO_2 萃取工艺优化及抗氧化活性的研究	史国安	中国粮油学报	2013	62	21
6	超声辅助提取香蕉皮多酚工艺优化及其抗氧化性的分析	陈晨	食品科学	2014	42	20
6	野生与养殖草鱼肌肉营养成分比较分析	程汉良	食品科学	2013	42	20
6	铁皮石斛活性成分及其功能研究进展	聂少平	食品科学	2012	55	20
9	藜麦的营养价值及其应用前景	王黎明	食品工业科技	2014	42	19
9	响应面优化玛咖叶总黄酮提取工艺及其抗氧化活性研究	张黎明	现代食品科技	2014	46	19

43.3 研究主题关联分析

在轻工业、手工业学科，高被引论文共被 2017 年发表的 4941 篇论文引用了 6435 次。通过分析施引文献关键词的词频及关键词之间的共现关系，获得 2017 年轻工业、手工业学科的热点主题和主题关联，如图 43-1 所示（共现 9 次以下不显示）。由图可知：“抗氧化性”“多糖”“抗氧化活性”等关键词的文档词频较高，是 2017 年学科的研究热点；图中 3 个节点以上的研究主题关联网络共 5 个，构成了学科内最为突出的研究主题簇；其中，以“多糖”“抗氧化性”“抗氧化活性”为核心节点的研究主题关联网络最大，其余各团簇中词频最高或连线最多的关键词分别是“气相色谱-质谱”“图像分析”“脂肪酸”“介电常数”。

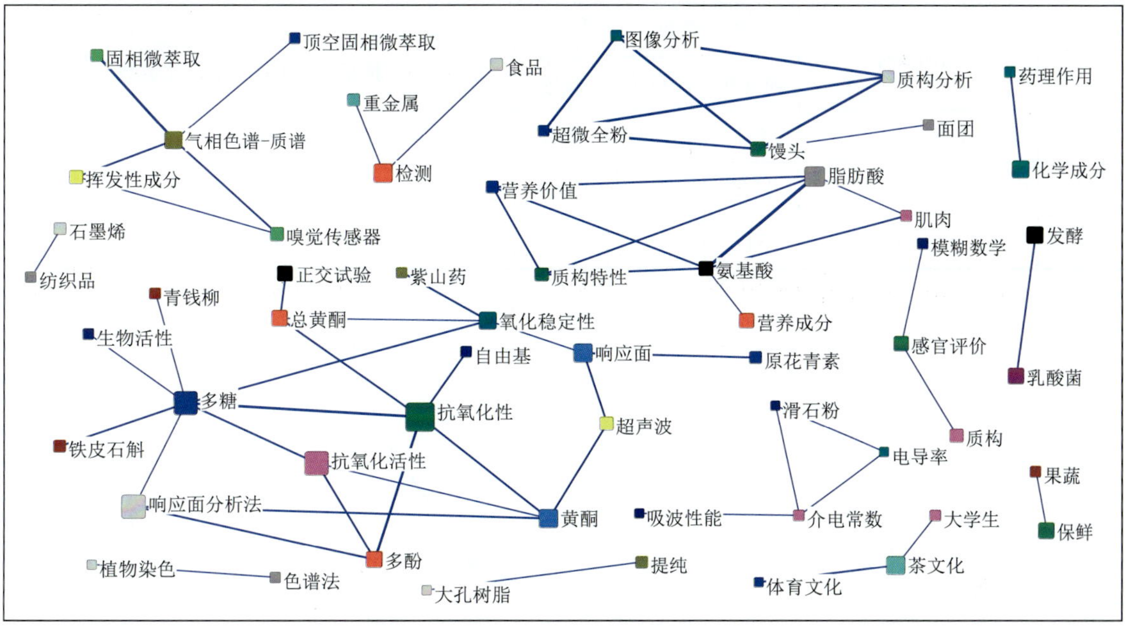

图 43-1　轻工业、手工业学科热点论文主题关联（2017 年）

43.4　高影响力期刊分析

43.4.1　高影响力期刊 Top 10

在轻工业、手工业学科，5 年影响因子 Top 10 期刊见表 43-3，前 3 种期刊分别是《食品科学》、《中国食品学报》和《烟草科技》。其中，2017 年被引频次最高的期刊是《食品科学》，被引率最高的期刊是《食品科学》。2012—2017 年期刊 5 年影响因子的变动情况如图 43-2 所示。

表 43-3　轻工业、手工业学科高被引期刊基本指标（2017 年）

排名	期刊名称	载文篇数		2017 年被引频次	5 年影响因子	即年指标	被引率（%）	高被引论文篇数	h 指数
		前 5 年	2017 年						
1	食品科学	7417	1178	11100	1.497	0.229	61.6	203	14
2	中国食品学报	2128	435	2401	1.128	0.076	51.0	32	10
3	烟草科技	1100	178	1174	1.067	0.118	55.1	11	7
4	中国粮油学报	1616	324	1683	1.041	0.090	51.9	17	8
5	现代食品科技	2900	535	2914	1.005	0.153	52.0	20	8
6	食品科学技术学报	467	87	468	1.002	0.264	50.1	4	6
7	食品与机械	2307	548	2287	0.991	0.215	51.9	25	8

排名	期刊名称	载文篇数		2017 年被引频次	5 年影响因子	即年指标	被引率（%）	高被引论文篇数	h 指数
		前 5 年	2017 年						
8	保鲜与加工	551	157	532	0.966	0.178	46.8	8	7
9	中国油脂	1542	439	1400	0.908	0.155	46.6	11	7
10	包装与食品机械	547	99	492	0.899	0.061	47.2	6	6

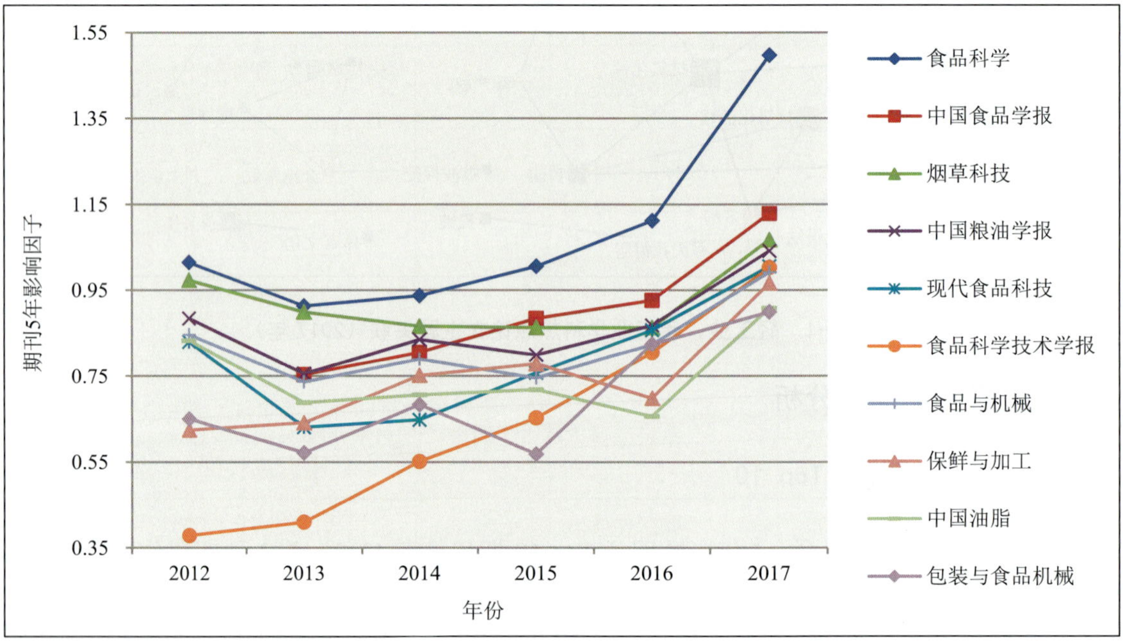

图 43-2　轻工业、手工业学科期刊 5 年影响因子变动趋势（2012—2017 年）

43.4.2　期刊载文主题关联

通过期刊共被引分析，获得轻工业、手工业学科期刊之间的载文主题关联，图中节点大小反映 5 年影响因子的高低，连线粗细代表共被引关联的强弱，关联越强表明两个期刊上有更多受学者们关注的相关主题论文，红色节点为学科高影响力期刊 Top 10，详情见图 43-3（共被引 130 次以下不显示）。如图所示，轻工业、手工业学科的多个期刊均互相关联且关联较为紧密，各期刊的学科分类属性体现得较为明显；《食品科学》与《食品工业科技》构成了该期刊主题关联网络的核心节点；《食品科学》具有最多的关联关系，这是其总被引次数最高的典型体现；《食品科学》与《食品工业科技》《现代食品科技》等期刊之间的关联较强，表明上述期刊具有较多相关主题的论文。

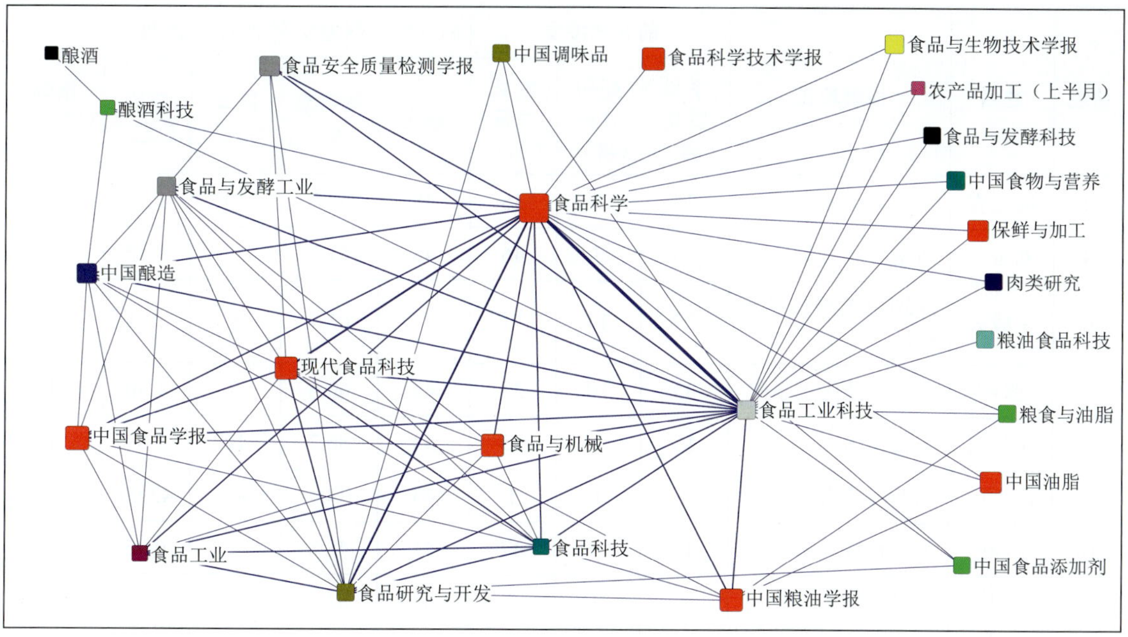

图 43-3　轻工业、手工业学科期刊载文主题关联（2017 年）

43.5　高被引作者分析

43.5.1　高被引作者 Top 20

2017 年论文被引次数 Top 20 的作者见表 43-4。其中，学科发文总被引频次较高的 3 位作者分别是天津工业大学的刘元军（63 次）、渤海大学的李颖畅（61 次）和黄山学院的赵秀玲（55 次）。在学科发文 5 篇及以上的作者中，篇均被引较高的 4 位作者分别是浙江万里学院的林建原（篇均 6.60 次）、湖南农业大学的邓小华（篇均 6.00 次），以及天津工业大学的赵晓明（篇均 5.83 次）与南昌大学的谢明勇（篇均 5.83 次）；5 年学科发文较多的 3 位作者分别是漯河医学高等专科学校的豆康宁（46 篇）、陕西工业职业技术学院的严瑛（45 篇）和江南大学的张群（44 篇）。

表 43-4　轻工业、手工业学科高被引作者 Top 20（2017 年）

排名	姓名	作者单位	前 5 年发文			前 5 年学科发文在 2017 年的被引				h 指数（学科）
			学科发文（篇）	期刊分布（种）	发文总量（篇）	频次	被引率（%）	最高（次）	篇均（次）	
1	刘元军	天津工业大学	20	5	36	63	60.0	12	3.15	5
2	李颖畅	渤海大学	27	7	28	61	88.9	6	2.26	4
3	赵秀玲	黄山学院	23	8	33	55	87.0	8	2.39	5

排名	姓名	作者单位	前 5 年发文			前 5 年学科发文在 2017 年的被引				h 指数（学科）
			学科发文（篇）	期刊分布（种）	发文总量（篇）	频次	被引率（%）	最高（次）	篇均（次）	
4	周显青	河南工业大学	35	7	36	48	62.9	10	1.37	3
4	刘玉兰	河南工业大学	43	7	46	48	51.2	5	1.12	4
6	王成云	深圳出入境检验检疫局	39	14	71	47	66.7	5	1.21	2
7	张钟	广东石油化工学院	33	10	33	43	60.6	5	1.30	4
7	李加兴	吉首大学	15	6	15	43	86.7	12	2.87	4
7	侯学敏	山西师范大学	1	1	1	43	100.0	43	43.00	1
10	张泽生	天津科技大学	43	8	47	41	48.8	4	0.95	4
11	谢明勇	南昌大学	6	2	7	35	83.3	11	5.83	4
11	范金波	渤海大学	29	6	30	35	51.7	5	1.21	4
11	赵晓明	天津工业大学	6	1	7	35	100.0	8	5.83	5
14	张玉荣	河南工业大学	42	7	44	34	47.6	4	0.81	3
14	赵静	渤海大学	10	5	15	34	80.0	7	3.40	5
16	范文来	江南大学	16	6	16	33	75.0	9	2.06	3
16	涂宗财	南昌大学	28	7	32	33	50.0	7	1.18	3
16	林建原	浙江万里学院	5	3	8	33	80.0	28	6.60	2
19	孙宝国	北京工商大学	7	4	10	32	57.1	12	4.57	4
19	史国安	河南科技大学	2	1	2	32	100.0	21	16.00	2

43.5.2　作者发文主题关联

通过作者共被引分析，获得 2017 年轻工业、手工业学科作者之间的发文主题关联，图中节点大小反映被引次数高低，连线粗细代表共被引关联的强弱，关联越强表明两位作者的发文主题可能具有更强的相关性，红色节点为学科高被引作者 Top 20，详情见图 43-4（共被引 5 次以下不显示）。如图所示，学者刘元军、侯学敏的节点较大，显示出他们的学术成果在学科内得到较多关注；赵晓明和刘元军，胡文兵和李楠，王黎明和魏爱春等学者之间的关联较强，表明上述学者之间可能分别有较为相关的发文主题。

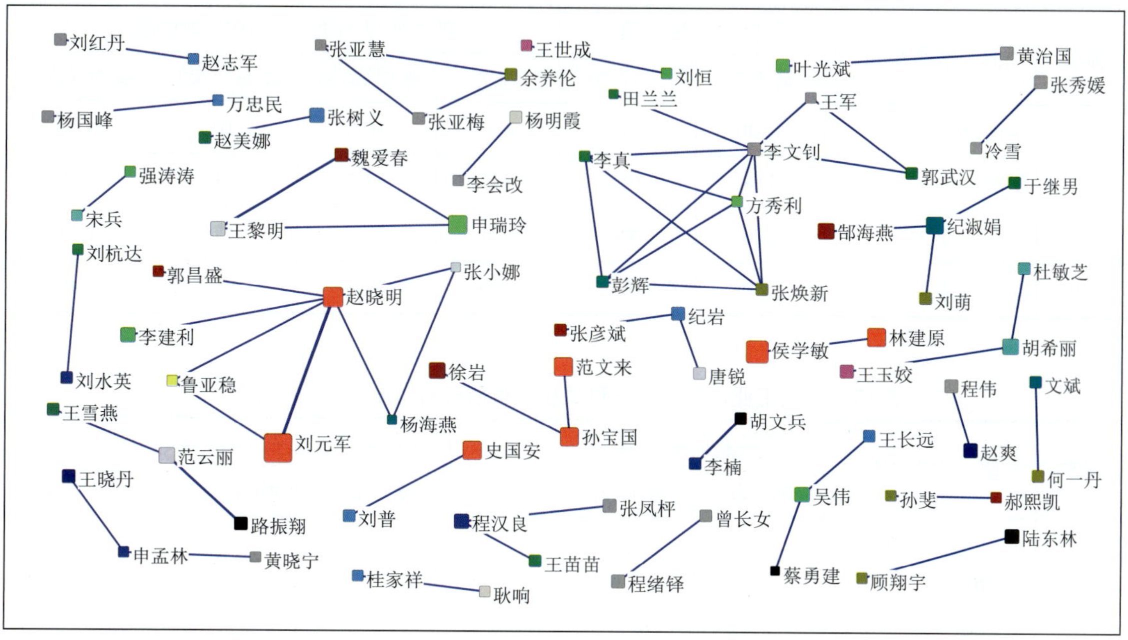

图 43-4 轻工业、手工业学科作者发文主题关联（2017 年）

43.6 高被引机构分析

43.6.1 高被引机构

轻工业、手工业学科被引次数 Top 10 高等院校和被引频次 Top 5 科研院所的发文和被引情况分别见表 43-5 和表 43-6。表中，总被引次数排名前 3 位的高等院校分别是江南大学、西南大学和河南工业大学，排名前 3 位的科研院所则是中国农业科学院农产品加工研究所、中国烟草总公司郑州烟草研究院和广东省农业科学院；篇均被引最高的高等院校和科研院所分别是上海海洋大学和中国农业科学院农产品加工研究所。

表 43-5 轻工业、手工业学科高被引高等院校 Top 10（2017 年）

排名	第一作者单位	学科发文量（篇）		前 5 年学科发文在 2017 年的被引			
		前 5 年	2017 年	频次	被引率(%)	最高（次）	篇均（次）
1	江南大学	3565	620	2643	41.3	17	0.74
2	西南大学	1285	250	1427	52.8	17	1.11
3	河南工业大学	1947	371	1398	42.2	10	0.72
4	西北农林科技大学	855	166	987	52.9	13	1.15
5	天津科技大学	1484	330	934	36.6	19	0.63
6	北京工商大学	716	137	896	56.8	25	1.25

排名	第一作者单位	学科发文量（篇）		前 5 年学科发文在 2017 年的被引			
		前 5 年	2017 年	频次	被引率(%)	最高（次）	篇均（次）
7	华南理工大学	1500	258	886	36.0	10	0.59
8	渤海大学	718	121	856	53.2	13	1.19
9	南京农业大学	680	85	801	57.8	12	1.18
10	上海海洋大学	570	104	800	61.8	9	1.40

表 43-6 轻工业、手工业学科高被引科研院所 Top 5（2017 年）

排名	第一作者单位	学科发文量（篇）		前 5 年学科发文在 2017 年的被引			
		前 5 年	2017 年	频次	被引率(%)	最高（次）	篇均（次）
1	中国农业科学院农产品加工研究所	205	37	274	58.0	9	1.34
2	中国烟草总公司郑州烟草研究院	206	29	237	61.2	8	1.15
3	广东省农业科学院	181	35	224	51.9	13	1.24
4	国家粮食局科学研究院	213	44	217	52.1	9	1.02
5	中国农业科学院	173	78	173	50.3	6	1.00

43.6.2 机构发文主题关联

通过机构共被引分析，获得轻工业、手工业学科机构间的发文主题关联，图中节点大小反映被引次数高低，连线粗细代表共被引关联的强弱，关联越强表明两个机构的发文主题可能具有更强的相关性，红色节点为高被引高等院校 Top 10 和高被引科研院所 Top 5，详情见图 43-5（共被引 35 次以下不显示）。由图可知，高被引高等院校主导了轻工业、手工业学科的机构共被引网络，在学科内体现出了较显著的学术影响力；江南大学具有最多的关联关系，充分表明了其学科学术影响力；江南大学和河南工业大学、西南大学等机构之间的关联较强，表明上述机构的研究主题具有较多重叠之处。

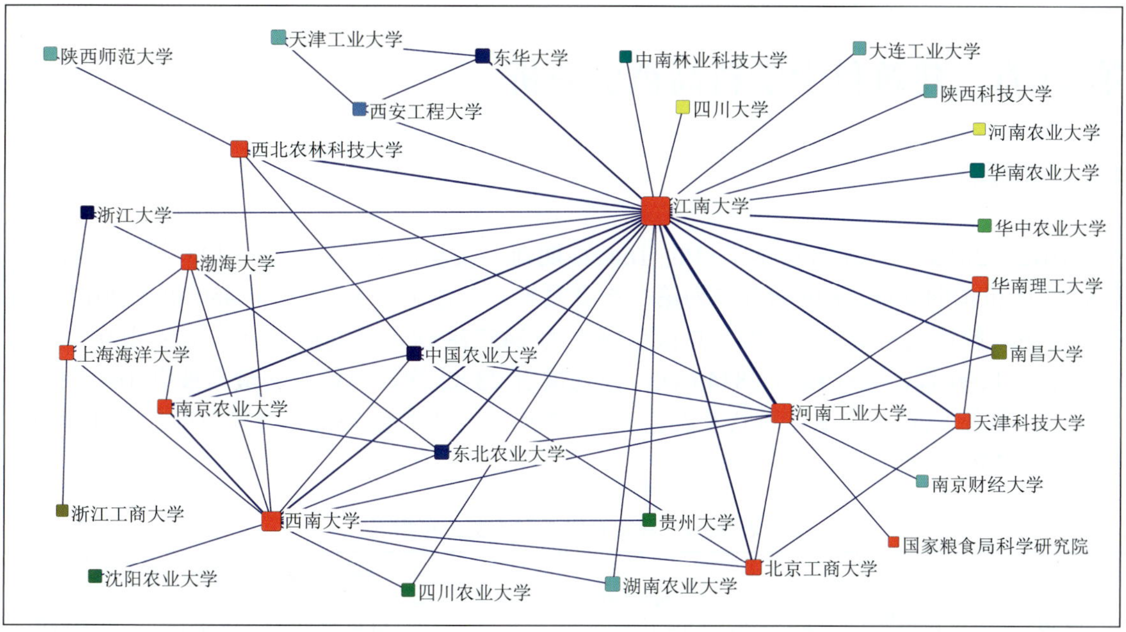

图 43-5　轻工业、手工业学科机构发文主题关联（2017 年）

43. 7　高被引国外期刊

轻工业、手工业学科内被引次数 Top 10 的国外期刊见表 43-7，排名前 3 位的国外期刊是 *Food Chemistry*、*Carbohydrate Polymers* 和 *Journal of Agricultural and Food Chemistry*。

表 43-7　轻工业、手工业学科高被引国外期刊 Top 10（2017 年）

排名	期刊名称	2017 年被引频次
1	Food Chemistry	3500
2	Carbohydrate Polymers	1153
3	Journal of Agricultural and Food Chemistry	1011
4	Food Control	903
5	Food Research International	771
6	Food Hydrocolloids	725
6	LWT- Food Science and Technology	725
8	Meat Science	716
9	Journal of Food Engineering	582
10	International Journal of Biological Macromolecules	574

第 44 章　建筑科学学科高被引分析

44.1　学科论文概况

2012—2016 年，建筑科学学科的 164 种期刊上共发表学术论文 660123 篇，由来自在 118577 所机构的 490929 位学者作为第一作者发表。上述论文中，有 111480 篇在 2017 年获得过引用，整体被引率为 16.9%，总被引频次为 245778 次，篇均被引 0.37 次；其中，高被引论文有 1190 篇，累计被引 28349 次，篇均被引 23.82 次，单篇论文最高被引 164 次（表 44-1）。另外，2017 年本学科共发表论文 229739 篇，其中有 13927 篇在当年获得过引用，总共被引 25608 次。

表 44-1　建筑科学学科论文分布情况

年份	论文篇数	2017 年被引频次	2017 年被引率（%）	2017 年高被引论文			
				论文篇数	最高被引频次	总被引频次	篇均被引频次
2012	77380	24961	16.4	136	119	2700	19.85
2013	83375	32992	19	187	93	3886	20.78
2014	126574	43448	16.3	227	113	4613	20.32
2015	175379	64479	16.3	285	164	7984	28.01
2016	197415	79898	17.1	355	164	9166	25.82
合计	660123	245778	16.9	1190	164	28349	23.82

44.2　高被引论文分析

在建筑科学学科，2017 年被引次数 Top 10 论文（表 44-2）的平均被引次数为 123.0 次，是全部 1190 篇高被引论文篇均被引频次的 5.2 倍。其中，被引次数最高的论文是俞孔坚的《“海绵城市”理论与实践》（2015）和薛剑茹的《深基坑支护施工技术在建筑工程中的应用分析》(2016)，随后是缪丽琴的《浅析建筑工程造价的动态管理与成本优化控制》(2015)。

从论文分布来看，刊载高被引论文数量居前的 3 种期刊分别是《江西建材》（331 篇）、《科技创新与应用》（149 篇）和《建材与装饰》（123 篇），其中，《江西建材》刊载了高被引论文 Top 10 中的 3 篇；发表高被引论文数量居前的学者分别是北京建筑大学的车伍（5 篇）、沈阳建筑大学的齐宝库（4 篇）和清华大学的张建平（3 篇）；产出高被引论文数量居前的机构分别是清华大学（15 篇）、北京建筑大学（13 篇）和同济大学（12 篇）。

表 44-2　建筑科学学科高被引论文 Top 10（2017 年）

排名	论文题名	第一作者	期刊名称	发表年份	被引频次	
					总频次	2017 年
1	“海绵城市”理论与实践	俞孔坚	城市规划	2015	245	164
1	深基坑支护施工技术在建筑工程中的应用分析	薛剑茹	科技创新与应用	2016	224	164
3	浅析建筑工程造价的动态管理与成本优化控制	缪丽琴	江西建材	2015	248	142
4	建筑工程施工技术及其现场施工管理探讨	江伟	江西建材	2016	208	137
5	建筑工程造价的动态管理控制分析	刘永德	建筑与预算	2016	176	124
6	BIM 在工程施工中的应用	张建平	施工技术	2012	362	119
7	建筑工程施工技术及其现场施工管理措施研究	汤亦	城市建筑	2014	487	113
8	BIM 技术在建筑设计、项目施工及管理中的应用	刘占省	建筑技术开发	2013	172	93
9	建筑工程施工技术管理水平有效提升策略探究	沙金月	江西建材	2015	214	88
10	建筑工程施工技术及其现场施工管理探讨	韩爱东	门窗	2015	231	86

44.3　研究主题关联分析

在建筑科学学科，高被引论文共被 2017 年发表的 23996 篇论文引用了 28349 次。通过分析施引文献关键词的词频及关键词之间的共现关系，获得 2017 年建筑科学学科的热点主题和主题关联，如图 44-1 所示（共现 80 次以下不显示）。由图可知：“建筑工程”“施工技术”“施工管理”等关键词的文档词频较高，是 2017 年学科的研究热点；以“建筑工程”“施工技术”“土木工程”等关键词为主要节点的多个概念相互关联，构成了学科内最为突出的研究主题簇。

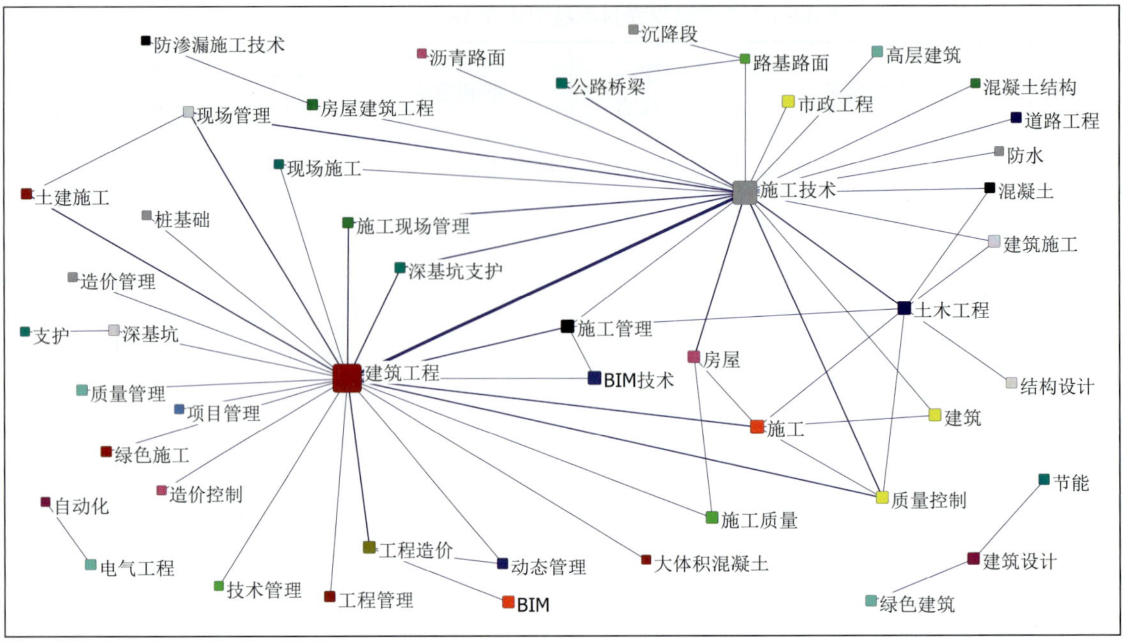

图 44-1 建筑科学学科热点论文主题关联（2017 年）

44.4 高影响力期刊分析

44.4.1 高影响力期刊 Top 10

在建筑科学学科，5 年影响因子 Top 10 期刊见表 44-3，前 3 种期刊分别是《城市规划学刊》、《岩石力学与工程学报》和《城市规划》。其中，2017 年被引频次最高的期刊是《江西建材》，被引率最高的期刊是《岩石力学与工程学报》。2012—2017 年期刊 5 年影响因子的变动情况如图 44-2 所示。

表 44-3 建筑科学学科高被引期刊基本指标（2017 年）

排名	期刊名称	载文篇数		2017 年被引频次	5 年影响因子	即年指标	被引率（%）	高被引论文篇数	h 指数
		前 5 年	2017 年						
1	城市规划学刊	668	148	1701	2.546	0.277	61.5	19	15
2	岩石力学与工程学报	2071	306	5174	2.498	0.248	70.7	37	17
3	城市规划	1124	234	2096	1.865	0.188	52.6	14	14
4	建筑技术	1614	410	3004	1.861	1.110	57.7	24	17
5	岩土力学	2900	465	5192	1.790	0.185	66.6	15	14
6	土木工程学报	1075	178	1860	1.730	0.163	61.4	7	12

排名	期刊名称	载文篇数		2017 年被引频次	5 年影响因子	即年指标	被引率（%）	高被引论文篇数	h 指数
		前 5 年	2017 年						
7	岩土工程学报	2113	418	3368	1.594	0.151	59.6	8	12
8	工程技术研究	1191	1798	1895	1.591	1.296	43.1	15	14
9	江西建材	20824	5878	30787	1.478	0.965	40.7	331	39
10	土木建筑工程信息技术	639	108	908	1.421	0.139	44.3	10	12

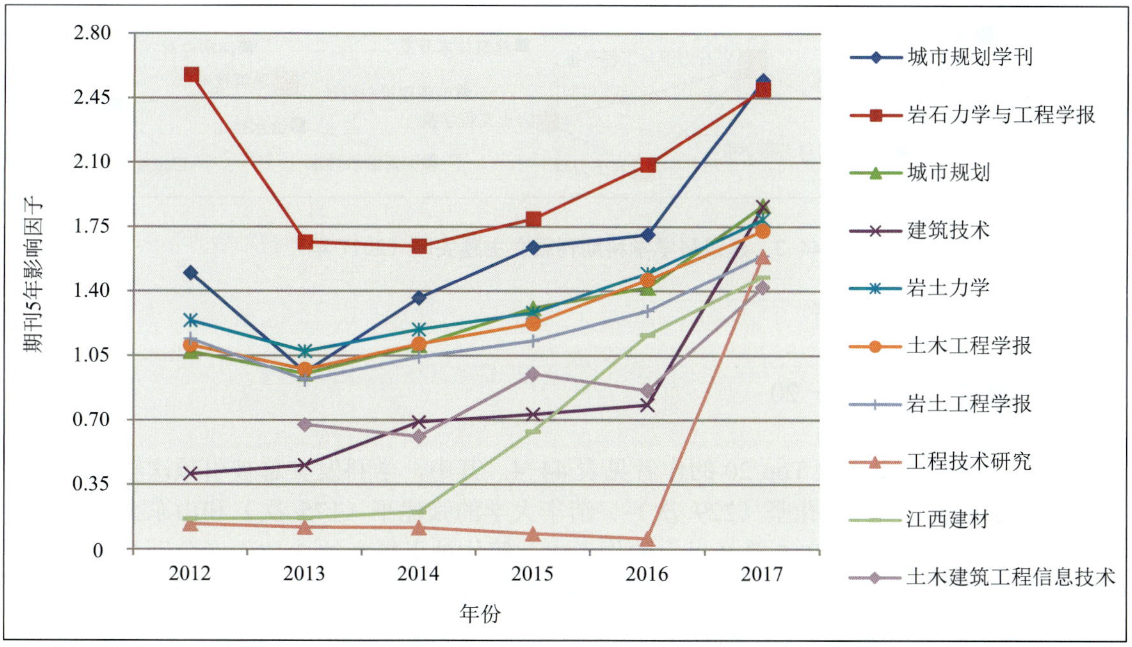

图 44-2　建筑科学学科期刊 5 年影响因子变动趋势（2012—2017 年）

44. 4. 2　期刊载文主题关联

通过期刊共被引分析，获得建筑科学学科期刊之间的载文主题关联，图中节点大小反映 5 年影响因子的高低，连线粗细代表共被引关联的强弱，关联越强表明两个期刊上有更多受学者们关注的相关主题论文，红色节点为学科高影响力期刊 Top 10，详情见图 44-3（共被引 140 次以下不显示）。如图所示，建筑科学学科的多个期刊均互相关联且关联较为紧密，各期刊的学科分类属性体现得较为明显；《江西建材》具有最多的关联关系，这是其研究主题较为广泛的典型体现；《江西建材》与《建材与装饰》《科技创新与应用》《四川水泥》《门窗》等期刊之间的关联较强，表明上述期刊具有较多相关主题的论文。

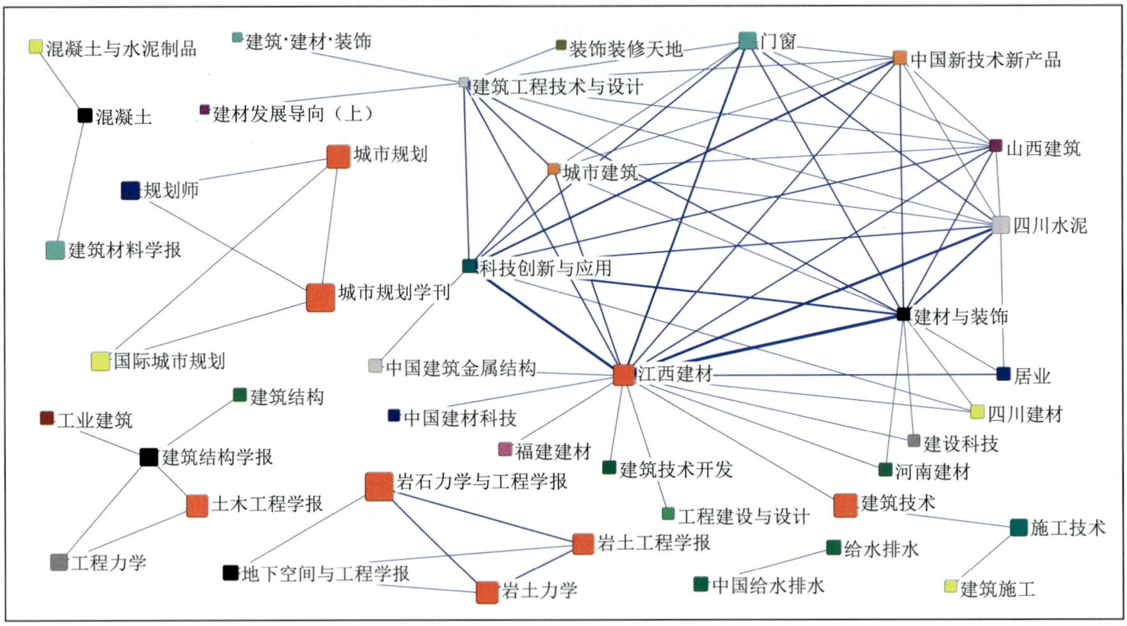

图 44-3　建筑科学学科期刊载文主题关联（2017 年）

44.5　高被引作者分析

44.5.1　高被引作者 Top 20

2017 年论文被引次数 Top 20 的作者见表 44-4。其中，学科发文总被引频次较高的 3 位作者分别是北京大学的俞孔坚（229 次）、清华大学的张建平（175 次）和山东大学的李术才（171 次）。在学科发文 5 篇及以上的作者中，篇均被引较高的 3 位作者分别是清华大学的张建平（篇均 29.17 次）、长安大学的翟越（篇均 13.00 次）和北京建筑大学的车伍（篇均 12.54 次）；5 年学科发文较多的 3 位作者分别是西安建筑科技大学的薛建阳（62 篇）、广西大学的陈宗平（57 篇）和武汉大学的赵冰（56 篇）。

表 44-4　建筑科学学科高被引作者 Top 20（2017 年）

排名	姓名	作者单位	前 5 年发文			前 5 年学科发文在 2017 年的被引				h 指数（学科）
			学科发文（篇）	期刊分布（种）	发文总量（篇）	频次	被引率（%）	最高（次）	篇均（次）	
1	俞孔坚	北京大学	20	12	31	229	55.0	164	11.45	5
2	张建平	清华大学	6	3	8	175	83.3	119	29.17	4
3	李术才	山东大学	30	4	36	171	83.3	48	5.70	8

排名	姓名	作者单位	前 5 年发文			前 5 年学科发文在 2017 年的被引				h指数（学科）
			学科发文（篇）	期刊分布（种）	发文总量（篇）	频次	被引率（%）	最高（次）	篇均（次）	
4	薛剑茹	大庆市让胡路区凯达物业管理有限公司	2	1	2	168	100.0	164	84.00	2
5	车伍	北京建筑大学	13	4	13	163	92.3	45	12.54	6
6	缪丽琴	福建富林建设工程有限公司	1	1	1	142	100.0	142	142.00	1
7	江伟	湖北工程学院	1	1	1	137	100.0	137	137.00	1
7	郑刚	天津大学	26	5	41	137	96.2	22	5.27	7
9	刘永德	中国航空规划设计研究总院有限公司	1	1	1	124	100.0	124	124.00	1
9	聂建国	清华大学	34	6	39	124	76.5	24	3.65	6
11	齐宝库	沈阳建筑大学	13	4	36	116	69.2	39	8.92	5
12	陈宗平	广西大学	57	10	73	114	59.6	31	2.00	4
13	汤亦	浙江大东吴集团建设有限公司	1	1	2	113	100.0	113	113.00	1
14	刘占省	北京建工集团有限责任公司	2	2	2	94	100.0	93	47.00	1
15	仇保兴	全国政协人口与资源环境委员会	3	3	5	93	100.0	83	31.00	3
16	张京祥	南京大学	12	5	19	92	83.3	24	7.67	5
17	刘滨谊	同济大学	27	4	34	88	74.1	13	3.26	6
17	沙金月	天地人建设集团	2	2	2	88	50.0	88	44.00	1
19	韩爱东	中建八局第二建设有限公司	1	1	1	86	100.0	86	86.00	1
20	蒋锦伟	丽水学院	1	1	1	84	100.0	84	84.00	1

44.5.2　作者发文主题关联

通过作者共被引分析，获得 2017 年建筑科学学科作者之间的发文主题关联，图中节点大小反映被引次数高低，连线粗细代表共被引关联的强弱，关联越强表明两位作者的发文主题可能具有更强的相关性，红色节点为学科高被引作者 Top 20，详情见图 44-4（共被引 13 次以下不显示）。如图所示，高被引作者主导了建筑科学学科的作者共被引网络，意味着他们的论文主题主导了学科研究热点；学者俞孔坚、薛剑茹、车伍的节点较大，显示出他们的学术成果在学科内得到较多关注；江伟和韩爱东，俞孔坚和车伍、仇保兴，赵新宇和宋人武等学者之间的关联较强，表明上述学者之间可能分别有较为相关的发文主题。

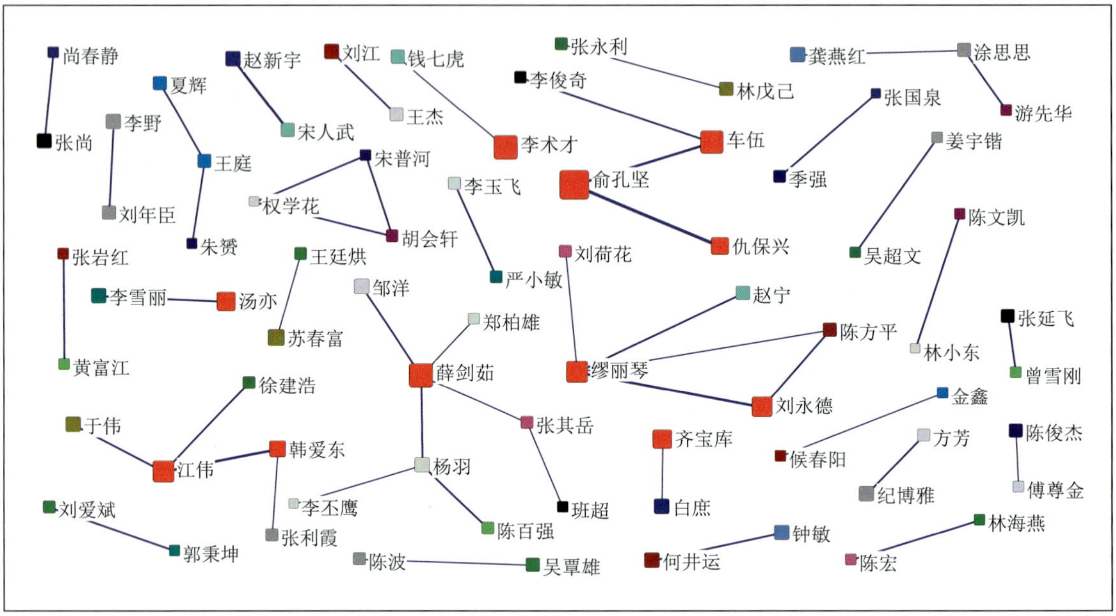

图 44-4 建筑科学学科作者发文主题关联（2017 年）

44.6 高被引机构分析

44.6.1 高被引机构

建筑科学学科被引次数 Top 10 高等院校和被引频次 Top 5 科研院所的发文和被引情况分别见表 44-5 和表 44-6。表中，总被引次数排名前 3 位的高等院校分别是同济大学、清华大学和西安建筑科技大学，排名前 3 位的科研院所则是中国科学院武汉岩土力学研究所、中国建筑科学研究院和中国城市规划设计研究院；篇均被引最高的高等院校和科研院所分别是中国矿业大学和中国科学院武汉岩土力学研究所。

表 44-5 建筑科学学科高被引高等院校 Top 10（2017 年）

排名	第一作者单位	学科发文量（篇）		前 5 年学科发文在 2017 年的被引			
		前 5 年	2017 年	频次	被引率(%)	最高（次）	篇均（次）
1	同济大学	5443	1011	5035	39.7	42	0.93
2	清华大学	2180	357	2183	38.2	119	1.00
3	西安建筑科技大学	2791	502	1604	31.3	13	0.57

排名	第一作者单位	学科发文量（篇）		前5年学科发文在2017年的被引			
		前5年	2017年	频次	被引率(%)	最高（次）	篇均（次）
4	重庆大学	1934	439	1488	34.9	42	0.77
5	沈阳建筑大学	1738	486	1171	28.8	62	0.67
6	天津大学	1625	312	1132	32.4	22	0.70
7	东南大学	1502	283	1131	38.2	15	0.75
8	中国矿业大学	924	179	1111	43.5	36	1.20
9	北京建筑大学	1064	313	1058	31.8	48	0.99
10	华南理工大学	1620	410	1004	30.4	40	0.62

表44-6　建筑科学学科高被引科研院所Top 5（2017年）

排名	第一作者单位	学科发文量（篇）		前5年学科发文在2017年的被引			
		前5年	2017年	频次	被引率(%)	最高（次）	篇均（次）
1	中国科学院武汉岩土力学研究所	491	65	1033	69.0	16	2.10
2	中国建筑科学研究院	936	178	675	34.1	22	0.72
3	中国城市规划设计研究院	403	84	423	35.5	19	1.05
4	广州市城市规划勘测设计研究院	520	135	259	20.6	35	0.50
5	山西省建筑设计研究院	519	78	223	14.5	25	0.43

44.6.2　机构发文主题关联

通过机构共被引分析，获得建筑科学学科机构间的发文主题关联，图中节点大小反映被引次数高低，连线粗细代表共被引关联的强弱，关联越强表明两个机构的发文主题可能具有更强的相关性，红色节点为高被引高等院校Top 10和高被引科研院所Top 5，详情见图44-5（共被引35次以下不显示）。由图可知，高被引高等院校主导了建筑科学学科的机构共被引网络，在学科内体现出了较显著的学术影响力；同济大学具有最多的关联关系，充分表明了其学科学术影响力；同济大学和清华大学、西安建筑科技大学、东南大学等机构之间的关联较强，表明上述机构的研究主题具有较多重叠之处。

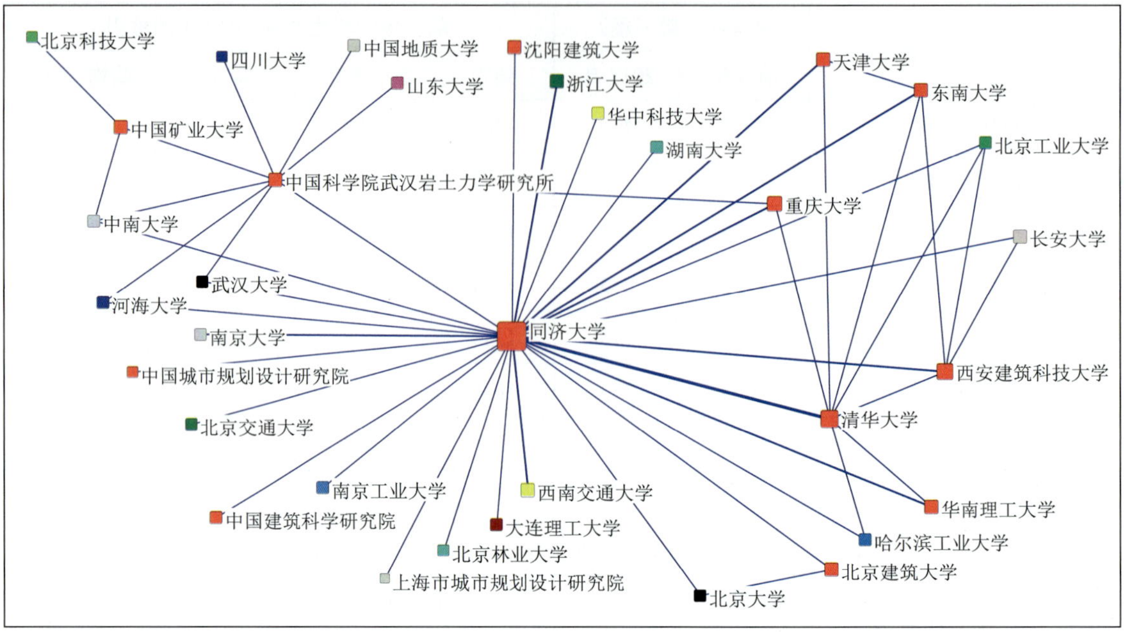

图 44-5　建筑科学学科机构发文主题关联（2017 年）

44. 7　高被引国外期刊

建筑科学学科内被引次数 Top 10 的国外期刊见表 44-7，排名前 3 位的国外期刊是 *Construction and Building Materials*、*Energy and Buildings* 和 *Engineering Structures*。

表 44-7　建筑科学学科高被引国外期刊 Top 10（2017 年）

排名	期刊名称	2017 年被引频次
1	Construction and Building Materials	921
2	Energy and Buildings	387
3	Engineering Structures	331
4	Building and Environment	326
5	Journal of Constructional Steel Research	308
6	Water Research	189
7	International Journal of Rock Mechanics and Mining Sciences	176
8	Tunnelling and Underground Space Technology	162
9	Journal of Structural Engineering	161
10	Computers and Geotechnics	157

第 45 章　水利工程学科高被引分析

45.1　学科论文概况

2012—2016 年，水利工程学科的 77 种期刊上共发表学术论文 102618 篇，由来自在 14039 所机构的 67125 位学者作为第一作者发表。上述论文中，有 21907 篇在 2017 年获得过引用，整体被引率为 21.3%，总被引频次为 36568 次，篇均被引 0.36 次；其中，高被引论文有 261 篇，累计被引 2964 次，篇均被引 11.36 次，单篇论文最高被引 45 次（表 45-1）。另外，2017 年本学科共发表论文 18279 篇，其中有 1228 篇在当年获得过引用，总共被引 1578 次。

表 45-1　水利工程学科论文分布情况

年份	论文篇数	2017 年被引频次	2017 年被引率（%）	2017 年高被引论文			
				论文篇数	最高被引频次	总被引频次	篇均被引频次
2012	21531	6181	17.8	38	19	392	10.32
2013	20919	6963	20.2	48	34	550	11.46
2014	21086	7775	21.7	50	36	669	13.38
2015	19744	8125	24.3	80	45	777	9.71
2016	19338	7524	23.2	45	33	576	12.80
合计	102618	36568	21.3	261	45	2964	11.36

45.2　高被引论文分析

在水利工程学科，2017 年被引次数 Top 10 论文（表 45-2）的平均被引次数为 31.5 次，是全部 261 篇高被引论文篇均被引频次的 2.8 倍。其中，被引次数最高的论文是鞠茂森的《关于海绵城市建设理念、技术和政策问题的思考》（2015），随后两篇分别是王彩龙的《水利水电工程管理及施工质量控制的相关问题探讨》（2014）和宋晓猛的《气候变化和人类活动对水文循环影响研究进展》（2013）。

从论文分布来看，刊载高被引论文数量居前的 3 种期刊分别是《水科学进展》（29 篇）、《水利学报》（26 篇）和《黑龙江水利科技》（25 篇），其中，《水科学进展》和《水利发展研究》刊载了高被引论文 Top 10 中的 2 篇；发表高被引论文数量居前的学者分别是南京水利科学研究院的张建云（6 篇）、郑州大学的左其亭（4 篇）和云南省水利水电勘测设计研究院的洪振国（4 篇）；产出高被引论文数量居前的机构分别是河海大学（17 篇）、中国水利水电科学研究院（12 篇）和南京水利科学研究院（11 篇），而南京水利科学研究院产出了高被引论文 Top 10 中的 3 篇。

表 45-2　水利工程学科高被引论文 Top 10（2017 年）

排名	论文题名	第一作者	期刊名称	发表年份	被引频次	
					总频次	2017 年
1	关于海绵城市建设理念、技术和政策问题的思考	鞠茂森	水利发展研究	2015	103	45
2	水利水电工程管理及施工质量控制的相关问题探讨	王彩龙	水利规划与设计	2014	85	36
3	气候变化和人类活动对水文循环影响研究进展	宋晓猛	水利学报	2013	85	34
4	海绵城市建设研究进展与若干问题探讨	崔广柏	水资源保护	2016	45	33
5	海绵城市建设应作为新时期城市治水的重要内容	张旺	水利发展研究	2014	120	32
6	水利水电工程基础处理施工技术的分析	彭声辉	河南水利与南水北调	2015	43	31
7	辽宁省市际以上界河信息调查与成果分析	董婷婷	中国水能及电气化	2016	32	28
7	变化环境下城市水文学的发展与挑战——Ⅰ. 城市水文效应	张建云	水科学进展	2014	50	28
9	海绵城市建设有关问题讨论	张建云	水科学进展	2016	32	24
9	水利工程施工中软土地基处理技术	冯是明	水科学与工程技术	2013	71	24

45.3　研究主题关联分析

在水利工程学科，高被引论文共被 2017 年发表的 2461 篇论文引用了 2964 次。通过分析施引文献关键词的词频及关键词之间的共现关系，获得 2017 年水利工程学科的热点主题和主题关联，如图 45-1 所示（共现 7 次以下不显示）。由图可知：“水利工程”“水利水电工程”“城市雨水资源化”等关键词的文档词频较高，是 2017 年学科的研究热点；3 个节点以上的研究主题关联网络共 2 个，构成了学科内最为突出的研究主题簇；其中，以“水利水电工程”“水利工程”“施工技术”为核心节点的研究主题关联网络最大，其余团簇中词频最高或连线最多的关键词是“城市雨水资源化”。

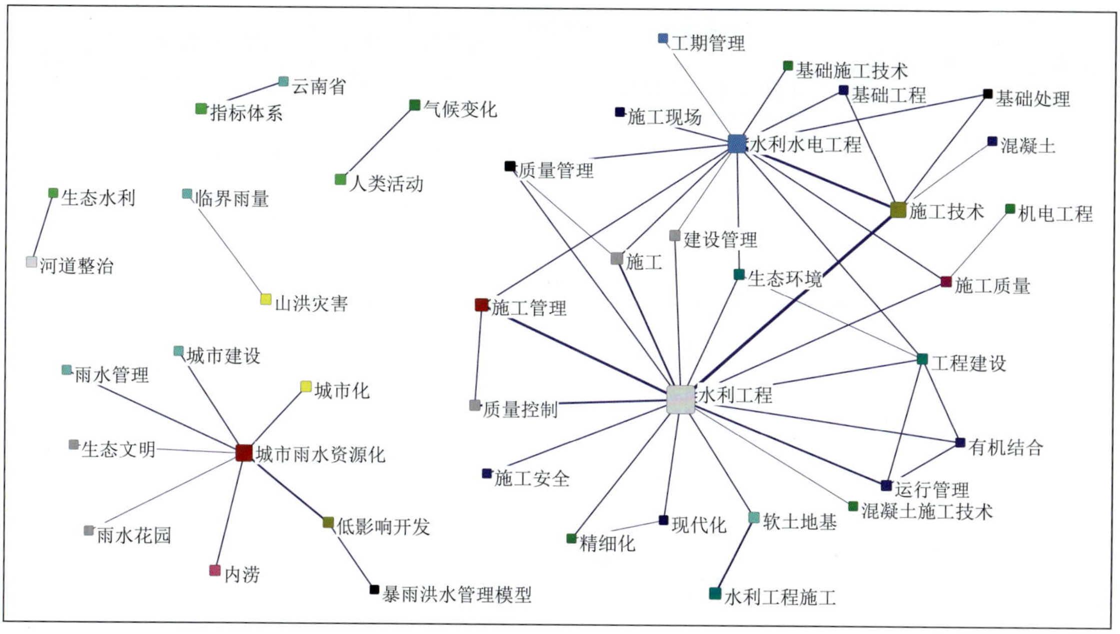

图 45-1　水利工程学科热点论文主题关联（2017 年）

45.4　高影响力期刊分析

45.4.1　高影响力期刊 Top 10

在水利工程学科，5 年影响因子 Top 10 期刊见表 45-3，前 3 种期刊分别是《水科学进展》、《水利学报》和《水利技术监督》。其中，2017 年被引频次最高的期刊是《水利学报》，被引率最高的期刊是《水科学进展》。2012—2017 年期刊 5 年影响因子的变动情况如图 45-2 所示。

表 45-3　水利工程学科高被引期刊基本指标（2017 年）

排名	期刊名称	载文篇数		2017 年被引频次	5 年影响因子	即年指标	被引率（%）	高被引论文篇数	h 指数
		前 5 年	2017 年						
1	水科学进展	588	104	1249	2.124	0.317	68.4	29	11
2	水利学报	1042	174	1848	1.774	0.224	65.0	26	10
3	水利技术监督	884	291	958	1.084	0.155	46.0	17	10
4	水利规划与设计	1739	560	1795	1.032	0.152	48.0	19	10
5	水资源保护	698	118	658	0.943	0.297	45.1	10	8
6	水力发电学报	1289	165	1213	0.941	0.103	50.9	3	7
7	水利水电科技进展	635	86	546	0.860	0.186	43.6	5	6

排名	期刊名称	载文篇数		2017 年被引频次	5 年影响因子	即年指标	被引率（%）	高被引论文篇数	h 指数
		前 5 年	2017 年						
8	河海大学学报（自然科学版）	591	99	450	0.761	0.121	40.9	2	6
9	长江科学院院报	1554	355	1147	0.738	0.175	43.8	2	6
10	泥沙研究	365	76	252	0.690	0.039	41.1	1	5

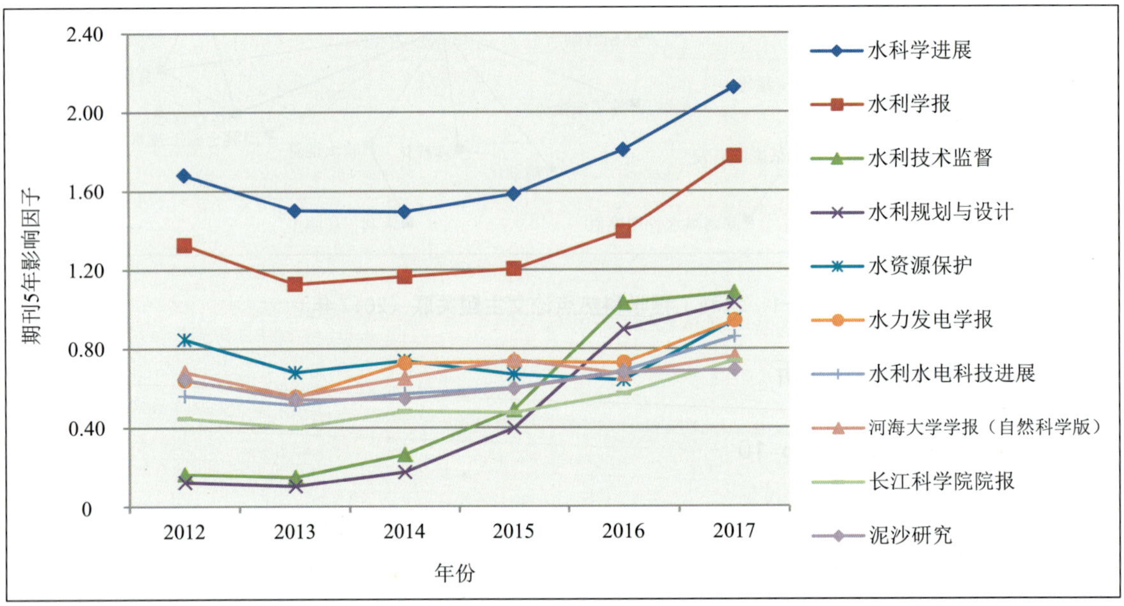

图 45-2　水利工程学科期刊 5 年影响因子变动趋势（2012—2017 年）

45.4.2　期刊载文主题关联

通过期刊共被引分析，获得水利工程学科期刊之间的载文主题关联，图中节点大小反映 5 年影响因子的高低，连线粗细代表共被引关联的强弱，关联越强表明两个期刊上有更多受学者们关注的相关主题论文，红色节点为学科高影响力期刊 Top 10，详情见图 45-3（共被引 40 次以下不显示）。如图所示，水利工程学科的多个期刊均互相关联且关联较为紧密，各期刊的学科分类属性体现得较为明显；《水科学进展》的 5 年影响因子最高，显示出该刊在学科内学术影响力较大；《水利规划与设计》与《水利技术监督》，《水利学报》与《水力发电学报》《水科学进展》等期刊之间的关联较强，表明上述期刊分别具有较多相关主题的论文。

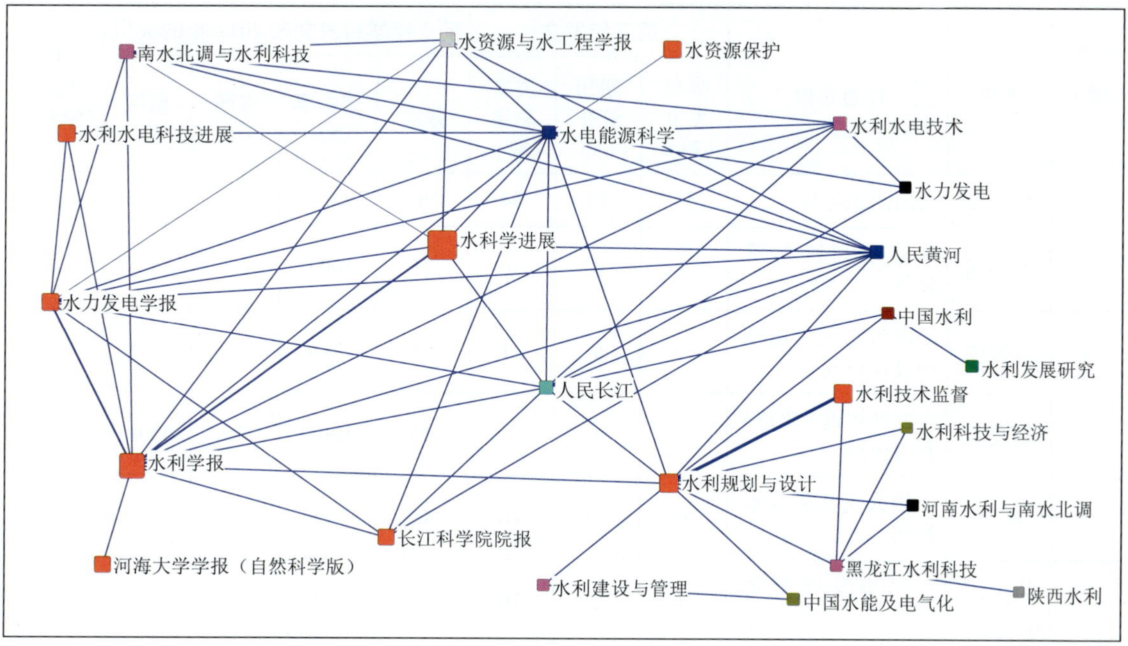

图 45-3　水利工程学科期刊载文主题关联（2017 年）

45.5　高被引作者分析

45.5.1　高被引作者 Top 20

2017 年论文被引次数 Top 20 的作者见表 45-4。其中，学科发文总被引频次较高的 3 位作者分别是南京水利科学研究院的张建云（111 次）、郑州大学的左其亭（104 次）和文山州水务局的崔东文（90 次）。在学科发文 5 篇及以上的作者中，篇均被引较高的 3 位作者分别是南京水利科学研究院的宋晓猛（篇均 14.20 次）、南京水利科学研究院的张建云（篇均 13.88 次）和贵州省普安县水务局的贺仕能（篇均 5.40 次）；5 年学科发文较多的 3 位作者分别是中华人民共和国水利部的陈雷（69 篇）、文山州水务局的崔东文（51 篇）和广东省水利水电科学研究院的黄智敏（37 篇）。

表 45-4　水利工程学科高被引作者 Top 20（2017 年）

排名	姓名	作者单位	前 5 年发文			前 5 年学科发文在 2017 年的被引				h 指数（学科）
			学科发文（篇）	期刊分布（种）	发文总量（篇）	频次	被引率（%）	最高（次）	篇均（次）	
1	张建云	南京水利科学研究院	8	4	10	111	100.0	28	13.88	6
2	左其亭	郑州大学	25	13	34	104	80.0	24	4.16	6

排名	姓名	作者单位	前5年发文			前5年学科发文在2017年的被引				h指数（学科）
			学科发文（篇）	期刊分布（种）	发文总量（篇）	频次	被引率（%）	最高（次）	篇均（次）	
3	崔东文	文山州水务局	51	13	54	90	66.7	19	1.76	5
4	宋晓猛	南京水利科学研究院	5	4	9	71	100.0	34	14.20	4
5	洪振国	云南省水利水电勘测设计研究院	13	9	21	54	76.9	9	4.15	5
6	鞠茂森	吉好地咨询（北京）有限公司	1	1	1	45	100.0	45	45.00	1
7	陈雷	中华人民共和国水利部	69	12	76	41	30.4	6	0.59	3
8	张旺	水利部发展研究中心	10	2	10	37	40.0	32	3.70	2
9	董婷婷	辽宁省水利水电科学研究院	10	6	11	36	60.0	28	3.60	2
9	王彩龙	德清县水电建筑工程有限公司	1	1	2	36	100.0	36	36.00	1
11	崔广柏	河海大学	1	1	1	33	100.0	33	33.00	1
12	彭声辉	赣州市水利水电建筑装饰总公司	1	1	1	31	100.0	31	31.00	1
13	芮孝芳	河海大学	12	2	12	30	83.3	6	2.50	3
13	黄国如	华南理工大学	16	5	20	30	62.5	7	1.88	4
15	张国新	中国水利水电科学研究院	14	5	15	29	92.9	5	2.07	3
16	蔡阳	水利部水利信息中心	6	2	7	28	50.0	12	4.67	3
16	张社荣	天津大学	18	6	58	28	61.1	5	1.56	3
18	唐克旺	中国水利水电科学研究院	6	3	7	27	83.3	12	4.50	3
18	贺仕能	贵州省普安县水务局	5	3	5	27	80.0	13	5.40	3
20	钟登华	天津大学	12	4	22	26	83.3	6	2.17	3

45.5.2 作者发文主题关联

通过作者共被引分析，获得 2017 年水利工程学科作者之间的发文主题关联，图中节点大小反映被引次数高低，连线粗细代表共被引关联的强弱，关联越强表明两位作者的发文主题可能具有更强的相关性，红色节点为学科高被引作者 Top 20，详情见图 45-4（共被引 5 次以下不显示）。如图所示，高被引作者主导了水利工程学科的作者共被引网络，意味着他们的论文主题主导了学科研究热点；学者张建云、左其亭的节点较大，显示出他们的学术成果在学科内得到较多关注；张建云和宋晓猛，董婷婷和王海芝等学者之间的关联较强，表明上述学者之间可能分别有较为相关的发文主题。

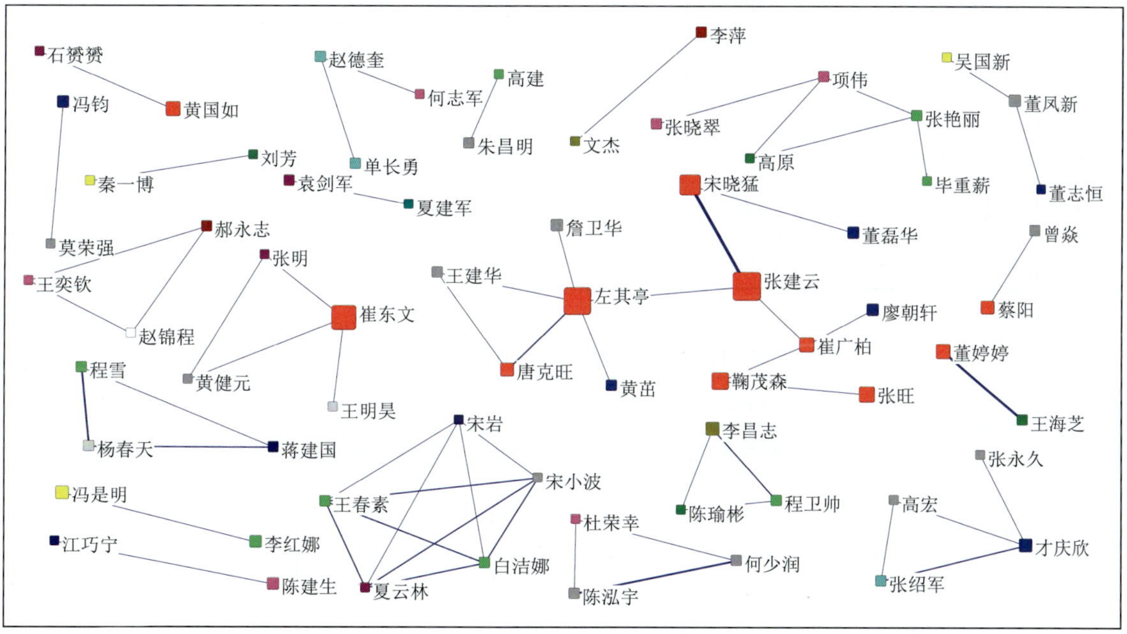

图 45-4 水利工程学科作者发文主题关联（2017 年）

45.6 高被引机构分析

45.6.1 高被引机构

水利工程学科被引次数 Top 10 高等院校和被引频次 Top 5 科研院所的发文和被引情况分别见表 45-5 和表 45-6。表中，总被引次数排名前 3 位的高等院校分别是河海大学、武汉大学和华北水利水电大学，排名前 3 位的科研院所则是中国水利水电科学研究院、南京水利科学研究院和长江水利委员会长江科学院；篇均被引最高的高等院校和科研院所分别是清华大学和南京水利科学研究院。

表 45-5 水利工程学科高被引高等院校 Top 10（2017 年）

排名	第一作者单位	学科发文量（篇）		前 5 年学科发文在 2017 年的被引			
		前 5 年	2017 年	频次	被引率(%)	最高（次）	篇均（次）
1	河海大学	3263	566	2387	39.4	33	0.73
2	武汉大学	777	132	671	45.2	19	0.86
3	华北水利水电大学	986	115	470	29.5	16	0.48
4	三峡大学	976	205	462	30.5	7	0.47
5	西安理工大学	460	112	433	45.2	13	0.94
6	清华大学	327	31	385	55.4	12	1.18
7	天津大学	436	93	382	46.8	10	0.88
8	大连理工大学	473	86	354	40.2	9	0.75
9	西北农林科技大学	348	68	303	42.0	16	0.87
10	四川大学	563	92	287	33.6	8	0.51

表 45-6 水利工程学科高被引科研院所 Top 5（2017 年）

排名	第一作者单位	学科发文量（篇）		前 5 年学科发文在 2017 年的被引			
		前 5 年	2017 年	频次	被引率(%)	最高（次）	篇均（次）
1	中国水利水电科学研究院	1099	196	961	43.3	13	0.87
2	南京水利科学研究院	507	95	520	40.8	34	1.03
3	长江水利委员会长江科学院	535	124	415	42.1	12	0.78
4	水利部发展研究中心	333	56	241	34.2	32	0.72
5	新疆水利水电勘测设计研究院	604	180	212	21.5	8	0.35

45.6.2 机构发文主题关联

通过机构共被引分析，获得水利工程学科机构间的发文主题关联，图中节点大小反映被引次数高低，连线粗细代表共被引关联的强弱，关联越强表明两个机构的发文主题可能具有更强的相关性，红色节点为高被引高等院校 Top 10 和高被引科研院所 Top 5，详情见图 45-5（共被引 15 次以下不显示）。由图可知，高被引高等院校主导了水利工程学科的机构共被引网络，在学科内体现出了较显著的学术影响力；河海大学具有最多的关联关系，充分表明了其学科学术影响力；河海大学和中国水利水电科学研究院、武汉大学、南京水利科学研究院等机构之间的关联较强，表明上述机构的研究主题具有较多重叠之处。

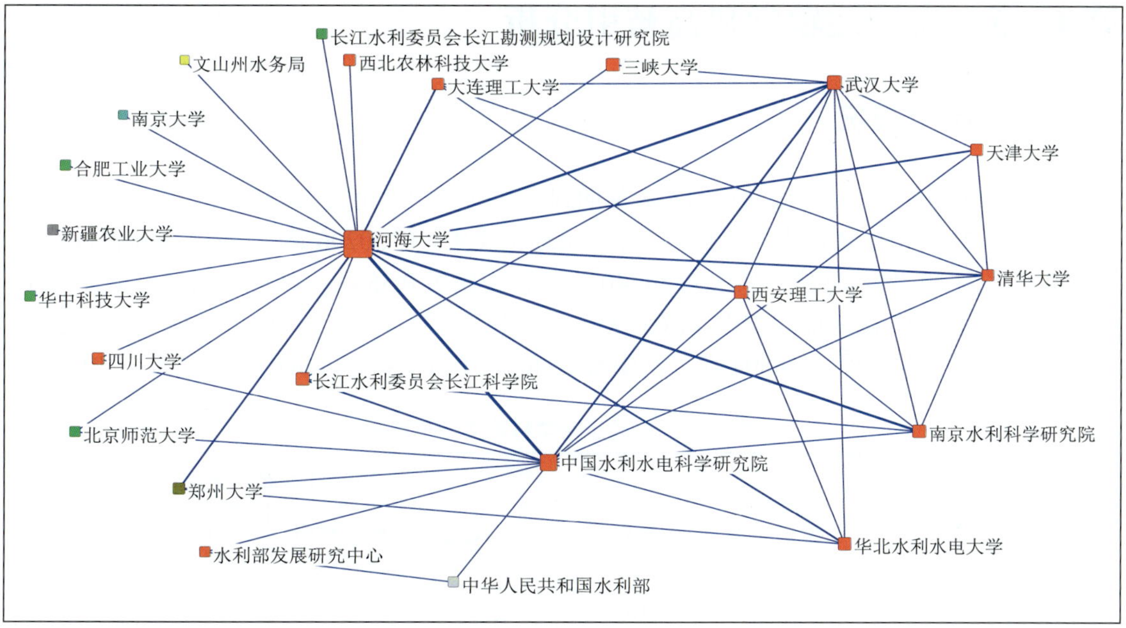

图 45-5　水利工程学科机构发文主题关联（2017 年）

45.7　高被引国外期刊

水利工程学科内被引次数 Top 10 的国外期刊见表 45-7，排名前 3 位的国外期刊是 *Journal of Hydrology*、*Construction and Building Materials* 和 *Water Resources Research*。

表 45-7　水利工程学科高被引国外期刊 Top 10（2017 年）

排名	期刊名称	2017 年被引频次
1	Journal of Hydrology	279
2	Construction and Building Materials	93
3	Water Resources Research	87
4	Ocean Engineering	85
5	Water Resources Management	83
6	Journal of Hydraulic Engineering	77
7	Science of the Total Environment	73
8	Ecological Engineering	69
9	Environmental Earth Sciences	52
9	Hydrological Processes	52

第 46 章　交通运输学科高被引分析

46. 1　学科论文概况

2012—2016 年，交通运输学科的 188 种期刊上共发表学术论文 242593 篇，由来自在 24573 所机构的 147117 位学者作为第一作者发表。上述论文中，有 50206 篇在 2017 年获得过引用，整体被引率为 20.7%，总被引频次为 84740 次，篇均被引 0.35 次；其中，高被引论文有 648 篇，累计被引 7145 次，篇均被引 11.03 次，单篇论文最高被引 196 次（表 46-1）。另外，2017 年本学科共发表论文 46804 篇，其中有 2946 篇在当年获得过引用，总共被引 3927 次。

表 46-1　交通运输学科论文分布情况

年份	论文篇数	2017 年被引频次	2017 年被引率（%）	2017 年高被引论文			
				论文篇数	最高被引频次	总被引频次	篇均被引频次
2012	50491	13423	16.3	110	21	1025	9.32
2013	49870	16124	19.4	128	26	1312	10.25
2014	48978	17896	21.2	157	196	1944	12.38
2015	47116	20545	24.8	130	74	1684	12.95
2016	46138	16752	22.2	123	40	1180	9.59
合计	242593	84740	20.7	648	196	7145	11.03

46. 2　高被引论文分析

在交通运输学科，2017 年被引次数 Top 10 论文（表 46-2）的平均被引次数为 53.3 次，是全部 648 篇高被引论文篇均被引频次的 4.8 倍。其中，被引次数最高的论文是王峰娟的《公路工程沥青路面施工技术与质量控制策略》（2014），随后两篇分别是马东旭的《道路桥梁沉降段路基路面施工技术》（2015）和范子杰的《汽车轻量化技术的研究与进展》（2014）。

从论文分布来看，刊载高被引论文数量居前的 3 种期刊分别是《黑龙江交通科技》（88 篇）、《交通世界（上旬刊）》（37 篇）和《中国水运（下半月）》（34 篇）；《隧道建设》刊载了高被引论文 Top 10 中的 2 篇；发表高被引论文数量居前的学者分别是中交第一公路勘察设计研究院有限公司的王宏（4 篇）、北京工业大学的李鹏飞（2 篇）和中铁大桥勘测设计院集团有限公司的高宗余（2 篇）；产出高被引论文数量居前的机构分别是西南交通大学（27 篇）、长安大学（18 篇）和北京交通大学（17 篇），而中铁隧道集团有限公司产出了高被引论文 Top 10 中的 2 篇。

表 46-2　交通运输学科高被引论文 Top 10（2017 年）

排名	论文题名	第一作者	期刊名称	发表年份	被引频次	
					总频次	2017 年
1	公路工程沥青路面施工技术与质量控制策略	王峰娟	交通标准化	2014	451	196
2	道路桥梁沉降段路基路面施工技术	马东旭	公路交通科技・应用技术版	2015	103	47
3	汽车轻量化技术的研究与进展	范子杰	汽车安全与节能学报	2014	87	41
4	分析水利水电工程施工中边坡开挖支护技术的应用	成万龙	珠江水运	2014	87	39
5	我国隧道及地下工程发展现状与展望	洪开荣	隧道建设	2015	71	38
5	BIM 技术在地铁车站结构设计中的应用研究	李坤	铁道工程学报	2015	70	38
7	中国盾构和掘进机隧道技术现状、存在的问题及发展思路	王梦恕	隧道建设	2014	65	37
8	公路工程沥青路面施工技术及其质量控制研究	卜宗	交通世界（建养机械）	2015	63	34
9	参数优化变分模态分解方法在滚动轴承早期故障诊断中的应用	唐贵基	西安交通大学学报	2015	57	32
10	BIM 技术在桥梁工程设计阶段的应用研究	刘智敏	北京交通大学学报	2015	48	31

46.3　研究主题关联分析

在交通运输学科，高被引论文共被 2017 年发表的 6723 篇论文引用了 7145 次。通过分析施引文献关键词的词频及关键词之间的共现关系，获得 2017 年交通运输学科的热点主题和主题关联，如图 46-1 所示（共现 23 次以下不显示）。由图可知："施工技术""道路工程"等关键词的文档词频较高，是 2017 年学科的研究热点；以"施工技术""道路工程""公路桥梁"等关键词为主要节点的多个概念相互关联，构成了学科内最为突出的研究主题簇。

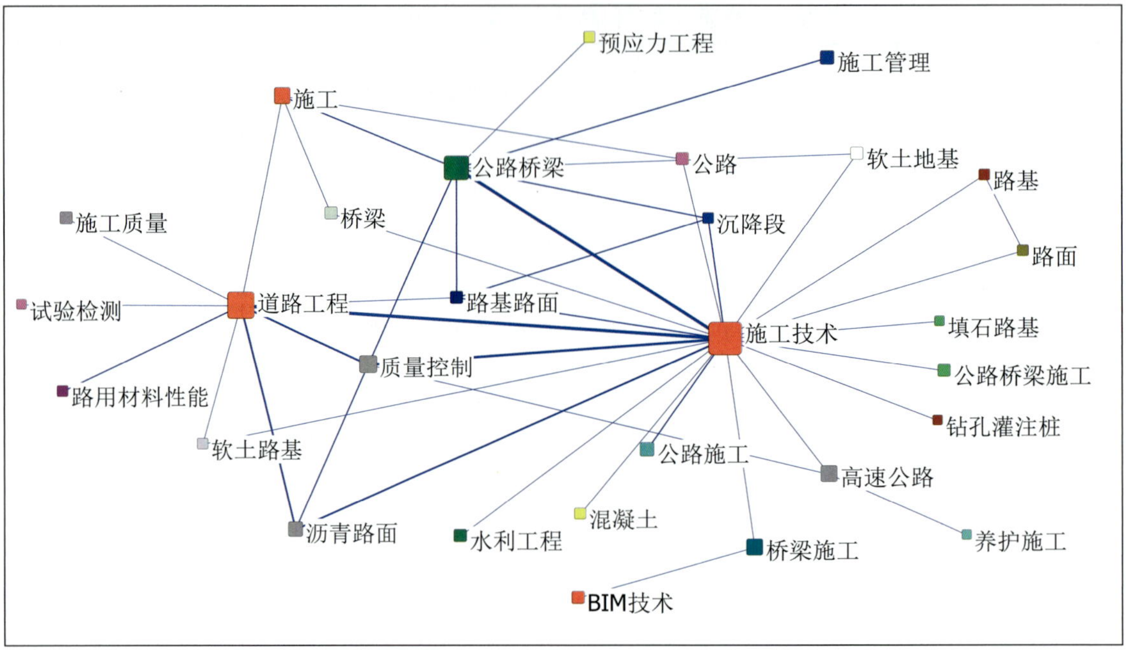

图 46-1　交通运输学科热点论文主题关联（2017 年）

46.4　高影响力期刊分析

46.4.1　高影响力期刊 Top 10

在交通运输学科，5 年影响因子 Top 10 期刊见表 46-3，前 3 种期刊分别是《桥梁建设》、《中国公路学报》和《现代隧道技术》。其中，2017 年被引频次最高的期刊是《公路交通科技》，被引率最高的期刊是《桥梁建设》。2012—2017 年期刊 5 年影响因子的变动情况如图 46-2 所示。

表 46-3　交通运输学科高被引期刊基本指标（2017 年）

排名	期刊名称	载文篇数		2017 年被引频次	5 年影响因子	即年指标	被引率（%）	高被引论文篇数	h 指数
		前 5 年	2017 年						
1	桥梁建设	648	127	1128	1.741	0.362	70.2	17	8
2	中国公路学报	914	258	1544	1.689	0.217	60.6	27	10
3	现代隧道技术	923	185	1355	1.468	0.151	65.8	17	8
4	中国铁道科学	680	122	910	1.338	0.139	57.6	11	7
5	西南交通大学学报	833	160	965	1.158	0.088	55.8	9	7
6	铁道学报	1192	268	1274	1.069	0.09	48.3	14	8

排名	期刊名称	载文篇数		2017 年被引频次	5 年影响因子	即年指标	被引率（%）	高被引论文篇数	h 指数
		前 5 年	2017 年						
7	交通运输工程学报	528	98	557	1.055	0.173	50.9	8	7
8	公路交通科技	1558	261	1606	1.031	0.157	52.2	12	7
9	汽车安全与节能学报	282	56	290	1.028	0.125	44.0	6	6
10	铁道工程学报	1342	228	1334	0.994	0.114	48.9	17	7

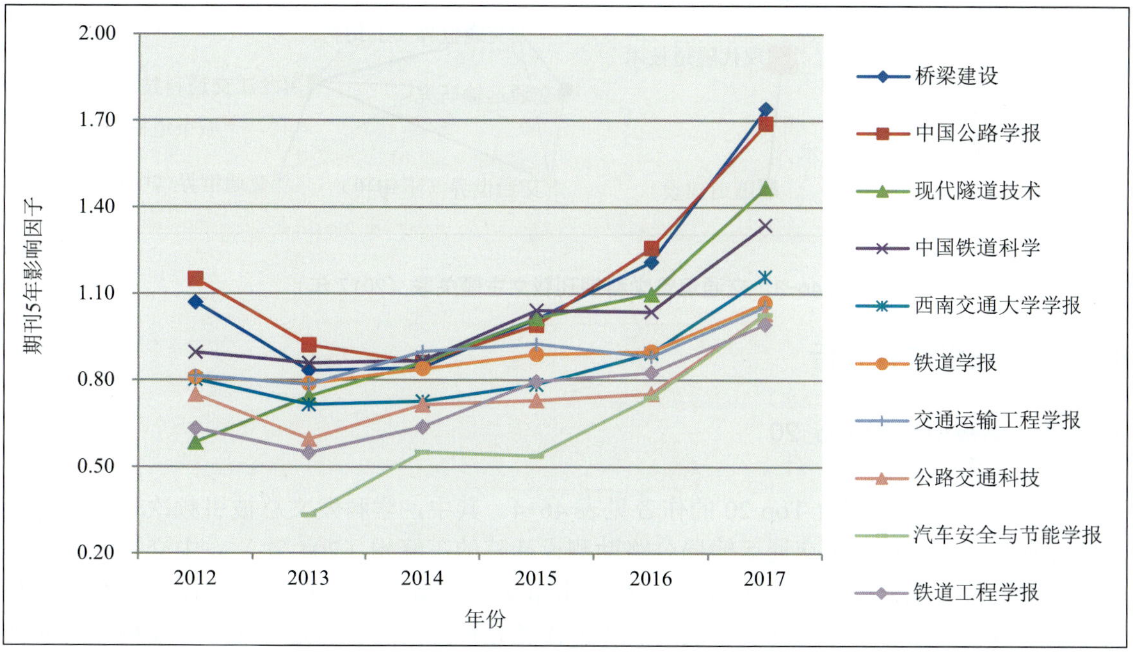

图 46-2　交通运输学科期刊 5 年影响因子变动趋势（2012—2017 年）

46.4.2　期刊载文主题关联

通过期刊共被引分析，获得交通运输学科期刊之间的载文主题关联，图中节点大小反映 5 年影响因子的高低，连线粗细代表共被引关联的强弱，关联越强表明两个期刊上有更多受学者们关注的相关主题论文，红色节点为学科高影响力期刊 Top 10，详情见图 46-3（共被引 68 次以下不显示）。如图所示，交通学科的多个期刊均互相关联且关联较为紧密，各期刊的学科分类属性体现得较为明显，基本分为公路和铁路两个大的研究方向，两个方向相互关联较少，但研究主题内部期刊之间关联关系较为紧密。《铁道标准设计》具有最多的关联关系，这是其研究主题较为广泛的典型体现；《现代隧道技术》和《隧道建设》，《铁道货运》和《铁路运输与经济》，《交通世界（上旬刊）》和《黑龙江交通科技》等期刊之间的关联较强，表明上述期刊分别具有较多相关主题的论文。

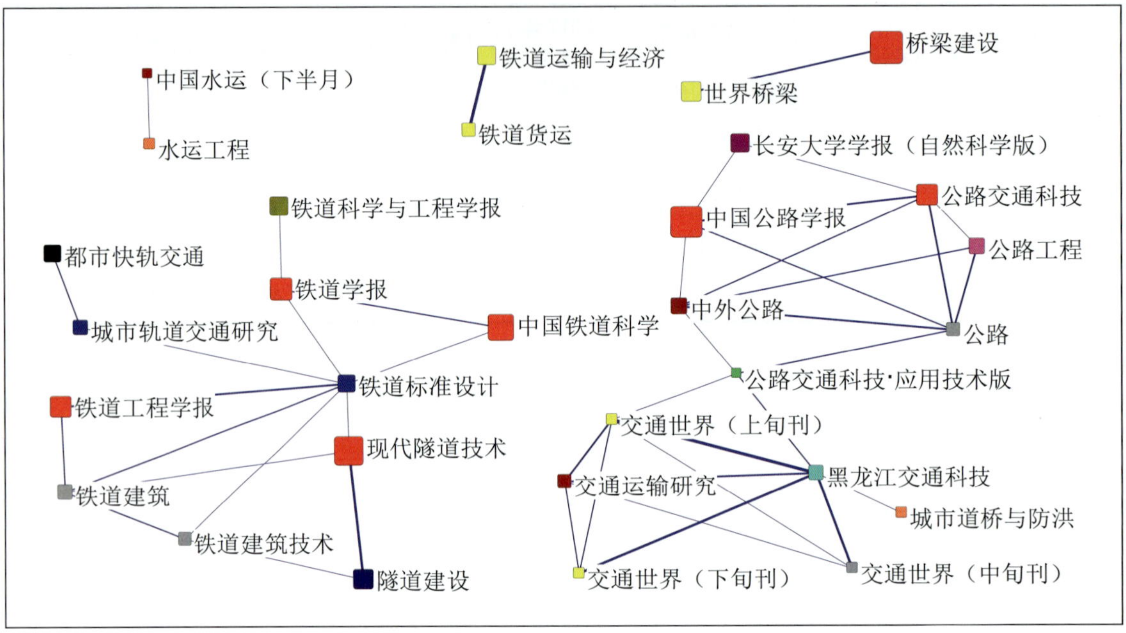

图 46-3 交通运输学科期刊载文主题关联（2017 年）

46.5 高被引作者分析

46.5.1 高被引作者 Top 20

2017 年论文被引次数 Top 20 的作者见表 46-4。其中，学科发文总被引频次较高的 3 位作者分别是河北省保定市交通运输局公路勘测设计院的王峰娟（204 次）、中交第一公路勘察设计研究院有限公司的王宏（53 次）和唐山市交通运输局的马东旭（48 次）。在学科发文 5 篇及以上的作者中，篇均被引较高的 3 位作者分别是河北省保定市交通运输局公路勘测设计院的王峰娟（篇均 40.80 次）、中铁隧道集团有限公司的洪开荣（篇均 8.60 次）和中交第一公路勘察设计研究院有限公司的王宏（篇均 7.57 次）；5 年学科发文较多的 3 位作者分别是交通运输部长江航务管理局的唐冠军（35 篇）、大连海事大学的初北平（34 篇）和交通运输部水运科学研究院的贾大山（29 篇）。

表 46-4 交通运输学科高被引作者 Top 20（2017 年）

排名	姓名	作者单位	前 5 年发文			前 5 年学科发文在 2017 年的被引				h 指数（学科）
			学科发文（篇）	期刊分布（种）	发文总量（篇）	频次	被引率（%）	最高（次）	篇均（次）	
1	王峰娟	河北省保定市交通运输局公路勘测设计院	5	2	5	204	80.0	196	40.80	2

排名	姓名	作者单位	前5年发文			前5年学科发文在2017年的被引				h指数（学科）
			学科发文（篇）	期刊分布（种）	发文总量（篇）	频次	被引率（%）	最高（次）	篇均（次）	
2	王宏	中交第一公路勘察设计研究院有限公司	7	3	7	53	100.0	14	7.57	6
3	马东旭	唐山市交通运输局	4	4	4	48	50.0	47	12.00	1
4	王春生	长安大学	9	5	14	45	66.7	26	5.00	4
5	洪开荣	中铁隧道集团有限公司	5	1	7	43	60.0	38	8.60	2
6	孔令岩	辽宁省法库县泡子沿水库管理所	2	1	4	42	50.0	42	21.00	1
7	范子杰	清华大学	1	1	2	41	100.0	41	41.00	1
8	李坤	中铁第四勘察设计院集团有限公司	2	2	3	39	100.0	38	19.50	1
8	成万龙	南水北调中线干线工程建设管理局河南直管项目建设管理局	1	1	4	39	100.0	39	39.00	1
10	何川	西南交通大学	4	4	11	38	75.0	22	9.50	3
11	肖乾	华东交通大学	17	6	23	37	88.2	6	2.18	4
11	王梦恕	中铁隧道集团有限公司	2	1	2	37	50.0	37	18.50	1
13	卜宗	河北路桥集团有限公司	4	3	4	36	50.0	34	9.00	2
14	吴贤国	华中科技大学	11	5	28	35	81.8	7	3.18	4
15	李群湛	西南交通大学	5	2	6	33	100.0	19	6.60	2
15	刘智敏	北京交通大学	3	1	3	33	66.7	31	11.00	2
17	唐贵基	华北电力大学	1	1	36	32	100.0	32	32.00	1
18	任建喜	西安科技大学	16	4	37	31	75.0	7	1.94	4
19	谭忠盛	北京交通大学	4	3	7	30	75.0	27	7.50	2
19	陆化普	清华大学	13	6	24	30	38.5	24	2.31	2
19	郑健龙	长沙理工大学	4	1	5	30	100.0	15	7.50	3

46.5.2　作者发文主题关联

通过作者共被引分析，获得 2017 年交通运输学科作者之间的发文主题关联，图中节点大小反映被引次数高低，连线粗细代表共被引关联的强弱，关联越强表明两位作者的发文主题可能具有更强的相关性，红色节点为学科高被引作者 Top 20，详情见图 46-4（共被引 6 次以下不显示）。如图所示，学者王峰娟论文被引用次数最为突出，并与赵瑞多等作者形成了一个规模较大的子网络。王峰娟和卜宗、赵瑞多等学者之间的关联较强，表明上述学者之间可能有较为相关的发文主题。

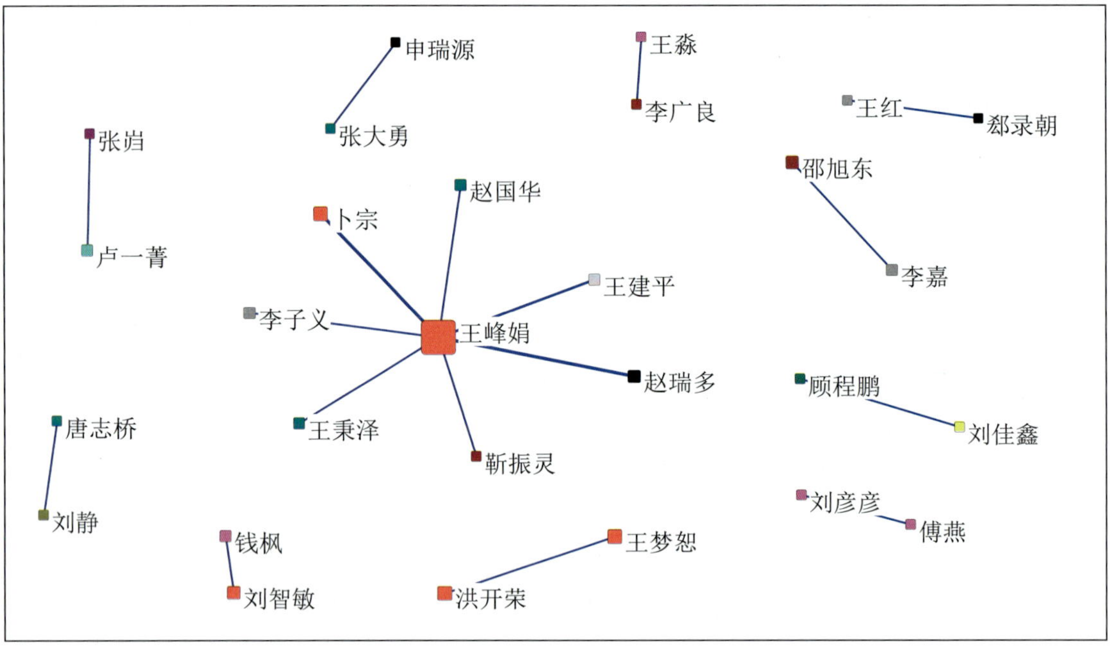

图 46-4　交通运输学科作者发文主题关联（2017 年）

46.6　高被引机构分析

46.6.1　高被引机构

交通运输学科被引次数 Top 10 高等院校和被引频次 Top 5 科研院所的发文和被引情况分别见表 46-5 和表 46-6。表中，总被引次数排名前 3 位的高等院校分别是西南交通大学、北京交通大学和长安大学，排名前 3 位的科研院所则是中国铁道科学研究院、交通运输部公路科学研究院和山西省交通科学研究院；篇均被引最高的高等院校和科研院所分别是西安交通大学和中国铁道科学研究院。

表 46-5　交通运输学科高被引高等院校 Top 10（2017 年）

排名	第一作者单位	学科发文量（篇）		前 5 年学科发文在 2017 年的被引			
		前 5 年	2017 年	频次	被引率(%)	最高（次）	篇均（次）
1	西南交通大学	3409	802	2756	42.2	22	0.81
2	北京交通大学	2345	378	1962	42.7	31	0.84
3	长安大学	2490	470	1874	40.1	26	0.75
4	同济大学	2054	418	1371	38.1	16	0.67
5	重庆交通大学	1751	274	859	32.0	6	0.49
6	兰州交通大学	1690	295	857	31.7	6	0.51
7	西安交通大学	862	150	817	49.5	11	0.95
8	上海交通大学	1493	249	787	34.3	8	0.53
9	长沙理工大学	1143	209	785	39.0	15	0.69
10	武汉理工大学	1398	450	713	32.1	9	0.51

表 46-6　交通运输学科高被引科研院所 Top 5（2017 年）

排名	第一作者单位	学科发文量（篇）		前 5 年学科发文在 2017 年的被引			
		前 5 年	2017 年	频次	被引率(%)	最高（次）	篇均（次）
1	中国铁道科学研究院	1530	327	1180	41.6	14	0.77
2	交通运输部公路科学研究院	566	104	313	30.4	9	0.55
3	山西省交通科学研究院	889	149	304	24.6	5	0.34
4	上海铁路局	783	194	228	20.3	19	0.29
5	中国舰船研究设计中心	517	82	225	30.8	5	0.44

46.6.2　机构发文主题关联

通过机构共被引分析，获得交通运输学科机构间的发文主题关联，图中节点大小反映被引次数高低，连线粗细代表共被引关联的强弱，关联越强表明两个机构的发文主题可能具有更强的相关性，红色节点为高被引高等院校 Top 10 和高被引科研院所 Top 5，详情见图 46-5（共被引 27 次以下不显示）。由图可知，高被引高等院校主导了交通运输学科的机构共被引网络，在学科内体现出了较显著的学术影响力；西南交通大学具有最多的关联关系，充分表明了其学科学术影响力；西南交通大学和北京交通大学、中国铁道科学研究院、中南大学、长安大学等机构之间的关联较强，表明上述机构的研究主题具有较多重叠之处。

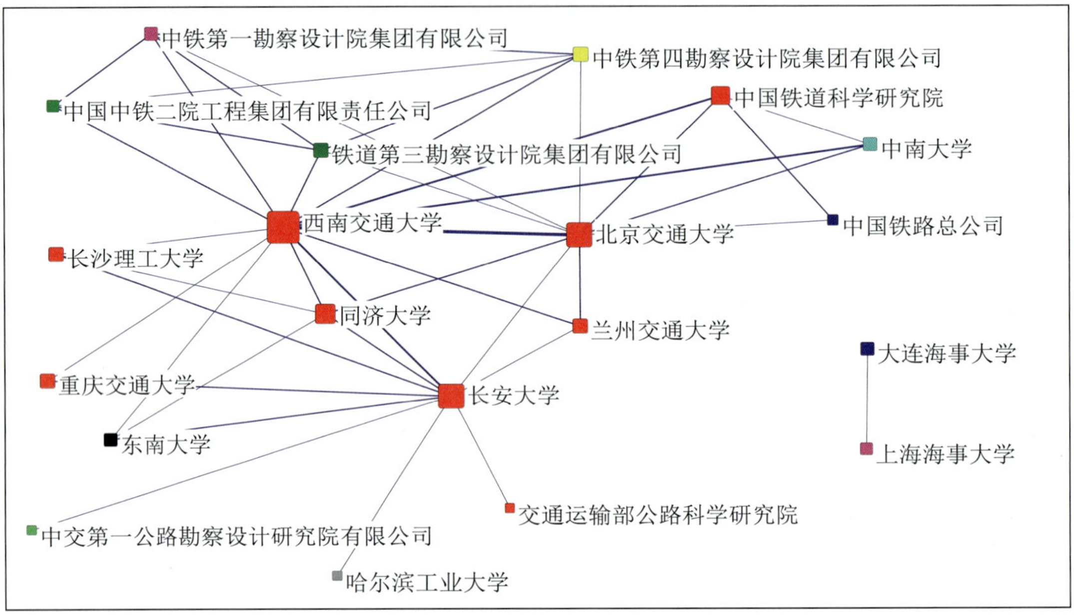

图 46-5　交通运输学科机构发文主题关联（2017 年）

46.7　高被引国外期刊

交通运输学科内被引次数 Top 10 的国外期刊见表 46-7，排名前 3 位的国外期刊是 *Construction and Building Materials*、*Ocean Engineering* 和 *IEEE Transactions on Intelligent Transportation Systems*。

表 46-7　交通运输学科高被引国外期刊 Top 10（2017 年）

排名	期刊名称	2017 年被引频次
1	Construction and Building Materials	296
2	Ocean Engineering	223
3	IEEE Transactions on Intelligent Transportation Systems	174
4	Transportation Research Part C: Emerging Technologies	157
5	Transportation Research Part B: Methodological	155
6	Tunnelling and Underground Space Technology	149
7	Engineering Structures	142
8	Accident Analysis & Prevention	112
9	IEEE Transactions on Industrial Electronics	107
10	Journal of Bridge Engineering	105

第 47 章　航空航天学科高被引分析

47.1　学科论文概况

2012—2016 年，航空航天学科的 74 种期刊上共发表学术论文 56053 篇，由来自在 3700 所机构的 38731 位学者作为第一作者发表。上述论文中，有 15080 篇在 2017 年获得过引用，整体被引率为 26.9%，总被引频次为 24014 次，篇均被引 0.43 次；其中，高被引论文有 222 篇，累计被引 1650 次，篇均被引 7.43 次，单篇论文最高被引 25 次（表 47-1）。另外，2017 年本学科共发表论文 10518 篇，其中有 458 篇在当年获得过引用，总共被引 533 次。

表 47-1　航空航天学科论文分布情况

年份	论文篇数	2017 年被引频次	2017 年被引率（%）	2017 年高被引论文			
				论文篇数	最高被引频次	总被引频次	篇均被引频次
2012	11245	4308	24.6	39	15	290	7.44
2013	11066	4963	27.6	43	25	344	8.00
2014	11187	5254	28.9	33	19	298	9.03
2015	11460	5646	30.1	61	17	437	7.16
2016	11095	3843	23.3	46	11	281	6.11
合计	56053	24014	26.9	222	25	1650	7.43

47.2　高被引论文分析

在航空航天学科，2017 年被引次数 Top 10 论文（表 47-2）的平均被引次数为 13.8 次，是全部 222 篇高被引论文篇均被引频次的 1.9 倍。其中，被引次数最高的论文是马保全的《航空航天复合材料结构非接触无损检测技术的进展及发展趋势》（2014）和杨恩泉的《3D 打印技术对航空制造业发展的影响》（2013），随后是吴云的《等离子体流动控制研究进展与展望》（2015）和李劲风的《铝锂合金及其在航天工业上的应用》（2012）。

从论文分布来看，刊载高被引论文数量居前的 3 种期刊分别是《航空学报》（34 篇）、《宇航学报》（15 篇）和《航空动力学报》（13 篇），其中，《航空学报》刊载了高被引论文 Top 10 中的 2 篇；发表高被引论文数量居前的学者分别是武汉大学的李德仁（2 篇）、中国空间技术研究院的潘腾（2 篇）和湖南大学的郑近德（2 篇）；产出高被引论文数量居前的机构分别是北京航空航天大学（21 篇）、南京航空航天大学（16 篇）和西北工业大学（14 篇）。

表 47-2　航空航天学科高被引论文 Top 10（2017 年）

排名	论文题名	第一作者	期刊名称	发表年份	被引频次	
					总频次	2017 年
1	航空航天复合材料结构非接触无损检测技术的进展及发展趋势	马保全	航空学报	2014	41	16
1	3D 打印技术对航空制造业发展的影响	杨恩泉	航空科学技术	2013	49	16
3	等离子体流动控制研究进展与展望	吴云	航空学报	2015	32	15
3	铝锂合金及其在航天工业上的应用	李劲风	宇航材料工艺	2012	37	15
5	北斗卫星导航系统的现况与发展	刘基余	遥测遥控	2013	43	14
6	颗粒增强铝基复合材料研究与应用发展	樊建中	宇航材料工艺	2012	40	13
6	基于 EMD 样本熵-LLTSA 的故障特征提取方法	向丹	航空动力学报	2014	22	13
6	空间激光通信现状、发展趋势及关键技术分析	姜会林	飞行器测控学报	2015	18	13
6	我国空间站工程总体构想	周建平	载人航天	2013	42	13
10	航空航天复合材料发展现状及前景	唐见茂	航天器环境工程	2013	36	12
10	基于 EMD 熵特征融合的滚动轴承故障诊断方法	向丹	航空动力学报	2015	21	12

47.3　研究主题关联分析

在航空航天学科，高被引论文共被 2017 年发表的 1550 篇论文引用了 1650 次。通过分析施引文献关键词的词频及关键词之间的共现关系，获得 2017 年航空航天学科的热点主题和主题关联，如图 47-1 所示（共现 4 次以下不显示）。由图可知：以“显微组织”和“力学特性”，“故障诊断”和“滚动轴承”等关键词为主要节点的相互关联，构成了学科内最为突出的研究主题簇。此外，“力学性质”、“复合材料”等关键词的文档词频较高，是 2017 年学科的研究热点。3 个节点以上的研究主题关联网络共 4 个，构成了学科内最为突出的研究主题簇；其中，以“滚动轴承”“故障诊断”“支持向量机”为核心节点的研究主题关联网络最大，其余各团簇中词频最高或连线最多的关键词分别是“航空发动机叶片”“显微组织”“三维打印”。

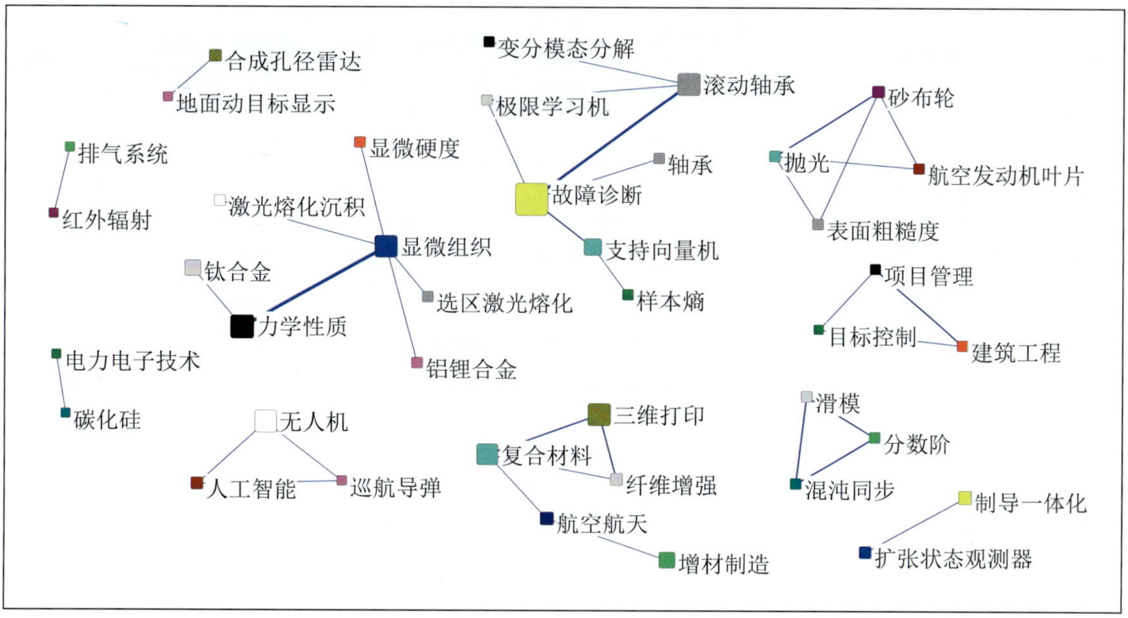

图 47-1　航空航天学科热点论文主题关联（2017 年）

47. 4　高影响力期刊分析

47. 4. 1　高影响力期刊 Top 10

在航空航天学科，5 年影响因子 Top 10 期刊见表 47-3，前 3 种期刊分别是《航空学报》、《航空材料学报》和《宇航学报》。其中，2017 年被引频次最高的期刊是《航空学报》，被引率最高的期刊是《航空学报》。2012—2017 年期刊 5 年影响因子的变动情况如图 47-2 所示。

表 47-3　航空航天学科高被引期刊基本指标（2017 年）

排名	期刊名称	载文篇数		2017 年被引频次	5 年影响因子	即年指标	被引率（%）	高被引论文篇数	h 指数
		前 5 年	2017 年						
1	航空学报	1765	360	1985	1.125	0.117	54.0	34	9
2	航空材料学报	471	86	491	1.042	0.081	48.2	12	8
3	宇航学报	1070	175	981	0.917	0.131	49.0	15	6
4	中国航空学报（英文版）	832	183	723	0.869	0.066	45.8	10	6
5	推进技术	1259	354	1044	0.829	0.082	48.2	6	6
6	中国惯性技术学报	792	153	656	0.828	0.078	47.1	5	5

排名	期刊名称	载文篇数		2017 年被引频次	5 年影响因子	即年指标	被引率（%）	高被引论文篇数	h 指数
		前 5 年	2017 年						
7	振动、测试与诊断	1006	159	764	0.759	0.050	41.4	13	7
8	航空动力学报	1975	384	1337	0.677	0.026	39.7	13	6
9	南京航空航天大学学报	757	122	509	0.672	0.082	37.3	11	7
10	北京航空航天大学学报	1688	325	1048	0.621	0.108	38.7	7	6

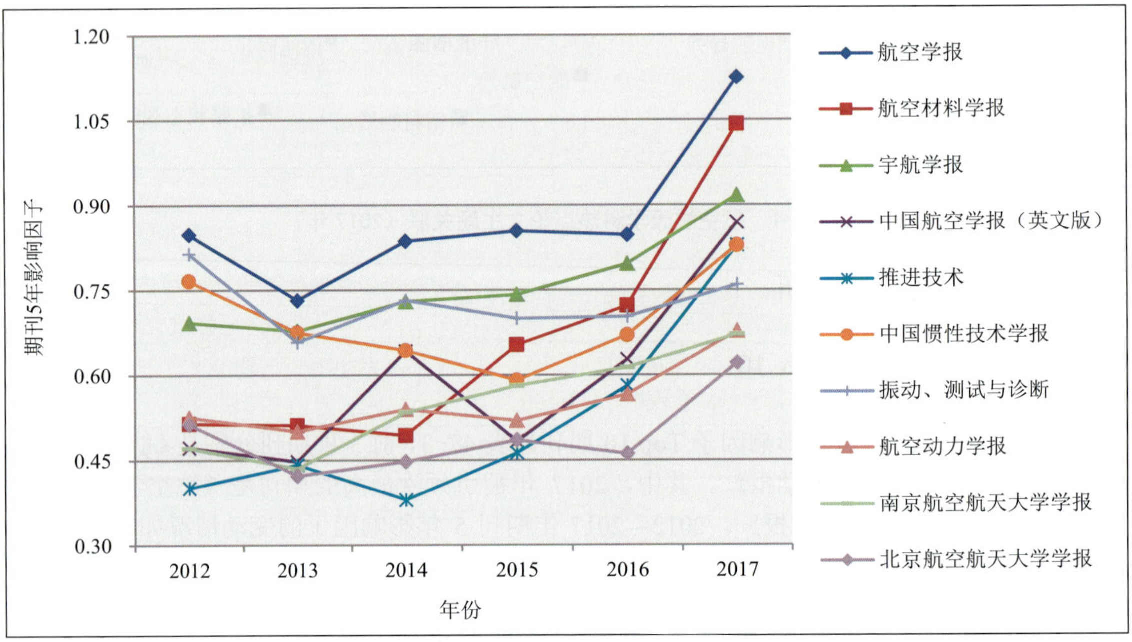

图 47-2　航空航天学科期刊 5 年影响因子变动趋势（2012—2017 年）

47.4.2　期刊载文主题关联

通过期刊共被引分析，获得航空航天学科期刊之间的载文主题关联，图中节点大小反映 5 年影响因子的高低，连线粗细代表共被引关联的强弱，关联越强表明两个期刊上有更多受学者们关注的相关主题论文，红色节点为学科高影响力期刊 Top 10，详情见图 47-3（共被引 26 次以下不显示）。如图所示，航空航天学科高影响力期刊相互关联较为紧密，基本主导了该学科的期刊共被引网络，显示出该学科高影响力期刊可能共同刊载了许多相近的研究主题，其中《航空学报》具有最多的关联关系且学科 5 年影响因子最高，显示出该刊在学科内学术影响力较大，这是其研究主题较为广泛的典型体现；《航空动力学报》与《推进技术》《航空学报》等期刊之间的关联较强，意味着它们之间可能有较多相同或相近的载文主题。

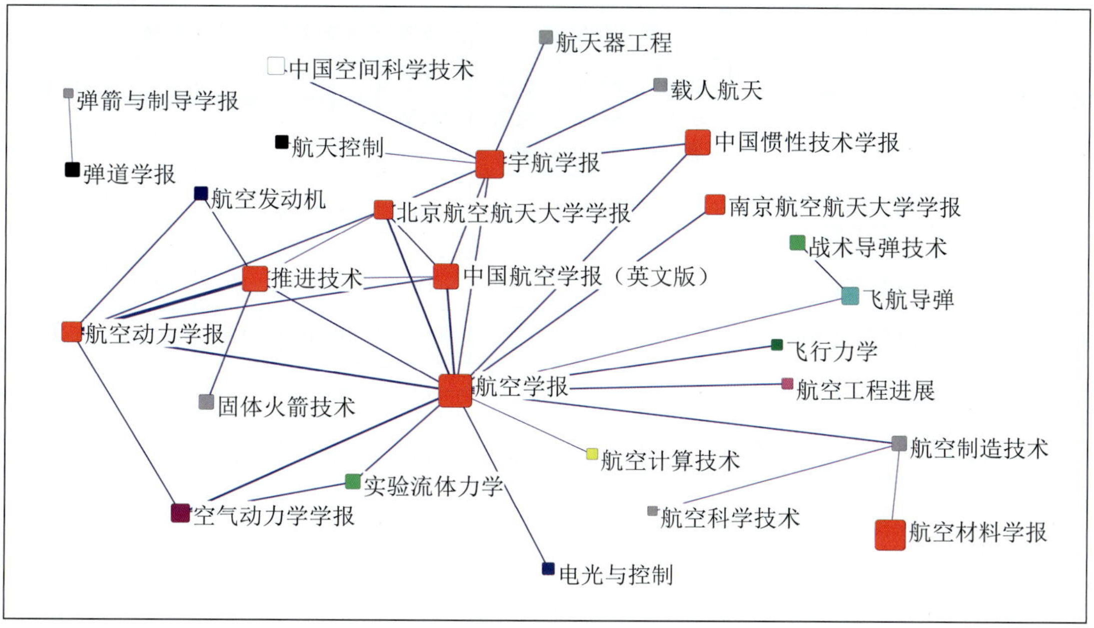

图 47-3 航空航天学科期刊载文主题关联（2017 年）

47.5 高被引作者分析

47.5.1 高被引作者 Top 20

2017 年论文被引次数 Top 20 的作者见表 47-4。其中，学科发文总被引频次较高的 3 位作者分别是南京航空航天大学的李永洲（28 次）、广东技术师范学院的向丹（25 次）和南京航空航天大学的刘思峰（21 次）。在学科发文 5 篇及以上的作者中，篇均被引较高的 3 位作者分别是中国材料研究学会的唐见茂（篇均 3.60 次）、中国航天科工集团 8511 研究所的戎建刚（篇均 3.20 次）和成都航空职业技术学院的刘文韬（篇均 2.80 次）；5 年学科发文较多的 3 位作者分别是北京空间科技信息研究所的刘韬（24 篇）、中国电子科技集团公司第五十一研究所的郁涛（19 篇）和中国民航大学的曹惠玲（17 篇）。

表 47-4 航空航天学科高被引作者 Top 20（2017 年）

排名	姓名	作者单位	前 5 年发文			前 5 年学科发文在 2017 年的被引				h 指数（学科）
			学科发文（篇）	期刊分布（种）	发文总量（篇）	频次	被引率（%）	最高（次）	篇均（次）	
1	李永洲	南京航空航天大学	12	3	12	28	66.7	7	2.33	4
2	向丹	广东技术师范学院	2	1	13	25	100.0	13	12.50	2
3	刘思峰	南京航空航天大学	3	2	7	21	100.0	17	7.00	2

排名	姓名	作者单位	前 5 年发文			前 5 年学科发文在 2017 年的被引				h指数（学科）
			学科发文（篇）	期刊分布（种）	发文总量（篇）	频次	被引率（%）	最高（次）	篇均（次）	
4	张友安	中国人民解放军海军航空工程学院	11	6	18	20	72.7	6	1.82	3
5	王华明	北京航空航天大学	1	1	3	19	100.0	19	19.00	1
5	潘腾	中国空间技术研究院	2	2	2	19	100.0	12	9.50	2
5	胥永刚	北京工业大学	7	2	24	19	85.7	5	2.71	3
5	文苏丽	北京海鹰科学技术情报研究所	8	2	8	19	62.5	7	2.38	3
9	吴伟仁	国家探月与航天工程中心	7	3	15	18	85.7	8	2.57	3
9	李劲风	中南大学	4	1	6	18	50.0	15	4.50	2
9	唐见茂	中国材料研究学会	5	1	7	18	60.0	12	3.60	2
9	白俊强	西北工业大学	13	2	19	18	61.5	6	1.38	2
13	周建平	中国载人航天工程办公室	2	1	2	17	100.0	13	8.50	2
13	赵志宏	石家庄铁道大学	2	1	6	17	100.0	12	8.50	2
13	王延忠	北京航空航天大学	7	3	33	17	85.7	4	2.43	3
13	刘波	西北工业大学	13	4	21	17	53.8	3	1.31	3
13	吴晓芳	中国北方电子设备研究所	3	2	5	17	100.0	7	5.67	3
18	马保全	北京航空航天大学	1	1	1	16	100.0	16	16.00	1
18	戎建刚	中国航天科工集团8511 研究所	5	1	5	16	100.0	5	3.20	3
18	朱知寿	中国航发北京航空材料研究院	3	2	4	16	100.0	12	5.33	2

47.5.2 作者发文主题关联

通过作者共被引分析，获得 2017 年航空航天学科作者之间的发文主题关联，图中节点大小反映被引次数高低，连线粗细代表共被引关联的强弱，关联越强表明两位作者的发文主题可能具有更强的相关性，红色节点为学科高被引作者 Top 20，详情见图 47-4（共被引 4 次以下不显示）。如图所示，作者共被引关联情况整体较为松散，意味着学科内大部分作者之间的研究主题关联程度不高；学者李永洲和张友安的被引次数较高，显示出他们的学术成果在学科内得到较多关注；李永洲和南向军，贺旭照和吴颖川等学者之间的关联较强，意味着他们之间可能分别有较为相近的研究主题。

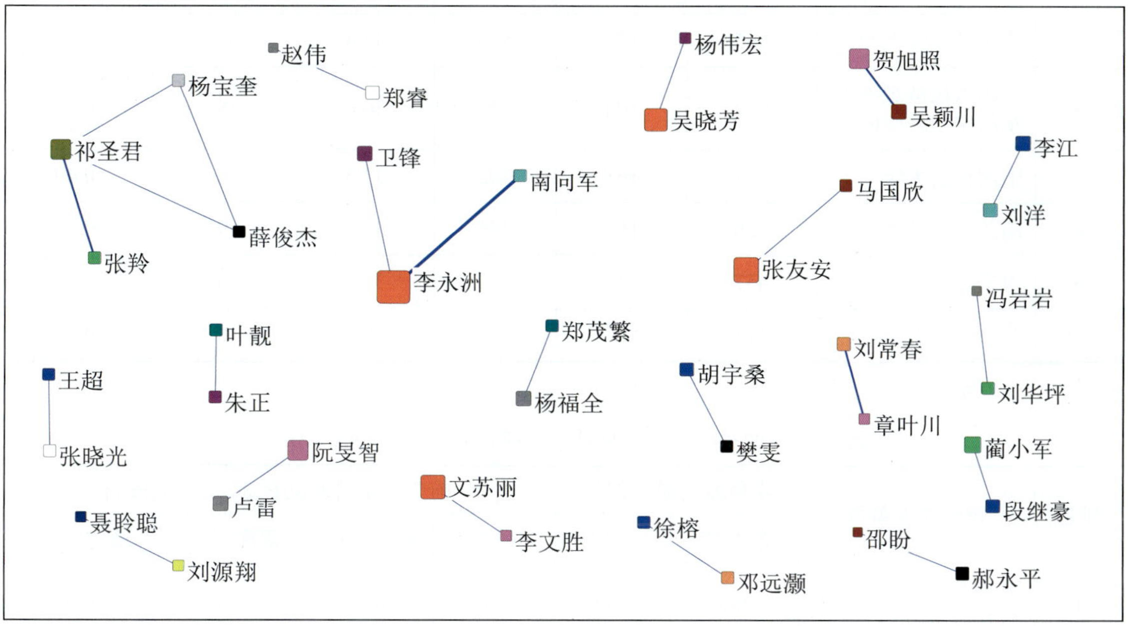

图 47-4　航空航天学科作者发文主题关联（2017 年）

47.6　高被引机构分析

47.6.1　高被引机构

航空航天学科被引次数 Top 10 高等院校和被引频次 Top 5 科研院所的发文和被引情况分别见表 47-5 和表 47-6。表中，总被引次数排名前 3 位的高等院校分别是北京航空航天大学、南京航空航天大学和西北工业大学，排名前 3 位的科研院所则是中国空气动力研究与发展中心、中国空间技术研究院和北京空间飞行器总体设计部；篇均被引最高的高等院校和科研院所分别是哈尔滨工业大学和中国航发北京航空材料研究院。

表 47-5　航空航天学科高被引高等院校 Top 10（2017 年）

排名	第一作者单位	学科发文量（篇）		前 5 年学科发文在 2017 年的被引			
		前 5 年	2017 年	频次	被引率(%)	最高（次）	篇均（次）
1	北京航空航天大学	3354	574	2292	39.4	19	0.68
2	南京航空航天大学	2872	531	1812	37.5	17	0.63
3	西北工业大学	2694	314	1719	38.5	12	0.64

排名	第一作者单位	学科发文量（篇）		前 5 年学科发文在 2017 年的被引			
		前 5 年	2017 年	频次	被引率(%)	最高（次）	篇均（次）
4	空军工程大学	1019	187	619	35.0	15	0.61
5	哈尔滨工业大学	665	120	510	42.4	13	0.77
6	中国人民解放军海军航空工程学院	949	104	442	30.6	8	0.47
7	中国民航大学	823	168	402	33.5	6	0.49
8	国防科学技术大学	756	103	396	31.5	9	0.52
9	南京理工大学	657	111	339	36.4	8	0.52
10	北京理工大学	513	75	331	38.4	6	0.65

表 47-6　航空航天学科高被引科研院所 Top 5（2017 年）

排名	第一作者单位	学科发文量（篇）		前 5 年学科发文在 2017 年的被引			
		前 5 年	2017 年	频次	被引率(%)	最高（次）	篇均（次）
1	中国空气动力研究与发展中心	483	102	336	41.0	7	0.70
2	中国空间技术研究院	441	104	239	32.4	12	0.54
3	北京空间飞行器总体设计部	444	88	230	32.0	7	0.52
4	中国航发北京航空材料研究院	181	31	199	51.4	12	1.10
5	北京控制工程研究所	421	85	196	30.9	5	0.47

47.6.2　机构发文主题关联

通过机构共被引分析，获得航空航天学科机构间的发文主题关联，图中节点大小反映被引次数高低，连线粗细代表共被引关联的强弱，关联越强表明两个机构的发文主题可能具有更强的相关性，红色节点为高被引高等院校 Top 10 和高被引科研院所 Top 5，详情见图 47-5（共被引 20 次以下不显示）。由图可知，高被引高等院校主导了航空航天学科的机构共被引网络，在学科内体现出了较显著的学术影响力；网络以西北工业大学、南京航空航天大学和北京航空航天大学为主要节点构成，表明上述机构已经在学科内具有了一定的科研优势，3 所高校之间关联关系较强，表明机构的研究主题具有较多相似之处。

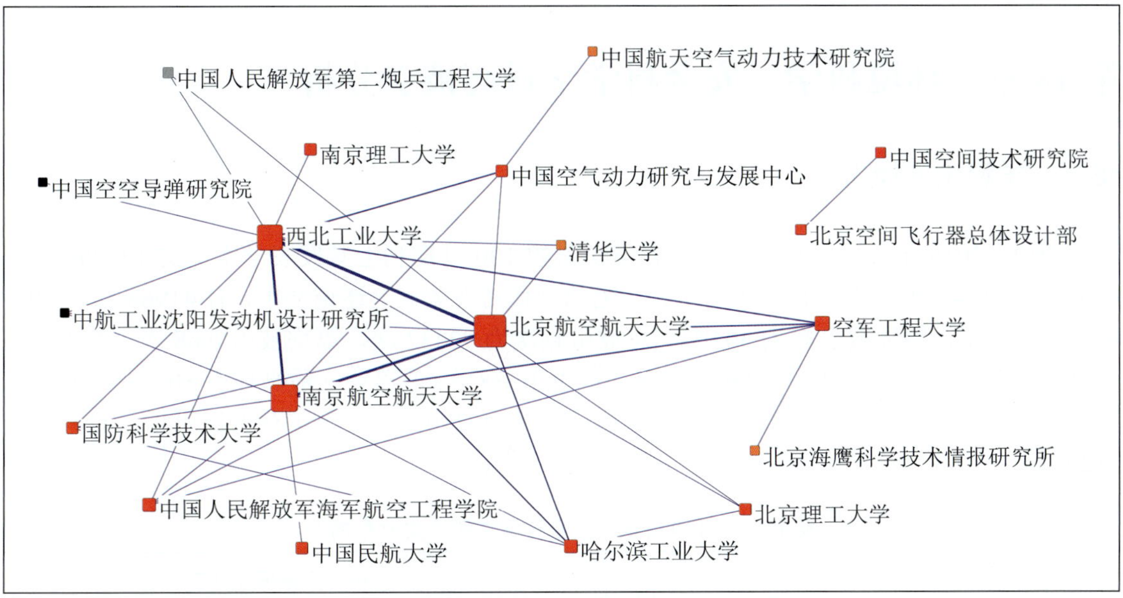

图 47-5　航空航天学科机构发文主题关联（2017 年）

47.7　高被引国外期刊

航空航天学科内被引次数 Top 10 的国外期刊见表 47-7，排名前 3 位的国外期刊是 *Journal of Guidance, Control, and Dynamics*、*AIAA Journal* 和 *Aerospace Science and Technology*。

表 47-7　航空航天学科高被引国外期刊 Top 10（2017 年）

排名	期刊名称	2017 年被引频次
1	Journal of Guidance, Control, and Dynamics	257
2	AIAA Journal	208
3	Aerospace Science and Technology	190
4	International Journal of Advanced Manufacturing Technology	171
4	Acta Astronautica	171
6	Journal of Turbomachinery	157
7	Journal of Aircraft	153
8	Computers & Structures	131
9	Journal of Propulsion and Power	125
10	Sensors	104

第 48 章　环境科学、安全科学学科高被引分析

48.1　学科论文概况

2012—2016 年，环境科学、安全科学学科的 100 种期刊上共发表学术论文 135999 篇，由来自在 18341 所机构的 86464 位学者作为第一作者发表。上述论文中，有 41968 篇在 2017 年获得过引用，整体被引率为 30.9%，总被引频次为 92432 次，篇均被引 0.68 次；其中，高被引论文有 482 篇，累计被引 7895 次，篇均被引 16.38 次，单篇论文最高被引 80 次（表 48-1）。另外，2017 年本学科共发表论文 26574 篇，其中有 2307 篇在当年获得过引用，总共被引 3120 次。

表 48-1　环境科学、安全科学学科论文分布情况

年份	论文篇数	2017 年被引频次	2017 年被引率（%）	2017 年高被引论文			
				论文篇数	最高被引频次	总被引频次	篇均被引频次
2012	25304	15237	27.4	78	75	1365	17.5
2013	26511	17760	29.8	97	80	1696	17.48
2014	27654	20347	31.1	105	58	2003	19.08
2015	28048	22241	35.2	103	56	1685	16.36
2016	28482	16847	30.4	99	37	1146	11.58
合计	135999	92432	30.9	482	80	7895	16.38

48.2　高被引论文分析

在环境科学、安全科学学科，2017 年被引次数 Top 10 论文（表 48-2）的平均被引次数为 53.4 次，是全部 482 篇高被引论文篇均被引频次的 3.3 倍。其中，被引次数最高的论文是黄益宗的《重金属污染土壤修复技术及其修复实践》（2013），随后两篇分别是吴兑的《近十年中国灰霾天气研究综述》（2012）和赵晨曦的《北京地区冬春 $PM_{2.5}$ 和 PM_{10} 污染水平时空分布及其与气象条件的关系》（2014）。

从论文分布来看，刊载高被引论文数量居前的 3 种期刊分别是《中国人口 · 资源与环境》（78 篇）、《环境科学》（61 篇）和《资源科学》（53 篇），其中，《中国人口 · 资源与环境》刊载了高被引论文 Top 10 中的 2 篇；发表高被引论文数量居前的学者分别是合肥工业大学的李如忠（3 篇）、中国气象局广州热带海洋气象研究所的吴兑（3 篇）和北京市环境保护监测中心的王占山（3 篇）；产出高被引论文数量居前的机构分别是中国科学院地理科学与资源研究所（23 篇）、中国环境监测总站（12 篇）和南京信息工程大学（11 篇），而中

国科学院地理科学与资源研究所产出了高被引论文 Top 10 中的 2 篇。

表 48-2 环境科学、安全科学学科高被引论文 Top 10（2017 年）

排名	论文题名	第一作者	期刊名称	发表年份	被引频次	
					总频次	2017 年
1	重金属污染土壤修复技术及其修复实践	黄益宗	农业环境科学学报	2013	237	80
2	近十年中国灰霾天气研究综述	吴兑	环境科学学报	2012	246	75
3	北京地区冬春 $PM_{2.5}$ 和 PM_{10} 污染水平时空分布及其与气象条件的关系	赵晨曦	环境科学	2014	153	58
4	基于单位面积价值当量因子的生态系统服务价值化方法改进	谢高地	自然资源学报	2015	94	56
5	绿色发展：功能界定、机制分析与发展战略	胡鞍钢	中国人口·资源与环境	2014	114	50
6	我国地膜覆盖和残留污染特点与防控技术	严昌荣	农业资源与环境学报	2014	95	46
7	生态文明建设的科学内涵与基本路径	谷树忠	资源科学	2013	207	44
8	雾霾重污染期间北京居民对高浓度 $PM_{2.5}$ 持续暴露的健康风险及其损害价值评估	谢元博	环境科学	2014	124	43
8	刍议建筑施工现场安全管理	王跃军	中国安全生产科学技术	2012	145	43
10	人口城镇化滞后于土地城镇化之谜——来自中国省际面板数据的解释	李子联	中国人口·资源与环境	2013	96	39

48.3 研究主题关联分析

在环境科学、安全科学学科，高被引论文共被 2017 年发表的 5952 篇论文引用了 7895 次。通过分析施引文献关键词的词频及关键词之间的共现关系，获得 2017 年环境科学、安全科学学科的热点主题和主题关联，如图 48-1 所示（共现 15 次以下不显示）。由图可知："细颗粒物""重金属"等关键词的文档词频较高，是 2017 年学科的研究热点；3 个节点以上的研究主题关联网络共 2 个，构成了学科内最为突出的研究主题簇；其中，以"土""重金属""细颗粒物"为核心节点的研究主题关联网络最大，其余各团簇中词频最高或连线最多的关键词是“臭氧”。

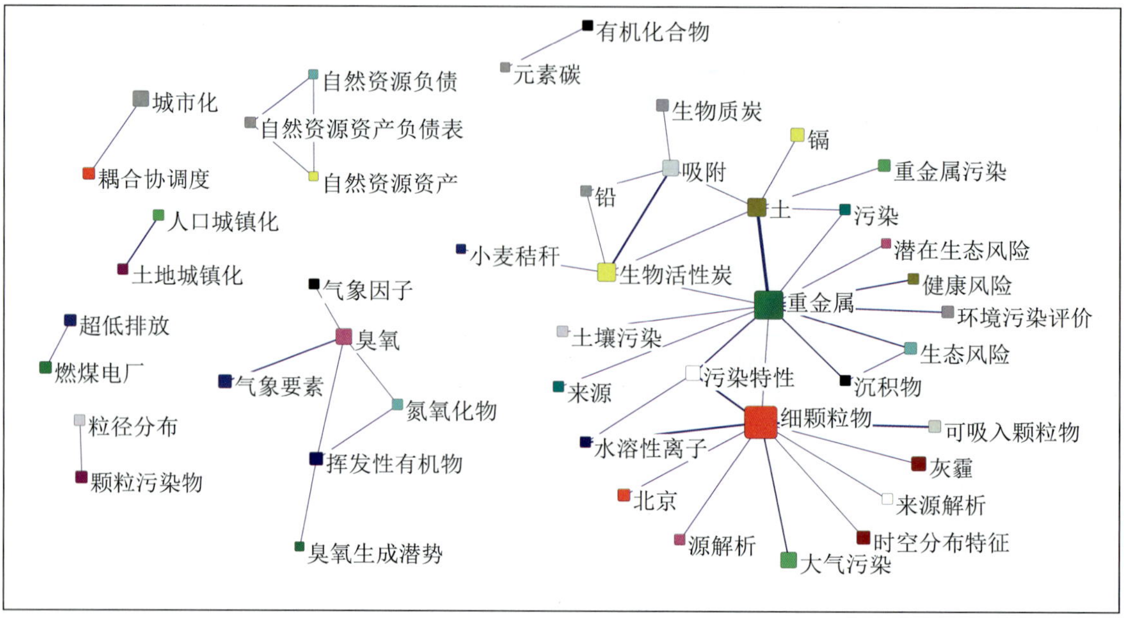

图 48-1　环境科学、安全科学学科热点论文主题关联（2017 年）

48.4　高影响力期刊分析

48.4.1　高影响力期刊 Top 10

在环境科学、安全科学学科，5 年影响因子 Top 10 期刊见表 48-3，前 3 种期刊分别是《中国人口·资源与环境》、《资源科学》和《自然资源学报》。其中，2017 年被引频次最高的期刊是《环境科学》，被引率最高的期刊是《中国人口·资源与环境》。2012—2017 年期刊 5 年影响因子的变动情况如图 48-2 所示。

表 48-3　环境科学、安全科学学科高被引期刊基本指标（2017 年）

排名	期刊名称	载文篇数		2017 年被引频次	5 年影响因子	即年指标	被引率（%）	高被引论文篇数	h 指数
		前 5 年	2017 年						
1	中国人口·资源与环境	1444	262	5213	3.610	0.393	80.9	78	19
2	资源科学	1408	225	4196	2.980	0.249	75.9	53	18
3	自然资源学报	984	178	2629	2.672	0.337	75.9	25	15
4	环境科学	3345	639	7182	2.147	0.374	67.4	61	18
5	中国环境科学	2274	573	4652	2.046	0.248	65.3	41	15
6	环境科学学报	2348	575	4475	1.906	0.259	65.4	33	17

排名	期刊名称	载文篇数		2017 年被引频次	5 年影响因子	即年指标	被引率（%）	高被引论文篇数	h 指数
		前 5 年	2017 年						
7	农业环境科学学报	1793	335	3334	1.859	0.176	63.3	22	14
8	环境科学研究	1129	234	1980	1.754	0.226	64.0	16	12
9	长江流域资源与环境	1224	237	2068	1.690	0.169	64.5	11	11
10	中国安全科学学报	1729	349	2523	1.459	0.158	61.9	10	11

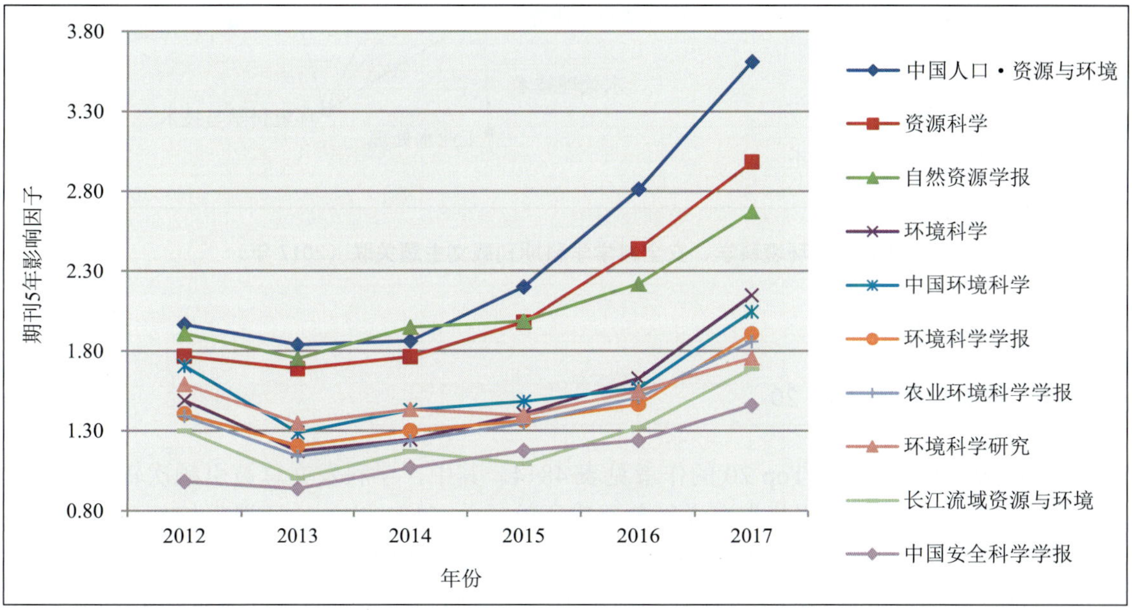

图 48-2 环境科学、安全科学学科期刊 5 年影响因子变动趋势（2012—2017 年）

48.4.2 期刊载文主题关联

通过期刊共被引分析，获得环境科学、安全科学学科期刊之间的载文主题关联，图中节点大小反映 5 年影响因子的高低，连线粗细代表共被引关联的强弱，关联越强表明两个期刊上有更多受学者们关注的相关主题论文，红色节点为学科高影响力期刊 Top 10，详情见图 48-3（共被引 170 次以下不显示）。如图所示，环境科学、安全科学学科内的多个期刊均互相关联且较为紧密，各期刊的学科分类属性体现得较为明显；《环境科学》具有最多的关联关系，这是其研究主题较为广泛的典型体现；以《环境科学》、《中国环境科学》和《环境科学学报》为主要节点形成了环境科学研究方向的主体网络，3 种期刊之间的关联较强，意味着它们之间可能有较多相同或相近的载文主题。此外，可以看出《资源科学》和《中国人口・资源与环境》《自然资源学报》等高影响力期刊完全主导了环境资源研究方向的子网络。

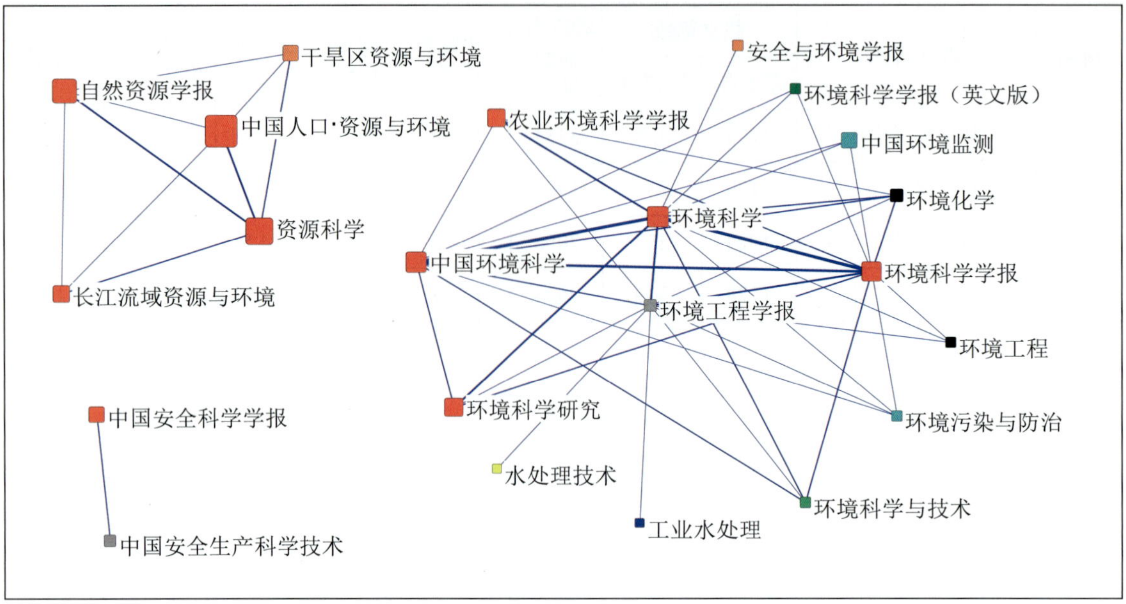

图 48-3 环境科学、安全科学学科期刊载文主题关联（2017 年）

48.5 高被引作者分析

48.5.1 高被引作者 Top 20

2017 年论文被引次数 Top 20 的作者见表 48-4。其中，学科发文总被引频次较高的 3 位作者分别是中国气象局广州热带海洋气象研究所的吴兑（121 次）、环境保护部环境规划院的王金南（115 次）和北京市环境保护监测中心的王占山（102 次）。在学科发文 5 篇及以上的作者中，篇均被引较高的 3 位作者分别是中国气象局广州热带海洋气象研究所的吴兑（篇均 24.20 次）、中国科学院地理科学与资源研究所的谢高地（篇均 14.14 次）和河海大学的马海良（篇均 10.20 次）；5 年学科发文较多的 3 位作者分别是北京理工大学的李生才（41 篇）、环境保护部环境规划院的王金南（39 篇）和环境保护部环境与经济政策研究中心的夏光（39 篇）。

表 48-4 环境科学、安全科学学科高被引作者 Top 20（2017 年）

排名	姓名	作者单位	前 5 年发文			前 5 年学科发文在 2017 年的被引				h 指数（学科）
			学科发文（篇）	期刊分布（种）	发文总量（篇）	频次	被引率（%）	最高（次）	篇均（次）	
1	吴兑	中国气象局广州热带海洋气象研究所	5	2	6	121	100.0	75	24.20	4
2	王金南	环境保护部环境规划院	39	8	41	115	87.2	13	2.95	6

排名	姓名	作者单位	前5年发文			前5年学科发文在2017年的被引				h指数（学科）
			学科发文（篇）	期刊分布（种）	发文总量（篇）	频次	被引率（%）	最高（次）	篇均（次）	
3	王占山	北京市环境保护监测中心	18	9	21	102	83.3	27	5.67	6
4	谢高地	中国科学院地理科学与资源研究所	7	3	12	99	85.7	56	14.14	3
5	程念亮	北京市环境保护监测中心	16	8	21	88	87.5	14	5.50	6
6	黄益宗	中国科学院生态环境研究中心	3	1	6	83	66.7	80	27.67	2
7	潘本锋	中国环境监测总站	13	5	14	82	84.6	22	6.31	6
8	李如忠	合肥工业大学	22	4	30	73	77.3	19	3.32	5
9	崔铁军	辽宁工程技术大学	21	4	74	67	61.9	12	3.19	5
10	李生才	北京理工大学	41	1	41	66	46.3	7	1.61	6
11	薛文博	环境保护部环境规划院	10	4	10	65	90.0	32	6.50	4
12	田云	华中农业大学	8	5	16	61	87.5	21	7.63	4
13	高吉喜	环境保护部南京环境科学研究所	18	6	29	60	83.3	15	3.33	5
14	赵晨曦	北京林业大学	1	1	2	58	100.0	58	58.00	1
15	谢元博	北京师范大学	4	3	4	54	100.0	43	13.5	3
16	朱法华	国电科学技术研究院	6	2	6	51	83.3	22	8.50	3
16	马海良	河海大学	5	3	16	51	80.0	17	10.20	4
18	胡鞍钢	清华大学	3	3	162	50	33.3	50	16.67	1
19	陈国华	华南理工大学	26	5	43	49	73.1	9	1.88	4
20	李小飞	西北师范大学	3	1	4	48	100.0	37	16.00	3

48.5.2 作者发文主题关联

通过作者共被引分析，获得2017年环境科学、安全科学学科作者之间的发文主题关联，图中节点大小反映被引次数高低，连线粗细代表共被引关联的强弱，关联越强表明两位作者的发文主题可能具有更强的相关性，红色节点为学科高被引作者Top 20，详情见图48-4（共被引 7 次以下不显示）。如图所示，高被引作者主导了环境科学、安全科学学科的作者共被引网络，意味着他们的论文主题主导了学科研究热点；其中以吴兑、王占山和陈念亮等为主要节点的子网络规模最大、关联较为紧密，涉及作者人数最多，此外较大的子网络还有以胡文龙和封志明为主要节点的子网络，以李力等为主要节点的子网络，分别展现出上述学者是学科热点研究方向上的主要研究力量。王占山和陈念亮，吴贤荣和田云，潘本峰和王闯等学者之间的关联较强，表明上述学者之间可能分别有较为相关的发文主题。

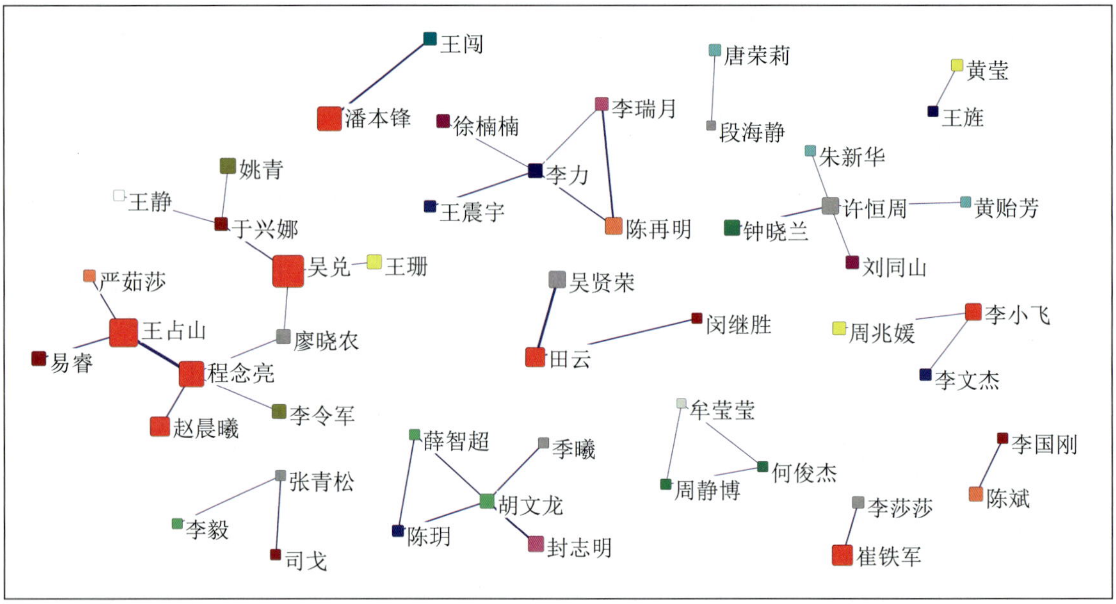

图 48-4　环境科学、安全科学学科作者发文主题关联（2017 年）

48.6　高被引机构分析

48.6.1　高被引机构

环境科学、安全科学学科被引次数 Top 10 高等院校和被引频次 Top 5 科研院所的发文和被引情况分别见表 48-5 和表 48-6。表中，总被引次数排名前 3 位的高等院校分别是中国地质大学、南京农业大学和清华大学，排名前 3 位的科研院所则是中国科学院地理科学与资源研究所、中国环境科学研究院和中国科学院生态环境研究中心；篇均被引最高的高等院校和科研院所分别是华中农业大学和中国科学院地理科学与资源研究所。

表 48-5　环境科学、安全科学学科高被引高等院校 Top 10（2017 年）

排名	第一作者单位	学科发文量（篇）		前 5 年学科发文在 2017 年的被引			
		前 5 年	2017 年	频次	被引率(%)	最高（次）	篇均（次）
1	中国地质大学	881	149	1104	50.5	22	1.25
2	南京农业大学	484	89	1085	63.8	28	2.24

排名	第一作者单位	学科发文量（篇）		前 5 年学科发文在 2017 年的被引			
		前 5 年	2017 年	频次	被引率(%)	最高（次）	篇均（次）
3	清华大学	753	122	1013	51.0	50	1.35
4	北京师范大学	640	95	956	56.3	43	1.49
5	南京大学	660	86	920	50.8	36	1.39
6	中国矿业大学	746	147	917	52.0	15	1.23
7	南京信息工程大学	465	111	878	64.3	19	1.89
8	同济大学	843	127	847	45.8	26	1.00
9	华中农业大学	320	59	845	71.9	26	2.64
10	西北农林科技大学	420	83	834	67.6	19	1.99

表 48-6　环境科学、安全科学学科高被引科研院所 Top 5（2017 年）

排名	第一作者单位	学科发文量（篇）		前 5 年学科发文在 2017 年的被引			
		前 5 年	2017 年	频次	被引率(%)	最高（次）	篇均（次）
1	中国科学院地理科学与资源研究所	554	95	1544	66.4	56	2.79
2	中国环境科学研究院	970	137	1397	59.2	19	1.44
3	中国科学院生态环境研究中心	573	70	1032	59.9	80	1.80
4	环境保护部环境规划院	458	65	761	60.0	32	1.66
5	中国环境监测总站	312	49	742	63.5	22	2.38

48. 6. 2　机构发文主题关联

通过机构共被引分析，获得环境科学、安全科学学科机构间的发文主题关联，图中节点大小反映被引次数高低，连线粗细代表共被引关联的强弱，关联越强表明两个机构的发文主题可能具有更强的相关性，红色节点为高被引高等院校 Top 10 和高被引科研院所 Top 5，详情见图 48-5（共被引 32 次以下不显示）。由图可知，高被引科研院所主导了环境科学、安全科学学科的机构共被引网络，在学科内体现出了较显著的学术影响力；中国环境科学研究院具有最多的关联关系，充分表明了其学科学术影响力；华中农业大学和南京农业大学，北京市环境保护监测中心和南京信息工程大学等机构之间的关联较强，表明上述机构的研究主题具有较多相似之处。

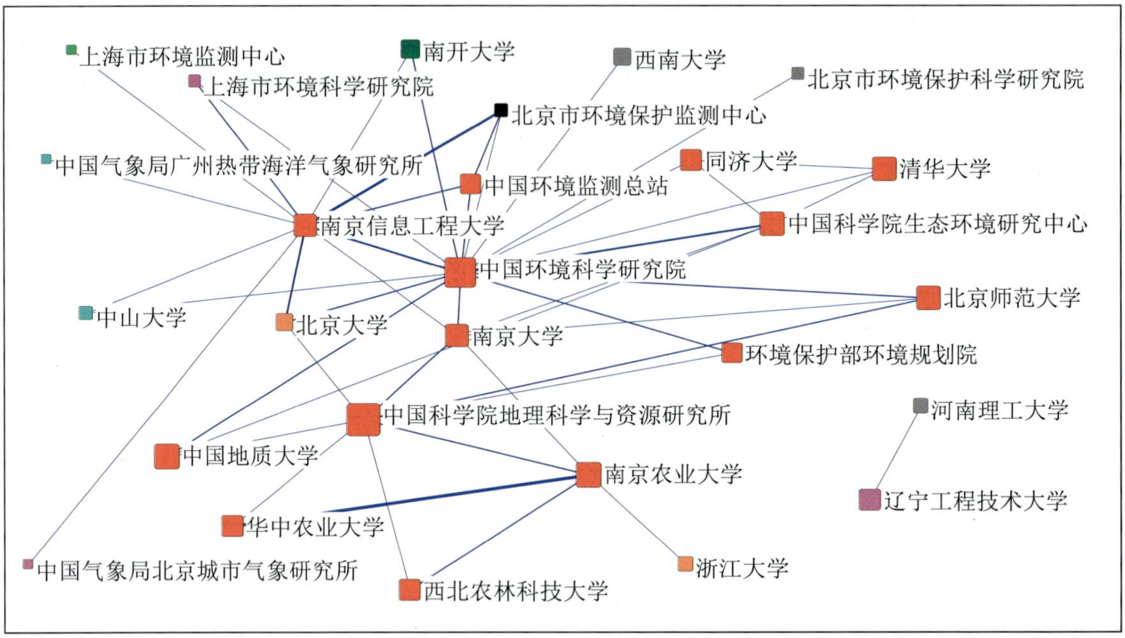

图 48-5 环境科学、安全科学学科机构发文主题关联（2017 年）

48.7 高被引国外期刊

环境科学、安全科学学科内被引次数 Top 10 的国外期刊见表 48-7，排名前 3 位的国外期刊是 *Bioresource Technology*、*Water Research* 和 *Science of the Total Environment*。

表 48-7 环境科学、安全科学学科高被引国外期刊 Top 10（2017 年）

排名	期刊名称	2017 年被引频次
1	Bioresource Technology	1628
2	Water Research	1338
3	Science of the Total Environment	1285
4	Chemosphere	1255
5	Chemical Engineering Journal	1146
6	Journal of Hazardous Materials	1066
7	Environmental Science and Technology	1037
8	Atmospheric Environment	1016
9	Environmental Science and Pollution Research	695
10	Environmental Pollution	578

第 49 章　社会科学总论学科高被引分析

49.1　学科论文概况

2012—2016 年，社会科学总论学科的 897 种期刊上共发表学术论文 1237460 篇，由来自在 128045 所机构的 714674 位学者作为第一作者发表。上述论文中，有 193691 篇在 2017 年获得过引用，整体被引率为 15.7%，总被引频次为 341630 次，篇均被引 0.28 次；其中，高被引论文有 2161 篇，累计被引 35571 次，篇均被引 16.46 次，单篇论文最高被引 261 次（表 49-1）。另外，2017 年本学科共发表论文 272923 篇，其中有 13139 篇在当年获得过引用，总共被引 18312 次。

表 49-1　社会科学总论学科论文分布情况

年份	论文篇数	2017 年被引频次	2017 年被引率（%）	2017 年高被引论文			
				论文篇数	最高被引频次	总被引频次	篇均被引频次
2012	240857	49925	12.5	375	214	5612	14.97
2013	235633	57402	14.3	378	122	6068	16.05
2014	241409	69562	16.1	414	261	7470	18.04
2015	250111	83940	18.2	537	225	9298	17.31
2016	269450	80801	16.9	457	228	7123	15.59
合计	1237460	341630	15.7	2161	261	35571	16.46

49.2　高被引论文分析

在社会科学总论学科，2017 年被引次数 Top 10 论文（表 49-2）的平均被引次数为 149.6 次，是全部 2161 篇高被引论文篇均被引频次的 9.1 倍。其中，被引次数最高的论文是温忠麟的《中介效应分析：方法和模型发展》（2014），随后两篇分别是胡鞍钢的《供给侧结构性改革——适应和引领中国经济新常态》（2016）和汪三贵的《论中国的精准扶贫》（2015）。

从论文分布来看，刊载高被引论文数量居前的 3 种期刊分别是《中国社会科学》（147 篇）、《才智》（79 篇）和《社会学研究》（55 篇）；《贵州社会科学》刊载了高被引论文 Top 10 中的 3 篇；发表高被引论文数量居前的学者分别是中央民族大学的胡利明（14 篇）、南京大学的刘志彪（6 篇）和北京大学的王思斌（6 篇）；产出高被引论文数量居前的机构分别是中国人民大学（138 篇）、北京大学（81 篇）和南京大学（50 篇），而中国农业大学和中国人民大学分别产出了高被引论文 Top 10 中的 2 篇。

表 49-2　社会科学总论学科高被引论文 Top 10（2017 年）

排名	论文题名	第一作者	期刊名称	发表年份	被引频次	
					总频次	2017 年
1	中介效应分析：方法和模型发展	温忠麟	心理科学进展	2014	522	261
2	供给侧结构性改革——适应和引领中国经济新常态	胡鞍钢	清华大学学报（哲学社会科学版）	2016	383	228
3	论中国的精准扶贫	汪三贵	贵州社会科学	2015	397	225
4	工匠精神及其当代价值	肖群忠	湖南社会科学	2015	211	147
5	精准扶贫：内涵、实践困境及其原因阐释——基于宁夏银川两个村庄的调查	葛志军	贵州社会科学	2015	230	130
6	工匠精神的历史传承与当代培育	李宏伟	自然辩证法研究	2015	184	126
7	精准扶贫：技术靶向、理论解析和现实挑战	左停	贵州社会科学	2015	208	111
8	项目制：一种新的国家治理体制	渠敬东	中国社会科学	2012	365	97
9	我国义务教育阶段学生核心素养模型的构建	辛涛	北京师范大学学报（社会科学版）	2013	171	91
10	论国家治理与国家审计	刘家义	中国社会科学	2012	344	80

49.3　研究主题关联分析

在社会科学总论学科，高被引论文共被 2017 年发表的 28290 篇论文引用了 35571 次。通过分析施引文献关键词的词频及关键词之间的共现关系，获得 2017 年社会科学总论学科的热点主题和主题关联，如图 49-1 所示（共现 23 次以下不显示）。由图可知："精准扶贫""大学生""思想政治教育"等关键词的文档词频较高，是 2017 年学科的研究热点；3 个节点以上的研究主题关联网络共 7 个，构成了学科内最为突出的研究主题簇；其中，以"思想政治教育""大学生""工匠精神"为核心节点的研究主题关联网络最大，其余各团簇中词频最高或连线最多的关键词分别是"精准扶贫""医养结合""习惯""三权分置""教学模式""小学语文"。

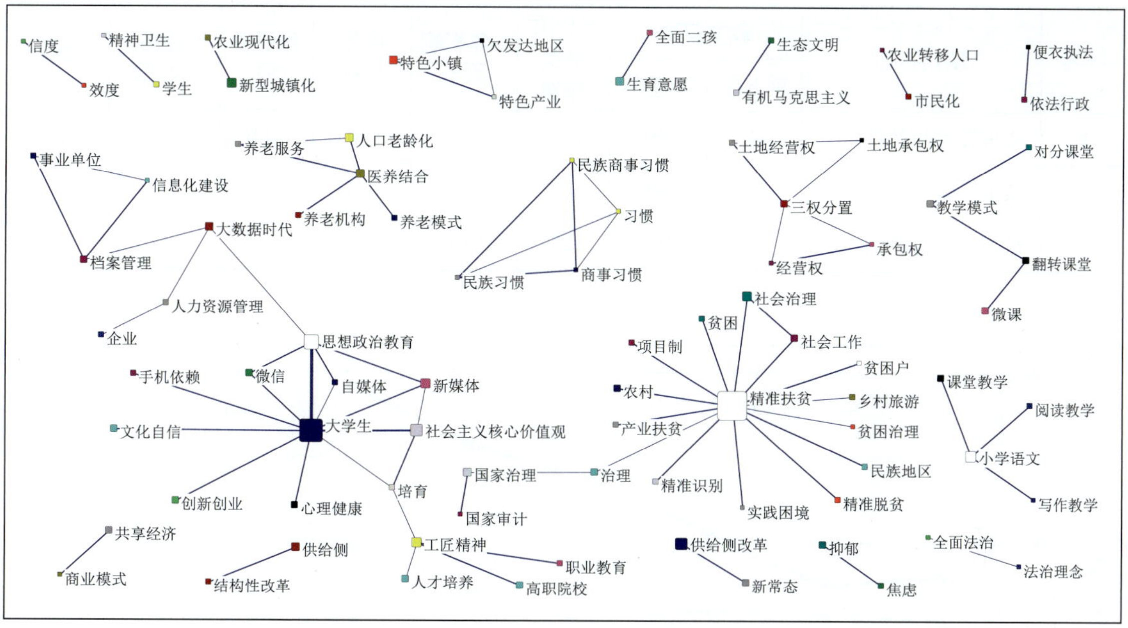

图 49-1　社会科学总论学科热点论文主题关联（2017 年）

49.4　高影响力期刊分析

49.4.1　高影响力期刊 Top 10

在社会科学总论学科，5 年影响因子 Top 10 期刊见表 49-3，前 3 种期刊分别是《中国社会科学》、《人口研究》和《社会学研究》。其中，2017 年被引频次最高的期刊是《中国社会科学》，被引率最高的期刊是《人口研究》。2012—2017 年期刊 5 年影响因子的变动情况如图 49-2 所示。

表 49-3　社会科学总论学科高被引期刊基本指标（2017 年）

排名	期刊名称	载文篇数		2017 年被引频次	5 年影响因子	即年指标	被引率（%）	高被引论文篇数	h 指数
		前 5 年	2017 年						
1	中国社会科学	718	135	4189	5.834	0.570	72.4	147	27
2	人口研究	297	55	1465	4.933	0.600	79.8	52	20
3	社会学研究	377	75	1494	3.963	0.413	72.1	55	15
4	社会	329	55	1007	3.061	0.345	63.2	31	13
5	中国人口科学	407	74	1106	2.717	0.230	64.9	33	12
6	人口学刊	356	64	953	2.677	0.609	67.1	23	11
7	中国心理卫生杂志	934	192	2359	2.526	0.156	65.5	30	16

排名	期刊名称	载文篇数		2017年被引频次	5年影响因子	即年指标	被引率（%）	高被引论文篇数	h指数
		前5年	2017年						
8	心理发展与教育	445	88	1008	2.265	0.307	64.0	10	10
9	政治学研究	415	80	927	2.234	0.138	58.8	19	12
10	世界经济与政治	575	108	1252	2.177	0.306	54.1	19	12

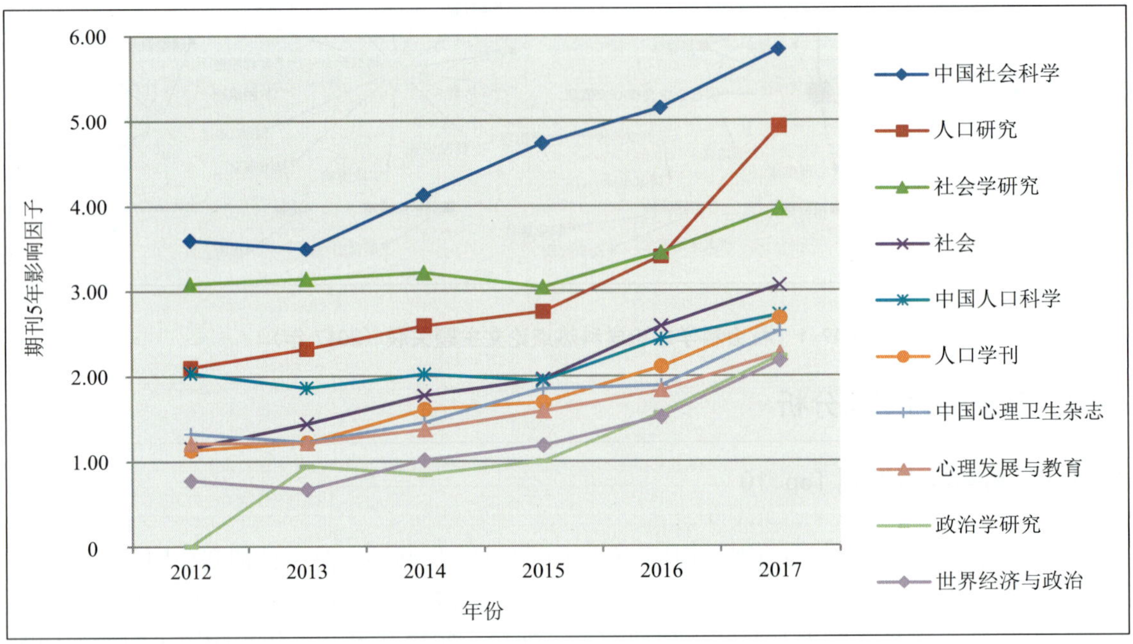

图 49-2　社会科学总论学科期刊 5 年影响因子变动趋势（2012—2017 年）

49.4.2　期刊载文主题关联

通过期刊共被引分析，获得社会科学总论学科期刊之间的载文主题关联，图中节点大小反映 5 年影响因子的高低，连线粗细代表共被引关联的强弱，关联越强表明两个期刊上有更多受学者们关注的相关主题论文，红色节点为学科高影响力期刊 Top 10，详情见图 49-3（共被引 62 次以下不显示）。如图所示，社会科学总论学科的多个期刊均互相关联且关联较为紧密，各期刊的学科分类属性体现得较为明显；《中国社会科学》具有最多的关联关系，这是其研究主题广泛的典型体现；《心理学报》和《心理科学进展》，《思想教育研究》和《思想理论教育导刊》等期刊之间的关联较强，表明上述期刊分别具有较多相关主题的论文。

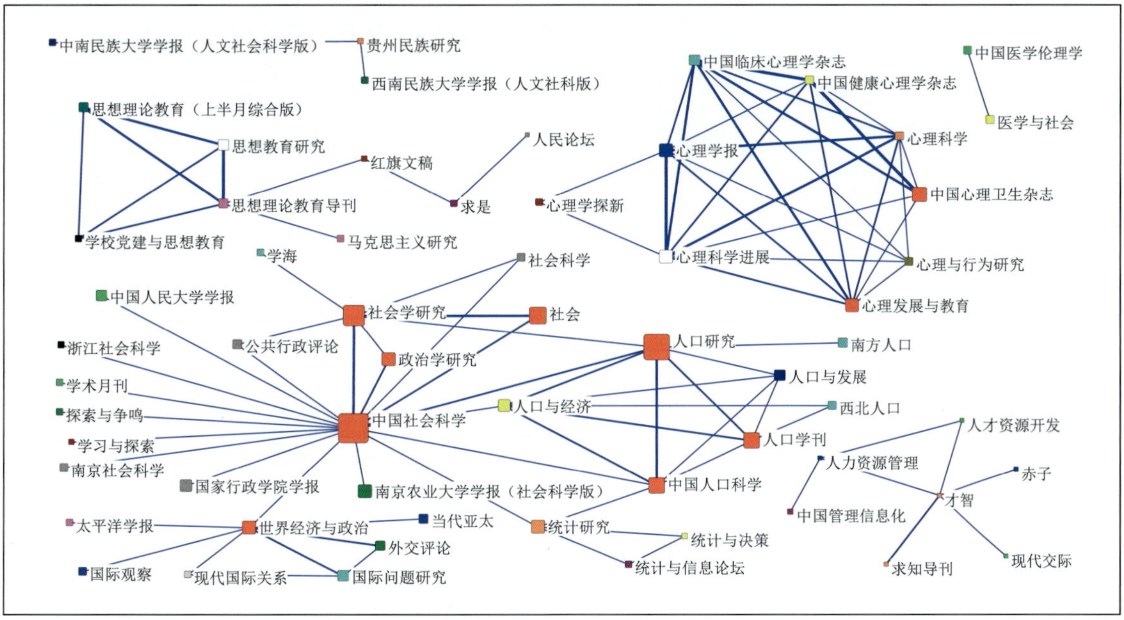

图 49-3　社会科学总论学科期刊载文主题关联（2017 年）

49.5　高被引作者分析

49.5.1　高被引作者 Top 20

2017 年论文被引次数 Top 20 的作者见表 49-4。其中，学科发文总被引频次较高的 3 位作者分别是清华大学的胡鞍钢（475 次）、华南师范大学的温忠麟（336 次）和中国人民大学的汪三贵（313 次）。在学科发文 5 篇及以上的作者中，篇均被引较高的 3 位作者分别是中国人民大学的汪三贵（篇均 31.30 次）、中国农业大学的左停（篇均 20.00 次）和中国工程院的邬贺铨（篇均 17.17 次）；5 年学科发文较多的 3 位作者分别是中共山东省委党校的张书林（134 篇）、河南师范大学的苏全有（123 篇）和黑龙江大学的魏义霞（109 篇）。

表 49-4　社会科学总论学科高被引作者 Top 20（2017 年）

排名	姓名	作者单位	前 5 年发文			前 5 年学科发文在 2017 年的被引				h 指数（学科）
			学科发文（篇）	期刊分布（种）	发文总量（篇）	频次	被引率（%）	最高（次）	篇均（次）	
1	胡鞍钢	清华大学	91	29	162	475	47.3	228	5.22	8
2	温忠麟	华南师范大学	4	3	5	336	100.0	261	84.00	3
3	汪三贵	中国人民大学	10	7	14	313	100.0	225	31.30	5
4	胡利明	中央民族大学	24	20	36	282	83.3	29	11.75	12

排名	姓名	作者单位	前 5 年发文			前 5 年学科发文在 2017 年的被引				h 指数（学科）
			学科发文（篇）	期刊分布（种）	发文总量（篇）	频次	被引率（%）	最高（次）	篇均（次）	
5	段泉泉	北京大学	1	1	1	214	100.0	214	214.00	1
6	辛涛	北京师范大学	2	1	15	162	100.0	91	81.00	2
7	王思斌	北京大学	85	15	89	161	40.0	17	1.89	7
8	肖群忠	中国人民大学	22	15	25	159	36.4	147	7.23	2
9	杨菊华	中国人民大学	32	17	36	153	62.5	40	4.78	6
10	骆郁廷	武汉大学	34	17	40	152	70.6	21	4.47	7
11	段成荣	中国人民大学	13	11	15	150	84.6	61	11.54	4
11	李强	清华大学	35	23	49	150	57.1	60	4.29	5
13	王浦劬	北京大学	24	14	29	136	66.7	52	5.67	6
13	张占斌	国家行政学院	54	21	82	136	40.7	48	2.52	5
15	翟振武	中国人民大学	19	12	20	134	68.4	60	7.05	6
16	葛志军	中国农业大学	2	2	2	130	50.0	130	65.00	1
17	李宏伟	华中师范大学	8	4	8	129	37.5	126	16.13	2
18	刘志彪	南京大学	25	14	30	124	76.0	18	4.96	8
18	俞可平	中共中央编译局	27	20	46	124	59.3	67	4.59	5
18	郁建兴	浙江大学	25	12	42	124	76.0	35	4.96	6

49.5.2　作者发文主题关联

通过作者共被引分析，获得 2017 年社会科学总论学科作者之间的发文主题关联，图中节点大小反映被引次数高低，连线粗细代表共被引关联的强弱，关联越强表明两位作者的发文主题可能具有更强的相关性，红色节点为学科高被引作者 Top 20，详情见图 49-4（共被引 10 次以下不显示）。如图所示，高被引作者主导了社会科学总论学科的作者共被引网络，意味着他们的论文主题主导了学科研究热点；胡鞍钢的被引次数最高；汪三贵的共被引作者数最多；汪三贵和左停、葛志军，李宏伟和肖群忠等学者之间的关联较强，表明上述学者之间可能分别有较为相关的发文主题。

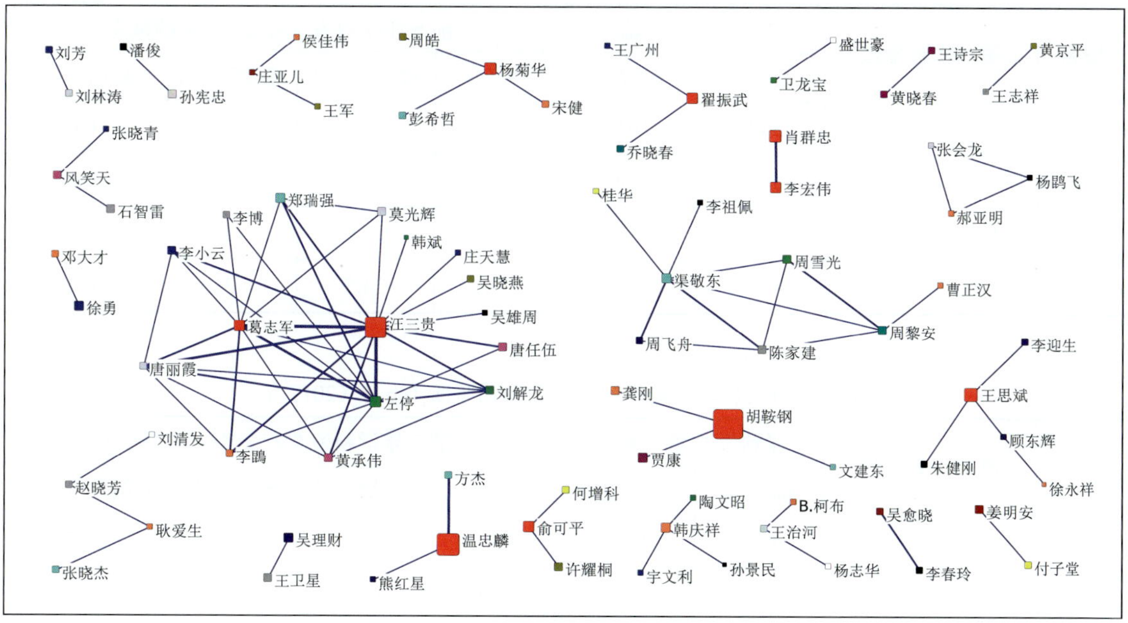

图 49-4　社会科学总论学科作者发文主题关联（2017 年）

49.6　高被引机构分析

49.6.1　高被引机构

社会科学总论学科被引次数 Top 10 高等院校和被引频次 Top 5 科研院所的发文和被引情况分别见表 49-5 和表 49-6。表中，总被引次数排名前 3 位的高等院校分别是中国人民大学、北京大学和武汉大学，排名前 3 位的科研院所则是中国社会科学院、中共中央党校和上海社会科学院；篇均被引最高的高等院校和科研院所分别是清华大学和中国社会科学院社会学研究所。

表 49-5　社会科学总论学科高被引高等院校 Top 10（2017 年）

排名	第一作者单位	学科发文量（篇）		前 5 年学科发文在 2017 年的被引			
		前 5 年	2017 年	频次	被引率(%)	最高（次）	篇均（次）
1	中国人民大学	11719	1973	9168	29.6	225	0.78
2	北京大学	7845	1444	5595	27.8	214	0.71
3	武汉大学	8753	1806	4493	25.4	45	0.51
4	南京大学	7341	1269	4072	26.5	29	0.55
5	北京师范大学	6021	1011	3946	27.6	91	0.66
6	华中师范大学	5575	964	3534	26.2	126	0.63

排名	第一作者单位	学科发文量（篇）		前5年学科发文在2017年的被引			
		前5年	2017年	频次	被引率(%)	最高（次）	篇均（次）
7	复旦大学	5446	1013	3405	27.2	43	0.63
8	清华大学	3650	866	3283	32.7	228	0.90
9	吉林大学	6900	1177	3223	24.9	66	0.47
10	南开大学	5593	998	2740	24.5	36	0.49

表49-6　社会科学总论学科高被引科研院所 Top 5（2017年）

排名	第一作者单位	学科发文量（篇）		前5年学科发文在2017年的被引			
		前5年	2017年	频次	被引率(%)	最高（次）	篇均（次）
1	中国社会科学院	4876	1593	3579	30.6	67	0.73
2	中共中央党校	5155	1211	1556	17.3	18	0.30
3	上海社会科学院	1498	234	915	31.6	21	0.61
4	中国社会科学院社会学研究所	264	27	435	50.0	24	1.65
5	中共中央编译局	654	82	422	25.1	67	0.65

49.6.2　机构发文主题关联

通过机构共被引分析，获得社会科学总论学科机构间的发文主题关联，图中节点大小反映被引次数高低，连线粗细代表共被引关联的强弱，关联越强表明两个机构的发文主题可能具有更强的相关性，红色节点为高被引高等院校 Top 10 和高被引科研院所 Top 5，详情见图49-5（共被引 108 次以下不显示）。由图可知，高被引高等院校主导了社会科学总论学科的机构共被引网络，在学科内体现出了较显著的学术影响力；中国人民大学具有最多的被引次数和关联关系，充分表明了其学科学术影响力，其与北京大学、中国社会科学院、南京大学、复旦大学等机构之间的关联较强，表明上述机构的研究主题具有较多重叠之处。

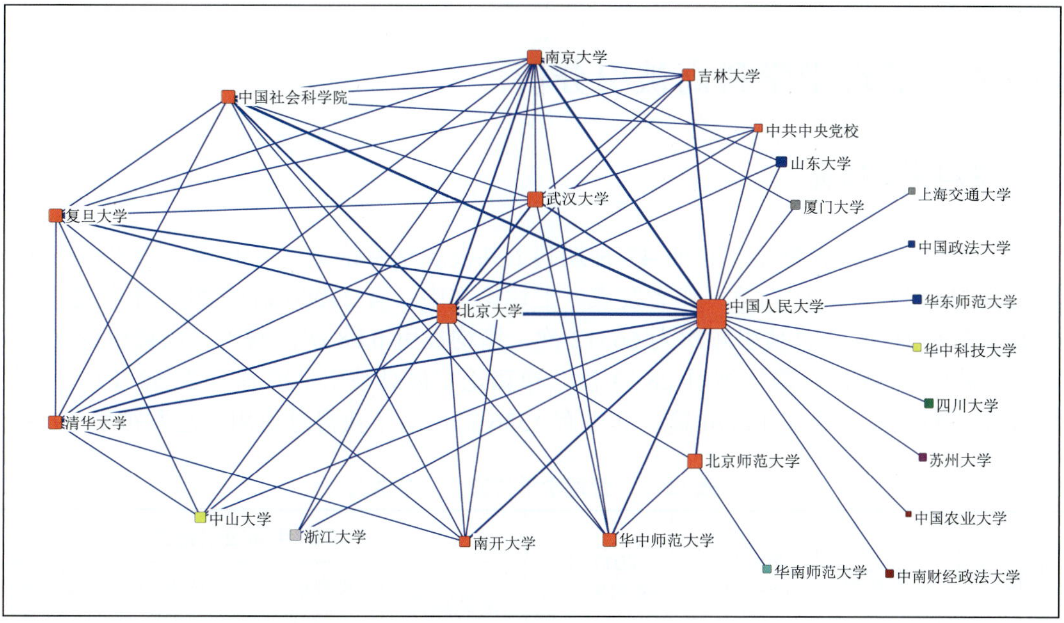

图 49-5　社会科学总论学科机构发文主题关联（2017 年）

49.7　高被引国外期刊

社会科学总论学科内被引次数 Top 10 的国外期刊见表 49-7，排名前 3 位的国外期刊是 *PLoS ONE*、*Computers in Human Behavior* 和 *Journal of Personality and Social Psychology*。

表 49-7　社会科学总论学科高被引国外期刊 Top 10（2017 年）

排名	期刊名称	2017 年被引频次
1	PLoS ONE	448
2	Computers in Human Behavior	360
3	Journal of Personality and Social Psychology	303
4	Frontiers in Psychology	237
5	Personality and Individual Differences	231
6	Psychological Science	192
7	Foreign Affairs	183
8	Tourism Management	176
9	NeuroImage	162
10	Journal of Applied Psychology	160

第 50 章　管理学学科高被引分析

50.1　学科论文概况

2012—2016 年，管理学学科的 47 种期刊上共发表学术论文 75650 篇，由来自在 12648 所机构的 51347 位学者作为第一作者发表。上述论文中，有 24080 篇在 2017 年获得过引用，整体被引率为 31.8%，总被引频次为 66312 次，篇均被引 0.88 次；其中，高被引论文有 243 篇，累计被引 6836 次，篇均被引 28.13 次，单篇论文最高被引 226 次（表 50-1）。另外，2017 年本学科共发表论文 13470 篇，其中有 1336 篇在当年获得过引用，总共被引 1958 次。

表 50-1　管理学学科论文分布情况

年份	论文篇数	2017 年被引频次	2017 年被引率（%）	2017 年高被引论文			
				论文篇数	最高被引频次	总被引频次	篇均被引频次
2012	17521	11283	22.9	40	226	1438	35.95
2013	15582	13010	28.8	44	62	1304	29.64
2014	14725	14927	35.1	53	63	1413	26.66
2015	14072	15800	39.0	54	138	1598	29.59
2016	13750	11292	35.7	52	75	1083	20.83
合计	75650	66312	31.8	243	226	6836	28.13

50.2　高被引论文分析

在管理学学科，2017 年被引次数 Top 10 论文（表 50-2）的平均被引次数为 98.8 次，是全部 243 篇高被引论文篇均被引频次的 3.5 倍。其中，被引次数最高的论文是李国杰的《大数据研究：未来科技及经济社会发展的重大战略领域——大数据的研究现状与科学思考》（2012），随后两篇分别是陈劲的《协同创新的理论基础与内涵》（2012）和周正祥的《新常态下 PPP 模式应用存在的问题及对策》（2015）。

从论文分布来看，刊载高被引论文数量居前的 3 种期刊分别是《管理世界》（100 篇）、《南开管理评论》（25 篇）和《中国软科学》（25 篇）；《科学学研究》刊载了高被引论文 Top 10 中的 2 篇；发表高被引论文数量居前的学者分别是南开大学的盛丹（2 篇）、浙江大学的许庆瑞（2 篇）和大连理工大学的任曙明（2 篇）；产出高被引论文数量居前的机构分别是中国人民大学（14 篇）、南开大学（13 篇）和浙江大学（11 篇），而浙江大学产出了高被引论文 Top 10 中的 2 篇。

表 50-2　管理学学科高被引论文 Top 10（2017 年）

排名	论文题名	第一作者	期刊名称	发表年份	被引频次	
					总频次	2017 年
1	大数据研究：未来科技及经济社会发展的重大战略领域——大数据的研究现状与科学思考	李国杰	中国科学院院刊	2012	951	226
2	协同创新的理论基础与内涵	陈劲	科学学研究	2012	714	151
3	新常态下 PPP 模式应用存在的问题及对策	周正祥	中国软科学	2015	213	111
4	“互联网+”行动计划的实施背景、内涵及主要内容	宁家骏	电子政务	2015	124	101
5	产学研协同创新的理论模式	何郁冰	科学学研究	2012	513	81
6	中国特色海绵城市的新兴趋势与实践研究	吴丹洁	中国软科学	2016	141	75
7	国家治理现代化进程中的社会治理体制创新	姜晓萍	中国行政管理	2014	247	63
8	大数据背景下商务管理研究若干前沿课题	冯芷艳	管理科学学报	2013	346	62
9	政府支持、研发管理与技术创新效率——基于中国工业行业的实证分析	肖文	管理世界	2014	113	59
9	外商直接投资导致了中国的环境污染吗？——基于中国省际面板数据的空间计量研究	许和连	管理世界	2012	201	59

50.3　研究主题关联分析

在管理学学科，高被引论文共被 2017 年发表的 6214 篇论文引用了 6836 次。通过分析施引文献关键词的词频及关键词之间的共现关系，获得 2017 年管理学学科的热点主题和主题关联，如图 50-1 所示（共现 4 次以下不显示）。由图可知：“协同创新”“精准扶贫”等关键词的文档词频较高，是 2017 年学科的研究热点；3 个节点以上的研究主题关联网络共 3 个，构成了学科内最为突出的研究主题簇；其中，以“文献计量”“知识图谱”“CiteSpace”为核心节点的研究主题关联网络最大，其余各团簇中词频最高或连线最多的关键词分别是“股价崩盘风险”“国有企业”。

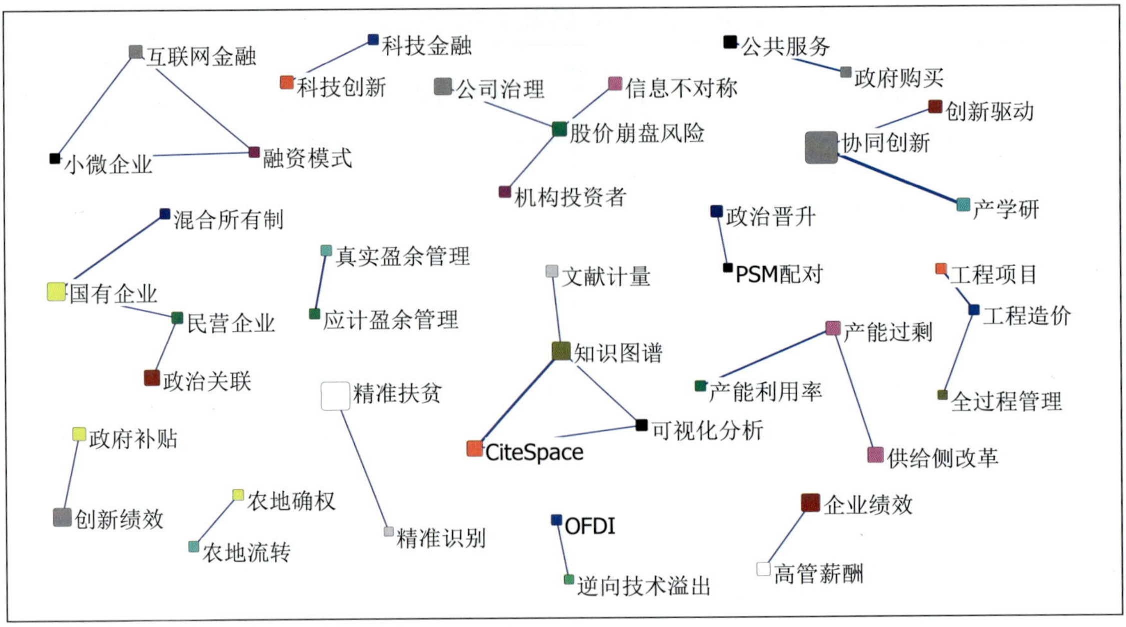

图 50-1 管理学学科热点论文主题关联（2017 年）

50.4 高影响力期刊分析

50.4.1 高影响力期刊 Top 10

在管理学学科，5 年影响因子 Top 10 期刊见表 50-3，前 3 种期刊分别是《管理世界》、《南开管理评论》和《公共管理学报》。其中，2017 年被引频次最高的期刊是《管理世界》，被引率最高的期刊是《南开管理评论》。2012—2017 年期刊 5 年影响因子的变动情况如图 50-2 所示。

表 50-3 管理学学科高被引期刊基本指标（2017 年）

排名	期刊名称	载文篇数		2017 年被引频次	5 年影响因子	即年指标	被引率（%）	高被引论文篇数	h 指数
		前 5 年	2017 年						
1	管理世界	1343	258	7337	5.463	0.198	77.2	100	28
2	南开管理评论	495	104	2312	4.671	0.106	79.8	25	19
3	公共管理学报	303	59	1098	3.624	0.475	75.6	7	13
4	中国软科学	1131	262	3849	3.403	0.240	74.6	25	19
5	管理科学	371	79	1072	2.889	0.291	77.1	4	11
6	科学学研究	1149	211	3283	2.857	0.275	71.1	13	15
7	管理科学学报	564	124	1451	2.573	0.161	67.2	6	11

排名	期刊名称	载文篇数		2017 年被引频次	5 年影响因子	即年指标	被引率（%）	高被引论文篇数	h 指数
		前 5 年	2017 年						
8	科研管理	1219	224	2996	2.458	0.237	71.5	6	14
9	管理评论	1269	289	2940	2.317	0.304	72.5	3	12
10	中国科学院院刊	653	174	1445	2.213	0.316	47.3	11	13

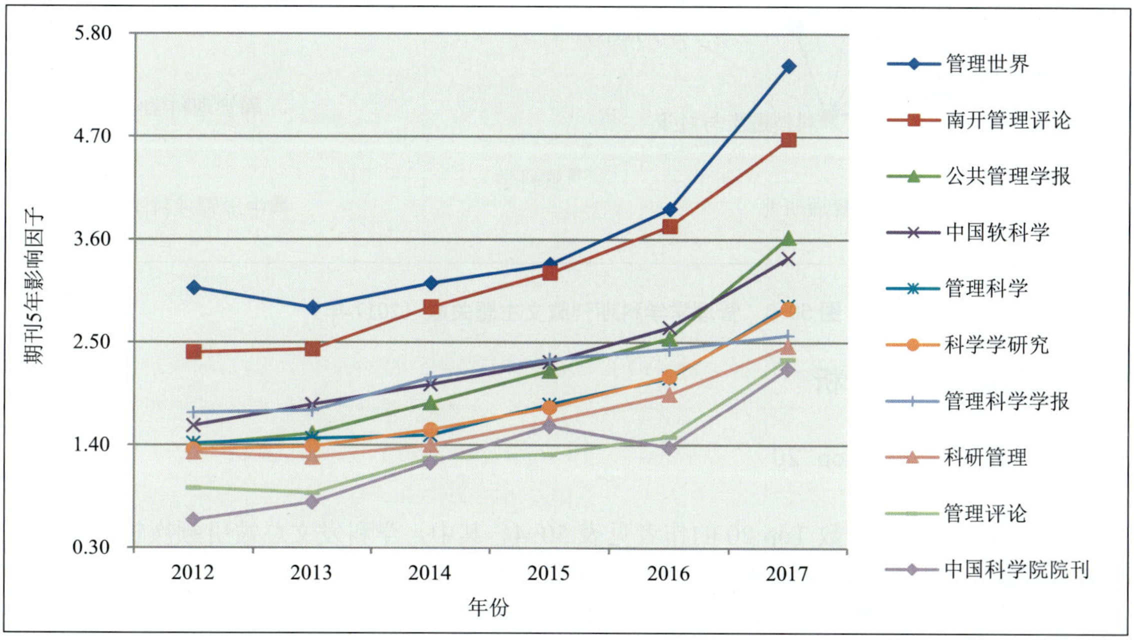

图 50-2　管理学学科期刊 5 年影响因子变动趋势（2012—2017 年）

50.4.2　期刊载文主题关联

通过期刊共被引分析，获得管理学学科期刊之间的载文主题关联，图中节点大小反映 5 年影响因子的高低，连线粗细代表共被引关联的强弱，关联越强表明两个期刊上有更多受学者们关注的相关主题论文，红色节点为学科高影响力期刊 Top 10，详情见图 50-3（共被引 157 次以下不显示）。如图所示，管理学学科的多个期刊均互相关联且关联较为紧密，各期刊的学科分类属性体现得较为明显；《科研管理》具有最多的关联关系，这是其研究主题较为广泛的典型体现；《科学学研究》与《科研管理》《科技进步与对策》等期刊之间的关联较强，表明上述期刊具有较多相关主题的论文。

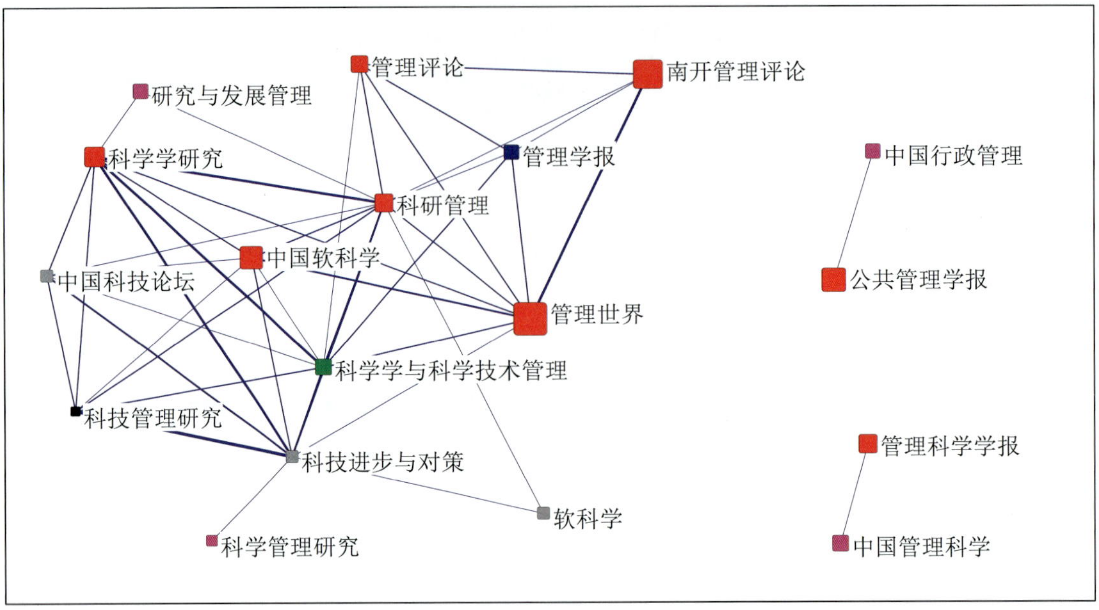

图 50-3　管理学学科期刊载文主题关联（2017 年）

50.5　高被引作者分析

50.5.1　高被引作者 Top 20

2017 年论文被引次数 Top 20 的作者见表 50-4。其中，学科发文总被引频次较高的 3 位作者分别是中国科学院计算技术研究所的李国杰（226 次）、浙江大学的陈劲（191 次）和大连理工大学-德雷塞尔大学知识可视化与科学发现联合研究所的陈悦（138 次）。在学科发文 5 篇及以上的作者中，篇均被引较高的 3 位作者分别是浙江大学的陈劲（篇均 27.29 次）、国家信息中心的宁家骏（篇均 16.29 次）和武汉大学的李梅（篇均 11.40 次）；5 年学科发文较多的 3 位作者分别华南理工大学的张振刚（34 篇）、复旦大学的马臻（34 篇）和大连理工大学的苏敬勤（34 篇）。

表 50-4　管理学学科高被引作者 Top 20（2017 年）

排名	姓名	作者单位	前 5 年发文			前 5 年学科发文在 2017 年的被引				h 指数（学科）
			学科发文（篇）	期刊分布（种）	发文总量（篇）	频次	被引率（%）	最高（次）	篇均（次）	
1	李国杰	中国科学院计算技术研究所	1	1	3	226	100.0	226	226.00	1
2	陈劲	浙江大学	7	5	15	191	100.0	151	27.29	4
3	陈悦	大连理工大学	1	1	1	138	100.0	138	138.00	1

排名	姓名	作者单位	前5年发文			前5年学科发文在2017年的被引				h指数（学科）
			学科发文（篇）	期刊分布（种）	发文总量（篇）	频次	被引率（%）	最高（次）	篇均（次）	
4	周正祥	长沙理工大学	4	1	10	119	100.0	111	29.75	3
5	宁家骏	国家信息中心	7	1	25	114	57.1	101	16.29	3
6	解学梅	上海大学	12	9	17	98	91.7	31	8.17	6
6	魏江	浙江大学	18	6	26	98	83.3	19	5.44	6
8	张振刚	华南理工大学	34	10	46	94	76.5	14	2.76	5
9	李维安	南开大学	9	5	13	87	100.0	40	9.67	5
10	刘志迎	中国科学技术大学	14	5	25	84	78.6	39	6.00	5
11	何郁冰	中国科学院研究生院	1	1	1	81	100.0	81	81.00	1
12	郑磊	复旦大学	11	2	15	78	63.6	35	7.09	5
12	薛澜	清华大学	10	6	38	78	80.0	34	7.80	4
14	曾萍	华南理工大学	16	9	27	77	87.5	12	4.81	5
15	吴丹洁	西北大学	1	1	2	75	100.0	75	75.00	1
16	姜晓萍	四川大学	3	1	16	68	100.0	63	22.67	2
17	苏敬勤	大连理工大学	34	9	40	67	79.4	11	1.97	4
17	党兴华	西安理工大学	23	9	26	67	78.3	13	2.91	5
17	袁建国	华中科技大学	3	3	7	67	66.7	58	22.33	2
20	陈晓红	中南大学	23	9	44	66	73.9	14	2.87	5

50.5.2　作者发文主题关联

通过作者共被引分析，获得 2017 年管理学学科作者之间的发文主题关联，图中节点大小反映被引次数高低，连线粗细代表共被引关联的强弱，关联越强表明两位作者的发文主题可能具有更强的相关性，红色节点为学科高被引作者 Top 20，详情见图 50-4（共被引 7 次以下不显示）。如图所示，作者共被引关联情况整体较为松散，意味着学科内大部分作者之间的研究主题关联程度不高；学者李国杰、陈劲的节点较大，显示出他们的学术成果在学科内得到较多关注；陈劲和何郁冰、解学梅等学者之间的关联较强，表明上述学者之间可能有较为相关的发文主题。

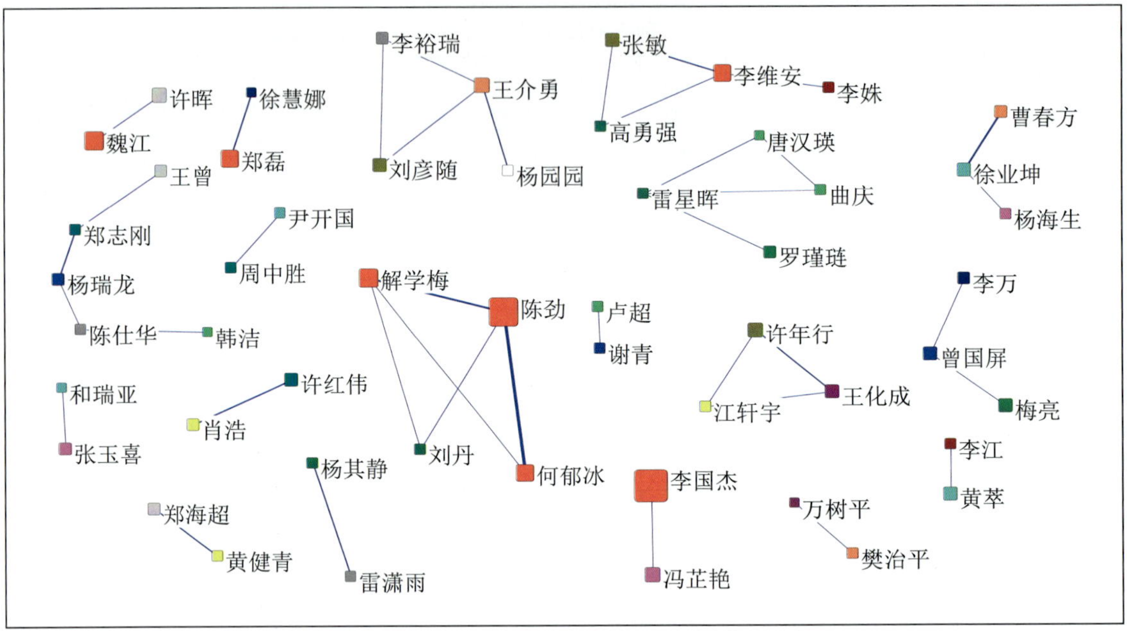

图 50-4 管理学学科作者发文主题关联（2017 年）

50.6 高被引机构分析

50.6.1 高被引机构

管理学学科被引次数 Top 10 高等院校和被引频次 Top 5 科研院所的发文和被引情况分别见表 50-5 和表 50-6。表中，总被引次数排名前 3 位的高等院校分别是中国人民大学、南开大学和清华大学，排名前 3 位的科研院所则是中国科学院科技政策与管理科学研究所、中国科学院地理科学与资源研究所和国家信息中心；篇均被引最高的高等院校和科研院所分别是浙江大学和中国科学院计算技术研究所。

表 50-5 管理学学科高被引高等院校 Top 10（2017 年）

排名	第一作者单位	学科发文量（篇）		前 5 年学科发文在 2017 年的被引			
		前 5 年	2017 年	频次	被引率(%)	最高（次）	篇均（次）
1	中国人民大学	1057	268	1950	49.3	57	1.84
2	南开大学	839	102	1639	53.9	42	1.95
3	清华大学	648	151	1416	55.6	49	2.19
4	华中科技大学	713	76	1339	57.6	58	1.88
5	西安交通大学	756	124	1268	59.1	29	1.68
6	浙江大学	424	47	1237	59.7	151	2.92

排名	第一作者单位	学科发文量（篇）		前5年学科发文在2017年的被引			
		前5年	2017年	频次	被引率(%)	最高（次）	篇均（次）
7	大连理工大学	749	146	1198	55.9	26	1.60
8	华南理工大学	644	103	1134	59.0	18	1.76
9	武汉大学	540	120	1041	54.1	43	1.93
10	重庆大学	688	99	982	48.4	37	1.43

表50-6 管理学学科高被引科研院所Top 5（2017年）

排名	第一作者单位	学科发文量（篇）		前5年学科发文在2017年的被引			
		前5年	2017年	频次	被引率(%)	最高（次）	篇均（次）
1	中国科学院科技政策与管理科学研究所	276	3	560	66.7	17	2.03
2	中国科学院地理科学与资源研究所	70	14	397	80.0	62	5.67
3	国家信息中心	57	10	250	59.6	101	4.39
4	中国科学院计算技术研究所	20	6	244	35.0	226	12.2
5	中国科学技术信息研究所	229	30	241	44.5	16	1.05

50.6.2 机构发文主题关联

通过机构共被引分析，获得管理学学科机构间的发文主题关联，图中节点大小反映被引次数高低，连线粗细代表共被引关联的强弱，关联越强表明两个机构的发文主题可能具有更强的相关性，红色节点为高被引高等院校Top 10和高被引科研院所Top 5，详情见图50-5（共被引38次以下不显示）。由图可知，高被引高等院校主导了管理学学科的机构共被引网络，在学科内体现出了较显著的学术影响力；中国人民大学、南开大学具有相对最多的关联关系，充分表明了其学科学术影响力；南开大学和西安交通大学、中国人民大学等机构之间的关联较强，表明上述机构的研究主题具有较多重叠之处。

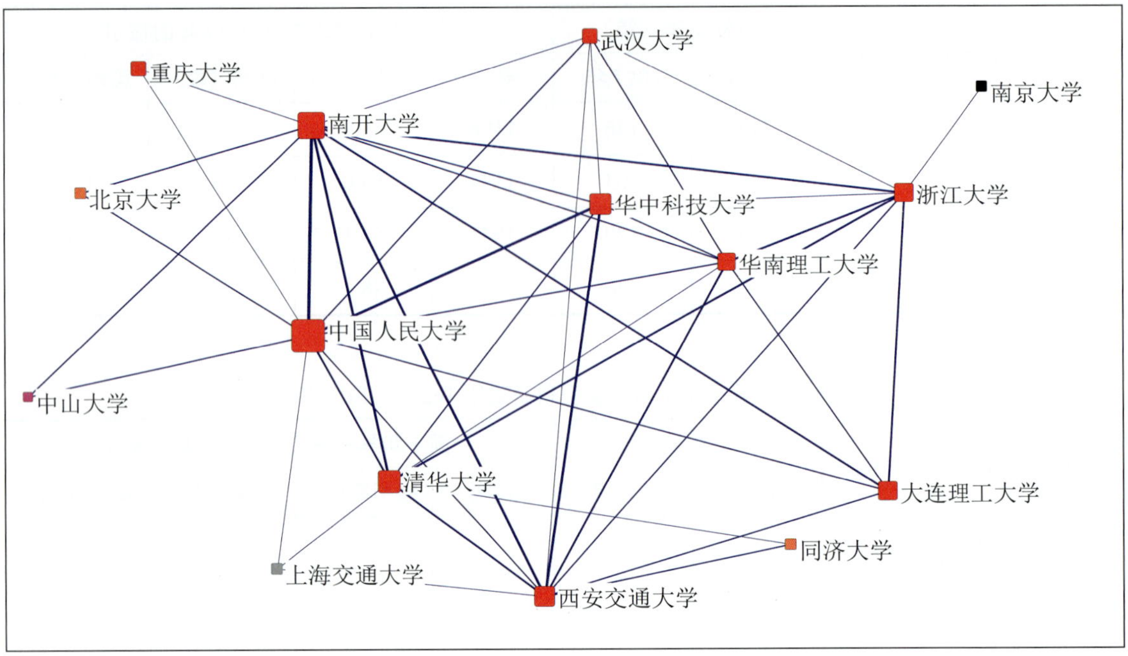

图 50-5　管理学学科机构发文主题关联（2017 年）

50.7　高被引国外期刊

管理学学科内被引次数 Top 10 的国外期刊见表 50-7，排名前 3 位的国外期刊是 *Research Policy*、*Academy of Management Journal* 和 *Strategic Management Journal*。

表 50-7　管理学学科高被引国外期刊 Top 10（2017 年）

排名	期刊名称	2017 年被引频次
1	Research Policy	436
2	Academy of Management Journal	343
3	Strategic Management Journal	326
4	Journal of Business Research	318
5	International Journal of Production Economics	225
6	European Journal of Operational Research	223
7	Journal of Product Innovation Management	190
8	Technological Forecasting and Social Change	188
9	Journal of Management	187
10	Journal of financial economics	183

第 51 章　法学学科高被引分析

51.1　学科论文概况

2012—2016 年，法学学科的 99 种期刊上共发表学术论文 132599 篇，由来自在 14296 所机构的 83103 位学者作为第一作者发表。上述论文中，有 24930 篇在 2017 年获得过引用，整体被引率为 18.8%，总被引频次为 52392 次，篇均被引 0.40 次；其中，高被引论文有 286 篇，累计被引 5788 次，篇均被引 20.24 次，单篇论文最高被引 124 次（表 51-1）。另外，2017 年本学科共发表论文 28242 篇，其中有 1845 篇在当年获得过引用，总共被引 3134 次。

表 51-1　法学学科论文分布情况

年份	论文篇数	2017 年被引频次	2017 年被引率（%）	2017 年高被引论文			
				论文篇数	最高被引频次	总被引频次	篇均被引频次
2012	24933	7213	15.8	49	55	669	13.65
2013	23524	8544	18.5	50	70	794	15.88
2014	25553	10854	19.0	57	90	1192	20.91
2015	28247	12749	20.8	68	72	1514	22.26
2016	30342	13032	19.5	62	124	1619	26.11
合计	132599	52392	18.8	286	124	5788	20.24

51.2　高被引论文分析

在法学学科，2017 年被引次数 Top 10 论文（表 51-2）的平均被引次数为 71.0 次，是全部 286 篇高被引论文篇均被引频次的 3.5 倍。其中，被引次数最高的论文是陈卫东的《认罪认罚从宽制度研究》（2016），随后两篇分别是张文显的《法治与国家治理现代化》（2014）和唐清利的《“专车”类共享经济的规制路径》（2015）。

从论文分布来看，刊载高被引论文数量居前的 3 种期刊分别是《中国法学》（49 篇）、《法学》（28 篇）和《法学研究》（23 篇），其中，《中国法学》刊载了高被引论文 Top 10 中的 5 篇；发表高被引论文数量居前的学者分别是华东政法大学的刘宪权（8 篇）、中国人民大学的王利明（8 篇）和清华大学的张明楷（6 篇）；产出高被引论文数量居前的机构分别是中国人民大学（35 篇）、清华大学（28 篇）和华东政法大学（22 篇），而中国人民大学产出了高被引论文 Top 10 中的 4 篇。

表 51-2　法学学科高被引论文 Top 10（2017 年）

排名	论文题名	第一作者	期刊名称	发表年份	被引频次	
					总频次	2017 年
1	认罪认罚从宽制度研究	陈卫东	中国法学	2016	170	124
2	法治与国家治理现代化	张文显	中国法学	2014	242	90
3	“专车”类共享经济的规制路径	唐清利	中国法学	2015	99	72
4	论个人信息权的法律保护——以个人信息权与隐私权的界分为中心	王利明	现代法学	2013	196	70
5	论以审判为中心的诉讼制度改革	沈德咏	中国法学	2015	144	69
6	中国网约车的监管困境及解决	王静	行政法学研究	2016	83	68
7	“认罪认罚从宽”改革的理论反思——基于刑事速裁程序运行经验的考察	陈瑞华	当代法学	2016	75	64
8	从隐私到个人信息：利益再衡量的理论与制度安排	张新宝	中国法学	2015	123	58
9	刑事立法的法教义学反思——基于《刑法修正案（九）》的分析	车浩	法学	2015	108	56
10	隐私权概念的再界定	王利明	法学家	2012	185	55
10	我国农村土地法律制度变革的思路与框架——十八届三中全会《决定》相关内容解读	陈小君	法学研究	2014	113	55

51.3　研究主题关联分析

在法学学科，高被引论文共被 2017 年发表的 3736 篇论文引用了 5788 次。通过分析施引文献关键词的词频及关键词之间的共现关系，获得 2017 年法学学科的热点主题和主题关联，如图 51-1 所示（共现 4 次以下不显示）。由图可知：“三权分置”“认罪认罚”等关键词的文档词频较高，是 2017 年学科的研究热点；3 个节点以上的研究主题关联网络共 3 个，构成了学科内最为突出的研究主题簇；其中，以“土地经营权”“三权分置”“土地承包经营权”为核心节点的研究主题关联网络最大，其余各团簇中词频最高或连线最多的关键词分别是“以审判为中心”“认罪认罚”。

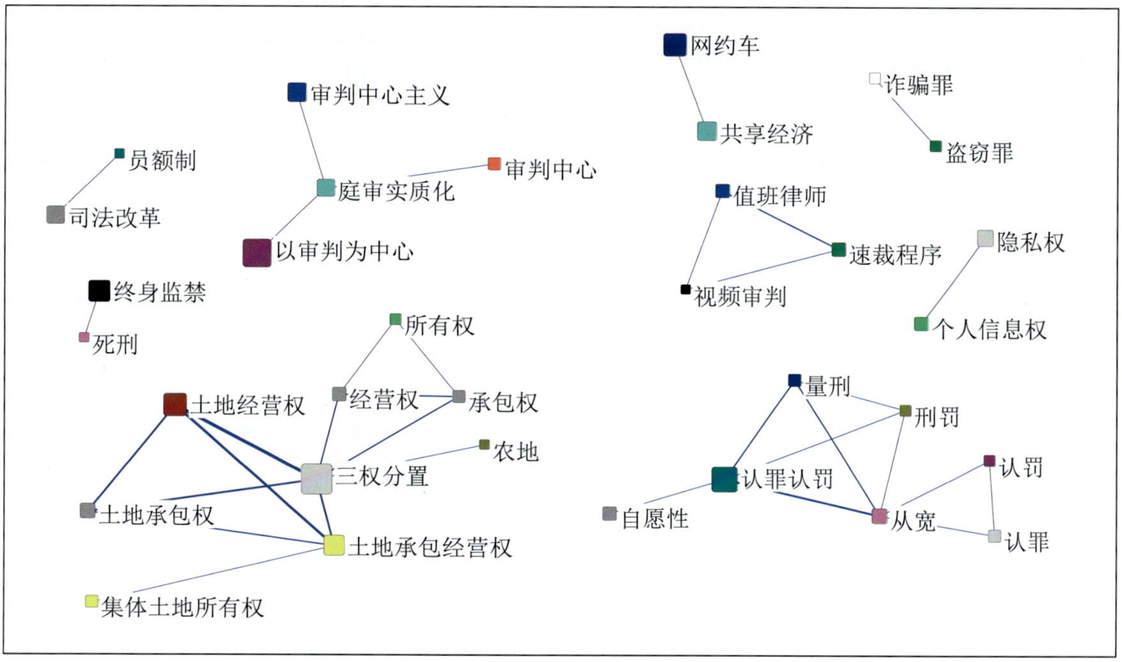

图 51-1　法学学科热点论文主题关联（2017 年）

51.4　高影响力期刊分析

51.4.1　高影响力期刊 Top 10

在法学学科，5 年影响因子 Top 10 期刊见表 51-3，前 3 种期刊分别是《中国法学》、《法学研究》和《中外法学》。其中，2017 年被引频次最高的期刊是《中国法学》，被引率最高的期刊是《中国法学》。2012—2017 年期刊 5 年影响因子的变动情况如图 51-2 所示。

表 51-3　法学学科高被引期刊基本指标（2017 年）

排名	期刊名称	载文篇数		2017 年被引频次	5 年影响因子	即年指标	被引率（%）	高被引论文篇数	h 指数
		前 5 年	2017 年						
1	中国法学	506	101	2931	5.792	1.475	81.2	49	21
2	法学研究	452	71	1977	4.374	0.845	78.5	23	16
3	中外法学	420	85	1335	3.179	0.412	71.4	17	14
4	法学家	438	88	1175	2.683	0.500	66.4	7	12
5	清华法学	350	75	910	2.600	0.613	70.9	11	12
6	法商研究	613	123	1424	2.323	0.439	68.5	13	13
7	法学	1063	202	2432	2.288	0.564	65.1	28	16

排名	期刊名称	载文篇数		2017 年被引频次	5 年影响因子	即年指标	被引率（%）	高被引论文篇数	h 指数
		前 5 年	2017 年						
8	现代法学	512	88	1095	2.139	0.557	68.0	8	11
9	法律科学（西北政法大学学报）	648	117	1288	1.988	0.376	62.0	6	11
10	当代法学	534	93	1043	1.953	0.570	60.5	7	9

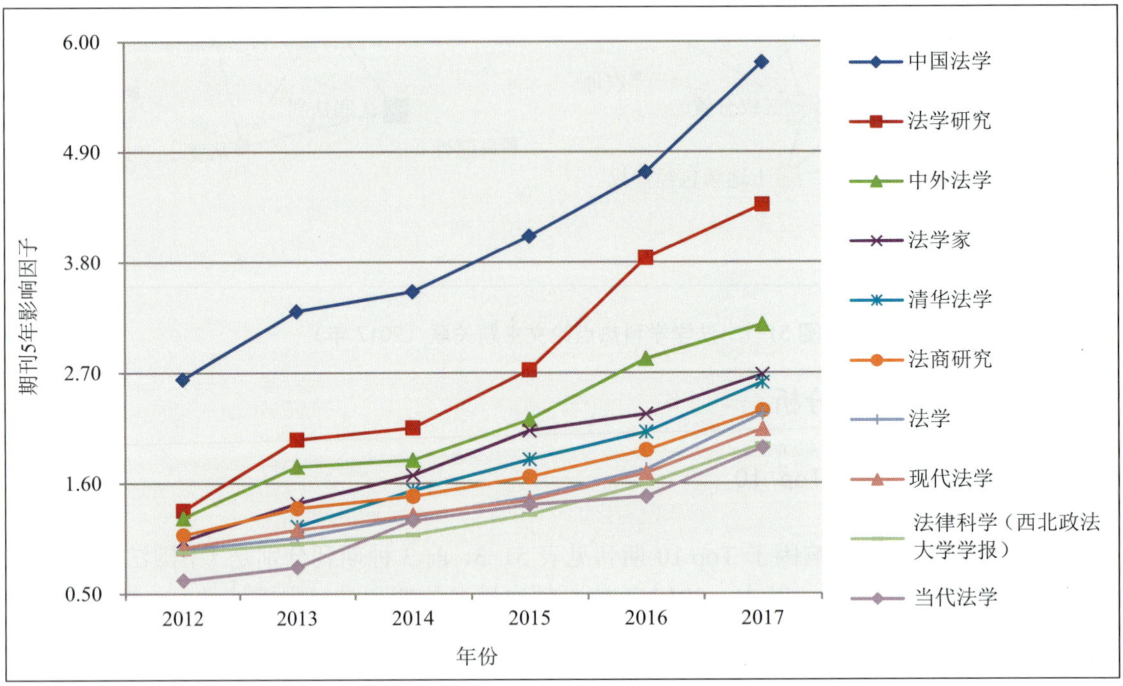

图 51-2 法学学科期刊 5 年影响因子变动趋势（2012—2017 年）

51.4.2 期刊载文主题关联

通过期刊共被引分析，获得法学学科期刊之间的载文主题关联，图中节点大小反映 5 年影响因子的高低，连线粗细代表共被引关联的强弱，关联越强表明两个期刊上有更多受学者们关注的相关主题论文，红色节点为学科高影响力期刊 Top 10，详情见图 51-3（共被引 157 次以下不显示）。如图所示，法学学科的多个期刊均互相关联且关联较为紧密，各期刊的学科分类属性体现得较为明显；《中国法学》具有最多的关联关系，这是其研究主题较为广泛的典型体现；《中国法学》与《法学研究》《法学》等期刊之间的关联较强，表明上述期刊具有较多相关主题的论文。

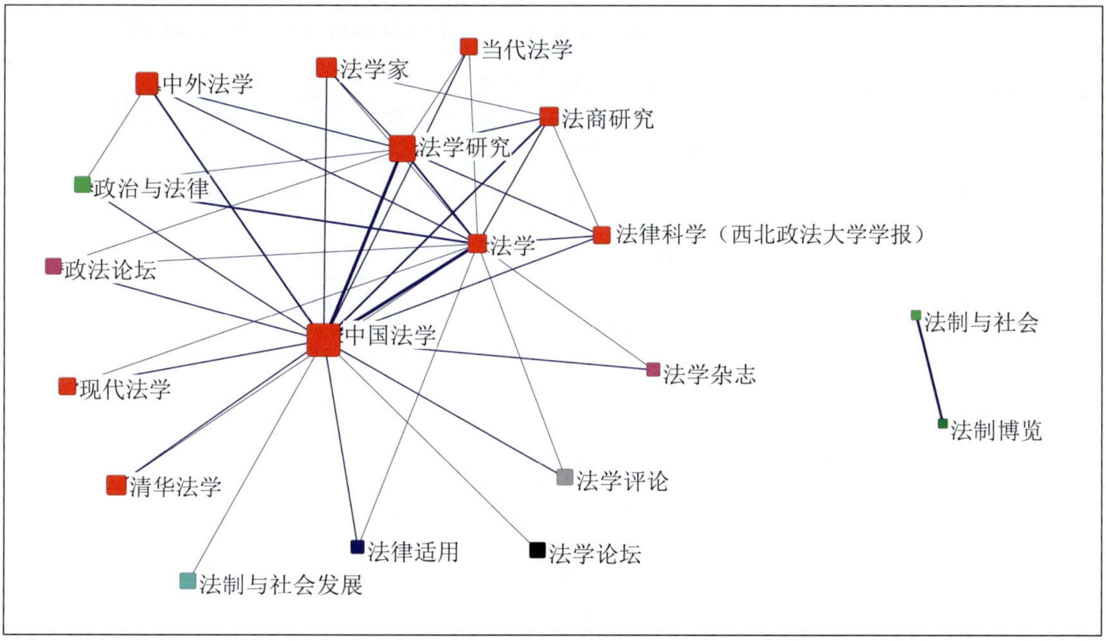

图 51-3　法学学科期刊载文主题关联（2017 年）

51.5　高被引作者分析

51.5.1　高被引作者 Top 20

2017 年论文被引次数 Top 20 的作者见表 51-4。其中，学科发文总被引频次较高的 3 位作者分别是中国人民大学的王利明（424 次）、清华大学的张明楷（358 次）和中国人民大学的杨立新（259 次）。在学科发文 5 篇及以上的作者中，篇均被引较高的 3 位作者分别是中南财经政法大学的陈小君（篇均 16.60 次）、北京大学的车浩（篇均 12.67 次）和吉林大学的李国强（篇均 11.60 次）；5 年学科发文较多的 3 位作者分别是中华人民共和国最高人民检察院的曹建明（81 篇）、中华人民共和国司法部的吴爱英（68 篇）和扬州大学的马荣春（67 篇）。

表 51-4　法学学科高被引作者 Top 20（2017 年）

排名	姓名	作者单位	前 5 年发文			前 5 年学科发文在 2017 年的被引				h 指数（学科）
			学科发文（篇）	期刊分布（种）	发文总量（篇）	频次	被引率（%）	最高（次）	篇均（次）	
1	王利明	中国人民大学	43	21	119	424	81.4	70	9.86	11
2	张明楷	清华大学	59	16	74	358	72.9	53	6.07	11
3	杨立新	中国人民大学	66	20	98	259	83.3	24	3.92	8

排名	姓名	作者单位	前 5 年发文			前 5 年学科发文在 2017 年的被引				h 指数（学科）
			学科发文（篇）	期刊分布（种）	发文总量（篇）	频次	被引率（%）	最高（次）	篇均（次）	
4	刘宪权	华东政法大学	42	19	46	249	81.0	39	5.93	10
5	陈卫东	中国人民大学	46	18	55	238	65.2	124	5.17	6
6	赵秉志	北京师范大学	66	21	92	219	68.2	23	3.32	7
7	龙宗智	四川大学	30	13	32	205	76.7	50	6.83	8
8	于志刚	中国政法大学	33	17	48	193	78.8	36	5.85	8
9	陈兴良	北京大学	48	21	55	187	70.8	21	3.90	8
10	王迁	华东政法大学	38	11	40	176	78.9	28	4.63	8
11	陈瑞华	北京大学	40	15	48	174	65.0	18	4.35	9
12	高圣平	中国人民大学	23	12	32	172	91.3	43	7.48	8
13	吴汉东	中南财经政法大学	29	16	33	157	86.2	18	5.41	8
14	劳东燕	清华大学	16	9	17	134	93.8	37	8.38	7
15	周光权	清华大学	37	16	42	131	70.3	17	3.54	7
16	张卫平	清华大学	25	14	27	122	72.0	18	4.88	7
17	刘剑文	北京大学	27	16	60	121	88.9	18	4.48	6
18	左卫民	四川大学	36	13	40	116	69.4	15	3.22	7
19	车浩	北京大学	9	7	9	114	88.9	56	12.67	6
19	陈光中	中国政法大学	26	18	33	114	65.4	25	4.38	6

51.5.2 作者发文主题关联

通过作者共被引分析，获得 2017 年法学学科作者之间的发文主题关联，图中节点大小反映被引次数高低，连线粗细代表共被引关联的强弱，关联越强表明两位作者的发文主题可能具有更强的相关性，红色节点为学科高被引作者 Top 20，详情见图 51-4（共被引 7 次以下不显示）。如图所示，高被引作者主导了法学学科的作者共被引网络，意味着他们的论文主题主导了学科研究热点；3 个规模较大的子网络：以张明楷、刘宪权为主要节点的子网络规模较大、关联较为紧密，网络结构类似的还有以陈卫东、魏晓娜为主要节点的子网络，以蔡立东、高圣平等为主要节点的子网络，分别展现出了学科热点研究方向上的主要研究力量；张明楷和于志刚等学者之间的关联较强，表明上述学者之间可能有较为相关的发文主题。

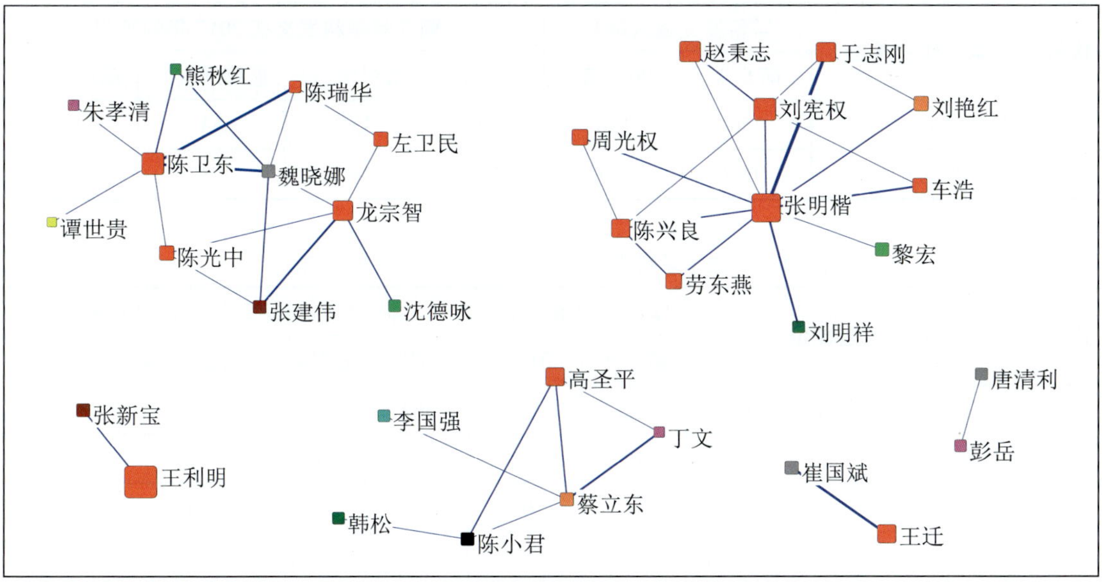

图 51-4　法学学科作者发文主题关联（2017 年）

51.6　高被引机构分析

51.6.1　高被引机构

法学学科被引次数 Top 10 高等院校和被引频次 Top 5 科研院所的发文和被引情况分别见表 51-5 和表 51-6。表中，总被引次数排名前 3 位的高等院校分别是中国人民大学、中国政法大学和北京大学，排名前 3 位的科研院所则是中国社会科学院法学研究所、中国社会科学院和中华人民共和国最高人民法院；篇均被引最高的高等院校和科研院所分别是清华大学和中国社会科学院法学研究所。

表 51-5　法学学科高被引高等院校 Top 10（2017 年）

排名	第一作者单位	学科发文量（篇）		前 5 年学科发文在 2017 年的被引			
		前 5 年	2017 年	频次	被引率(%)	最高（次）	篇均（次）
1	中国人民大学	1676	277	3203	49.0	124	1.91
2	中国政法大学	2817	620	2389	30.8	69	0.85
3	北京大学	1187	195	2340	54.5	56	1.97
4	华东政法大学	3610	691	2294	25.2	39	0.64
5	清华大学	820	173	2110	60.9	53	2.57
6	西南政法大学	2801	494	1789	30.2	15	0.64
7	中南财经政法大学	1786	467	1291	27.9	55	0.72
8	武汉大学	1366	300	1149	32.6	38	0.84

排名	第一作者单位	学科发文量（篇）		前 5 年学科发文在 2017 年的被引			
		前 5 年	2017 年	频次	被引率(%)	最高（次）	篇均（次）
9	吉林大学	750	126	809	33.3	53	1.08
10	北京师范大学	1098	211	769	28.2	23	0.70

表 51-6 法学学科高被引科研院所 Top 5（2017 年）

排名	第一作者单位	学科发文量（篇）		前 5 年学科发文在 2017 年的被引			
		前 5 年	2017 年	频次	被引率(%)	最高（次）	篇均（次）
1	中国社会科学院法学研究所	276	25	562	55.1	25	2.04
2	中国社会科学院	305	88	363	40.3	32	1.19
3	中华人民共和国最高人民法院	262	36	359	51.5	12	1.37
4	中华人民共和国最高人民检察院	533	77	223	24.2	13	0.42
5	上海社会科学院	122	20	140	45.1	18	1.15

51.6.2 机构发文主题关联

高被引高等院校主导了法学学科的机构共被引网络，在学科内体现出了较显著的学术影响力；中国人民大学具有最多的关联关系，充分表明了其学科学术影响力；中国人民大学和清华大学、北京大学、中国政法大学等机构之间的关联较强，表明上述机构的研究主题具有较多重叠之处（图 51-5）。

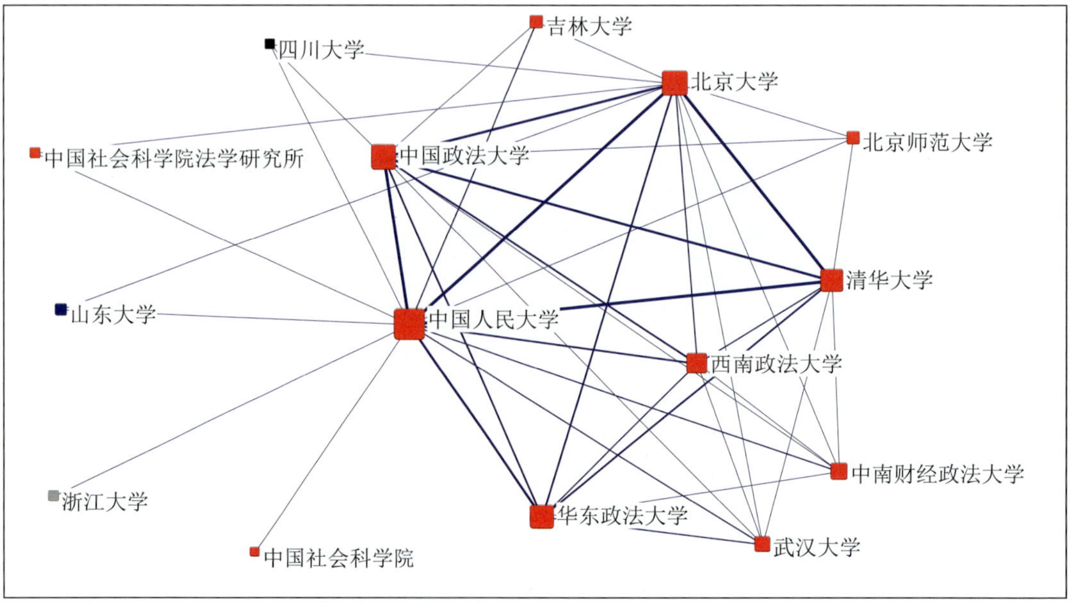

图 51-5 法学学科机构发文主题关联（2017 年）

51.7　高被引国外期刊

法学学科内被引次数 Top 10 的国外期刊见表 51-7，排名前 3 位的国外期刊是 *Forensic science international*、*Forensic Toxicology* 和 *Journal of Forensic Sciences*。

表 51-7　法学学科高被引国外期刊 Top 10（2017 年）

排名	期刊名称	2017 年被引频次
1	Forensic Science International	76
2	Forensic Toxicology	34
3	Journal of Forensic Sciences	30
4	Journal of Comparative Law	23
5	Berkeley Technology Law Journal	20
6	German Law Journal	19
7	Drug Testing and Analysis	17
7	Oñati Socio-legal Series	17
9	Journal of International Economic Law	16
10	Harvard Law Review	15

第 52 章　经济学科高被引分析

52.1　学科论文概况

2012—2016 年，经济学科的 489 种期刊上共发表学术论文 1533944 篇，由来自在 215985 所机构的 975840 位学者作为第一作者发表。上述论文中，有 239374 篇在 2017 年获得过引用，整体被引率为 15.6%，总被引频次为 453827 次，篇均被引 0.30 次；其中，高被引论文有 2578 篇，累计被引 50200 次，篇均被引 19.47 次，单篇论文最高被引 295 次（表 52-1）。另外，2017 年本学科共发表论文 349179 篇，其中有 23911 篇在当年获得过引用，总共被引 35293 次。

表 52-1　经济学科论文分布情况

年份	论文篇数	2017 年被引频次	2017 年被引率（%）	2017 年高被引论文			
				论文篇数	最高被引频次	总被引频次	篇均被引频次
2012	259853	53848	11.4	307	295	6601	21.50
2013	284845	66549	12.7	376	102	7268	19.33
2014	297226	90217	15.5	491	211	11025	22.45
2015	325737	115390	18.1	644	118	13311	20.67
2016	366283	127823	18.8	760	174	11995	15.78
合计	1533944	453827	15.6	2578	295	50200	19.47

52.2　高被引论文分析

在经济学科，2017 年被引次数 Top 10 论文（表 52-2）的平均被引次数为 151.4 次，是全部 2578 篇高被引论文篇均被引频次的 7.8 倍。其中，被引次数最高的论文是谢平的《互联网金融模式研究》（2012），随后两篇分别是邓维杰的《精准扶贫的难点、对策与路径选择》（2014）和冯志峰的《供给侧结构性改革的理论逻辑与实践路径》（2016）。

从论文分布来看，刊载高被引论文数量居前的 3 种期刊分别是《经济研究》（236 篇）、《会计研究》（120 篇）和《中国工业经济》（116 篇）；《改革》刊载了高被引论文 Top 10 中的 2 篇；发表高被引论文数量居前的学者分别是中国人民大学的张杰（8 篇）、对外经济贸易大学的祝继高（5 篇）和北京国家会计学院的秦荣生（5 篇）；产出高被引论文数量居前的机构分别是中国人民大学（86 篇）、南开大学（49 篇）和上海财经大学（45 篇），而中国人民大学产出了高被引论文 Top 10 中的 2 篇。

表 52-2 经济学科高被引论文 Top 10（2017 年）

排名	论文题名	第一作者	期刊名称	发表年份	被引频次	
					总频次	2017 年
1	互联网金融模式研究	谢平	金融研究	2012	1956	295
2	精准扶贫的难点、对策与路径选择	邓维杰	农村经济	2014	387	211
3	供给侧结构性改革的理论逻辑与实践路径	冯志峰	经济问题	2016	358	174
4	互联网思维与传统企业再造	李海舰	中国工业经济	2014	356	142
5	农业供给侧结构性改革的基本内涵与政策建议	孔祥智	改革	2016	207	139
6	PPP 模式理论阐释及其现实例证	刘薇	改革	2015	248	118
6	中国工业企业数据库的使用现状和潜在问题	聂辉华	世界经济	2012	417	118
8	互联网时代的商业模式创新：价值创造视角	罗珉	中国工业经济	2015	261	108
9	中国互联网金融：模式、影响、本质与风险	郑联盛	国际经济评论	2014	265	107
10	全域旅游：建设世界一流旅游目的地的理念创新——以北京为例	厉新建	人文地理	2013	191	102

52.3 研究主题关联分析

在经济学科，高被引论文共被 2017 年发表的 34725 篇论文引用了 50200 次。通过分析施引文献关键词的词频及关键词之间的共现关系，获得 2017 年经济学科的热点主题和主题关联，如图 52-1 所示（共现 60 次以下不显示）。由图可知："互联网金融""工程造价""供给侧改革"等关键词的文档词频较高，是 2017 年学科的研究热点；3 个节点以上的研究主题关联网络共 3 个，构成了学科内最为突出的研究主题簇；其中，以"质量控制""建筑工程""工程造价"为核心节点的研究主题关联网络最大，其余各团簇中词频最高或连线最多的关键词分别是"互联网金融""城市化"。

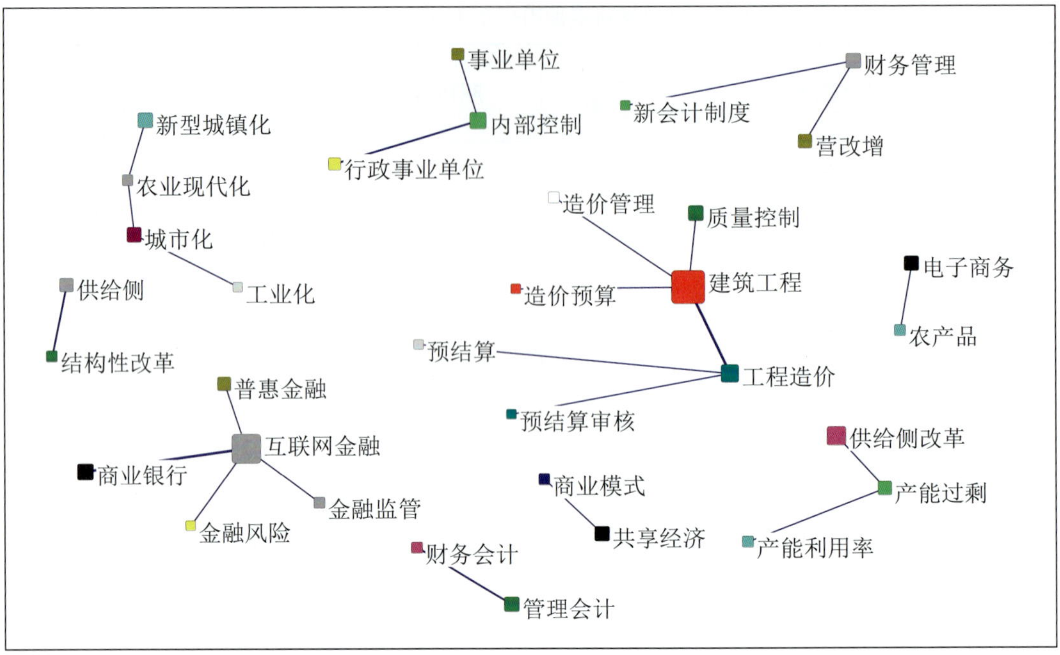

图 52-1 经济学科热点论文主题关联（2017 年）

52.4 高影响力期刊分析

52.4.1 高影响力期刊 Top 10

在经济学科，5 年影响因子 Top 10 期刊见表 52-3，前 3 种期刊分别是《经济研究》、《中国工业经济》和《会计研究》。其中，2017 年被引频次最高的期刊是《经济研究》，被引率最高的期刊是《经济研究》。2012—2017 年期刊 5 年影响因子的变动情况如图 52-2 所示。

表 52-3 经济学科高被引期刊基本指标（2017 年）

排名	期刊名称	载文篇数		2017 年被引频次	5 年影响因子	即年指标	被引率（%）	高被引论文篇数	h 指数
		前 5 年	2017 年						
1	经济研究	931	204	8213	8.822	0.422	84.3	236	35
2	中国工业经济	753	142	4832	6.417	0.697	79.0	116	28
3	会计研究	839	180	4845	5.775	0.194	79.7	120	26
4	世界经济	535	108	2529	4.727	0.315	74.2	54	18
5	金融研究	999	157	4511	4.516	0.420	72.7	89	23
6	经济学（季刊）	330	71	1400	4.242	0.141	73.3	27	15
7	审计研究	502	94	1884	3.753	0.234	72.7	32	16

排名	期刊名称	载文篇数		2017 年被引频次	5 年影响因子	即年指标	被引率（%）	高被引论文篇数	h 指数
		前 5 年	2017 年						
8	中国农村经济	597	87	2187	3.663	0.310	70.0	44	16
9	农业经济问题	969	166	3448	3.558	0.398	76.1	58	18
10	中国农村观察	297	64	927	3.121	0.172	73.1	14	12

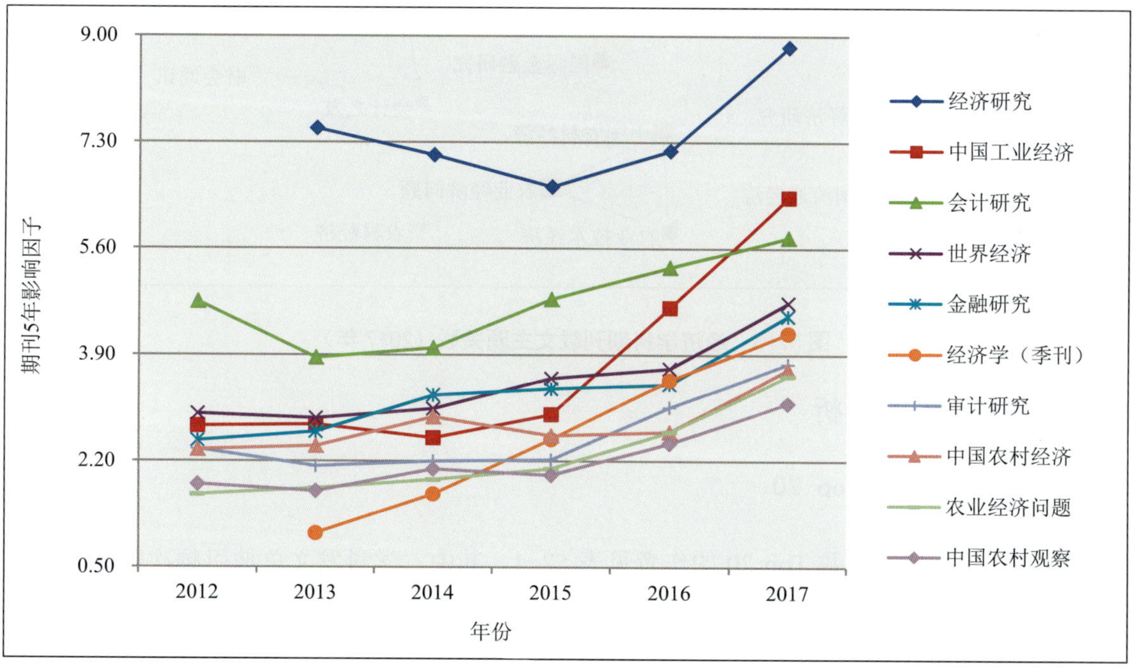

图 52-2 经济学科期刊 5 年影响因子变动趋势（2012—2017 年）

52. 4. 2 期刊载文主题关联

通过期刊共被引分析，获得经济学科期刊之间的载文主题关联，图中节点大小反映 5 年影响因子的高低，连线粗细代表共被引关联的强弱，关联越强表明两个期刊上有更多受学者们关注的相关主题论文，红色节点为学科高影响力期刊 Top 10，详情见图 52-3（共被引 290 次以下不显示）。如图所示，经济学科的多个期刊均互相关联且关联较为紧密，各期刊的学科分类属性体现得较为明显；《经济研究》具有最多的关联关系，这是其研究主题较为广泛的典型体现；《经济研究》与《中国工业经济》《金融研究》《世界经济》等期刊之间的关联较强，表明上述期刊具有较多相关主题的论文。

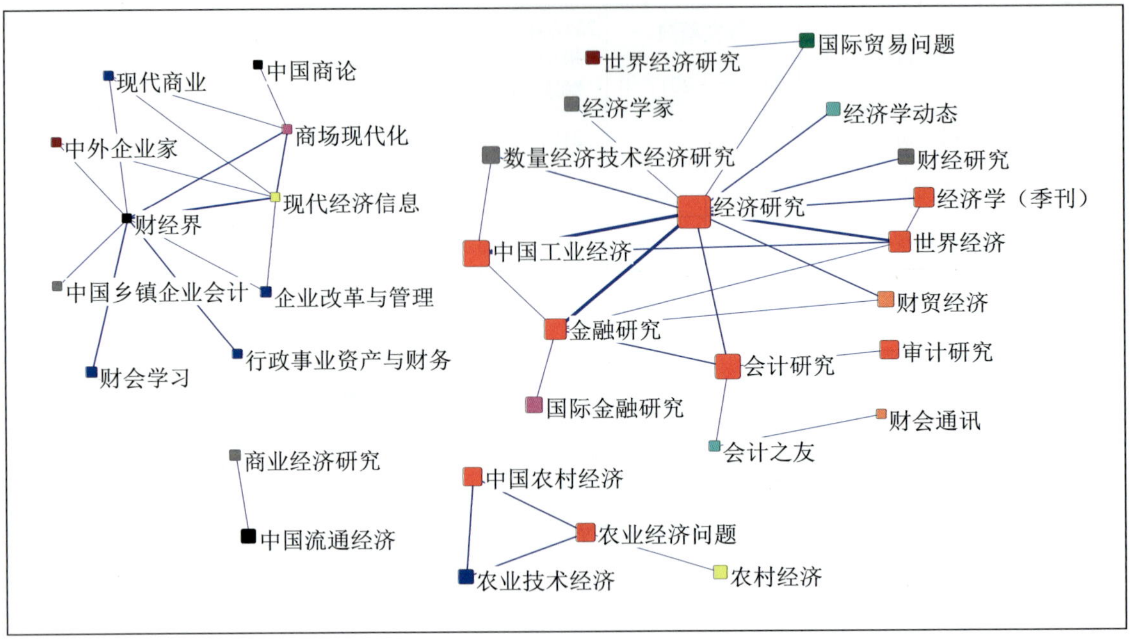

图 52-3 经济学科期刊载文主题关联（2017 年）

52.5 高被引作者分析

52.5.1 高被引作者 Top 20

2017 年论文被引次数 Top 20 的作者见表 52-4。其中，学科发文总被引频次较高的 3 位作者分别是中国投资有限责任公司的谢平（452 次）、中国人民大学的张杰（283 次）和盐城师范学院的郑志来（241 次）。在学科发文 5 篇及以上的作者中，篇均被引较高的 3 位作者分别是中国投资有限责任公司的谢平（篇均 50.22 次）、中国社会科学院工业经济研究所的李海舰（篇均 28.40 次）和西南财经大学的罗珉（篇均 19.17 次）；5 年学科发文较多的 3 位作者分别是财政部财政科学研究所的贾康（109 篇）、燕山大学的刘邦凡（92 篇）和浙江省发展和改革研究所的卓勇良（90 篇）。

表 52-4 经济学科高被引作者 Top 20（2017 年）

排名	姓名	作者单位	前 5 年发文			前 5 年学科发文在 2017 年的被引				h 指数（学科）
			学科发文（篇）	期刊分布（种）	发文总量（篇）	频次	被引率（%）	最高（次）	篇均（次）	
1	谢平	中国投资有限责任公司	9	6	9	452	88.9	295	50.22	6
2	张杰	中国人民大学	42	16	62	283	59.5	53	6.74	9

排名	姓名	作者单位	前5年发文			前5年学科发文在2017年的被引				h指数（学科）
			学科发文（篇）	期刊分布（种）	发文总量（篇）	频次	被引率（%）	最高（次）	篇均（次）	
3	郑志来	盐城师范学院	17	9	36	241	88.2	94	14.18	8
4	邓维杰	四川农业大学	3	1	6	216	100.0	211	72.00	2
5	洪银兴	南京大学	24	10	50	208	66.7	62	8.67	7
6	孔祥智	中国人民大学	34	16	103	198	64.7	139	5.82	5
7	冯志峰	中共江西省委党校	12	5	56	180	25.0	174	15.00	2
8	冯巧根	南京大学	33	8	33	177	90.9	34	5.36	7
9	贾康	财政部财政科学研究所	109	40	224	176	44.0	24	1.61	7
10	秦荣生	北京国家会计学院	14	9	15	167	64.3	65	11.93	6
11	程平	重庆理工大学	59	6	73	164	67.8	19	2.78	6
12	聂辉华	中国人民大学	9	8	19	160	77.8	118	17.78	5
13	黎文靖	暨南大学	11	6	13	143	90.9	45	13.00	6
14	李海舰	中国社会科学院工业经济研究所	5	2	6	142	20.0	142	28.40	1
15	周雪光	斯坦福大学	4	1	10	135	100.0	50	33.75	4
16	李扬	中国社会科学院	30	18	52	134	53.3	86	4.47	5
17	黄宗智	中国人民大学	20	1	27	132	85.0	24	6.60	7
18	方红星	东北财经大学	14	7	16	128	71.4	52	9.14	6
19	黄群慧	中国社会科学院工业经济研究所	25	13	41	126	48.0	30	5.04	6
19	毛其淋	南开大学	17	13	19	126	94.1	32	7.41	7

52.5.2 作者发文主题关联

通过作者共被引分析，获得 2017 年经济学科作者之间的发文主题关联，图中节点大小反映被引次数高低，连线粗细代表共被引关联的强弱，关联越强表明两位作者的发文主题可能具有更强的相关性，红色节点为学科高被引作者 Top 20，详情见图 52-4（共被引 19 次以下不显示）。如图所示，作者共被引关联情况整体较为松散，意味着学科内大部分作者之间的研究主题关联程度不高；学者谢平、张杰的节点较大，显示出他们的学术成果在学科内得到较多关注；谢平和吴晓求、郑联盛等学者之间的关联较强，表明上述学者之间可能有较为相关的发文主题。

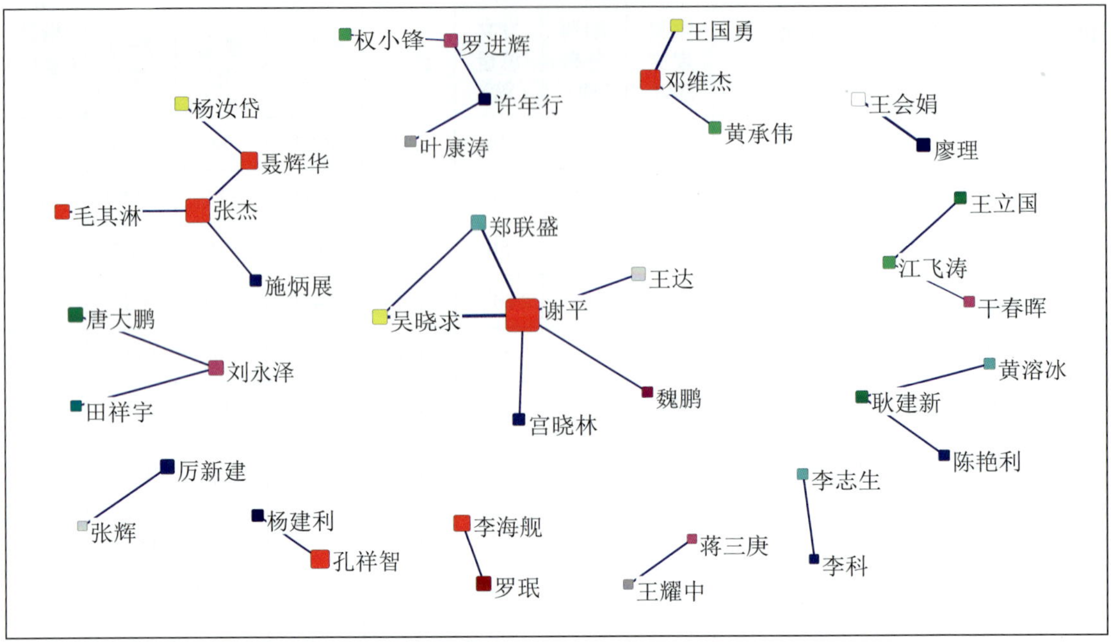

图 52-4　经济学科作者发文主题关联（2017 年）

52.6　高被引机构分析

52.6.1　高被引机构

经济学科被引次数 Top 10 高等院校和被引频次 Top 5 科研院所的发文和被引情况分别见表 52-5 和表 52-6。表中，总被引次数排名前 3 位的高等院校分别是中国人民大学、南开大学和北京大学，排名前 3 位的科研院所则是中国社会科学院、国务院发展研究中心和中国社会科学院工业经济研究所；篇均被引最高的高等院校和科研院所分别是厦门大学和中国社会科学院工业经济研究所。

表 52-5　经济学科高被引高等院校 Top 10（2017 年）

排名	第一作者单位	学科发文量（篇）		前 5 年学科发文在 2017 年的被引			
		前 5 年	2017 年	频次	被引率(%)	最高（次）	篇均（次）
1	中国人民大学	7542	1633	7384	31.9	139	0.98
2	南开大学	3500	645	4297	39.6	34	1.23
3	北京大学	4111	601	3938	33.6	79	0.96
4	东北财经大学	4140	551	3808	34.6	75	0.92
5	中南财经政法大学	6394	861	3795	25.6	40	0.59

排名	第一作者单位	学科发文量（篇）		前5年学科发文在2017年的被引			
		前5年	2017年	频次	被引率(%)	最高（次）	篇均（次）
6	西南财经大学	6145	795	3556	20.0	108	0.58
7	中央财经大学	4507	889	3530	29.7	44	0.78
8	武汉大学	4243	840	3283	29.8	54	0.77
9	厦门大学	2525	447	3126	37.6	49	1.24
10	南京大学	2835	466	3037	37.1	62	1.07

表52-6　经济学科高被引科研院所 Top 5（2017年）

排名	第一作者单位	学科发文量（篇）		前5年学科发文在2017年的被引			
		前5年	2017年	频次	被引率(%)	最高（次）	篇均（次）
1	中国社会科学院	2667	834	3070	37.0	86	1.15
2	国务院发展研究中心	1359	186	903	24.4	53	0.66
3	中国社会科学院工业经济研究所	311	24	869	46.3	142	2.79
4	财政部财政科学研究所	1099	1	851	31.7	118	0.77
5	中国社会科学院研究生院	889	243	570	23.5	64	0.64

52.6.2　机构发文主题关联

通过机构共被引分析，获得经济学科机构间的发文主题关联，图中节点大小反映被引次数高低，连线粗细代表共被引关联的强弱，关联越强表明两个机构的发文主题可能具有更强的相关性，红色节点为高被引高等院校 Top 10 和高被引科研院所 Top 5，详情见图 52-5（共被引 202 次以下不显示）。由图可知，高被引高等院校主导了经济学科的机构共被引网络，在学科内体现出了较显著的学术影响力；中国人民大学具有最多的关联关系，充分表明了其在学科的学术影响力；中国人民大学和南开大学、北京大学、中央财经大学等机构之间的关联较强，表明上述机构的研究主题具有较多重叠之处。

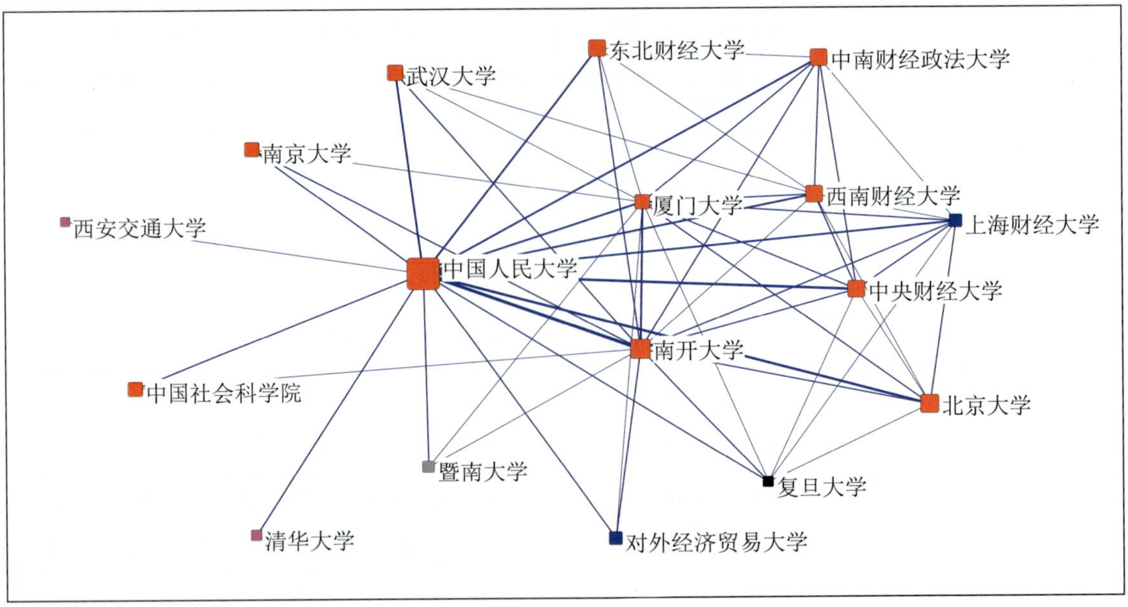

图 52-5 经济学科机构发文主题关联（2017 年）

52.7 高被引国外期刊

经济学科内被引次数 Top 10 的国外期刊见表 52-7，排名前 3 位的国外期刊是 *Journal of Financial Economics*、*The American Economic Review* 和 *Journal of Banking & Finance*。

表 52-7 经济学科高被引国外期刊 Top 10（2017 年）

排名	期刊名称	2017 年被引频次
1	Journal of Financial Economics	675
2	The American Economic Review	672
3	Journal of Banking & Finance	443
4	Journal of International Economics	406
5	Journal of Finance	405
6	Journal of Business Research	395
7	The Accounting Review	379
8	Tourism Management	365
9	Journal of Cleaner Production	348
10	Energy Policy	340

第 53 章　新闻出版学科高被引分析

53.1　学科论文概况

2012—2016 年，新闻出版学科的 62 种期刊上共发表学术论文 178575 篇，由来自在 24975 所机构的 108660 位学者作为第一作者发表。上述论文中，有 33039 篇在 2017 年获得过引用，整体被引率为 18.5%，总被引频次为 58163 次，篇均被引 0.33 次；其中，高被引论文有 443 篇，累计被引 5769 次，篇均被引 13.02 次，单篇论文最高被引 123 次（表 53-1）。另外，2017 年本学科共发表论文 35809 篇，其中有 3324 篇在当年获得过引用，总共被引 4482 次。

表 53-1　新闻出版学科论文分布情况

年份	论文篇数	2017 年被引频次	2017 年被引率（%）	2017 年高被引论文			
				论文篇数	最高被引频次	总被引频次	篇均被引频次
2012	33946	5769	11.0	49	39	593	12.10
2013	32302	7990	14.4	57	57	787	13.81
2014	35124	11543	18.1	79	49	1163	14.72
2015	37608	15366	22.4	125	123	1646	13.17
2016	39595	17495	25.0	133	43	1580	11.88
合计	178575	58163	18.5	443	123	5769	13.02

53.2　高被引论文分析

在新闻出版学科，2017 年被引次数 Top 10 论文（表 53-2）的平均被引次数为 51.36 次，是全部 443 篇高被引论文篇均被引频次的 3.94 倍。其中，被引次数最高的论文是黄楚新的《“互联网+”意味着什么——对“互联网+”的深层认识》（2015），随后两篇分别是彭兰的《场景：移动时代媒体的新要素》（2015）和谢文亮的《移动互联网时代学术期刊的微信公众号服务模式创新》（2015）。

从论文分布来看，刊载高被引论文数量居前的 3 种期刊分别是《科技传播》（57 篇）、《新媒体研究》（40 篇）和《中国科技期刊研究》（36 篇）；《新闻与写作》刊载了高被引论文 Top 10 中的 3 篇；发表高被引论文数量居前的学者分别是中国人民大学的喻国明（6 篇）、中国人民大学的彭兰（5 篇）和清华大学的彭兰（3 篇）；产出高被引论文数量居前的机构分别是中国人民大学（26 篇）、中国传媒大学（21 篇）和复旦大学（10 篇），而中国人民大学产出了高被引论文 Top 10 中的 2 篇。

表 53-2　新闻出版学科高被引论文 Top 10（2017 年）

排名	论文题名	第一作者	期刊名称	发表年份	被引频次	
					总频次	2017 年
1	“互联网+”意味着什么——对“互联网+”的深层认识	黄楚新	新闻与写作	2015	145	123
2	场景：移动时代媒体的新要素	彭兰	新闻记者	2015	170	78
3	移动互联网时代学术期刊的微信公众号服务模式创新	谢文亮	中国科技期刊研究	2015	145	59
4	全球视野下的“数据新闻”：理念与实践	方洁	国际新闻界	2013	187	57
5	虚拟/增强现实技术的兴起与传统新闻业的转向	史安斌	新闻记者	2016	71	39
5	电子信息工程的现代化技术探讨	李国林	硅谷	2012	190	39
7	微信传播机制与治理问题研究	方兴东	现代传播	2013	196	38
8	微信公众号的现状、类型及发展趋势	黄楚新	新闻与写作	2015	59	36
9	传统媒体与新兴媒体融合的关键与路径	胡正荣	新闻与写作	2015	74	34
10	移动化、智能化技术趋势下新闻生产的再定义	彭兰	新闻记者	2016	42	31
10	到底什么是新媒体?	匡文波	新闻与写作	2012	94	31

53.3　研究主题关联分析

在新闻出版学科，高被引论文共被 2017 年发表的 4282 篇论文引用了 5769 次。通过分析施引文献关键词的词频及关键词之间的共现关系，获得 2017 年新闻出版学科的热点主题和主题关联，如图 53-1 所示（共现 14 次以下不显示）。由图可知：“新媒体”“微信公众号”等关键词的文档词频较高，是 2017 年学科的研究热点；3 个节点以上的研究主题关联网络共 3 个，构成了学科内最为突出的研究主题簇；其中，以“新媒体”“微信公众号”“科技期刊”为核心节点的研究主题关联网络最大，其余各团簇中词频最高或连线最多的关键词分别是“电气工程”“建筑工程”。

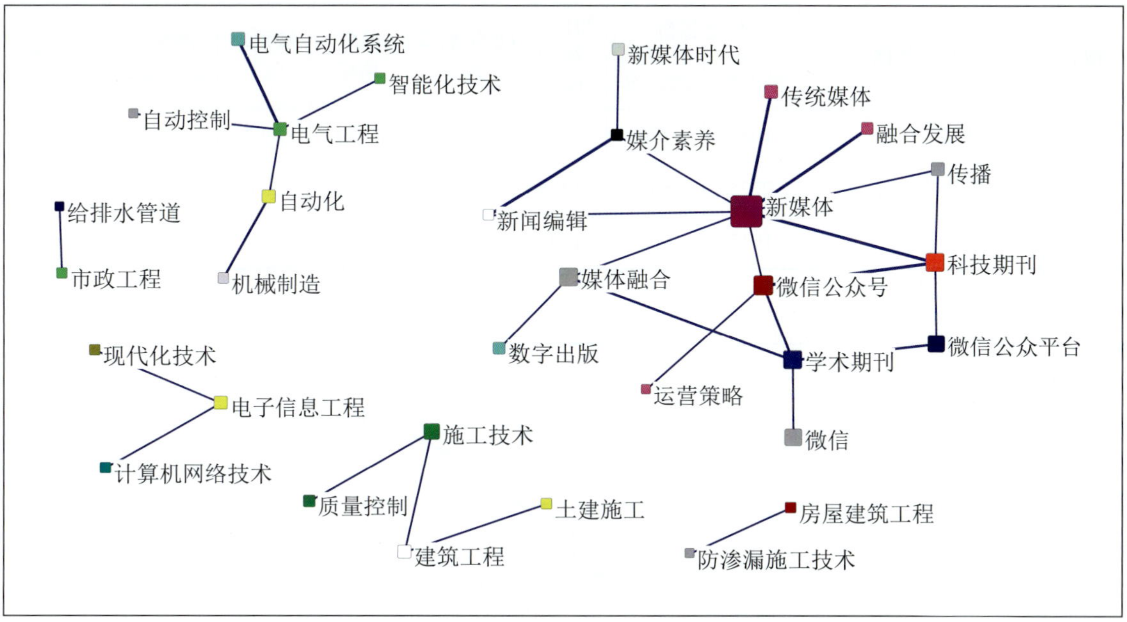

图 53-1　新闻出版学科热点论文主题关联（2017 年）

53.4　高影响力期刊分析

53.4.1　高影响力期刊 Top 10

在新闻出版学科，5 年影响因子 Top 10 期刊见表 53-3，前 3 种期刊分别是《中国科技期刊研究》、《新闻与传播研究》和《编辑学报》。其中，2017 年被引频次最高的期刊是《中国科技期刊研究》，被引率最高的期刊是《中国科技期刊研究》。2012—2017 年期刊 5 年影响因子的变动情况如图 53-2 所示。

表 53-3　新闻出版学科高被引期刊基本指标（2017 年）

排名	期刊名称	载文篇数		2017 年被引频次	5 年影响因子	即年指标	被引率（%）	高被引论文篇数	h 指数
		前 5 年	2017 年						
1	中国科技期刊研究	1486	206	2355	1.585	0.481	56.8	36	13
2	新闻与传播研究	630	114	912	1.448	0.246	51.4	18	10
3	编辑学报	1221	198	1410	1.155	0.455	49.6	14	10
4	国际新闻界	1064	124	1213	1.140	0.145	40.2	19	11
5	新闻记者	1159	166	1231	1.062	0.392	35.5	20	12
6	新闻大学	662	119	675	1.020	0.252	46.5	6	8
7	现代传播	2693	467	2349	0.872	0.223	36.9	34	14

排名	期刊名称	载文篇数		2017 年被引频次	5 年影响因子	即年指标	被引率（%）	高被引论文篇数	h 指数
		前 5 年	2017 年						
8	当代传播	1081	186	845	0.782	0.081	39.3	3	7
9	新闻与写作	2225	584	1438	0.646	0.228	25.0	17	11
10	出版发行研究	1912	368	1143	0.598	0.152	31.6	7	8

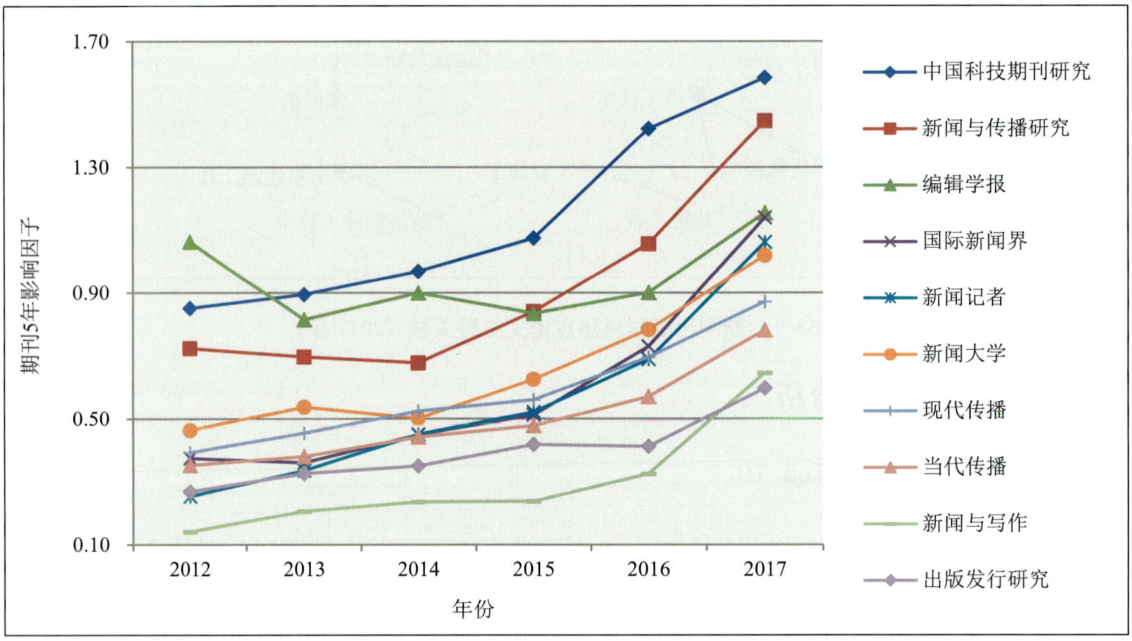

图 53-2 新闻出版学科期刊 5 年影响因子变动趋势（2012—2017 年）

53. 4. 2 期刊载文主题关联

通过期刊共被引分析，获得新闻出版学科期刊之间的载文主题关联，图中节点大小反映 5 年影响因子的高低，连线粗细代表共被引关联的强弱，关联越强表明两个期刊上有更多受学者们关注的相关主题论文，红色节点为学科高影响力期刊 Top 10，详情见图 53-3（共被引 90 次以下不显示）。如图所示，新闻出版学科的多个期刊均互相关联且关联较为紧密，各期刊的学科分类属性体现得较为明显；《中国科技期刊研究》的 5 年影响因子较高，显示出该刊在学科内学术影响力较大；《中国科技期刊研究》与《编辑学报》等期刊之间的关联较强，表明上述期刊具有较多相关主题的论文。

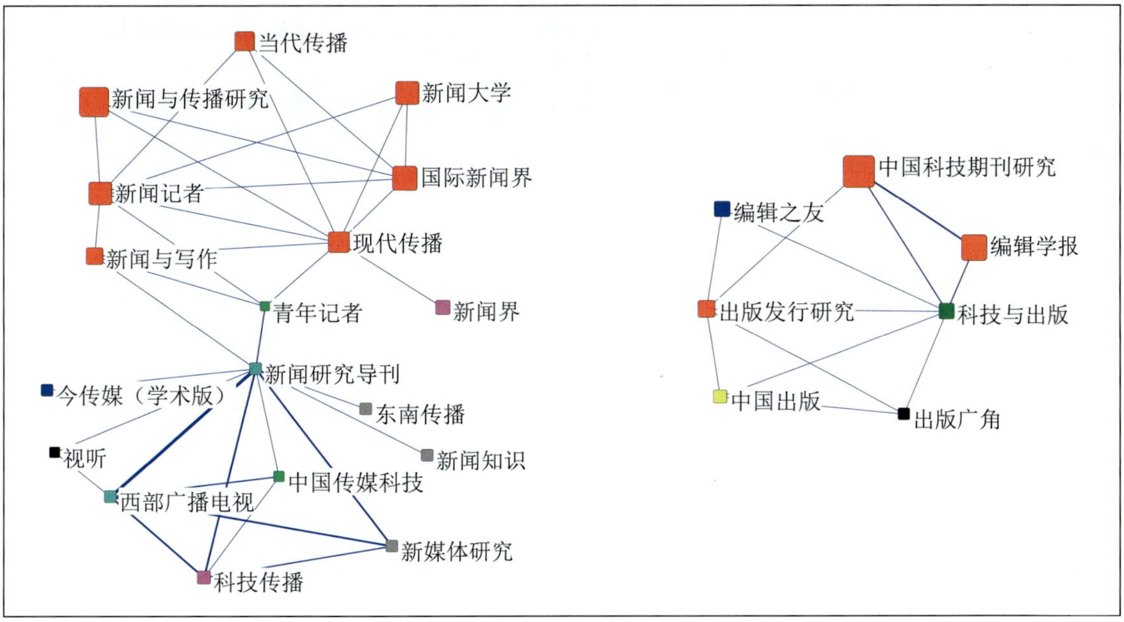

图 53-3　新闻出版学科期刊载文主题关联（2017 年）

53.5　高被引作者分析

53.5.1　高被引作者 Top 20

2017 年论文被引次数 Top 20 的作者见表 53-4。其中，学科发文总被引频次较高的 3 位作者分别是中国人民大学的喻国明（249 次）、中国人民大学的彭兰（198 次）和中国社会科学院新闻与传播研究所的黄楚新（187 次）。在学科发文 5 篇及以上的作者中，篇均被引较高的 3 位作者分别是中国社会科学院新闻与传播研究所的黄楚新（篇均 11.69 次）、广东财经大学的谢文亮（篇均 9.00 次）和清华大学的彭兰（篇均 8.82 次）；5 年学科发文较多的 3 位作者分别是中国人民大学的陈力丹（286 篇）、国家行政学院的郭全中（154 篇）和首都师范大学的赵丕杰（118 篇）。

表 53-4　新闻出版学科高被引作者 Top 20（2017 年）

排名	姓名	作者单位	前 5 年发文			前 5 年学科发文在 2017 年的被引				h 指数（学科）
			学科发文（篇）	期刊分布（种）	发文总量（篇）	频次	被引率（%）	最高（次）	篇均（次）	
1	喻国明	中国人民大学	110	20	138	249	59.1	25	2.26	7
2	彭兰	中国人民大学	32	13	40	198	53.1	78	6.19	7
3	黄楚新	中国社会科学院新闻与传播研究所	16	8	20	187	62.5	123	11.69	3

排名	姓名	作者单位	前 5 年发文			前 5 年学科发文在 2017 年的被引				h 指数（学科）
			学科发文（篇）	期刊分布（种）	发文总量（篇）	频次	被引率（%）	最高（次）	篇均（次）	
4	陈力丹	中国人民大学	286	22	310	177	25.9	17	0.62	5
5	张志安	中山大学	100	15	114	100	33.0	8	1.00	6
6	彭兰	清华大学	11	7	13	97	72.7	31	8.82	5
7	郭全中	国家行政学院	154	19	168	92	24.0	12	0.60	5
8	谢文亮	广东财经大学	10	2	16	90	60.0	59	9.00	4
9	史安斌	清华大学	52	11	58	85	44.2	39	1.63	4
10	匡文波	中国人民大学	36	14	52	82	55.6	31	2.28	4
11	方洁	中国人民大学	10	3	11	74	50.0	57	7.40	3
12	陈昌凤	清华大学	56	14	62	71	46.4	8	1.27	5
13	黄旦	复旦大学	11	5	14	66	72.7	20	6.00	4
14	丁柏铨	南京大学	73	12	91	63	41.1	7	0.86	4
14	李良荣	复旦大学	19	7	22	63	73.7	15	3.32	5
16	方兴东	浙江传媒学院	13	6	16	62	69.2	38	4.77	4
16	蔡雯	中国人民大学	30	10	31	62	60.0	20	2.07	4
18	常江	中国人民大学	87	12	91	60	33.3	12	0.69	4
18	郑保卫	中国人民大学	62	21	68	60	46.8	10	0.97	3
20	童兵	复旦大学	44	8	51	57	59.1	10	1.30	4
20	蔡骐	湖南师范大学	28	10	42	57	46.4	12	2.04	5

53.5.2　作者发文主题关联

通过作者共被引分析，获得 2017 年新闻出版学科作者之间的发文主题关联，图中节点大小反映被引次数高低，连线粗细代表共被引关联的强弱，关联越强表明两位作者的发文主题可能具有更强的相关性，红色节点为学科高被引作者 Top 20，详情见图 53-4（共被引 7 次以下不显示）。如图所示，高被引作者主导了新闻出版学科的作者共被引网络，意味着他们的论文主题主导了学科研究热点；学者喻国明、陈力丹和彭兰的节点较大，显示出他们的学术成果在学科内得到较多关注；喻国明和陈力丹，谢文亮和张艳萍等学者之间的关联较强，表明上述学者之间可能分别有较为相关的发文主题。

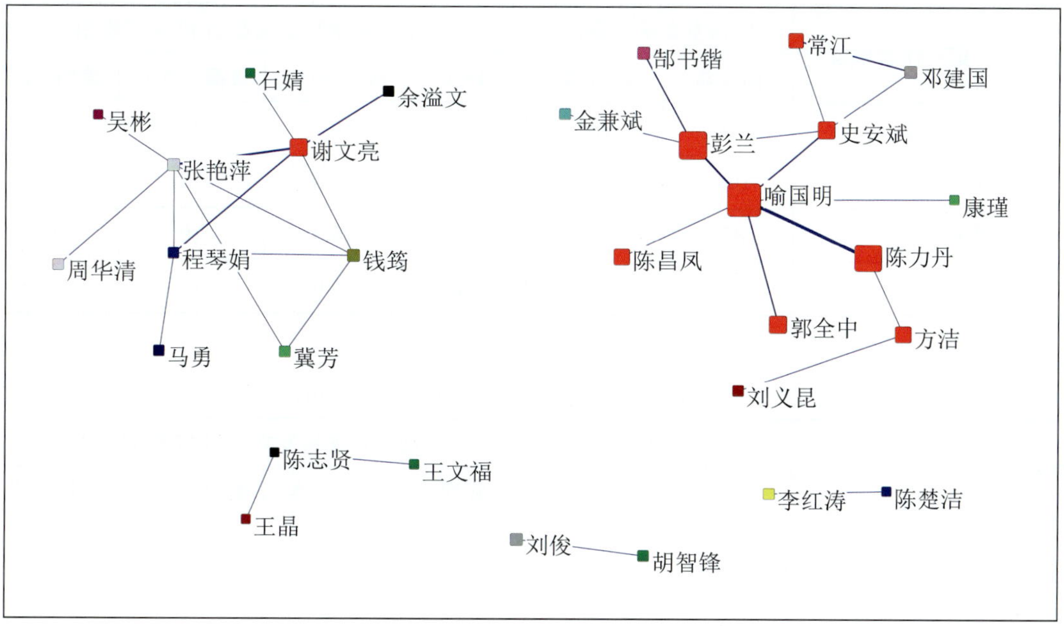

图 53-4　新闻出版学科作者发文主题关联（2017 年）

53.6　高被引机构分析

53.6.1　高被引机构

新闻出版学科被引次数 Top 10 高等院校和被引频次 Top 5 科研院所的发文和被引情况分别见表 53-5 和表 53-6。表中，总被引次数排名前 3 位的高等院校分别是中国传媒大学、中国人民大学和清华大学，排名前 3 位的科研院所则是中华人民共和国国家新闻出版广电总局、吉林电视台和中国社会科学院新闻与传播研究所；篇均被引最高的高等院校和科研院所分别是中国人民大学和中国社会科学院新闻与传播研究所。

表 53-5　新闻出版学科高被引高等院校 Top 10（2017 年）

排名	第一作者单位	学科发文量（篇）		前 5 年学科发文在 2017 年的被引			
		前 5 年	2017 年	频次	被引率(%)	最高（次）	篇均（次）
1	中国传媒大学	4819	828	2136	23.8	34	0.44
2	中国人民大学	1824	289	1729	33.6	78	0.95
3	清华大学	827	172	750	34.6	39	0.91
4	武汉大学	1356	301	706	27.9	25	0.52
5	复旦大学	799	183	643	32.4	20	0.80
6	北京大学	748	122	429	25.5	22	0.57

排名	第一作者单位	学科发文量（篇）		前 5 年学科发文在 2017 年的被引			
		前 5 年	2017 年	频次	被引率(%)	最高（次）	篇均（次）
7	南京大学	735	165	420	30.7	9	0.57
8	四川大学	1085	225	410	20.8	12	0.38
9	暨南大学	877	206	390	25.0	10	0.44
10	浙江大学	518	80	362	33.0	19	0.70

表 53-6 新闻出版学科高被引科研院所 Top 5（2017 年）

排名	第一作者单位	学科发文量（篇）		前 5 年学科发文在 2017 年的被引			
		前 5 年	2017 年	频次	被引率(%)	最高（次）	篇均（次）
1	中华人民共和国国家新闻出版广电总局	1282	209	457	21.0	16	0.36
2	吉林电视台	540	132	276	28.0	7	0.51
3	中国社会科学院新闻与传播研究所	129	13	259	32.6	123	2.01
4	中国中央电视台	1166	149	177	11.0	5	0.15
5	河南电视台	391	100	166	25.3	8	0.42

53.6.2 机构发文主题关联

通过机构共被引分析，获得新闻出版学科机构间的发文主题关联，图中节点大小反映被引次数高低，连线粗细代表共被引关联的强弱，关联越强表明两个机构的发文主题可能具有更强的相关性，红色节点为高被引高等院校 Top 10 和高被引科研院所 Top 5，详情见图 53-5（共被引 26 次以下不显示）。由图可知，高被引高等院校主导了新闻出版学科的机构共被引网络，在学科内体现出了较显著的学术影响力；中国传媒大学具有最多的关联关系，充分表明了其学科学术影响力；中国人民大学和中国传媒大学、清华大学、复旦大学等机构之间的关联较强，表明上述机构的研究主题具有较多重叠之处。

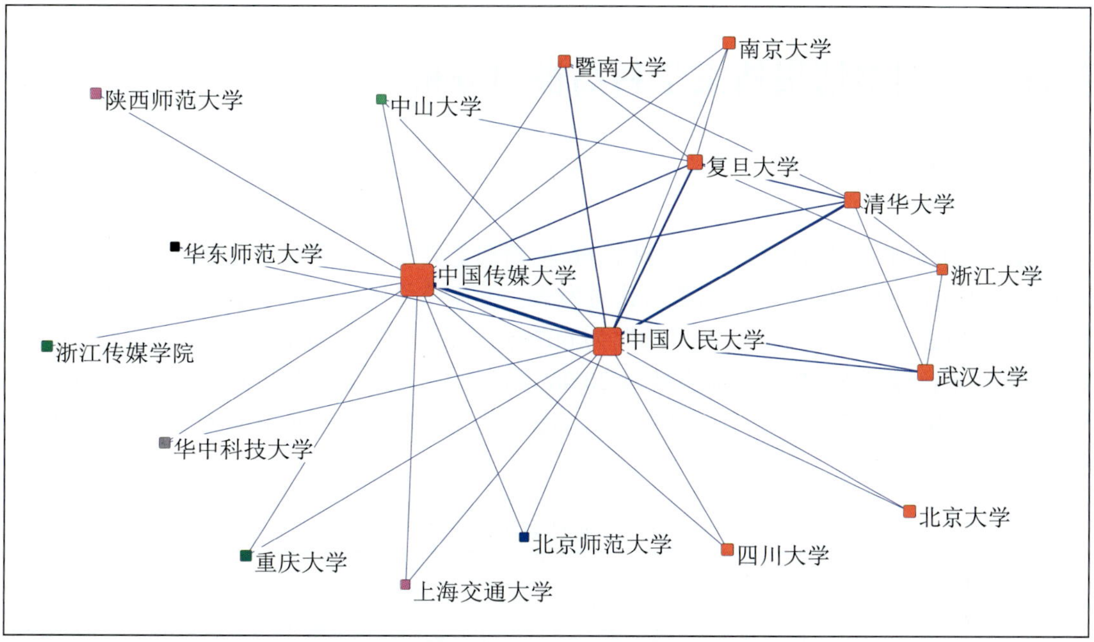

图 53-5　新闻出版学科机构发文主题关联（2017 年）

53.7　高被引国外期刊

新闻出版学科内被引次数 Top 10 的国外期刊见表 53-7，排名前 3 位的国外期刊是 *Journal of Communication*、*Digital Journalism* 和 *Journalism*。

表 53-7　新闻出版学科高被引国外期刊 Top 10（2017 年）

排名	期刊名称	2017 年被引频次
1	Journal of Communication	58
2	Digital Journalism	54
3	Journalism	48
4	Journalism Practice	40
5	Computers in Human Behavior	34
6	Journalism Studies	33
7	Public Understanding of Science	28
8	New Media & Society	26
9	Scientometrics	25
10	PLoS ONE	23

第 54 章　图书情报档案学科高被引分析

54.1　学科论文概况

2012—2016 年，图书情报档案学科的 66 种期刊上共发表学术论文 101239 篇，由来自在 10098 所机构的 53188 位学者作为第一作者发表。上述论文中，有 27392 篇在 2017 年获得过引用，整体被引率为 27.1%，总被引频次为 60795 次，篇均被引 0.60 次；其中，高被引论文有 300 篇，累计被引 6025 次，篇均被引 20.08 次，单篇论文最高被引 87 次（表 54–1）。另外，2017 年本学科共发表论文 15187 篇，其中有 1822 篇在当年获得过引用，总共被引 2848 次。

表 54–1　图书情报档案学科论文分布情况

年份	论文篇数	2017 年被引频次	2017 年被引率（%）	2017 年高被引论文			
				论文篇数	最高被引频次	总被引频次	篇均被引频次
2012	21585	7949	19.5	42	59	777	18.50
2013	21785	10581	23.1	53	61	1114	21.02
2014	21001	12830	26.6	59	87	1324	22.44
2015	20205	15392	31.8	75	63	1601	21.35
2016	16663	14043	36.7	71	48	1209	17.03
合计	101239	60795	27.1	300	87	6025	20.08

54.2　高被引论文分析

在图书情报档案学科，2017 年被引次数 Top 10 论文（表 54–2）的平均被引次数为 55.0 次，是全部 300 篇高被引论文篇均被引频次的 2.7 倍。其中，被引次数最高的论文是范并思的《阅读推广与图书馆学：基础理论问题分析》（2014），随后两篇分别是苏新宁的《大数据时代数字图书馆面临的机遇和挑战》（2015）和吴高的《我国高校图书馆阅读推广所存在的问题与对策研究》（2013）。

从论文分布来看，刊载高被引论文数量居前的 3 种期刊分别是《图书情报工作》（47 篇）、《中国图书馆学报》（28 篇）和《大学图书馆学报》（22 篇），其中，《中国图书馆学报》刊载了高被引论文 Top 10 中的 4 篇；发表高被引论文数量居前的学者分别是上海社会科学院的王世伟（5 篇）、武汉大学的邱均平（4 篇）和武汉大学的黄如花（4 篇）；产出高被引论文数量居前的机构分别是武汉大学（32 篇）、北京大学（12 篇）和上海大学（9 篇），而上海社会科学院产出了高被引论文 Top 10 中的 2 篇。

表 54-2　图书情报档案学科高被引论文 Top 10（2017 年）

排名	论文题名	第一作者	期刊名称	发表年份	被引频次	
					总频次	2017 年
1	阅读推广与图书馆学：基础理论问题分析	范并思	中国图书馆学报	2014	197	87
2	大数据时代数字图书馆面临的机遇和挑战	苏新宁	中国图书馆学报	2015	105	63
3	我国高校图书馆阅读推广所存在的问题与对策研究	吴高	图书情报工作	2013	187	61
4	论智慧图书馆的三大特点	王世伟	中国图书馆学报	2012	209	59
5	高校图书馆微信公众平台服务发展现状及对策	张秋	图书馆建设	2014	170	52
6	大数据时代背景下的档案管理探讨	李小晨	云南档案	2013	117	50
7	基于微信公众平台的高校图书馆阅读推广效果实证研究	万慕晨	图书情报工作	2015	74	49
8	走向第三代图书馆	吴建中	图书馆杂志	2016	58	48
8	论信息安全、网络安全、网络空间安全	王世伟	中国图书馆学报	2015	102	48
10	阅读推广、图书馆阅读推广的定义——兼论如何认识和学习图书馆时尚阅读推广案例	王波	图书馆论坛	2015	77	44
10	当图书馆遇上“互联网+”	张兴旺	图书与情报	2015	92	44

54.3　研究主题关联分析

在图书情报档案学科，高被引论文共被 2017 年发表的 4178 篇论文引用了 6025 次。通过分析施引文献关键词的词频及关键词之间的共现关系，获得 2017 年图书情报档案学科的热点主题和主题关联，如图 54-1 所示（共现 19 次以下不显示）。由图可知：“高校图书馆”“图书馆”“阅读推广”等关键词的文档词频较高，是 2017 年学科的研究热点；以“高校图书馆”“阅读推广”“图书馆”等关键词为主要节点的多个概念相互关联，构成了学科内最为突出的研究主题簇。

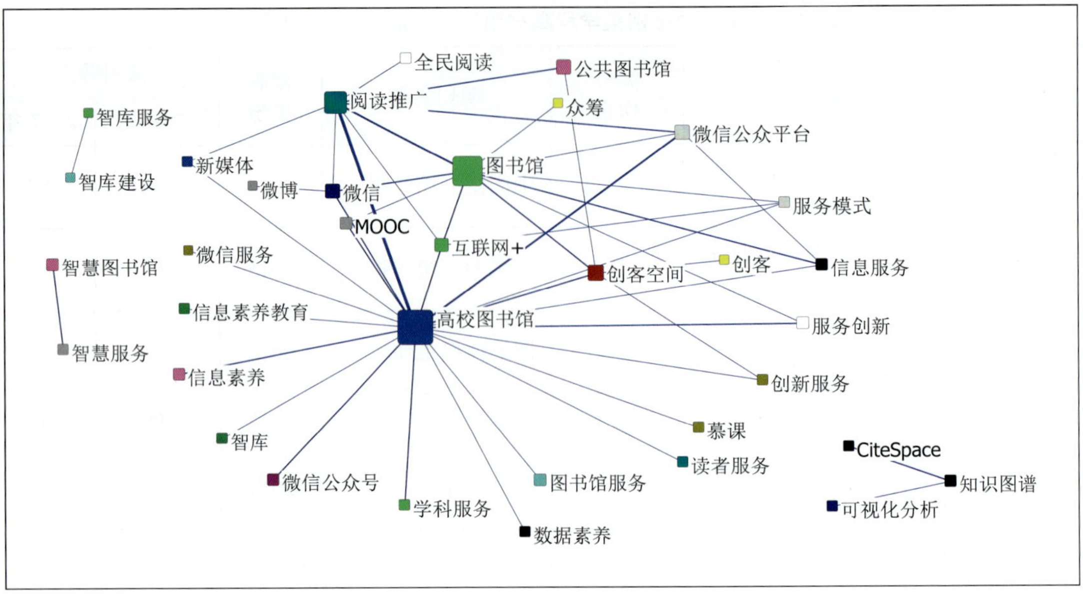

图 54-1　图书情报档案学科热点论文主题关联（2017 年）

54.4　高影响力期刊分析

54.4.1　高影响力期刊 Top 10

在图书情报档案学科，5 年影响因子 Top 10 期刊见表 54-3，前 3 种期刊分别是《中国图书馆学报》、《大学图书馆学报》和《图书与情报》。其中，2017 年被引频次最高的期刊是《图书情报工作》，被引率最高的期刊是《中国图书馆学报》。2012—2017 年期刊 5 年影响因子的变动情况如图 54-2 所示。

表 54-3　图书情报档案学科高被引期刊基本指标（2017 年）

排名	期刊名称	载文篇数		2017 年被引频次	5 年影响因子	即年指标	被引率（%）	高被引论文篇数	h 指数
		前 5 年	2017 年						
1	中国图书馆学报	369	52	1759	4.767	1.000	75.3	28	17
2	大学图书馆学报	635	112	1599	2.518	0.393	61.6	22	16
3	图书与情报	795	132	1710	2.151	0.462	62.1	19	15
4	图书情报知识	511	89	994	1.945	0.742	55.8	9	11
5	图书情报工作	2895	450	5607	1.937	0.169	59.5	47	18
6	国家图书馆学刊	530	88	899	1.696	0.375	56.2	10	12
7	情报资料工作	655	95	1035	1.580	0.358	53.4	4	10

排名	期刊名称	载文篇数		2017 年被引频次	5 年影响因子	即年指标	被引率（%）	高被引论文篇数	h 指数
		前 5 年	2017 年						
8	图书馆论坛	1214	252	1799	1.482	0.571	51.9	13	13
9	情报杂志	2236	407	3285	1.469	0.265	57.7	18	14
10	情报理论与实践	1718	320	2400	1.397	0.291	55.6	14	13

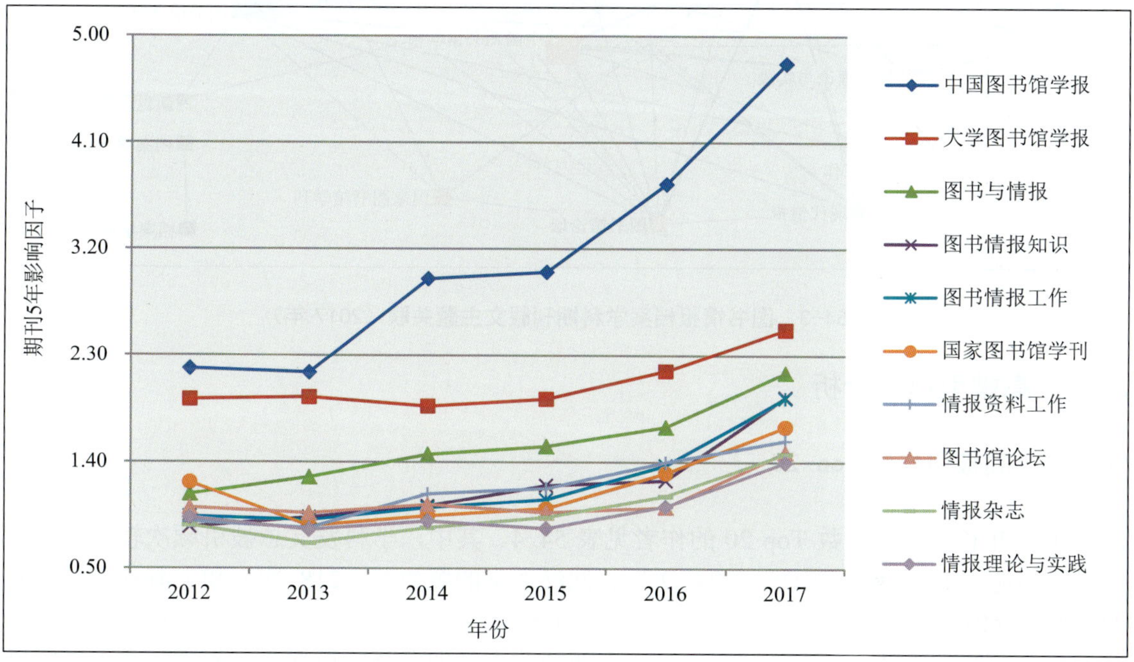

图 54-2　图书情报档案学科期刊 5 年影响因子变动趋势（2012—2017 年）

54. 4. 2　期刊载文主题关联

通过期刊共被引分析，获得图书情报档案学科期刊之间的载文主题关联，图中节点大小反映 5 年影响因子的高低，连线粗细代表共被引关联的强弱，关联越强表明两个期刊上有更多受学者们关注的相关主题论文，红色节点为学科高影响力期刊 Top 10，详情见图 54-3（共被引 170 次以下不显示）。如图所示，图书情报档案学科的多个期刊均互相关联且关联较为紧密，各期刊的学科分类属性体现得较为明显；《中国图书馆学报》的 5 年影响因子最高；《图书情报工作》与《图书馆学研究》《情报理论与实践》《情报杂志》等期刊之间的关联较强，表明上述期刊具有较多相关主题的论文。

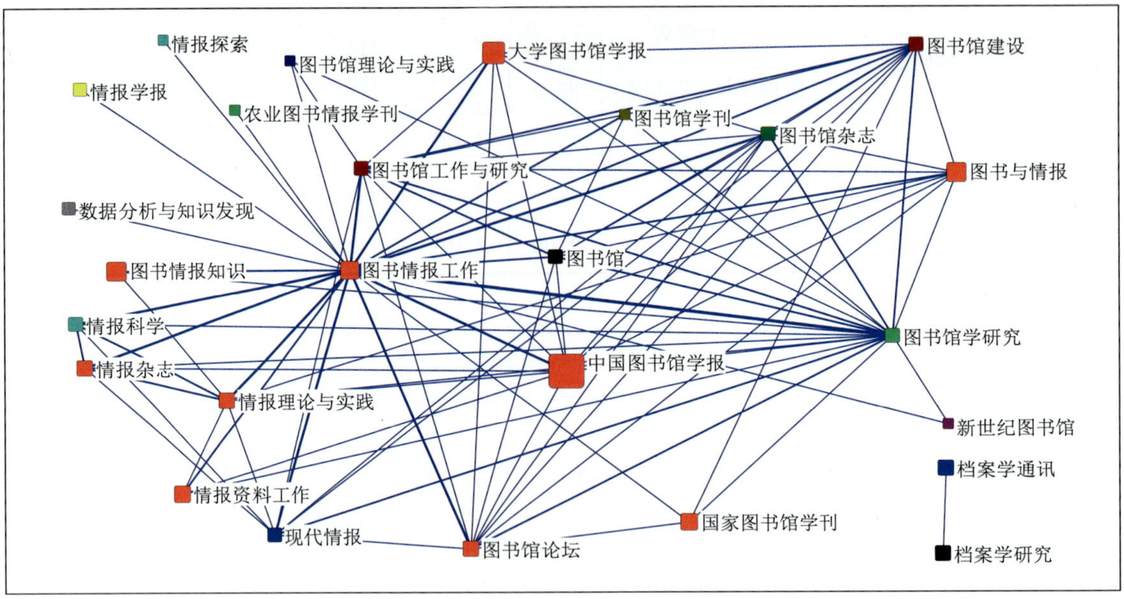

图 54-3 图书情报档案学科期刊载文主题关联（2017 年）

54.5 高被引作者分析

54.5.1 高被引作者 Top 20

2017 年论文被引次数 Top 20 的作者见表 54-4。其中，学科发文总被引频次较高的 3 位作者分别是武汉大学的邱均平（284 次）、武汉大学的黄如花（218 次）和上海社会科学院的王世伟（217 次）。在学科发文 5 篇及以上的作者中，篇均被引较高的 3 位作者分别是华东师范大学的范并思（篇均 14.21 次）、广西师范大学的吴高（篇均 10.38 次）和上海图书馆的刘炜（篇均 10.33 次）；5 年学科发文较多的 4 位作者分别是武汉大学的邱均平（90 篇）、郑州师范学院的袁红军（74 篇）、武汉大学的赵蓉英（52 篇）和武汉大学的黄如花（52 篇）。

表 54-4 图书情报档案学科高被引作者 Top 20（2017 年）

排名	姓名	作者单位	前 5 年发文			前 5 年学科发文在 2017 年的被引				h 指数（学科）
			学科发文（篇）	期刊分布（种）	发文总量（篇）	频次	被引率（%）	最高（次）	篇均（次）	
1	邱均平	武汉大学	90	18	153	284	75.6	24	3.16	8
2	黄如花	武汉大学	52	17	53	218	73.1	34	4.19	6
3	王世伟	上海社会科学院	31	11	44	217	67.7	59	7.00	7
4	范并思	华东师范大学	14	9	14	199	85.7	87	14.21	6
5	张兴旺	桂林理工大学	22	8	22	120	72.7	44	5.45	6

排名	姓名	作者单位	前5年发文			前5年学科发文在2017年的被引				h指数（学科）
			学科发文（篇）	期刊分布（种）	发文总量（篇）	频次	被引率（%）	最高（次）	篇均（次）	
6	柯平	南开大学	39	17	39	116	69.2	12	2.97	6
7	陈臣	兰州商学院	47	14	47	114	57.4	14	2.43	6
8	赵蓉英	武汉大学	52	13	68	111	63.5	10	2.13	6
9	吴建中	上海图书馆	12	8	12	107	83.3	48	8.92	6
10	肖希明	武汉大学	48	14	49	106	81.3	6	2.21	5
11	唐晓波	武汉大学	47	10	50	102	68.1	11	2.17	5
12	李纲	武汉大学	35	9	43	99	68.6	18	2.83	6
12	李国新	北京大学	16	8	18	99	81.3	39	6.19	5
14	司莉	武汉大学	47	19	50	91	48.9	17	1.94	5
14	初景利	中国科学院文献情报中心	10	5	11	91	70.0	30	9.10	4
16	苏新宁	南京大学	9	5	10	90	88.9	63	10.00	3
17	鄂丽君	燕山大学	32	14	32	89	78.1	13	2.78	5
18	兰月新	中国人民武装警察部队学院	17	6	19	87	100.0	20	5.12	6
19	孟祥保	东南大学	11	8	12	85	81.8	33	7.73	5
20	吴高	广西师范大学	8	5	8	83	87.5	61	10.38	3

54.5.2　作者发文主题关联

通过作者共被引分析，获得 2017 年图书情报档案学科作者之间的发文主题关联，图中节点大小反映被引次数高低，连线粗细代表共被引关联的强弱，关联越强表明两位作者的发文主题可能具有更强的相关性，红色节点为学科高被引作者 Top 20，详情见图 54-4（共被引 9 次以下不显示）。如图所示，高被引作者主导了图书情报档案学科的作者共被引网络，意味着他们的论文主题主导了学科研究热点；3 个规模较大的子网络：以黄如花、孟祥保为主要节点的子网络规模较大、关联较为紧密、涉及作者人数最多，网络结构类似的还有以邱均平、赵蓉英为主要节点的子网络，以王世伟、柯平等为主要节点的子网络涉及高被引作者人数最多，分别展现出了学科热点研究方向上的主要研究力量；邱均平和赵蓉英，黄如花和孟祥保，陈臣和马晓亭等学者之间的关联较强，表明上述学者之间可能分别有较为相关的发文主题。

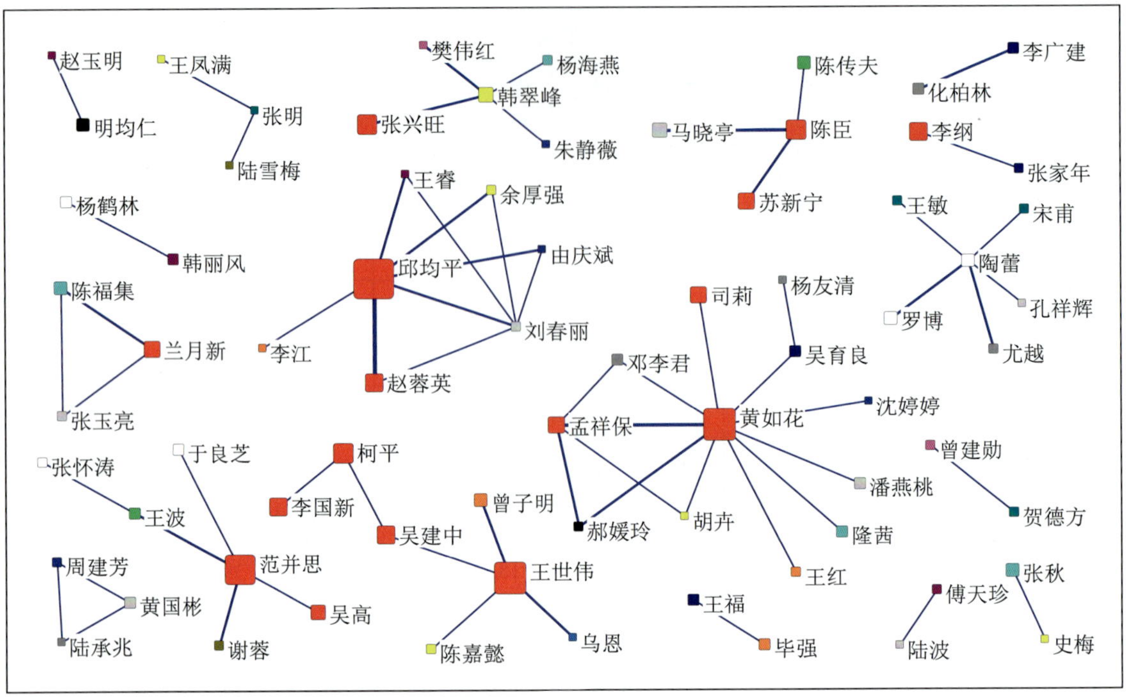

图 54-4　图书情报档案学科作者发文主题关联（2017 年）

54.6　高被引机构分析

54.6.1　高被引机构

图书情报档案学科被引次数 Top 10 高等院校和被引频次 Top 5 科研院所的发文和被引情况分别见表 54-5 和表 54-6。表中，总被引次数排名前 3 位的高等院校分别是武汉大学、南京大学和北京大学，排名前 3 位的科研院所则是中国科学院文献情报中心、中国科学技术信息研究所和中国国家图书馆；篇均被引最高的高等院校和科研院所分别是武汉大学和上海社会科学院。

表 54-5　图书情报档案学科高被引高等院校 Top 10（2017 年）

排名	第一作者单位	学科发文量（篇）		前 5 年学科发文在 2017 年的被引			
		前 5 年	2017 年	频次	被引率(%)	最高（次）	篇均（次）
1	武汉大学	1813	391	3356	57.9	35	1.85
2	南京大学	1304	230	1447	43.9	63	1.11
3	北京大学	827	180	1165	46.4	39	1.41
4	吉林大学	847	174	1050	50.5	40	1.24
5	上海大学	720	179	836	40.7	50	1.16

排名	第一作者单位	学科发文量（篇）		前5年学科发文在2017年的被引			
		前5年	2017年	频次	被引率(%)	最高（次）	篇均（次）
6	中国人民大学	694	143	834	46.7	35	1.20
7	中山大学	640	112	790	43.8	37	1.23
8	南开大学	492	88	636	46.1	18	1.29
9	华东师范大学	362	95	625	43.1	87	1.73
10	安徽大学	702	114	458	32.6	13	0.65

表54-6　图书情报档案学科高被引科研院所Top 5（2017年）

排名	第一作者单位	学科发文量（篇）		前5年学科发文在2017年的被引			
		前5年	2017年	频次	被引率(%)	最高（次）	篇均（次）
1	中国科学院文献情报中心	446	56	747	52.9	31	1.67
2	中国科学技术信息研究所	645	79	573	40.6	20	0.89
3	中国国家图书馆	831	144	550	33.7	12	0.66
4	上海图书馆	158	40	418	53.8	48	2.65
5	上海社会科学院	77	15	305	64.9	59	3.96

54.6.2　机构发文主题关联

通过机构共被引分析，获得图书情报档案学科机构间的发文主题关联，图中节点大小反映被引次数高低，连线粗细代表共被引关联的强弱，关联越强表明两个机构的发文主题可能具有更强的相关性，红色节点为高被引高等院校Top 10和高被引科研院所Top 5，详情见图54-5（共被引42次以下不显示）。由图可知，高被引高等院校主导了图书情报档案学科的机构共被引网络，在学科内体现出了较显著的学术影响力；武汉大学具有最多的关联关系，充分表明了其学科学术影响力；武汉大学和南京大学、吉林大学、中国科学院文献情报中心等机构之间的关联较强，表明上述机构的研究主题具有较多重叠之处。

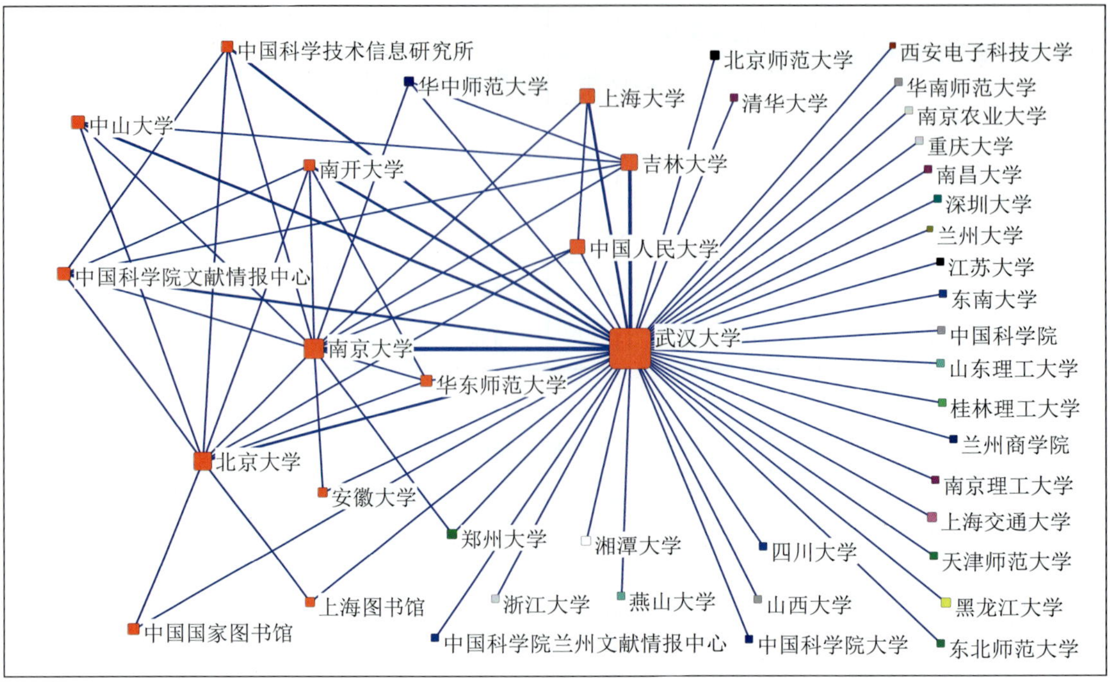

图 54-5　图书情报档案学科机构发文主题关联（2017 年）

54.7　高被引国外期刊

图书情报档案学科内被引次数 Top 10 位的国外期刊见表 54-7，排名前 3 位的国外期刊是 *Scientometrics*、*Computers in Human Behavior* 和 *Journal of the Association for Information Science and Technology*。

表 54-7　图书情报档案学科高被引国外期刊 Top 10（2017 年）

排名	期刊名称	2017 年被引频次
1	Scientometrics	394
2	Computers in Human Behavior	289
3	Journal of the Association for Information Science and	232
4	Journal of Informetrics	142
5	PLoS ONE	137
6	Journal of the American Society for Information Science and	136
7	Journal of Academic Librarianship	135
8	Government Information Quarterly	129
9	International Journal of Information Management	97
9	Technological Forecasting and Social Change	97

第 55 章　教育学科高被引分析

55.1　学科论文概况

2012—2016 年，教育学科的 650 种期刊上共发表学术论文 2109783 篇，由来自在 211350 所机构的 1368389 位学者作为第一作者发表。上述论文中，有 269994 篇在 2017 年获得过引用，整体被引率为 12.8%，总被引频次为 497686 次，篇均被引 0.24 次；其中，高被引论文有 2986 篇，累计被引 66484 次，篇均被引 22.27 次，单篇论文最高被引 1069 次（表 55-1）。另外，2017 年本学科共发表论文 450932 篇，其中有 24373 篇在当年获得过引用，总共被引 34861 次。

表 55-1　教育学科论文分布情况

年份	论文篇数	2017 年被引频次	2017 年被引率（%）	2017 年高被引论文			
				论文篇数	最高被引频次	总被引频次	篇均被引频次
2012	354412	62063	10.3	437	1069	8216	18.80
2013	389686	80043	11.1	472	587	12967	27.47
2014	428848	100914	12.3	546	381	15450	28.30
2015	464637	126159	14.6	725	165	15297	21.10
2016	472200	128507	14.8	806	188	14554	18.06
合计	2109783	497686	12.8	2986	1069	66484	22.27

55.2　高被引论文分析

在教育学科，2017 年被引次数 Top 10 论文（表 55-2）的平均被引次数为 421.0 次，是全部 2986 篇高被引论文篇均被引频次的 18.9 倍。其中，被引次数最高的论文是张金磊的《翻转课堂教学模式研究》（2012），随后两篇分别是钟晓流的《信息化环境中基于翻转课堂理念的教学设计研究》（2013）和胡铁生的《我国微课发展的三个阶段及其启示》（2013）。

从论文分布来看，刊载高被引论文数量居前的 3 种期刊分别是《中国电化教育》（153 篇）、《教育研究》（120 篇）和《学周刊》（93 篇）；《远程教育杂志》刊载了高被引论文 Top 10 中的 2 篇；发表高被引论文数量居前的学者分别是华东师范大学的祝智庭（15 篇）、清华大学的林健（11 篇）和厦门大学的别敦荣（10 篇）；产出高被引论文数量居前的机构分别是北京师范大学（107 篇）、华东师范大学（92 篇）和清华大学（52 篇），而南京大学产出了高被引论文 Top 10 中的 2 篇。

表 55-2　教育学科高被引论文 Top 10（2017 年）

排名	论文题名	第一作者	期刊名称	发表年份	被引频次	
					总频次	2017 年
1	翻转课堂教学模式研究	张金磊	远程教育杂志	2012	3812	1069
2	信息化环境中基于翻转课堂理念的教学设计研究	钟晓流	开放教育研究	2013	1976	587
3	我国微课发展的三个阶段及其启示	胡铁生	远程教育杂志	2013	1642	512
4	从“翻转课堂”的本质，看“翻转课堂”在我国的未来发展	何克抗	电化教育研究	2014	488	381
5	微课的含义与发展	黎加厚	中小学信息技术教育	2013	1183	318
6	微课程设计模式研究——基于国内外微课程的对比分析	梁乐明	开放教育研究	2013	1239	304
7	高校微课建设的现状分析与发展对策研究	胡铁生	现代教育技术	2014	745	275
8	对分课堂：大学课堂教学改革的新探索	张学新	复旦教育论坛	2014	454	265
9	翻转课堂中知识内化过程及教学模式设计	赵兴龙	现代远程教育研究	2014	602	262
10	在线教育的“后MOOC时代”——SPOC解析	康叶钦	清华大学教育研究	2014	587	237

55.3　研究主题关联分析

在教育学科，高被引论文共被 2017 年发表的 43207 篇论文引用了 66484 次。通过分析施引文献关键词的词频及关键词之间的共现关系，获得 2017 年教育学科的热点主题和主题关联，如图 55-1 所示（共现 105 次以下不显示）。由图可知：“翻转课堂”“微课”“教学模式”等关键词的文档词频较高，是 2017 年学科的研究热点，构成了学科内最为突出的研究主题簇；3 个节点以上的研究主题关联网络共 2 个，构成了学科内最为突出的研究主题簇；其中，以“翻转课堂”“微课”“教学模式”为核心节点的研究主题关联网络最大，其余团簇中词频最高或连线最多的关键词是“现代学徒制”。

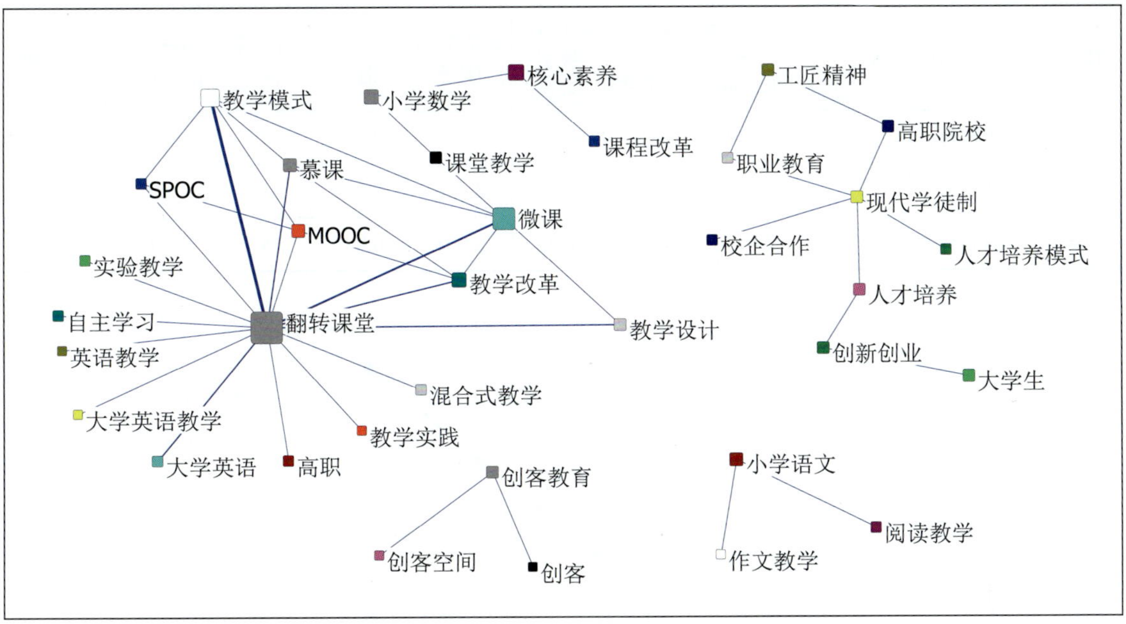

图 55-1　教育学科热点论文主题关联（2017 年）

55.4　高影响力期刊分析

55.4.1　高影响力期刊 Top 10

在教育学科，5 年影响因子 Top 10 期刊见表 55-3，前 3 种期刊分别是《远程教育杂志》、《开放教育研究》和《现代远程教育研究》。其中，2017 年被引频次最高的期刊是《中国电化教育》，被引率最高的期刊是《教育研究》。2012—2017 年期刊 5 年影响因子的变动情况如图 55-2 所示。

表 55-3　教育学科高被引期刊基本指标（2017 年）

排名	期刊名称	载文篇数		2017 年被引频次	5 年影响因子	即年指标	被引率（%）	高被引论文篇数	h 指数
		前 5 年	2017 年						
1	远程教育杂志	453	70	4393	9.698	1.114	69.3	54	27
2	开放教育研究	501	93	3419	6.824	0.720	63.9	66	23
3	现代远程教育研究	419	78	2202	5.255	0.667	67.3	37	20
4	中国电化教育	1703	265	7280	4.275	1.140	62.7	153	36
5	外语电化教学	417	90	1761	4.223	0.256	73.1	28	15
6	教育研究	1399	266	5550	3.967	0.523	74.5	120	25
7	高等工程教育研究	962	218	3612	3.755	1.064	68.6	71	22

排名	期刊名称	载文篇数		2017 年被引频次	5 年影响因子	即年指标	被引率（%）	高被引论文篇数	h 指数
		前 5 年	2017 年						
8	现代教育技术	1320	228	4855	3.678	0.496	59.2	91	28
9	电化教育研究	1193	236	4338	3.636	0.979	63.5	69	22
10	中国高教研究	1408	283	4235	3.008	0.887	64.5	78	21

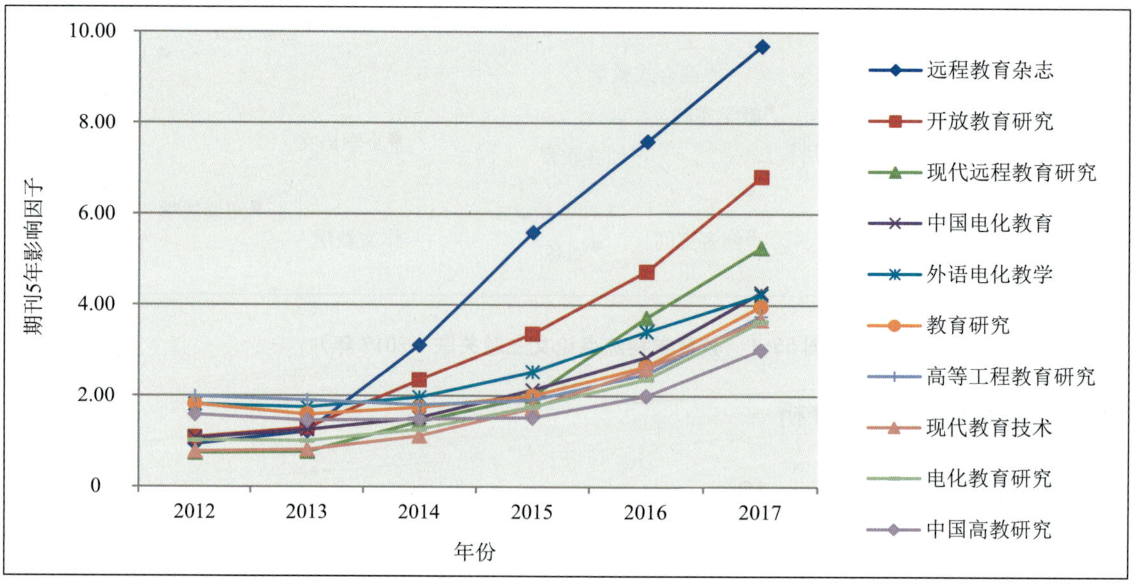

图 55-2　教育学科期刊 5 年影响因子变动趋势（2012—2017 年）

55.4.2　期刊载文主题关联

通过期刊共被引分析，获得教育学科期刊之间的载文主题关联，图中节点大小反映 5 年影响因子的高低，连线粗细代表共被引关联的强弱，关联越强表明两个期刊上有更多受学者们关注的相关主题论文，红色节点为学科高影响力期刊 Top 10，详情见图 55-3（共被引 307 次以下不显示）。如图所示，教育学科的多个期刊均互相关联且关联较为紧密，各期刊的学科分类属性体现得较为明显；《远程教育杂志》的 5 年影响因子较高，显示出该刊在学科内学术影响力较大；《实验技术与管理》与《实验室研究与探索》，《中国电化教育》与《电化教育研究》《现代教育技术》《远程教育杂志》《开放教育研究》等期刊之间的关联较强，表明上述期刊分别具有较多相关主题的论文。

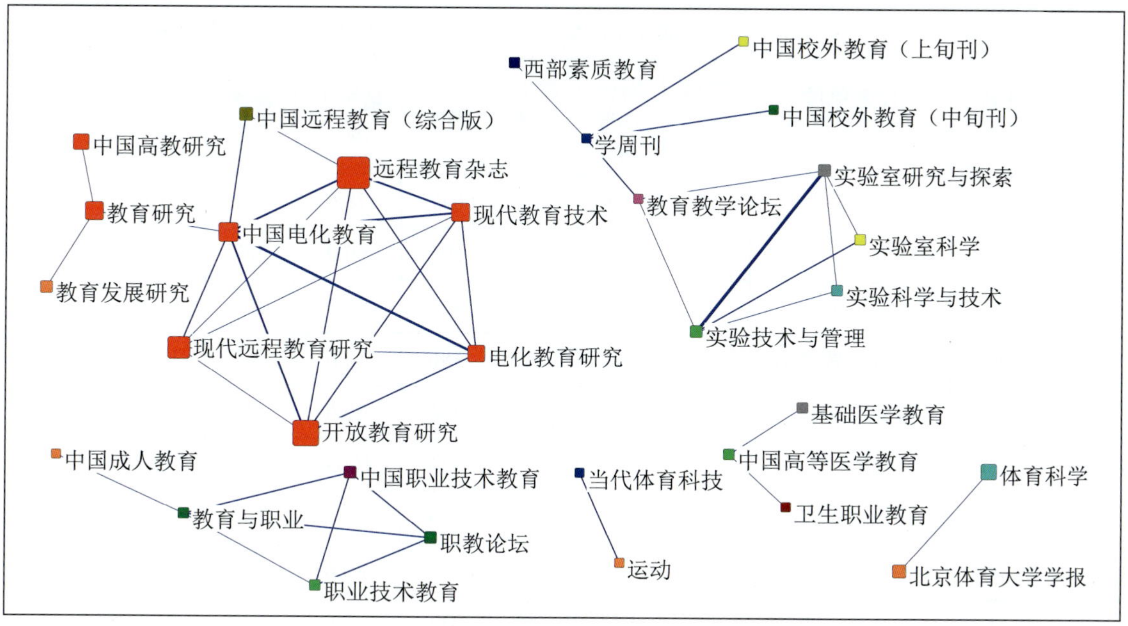

图 55-3　教育学科期刊载文主题关联（2017 年）

55.5　高被引作者分析

55.5.1　高被引作者 Top 20

2017 年论文被引次数 Top 20 的作者见表 55-4。其中，学科发文总被引频次较高的 3 位作者分别是南京大学的张金磊（1299 次）、广东省佛山市教育局的胡铁生（1115 次）和华东师范大学的祝智庭（671 次）。在学科发文 5 篇及以上的作者中，篇均被引较高的 3 位作者分别是清华大学的钟晓流（篇均 121.00 次）、广东省佛山市教育局的胡铁生（篇均 69.69 次）和上海师范大学的黎加厚（篇均 69.20 次）；5 年学科发文较多的 3 位作者分别是山东省枣庄市市中区实验小学的贾宪章（151 篇）、滁州职业技术学院的张健（143 篇）和北京丰台二中的甘志国（113 篇）。

表 55-4　教育学科高被引作者 Top 20（2017 年）

排名	姓名	作者单位	前 5 年发文			前 5 年学科发文在 2017 年的被引				h 指数（学科）
			学科发文（篇）	期刊分布（种）	发文总量（篇）	频次	被引率（%）	最高（次）	篇均（次）	
1	张金磊	南京大学	3	2	3	1299	100.0	1069	433.00	3
2	胡铁生	广东省佛山市教育局	16	9	16	1115	81.3	512	69.69	7
3	祝智庭	华东师范大学	30	9	31	671	90.0	157	22.37	13

排名	姓名	作者单位	前5年发文			前5年学科发文在2017年的被引				h指数（学科）
			学科发文（篇）	期刊分布（种）	发文总量（篇）	频次	被引率（%）	最高（次）	篇均（次）	
4	何克抗	北京师范大学	28	10	28	647	78.6	381	23.11	10
5	钟晓流	清华大学	5	5	7	605	60.0	587	121.00	2
6	杨现民	江苏师范大学	25	8	25	472	92.0	165	18.88	10
7	赵兴龙	中央电化教育馆	10	6	11	386	80.0	262	38.60	5
8	黎加厚	上海师范大学	5	2	6	346	60.0	318	69.20	3
9	梁乐明	南京大学	2	2	2	345	100.0	304	172.50	2
10	李志义	大连理工大学	16	4	17	343	87.5	109	21.44	7
11	林健	清华大学	31	6	31	320	80.6	58	10.32	11
12	焦建利	华南师范大学	48	6	70	311	43.8	189	6.48	7
13	黄荣怀	北京师范大学	16	7	16	291	81.3	80	18.19	7
14	王竹立	中山大学	46	9	53	275	39.1	110	5.98	8
14	周光礼	中国人民大学	34	12	39	275	82.4	50	8.09	10
16	余胜泉	北京师范大学	19	9	19	274	68.4	86	14.42	6
17	钟启泉	华东师范大学	22	9	33	272	77.3	186	12.36	7
18	张学新	复旦大学	1	1	2	265	100.0	265	265.00	1
19	别敦荣	厦门大学	55	16	66	258	67.3	21	4.69	10
20	程晓堂	北京师范大学	8	3	15	256	87.5	185	32.00	4

55.5.2　作者发文主题关联

通过作者共被引分析，获得 2017 年教育学科作者之间的发文主题关联，图中节点大小反映被引次数高低，连线粗细代表共被引关联的强弱，关联越强表明两位作者的发文主题可能具有更强的相关性，红色节点为学科高被引作者 Top 20，详情见图 55-4（共被引 30 次以下不显示）。如图所示，高被引作者主导了教育学科的作者共被引网络，意味着他们的论文主题主导了学科研究热点；以张金磊、胡铁生、祝智庭等为主要节点的子网络规模较大、关联较为紧密，展现出了学科热点研究方向上的主要研究力量；张金磊和钟晓流，胡铁生与梁乐明等学者之间的关联较强，表明上述学者之间可能分别有较为相关的发文主题。

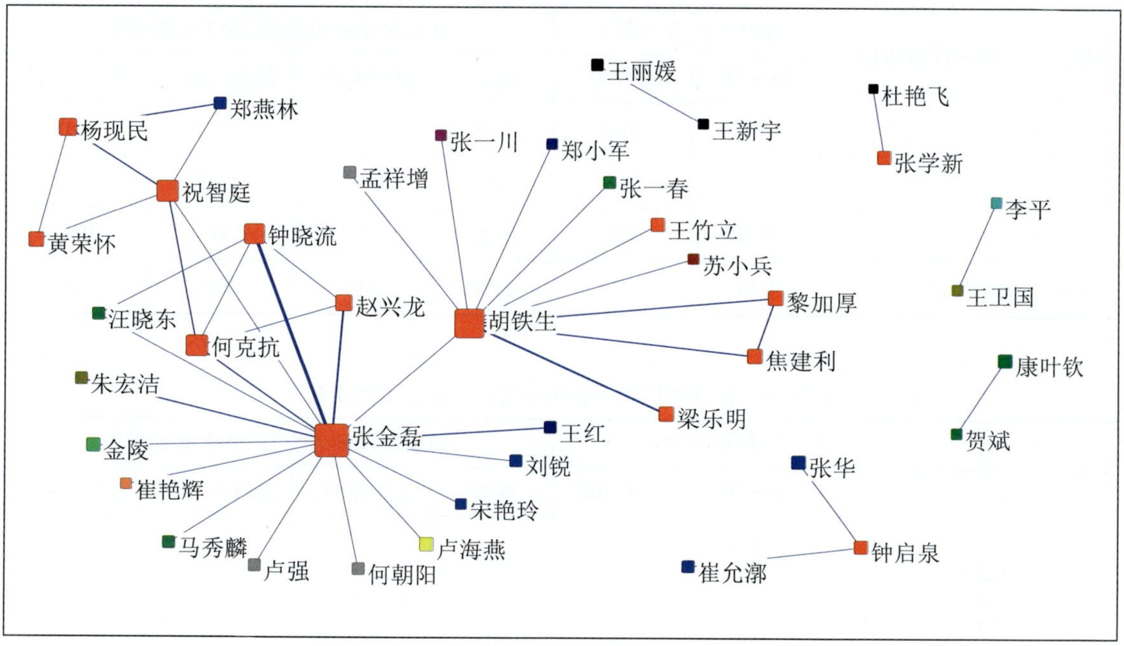

图 55-4　教育学科作者发文主题关联（2017 年）

55.6　高被引机构分析

55.6.1　高被引机构

教育学科被引次数 Top 10 高等院校和被引频次 Top 5 科研院所的发文和被引情况分别见表 55-5 和表 55-6。表中，总被引次数排名前 3 位的高等院校分别是北京师范大学、华东师范大学和东北师范大学，排名前 3 位的科研院所则是广东省佛山市教育局、中华人民共和国教育部和中国教育科学研究院；篇均被引最高的高等院校和科研院所分别是清华大学和广东省佛山市教育局。

表 55-5　教育学科高被引高等院校 Top 10（2017 年）

排名	第一作者单位	学科发文量（篇）		前 5 年学科发文在 2017 年的被引			
		前 5 年	2017 年	频次	被引率(%)	最高（次）	篇均（次）
1	北京师范大学	6595	1252	7593	31.6	381	1.15
2	华东师范大学	5773	1263	6456	33.7	186	1.12
3	东北师范大学	3199	755	3507	30.9	154	1.10
4	华中师范大学	5551	923	3375	23.3	92	0.61
5	华南师范大学	4040	724	3322	27.1	189	0.82
6	清华大学	1407	250	3259	40.9	587	2.32

排名	第一作者单位	学科发文量（篇）		前5年学科发文在2017年的被引			
		前5年	2017年	频次	被引率(%)	最高（次）	篇均（次）
7	南京师范大学	6341	1048	3116	22.0	152	0.49
8	南京大学	1627	268	2995	29.0	1069	1.84
9	西南大学	5570	721	2623	22.7	41	0.47
10	陕西师范大学	4686	1023	2180	20.5	136	0.47

表55-6　教育学科高被引科研院所 Top 5（2017年）

排名	第一作者单位	学科发文量（篇）		前5年学科发文在2017年的被引			
		前5年	2017年	频次	被引率(%)	最高（次）	篇均（次）
1	广东省佛山市教育局	46	8	1123	37.0	512	24.41
2	中华人民共和国教育部	465	98	848	36.8	170	1.82
3	中国教育科学研究院	553	109	651	40.7	63	1.18
4	中央电化教育馆	67	14	587	55.2	262	8.76
5	北京教育科学研究院	827	223	561	23.1	55	0.68

55.6.2　机构发文主题关联

通过机构共被引分析，获得教育学科机构间的发文主题关联，图中节点大小反映被引次数高低，连线粗细代表共被引关联的强弱，关联越强表明两个机构的发文主题可能具有更强的相关性，红色节点为高被引高等院校 Top 10 和高被引科研院所 Top 5，详情见图 55-5（共被引 122 次以下不显示）。由图可知，高被引高等院校主导了教育学科的机构共被引网络，在学科内体现出了较显著的学术影响力；华东师范大学和北京师范大学具有相对最多的关联关系，充分表明了其学科学术影响力；北京师范大学和华东师范大学、东北师范大学等机构之间的关联较强，表明上述机构的研究主题具有较多重叠之处。

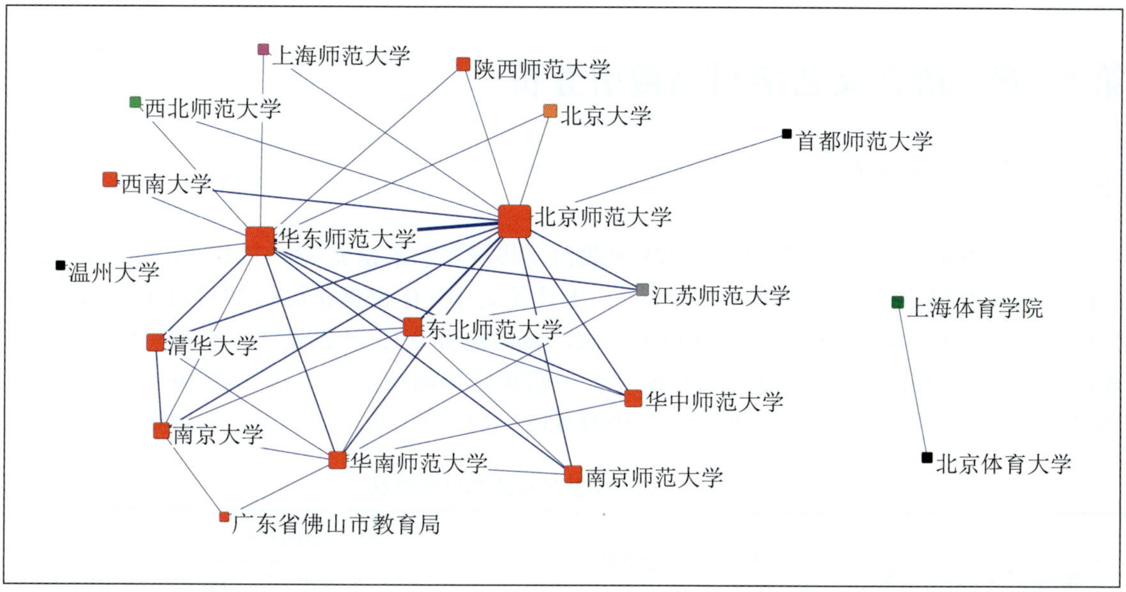

图 55-5　教育学科机构发文主题关联（2017 年）

55.7　高被引国外期刊

教育学科内被引次数 Top 10 的国外期刊见表 55-7，排名前 3 位的国外期刊是 *PLoS ONE*、*Computers & Education* 和 *Procedia - Social and Behavioral Sciences*。

表 55-7　教育学科高被引国外期刊 Top 10（2017 年）

排名	期刊名称	2017 年被引频次
1	PLoS ONE	279
2	Computers & Education	251
3	Procedia - Social and Behavioral Sciences	143
4	Journal of Strength and Conditioning Research	142
5	Computers in Human Behavior	136
6	Medicine & Science in Sports & Exercise	123
7	British Journal of Sports Medicine	115
8	Journal of Sports Sciences	107
9	Nature	89
10	Sports Medicine	88

第 56 章　语言文艺学科高被引分析

56.1　学科论文概况

2012—2016 年，语言文艺学科的 375 种期刊上共发表学术论文 737977 篇，由来自在 96229 所机构的 474551 位学者作为第一作者发表。上述论文中，有 65090 篇在 2017 年获得过引用，整体被引率为 8.8%，总被引频次为 98887 次，篇均被引 0.13 次；其中，高被引论文有 796 篇，累计被引 9463 次，篇均被引 11.89 次，单篇论文最高被引 145 次（表 56-1）。另外，2017 年本学科共发表论文 175020 篇，其中有 4559 篇在当年获得过引用，总共被引 5593 次。

表 56-1　语言文艺学科论文分布情况

年份	论文篇数	2017 年被引频次	2017 年被引率（%）	2017 年高被引论文			
				论文篇数	最高被引频次	总被引频次	篇均被引频次
2012	123724	13874	7.3	109	45	1401	12.85
2013	137431	16935	8.0	124	140	1809	14.59
2014	149546	20664	9.0	147	54	1937	13.18
2015	161503	24409	9.8	199	111	2284	11.48
2016	165773	23005	9.5	217	145	2032	9.36
合计	737977	98887	8.8	796	145	9463	11.89

56.2　高被引论文分析

在语言文艺学科，2017 年被引次数 Top 10 论文（表 56-2）的平均被引次数为 68.8 次，是全部 796 篇高被引论文篇均被引频次的 5.8 倍。其中，被引次数最高的论文是文秋芳的《输出驱动假设在大学英语教学中的应用：思考与建议》（2013），随后两篇分别是文秋芳的《构建“产出导向法”理论体系》（2015）和王守仁的《坚持科学的大学英语教学改革观》（2013）。

从论文分布来看，刊载高被引论文数量居前的 3 种期刊分别是《外语界》（83 篇）、《中国翻译》（50 篇）和《外语教学与研究》（43 篇），其中，《外语界》刊载了高被引论文 Top 10 中的 3 篇；发表高被引论文数量居前的学者分别是复旦大学的蔡基刚（15 篇）、北京外国语大学的文秋芳（10 篇）和广东外语外贸大学的仲伟合（7 篇）；产出高被引论文数量居前的机构分别是北京外国语大学（35 篇）、广东外语外贸大学（31 篇）和南京大学（24 篇），而北京外国语大学产出了高被引论文 Top 10 中的 5 篇。

表 56-2　语言文艺学科高被引论文 Top 10（2017 年）

排名	论文题名	第一作者	期刊名称	发表年份	被引频次	
					总频次	2017 年
1	输出驱动假设在大学英语教学中的应用：思考与建议	文秋芳	外语界	2013	379	140
2	构建“产出导向法”理论体系	文秋芳	外语教学与研究	2015	124	111
3	坚持科学的大学英语教学改革观	王守仁	外语界	2013	248	73
4	商务英语专业本科教学质量国家标准要点解读	王立非	外语教学与研究	2015	112	64
5	大学英语教学中通用英语与专用英语之争：问题与对策	文秋芳	外语与外语教学	2014	178	54
6	强制阐释论	张江	文学评论	2014	170	53
6	大学英语翻转课堂的实践与反思	李京南	中国外语	2015	68	53
8	跨文化交际能力在外语教学中如何定位	胡文仲	外语界	2013	158	51
9	大学英语面临的挑战与对策：课程论视角	文秋芳	外语教学与研究：外国语文双月刊	2012	211	45
10	浅议小学语文作文教学方法的创新	刘凤霞	语文教学通讯·D刊（学术刊）	2013	109	44

56.3　研究主题关联分析

在语言文艺学科，高被引论文共被 2017 年发表的 7692 篇论文引用了 9463 次。通过分析施引文献关键词的词频及关键词之间的共现关系，获得 2017 年语言文艺学科的热点主题和主题关联，如图 56-1 所示（共现 18 次以下不显示）。由图可知：“大学英语”“翻转课堂”等关键词的文档词频较高，是 2017 年学科的研究热点；3 个节点以上的研究主题关联网络共 3 个，构成了学科内最为突出的研究主题簇；其中，以“大学英语”“翻转课堂”“教学模式”为核心节点的研究主题关联网络最大，其余各团簇中词频最高或连线最多的关键词分别是“小学语文”“外语教学”。

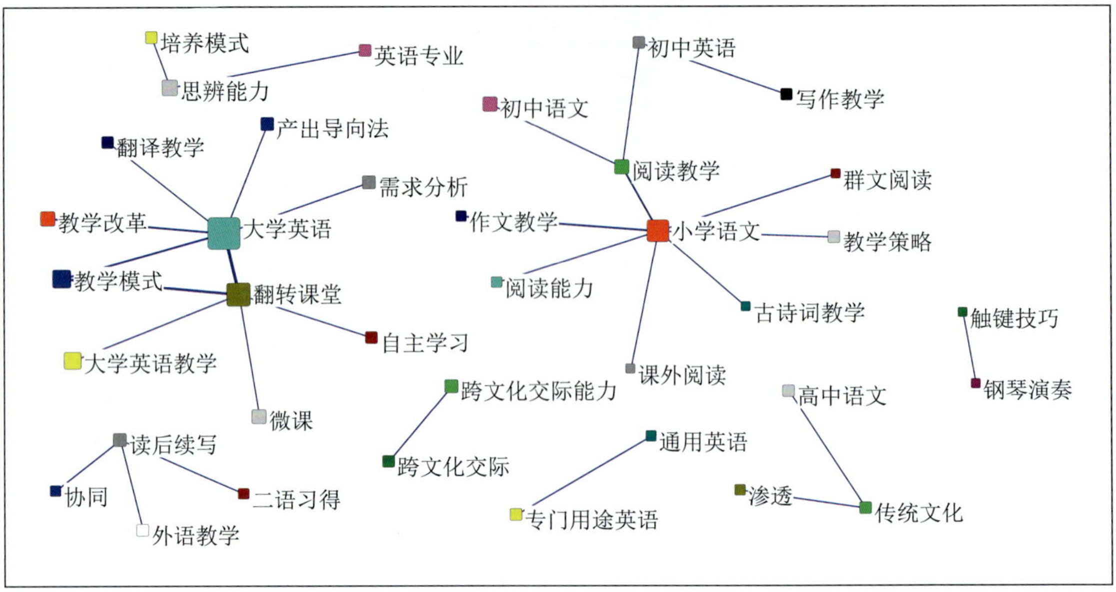

图 56-1　语言文艺学科热点论文主题关联（2017 年）

56.4　高影响力期刊分析

56.4.1　高影响力期刊 Top 10

在语言文艺学科，5 年影响因子 Top 10 期刊见表 56-3，前 3 种期刊分别是《外语界》、《外语教学与研究》和《外语教学理论与实践》。其中，2017 年被引频次最高的期刊是《外语界》，被引率最高的期刊是《外语界》。2012—2017 年期刊 5 年影响因子的变动情况如图 56-2 所示。

表 56-3　语言文艺学科高被引期刊基本指标（2017 年）

排名	期刊名称	载文篇数		2017 年被引频次	5 年影响因子	即年指标	被引率（%）	高被引论文篇数	h 指数
		前 5 年	2017 年						
1	外语界	371	73	2048	5.520	0.479	79.0	83	18
2	外语教学与研究	505	115	1246	2.467	0.078	52.7	43	15
3	外语教学理论与实践	306	52	690	2.255	0.481	58.8	20	10
4	中国外语	486	82	1055	2.171	0.207	55.6	40	14
5	外语与外语教学	569	96	994	1.750	0.167	53.3	30	11
6	语言战略研究	86	89	147	1.709	0.124	46.5	4	6
7	中国翻译	908	154	1451	1.598	0.162	47.2	50	13

排名	期刊名称	载文篇数		2017 年被引频次	5 年影响因子	即年指标	被引率（%）	高被引论文篇数	h 指数
		前 5 年	2017 年						
8	外语教学	751	135	1153	1.535	0.526	56.5	36	10
9	外国语	370	85	522	1.411	0.106	51.6	10	10
10	现代外语	454	96	632	1.392	1.042	46.7	15	9

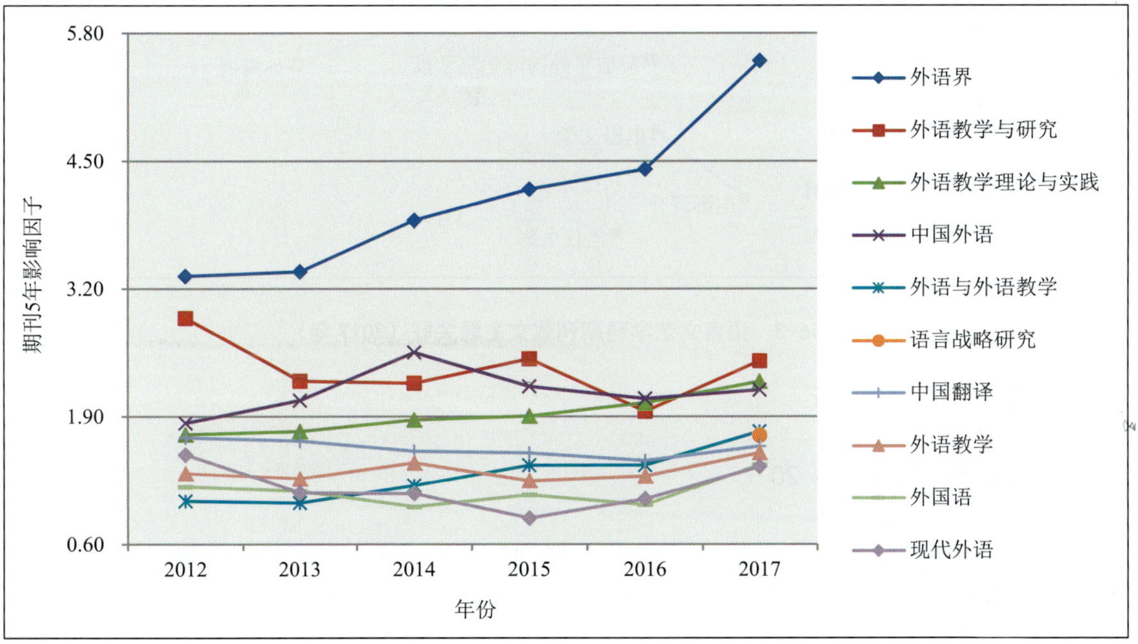

图 56-2　语言文艺学科期刊 5 年影响因子变动趋势（2012—2017 年）

56.4.2　期刊载文主题关联

通过期刊共被引分析，获得语言文艺学科期刊之间的载文主题关联，图中节点大小反映 5 年影响因子的高低，连线粗细代表共被引关联的强弱，关联越强表明两个期刊上有更多受学者们关注的相关主题论文，红色节点为学科高影响力期刊 Top 10，详情见图 56-3（共被引 82 次以下不显示）。如图所示，语言文艺学科的多个期刊均互相关联且关联较为紧密，各期刊的学科分类属性体现得较为明显；《外语界》的 5 年影响因子较高，显示出该刊在学科内学术影响力较大；《艺术评鉴》与《黄河之声》，《大众文艺》与《艺术科技》《艺术评鉴》等期刊之间的关联较强，表明上述期刊分别具有较多相关主题的论文。

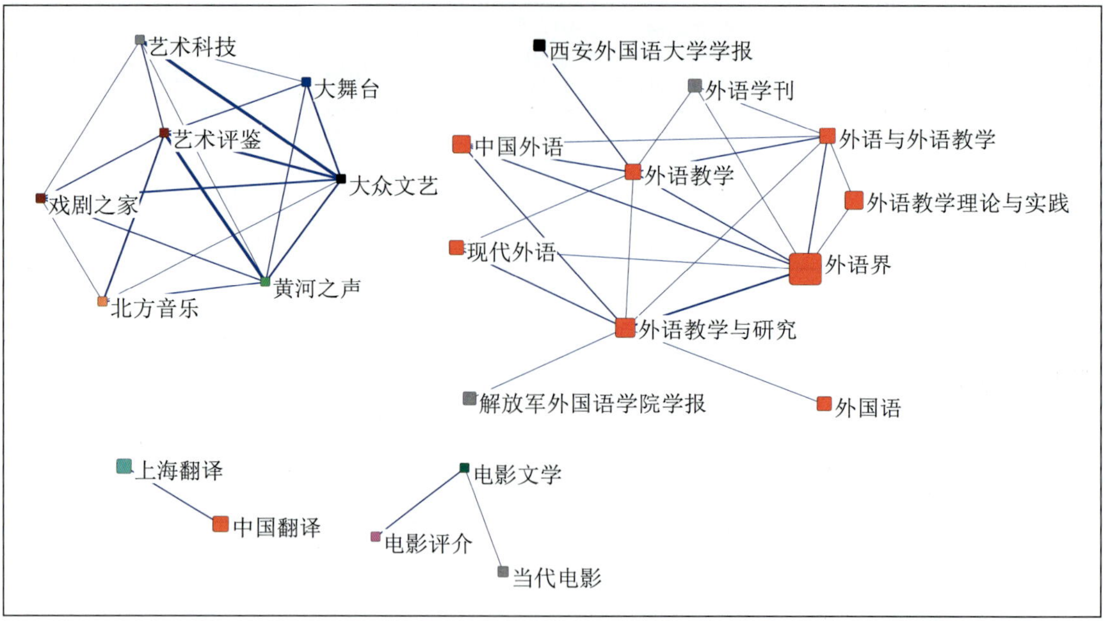

图 56-3 语言文艺学科期刊载文主题关联（2017 年）

56.5 高被引作者分析

56.5.1 高被引作者 Top 20

2017 年论文被引次数 Top 20 的作者见表 56-4。其中，学科发文总被引频次较高的 3 位作者分别是北京外国语大学的文秋芳（493 次）、复旦大学的蔡基刚（294 次）和南京大学的王守仁（292 次）。在学科发文 5 篇及以上的作者中，篇均被引较高的 3 位作者分别是南京大学的王守仁（篇均 29.20 次）、北京外国语大学的文秋芳（篇均 21.43 次）和复旦大学的蔡基刚（篇均 16.33 次）；5 年学科发文较多的 3 位作者分别是中华人民共和国文化部的于平（60 篇）、山西大学的王春林（57 篇）和北京师范大学的周星（57 篇）。

表 56-4 语言文艺学科高被引作者 Top 20（2017 年）

排名	姓名	作者单位	前 5 年发文			前 5 年学科发文在 2017 年的被引				h 指数（学科）
			学科发文（篇）	期刊分布（种）	发文总量（篇）	频次	被引率（%）	最高（次）	篇均（次）	
1	文秋芳	北京外国语大学	23	10	30	493	82.6	140	21.43	10
2	蔡基刚	复旦大学	18	9	37	294	100.0	35	16.33	10
3	王守仁	南京大学	10	6	11	292	90.0	145	29.20	7
4	仲伟合	广东外语外贸大学	22	11	26	171	77.3	26	7.77	7

排名	姓名	作者单位	前5年发文			前5年学科发文在2017年的被引				h指数（学科）
			学科发文（篇）	期刊分布（种）	发文总量（篇）	频次	被引率（%）	最高（次）	篇均（次）	
5	王立非	对外经济贸易大学	20	12	26	149	85.0	64	7.45	5
6	王初明	广东外语外贸大学	10	7	11	128	90.0	29	12.80	6
7	束定芳	上海外国语大学	18	9	23	123	83.3	36	6.83	6
8	张德禄	同济大学	21	12	23	115	85.7	24	5.48	7
9	徐锦芬	华中科技大学	19	9	22	92	89.5	11	4.84	7
10	张江	中国社会科学院	14	5	34	83	85.7	53	5.93	4
11	王寅	四川外国语大学	29	11	31	77	75.9	14	2.66	5
12	穆雷	广东外语外贸大学	18	10	19	71	88.9	11	3.94	6
13	胡文仲	北京外国语大学	5	4	5	68	40.0	51	13.60	2
14	谢天振	上海外国语大学	9	4	9	63	44.4	31	7.00	4
15	施春宏	北京语言大学	16	10	20	61	75.0	9	3.81	6
15	刘云虹	南京大学	12	5	12	61	100.0	19	5.08	5
17	鲍晓英	上海外国语大学	7	5	8	58	85.7	20	8.29	4
17	冉永平	广东外语外贸大学	11	9	11	58	81.8	11	5.27	5
17	刘晓民	上海工程技术大学	2	2	2	58	100.0	42	29.00	2
20	李宇明	北京语言大学	19	12	34	57	63.2	12	3.00	6

56.5.2　作者发文主题关联

通过作者共被引分析，获得 2017 年语言文艺学科作者之间的发文主题关联，图中节点大小反映被引次数高低，连线粗细代表共被引关联的强弱，关联越强表明两位作者的发文主题可能具有更强的相关性，红色节点为学科高被引作者 Top 20，详情见图 56-4（共被引 9 次以下不显示）。如图所示，高被引作者主导了语言文艺学科的作者共被引网络，意味着他们的论文主题主导了学科研究热点；以文秋芳、王守仁、蔡基刚为主要节点的子网络规模较大、关联较为紧密，展现出了学科热点研究方向上的主要研究力量；王守仁和文秋芳、蔡基刚等学者之间的关联较强，表明上述学者之间可能有较为相关的发文主题。

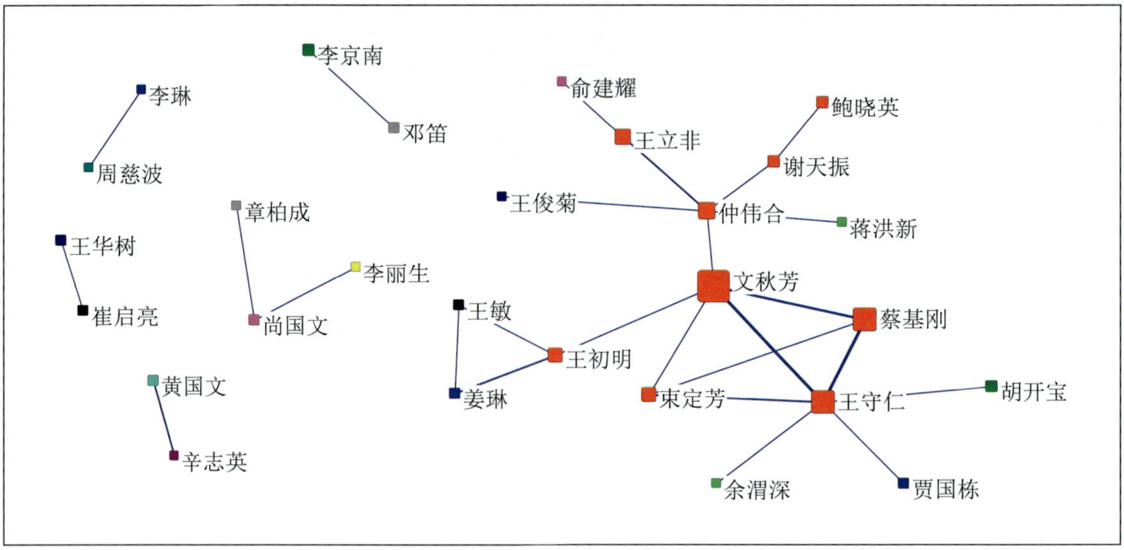

图 56-4　语言文艺学科作者发文主题关联（2017 年）

56.6　高被引机构分析

56.6.1　高被引机构

语言文艺学科被引次数 Top 10 高等院校和被引频次 Top 5 科研院所的发文和被引情况分别见表 56-5 和表 56-6。表中，总被引次数排名前 3 位的高等院校分别是南京大学、北京外国语大学和北京大学，排名前 3 位的科研院所则是中国社会科学院、中国艺术研究院和中国社会科学院语言研究所；篇均被引最高的高等院校和科研院所分别是北京外国语大学和中国社会科学院语言研究所。

表 56-5　语言文艺学科高被引高等院校 Top 10（2017 年）

排名	第一作者单位	学科发文量（篇）		前 5 年学科发文在 2017 年的被引			
		前 5 年	2017 年	频次	被引率(%)	最高（次）	篇均（次）
1	南京大学	2670	471	1276	19.4	145	0.48
2	北京外国语大学	888	247	1243	30.7	140	1.40
3	北京大学	3195	701	1241	21.8	11	0.39
4	广东外语外贸大学	848	204	940	29.7	29	1.11
5	北京师范大学	2955	588	825	16.6	11	0.28
6	复旦大学	1861	353	819	19.7	35	0.44
7	上海外国语大学	849	166	758	28.3	36	0.89

排名	第一作者单位	学科发文量（篇）		前 5 年学科发文在 2017 年的被引			
		前 5 年	2017 年	频次	被引率(%)	最高（次）	篇均（次）
8	清华大学	1610	343	709	22.5	23	0.44
9	华东师范大学	2118	386	612	16.8	14	0.29
10	上海大学	3257	606	569	11.5	7	0.17

表 56-6　语言文艺学科高被引科研院所 Top 5（2017 年）

排名	第一作者单位	学科发文量（篇）		前 5 年学科发文在 2017 年的被引			
		前 5 年	2017 年	频次	被引率(%)	最高（次）	篇均（次）
1	中国社会科学院	1277	428	621	25.5	53	0.49
2	中国艺术研究院	1801	392	301	12.4	8	0.17
3	中国社会科学院语言研究所	139	19	172	48.9	18	1.24
4	故宫博物院	251	76	116	21.5	10	0.46
5	中国社会科学院考古研究所	198	34	112	36.9	5	0.57

56. 6. 2　机构发文主题关联

通过机构共被引分析，获得语言文艺学科机构间的发文主题关联，图中节点大小反映被引次数高低，连线粗细代表共被引关联的强弱，关联越强表明两个机构的发文主题可能具有更强的相关性，红色节点为高被引高等院校 Top 10 和高被引科研院所 Top 5，详情见图 56-5（共被引 24 次以下不显示）。由图可知，高被引高等院校主导了语言文艺学科的机构共被引网络，在学科内体现出了较显著的学术影响力；南京大学具有最多的关联关系，充分表明了其学科学术影响力；北京外国语大学和南京大学、上海外国语大学、广东外语外贸大学等机构之间的关联较强，表明上述机构的研究主题具有较多重叠之处。

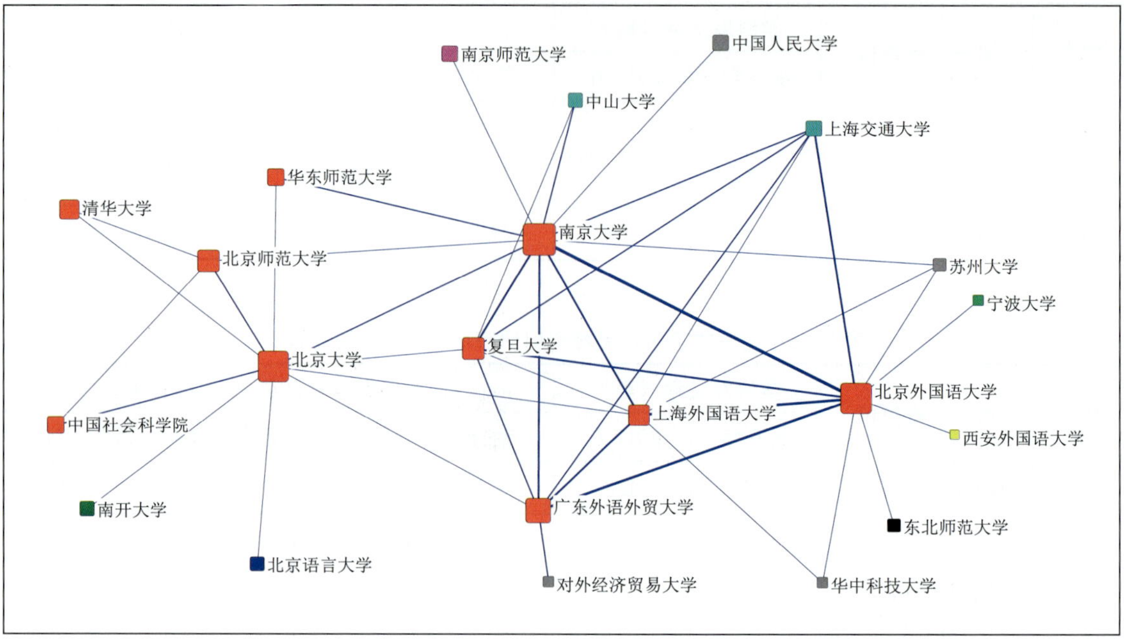

图 56-5　语言文艺学科机构发文主题关联（2017 年）

56.7　高被引国外期刊

语言文艺学科内被引次数 Top 10 的国外期刊见表 56-7，排名前 3 位的国外期刊是 *Journal of Pragmatics*、*Language Learning* 和 *Journal of Second Language Writing*。

表 56-7　语言文艺学科高被引国外期刊 Top 10（2017 年）

排名	期刊名称	2017 年被引频次
1	Journal of Pragmatics	83
2	Language Learning	74
3	Journal of Second Language Writing	64
4	Applied Linguistics	55
5	Journal of English for Academic Purposes	51
6	Brain and Language	50
7	System	47
8	The Modern Language Journal	42
9	Journal of Archaeological Science	38
10	Language Teaching	37

参考文献

[1] 中国科学技术信息研究所. 2011 年版中国科技期刊引证报告（核心版）[M]. 北京：科学技术文献出版社，2011.

[2] 曾建勋. 中国期刊引证报告 2011（扩刊版）[M]. 北京：科学技术文献出版社，2011.

[3] 曾建勋，李旭林. 中国期刊高被引指数的探究[J]. 中国科技期刊研究，2007，18（4）：555-557.

[4] 曾建勋，赵捷，吴雯娜，等. 基于引文的知识链接服务体系研究[J]. 情报理论与实践，2009，32（5）：1-4.

[5] 贺德方，郑彦宁. 世界高影响力学术论文科学计量学分析（1979—2008）[M]. 北京：科学技术文献出版社，2010.

[6] 贺德方. 中国高影响力论文产出状况的国际比较研究[J]. 中国软科学，2011（9）：94-99.

[7] 贺德方. 事实型数据：科技情报研究工作的基石[J]. 情报学报，2010，29（5）：771-776.

[8] 苏新宁，邓三鸿，韩新民. 中国人文社会科学学术影响力报告[M]. 北京：高等教育出版社，2011.

[9] 苏新宁. 中国人文社会科学图书学术影响力报告[M]. 北京：中国社会科学出版社，2011.

[10] 邱均平，燕今伟，刘霞. 中国学术期刊评价研究报告：RCCSE 权威期刊、核心期刊排行榜与指南（2011—2012）[M]. 北京：科学出版社，2011.

[11] 朱强，蔡蓉华，何峻. 中文核心期刊要目总览（2011 年版）[M]. 北京：北京大学出版社，2011.

[12] 万锦堃，薛芳渝. 中国学术期刊综合引证报告（2008）[M]. 北京：科学出版社，2008.

[13] 姜晓辉. 中国人文社会科学核心期刊要览（2008）[M]. 北京：社会科学文献出版社，2009.

[14] 中国科学引文数据库项目组. 中国科学计量指标：论文与引文统计（2011 年卷）[M]. 北京：知识产权出版社，2012.

[15] 中国科学引文数据库项目组. 中国科学计量指标：期刊引证报告（2011 年卷）[M]. 北京：知识产权出版社，2011.

[16] 潘教峰，张晓林，王小梅，等. 科学结构地图 2009 [M]. 北京：科学出版社，2010.